Le parlementarisme
canadien

Le parlementarisme
canadien

5e ÉDITION REVUE ET MISE À JOUR

Sous la direction de
Réjean Pelletier
et **Manon Tremblay**

Presses de
l'Université Laval

Les Presses de l'Université Laval reçoivent chaque année du Conseil des Arts du Canada et de la Société d'aide au développement des entreprises culturelles du Québec une aide financière pour l'ensemble de leur programme de publication.

Nous reconnaissons l'aide financière du gouvernement du Canada par l'entremise de son Programme d'aide au développement de l'industrie de l'édition (PADIÉ) pour nos activités d'édition.

2ᵉ tirage avril 2014

Maquette de couverture : Danielle Motard
Mise en pages : Danielle Motard

ISBN 978-2-7637-1908-5
ISBN-PDF 9782763719192
ISBN-ePUB 9782763719108

© Les Presses de l'Université Laval 2013
Tous droits réservés. Imprimé au Canada.
Dépôt légal (Québec et Canada), 3ᵉ trimestre 2013

Les Presses de l'Université Laval
www.pulaval.com

TABLE DES MATIÈRES

CHAPITRE **4**
Le fédéralisme exécutif: problèmes et actualités 127
GUY LAFOREST ET ÉRIC MONTIGNY

CHAPITRE 5

Le système électoral et les comportements électoraux . . . .

JEAN CRÊTE ET ANDRÉ BLAIS

CHAPITRE 6

Les partis politiques fédéraux et québécois. . . . .

RÉJEAN PELLETIER

CHAPITRE 7
Groupes d'intérêt et démocratie: promesses et réalités
RAYMOND HUDON

CHAPITRE 10

Le pouvoir exécutif : la monarchie, le premier ministre et les ministres 371

LOUIS MASSICOTTE

CHAPITRE 11
Les relations entre l'administration publique et le Parlement 407

JACQUES BOURGAULT

André Blais est professeur titulaire au Département de science politique de l'Université de Montréal, chercheur au Centre interuniversitaire de recherche en économie quantitative (CIREQ), au Centre interuniversitaire de recherche en analyse des organisations (CIRANO) et au Centre pour l'étude de la citoyenneté démocratique (CECD), et membre de la Société royale du Canada. Ses champs de recherche sont le vote et les élections, l'opinion publique et la méthodologie. Il dirige présentement un grand projet de recherche (Making Electoral Democracy Work) qui examine et compare le comportement des électeurs et des partis dans 26 élections dans cinq pays (Canada, France, Espagne, Allemagne et Suisse) à l'aide de sondages et d'une grille d'analyse de la stratégie des partis. Ses livres les plus récents sont : *Politics at the Centre : The Selection and Removal of Party Leaders in the Anglo Parliamentary Democracies* (2012, avec William Cross), *To Keep or to Change First Past the Post : The Politics of Electoral Reform* (2008), *Losers' Consent : Elections and Democratic Legitimacy* (2005), *Citizens* (2004), *Establishing the Rules of the Game : Election Laws in Democracies* (2003), et *To Vote Or Not To Vote ? The Merits and Limits of Rational Choice Theory* (2000).

Jacques Bourgault détient un doctorat d'État en sciences politiques (administration publique) et est avocat. En 2008, il a pris sa retraite comme professeur titulaire à l'UQAM où il œuvrait depuis 1973. Il y est professeur associé ainsi qu'à l'ENAP et a été chargé de séminaires de doctorat et de maîtrise dans plusieurs autres institutions. M. Bourgault fut collaborateur émérite à l'École de la fonction publique du Canada. Il publie encore des ouvrages, des articles et des rapports sur la haute fonction publique, l'administration canadienne et québécoise, l'imputabilité, la modernisation, la gouvernance, la gestion horizontale, l'évaluation du rendement et le management public. Il agit encore comme consultant auprès de nombreux ministères et organismes québécois, canadiens, internationaux (comme la Banque mondiale) et gouvernements étrangers. Il a été président de l'Institut d'administration publique du Canada et a siégé à de nombreux conseils d'administration dont ceux de l'ACFAS, de l'UQAM, du Centre canadien de gestion et des Presses de l'Université Laval. Il fait partie des directeurs scientifiques de la *Revue française d'administration publique* et du comité éditorial de la *Revue internationale des sciences administratives*.

Jean Crête (D. Phil. Oxford) est professeur associé au département de science politique à l'Université Laval et membre du Centre d'analyse des politiques publiques. Ses recherches portent sur le comportement électoral, l'analyse des politiques et la méthodologie. Il participe activement à plusieurs organisations vouées à la recherche. Il a été également directeur du Département de science politique de l'Université Laval, directeur du Centre d'analyse des politiques publiques et président de la Société québécoise de science politique. Parmi ses travaux récents, soulignons *Politiques environnementales et accords volontaires* (2011) et *Ressources naturelles et politiques publiques : le Québec comparé* (2012).

Alain-G. Gagnon est titulaire de la Chaire de recherche du Canada en études québécoises et canadiennes, directeur du Centre de recherche interdisciplinaire sur la diversité et la démocratie (CRIDAQ) et professeur titulaire au Département de science politique de l'UQAM. Parmi ses travaux, notons *L'Âge des incertitudes : essais sur la diversité nationale et le fédéralisme* (2011) et *La raison du plus* fort : *plaidoyer pour le fédéralisme multinational* (2008), comme directeur de publication, *D'un référendum à l'autre : le Québec face à son destin* (2008), *Le fédéralisme canadien contemporain : fondements, traditions, institutions* (2006), comme codirecteur, *Canadian Politics* (6e éd., 2013), *Political Autonomy and Divided Societies* (2012), *Multinational Federalism* (2012) et *Federal Democracies* (2011).

Anne-Marie Gingras est professeure au Département de science politique de l'Université du Québec à Montréal. Elle a publié *Médias et démocratie. Le grand malentendu*, qui en est à sa 3ᵉ édition en 2009. Elle a dirigé *La communication politique : état des savoirs, enjeux et perspectives* (2003) ainsi que deux numéros spéciaux de *Politique et Sociétés* : *Démocratie et réseaux de communication* (1999) et *La construction de la légitimité dans l'espace public* (2008). Elle a publié dans *World Political Science Review*, la *Revue canadienne de science politique*, *Canadian Public Administration*, *Hermès*, *International Journal of Canadian Studies*, *Canadian Journal of Communication*, *Communication* et *Médiamorphoses*. Ses sujets de recherche comprennent l'accès à l'information et la transparence, l'engagement des journalistes envers la démocratie, la liberté d'expression, la médiatisation des questions liées au genre, les représentations sociales de la démocratie, le gouvernement électronique, la couverture médiatique de la Commisssion Gomery.

Raymond Hudon est professeur associé au Département de science politique de l'Université Laval. Ses recherches et publications portent principalement sur les groupes d'intérêt en contexte démocratique et sur la pratique du lobbying, en particulier sous la forme peu étudiée des portes tournantes. Parmi ses dernières publications, on compte *La politique, jeux et enjeux* (Prix Donald-Smiley, 2012), *Engagements politiques et citoyens de jeunes* et *Le pouvoir médical* (numéro spécial de *Recherches sociographiques*). En 2012 et 2013, il a été membre de la Commission de la délimitation des circonscriptions électorales fédérales pour le Québec. Il est aussi président du RC 16 (*Pluralisme socio-politique*) de l'Association internationale de science politique.

Guy Laforest est professeur titulaire au Département de science politique de l'Université Laval. Détenteur d'un doctorat de l'Université McGill, il a également enseigné au Département de science politique de l'Université de Calgary. Il a notamment été codirecteur de la *Revue canadienne de science politique* et directeur du Département de science politique de l'Université Laval. Il s'est engagé en politique québécoise sous la bannière de l'Action démocratique du Québec. Il a œuvré comme responsable de la Commission politique de ce parti en 2000-2001 et il en a été le président d'octobre 2002 à octobre 2004. On compte parmi ses publications les ouvrages suivants : *Trudeau et la fin d'un rêve canadien* (1992), *De la prudence* (1993), *Sortir de l'impasse : les voies de la réconciliation* (1998), *Débats sur la fondation du Canada* (2004), *Pour la liberté d'une société distincte* (2004), et avec Michel Seymour *Le fédéralisme multinational : un modèle viable ?* (2012). En 2013, il a été président du comité scientifique pour le congrès de l'ACFAS tenu à l'Université Laval et il a été fait chevalier de l'Ordre de la Pléiade par l'Association des parlementaires de la francophonie. Il est membre du Groupe de recherche sur les sociétés plurinationales (GRSP) et du Centre de recherche interdisciplinaire sur la diversité au Québec (CRIDAQ).

Louis Massicotte est professeur titulaire au Département de science politique de l'Université Laval où il a été titulaire de la Chaire de recherche sur la démocratie et les institutions parlementaires, après avoir enseigné à l'Université de Montréal. Détenteur d'une maîtrise de l'Université Laval et d'un doctorat de l'Université Carleton d'Ottawa, il a été attaché de recherche à la Bibliothèque du Parlement et chef du secteur politiques et planification stratégique à Élections Canada. Il a travaillé pour la plupart des comités parlementaires fédéraux qui ont traité de questions constitutionnelles, électorales et parlementaires durant les années 1980. Auteur de *Le Parlement du Québec de 1867 à aujourd'hui*, et coauteur de *Establishing the Rules of the Game. Elections Laws in Democracies*, *Le scrutin au*

Québec. Un miroir déformant, il a publié des chapitres dans plusieurs collectifs et des articles dans *Electoral Studies, Commonwealth and Comparative Politics, European Journal of Political Research*, la *Revue canadienne de science politique, Administration publique du Canada*, la *Revue québécoise de science politique, Zeitschrift für Kanada-Studien*, la *Revue des sciences de l'éducation de McGill* et *Recherches sociographiques*. Il a participé à titre d'expert en processus électoraux et questions constitutionnelles au développement démocratique de treize pays des Caraïbes, d'Europe de l'Est et d'Afrique. Il a agi comme conseiller technique auprès du ministre délégué à la réforme des institutions démocratiques du Québec sur le dossier de la réforme du mode de scrutin.

Éric Montigny est directeur exécutif de la Chaire de recherche sur la démocratie et les institutions parlementaires. Titulaire d'un doctorat en science politique de l'Université Laval, il détient également une maîtrise en administration publique de l'ÉNAP. Il est l'auteur d'un ouvrage publié en 2011 intitulé *Leadership et militantisme au Parti québécois*. Il a aussi codirigé l'ouvrage *Parlementarisme et francophonie*, publié en 2013. M. Montigny enseigne également au Département de science politique de l'Université Laval. Ayant œuvré pendant une douzaine d'années à l'Assemblée nationale du Québec, il jouit donc d'une vaste expérience pratique.

Réjean Pelletier est professeur associé au Département de science politique de l'Université Laval. Il a déjà été directeur de ce même département ainsi que directeur de la *Revue québécoise de science politique*. Membre de la Société royale du Canada et spécialiste de la politique canadienne et québécoise, il s'intéresse en particulier au fédéralisme canadien et comparé, aux partis politiques, à la présence des femmes en politique, au parlementarisme et à l'État. Il est l'auteur de plus d'une centaine d'articles publiés tant dans des ouvrages collectifs qui sont parus au Canada, aux États-Unis, en France, en Belgique, en Allemagne ou en Suède que dans des revues scientifiques telles que *Party Politics, International Political Science Review,*

Nationalism & Ethnic Politics, la *Revue canadienne de science politique, Journal of Canadian Studies* et *Québec Studies*. Il a aussi publié plusieurs volumes sur ces sujets dont récemment *Le Québec et le fédéralisme canadien. Un regard critique* (2008), comme directeur et coauteur, *Les partis politiques québécois dans la tourmente. Mieux comprendre et évaluer leur rôle* (2012) et, en codirection, *Le parlementarisme canadien* qui en est à sa cinquième édition en 2013.

Guy Tremblay, détenteur d'une maîtrise en droit de l'Université de la Colombie-Britannique et d'un Ph. D. du London School of Economics and Political Science (Angleterre), est professeur associé à la Faculté de droit de l'Université Laval, où il œuvre depuis 1974. Son enseignement et ses recherches ont surtout porté sur la Constitution du Canada. Il a notamment publié, en collaboration avec ses collègues Henri Brun et Eugénie Brouillet, un traité intitulé *Droit constitutionnel* qui, en 2008, en est à sa cinquième édition. Il a souvent agi comme consultant auprès du directeur général des élections du Québec, des gouvernements du Canada et du Québec et de divers organismes paragouvernementaux.

Manon Tremblay est professeure titulaire à l'École d'études politiques à l'Université d'Ottawa. Ses principaux champs d'intérêt sont les femmes et la politique, les mouvements sociaux (notamment le mouvement LGBTQ et le mouvement des femmes), et la politique canadienne. Elle a publié de nombreux articles dans des revues scientifiques dont *Administration publique du Canada, Democratization, Journal of Commonwealth and Comparative Politics, Party Politics*, la *Revue canadienne de science politique*, la *Revue suisse de science politique* et plusieurs volumes sur ces sujets, dont *Stalled. The Representation of Women in Canadian Governments* (2013), *Women and Legislative Representation: Electoral Systems, Political Parties, and Sex Quotas*, revised and updated edition (2012), *The Lesbian and Gay Movement and the State: Comparative Insights into a Transformed Relationship* (2011), *Women in Executive Power: A global overview* (2011), *Women and Parliamentary Representation in*

Quebec (2010), *100 questions sur les femmes et la politique* (2008), *Québécoises et représentation parlementaire* (2005). De 2003 à 2006, elle a été codirectrice de la *Revue canadienne de science politique*.

José Woehrling a fait des études de droit à Strasbourg (1962-1966) et à Montréal (1968-1970). Il a été professeur à la Faculté de droit de l'Université de Montréal de 1971 à 2010. Il est maintenant professeur associé et professeur émérite. Il s'intéresse au droit constitutionnel, canadien et comparé ainsi qu'à la protection internationale des droits de la personne et des droits des minorités. Il a été professeur invité, entre autres, aux facultés de droit de Poitiers, d'Aix-en-Provence et de Montpellier, à l'Institut d'études politiques de Grenoble (France), aux universités de Barcelone et de Tarragone (Espagne), au Collège universitaire d'études fédéralistes du Val d'Aoste (Italie). Il est l'auteur de nombreux ouvrages et articles en droit constitutionnel, en droit international et en droit comparé.

CANADA : FICHE D'IDENTITÉ

Géographie	
Superficie[1]	9 984 670 km^2; 2e pays en termes de superficie (après la Fédération de Russie)
Localisation[1]	Amérique du Nord, 60 00 Nord, 95 00 Ouest
Population	
Nombre[8]	35 056 064 (juin 2013)
Indice synthétique de fécondité[9]	approximativement 1,61 (en 2011)
Croissance[8]	5,9 % (2011)
Âge médian de la population[10]	40 ans (1er juillet 2012)
Espérance de vie[11]	femmes : 83,12 ans, hommes : 78,64 ans (estimation en 2009)
Population urbaine[12]	81 % (10 mai 2011)
Origines ethniques[1]	britannique : 28 %, française : 23 %, européenne (autres que britannique et française) : 15 %, amérindienne : 2 %, autres origines (essentiellement africaine, arabe, asiatique) : 6 %, origines multiples : 26 %
Groupes religieux[6]	catholique 43,2 %, protestant 29,2 %, chrétien orthodoxe 1,6 %, chrétien autres 2,6 %, musulman 2,0 %, juif 1,1 % bouddhiste 1,0 %, hindouiste 1,0 %, sikh 0,9 % pas de religion 16,2 % (en 2001)
Langues maternelles[13]	anglais 56,9 %, français 21,3 %, autres 19,7 % (en 2011)
Économie	
Croissance économique[14]	2,6 % (2011)
Produit intérieur brut[14]	1,27 billion (2011)
Produit intérieur brut par habitant[14]	38 914 $ (2010)
Revenu médian par famille (de deux personnes ou plus)[14]	63 800 $ (2009), après impôt
Taux d'activité[14]	66,8 % (2011)

Politique

État fédéral et gouvernement

Type d'État	monarchie constitutionnelle
Structure de l'État	fédération, soit 10 provinces et 3 territoires (voir plus bas)
Type de gouvernement	démocratie parlementaire de type Westminster
Capitale	Ottawa
Parlement fédéral	bicaméral : Chambre des communes (Chambre basse) composée de 308 (338 lors du scrutin de 2015) député/e/s élu/e/s pour un mandat maximal de cinq années, Sénat (Chambre haute) composé de 105 sénatrices/eurs nommé/e/s par la/e gouverneur/e-général/e sur recommandation du premier ministre fédéral
Mode de scrutin	majoritaire, uninominal, à un tour
Partis politiques (représentés au Parlement)	Bloc québécois, Nouveau Parti démocratique du Canada, Parti conservateur, Parti libéral du Canada, Parti vert du Canada
Exécutif	Premier ministre : Stephen Harper (Conservateur), depuis le 2 juin 2011 ; gouvernement majoritaire

États fédérés (provinces et territoires) (2013)

Provinces	Capitales	Premiers ministres	Partis	Gouvernements majoritaire ou minoritaire
Alberta	Edmonton	Alison Redford	Progressiste-conservateur	Majoritaire
Colombie-Britannique	Victoria	Christy Clark	Libéral	Majoritaire
Île-du-Prince-Édouard	Charlottetown	Robert W. J. Ghiz	Libéral	Majoritaire
Manitoba	Winnipeg	Gregory Selinger	Nouveau Parti démocratique	Majoritaire
Nouveau-Brunswick	Fredericton	David Alward	Progressiste-conservateur	Majoritaire
Nouvelle-Écosse	Halifax	Darrell Dexter	Nouveau Parti démocratique	Majoritaire
Ontario	Toronto	Kathleen Wynne	Libéral	Minoritaire
Québec	Québec	Pauline Marois	Parti québécois	Minoritaire
Saskatchewan	Regina	Brad Wall	Saskatchewan Party	Majoritaire
Terre-Neuve-et-Labrador	St. John's	Kathy Dunderdale	Progressiste-conservateur	Majoritaire

Territoires	Capitales	Premiers ministres	Partis	Gouvernements majoritaire ou minoritaire
Nunavut	Iqaluit	Eva Aariak	Pas de parti	Ne s'applique pas
Territoires du Nord-Ouest	Yellowknife	Bob McLeod	Pas de parti	Ne s'applique pas
Yukon	Whitehorse	Darrell Pasloski	Yukon Party	Majoritaire

Sources : 1) Central Intelligence Agency, *The World Factbook*, Canada (disponible à https://www.cia.gov/library/publications/the-world-factbook/geos/ca.html ; page consultée le 25 septembre 2008) ; 2) Statistique Canada (2008), *Annuaire du Canada 2007*, Ottawa, Ministre de l'Industrie : 63, 67, 163, 295, 296, 297, 343 (disponible à http://www.statcan.ca/francais/freepub/11-402-XIF/2007000/ver_pdf-fr.htm ; page consultée le 25 septembre 2008) ; 3) Statistique Canada (2001), *Les groupes religieux au Canada*, Ottawa, Ministre de l'Industrie : 3 (série de profils du Centre canadien de la statistique juridique) (disponible à http://dsp-psd.tpsgc.gc.ca/Collection/Statcan/85F0033M/85F0033MIF2001007.pdf ; page consultée le 25 septembre 2008) ; 4) Statistique Canada, Division de la statistique du travail (2006), *Regard sur le marché du travail canadien 2005*, Ottawa, Ministre de l'Industrie : 13 (N° 71-222-XIF) (disponible à http://www.statcan.ca/francais/freepub/71-222-XIF/71-222-XIF2006001.pdf ; page consultée le 25 septembre 2008) ; 5) Statistique Canada, *Portrait de la population canadienne en 2006 : le portrait national*, Ottawa, Ministre de l'Industrie (disponible à http://www12.statcan.ca/francais/census06/analysis/popdwell/NatlPortrait1.cfm ; page consultée le 28 janvier 2009) ; 6) Statistique Canada, *2001 Census: analysis series: Religions in Canada*, Ottawa, Ministre de l'Industrie (disponible à http://www12.statcan.ca/english/census01/Products/Analytic/companion/rel/pdf/96F0030XIE2001015.pdf ; page consultée le 15 janvier 2009) ; 7) Statistique Canada, *Recensement 2006, Langues maternelles*, Ottawa, Ministre de l'Industrie (disponible à http://www12.statcan.ca/francais/census06/data/topics/RetrieveProductTable.cfm?TPL=RETR&ALEVEL=3&APATH=3&CATNO=97-555-XCB2006019&DETAIL=0&DIM=&DS=99&FL=0&FREE=0&GAL=0&GC=99&GK=NA&GRP=1&IPS=97-555-XCB2006019&METH=0&ORDER=1&PID=89263&PTYPE=88971,97154&RL=0&S=1&ShowAll=No&StartRow=1&SUB=701&Temporal=2006&Theme=70&VID=0&VNAMEE=&VNAMEF= ; page consultée le 15 janvier 2009). 8) Ministre de l'Industrie. (2012). La population canadienne en 2011, effectifs et croissance démographique chiffres de population et des logements, recensement de 2011. Ottawa : Statistique Canada. (disponible à http://epe.lac-bac.gc.ca/100/201/301/liste_hebdomadaire/2012/electronique/w12-23-U-F.html/collections/collection_2012/statcan/CS98-310-2011-fra.pdf ; page consultée le 1 mai 2013) ; 9) Statistique Canada. (2013). Naissances et indice synthétique de fécondité, par province et territoire (Fécondité). (disponible à http://www.statcan.gc.ca/tables-tableaux/sum-som/l02/cst01/hlth85b-fra.htm ; page consultée le 1 mai 2013) ; 10) Statistique Canada. (2012). Le Quotidien — Estimations de la population du Canada : âge et sexe, 14 juillet 2012. (disponible à http://www.statcan.gc.ca/daily-quotidien/120927/dq120927b-fra.htm ; page consultée le 1 mai 2013) ; 11) Statistique Canada. (2013). Tables de mortalité, Canada, provinces et territoires, 2007 à 2009. (disponible à http://www.statcan.gc.ca/pub/84-537-x/84-537-x2013003-fra.htm ; page consultée le 1 mai 2013) ; 12) Statistique Canada. (2013). Population urbaine et rurale, par province et territoire (Canada). (disponible à http://www.statcan.gc.ca/tables-tableaux/sum-som/l02/cst01/demo62a-fra.htm ; page consultée le 1 mai 2013) ; 13) Statistique Canada. (2013). Recensement du Canada de 2011 : Tableaux thématiques | Langue maternelle. (disponible à http://www12.statcan.gc.ca/census-recensement/2011/dp-pd/tbt-tt/Rp-fra.cfm?LANG=F&APATH=3&DETAIL=0&DIM=0&FL=A&FREE=0&GC=0&GID=0&GK=0&GRP=1&PID=102834&PRID=0&PTYPE=101955&S=0&SHOWALL=0&SUB=0&Temporal=2011&THEME=90&VID=0&VNAMEE=&VNAMEF= ; page consultée le 1 mai 2013) ; 14) Statistique Canada. (2012). Annuaire du Canada, 2012. (disponible à http://www.statcan.gc.ca/pub/11-402-x/11-402-x2012000-fra.htm ; page consultée le 1 mai 2013).

RÉJEAN PELLETIER
DOCTORAT EN ÉTUDES POLITIQUES
MANON TREMBLAY, PH. D.

Si l'on excepte les régimes autocratiques et les dictatures qui subsistent encore, on peut classer les régimes démocratiques en deux grandes catégories : les régimes *parlementaires* issus du modèle britannique et les régimes *présidentiels*, dont le prototype est le système américain. À ces deux catégories de base s'en ajoutent deux autres, beaucoup plus rares. L'une se définit par son caractère hybride, à la fois mi-présidentiel et mi-parlementaire, mais relevant davantage du régime parlementaire, comme c'est le cas en France et comme c'était le cas en Finlande jusqu'en 1995. L'autre est de nature directoriale ou collégiale, en ce sens que le gouvernement est constitué d'un collège d'égaux qui n'admet pas de chef (comme l'est le premier ministre en régime parlementaire) dont le seul exemple actuel se trouve en Suisse.

Les systèmes démocratiques reposent sur une idée toute simple, mais fort importante : il appartient aux citoyens et citoyennes, détenteurs de la souveraineté, de choisir leurs dirigeants et dirigeantes. Et ce choix, ils doivent pouvoir le faire d'une façon périodique et en toute liberté. En ce sens, le Canada est une démocratie, comme c'est le cas également d'un grand nombre de pays à travers le monde. Cependant, l'état de santé de la démocratie peut varier considérablement entre les pays. Par exemple, le choix des nouveaux gouvernants n'est pas toujours respecté par les anciens dirigeants, ce qui provoque alors une crise politique qui se solde souvent par un coup d'État.

Dans une démocratie, l'organisme qui représente le mieux les citoyens et citoyennes et leur permet de s'exprimer et d'agir comme détenteurs de la souveraineté, c'est le Parlement. Mais il faut se garder d'identifier un régime parlementaire au seul fait de posséder un « Parlement ». Celui-ci s'entend d'une assemblée représentative, c'est-à-dire d'une assemblée composée de représentants et représentantes habituellement élus par la population (ce qui n'exclut pas les assemblées « représentatives », dont les membres peuvent être nommés). Si, le plus souvent, élection et représentation vont main dans la main, par ailleurs, ce ne sont pas là des notions siamoises. Ainsi, un ambassadeur représente le Canada même s'il a accédé à cette fonction par nomination et les Parlements issus des élections sont rarement représentatifs de la population sur un plan descriptif. Quoi qu'il en soit, cette assemblée est le dépositaire principal du pouvoir législatif : c'est là sa caractéristique essentielle. On trouve ainsi des Parlements un peu partout dans le monde, que l'on soit en régime présidentiel ou en régime « parlementaire ». C'est pourquoi on ne peut identifier le régime parlementaire à la seule possession d'un Parlement: le Congrès américain – composé d'une Chambre des représentants et d'un Sénat – est un véritable Parlement doté de pouvoirs législatifs importants. Si le Parlement est identifié à la fonction législative, le chef de l'État ou le gouvernement (ou les deux) sont détenteurs de la fonction exécutive, et les tribunaux, pour leur part, sont chargés de la fonction judiciaire.

La distinction entre régime parlementaire et régime présidentiel ne repose pas sur leur caractère démocratique ou non : l'un et l'autre peuvent être de nature autocratique. De même, on ne peut les distinguer par l'institution parlementaire : l'un et l'autre régime ont habituellement un Parlement. Il s'agit plutôt de voir comment sont réparties les tâches entre les gouvernants et comment elles sont coordonnées de façon à assurer l'unité et l'efficacité de l'ensemble. C'est ainsi que l'on parle de séparation rigide des pouvoirs, plus exactement de séparation entre le pouvoir législatif et le pouvoir exécutif, pour caractériser le régime présidentiel et de collaboration ou même de fusion des pouvoirs (exécutif et législatif) pour définir le système parlementaire. Quant à l'indépendance du judiciaire, on la considère comme la condition première d'un État de droit. Si l'on se réclame d'une telle conception de l'État, elle devrait alors s'imposer d'elle-même.

Pour reprendre la formule de Philippe Lauvaux, « le parlementarisme, c'est le gouvernement parlementaire, quelles que soient ses modalités particulières de fonctionnement et les appréciations d'ordre politique que l'on peut porter à son sujet » (Lauvaux, 1987 : 3). Ce gouvernement parlementaire se caractérise justement par la responsabilité politique de l'exécutif – ou du gouvernement – devant les assemblées, en particulier devant l'assemblée élue par la population et, en

contrepartie, par le droit dont dispose habituellement le gouvernement de dissoudre l'assemblée élue, donc, de convoquer des élections. C'est là l'essence même du régime parlementaire basé sur le principe de la responsabilité ministérielle, principe que l'on ne trouve pas dans les régimes présidentiels où l'exécutif (le gouvernement) n'est pas appelé à rendre des comptes devant le Parlement, ni ne peut être renversé par lui.

Bien plus, la combinaison unique du principe de majorité, à la base des régimes représentatifs, et du principe de responsabilité, fondement du régime parlementaire, assure le caractère particulier du parlementarisme. Ce que résume fort bien Philippe Lauvaux lorsqu'il écrit : « En se définissant par la responsabilité du gouvernement devant le Parlement, en exigeant ainsi le maintien permanent de l'accord entre majorité et gouvernement, le régime parlementaire va au bout de la logique du principe majoritaire. C'est en cela qu'il constitue un modèle institutionnel relativement simple » (Lauvaux, 1998 : 210).

En fonction de ce qui précède, définir le système politique canadien par la notion de régime parlementaire nous invite à déborder le cadre du Parlement pour scruter l'ensemble des *institutions* qui nous régissent, c'est-à-dire de voir comment sont réparties les tâches entre les gouvernants. Le restreindre à la seule organisation parlementaire nous entraînerait sur une fausse route. Il faut nécessairement analyser les relations entre le gouvernement et le Parlement. En reprenant la distinction popularisée par Gérard Bergeron (1993), il conviendrait plutôt de distinguer le niveau de l'impération ou du commandement, incarné par le gouvernement et par le Parlement, et le niveau de l'exécution identifié à l'administration et au judiciaire.

Si le régime parlementaire se caractérise avant tout par la responsabilité du gouvernement devant l'assemblée élue (habituellement la Chambre basse), on ne peut tout de même faire l'économie des interactions entre ce niveau de l'impération et celui de l'exécution. En d'autres termes, il importe aussi de mettre en évidence tout le secteur de l'administration dont les relations sont intenses avec le gouvernement et même avec le Parlement, ainsi que le pouvoir judiciaire chargé d'interpréter et de faire respecter les lois adoptées par le Parlement. C'est pourquoi quatre chapitres sont consacrés à ce qui constitue le cœur du régime parlementaire canadien : le premier sur le Parlement lui-même ou le pouvoir législatif, le deuxième sur le gouvernement ou le pouvoir exécutif, un troisième sur l'administration et un quatrième sur le pouvoir judiciaire.

En commençant par le niveau de l'impération, le chapitre sur le *pouvoir législatif* fait état de la composition, du rôle, des fonctions et des pouvoirs du Sénat et de la Chambre des communes qui, avec la Couronne, constituent le Parlement canadien. Ce dernier légifère dans les domaines de compétence qui lui sont attribués par la Constitution du pays, en plus de surveiller l'administration gouvernementale. Pour adopter les lois qui nous régissent, les parlementaires doivent suivre une procédure assez longue comprenant plusieurs étapes dont, entre autres, le travail en comités parlementaires (appelés commissions parlementaires à Québec). Par ailleurs, il semble important de revoir le fonctionnement de ces institutions législatives, quand ce n'est pas de remettre en cause leur pertinence. Dans ce chapitre, une importante section est également consacrée à l'Assemblée nationale du Québec,

axée essentiellement sur la comparaison avec la Chambre des communes.

Quant au texte sur le *pouvoir exécutif*, il met en lumière le rôle essentiellement symbolique joué par la Couronne ainsi que la concentration du pouvoir exécutif réel entre les mains d'une équipe de ministres appelée le Cabinet ou le Conseil des ministres aussi bien à Ottawa qu'à Québec. Au sein de cette équipe, le premier ministre joue un rôle capital puisqu'il désigne et révoque ses collègues tout en arrêtant les grandes lignes de l'action gouvernementale. Le caractère démocratique de ce système découle essentiellement de la sélection des députés par l'électorat et de la responsabilité du gouvernement envers la Chambre des communes à Ottawa ou envers l'Assemblée nationale à Québec.

Quant à l'exécution, le chapitre portant sur l'*administration publique* traite des rapports entre parlementaires et fonctionnaires. Il analyse l'effet des rôles des parlementaires sur la vie de la fonction publique, s'arrêtant surtout au rôle de contrôleurs qui ne touche pas seulement le gouvernement, mais aussi l'administration publique elle-même. En ce qui a trait au statut d'employé public, il requiert un certain nombre de qualités importantes qui colorent le comportement des fonctionnaires, telles que la neutralité politique, la discrétion, la réserve, le professionnalisme, la loyauté et l'impartialité.

Le *pouvoir judiciaire* se présente sous un jour différent. Il a cette particularité de ne pas prendre l'initiative de se pencher sur tel ou tel problème : ce sont les justiciables qui doivent le saisir d'un litige, lequel peut devoir franchir jusqu'à trois échelons dans l'organisation judiciaire avant de connaître une solution finale. Cependant, la procédure de renvoi, souvent utilisée à des fins politiques, ne suit pas cette démarche. Il faut surtout souligner que les tribunaux sont jaloux de leur indépendance, qu'ils cherchent à protéger et à extensionner, tout en jouant, dans la société, un rôle que l'on pourrait qualifier de politique.

Autour de ce noyau central du parlementarisme canadien axé sur les fonctions législative, exécutive, administrative et judiciaire gravitent une série d'*acteurs* politiques. Tout d'abord, les citoyens et citoyennes qui sont appelés à choisir leurs dirigeants et dirigeantes politiques. Ce qui nous conduit à étudier le *système électoral* et les *comportements électoraux*. Le système électoral fait référence aux mécanismes de sélection des autorités politiques, c'est-à-dire non seulement aux règles électorales elles-mêmes, mais aussi au découpage des circonscriptions, à leur répartition par province et au déroulement des campagnes électorales. Quant aux comportements électoraux, ils concernent, il va sans dire, la participation aux élections, mais également les principaux déterminants du vote.

Autres acteurs bien connus de la vie politique : les partis politiques et les groupes d'intérêt. Les *partis fédéraux* et *québécois* sont au centre de la vie politique canadienne et québécoise en ce sens que l'électorat est appelé avant tout à choisir entre des partis en compétition. Ceux-ci jouent ainsi un rôle important dans la structuration des débats politiques en offrant des positions différenciées sur le plan idéologique, bien que ces différences aient tendance à s'atténuer. Si le courant libéral a profondément marqué la scène politique canadienne, il ne faut pas minimiser pour autant l'influence du courant conservateur et de la droite conservatrice, ni celle du courant socialiste et social-démocrate. Au Québec, depuis une quarantaine d'années, le débat politique oppose également les

fédéralistes et les souverainistes, débat qui vient recouper les oppositions toujours présentes entre les tenants d'un État plus interventionniste ou moins interventionniste. Par ailleurs, les partis fédéraux, comme les partis québécois, partagent largement une même forme organisationnelle où tout converge vers le sommet, vers le chef qui exerce un contrôle important sur la vie des partis.

Le chapitre sur les *groupes d'intérêt* a pour objectif de nous faire comprendre l'évolution des rapports entre ceux-ci et les gouvernements canadiens et québécois, rapports caractérisés aujourd'hui par le renforcement de la pratique du *lobbying*, pratique qui est elle-même de plus en plus encadrée par des interventions législatives et réglementaires. Dans ce contexte, il importe de bien situer le rôle des groupes d'intérêt, une réalité elle-même en mutation qui se situe également au cœur de mutations démocratiques, d'analyser la portée de leurs pratiques de représentation et d'apporter un éclairage essentiel sur les rapports des acteurs de la société civile aux institutions politiques.

Enfin, les *médias* ne peuvent être ignorés dans le contexte moderne de la vie politique. Ils jouent un rôle central comme instruments de communication qui affectent les pratiques politiques de multiples façons. Tout d'abord, les médias traditionnels servent encore de canaux de communication importants entre la population et l'État alors que les nouvelles technologies de l'information et de la communication possèdent un potentiel démocratique de plus en plus exploité de nos jours. Ensuite, les médias affectent les pratiques politiques, par exemple, en érodant le rôle des partis et en établissant l'agenda politique. Cependant, les effets des médias dans la formation de l'opinion publique ne font pas l'unanimité des analystes : ils varient en fonction des théories utilisées. Malgré tout, l'arrivée d'Internet et des réseaux électroniques dans le paysage politique soulève des espoirs (trop grands ?) associés au projet des « autoroutes de l'information » et des usages qu'en font les gouvernements.

Si, des institutions qui nous régissent, nous sommes remontés à un ensemble d'acteurs qui donnent vie au cadre politique, nous ne pouvons faire l'économie d'une analyse du *fédéralisme* qui caractérise d'une façon particulière le système politique canadien. Dans le monde contemporain, le Canada a été, en 1867, le premier pays à combiner le système parlementaire de type britannique et la formule fédérale. D'autres suivront, tels que l'Australie et l'Inde.

C'est ainsi que le premier chapitre qui ouvre ce volume établit les grands paramètres qui nous aident à mieux *comprendre la vie politique au Canada et au Québec*. D'entrée de jeu, il importe de bien cerner l'identité canadienne qui repose non seulement sur le fédéralisme et la démocratie parlementaire, mais aussi sur la primauté du droit et le respect des droits des minorités. On ne peut également passer sous silence le rôle incontournable de l'État, l'importance de l'héritage britannique de même que la contribution majeure du Québec au façonnement de cette identité. Ce qui a donné lieu à des visions contrastées, canadiennes et québécoises, de la représentation nationale et de la question identitaire, qui ont conduit à des conflits, toujours présents, entre les projets nationaux canadien et québécois.

Le chapitre qui suit est consacré plus spécifiquement à la *Constitution* et au *fédéralisme*. La combinaison d'un système fédéral et d'un régime parlementaire calqué sur le modèle britannique, mis en place au Canada dès 1867, a ouvert la

voie à d'autres pays qui s'en sont inspirés. On ne peut donc ignorer la formule fédérative qui a des répercussions considérables sur le parlementarisme canadien, quand bien même ce ne serait que par le partage des compétences entre les deux niveaux de gouvernement. Mais la Constitution a évolué depuis 1867 tant à la suite de modifications qu'on lui a apportées que de l'interprétation qu'en ont faite les tribunaux. Si les facteurs sociopolitiques ont façonné un fédéralisme parfois plus centralisé, parfois plus décentralisé, on pourrait croire, cependant, que les forces centralisatrices ont tendance à l'emporter. À cet égard, le rapatriement de 1982 nous a légué un double héritage qui pose avec plus d'acuité encore le choix entre la dualité canadienne et l'égalité, entre la diversité et l'homogénéité.

Depuis le rapatriement de 1982, il importe de souligner les conséquences importantes de la *Charte canadienne des droits et libertés* sur la vie politique canadienne. Après avoir présenté ses caractéristiques essentielles, ce chapitre s'arrête à ses conséquences en ce qui a trait à l'activisme judiciaire, à la juridicisation et à la judiciarisation de la vie politique ainsi qu'à ses effets centralisateurs. Les interprétations de la Charte par la Cour suprême ont profondément modelé le paysage politique canadien.

Le chapitre sur le *fédéralisme exécutif*, comme son titre l'indique, porte sur le volet exécutif du fédéralisme. Il montre clairement, à la suite de certains auteurs dont Donald Smiley (1980), que les décisions prises dans le contexte de la fédération canadienne par des membres des gouvernements ou par les premiers ministres fédéral et provinciaux affectent l'ensemble de la fédération. C'est bien de l'exécutif dont il s'agit avant tout, mais dans le cadre fédératif qui repose sur deux ordres de gouvernement. Ce chapitre nous aide précisément à mieux situer ce fédéralisme exécutif dans les contextes constitutionnel et institutionnel canadiens, en mettant l'accent sur les rencontres des premiers ministres. Identifiant d'abord les moments marquants de l'institutionnalisation du fédéralisme exécutif au Canada, il en analyse ensuite les principaux problèmes et les grands défis, s'arrêtant, entre autres, à la formule du fédéralisme asymétrique.

Telle est donc l'armature globale du présent ouvrage qui s'ouvre sur une analyse du *fédéralisme* dans la vie politique canadienne et québécoise, qui fait intervenir ensuite les principaux *acteurs* de cette vie politique et qui, finalement, scrute plus en détail les *institutions* qui règlent cette vie politique.

Le parlementarisme canadien est un sujet d'enseignement dans la plupart de nos institutions universitaires et même collégiales. Curieusement, on constatait, au cours des années 1990, que peu d'ouvrages en langue française y avaient été consacrés, ce qui pouvait être une source légitime de frustration. *Le système parlementaire canadien*, paru en 1996, venait donc combler une lacune importante.

En raison de l'accueil favorable qu'il a reçu dans les milieux d'enseignement et par la critique, il a fallu songer rapidement à une deuxième édition, encore meilleure que la première. C'est ainsi qu'est parue, en 2000, une deuxième édition, revue et augmentée, de l'ouvrage désormais intitulé *Le parlementarisme canadien*.

La troisième édition a, elle aussi, été le fruit d'une profonde transformation. Tous les textes ont été mis à jour pour tenir compte des événements politiques survenus depuis 2000. Cette édition comptait deux chapitres entièrement nouveaux ainsi que trois autres chapitres écrits par de nouveaux auteurs

Devant le succès rencontré par la troisième édition, il était devenu nécessaire de mettre en branle rapidement le processus de mise à jour et de modifications qui a conduit à la quatrième édition. On y trouvait douze chapitres au lieu de treize, un chapitre entièrement nouveau (le premier) et deux autres profondément modifiés (7 et 8). Les autres ont été revus et mis à jour et ils tenaient compte de la situation québécoise d'une façon plus importante que dans les éditions précédentes.

Nous en sommes maintenant à la cinquième édition qui comporte, elle aussi, douze chapitres. Chacun a été revu, modifié et mis à jour pour tenir compte des événements survenus jusqu'au début de 2013. Nous tenions également à ce que l'ouvrage soit moins volumineux que le précédent, ce qui est finalement le cas. Les ajouts et les mises à jour devaient donc s'accompagner de la suppression de certains passages sans sacrifier à l'excellence du contenu. En ce sens, cette cinquième édition constitue un ouvrage nouveau. On y trouve toujours un *glossaire* qui regroupe les principales expressions et la terminologie particulière utilisées dans les diverses disciplines des auteurs et auteures. Une *chronologie des événements politiques* jusqu'en avril 2013 aide à situer les sujets d'étude dans leur contexte historique et à saisir l'interdépendance de certains événements. Les *Lois constitutionnelles de 1867* et *de 1982*, accompagnées de multiples notes, sont également annexées pour faciliter leur consultation alors qu'elles font l'objet de multiples renvois dans plusieurs chapitres. Nous avons ajouté, de plus, un index thématique et un index des noms qui rendront encore plus facile la lecture de ce volume.

Bien sûr, le présent ouvrage ne prétend pas répondre à toutes les questions qui pourraient surgir dans l'esprit des lecteurs et lectrices. D'ailleurs, toute réponse à une question soulève des questions ultérieures. Les auteurs et auteures souhaitent, toutefois, que leur réflexion sur les divers aspects de nos institutions parlementaires contribue à une meilleure compréhension de la société canadienne et de la société québécoise de même que de l'organisation des pouvoirs publics au niveau central de la fédération et au palier québécois. Ce livre s'adresse d'abord aux étudiants et étudiantes de niveaux universitaire et collégial, mais il est vivement souhaité qu'il puisse profiter également aux parlementaires de tous les champs d'application, aux militants politiques, aux journalistes de même qu'au grand public.

Précisons, enfin, que les opinions exprimées ici sont celles des auteurs et auteures et qu'elles n'engagent aucunement les institutions ou les organismes auxquels ils sont associés.

BIBLIOGRAPHIE

BERGERON, Gérard (1993), *L'État en fonctionnement*, Québec, Les Presses de l'Université Laval ; Paris, L'Harmattan.

LAUVAUX, Philippe (1998), *Les grandes démocraties contemporaines*, 2ᵉ éd., Paris, Presses universitaires de France.

LAUVAUX, Philippe (1987), *Le parlementarisme*, Paris, Presses universitaires de France, Coll. «Que sais-je?», nᵒ 2343.

SMILEY, Donald V. (1980), *Canada in Question : Federalism in the Eighties*, 3ᵉ éd., Toronto, McGraw-Hill Ryerson.

CHAPITRE 1

Comprendre la vie politique au Canada et au Québec

Guy Laforest
Département de science politique, Université Laval

Alain-G. Gagnon
Département de science politique,
Université du Québec à Montréal

OBJECTIFS

- Présenter et analyser les points tournants de l'histoire politique canadienne et québécoise ;

- Discuter les principes fondateurs du Canada et la contribution du Québec ;

- Contraster les lectures québécoises et canadiennes aux chapitres des représentations nationales, de la question identitaire et de la Constitution.

INTRODUCTION

*L*a terre tourne sur elle-même et elle tourne autour du soleil. Nul ne songerait à étudier la complexité de notre planète sans aborder simultanément ces mouvements de translation et de rotation. Un raisonnement semblable s'applique à toute étude intelligente de la vie politique au Canada et au Québec. Alors que nous avançons résolument dans le XXIᵉ siècle, l'humanité paraît confrontée à une série de difficultés, toutes plus complexes les unes que les autres : problèmes de sécurité et de terrorisme plus d'une décennie après les attaques du 11 septembre 2001 et, alors que les troupes canadiennes achèvent une mission de combat en Afghanistan, crise financière internationale, déplacement de populations et guerres civiles, défis reliés à une démographie mondiale galopante, contraintes des organisations internationales, tensions Nord-Sud, remise en question de pactes constitutionnels, préoccupations environnementales à commencer par l'accélération du réchauffement climatique.

Dans ce contexte, à l'échelle planétaire, davantage de gens s'intéressent aux systèmes politiques du Canada et du Québec à cause de leur pertinence dans un monde où les enjeux reliés à la diversité des populations deviennent de plus en plus importants, mais aussi à cause du coefficient élevé de stabilité et de bonne gouvernance des institutions canadiennes. L'originalité des expériences canadienne et québécoise vient du fait que l'histoire les a amenées à transformer leurs régimes et leurs institutions politiques pour intégrer simultanément plusieurs couches de diversité profonde : des minorités nationales territorialement concentrées – c'est le cas du Québec dans le Canada et c'est celui de la minorité anglo-québécoise ; des populations immigrantes cherchant un élargissement de la citoyenneté dans le multiculturalisme – à la canadienne – ou dans l'interculturalisme – à la québécoise ; des peuples autochtones résolument engagés dans des dynamiques de reconstruction identitaire et d'obtention de leur autonomie gouvernementale. En sociologie politique comme en philosophie, les travaux les plus actuels sur les identités plurielles, sur le fédéralisme et sur la citoyenneté dans nos sociétés démocratiques scrutent attentivement les développements dans le laboratoire politique canado-québécois (Gagnon, 2011 : 129 ; Guibernau, 2007 : 1).

Dans ce chapitre d'introduction, nous commencerons par offrir plusieurs réponses aux interrogations visant à cerner la nature et les principaux éléments de l'identité politique du Canada. Certes, nous fournirons notre propre réponse, mais nous considérerons aussi les perspectives de quelques acteurs importants de notre vie politique et intellectuelle. Nous effectuerons par la suite un survol des dates et des événements marquants de l'histoire, en insistant sur la thématique de la fondation. Puis nous proposerons une interprétation du conflit entre les projets nationaux canadien et québécois, principale ligne de clivage de la politique au pays depuis la Deuxième Guerre mondiale.

L'IDENTITÉ POLITIQUE CANADIENNE

Deuxième plus vaste pays à l'échelle planétaire, le Canada est avec dix millions de kilomètres carrés un pays à la géographie imposante. Toutefois, pour la majorité de sa population anglophone (77 % sur un total de 33 millions) et pour l'*establishment* politico-intellectuel concentré dans le corridor Toronto-Ottawa-Montréal, c'est une créature vulnérable, obnubilée par sa précarité face aux États-Unis d'Amérique, la plus grande puissance de l'histoire de l'humanité. Le voisinage états-unien, c'est le péril externe pour la promotion d'une identité canadienne distincte. Les réflexions de George Grant dans *Lament for a Nation : The Defeat of Canadian Nationalism* sont évocatrices de l'inquiétude viscérale du pays face à son voisin. Par ailleurs, à l'interne, c'est la menace souverainiste ou sécessionniste du Québec qui a représenté au cours des quarante dernières années le seul vrai péril pour la préservation de l'intégrité territoriale. À deux reprises, d'abord en mai 1980 puis de façon encore plus exacerbée en octobre 1995, des référendums souverainistes organisés par le gouvernement du Québec ont fait vaciller le pays. La formation au Québec d'un gouvernement souverainiste du Parti québécois, même minoritaire, après les élections du 4 septembre 2012, a ravivé les inquiétudes.

Pour offrir un premier aperçu de l'identité politique canadienne, nous donnerons d'abord la parole à la Cour suprême du Canada. En 1998, dans le Renvoi sur le droit du Québec de faire sécession du Canada, jugement névralgique qui sera analysé plus en profondeur dans les chapitres 2 et 3, le plus haut tribunal du pays a identifié quatre principes qui, conjointement, constituent les fondements politico-normatifs de l'édifice constitutionnel canadien : le fédéralisme ; la démocratie ; le constitutionnalisme et la primauté du droit ; le respect des droits des minorités.

En mettant le fédéralisme au premier rang dans son énumération et en prenant des accents lyriques pour analyser son rôle dans notre histoire et notre vie politiques depuis 1867, la Cour suprême lui a clairement attribué la toute première place dans l'architecture politico-constitutionnelle du pays. Nous pensons qu'il s'agissait davantage d'un vœu pour l'avenir que d'une description adéquate du passé. L'avis de la Cour fait à présent autorité, mais il est encore possible de le critiquer dans une société libre et démocratique, expression que l'on trouve aussi depuis 1982 dans le premier article de la *Charte canadienne des droits et libertés*.

Certes, le Canada est depuis 1867 un régime fédéral où les pouvoirs et les compétences sont partagés dans un texte constitutionnel entre le gouvernement central et les États membres de la fédération. C'est aussi un régime démocratique où les citoyens jouissent d'une série de droits politiques, dont ceux qui exigent la tenue régulière d'élections dans un régime représentatif ainsi que le principe d'égalité inscrit dans le droit de vote. Toutefois, contrairement à ce qui se produit ailleurs, le peuple n'y est pas souverain, le Canada étant une monarchie constitutionnelle où la souveraineté est partagée entre le Parlement, le texte constitutionnel tel qu'interprété par les juges et les prérogatives résiduelles de la monarchie. Il n'est pas seul dans cette famille de régimes qui inclut notamment le Royaume-Uni, l'Espagne et la Belgique. Cette caractéristique se trouve dans le troisième principe évoqué par la Cour suprême en 1998, à savoir le constitutionnalisme et la primauté du droit. Monarchie limitée dans la tradition britannique depuis l'instauration du principe de la suprématie parlementaire en Angleterre à la fin du XVIIe siècle, le Canada se définit aussi par son respect du principe de la primauté du droit. Ce principe le range dans la catégorie des États adhérant à la philosophie politique du libéralisme, l'empire du droit servant à encadrer et à limiter l'autorité des gouvernements pour mieux préserver les droits individuels et l'égalité entre les citoyens. Dans sa compréhension de l'identité politique du Canada, la Cour suprême a incontestablement contribué à accroître la réputation du pays comme champion de la diversité dans le monde en élevant le principe du respect des droits des minorités au rang des principes fondateurs.

Quand les diplomates canadiens partent à l'étranger, ils amènent avec eux le portrait officiel du pays, assez semblable à celui tracé par la Cour suprême en 1998 : monarchie constitutionnelle, démocratie libérale représentative, régime parlementaire et fédéral, État-nation indépendant, bilingue et multiculturel. Que dire du Québec dans ce premier regard portant sur l'identité politique canadienne ? Seule province majoritairement francophone (plus de 80 % des Québécois sont d'héritage francophone ou canadien-français et 96 % des 7,8 millions parlent le français), le Québec a historiquement contribué substantiellement à la configuration originale de l'État canadien. Si le Canada est souvent considéré comme l'avant-garde d'une nouvelle civilisation de la différence ouverte à la diversité et à la multiplicité des identités, il le doit pour une bonne part au Québec (Kymlicka, 1998 et 2001). Le Canada est devenu, en 1971, le premier pays de la planète à adopter une politique officielle de multiculturalisme, inscrite dans l'élargissement de son bilinguisme institutionnel et dans l'aménagement des règles du vivre-ensemble entre deux communautés, anglophone et francophone, territorialement concentrées et imbriquées l'une dans l'autre. On peut dire cela de façon plus simple : pas de multiculturalisme sans le bilinguisme, et ni l'un ni l'autre sans le rôle historique du Québec en général et de la région métropolitaine de Montréal en particulier.

On peut aussi formuler cela autrement. Il y a une douzaine d'années, Michael Ignatieff, l'ancien chef du Parti libéral fédéral, avait essayé de cerner en quoi la panoplie des droits que l'on trouve au Canada faisait du pays un espace juridique original dans la famille des États libéraux et démocratiques. Il établit que cela était dû à une combinaison de quatre types de droits : des droits libéraux assez avant-gardistes sur des questions morales complexes comme celle de l'avortement ; une conception social-démocrate généreuse, visible dans des programmes de redistribution de la richesse pour les individus et les communautés défavorisés ; des droits collectifs pour les groupes ; et, enfin, la possibilité pour un État membre de quitter la fédération en toute légalité (Ignatieff, 2001 : 25-26). Des pressions politiques exercées par la seule province majoritairement francophone au pays, la nature des valeurs sociales partagées et de la culture publique commune au Québec, ainsi que le rôle clé joué par des acteurs politiques issus de cette province sont à compter parmi les facteurs ayant contribué à façonner ce régime des droits qui participe pour une bonne part à faire l'originalité politico-juridique du pays.

ENCADRÉ 1.1

Regards étrangers sur le Canada et sur le Québec

[…] le Canada a fondé, grâce à son héritage multiple, récent mais riche et parfois enraciné fort loin dans le temps, grâce à son immensité, grâce à son voisinage, grâce au fait qu'il s'est voulu terre d'accueil, une manière d'être et de vivre qui fait la singularité de son prix : de l'embouchure du Saint-Laurent à l'île de Vancouver, du Grand Nord aux Grands Lacs. Ce qui frappe d'abord le visiteur, voire le familier, c'est le caractère paisible d'un peuple qui ignore la violence et les emportements. C'est le respect que les êtres ont les uns pour les autres et le respect que l'organisation physique du territoire et des immeubles manifeste pour les êtres. C'est la disponibilité des administrations et des entreprises qui sont plus attentives qu'ailleurs en dépit des tentations bureaucratiques […]. C'est le caractère naturel de la présence de personnes de toutes les couleurs, de toutes les origines. C'est le respect de la nature. C'est le caractère très fort, ni révolté, ni soumis, ni triomphant de la lutte que les femmes conduisent inlassablement, non pas seulement pour qu'une juste place leur soit faite, mais pour que soit vraiment pris en compte le regard qu'elles portent sur le monde et la société, l'idée qu'elles ont de la vie […]. Pourtant, et c'est là qu'est le problème, la politique, dans le sens quotidien du terme, a envahi et tétanisé la relation entre les deux cultures qui sont l'une et l'autre indispensables à l'existence du Canada. Elles sont chacune liées à l'existence de l'autre dans son originalité. Elles sont l'une et l'autre nécessaires au maintien de ce que nous appelions tout à l'heure la civilisation (Edgard Pisani, ministre sous la présidence de Charles de Gaulle puis responsable de l'Institut du monde arabe à Paris, après le référendum de 1995).

Voici comment je vois le Québec. C'est un pays paisible, passionné et passionnant. Ces qualificatifs peuvent paraître contradictoires, le goût de la paix étant généralement lié au calme des passions, il faut donc que je m'en explique. Les Québécois sont un peuple aux mœurs douces, liés à un haut degré de culture et à une parfaite intégration des procédures démocratiques qui conduisent au compromis plutôt qu'au conflit ouvert, à l'entente plutôt qu'à l'opposition frontale […]. La spécificité du Québec tient cependant dans le lien qui y a toujours été maintenu entre l'affirmation identitaire et la démocratie […]. La revendication identitaire est toujours historique, parfois ethnique, religieuse, linguistique, ou autre, tandis que le régime démocratique est indifférent à l'identité, il ne définit qu'une structure de société et un type d'institutions et de gouvernement politique. Or, les Québécois n'ont jamais dissocié les deux. Leur revendication identitaire et nationale s'est toujours faite dans le cadre d'une démocratie et en vue de l'instauration d'une démocratie (Yves-Charles Zarka, philosophe français et directeur de la revue *Cités*, texte de 2005).

Pourtant, et cela est d'une certaine manière la face sombre de la politique canadienne, le pays n'est pas encore parvenu à exprimer clairement et fortement, dans un texte constitutionnel, le fait que le Québec – comme peuple, nation, société distincte, communauté politique autonome, les mots pour le dire n'ont pas manqué au cours de l'histoire – est une entité différente du reste du pays et que cette différence entraîne des conséquences politiques et juridiques importantes. Pour comprendre le Canada et son identité politique, on ne peut passer à côté de l'expérience historico-politique québécoise.

Si le Canada est obnubilé par le voisinage des États-Unis, le Québec paraît traversé par une obsession démographique et une angoisse identitaire : la crainte de disparaître dans l'uniformité anglophone du continent, la nature parfois mélancolique d'un nationalisme qui s'explique mal que ce Québec, fils de cette France qui fut la mère de toutes les nations, est le seul rejeton colonial européen d'importance à ne pas avoir fait son indépendance dans l'histoire des Amériques depuis deux siècles. Le Québec, c'est d'abord un miracle de la démographie. De l'époque napoléonienne à aujourd'hui, la population de la France est passée de 25 millions à 60 millions d'habitants. Pendant ce temps, l'ex-Nouvelle-France fraîchement conquise, qui s'est métamorphosée en Québec moderne, a vu sa population croître de 70 mille à 8 millions d'habitants. C'est le phénomène de la survivance du Québec. Société massivement catholique, conservatrice, rurale et aux familles démesurément nombreuses encore en 1920, le Québec n'a eu besoin que de deux générations pour vivre une modernisation brutale et tardive qui en a fait un peuple qui s'est massivement détourné de l'Église catholique, très urbain,

ouvert à toutes les tendances et innovations sociétales, et champion toutes catégories de la dénatalité en Amérique du Nord (Simard, 1999). Et dire que les sociologues ont considéré qu'il s'agissait là d'une révolution tranquille ! L'expression désigne plus correctement le rattrapage institutionnel étatique et la reconfiguration du nationalisme qui se sont produits entre 1960 et 1970. Parce que cet État provincial poussé par la mobilisation nationaliste s'est rapidement emparé des champs de l'éducation, de la santé et de pans substantiels de l'économie (notamment avec la nationalisation de compagnies privées d'hydro-électricité fusionnées à Hydro-Québec et la création de plusieurs sociétés d'État), l'expression « Nation sans État », que l'on doit à la sociologue politique catalane Montserrat Guibernau (1999), décrit de façon incorrecte la réalité québécoise[1]. La division des pouvoirs entre les ordres de gouvernement dans le fédéralisme canadien procure au Québec une marge appréciable d'autonomie que ses dirigeants politiques ont laissée en jachère jusque dans la deuxième moitié du XXᵉ siècle. Cette dynamique de changement fut fortement impulsée par la très importante cohorte démographique du *baby-boom*, laquelle a beaucoup carburé idéologiquement au nationalisme de décolonisation qui a caractérisé l'après-Deuxième Guerre mondiale en Afrique et en Asie (Monière, 2001 ; Keating, 1997). Ce Québec extrêmement novateur, symbolisé par

---

1. En relation avec le titre de son ouvrage, *Nations without States*, paru en 1999. Nous estimons cependant que l'auteure a raison d'écrire que pour des communautés politiques autonomes mais non souveraines, comme le Québec, la Catalogne et l'Écosse, la gestion de la diversité interne est un enjeu fondamental, comme les travaux récents de la Commission Bouchard-Taylor l'ont clairement démontré.

l'Exposition universelle de 1967 à Montréal, a nourri, simultanément, un important mouvement indépendantiste et les transformations politico-identitaires qui ont donné naissance au Canada contemporain (Ralston Saul, 1998).

Dans la reconstruction historique des principes de l'identité politico-constitutionnelle du Canada qu'elle a proposée en 1998, la Cour suprême a beaucoup trop insisté sur les éléments normatifs, pour en arriver à un récit trop idéalisé (Racine, 2012 : 143). En tenant davantage compte du cadre géopolitique et de la dynamique conflictuelle de la vie des sociétés, nous allons maintenant compléter cette section en cernant quatre dimensions interreliées de l'architecture politico-identitaire du Canada. Il s'agit de la place centrale de l'État, de la portée de l'héritage britannique, du principe fédéral et, enfin, de l'apport déterminant du Québec à la diversité canadienne.

Le rôle incontournable et prioritaire de l'État

Dans l'histoire du pays, l'État a toujours été un marqueur identitaire fort, d'abord et avant tout dans le dessein de différencier le Canada de son voisin américain. Tandis que le rêve américain est construit sur un individualisme exacerbé et sur une profonde méfiance envers l'État, celui-ci a toujours revêtu, au Canada, les traits d'un protecteur bienveillant de la communauté. Aux États-Unis, les textes fondateurs sacralisent les projets individuels de protection de la vie, de la liberté et de la poursuite du bonheur. Au Canada, en 1867, le Dominion fédéral fut érigé pour promouvoir la paix, l'ordre et le bon gouvernement. Le ton était donné. Et on peut ajouter que ce ton est particulièrement à la mode depuis l'élection du gouvernement conservateur majoritaire dirigé par

Stephen Harper le 2 mai 2011. Pour construire et développer un pays autonome et distinct au nord des États-Unis, il a donc été nécessaire de s'appuyer sur un volontarisme Est-Ouest, renouvelé à travers cinq grandes politiques nationales : l'établissement d'une politique nationale économique derrière un mur tarifaire ; la construction des chemins de fer au XIXᵉ siècle ; la politique de l'immigration afin de peupler les provinces de l'Ouest canadien ; l'établissement d'un *Welfare State* après 1945 ; et l'avènement de la *Charte canadienne des droits et libertés* en 1982. Au Canada, le rôle de tuteur ou de fiduciaire attribué à l'État central prend une coloration particulière au chapitre de la protection des communautés minoritaires : catholiques et protestants, sans oublier la minorité anglo-québécoise au temps de la fondation fédérale en 1867, minorités linguistiques à la grandeur du Canada, peuples autochtones et groupes attachés au patrimoine multiculturel du pays depuis le régime de Pierre Elliott Trudeau, en précisant que toutes ces tendances ont trouvé un ancrage constitutionnel fort dans la réforme de 1982.

L'importance historique et la signification contemporaine de l'héritage britannique

Le Canada est un pays doté d'une solide épine dorsale étatique. Il a eu besoin de plus d'un siècle, après 1867, pour vraiment affirmer son indépendance de la mère patrie impériale britannique. Ce gradualisme est un trait qui relève du chapitre écrit par le Royaume-Uni dans l'histoire du projet politique de la modernité. Cet esprit modéré s'est imposé dans la façon britannique de combiner la suprématie du Parlement dans un régime conservant une forte symbolique monarchique et persistant à attribuer des pouvoirs législatif et exécutif limités, mais bien réels, aux détenteurs de l'autorité royale. Cet héritage a donc procuré un anti-radicalisme à la culture politique canadienne, distinguant le pays aussi bien de la France que des États-Unis. Pour décrire l'histoire de l'autonomisation du Canada, il faut parler d'une véritable décolonisation tranquille. Cet esprit caractérise aussi les processus de transformation constitutionnelle. Dans la tradition continentale européenne – et surtout en France –, changer de constitution, c'est comme déménager pour vivre dans une nouvelle maison après avoir démoli l'ancienne. Héritage britannique oblige, le Canada se comporte autrement. L'ingénierie constitutionnelle y est œuvre de rénovation. État fort d'abord et avant tout pour maintenir une distinction avec les États-Unis, il doit aussi à sa filiation britannique le fait d'être un État libéral limité. Les principales coutumes et les traditions britanniques – la primauté du droit, la monarchie constitutionnelle limitée par la prépondérance du Parlement, le système d'un gouvernement responsable à la tête duquel on trouve conventionnellement le chef du principal parti politique représenté à la Chambre des communes – font en sorte qu'il comptait, à l'échelle occidentale, parmi les pays les mieux protégés de l'autoritarisme étatique bien avant l'entrée en vigueur de la Charte des droits et libertés.

Il manquerait un élément à la compréhension de cette dimension si nous omettions d'établir un lien entre l'héritage britannique et la culture politique de l'élite administrative au service de l'État central canadien. Tout au long de la période prolongée de gestation de l'État canadien, la fonction publique fédérale, massivement anglophone, a maintenu des contacts étroits avec la bureaucratie impériale britannique. La force de l'État au Canada, c'est donc aussi celle d'une élite administrative centrale dévouée, compétente (voir le chapitre 11), cultivant les vertus du service public et s'estimant d'emblée supérieure à ses homologues dans les provinces, ayant donc transféré à son profit, dans la conduite de la vie politique au Canada, cette présomption de supériorité qui a longtemps caractérisé la bureaucratie impériale britannique (Owram, 1986). La nomination en novembre 2012 de Mark Carney, gouverneur de la Banque du Canada, à la tête de la banque d'Angleterre, risque bien de donner une touche actuelle à cette tendance. Cet aspect, trop souvent négligé, n'appartient pas uniquement à la sphère de la culture politique. Il conserve toute sa pertinence dans la dynamique des relations intergouvernementales à l'œuvre dans le fédéralisme canadien contemporain (voir le chapitre 4).

Le principe fédéral : autonomie et non-subordination des pouvoirs

Nous sommes d'accord avec l'opinion émise par la Cour suprême du Canada en 1998 selon laquelle le fédéralisme représente un pilier important de l'identité politique du pays. Mais si l'on intègre la totalité de l'expérience historico-politique canadienne, il nous semble difficile de faire abstraction de ces deux dimensions fondamentales et prioritaires que sont l'étatisme et l'héritage britannique. Les travaux classiques de Donald Smiley avaient établi les limites de l'importance du fédéralisme pour la période allant de l'émergence du Dominion canadien en 1867 jusqu'à l'avènement d'un nouvel ordre constitutionnel en 1982 (Smiley, 1987). Plus récemment, à l'ère de la *Charte canadienne des droits et libertés*, les travaux de José Woehrling (voir le chapitre 3)

ENCADRÉ 1.2

John A. Macdonald sur le pourquoi du fédéralisme et sur le sens de l'héritage britannique au temps de la fondation du Canada, 1864-1867

Or, en ce qui a trait aux avantages comparatifs d'une union législative et d'une union fédérale, je n'ai jamais hésité à dire que, si la chose était faisable, une union législative serait préférable. J'ai toujours déclaré que, si nous pouvions avoir un gouvernement et un parlement pour toutes les provinces, nous aurions le gouvernement le meilleur, le moins dispendieux, le plus vigoureux et le plus fort. Mais, en étudiant la question comme nous l'avons fait à la conférence, nous avons trouvé que ce système était pratiquement impossible. D'abord, il ne saurait rencontrer l'assentiment du peuple du Bas-Canada, qui sent que, dans la situation particulière où il se trouve, comme minorité parlant un langage différent et professant une foi différente de la majorité du peuple sous la confédération, ses institutions, ses lois, ses associations ancestrales, qu'il estime hautement, pourraient avoir à en souffrir. On a compris que toute proposition qui impliquerait l'absorption de l'individualité du Bas-Canada ne serait pas reçue avec faveur par sa population. Nous avons trouvé en outre que, quoique le peuple des provinces d'en-bas parle la même langue que celui du Haut-Canada et soit régi par les mêmes lois – reposant sur le droit coutumier anglais –, il n'y avait, de la part de ces provinces, aucun désir de perdre leur individualité comme nation et qu'elles partageaient à cet égard les mêmes

dispositions que le Bas-Canada. Nous avons été par conséquent contraints de conclure soit à l'abandon de toute idée de l'union, soit d'imaginer une union qui protégerait jusqu'à un certain point les organisations provinciales distinctes... (Ajzenstat, Romney, Gentles et Gairdner, 2004 : 309-310).

En ce qui concerne les gouvernements provinciaux, il est prescrit que chacun aura pour chef un administrateur principal nommé par le gouvernement général. Comme nous devons former une province unie, avec des gouvernements provinciaux et des corps législatifs subordonnés au gouvernement fédéral et à la législature générale, il est évident que l'administrateur de chaque section sera également subordonné à l'administrateur principal de toute la confédération. Le gouvernement général occupera envers les gouvernements provinciaux exactement la même position que l'impérial occupe maintenant à l'égard des colonies ; de telle sorte que, tout comme le lieutenant-gouverneur de chacune des provinces est directement nommé par la reine, à laquelle il rend compte et fait rapport sans intermédiaire, de même les administrateurs des gouvernements provinciaux seront par la suite subordonnés au représentant de la reine, auquel ils rendront des comptes et feront rapport... (Ajzenstat, Romney, Gentles et Gairdner, 2004 : 314).

ainsi que ceux d'Eugénie Brouillet et de Jean Leclair, appartenant pourtant à des écoles interprétatives distinctes, partagent la même vision en ce qui a trait aux réticences actuelles de la Cour suprême, dans sa jurisprudence constitutionnelle, à accorder de manière suivie et cohérente une importance primordiale ou décisive dans son travail au principe fédéral (Brouillet, 2005 ; Leclair, 2007). Dans le prochain chapitre de cet ouvrage et dans un essai-synthèse sur la nature et sur les effets du fédéralisme canadien au Québec, Réjean Pelletier propose une analyse qui corrobore notre argumentation visant à relativiser l'importance du fédéralisme dans l'identité politique du Canada (Pelletier, 2008 : 231-232).

Les Québécois et les francophones ont donné plus d'importance au fédéralisme dans leur compréhension du Canada que les anglophones et que les gens d'ailleurs au pays. Par ailleurs, il serait tout à fait exagéré de penser que les francophones du Québec (lesquels vivaient au Bas-Canada dans le régime constitutionnel de 1791 et au Canada-Est dans celui de 1840) furent les seuls à désirer une union fédérale au temps des débats entre les colonies britanniques d'Amérique du Nord dans les années 1860. Dans les provinces maritimes de Charles Tupper et dans l'Ontario de George Brown, un fort courant autonomiste, désirant à la fois préserver les libertés politiques de ces communautés politiques et leur configuration identitaire, s'est joint aux forces de George-Étienne Cartier et de ses alliés au Canada-Est pour militer en faveur d'une approche fédérale. Il est cependant tout aussi vrai d'ajouter qu'à l'époque, au Québec, le projet d'une union fédérale canadienne fut présenté comme une forme de souveraineté-association.

S'il est correct de penser, comme l'a écrit Marie Bernard-Meunier (2007), que le fédéralisme doit réconcilier les deux besoins fondamentaux que sont le désir de rester soi-même et le désir de s'unir, il est tout aussi juste de reconnaître que dans ce moment clé qu'est toujours celui de la fondation, c'est le désir de rester soi-même dans la nouvelle union qui était dominant dans le Québec d'alors, tandis qu'ailleurs le désir de s'unir était la plupart du temps au moins aussi fort que le désir de rester soi-même. Il faut peut-être voir dans cette réalité une des toutes premières causes expliquant que les dirigeants politiques québécois, les intellectuels et les universitaires s'intéressant à l'étude ou à la pratique du fédéralisme ont eu tendance à lui accorder une importance morale, normative et existentielle pas mal plus accentuée, en règle générale, que leurs collègues d'ailleurs au Canada. La démonstration de ce phénomène vient d'être faite de manière convaincante par notre collègue François Rocher. Au Québec, des générations d'acteurs et d'interprètes se sont passé le flambeau d'une lecture voyant dans l'union de 1867 un pacte entre des communautés politiques – certains préfèrent parler de colonies ou de provinces –, voire entre des peuples, et on a systématiquement retenu de ce pacte qu'il visait à préserver l'autonomie du Québec, une autonomie servant une fin supérieure, celle de la conservation et de la promotion de ce qui fait la différence du Québec (Rocher, 2006 : 93-146). Tandis qu'ailleurs au Canada, la perspective dominante a eu tendance à éviter la survalorisation morale du fédéralisme pour privilégier les aspects fonctionnels et instrumentaux, le langage de la performance et de l'efficacité (Bakvis et Skogstad, 2008).

La contribution du Québec
au maintien de l'originalité canadienne
et le rôle prioritaire et incontournable
de l'État dans le façonnement
de la différence québécoise

Le Québec n'est pas tout à fait le centre géographique du Canada, mais il demeure son cœur historique. La seule présence massivement francophone du Québec procure au Canada une forte distinction face aux États-Unis d'Amérique. Cela s'avère rassurant pour le Canada. Outre la part du Québec dans la genèse et le développement du fédéralisme, évoquée ci-haut, nous ne retiendrons ici que quelques aspects qui procurent une authentique dimension dualiste à la vie publique canadienne, bien que la reconnaissance constitutionnelle de cela paraisse immensément improbable dans le Canada d'aujourd'hui. Cette dualité inimaginable sans le rôle du Québec, on la trouve dans la nature bilingue du pays, dans la présence de deux systèmes juridiques, l'un d'inspiration britannique – le droit coutumier ou la *common law* – l'autre d'inspiration française – le droit civil québécois –, dans deux sociétés globales intégrant l'immigration, l'une prioritairement en français et l'autre quasi exclusivement en anglais, dans le complexe tissu associatif de deux sociétés civiles, dans deux réseaux communicationnels et technologiques sophistiqués et dans deux communautés scientifiques à la fois autonomes et interdépendantes. Encore une fois, rien de tout cela ne serait possible sans le Québec ET la seule présence de tout cela conforte le Canada dans son désir de différence en Amérique. À ce Québec qui rassure, il faut cependant en ajouter un autre qui inquiète. Le Québec «menaçant», comme le Canada dans son entièreté, a eu besoin de la

présence énergique de l'État dans la deuxième moitié du XXᵉ siècle pour actualiser et affirmer sa différence. Cette dynamique de modernisation sociale, connue sous le nom de Révolution tranquille, a mené dans l'horizon politique à l'exacerbation du conflit entre identité nationale canadienne et identité nationale québécoise, entre deux projets nationaux à certains égards similaires, mais vivant leurs rapports en tension permanente (Gagnon et Iacovino: 2007: 121-160). Nous explorerons cela davantage dans la dernière section de ce chapitre. Mais auparavant, nous compléterons notre premier regard global sur l'architecture identitaire et sur la configuration d'ensemble de la vie politique au pays par un retour sur les événements, les dates et les fondations plurielles de ce Canada qui doit tant au Québec.

UNE PLURALITÉ DE FONDATIONS

Écrire l'histoire d'un pays, c'est aussi accomplir un acte politique dont la direction et la responsabilité nous incombent. Où et quand commence le Canada? À l'époque contemporaine, nul ne saurait s'aventurer sur ce terrain sans évoquer une première fondation, complexe et multiforme, signée par les Premiers Peuples, ou Premières Nations, sur quelque dix millénaires d'occupation du territoire canadien. Cette première fondation a acquis une nouvelle importance au cours des trente dernières années grâce à la résurgence politico-sociale des peuples autochtones au pays, dans la conscience morale de l'humanité et jusque dans le fonctionnement des organisations internationales.

Quand vient le temps d'interpréter les premières explorations européennes et leur rôle dans l'avènement du Canada, on trouve vite les lignes de démarcation classiques entre historiographies anglophone et francophone. Le découvreur est-il John Cabot (Terre-Neuve, 1492) ou Jacques Cartier (Gaspé et Québec, 1534)? En soi, la réponse a peu d'importance, puisque ce n'est qu'au XVIIe siècle que la colonisation du territoire canadien a réellement débuté. Cependant, symboliquement, choisir l'un ou l'autre «découvreur», c'est un peu choisir le point de repère par

excellence, le «peuple fondateur», celui qui fit la «découverte» européenne du pays.

Personne n'oserait reprocher aux Acadiens d'insister sur l'importance des efforts d'occupation de la région orientale du Canada par les Français dans les toutes premières années du XVIIe siècle. Toutefois, comme cela a été rappelé récemment par le faste et les célébrations qui ont entouré la commémoration du 400e anniversaire de la fondation de la ville de Québec par Champlain en 1608, il est possible de voir dans cet événement un moment clé dans l'émergence du

Tableau 1.1

Quelques dates importantes de l'histoire politique canadienne, 1492-2013

DATE	ÉVÉNEMENTS
1492	Christophe Colomb arrive en Amérique
1497	Giovanni Caboto explore la côte est de l'Amérique et vraisemblablement le golfe du Saint-Laurent
1534	L'explorateur Jacques Cartier prend possession du Canada au nom du roi de France
1608	Fondation de Québec par Champlain
1629-1632	Première conquête anglaise (Québec aux mains des Kirke)
1634	Fondation de Trois-Rivières par Laviolette
1642	Fondation de Montréal (Ville-Marie) par Maisonneuve
1654-1667	L'Acadie passe aux mains des Anglais
1663	La Nouvelle-France devient une colonie royale (établissement d'un conseil souverain)
1689-1697	Première guerre intercoloniale entre la France et l'Angleterre
1755	Début de la déportation des Acadiens
1759	Reddition de Québec
1760	Capitulation de Montréal
1760	Établissement du régime militaire
1763	Traité de Paris Proclamation royale
1774	Acte de Québec
1791	Acte constitutionnel
1810	Premier projet d'union des deux Canadas
1822	Second projet d'union des deux Canadas

TABLEAU 1.1

Quelques dates importantes de l'histoire politique canadienne, 1492-2013 (suite)

DATE	ÉVÉNEMENTS
1834	Les 92 Résolutions
1837	Les résolutions Russell
	Rébellion : batailles de Saint-Denis, Saint-Charles et Saint-Eustache
1838	Déclaration d'indépendance du Bas-Canada (Nelson)
	Pendaison de 12 Patriotes à Montréal
1840	Acte d'Union
1848	Ministère Baldwin-La Fontaine
	Avènement de la responsabilité ministérielle
1854	Fin du régime seigneurial
1864	Conférences de Charlottetown et de Québec
1867	Proclamation de l'*Acte de l'Amérique du Nord britannique*
1876	*Loi sur les Indiens*
1899	Le Canada envoie, pour la première fois, des troupes outre-mer pour participer à la guerre des Boers
1905	Création des provinces de l'Alberta et de la Saskatchewan
1931	Statut de Westminster
1939	Création, par les autorités fédérales, de la Commission Rowell-Sirois sur les relations entre le Dominion et les provinces
1949	Fin des recours au Comité judiciaire du Conseil privé. La Cour suprême devient l'ultime recours judiciaire dans tous les types de causes au Canada
1953	Création, par les autorités québécoises, de la Commission Tremblay sur les problèmes constitutionnels
1963	Création, par les autorités fédérales, de la Commission Laurendeau-Dunton sur le bilinguisme et le biculturalisme
1976	Élection du Parti québécois
1980	Premier référendum québécois sur la souveraineté
1982	Rapatriement de la Constitution et enchâssement dans la Constitution de la *Charte canadienne des droits et libertés*
1987	Signature de l'Accord de principe du lac Meech
1990	Échec de l'Accord du lac Meech
1992	L'entente de Charlottetown est défaite par voie de référendum
1995	Second référendum québécois sur la souveraineté
2006	Reconnaissance de la nation québécoise par la Chambre des communes

Québec et du Canada contemporains. À partir de 1608, l'organisation de la vie politique, au sens européen ou occidental du terme, prend des airs de permanence. Dans la foulée de la fondation de Québec, l'histoire canadienne prend la forme d'un paradoxe. D'un côté, le Conseil souverain de la Nouvelle-France représente dès 1663 l'Ancien Régime français dans ce qu'il pouvait avoir de plus absolutiste (Bouchard, 2001 : 85-86). Cela complétait l'absolutisme religieux de l'Église catholique, maîtresse des âmes et souvent des terres, plus autoritaire encore qu'elle ne l'était dans la France de la même époque. Si l'on ajoute à cela l'implantation d'un régime seigneurial tout droit tiré de la féodalité française jusqu'à son abandon en 1854, on trouve dans ce premier Canada une copie conforme des anciens régimes européens. Par ailleurs, la Nouvelle-France aura très vite la particularité d'être un milieu très homogène sur les plans linguistique et culturel (Bouchard, 2001 : 90-91). Cette homogénéité fut le résultat de l'hégémonie de l'Église catholique et des institutions de l'Ancien Régime, lesquelles limitèrent considérablement les contacts des colons français avec les Amérindiens et l'installation d'une population significative de non-catholiques au sein de la colonie. Mais cette homogénéité fut aussi la conséquence d'un processus plus « moderne ».

En effet, les premiers colons ont vécu dans une petite société – qui ne comptait pas plus de 10 000 personnes en 1680 (Bouchard, 2001 : 85) – au sein de laquelle les syncrétismes et les innovations, sur les plans linguistique et culturel, se trouvèrent favorisés par l'uniformité des institutions, la grande proximité des destins individuels – même la différence entre la vie des seigneurs et celle des roturiers se trouvait amoindrie sur cette terre en défrichement – et l'impossibilité technique

d'échapper à l'usage d'une langue unique. En ce sens, la petite colonie de la Nouvelle-France aurait pu, dès le XVIIᵉ siècle, ressembler, n'eût été de la tutelle métropolitaine, à ce que l'on appellera plus tard un État-nation moderne (Bouchard, 2001 : 85-96). Cette voie était un avenir possible pour elle.

Mais la colonie était surtout un vaste territoire. Et comme tous les grands territoires d'Amérique, elle était l'objet de la convoitise mercantile des puissants États européens. Le destin de la Nouvelle-France doit beaucoup au fait qu'elle ne fut jamais vraiment plus qu'un avant-poste de l'exploitation marchande des ressources naturelles. Son sort était lié à celui de la France, à sa fortune militaire comme à la compréhension froide de ses intérêts. C'est pourquoi, en définitive, ce sont moins les affrontements de la vallée du Saint-Laurent qui menèrent à son appropriation par la Couronne britannique (plusieurs fois conquérante victorieuse de Québec) que le choix métropolitain de céder le contrôle de la Nouvelle-France en échange du maintien de l'emprise sur les colonies antillaises, alors jugées plus rentables. C'est à Paris, en 1763, que la signature du traité du même nom scella le sort politique du Canada. Il y a quelques années, en 2009, on a beaucoup entendu parler de la célèbre bataille des Plaines d'Abraham de septembre 1759 qui prit une importance universelle quand la France calcula, en 1763, que son intérêt passait par le transfert ou la cession du Canada à la Grande-Bretagne. La difficulté contemporaine d'en arriver à un accord honorable pour l'avenir entre les projets nationaux canadien et québécois explique selon nous, du moins en partie, l'ampleur de cette polémique. Quoi qu'il en soit, les années 1759 à 1763 représentent à l'évidence l'une des grandes périodes de fondation du Canada. Certains y voient le début d'un régime politique britannique plus libéral et plus moderne, d'autres préfèrent se remémorer qu'il s'est d'abord agi d'une conquête, tandis que d'autres encore rappellent que 1763, en plus d'être l'année du Traité de Paris, fut aussi celle d'une proclamation royale délimitant les obligations fiduciaires de la Couronne britannique envers les peuples autochtones. Et d'une couronne à l'autre, le Canada allait trouver un nouveau nom qui, paradoxalement, engendrera au XXe siècle celui de la seule société majoritairement francophone d'Amérique du Nord : *The Province of Quebec*. Désormais sujets du puissant Empire britannique, les 70 000 habitants francophones catholiques et les quelque 4 000 Amérindiens (concentrés dans la vallée du Saint-Laurent) changeaient de maîtres (Bouchard, 2001 : 85 et 90). Par-delà ce bouleversement, une ligne de continuité : le destin de la colonie continuera de dépendre étroitement des vicissitudes de la politique d'une puissance européenne.

La problématique de la fondation du Canada se complexifie davantage avec l'adoption, en 1774, de l'Acte de Québec par le Parlement britannique. Dans la politique impériale britannique au Canada, cet acte remplace la Proclamation royale de 1763, laquelle avait institué un régime juridique, culturel et religieux de discontinuité radicale ; autrement dit, une dure politique d'assimilation « des Canadiens français par une colonie anglaise, gouvernée par des lois anglaises, dans un esprit anglais » (Wade, 1966 : 80). Au grand dam des colonies américaines, et contribuant de la sorte à précipiter leur rébellion, l'Acte de Québec rétablit pour l'essentiel au profit de la nouvelle colonie les frontières de la Nouvelle-France. Sur les fronts religieux, culturel et identitaire, Londres abandonne le dessein assimilateur : le système seigneurial de propriété et d'organisation des terres ainsi que les coutumes et les lois civiles françaises redeviennent en vigueur. La pleine liberté est accordée au culte catholique, avec le droit de percevoir la dîme, et un nouveau serment d'allégeance va permettre aux catholiques d'accéder aux charges publiques (Lamonde, 2000 : 24-25). L'esprit et la lettre de l'Acte de Québec ne sont pas sans zones grises : le statut officiel ou prépondérant de la langue française, incontestable sur le terrain (dans une proportion de 30 à 1, la colonie parle français), n'y est pas constitutionnalisé ; alors que la Proclamation de 1763 avait combiné un régime d'assimilation identitaire et la promesse d'une assemblée législative à l'anglaise, l'Acte de Québec, lui, joint à un régime de générosité identitaire un cadre politique fondé sur l'autorité arbitraire et discrétionnaire de l'exécutif, sans promesse d'assemblée dans un proche avenir ; enfin, les documents publics révèlent que l'action des responsables britanniques est motivée tant par des considérations géostratégiques et la raison d'État que par des motifs d'humanité, de justice et d'indulgence (Tully, 1999 : 146-147). Sur la base de l'histoire impériale britannique en Inde et en Irlande, on peut néanmoins pensé que les considérations stratégiques furent prioritaires. Malgré ces nuances, un fait demeure : l'Acte de Québec est la Magna Carta de la politique de la diversité et de la reconnaissance identitaires au Canada et au Québec. Voir dans le Canada un phare pour l'émergence d'une civilisation de la différence, c'est une idée qui commence à avoir un sens à partir de l'Acte de Québec. Il s'agit en fait du premier statut impérial dotant une colonie britannique de sa propre constitution (Neatby, 1972 : 1).

L'Acte constitutionnel de 1791 constitue un temps fort de l'implantation des pratiques démocratiques au Canada, puisqu'il établit deux chambres de délibération, contribuant ainsi à faire avancer les idéaux démocratiques. Les pouvoirs dévolus à ces chambres ne furent pas très importants. L'Acte de 1791 crée également deux territoires distincts, le Haut-Canada et le Bas-Canada. Chacun possède dès lors sa propre Chambre d'assemblée élue au suffrage censitaire, son propre Conseil législatif et son propre gouverneur. L'une et l'autre Chambres agissent de façon autonome et n'exercent aucun contrôle sur les dépenses publiques. Le principe de la responsabilité ministérielle tarde à s'implanter. C'est d'ailleurs la quête de la responsabilité ministérielle qui constituera un des grands enjeux derrière les tiraillements entre le Parti canadien et le Parti patriote à la veille des grands bouleversements annonçant le soulèvement des Patriotes en 1837-1838. Avant de parler plus abondamment des rébellions de 1837-1838, il faut souligner que le gouvernement conservateur dirigé par Stephen Harper a consacré beaucoup de ressources en 2012 pour souligner le bicentenaire de la guerre canado-américaine de 1812 – en fait le Canada, impliqué dans la guerre américano-britannique de 1812-1814, fut envahi plusieurs fois par des troupes nombreuses mais mal dirigées –, en faisant une date fondatrice de la souveraineté nationale du Canada (peu d'historiens avaient auparavant accordé une grande importance à ce conflit). Et tout cela, sans renier la filiation britannique grâce à cette belle coïncidence que fut le jubilé de diamant de la Reine Elisabeth II, lui aussi célébré en grande pompe par le gouvernement Harper. Précisons que le Bas-Canada n'était pas le seul au XIXe siècle à revendiquer une pleine démocratisation des processus décisionnels, puisqu'au même moment, des chefs de file du Haut-Canada formulaient des demandes identiques auprès de Londres. Toutefois, les tiraillements en provenance du Bas-Canada se faisaient plus incisifs et incitèrent Londres à intervenir en réprimant toutes velléités d'affirmation démocratique. L'échec des Patriotes cache par ailleurs un important succès, puisque ces derniers sont parvenus à faire naître un vaste sentiment populaire d'affirmation politique.

Réagissant aux troubles qui avaient cours à la fois au Bas et au Haut-Canada, Londres, obtempérant au Rapport Durham qui souhaitait angliciser les Canadiens français et imposer une majorité anglophone et fidèle sur tout le territoire, procéda à la fusion du Bas et du Haut-Canada en votant l'Acte d'Union le 23 juillet 1840. Il prit effet le 10 février 1841. Dès lors, il n'y avait plus qu'une seule et même Chambre d'assemblée, un seul gouvernement. Nous sommes encore loin de la responsabilité ministérielle, puisque le gouverneur et les membres du Conseil exécutif étaient nommés par Londres. Quant au Conseil législatif, il comprenait 24 membres nommés à vie, alors que la Chambre des représentants était composée de 84 membres élus de façon égale en provenance du Canada-Est et du Canada-Ouest. L'anglais fut initialement la seule langue officielle de la législature puis à compter de 1844, le français fut reconnu. On profita de l'Acte d'Union pour consolider les dettes des deux territoires, ce qui fut défavorable au Bas-Canada.

Mais comme l'écrivent Alain-G. Gagnon et Laurent-Mehdi Chokri (2005 : 17) dans une précédente édition de cet ouvrage : « Le Canada-Uni s'avéra être une structure politique peu efficace et, à force de pressions, les députés canadiens, appuyés en cela par bon nombre d'habitants, obtinrent que le gouvernement devienne responsable devant la Chambre des représentants.» L'avènement du gouvernement responsable en 1848 contribua par ailleurs à faire ressortir la faiblesse politique du groupe canadien-français au sein de la Chambre d'assemblée et ouvrit la voie à une réforme institutionnelle majeure : la Confédération canadienne.

Selon l'essayiste canadien-anglais John Ralston Saul, la vraie fondation politique du Canada moderne est à trouver dans l'évolution du régime de l'Acte d'Union vers la reconnaissance *de facto* du principe de gouvernement responsable en 1848. Cela signifiait que, dorénavant, les gouverneurs coloniaux nommés par Londres n'exerceraient leurs pouvoirs que sur l'avis d'un cabinet ou conseil exécutif, obligatoirement choisi parmi les représentants élus par la population à la Chambre des communes ou parmi les membres du Sénat. Outre cette dimension institutionnelle, Ralston Saul considère que le partenariat politique entre le leader canadien-français Louis-Hyppolite La Fontaine et son collègue réformiste de la future Ontario, Robert Baldwin, dont les réalisations au cours de cette décennie cruciale allèrent de la légalisation de l'usage de la langue française dans la vie parlementaire à des transformations économico-sociales, installa de manière durable au pays une culture politique de collaboration et de confiance mutuelle entre francophones et anglophones. L'extrait qui suit illustre bien l'orientation de la pensée de Ralston Saul à ce sujet (voir l'encadré 1.3).

Notre collègue Eugénie Brouillet a écrit : «L'Acte de Québec constitue le premier jalon juridique de l'enracinement profond de la nation québécoise dans une culture distincte» (2005 : 111). L'Acte de l'Amérique du Nord britannique de 1867 – officiellement *Loi constitutionnelle de 1867* depuis 1982, constitution fédérale toujours en vigueur dans le Canada contemporain –, peut être vu comme une suite logique et cohérente de l'esprit de l'Acte de Québec, approfondissant l'idée de la fondation du Canada dans une pluralité d'identités et de souverainetés partagées. Londres y consent au désir de plusieurs de ses colonies d'Amérique septentrionale de se fédérer politiquement. On y écrit un chapitre original dans l'histoire de l'État moderne en inventant une structure hybride, le Dominion du Canada, largement autonome face à l'Empire mais subordonné quant à certaines questions fondamentales de gouverne, et on reproduit, en son sein, des rapports hiérarchiques semblables entre le gouvernement central et les provinces. Le constitutionnalisme britannique – monarchie mixte, souveraineté parlementaire, *rule of law* ou «règle de droit» – y est reconduit. Mais l'essentiel est d'abord à trouver du côté d'une véritable renaissance politique du Québec, quelque vingt-cinq ans à peine après le Rapport Durham et l'Acte d'Union de 1840. Il est à trouver également du côté de l'implantation d'un fédéralisme complexe accordant une autonomie politique substantielle aux entités fédérées – reconnues souveraines dans leurs champs de compétence – enchâssant un régime tout aussi complexe de reconnaissance du droit à la différence de majorités et de minorités nationales, religieuses et linguistiques enchevêtrées les unes dans les autres. Pour le Québec contemporain, le régime de 1867 est le pilier fondateur de son existence comme communauté politique autonome et comme société nationale distincte. Le principe fédéral fut d'abord et avant

ENCADRÉ 1.3

John Ralston Saul et la fondation du Canada dans le caractère sage et modéré du régime de gouvernement responsable après 1848

On opéra toute une série d'autres changements fondamentaux qui continuent de marquer notre société jusqu'à ce jour. Mais il faut revenir sur un point central : le vrai sens du mot « compromis ». Non pas un troc ou un échange, mais plutôt la modération à la lumière de principes de base. Quand la Clique du Château [formée essentiellement de marchands britanniques et de seigneurs canadiens-français] et ses alliés sont descendus dans les rues de Montréal le 25 avril 1849, dans la soirée, et brûlèrent le Parlement du Canada, le gouvernement réagit avec modération. Partout ailleurs en Occident, les gouvernements répondaient à de telles situations par les armes. Le Conseil Exécutif, c'est-à-dire le cabinet, se réunit le 27 avril dans le contexte des désordres qui se poursuivaient et approuva un document qui allait définir sa politique. Ce document stipulait que « la manière appropriée de maintenir l'ordre est de renforcer l'autorité civile ». Et que le « Conseil désapprouve le recours aux militaires pour réduire de tels troubles [...] ».

C'était un moment parfaitement existentialiste. On avait là une fragile demi-colonie demi-pays, qui comptait déjà deux langues et plusieurs groupes ethniques et religions – sans parler du rôle des autochtones en tant que pilier fondateur de cette société en émergence. Dans la conjoncture du XIXᵉ, c'était un baril de poudre. La réaction du gouvernement allait pousser ce lieu sur la pente européenne-américaine des confrontations impossibles, de la violence ouverte et d'un modèle monolithique centralisé. Ou bien les ministres allaient devoir découvrir une autre manière de régler les choses.

À leur façon, LaFontaine et Baldwin puisèrent dans leur propre sens éthique et dans leur imagination et optèrent pour une réponse à la fois originale et très controversée. Le gouvernement impérial de Londres, par exemple, s'indigna que les rues n'aient pas été dégagées à coups de fusils. Le grand historien de l'ouest canadien W.L. Morton décrit cela en disant que les réformistes avaient décidé « de ne pas répondre à la provocation par la provocation, mais plutôt de réduire la violence arrogante par une conduite modérée ».

C'est le raffinement nuancé de leur réponse qui a rendu possible la société complexe d'aujourd'hui. Ils définirent l'orientation de notre trajectoire (Première conférence La Fontaine-Baldwin prononcée par John Ralston Saul en mars 2000).

tout choisi en 1867 pour préserver l'identité d'un Québec qui, nous l'avons indiqué antérieurement en citant John A. Macdonald, ne saurait consentir à l'absorption de sa nationalité. C'est pour cette raison que l'on a implanté un régime de bijuridisme en matières civiles, reconnaissant l'équivalence entre le Code civil québécois et la *common law* britannique pratiquée dans les autres provinces canadiennes (Burelle, 2005). C'est pour cette raison que dans le partage des compétences, on a attribué aux entités fédérées la responsabilité sur la plupart des questions dites locales, associées aux identités culturelles et communautaires – l'organisation sociale, civile, familiale, scolaire, municipale. Ce régime accordait aussi de solides garanties juridiques à la minorité anglophone et protestante vivant au Québec. C'était un régime de diversité complexe à la grandeur du Canada, mais aussi à l'intérieur du Québec. Dans le passage qui suit, Eugénie Brouillet résume l'esprit de la fondation canadienne de 1867 en faisant le lien avec l'Acte de Québec :

> Est donc né en 1867 […] un régime d'abord fédératif, certes imprégné de certains éléments à connotation centralisatrice, mais qui, somme toute, collait à la réalité socioculturelle et politique qui s'exprimait au sein des collectivités. Plus particulièrement, le régime adopté satisfaisait l'essence des préoccupations identitaires de la nation québécoise : son autonomie politique acquérait un statut constitutionnel et s'étendait à toutes les matières qui, à cette époque, étaient considérées comme étant liées à son identité culturelle particulière. Comme l'écrivait le professeur Jean-Charles Bonenfant : « L'esprit de 1867, c'est donc l'acceptation définitive de l'existence des Canadiens français, c'est la suite logique de l'Acte de Québec […]. Ils (les pères fondateurs) ont eu vraiment l'intention d'assurer la survivance des Canadiens français et ils ont accepté les moyens qui, à l'époque, leur semblèrent les meilleurs pour la réaliser. » (Brouillet, 2005 : 197).

EN MARCHE VERS UN NOUVEAU RÉGIME CONSTITUTIONNEL

Plusieurs projets de réforme constitutionnelle ont été proposés au cours des ans. Ils ont souvent été accompagnés par la tenue de commissions royales ou de groupes de travail en quête d'ajustements à apporter aux institutions en place et de réponses aux tensions du moment. Le temps était propice à la réévaluation du partage des pouvoirs au moment de la Grande Dépression du début des années 1930. C'est ainsi que le gouvernement central a lancé la Commission Rowell-Sirois pour étudier les relations entre le fédéral et les provinces et qu'il a cherché à tirer profit de la crise en centralisant les pouvoirs à Ottawa au cours des décennies suivantes. Les réactions furent vives en Ontario et, dans un premier temps, mitigées au Québec, en particulier sous le leadership d'Adélard Godbout. Ottawa allait poursuivre sur sa lancée centralisatrice au moment de la Deuxième Guerre mondiale en exerçant des pouvoirs accrus dans les champs de la fiscalité et des politiques sociales. C'est dans cette démarche centralisatrice qu'il nous faut inscrire le remplacement du Comité judiciaire du Conseil privé par la Cour suprême du Canada comme tribunal de dernière instance en 1949.

Le Québec répondit initialement aux avancées du gouvernement central en instituant la Commission Tremblay, en 1953. Cette commission, chargée d'étudier les problèmes constitutionnels dans la fédération canadienne, a produit un rapport fort important qui a fourni à la plupart des partis politiques actifs sur la scène provinciale leur ligne de conduite. Ce document mettait en avant les notions d'autonomie provinciale, de non-subordination d'un ordre de gouvernement par rapport à l'autre, de subsidiarité[2] en vue d'une saine collaboration entre Québec et Ottawa.

---

2. Ce principe, popularisé dans l'Union européenne, repose sur l'idée qu'une compétence devrait d'abord être confiée à l'ordre de gouvernement le plus près de la population, en autant qu'elle n'excède pas ses capacités. Si tel est le

ENCADRÉ 1.4

L'esprit de la *Loi constitutionnelle de 1867*

Nous reprenons ici quelques extraits d'un discours prononcé par Étienne-Paschal Taché (1795-1865) au Conseil législatif du Parlement du Canada-Uni, le 3 février 1865. Taché était à cette époque le chef formel du gouvernement de la Grande Coalition, intégrant les conservateurs de George-Étienne Cartier au Canada-Est, les réformistes de George Brown et les conservateurs de John A. Macdonald au Canada-Ouest. Ce gouvernement fut formé en 1864 pour réaliser une union fédérale du Canada-Est et Ouest, laquelle fut rapidement abandonnée au profit de la confédération. C'est cette coalition qui a pris l'initiative d'aller à Charlottetown en septembre 1864 pour convaincre les colonies maritimes d'élargir leurs pourparlers d'union à l'ensemble du domaine britannique en Amérique du Nord. C'est donc formellement sous le leadership de Taché que s'est tenue la grande Conférence de Québec d'octobre 1864, dont les résolutions formèrent l'ossature de base du texte constitutionnel de 1867.

«Si nous obtenons une union fédérale, elle équivaudra à une séparation des provinces, et le Bas-Canada conservera son autonomie avec toutes les institutions qui lui sont si chères et sur lesquelles il pourra exercer la surveillance qu'il faut pour les préserver de tout danger. Toutefois, il y a une partie des habitants du Bas-Canada qui, au premier coup d'œil, peut avoir de plus fortes raisons de se plaindre que les Canadiens français catholiques, et ce sont les Anglais protestants. Pourquoi ? Parce qu'ils sont minoritaires. J'estime pourtant que s'ils voulaient se donner la peine d'examiner le projet dans tous les détails,

ils seraient pleinement rassurés sur ses conséquences. D'abord, il faut signaler un événement d'importance : les lois du Bas-Canada ont été refondues, et les habitants de langue anglaise se sont familiarisés avec elles au point d'en être aujourd'hui satisfaits. Sous ce rapport, ils peuvent donc se sentir rassurés […]. Les faits passés témoignent de la libéralité qu'a toujours montré le peuple du Bas-Canada envers la population de langue anglaise du pays. Avant l'union, quand les circonscriptions étaient presque exclusivement peuplées de Canadiens français, des Anglais protestants ont souvent été envoyés au Parlement, et, en ce moment, j'ai devant moi un député qui, pendant 20 ans, a représenté un comté entièrement français et catholique. Je doute que, au cours de ces deux décennies, on lui ait jamais demandé s'il était Écossais ou protestant. Les électeurs ont choisi cet homme à cause de son excellence […]. On a beaucoup parlé d'antagonisme racial, mais il a cessé le jour où le gouvernement de Grande-Bretagne a accordé au Canada la responsabilité gouvernementale, en vertu de laquelle tous les habitants du pays, sans distinction d'origine ou de croyance, ont été placés sur un pied d'égalité […]. Je crois que les Canadiens français feront tout en leur pouvoir pour rendre justice à leurs concitoyens d'origine anglaise, et nous ne devons pas oublier que, si les premiers sont en majorité dans le Bas-Canada, les Anglais seront en majorité dans le gouvernement général, et qu'aucun acte de véritable injustice ne pourra être commis sans que le parlement fédéral ne le corrige» (Ajzenstat, Romney, Gentles et Gairdner, 2004 : 366-367).

ENCADRÉ 1.5

Beverley McLachlin, juge en chef de la Cour suprême, et le rôle de la *Charte canadienne des droits et libertés* dans la refondation de la nation canadienne

Au cours des deux dernières décennies, la Charte est entrée dans notre conscience collective en tant qu'élément déterminant de notre identité comme Canadiens et Canadiennes. De fait, au cours des vingt dernières années, la Charte des droits s'est si étroitement imbriquée à la trame de notre identité canadienne qu'il est maintenant à peu près impossible, dans quelque région du pays, de forger une vision du Canada – c'est-à-dire de ce qu'est le Canada, des aspirations de ses citoyens et des valeurs qu'ils chérissent – sans constater que la Charte des droits est devenue un élément constitutif de cette vision. Peu de choses sont profondément ancrées dans notre conscience collective : le hockey, l'assurance-maladie et la Charte. Cette dernière ne fait pas simplement partie de notre Constitution – elle est entrée dans nos cœurs.

Pourquoi en est-il ainsi ?

Je vous ai proposé trois réponses. Premièrement, la Charte représente notre arrivée à maturité en tant que nation et, même après vingt ans, ce facteur revêt une importance considérable pour les Canadiens et les Canadiennes. Deuxièmement, la Charte constitue l'énoncé de nos valeurs, énoncé qui a été préparé au Canada, par des Canadiens, selon la perception qu'ils ont d'eux-mêmes. Troisièmement, grâce au processus d'affirmation nationale qui lui a donné naissance et l'a nourrie au cours des vingt dernières années – et non par quelque tour de magie ou effet du hasard –, la Charte est devenue l'expression des valeurs qui nous sont chères en tant que peuple :

1. le respect des droits individuels ;
2. le respect des droits collectifs et la conciliation des libertés individuelles et de l'intérêt général ;
3. le respect du pluralisme et l'engagement envers l'égalité fondamentale de tous, indépendamment de leur religion, de leur sexe ou de leurs capacités.

Il est trop tôt pour dire comment telle ou telle décision ou doctrine relative à la Charte résistera à l'épreuve du temps. Je vais toutefois avancer la proposition suivante, modeste certes mais significative : nous sommes engagés sur la bonne voie. Nous avons une Charte qui reflète nos valeurs les plus fondamentales et nous dit qui nous sommes comme peuple et ce à quoi nous tenons. Nous avons une Charte qui suscite l'admiration du monde entier.

Enfin, fait plus important encore, nous avons une Charte que les Canadiens et les Canadiennes ont fait leur au cours des deux dernières décennies. La Charte : c'est à nous. La Charte : c'est nous.

(Discours prononcé le 17 avril 2002 à l'occasion d'une conférence célébrant le vingtième anniversaire de l'entrée en vigueur de la *Charte canadienne des droits et libertés*.)

Les tensions entre Québec et Ottawa devinrent palpables avec l'amorce de la Révolution tranquille et la prise en charge graduelle par les Québécois francophones de l'économie et des institutions publiques québécoises. Le développement rapide des sciences sociales a naturellement contribué à donner aux francophones les outils nécessaires à cette reconquête. Face à ces tensions, le gouvernement de Lester B. Pearson a lancé la Commission Laurendeau-Dunton sur le bilinguisme et le biculturalisme, en 1963. Les travaux de cette commission ont contribué à faire avancer les Canadiens français dans la fonction publique fédérale, bien que les conclusions du rapport aient été utilisées pour substituer la politique de multiculturalisme à la politique de biculturalisme initialement envisagée pour atténuer la crise constitutionnelle qui se profilait et répondre aux revendications québécoises inspirées par le principe de la dualité canadienne.

Or, une grande révolution des us et coutumes au pays en matière de législation constitutionnelle était en préparation et elle se fera avec l'opposition maintes fois exprimée par le gouvernement du Québec. En lien avec cette réorientation mais aussi dans l'accomplissement d'une démarche parallèle d'autonomisation plus substantielle, le Québec réagissait en tenant deux référendums : un sur la souveraineté-association en 1980 et un sur la souveraineté-partenariat en 1995. Cette révolution constitutionnelle canadienne cherchera à confirmer le principe d'égalité des provinces (aux dépens du Québec qui se définit comme nation fondatrice), des grandes régions (Est, Québec, Ontario, Ouest), des groupes

ethnoculturels (les Canadiens français étant un groupe parmi tant d'autres) et des individus par l'enchâssement de la *Charte canadienne des droits et libertés* dans la *Loi constitutionnelle de 1982*. Ce dernier élément constituait la principale pierre du nouvel édifice légal voulant faire de la Cour suprême l'institution par excellence pour tous les Canadiens en modifiant les liens entre les citoyens et leurs dirigeants politiques. En bref, il s'agissait de transformer les *demoi*, propres à tout État fédéral, en un seul *demos* confirmant dès lors l'appauvrissement des pratiques fédérales au pays. Cette transformation majeure de l'ordre légal canadien ne s'est pas faite sans heurts et sans éprouver le lien de confiance devant caractériser les rapports entre les communautés nationales à l'origine du pacte fédérant le Canada. N'eût été du Renvoi à la Cour suprême qui reconnaît au Québec le droit de faire sécession (et que nous discutons ci-dessous), le déficit fédéral résultant de cette transformation majeure de l'ordre constitutionnel serait intolérable au Canada.

LE CONFLIT ENTRE LES PROJETS NATIONAUX CANADIEN ET QUÉBÉCOIS

Dans des travaux qui comptent parmi les plus importants de la science politique et de la philosophie contemporaine, des auteurs tels Alain-G. Gagnon, Michael Keating, Will Kymlicka, Wayne Norman et Michel Seymour ont proposé des cadres conceptuels pour étudier des pays où la vie politique est traversée par des conflits complexes et diversifiés entre plusieurs projets de construction d'une communauté nationale distincte et autonome (Gagnon,

cas, elle doit alors être confiée au palier de gouvernement qui lui est supérieur.

2011; Seymour, 2008; Keating, 1997 et 2001; Kymlicka, 1995 et 2007; Norman, 2006). Ce projet peut être celui de l'État-nation englobant et juridiquement indépendant – c'est le cas du Canada – comme il peut être celui d'une ou de plusieurs nations non souveraines – c'est le cas du Québec. Dans son ouvrage sur les défis du nationalisme moderne, consacré au Québec, à la Catalogne et à l'Écosse, voici comment Keating cerne le concept de projet national:

> Dans ce nouveau contexte, l'autonomie n'a plus le même sens. Il ne s'agit désormais ni de créer un État ni de viser à l'autarcie. Il s'agit plutôt de formuler un projet national/régional, de rassembler la population autour de ce projet et d'acquérir la capacité de formuler des politiques adaptées à un monde complexe et interdépendant. Les institutions acquièrent, dès lors, une grande importance. Il est nécessaire à une nation/région de disposer d'institutions autonomes (de *self-government*) qui lui permettent de créer un lieu de débats et de décisions, d'élaborer des politiques, de conférer légitimité aux décisions et de défendre l'intérêt de la collectivité au niveau de l'État et au plan international (1997: 71).

Après ce développement, il ajoute que des projets nationaux de cette nature essaieront de se traduire par des résultats concrets dans tous les domaines des politiques publiques, tant sur les plans économique, social, culturel que politique. Par après, il a introduit les concepts de plurinationalisme et de postsouveraineté pour caractériser, d'abord, des contextes où plusieurs identités nationales coexistent (non seulement de façon séparée et parallèle, mais aussi en s'entremêlant à des degrés divers aussi bien dans la tête des individus que dans des sous-ensembles territoriaux au sein de l'État) à l'intérieur d'un ordre politique et, ensuite, pour signifier la fin

des prétentions de l'État indépendant au monopole territorial de l'autorité et de la légitimité (Keating, 2001). Le travail de Wayne Norman complète bien celui de Keating en examinant les conditions, dans la perspective de la philosophie politique libérale, de la cohabitation de plusieurs projets nationaux et de l'acceptabilité normative de leurs entreprises de construction ou d'ingénierie nationale (Norman, 2006).

Le XXᵉ siècle canadien et le XXᵉ siècle québécois sont traversés par de formidables efforts de construction nationale au sens de Norman, par des tentatives visant à consolider ou à renforcer des projets nationaux selon la formulation de Keating. Dans la perspective du projet national canadien, depuis 1945, les principales réalisations ont été les suivantes: la citoyenneté et le passeport canadiens, l'État providence, l'établissement de la Cour suprême comme cour de dernière instance, la consolidation d'un réseau pancanadien de communications, le choix d'un hymne national et d'un nouveau drapeau national, l'implantation de politiques de bilinguisme, de multiculturalisme et de politiques culturelles et scientifiques pancanadiennes, la promotion d'un réseau pancanadien d'institutions liées à la société civile, la définition d'un internationalisme canadien en politique étrangère, le rapatriement de la Constitution et l'adoption de la *Charte canadienne des droits et libertés* (1982), l'implantation d'une union sociale pour l'ensemble du pays et, enfin, la consolidation graduelle de la légitimité d'un régime libéral représentatif en vue d'établir une vraie délibération démocratique pluraliste.

Dans la perspective du projet national québécois, depuis le tournant de la Révolution tranquille en 1960, les principales réalisations ont été les suivantes: un État providence en parallèle et en juxtaposition à l'État providence canadien, avec une carte d'assurance-maladie, la carte-soleil, qui est ce que le projet national québécois a de mieux à offrir pour rivaliser avec le passeport du projet national canadien, la nationalisation des ressources hydroélectriques, la consolidation d'un réseau québécois francophone de communications, l'intervention de l'État dans la création et le développement d'un système public d'éducation, la *Charte des droits et libertés de la personne* du Québec, des politiques linguistiques officialisant le statut du français comme langue nationale commune et incluant des mesures d'accès à l'école publique française pour les immigrants, la promotion d'un réseau québécois d'institutions liées à la société civile, l'établissement d'une politique internationale québécoise, des éléments d'un régime québécois de citoyenneté incluant un cadre normatif et des pratiques associées à une approche interculturelle, le développement de politiques culturelles et scientifiques québécoises, l'implantation d'un régime de garderies et, enfin, la consolidation de la légitimité d'un régime libéral représentatif qui est le théâtre d'une vraie délibération démocratique pluraliste. On le voit, d'une certaine manière rien ne ressemble plus au projet national canadien que le projet national québécois ; en un sens, ce sont d'authentiques frères siamois.

On le voit aussi, l'existence d'une véritable tension entre ces deux projets nationaux est l'élément manquant au récit de la Cour suprême du Canada à propos de l'identité politique du pays. Le passage du temps ne peut faire oublier que cette reconstruction interprétative n'aurait jamais eu lieu sans la formidable pression exercée par le référendum québécois de 1995. Dans les sphères publiques de chacun des deux projets

nationaux, au cours des quarante dernières années, on peut trouver des gens qui ont défendu, pour leur « nation » respective, des modèles en accord tantôt avec les paramètres de l'État-nation moderne, appuyé sur le projet triplement moniste d'une concentration de la souveraineté, d'une citoyenneté unique et d'une identité nationale singulière, tantôt avec ceux d'une pensée fédérale pluraliste ouverte à la diversité, aux asymétries et aux identités culturelles et nationales plurielles. Dans plusieurs secteurs, il serait correct de parler d'une belle collaboration entre les deux projets nationaux et leurs institutions, notamment en ce qui a trait au champ de la politique scientifique et aux efforts menés par le Canada et par le Québec pour faire avancer la cause de la diversité culturelle sur le plan international.

Le modèle du fédéralisme pluraliste ouvert aux asymétries et aux identités plurielles, à la conciliation entre des projets nationaux, possède un ancrage juridique au Canada dans la Constitution fédérale de 1867. Pour des motifs de concision, nous ne reprendrons ici que le modèle proposé par André Burelle pour résumer cet esprit canadien de 1867 : union sans fusion entre les communautés fondatrices du pays, les entités fédérées conservant leur pleine souveraineté dans les affaires locales, pratique d'une subsidiarité ascendante, reconnaissance de l'existence de deux ordres de gouvernement souverain et également légitimes, respect du principe de non-subordination et gestion par codécision des chevauchements, équivalence de droit et de traitement des personnes et des communautés fondatrices comme refus du « melting pot » (Burelle, 2005 : 459). En 1982, et très clairement dans le cadre d'une exacerbation du conflit entre le projet national canadien et le projet national québécois lourdement symbolisé par le référendum souverainiste de 1980, le Canada a complexifié son régime constitutionnel en parachevant son indépendance face à la Grande-Bretagne et en y enchâssant la *Charte canadienne des droits et libertés*. Ce faisant, le Canada a succombé à la tentation d'incarner à sa manière le modèle de l'État-nation moderne, moniste et uniformisateur. Burelle y voit un fédéralisme « one nation » glissant vers l'unitarisme, appuyé dans sa promotion rhétorique sur les principes d'un libéralisme individualiste anti-communautaire. Ce régime fusionne les individus en une seule nation civique déléguant au Parlement central la totalité de sa souveraineté nationale, laquelle peut permettre, pour des motifs de fonctionnalité, des délégations aux provinces. On y pratique une subsidiarité descendante et dévoyée partant de l'État central, confirmant l'existence d'un seul gouvernement « senior » national et de gouvernements « juniors » provinciaux. Dans ce modèle, le pouvoir central peut s'insérer dans les champs de compétence des entités fédérées pour protéger « l'intérêt national ». Enfin, ce modèle promeut l'idée d'une identité de droit et de traitement – symétrique, uniforme – des individus et des provinces vu leur fusion au sein d'une seule et même nation (Burelle, 2005 : 459-460).

Dans les paramètres du régime de 1982, et sur ce point nous croyons que Burelle grossit un peu trop le trait, le Canada n'absolutise pas un libéralisme monochrome, aveugle à la différence. On y retrouve bel et bien une conception de l'égalité généreuse envers des personnes et des groupes défavorisés par des circonstances non choisies, allant assez loin dans la redistribution de la richesse économique aux provinces plus pauvres (y compris envers le Québec), ouverte même à la reconnaissance de plusieurs formes de différences, notamment en ce qui a trait aux peuples autochtones, à la valorisation du patrimoine multiculturel de tous les Canadiens et au renforcement des droits linguistiques pour les minorités intraprovinciales (Eisenberg, 1994). Pourtant, ce régime adopte aussi une attitude dure envers la différence nationale québécoise, qu'il n'intègre dans aucune de ses catégories. Adopté sans le consentement des autorités politiques québécoises, ce régime est vu comme étant l'équivalent de l'imposition d'un nationalisme canadien, d'un patriotisme canadien uniforme au Québec (Keating, 2001 ; Ignatieff, 2001 ; Taylor, 1992). Il consolide le rôle du gouvernement central comme promoteur de l'identité nationale canadienne, tout en minant l'autonomie du gouvernement du Québec, et donc en affaiblissant sa capacité de promouvoir l'identité nationale québécoise (Kymlicka, 1998 : 166).

Les corpus de sociologie politique et de philosophie politique les plus actuels nous permettent d'imaginer pour notre temps le dépassement du modèle de l'État-nation moderne établi au-delà de la souveraineté moniste et unitaire, et ce, notamment par la voie du fédéralisme plurinational (Gagnon, 2008 ; Gagnon et Iacovino, 2007 ; Requejo, 2005). Les projets nationaux canadien et québécois peuvent représenter d'authentiques communautés de destin, où l'on se sent coresponsables du sort de concitoyens qui ne définissent pas leur patriotisme et leur identité nationale, par-delà l'exclusivisme doctrinaire. Cela exigera des Québécois qu'ils acceptent, aussi, la légitimité du projet national canadien sur le territoire du Québec et qu'ils redécouvrent une certaine solidarité pancanadienne (Pratte, 2007 ; Parekh, 2000). Cela exigera des Canadiens qu'ils redécouvrent l'importance du principe d'autonomie au cœur du fédéralisme et qu'ils acceptent la légitimité du projet national québécois en trouvant une place pour la différence québécoise (autocompréhension nationale, prépondérance de la langue française et reconnaissance de l'existence de deux sociétés d'accueil permettant d'intégrer les nouveaux citoyens issus de l'immigration) dans la Charte des droits et libertés qui est au cœur du constitutionnalisme canadien. Pour un rapprochement authentique entre les projets nationaux canadien et québécois, il faudra donc élargir les espaces d'asymétrie et définir la justice comme équivalence de traitement plutôt que comme cadre moral uniforme (McGarry, 2007 ; Burelle, 2005). Des progrès, certes modestes, ont été accomplis ces dernières années dans l'élargissement de l'espace non constitutionnel réservé à une asymétrie de traitement favorable au Québec grâce notamment à une résolution du Parlement canadien reconnaissant que les Québécois forment une nation au sein d'un Canada uni. Toutefois, au Québec, les forces politiques de toutes tendances s'entendent pour dire qu'il reste encore beaucoup de chemin à parcourir pour qu'on puisse parler d'une véritable réconciliation entre les projets nationaux canadien et québécois (Gagnon, 2008 ; Gagnon et Iacovino, 2007 ; Pratte, 2007). Face à toutes ces questions, on a d'abord senti un climat de lassitude autour des années 2003-2007 dans cette grande saga des rapports entre projets nationaux canadien et québécois (Jacques, 2007). Plus récemment, le gouvernement fédéral conservateur de Stephen Harper a renforcé les aspects « paix, ordre et bon gouvernement » du projet national canadien. En misant sur la sécurité et l'ordre public, voire même sur un activisme judiciaire répressif, en restreignant l'activité de l'État central sur plusieurs questions sociales comme celle de l'environnement, en faisant preuve d'unilatéralisme dans le domaine des relations intergouvernementales (voir le chapitre 4 de ce manuel), en renforçant la symbolique monarchique du régime, le gouvernement Harper semble s'être aliéné une proportion importante de la population québécoise, laquelle a choisi en mai 2011 de donner un appui massif au Nouveau parti démocratique alors dirigé par Jack Layton. Si le Parti québécois l'avait emporté de façon clairement majoritaire lors des élections québécoises de septembre 2012, on pourrait parler d'un renouvellement de la confrontation entre les projets nationaux canadien et québécois. Entre les deux sociétés nationales distinctes que sont le Québec et le Canada, l'époque contemporaine semble davantage caractérisée par une certaine indifférence réciproque. La vie sociale et politique continue, taisant parfois pour de longs mois les grandes questions irrésolues. Mais il ne faut jamais imaginer qu'elles ne font plus partie du décor.

CONCLUSION

Ce retour sur les fondements et sur les fondations du Canada et du Québec nous a amenés sur un terrain fertile pour les spécialistes des sciences sociales (Gagnon et Chokri, 2005) et pour les philosophes en ce qu'il a contribué à retracer la trame des débats actuels dans un passé en apparence révolu.

Nous avons tenté, dans la présente analyse, de mettre en relief d'abord deux compréhensions, cohérentes dans leurs ambitions respectives, en ce qui a trait aux principes historico-constitutionnels et aux contours normatifs de l'identité politique canadienne, à savoir celle de la Cour suprême du Canada dans son jugement de 1998 sur le droit du Québec de faire sécession et celle que nous avons nous-mêmes formulée. Puis nous avons exploré la nature et le sens des fondations, inéluctablement plurielles, qui ont marqué les expériences politiques canadienne et québécoise. Nous avons finalement fait ressortir le clivage fondamental qui a opposé, et qui oppose toujours, les projets nationaux canadien et québécois.

L'étude approfondie du régime politique canadien nous a permis d'inscrire l'apport du Canada et du Québec en matière de gestion de la diversité dans un ensemble plus vaste, celui des pays de démocratie libérale avancée. À Londres comme à Édimbourg, dans l'horizon de la consultation référendaire d'octobre 2014 sur l'avenir de l'Écosse, à Madrid comme à Barcelone, où une consultation semblable sur l'avenir de la Catalogne a dominé tous les débats en 2012, la problématique canado-québécoise demeure d'une très grande actualité. L'apport des spécialistes canadiens et québécois y est reconnu comme une expertise de tout premier plan. Pensons aux travaux des membres du Groupe de recherche sur les sociétés plurinationales et du Centre de recherche interdisciplinaire sur la diversité au Québec (CRIDAQ) qui viennent étoffer la recherche depuis plusieurs années. En outre, les discussions existentielles caractérisant les rapports Québec-Canada sont en voie de faire la preuve que les questions identitaires sont loin d'être dangereuses et qu'elles constituent plutôt des outils de mobilisation efficaces et démocratiques, essentiels pour le vivre-ensemble des communautés nationales en contexte de pluralisme identitaire.

SITES WEB

Association québécoise de droit constitutionnel	http://www.aqdc.org/public/main.php?s=1&l=fr
Assemblée nationale du Québec	http://www.assnat.qc.ca
Association internationale des études québécoises	http://www.aieq.qc.ca/
Centre de recherche interdisciplinaire sur la diversité (CRIDAQ)	http://www.cridaq.uqam.ca/
Chaire de recherche du Canada en études québécoises et canadiennes	http://www.creqc.uqam.qc.ca/
Conseil international d'études canadiennes	http://www.iccs-ciec.ca/pages/newweb/sample2/index_fr.asp
Cour suprême du Canada	http://www.scc-csc.gc.ca/home-accueil/index-fra.asp
Forum des fédérations. Le réseau mondial sur le fédéralisme	http://www.forumfed.org/fr/index.php
Gouvernance démocratique et ethnicité, grands travaux de recherche concertée du Conseil de recherches en sciences humaines du Canada	http://www.edg-gde.ca/
Institut de recherche sur les politiques publiques	http://www.irpp.org/fr/index.htm
Institute of Intergovernmental Relations, Queen's University	http://www.queensu.ca/iigr/
Les classiques des sciences sociales	http://classiques.uqac.ca/

LECTURES SUGGÉRÉES

AJZENSTAT, Janet, Paul ROMNEY, Ian GENTLES et William D. GAIRDNER (2004), *Débats sur la fondation du Canada*, édition française préparée par Stéphane Kelly et Guy Laforest, Québec, Les Presses de l'Université Laval.

BROUILLET, Eugénie (2005), *La négation de la nation : l'identité culturelle québécoise et le fédéralisme canadien*, Québec, Septentrion.

GAGNON, Alain-G. (2011), *L'âge des incertitudes : Essais sur le fédéralisme et la diversité nationale*, Québec, Presses de l'Université Laval.

GAGNON, Alain-G. (dir.) (2006), *Le fédéralisme canadien contemporain : fondements, traditions, institutions*, Montréal, Presses de l'Université de Montréal.

GAGNON, Alain-G. (dir.) (2003), *Québec : État et Société*, Tome 2, Montréal, Québec Amérique, Coll. « Débats ».

KARMIS, Dimitrios et François ROCHER (2012), « *La dynamique confiance/méfiance dans les démocraties multinationales : Le Canada sous l'angle comparatif* », Québec, Presses de l'Université Laval.

LAFOREST, Guy (2010), "What Canadian Federalism Means in Québec, *Review of Constitutional Studies/Revue d'études constitutionnelles*, XV(1), p. 1-33.

NORMAN, Wayne (2006), *Negotiating Nationalism : Nation-Building, Federalism and Secession in the Multinational State*, Oxford, Oxford University Press.

PELLETIER, Réjean (2008), *Le Québec et le fédéralisme canadien : un regard critique*, Québec, Les Presses de l'Université Laval.

RACINE, Jean-Claude (2012), *La condition constitutionnelle des Canadiens : Regards comparés sur la réforme constitutionnelle de 1982*, Québec, Presses de l'Université Laval.

BIBLIOGRAPHIE

AJZENSTAT, Janet, Paul ROMNEY, Ian GENTLES et William D. GAIRDNER (2004), *Débats sur la fondation du Canada*, édition française préparée par Stéphane Kelly et Guy Laforest, Québec, Les Presses de l'Université Laval.

BERNARD-MEUNIER, Marie (2007), « Apprendre à jouer le jeu. Le défi du Québec au sein du Canada », dans André Pratte (dir.), *Reconquérir le Canada. Un nouveau projet pour la nation québécoise*, Montréal, Les Éditions Voix parallèles, p. 115-140.

BAKVIS, Herman et Grace SKOGSTAD (2008), *Canadian Federalism : Performance, Effectiveness and Legitimacy*, 2ᵉ édition, Toronto, University of Toronto Press.

BOUCHARD, Gérard (2001), *Genèse des nations et cultures du Nouveau Monde : essai d'histoire comparée*, Montréal, Boréal.

BROUILLET, Eugénie (2005), *La négation de la nation : l'identité culturelle québécoise et le fédéralisme canadien*, Québec, Septentrion.

BURELLE, André (2005), *Pierre Elliott Trudeau : l'intellectuel et le politique*, Montréal, Fides.

COUR SUPRÊME DU CANADA (1998), *Renvoi relatif à la sécession du Québec*. Disponible en ligne à l'adresse suivante : www.lexum.umontreal.ca.

EISENBERG, Avigail (1994), « The Politics of Individual and Group Difference in Canadian Jurisprudence », *Canadian Journal of Political Science*, 27 (1), p. 3-21.

GAGNON, Alain-G. (2011), *L'âge des incertitudes : Essais sur le fédéralisme et la diversité nationale*, Québec, Les Presses de l'Université Laval.

GAGNON, Alain-G. (2008), *La raison du plus fort : plaidoyer pour le fédéralisme multinational*, Montréal, Québec Amérique.

GAGNON, Alain-G. et Laurent-Mehdi CHOKRI (2005), « Le régime politique canadien : histoire et enjeux », dans Réjean Pelletier et Manon Tremblay (dir.), *Le parlementarisme canadien*, 3e éd., Québec, Les Presses de l'Université Laval, p. 9-35.

GAGNON, Alain-G. et Raffaele IACOVINO (2007), *De la nation à la multination : les rapports Québec-Canada*, Montréal, Boréal.

GRANT, George (1965), *Lament for a Nation : The Defeat of Canadian Nationalism*, Toronto, McClelland & Stewart.

GUIBERNAU, Montserrat (2007), *The Identity of Nations*, Cambridge, Polity Press.

GUIBERNAU, Montserrat (1999), *Nations without States : Political Communities in a Global Age*, Londres, Polity Press.

IGNATIEFF, Michael (2001), *La révolution des droits*, Montréal, Boréal.

JACQUES, Daniel (2007), « La fatigue politique du Québec français », *Argument*, X (1), p. 21-45.

KEATING, Michael (2001), *Plurinational Democracy : Stateless Nations in a Post-Sovereignty Era*, Oxford, Oxford University Press.

KEATING, Michael (1997), *Les défis du nationalisme moderne : Québec, Catalogne, Écosse*, Montréal, Presses de l'Université de Montréal.

KYMLICKA, Will (2007), *Multicultural Odysseys : Navigating the New International Politics of Diversity*, New York, Oxford University Press.

KYMLICKA, Will (2001), *La citoyenneté multiculturelle*, Montréal, Boréal.

KYMLICKA, Will (1998), *Finding Our Way : Rethinking Ethnocultural Relations in Canada*, Toronto, Oxford University Press.

KYMLICKA, Will (1995), *Multicultural Citizenship : A Liberal Theory of Minority Rights*, New York, Oxford University Press.

LAMONDE, Yvan (2000), *Histoire sociale des idées au Québec*, Montréal, Fides.

LECLAIR, Jean (2007), « Vers une pensée politique fédérale : la répudiation du mythe de la différence québécoise "radicale" », dans André Pratte (dir.), *Reconquérir le Canada. Un nouveau projet pour la nation québécoise*, Montréal, Les Éditions Voix parallèles, p. 39-83.

McGARRY, John (2007), « Asymmetry in Federations, Federacies and Unitary States », *Ethnopolitics*, VI (1), p. 105-116.

McLACHLIN, Beverley (2002), « Les droits et les libertés au Canada ; vingt ans après l'adoption de la Charte », allocution prononcée au Centre national des arts, à Ottawa, consultée en ligne le 9 mars 2009 à l'adresse suivante : http://www.scc-csc.gc.ca/court-cour/ju/spe-dis/bm02-04-17-fra.asp.

MONIÈRE, Denis (2001), *Pour comprendre le nationalisme au Québec et ailleurs*, Montréal, Presses de l'Université de Montréal.

NEATBY, Hilda (1972), *The Quebec Act : Protest and Policy*, Scarborough, Prentice-Hall of Canada.

NORMAN, Wayne (2006), *Negotiating Nationalism : Nation-Building, Federalism, and Secession in the Multinational State*, Oxford, Oxford University Press.

OWRAM, Doug (1986), *The Government Generation : Canadian Intellectuals and the State, 1900-1945*, Toronto, University of Toronto Press.

PAREKH, Bhikhu (2000), *Rethinking Multiculturalism : Cultural Diversity and Political Theory*, Londres, Macmillan Press.

PELLETIER, Réjean (2008), *Le Québec et le fédéralisme canadien : un regard critique*, Québec, Les Presses de l'Université Laval.

PISANI, Edgar (1995), «Après le référendum: et maintenant?», *Le Devoir*, 14 décembre, p. A-7.

PRATTE, André (dir.) (2007), *Reconquérir le Canada. Un nouveau projet pour la nation québécoise*, Montréal, Les Éditions Voix parallèles.

RACINE, Jean-Claude (2012), *La condition constitutionnelle des Canadiens*, Québec, Presses de l'Université Laval

RALSTON SAUL, John (2000), Première conférence La Fontaine-Baldwin, 23 mars, Toronto, Musée royal de l'Ontario, consultée en ligne le 9 mars 2009 à l'adresse suivante: http://www.lafontaine-baldwin.com/discours/2000/.

RALSTON SAUL, John (1998), *Réflexions d'un frère siamois*, Montréal, Boréal.

REQUEJO, Ferran (2005), *Multinational Federalism and Value Pluralism: The Spanish Case*, Londres et New York, Routledge.

ROCHER, François, (2006), «La dynamique Québec-Canada ou le refus de l'idéal fédéral», dans Alain-G. Gagnon (dir.), *Le fédéralisme canadien contemporain: fondements, traditions, institutions*, Montréal, Presses de l'Université de Montréal, p. 93-146.

SEYMOUR, Michel (2008), *De la tolérance à la reconnaissance: une théorie libérale des droits collectifs*, Montréal, Boréal.

SIMARD, Jean-Jacques (1999), «Ce siècle où le Québec est venu au monde», dans Roch Côté (dir.), *Québec 2000: rétrospective du XXᵉ siècle*, Montréal, Fides.

SMILEY, Donald (1987), *The Federal Condition in Canada*, Toronto, McGraw-Hill Ryerson.

TAYLOR, Charles (1992), *Rapprocher les solitudes. Écrits sur le fédéralisme et le nationalisme au Canada*, Québec, Les Presses de l'Université Laval.

TULLY, James (1999), *Une étrange multiplicité: le constitutionnalisme à une époque de diversité*, Québec, Les Presses de l'Université Laval.

WADE, Mason (1966), *Les Canadiens français de 1760 à nos jours*, Tome I (1760-1914), Ottawa, Cercle du livre de France.

ZARKA, Yves-Charles (2005), «Langue et identité», *Cités: Philosophie, histoire, politique*, nº 23, p. 3-5.

CHAPITRE 2

Constitution et fédéralisme

RÉJEAN PELLETIER
DÉPARTEMENT DE SCIENCE POLITIQUE
UNIVERSITÉ LAVAL

- PRÉSENTER ET EXPLIQUER LES DIFFÉRENTS ASPECTS DE LA CONSTITUTION CANADIENNE : SES COMPOSANTES, LE PARTAGE DES COMPÉTENCES, LA CHARTE DES DROITS, LA FORMULE D'AMENDEMENT AINSI QUE L'INTERPRÉTATION DE CETTE CONSTITUTION PAR LES TRIBUNAUX ;

- ANALYSER L'ÉVOLUTION DU FÉDÉRALISME CANADIEN ET EN DÉGAGER LES TENDANCES DOMINANTES ;

- SOULEVER QUELQUES RÉFLEXIONS QUANT AU DEVENIR DU FÉDÉRALISME CANADIEN.

La Constitution d'un pays définit la structure de l'État, établit les règles de fonctionnement des institutions politiques et régit les relations entre les autorités politiques et les citoyens et les groupes qui composent la société. En spécifiant l'étendue du pouvoir politique, la Constitution vient en fixer les limites. Elle fixe les règles que doivent respecter les autorités politiques, en plus de déterminer l'organisation du gouvernement ou, plus précisément, l'organisation des pouvoirs législatif, exécutif et judiciaire. C'est pourquoi la Constitution est considérée comme la loi suprême d'un pays : les autres lois doivent s'y conformer, respecter ce cadre juridique supérieur à tout autre.

Pour utiliser une formule lapidaire, on peut dire que la Constitution définit la nature du régime politique et les règles du jeu politique. Au Canada, le régime politique repose sur deux piliers fondamentaux : le *parlementarisme* et le *fédéralisme*. La Constitution de 1867, résultat de négociations entre des membres de l'élite politique canadienne et octroyée par le Parlement britannique, reconnaît ce double aspect. D'une part, elle établit la nature du pouvoir législatif du nouveau pays que l'on vient de créer et celle de son « gouvernement exécutif » : ce sont les éléments de base du régime parlementaire canadien qui seront traités dans d'autres chapitres. D'autre part, elle fixe les Constitutions des quatre premières provinces (Ontario, Québec, Nouveau-Brunswick et Nouvelle-Écosse) et, surtout, elle répartit les compétences législatives entre le Parlement fédéral et les législatures provinciales : ce sont les éléments de base du régime fédéral canadien qui feront l'objet de ce chapitre.

Mais il ne s'agit pas seulement d'étudier la structure fédérale du pays et les relations, sinon les tensions, qui peuvent exister entre les provinces et le niveau fédéral. Il faut aussi faire ressortir, en retraçant les grandes lignes d'évolution du fédéralisme canadien, les liens entre la société et les gouvernements, société plus diversifiée qu'autrefois et qui a une vision non monolithique de la fédération.

Ce chapitre se divise en six parties qui permettent d'aborder différentes facettes de la Constitution canadienne sous l'angle fédératif (ses composantes, le partage des compétences, la Charte des droits, la formule d'amendement) et d'analyser l'évolution du fédéralisme canadien tant à la suite d'amendements à la Constitution et de l'interprétation judiciaire que sous la pression d'événements sociaux, économiques et politiques.

LA CONSTITUTION CANADIENNE : SES COMPOSANTES

La Constitution d'un pays n'est pas nécessairement codifiée en entier dans des lois. En plus d'une partie *écrite*, elle peut comporter une partie *non écrite*. C'est le cas au Canada où la Cour suprême a rappelé en septembre 1981, dans son *Renvoi sur la Résolution pour modifier la Constitution* (rapatriement), que les «conventions constitutionnelles plus [le] droit constitutionnel égalent la Constitution complète du pays».

Cette partie non écrite ne s'arrête pas aux seules *conventions*; elle comprend également des *principes* constitutionnels. La *Loi constitutionnelle de 1867* (autrefois appelée Acte de l'Amérique du Nord britannique ou AANB), dans son préambule, établit clairement que la Constitution canadienne repose sur les mêmes principes que celle du Royaume-Uni, lesquels, selon la tradition britannique, ne sont généralement pas inscrits dans des lois.

La Constitution canadienne est donc composée de trois éléments essentiels: des principes, des conventions et des lois (voir le tableau 2.1).

Les principes

Quels sont les principes les plus importants, hérités de la tradition britannique, qui font partie du droit constitutionnel canadien? Appelé en anglais *rule of law*, le premier concerne la *primauté du droit* ou le *principe de légalité*. Selon ce principe, personne ne peut se soustraire à la loi, mais en même temps, chacun est protégé par la loi. Élaboré afin de protéger les citoyens contre les actions arbitraires des monarques et des gouvernements, ce principe établit que le simple citoyen, aussi bien que les autorités politiques, doivent répondre de la légalité de leurs actes. «Le règne du droit, écrivait Lorraine Pilette, c'est l'antithèse du pouvoir arbitraire» (1993 : 20). En somme, tout acteur public, comme tout acteur privé, doit se conformer aux lois en vigueur; nul n'est au-dessus de la loi.

Ce principe fondamental doit se lire en regard d'un autre grand principe issu de la tradition britannique, celui de la *souveraineté du Parlement*. Il appartient au Parlement, dont une partie au moins est composée de députées et députés élus par le peuple – seul véritable détenteur de la souveraineté –, d'adopter les lois qui vont s'appliquer à la population vivant sur un territoire donné et de les modifier au besoin. Et le Parlement est souverain en ce sens que, selon le vieil adage britannique, «il peut tout faire, sauf changer un homme en femme». En réalité, cet adage a correspondu plutôt à la situation britannique, du moins jusqu'à l'entrée du Royaume-Uni dans l'Union européenne; dans le cas canadien, la souveraineté parlementaire n'est pas absolue. Elle est limitée, en effet, par le cadre fédéral selon lequel le Parlement central et celui de chacune des provinces ne peuvent légiférer que dans les matières qui relèvent de leurs compétences respectives en vertu

TABLEAU 2.1

Composantes de la Constitution canadienne

PARTIE ÉCRITE	PARTIE NON ÉCRITE (EXEMPLES)	
Lois	Principes	Conventions
Loi constitutionnelle de 1867	Primauté du droit	Responsabilité ministérielle
Loi constitutionnelle de 1982	Souveraineté du Parlement	Existence du premier ministre
Amendements à la Constitution	Indépendance du judiciaire	Sanction des projets de loi sans objection

de la *Loi constitutionnelle de 1867* et des amendements qui y ont été apportés. En outre, depuis le rapatriement de 1981-1982, la *Loi constitutionnelle de 1982* comprend une Charte des droits et libertés qui place les droits individuels et collectifs qui y sont définis au-dessus des lois ordinaires adoptées par les Parlements.

Le principe de la primauté du droit doit également se lire en concomitance avec un autre grand principe, celui de l'*indépendance du judiciaire*. Si l'on veut que la loi s'applique à tous et que les citoyennes et citoyens soient protégés de l'arbitraire politique, il faut confier à une structure indépendante du pouvoir politique – en l'occurrence les tribunaux – le soin de contrôler le respect de ce principe. Idéalement, les tribunaux devraient donc être totalement indépendants du pouvoir politique (voir le chapitre 12 sur le pouvoir judiciaire).

Les conventions

Les conventions constitutionnelles sont des règles clairement établies et respectées par les acteurs politiques, résultant de comportements répétés, mais qui n'ont pas force de loi. La violation d'une telle règle n'est dès lors pas illégale, mais inconstitutionnelle au sens conventionnel. C'est ce que rappelait la Cour suprême dans le Renvoi cité précédemment sur le projet fédéral de rapatrier unilatéralement la Constitution canadienne, c'est-à-dire sans l'appui des provinces concernées par ce projet. La Cour affirme qu'il existe une convention voulant que le projet fédéral exige un appui appréciable des provinces. Pour reconnaître cette convention, la Cour reprend le test de Jennings selon lequel une convention doit respecter trois conditions : des précédents, des

acteurs qui se considèrent liés par ces précédents, une raison d'être à cette règle.

Basées sur des pratiques qui se sont figées en règles de conduite respectées par les acteurs politiques, un certain nombre de ces conventions constitutionnelles sont bien connues et sont devenues fort importantes dans notre système parlementaire. Ainsi, la *Loi constitutionnelle de 1867* ne prévoit pas l'existence d'un premier ministre : c'est le monarque, représenté par le gouverneur général, qui est investi du pouvoir exécutif. De nos jours, l'essentiel des pouvoirs du monarque a été transféré entre les mains du premier ministre : ce rôle est joué par le chef du parti politique qui a remporté le plus de sièges aux élections générales (sauf dans des cas exceptionnels d'alliance ou de coalition). De même, le gouverneur général ou les lieutenants-gouverneurs dans les provinces vont sanctionner les lois adoptées par les Chambres sans poser de conditions et sans s'y objecter. On estime aussi que les pouvoirs de réserve et de désaveu sont tombés en désuétude même s'ils sont toujours inscrits dans la *Loi constitutionnelle de 1867*. On considère également que le représentant du monarque agit selon les avis reçus de son principal conseiller, le premier ministre.

La *responsabilité ministérielle* ou le gouvernement responsable est probablement la plus connue et la plus importante de ces conventions, puisqu'elle est à la base de notre système parlementaire. Reconnue en 1848 au Parlement du Canada-Uni (et à la même époque dans les législatures des autres colonies comme la Nouvelle-Écosse), cette règle de conduite des gouvernements a été respectée depuis lors. Cette notion sera développée au chapitre sur le pouvoir exécutif.

Comme on le voit, bon nombre de ces conventions constitutionnelles concernent l'exécutif, en particulier le rôle du gouverneur général, celui de son conseil ou du cabinet, celui du premier ministre, de même que les relations entre l'exécutif et le législatif sous l'angle surtout du gouvernement responsable (Heard, 1991). Comme les conventions résultent de pratiques répétées qui se sont figées en règles de conduite, elles peuvent être modifiées avec le temps et de nouvelles peuvent voir le jour.

Les lois

Les lois constitutionnelles représentent sans aucun doute la partie la plus connue et la plus visible de la Constitution canadienne. Adopté par le Parlement du Royaume-Uni en mars 1867 et entrant en vigueur le 1er juillet de la même année, le *British North America Act* (Acte de l'Amérique du Nord britannique) a donné naissance au Canada actuel fondé sur l'union de trois colonies britanniques, la province du Canada (formé du Haut et du Bas-Canada depuis 1840), le Nouveau-Brunswick et la Nouvelle-Écosse. Cette loi, maintenant connue sous le nom de *Loi constitutionnelle de 1867*, a créé un Canada fédéral composé d'un gouvernement central siégeant à Ottawa et, à cette époque, de quatre provinces, le Canada-Uni retrouvant ses anciennes frontières d'avant 1840 et formant les provinces de l'Ontario et du Québec.

Cette loi fondamentale établit les pouvoirs exécutif et législatif du fédéral et des provinces, fixe la répartition des pouvoirs législatifs entre le Parlement central et les législatures provinciales et contient certaines dispositions économiques comme le partage de l'actif et des dettes et quelques articles ayant trait au pouvoir judiciaire.

Entre 1867 et 1982, cette loi fut amendée à diverses reprises. Comme c'était une loi du Parlement britannique, il fallait recourir à ce même Parlement pour la modifier, à l'exception de quelques cas au XIXe siècle où l'on a eu recours à des ordonnances royales. Cette pratique fut suivie jusqu'en 1982, soit jusqu'au moment où cette loi fut « rapatriée » au Canada. À la suite du « rapatriement », elle est devenue une loi canadienne qui peut être modifiée au Canada même, sans recourir au Parlement britannique, en suivant les dispositions prévues dans la formule d'amendement que l'on trouve dans la *Loi constitutionnelle de 1982*.

LA CONFÉDÉRATION CANADIENNE ET LA *LOI CONSTITUTIONNELLE DE 1867*

Précédée de la Conférence de Charlottetown un mois auparavant, la Conférence de Québec, tenue en octobre 1864, réunit des délégués des Maritimes et du Canada-Uni (ou de la Province du Canada). Après dix-sept jours de discussions, la Conférence publie le texte des 72 résolutions qu'elle a adoptées et qui forment la base du compromis fédératif canadien. Ce texte est peu modifié à la Conférence de Londres de 1865-1866 et il donne naissance à l'Acte de l'Amérique du Nord britannique de 1867.

Les conditions de son adoption

La création de la fédération canadienne a suscité des espoirs sur le plan *économique* par le développement du secteur des communications, en particulier le système ferroviaire, et par la volonté de s'attaquer aux difficultés économiques qui assaillent les colonies par suite de la perte progressive des tarifs préférentiels dont elles jouissaient. Sur le plan politique, c'est d'abord la crainte de l'annexion aux États-Unis qui a joué si bien que pour George-Étienne Cartier, Hector Langevin, Étienne-Paschal Taché, l'alternative est : « confédération ou annexion ». Il importe également de souligner l'instabilité politique du Canada-Uni où, depuis 1858, aucun gouvernement n'a pu s'assurer une majorité stable à l'Assemblée législative.

Ces facteurs militent donc en faveur de l'unification des colonies. Mais d'autres causes jouent dans le sens contraire et ont empêché que l'on ait au Canada un État unitaire ou une union législative, en dépit des prétentions de Macdonald.

Le clivage ethnique ou, plus exactement, la présence de deux grandes cultures reposant avant tout sur les communautés anglophone et francophone met un frein puissant au rêve de Macdonald : il faut reconnaître cette diversité culturelle en la protégeant plus particulièrement dans le Bas-Canada où sont concentrés les francophones. De même, les données géographiques favorisent un régionalisme intense, particulièrement vif dans les Maritimes qui ne veulent pas renoncer à leur identité régionale.

C'est pourquoi on a pu dire que la Confédération canadienne a été un *compromis* entre ceux qui désiraient une forte intégration des colonies et une forte centralisation des pouvoirs et ceux qui insistaient sur la décentralisation afin de préserver la diversité des cultures et des intérêts régionaux. Cependant, compte tenu des pouvoirs économiques et des pouvoirs généraux importants accordés au gouvernement central, la fédération

canadienne tendait davantage vers la centralisation que vers la décentralisation. D'ailleurs, dans l'esprit d'Alexander Galt, l'un des artisans de la Confédération, les législatures provinciales devaient être tout simplement « des municipalités plus importantes que les autres ».

Confédération ou fédération ?

On peut concevoir le fédéralisme, sur un plan politico-juridique, comme une forme d'organisation politique dans laquelle il y a partage des compétences entre le gouvernement central d'un État et les gouvernements représentant les collectivités qui forment cet État. Considéré sous cet angle, le fédéralisme doit respecter un double principe :

- un principe d'*autonomie* selon lequel chaque État membre de la fédération, y compris l'État central, peut agir librement à l'intérieur de sa sphère de compétence et peut prendre des décisions qui ne seront pas révisées par un autre niveau de gouvernement ;
- un principe de *participation* selon lequel les collectivités fédérées sont associées à la prise de décision au niveau central par leur présence, par exemple, dans des institutions politiques (Chambres des communes, Sénat, Conseil exécutif) où se prennent des décisions concernant l'ensemble de la fédération.

De ces principes découlent un certain nombre de caractéristiques d'un régime fédéral. On doit d'abord y trouver deux niveaux de gouvernement, et non pas un seul, qui puissent agir *directement* sur les citoyens : le niveau central qui agit sur l'ensemble des citoyens de la fédération et les niveaux provinciaux qui agissent sur les citoyens vivant dans le cadre territorial de la province. Cela suppose que les lois adoptées au niveau central doivent s'appliquer directement à l'ensemble des citoyens de la fédération sans être l'objet d'une ratification par chacun des membres de la fédération.

Cette caractéristique permet précisément de distinguer une fédération d'une confédération. Cette dernière, en effet, résulte d'un traité ou d'une alliance conclue entre des États souverains, chacun déléguant une part de ses compétences (par exemple, en matière de défense ou de politique étrangère) à une autorité supérieure : les décisions prises par cette autorité supérieure confédérale doivent être ratifiées par les États membres de la confédération pour qu'elles puissent s'appliquer sur leur territoire respectif. En ce sens, un État membre peut toujours dénoncer le traité à la base de la confédération et reprendre les compétences attribuées à cette autorité supérieure. C'est pourquoi la plupart des confédérations ont été instables dans le passé et ont conduit soit au retour des États souverains, soit à la création d'une fédération. Tel fut le cas, par exemple, des États-Unis où la confédération issue de l'indépendance se transforma en fédération dès 1787 (Constitution entrée en vigueur en 1789).

Deuxième caractéristique d'un régime fédéral : la suprématie doit revenir à la *Constitution* et non au Parlement et ce texte constitutionnel doit être plus ou moins facile à modifier. C'est pourquoi, en régime fédéral, la souveraineté parlementaire est limitée, non absolue, en fonction précisément du contenu d'une Constitution écrite. Une troisième caractéristique découle de la précédente : la garde de cette Constitution appartient aux *tribunaux* et non aux législatures elles-mêmes. En d'autres termes, il est nécessaire d'avoir un *arbitre* indépendant et une procédure d'amendement à la Constitution afin qu'aucun gouvernement ne puisse la modifier unilatéralement. Au Canada, la Cour suprême joue ce rôle d'arbitre, bien que son indépendance ait été souvent remise en question du fait que ses juges sont nommés par le seul gouvernement central, ce qui est contraire à l'esprit du fédéralisme. En outre, ce n'est que depuis 1982 que le Canada dispose d'une formule d'amendement inscrite dans la Constitution.

Si l'on s'arrête à la définition précédente du fédéralisme et à ses caractéristiques, on doit conclure que *le Canada est une fédération* et non une confédération, même si on lui a attribué ce nom en 1867. Mais c'est une fédération qui ne répondait pas parfaitement, en 1867, aux caractéristiques du fédéralisme. L'étude du partage des compétences nous permet d'éclairer cette assertion.

Le partage des compétences

L'une des principales caractéristiques d'un régime fédératif, c'est le partage des pouvoirs entre le gouvernement central et les gouvernements des États membres. On reconnaît, dans le cas canadien, que les « Pères de la Confédération » ont agi d'une façon plutôt pragmatique, de manière à solutionner les principaux problèmes qui se posaient à eux. On peut tout de même dégager certains principes généraux qui ont pu présider à la répartition des compétences entre les deux ordres de gouvernement.

Les constituants ont voulu confier au Parlement central toutes les affaires d'importance nationale ou d'intérêt général, telles que les questions militaires et les matières économiques, afin d'assurer le développement économique du Canada : c'est ainsi que la réglementation des échanges et du commerce, de même que les transports et les communications entre les provinces et avec l'étranger, ont été attribués au fédéral. Aux législatures provinciales, on a confié toutes les affaires d'intérêt purement local, comme le niveau municipal, les questions d'ordre culturel et linguistique ainsi que le domaine social et le droit civil, afin d'éviter les tensions et les conflits politiques.

Ces principes ont été concrétisés dans les articles 91 à 95 de la *Loi constitutionnelle de 1867*: ceux-ci établissent les compétences attribuées à chaque niveau de gouvernement (voir le tableau 2.2). Dans certains cas, le texte était trop vague ou trop ambigu pour rallier sans problème tous les intervenants, obligeant ainsi les tribunaux à intervenir pour préciser les intentions des législateurs.

L'article 91 énumère 29 secteurs de compétence fédérale. On y trouve également un préambule accordant au Parlement fédéral un pouvoir général de faire des lois pour «la paix, l'ordre et le bon gouvernement du Canada». En vertu de ce préambule, les pouvoirs *résiduaires*, c'est-à-dire tous ceux qui ne peuvent être rangés dans une catégorie de sujets déjà énumérés, soit par oubli des constituants, soit parce qu'il s'agit de sujets nouveaux (par exemple, l'aéronautique ou l'énergie nucléaire), ont été confiés au fédéral. Par contre, c'est à la suite de la pratique et de l'interprétation constitutionnelles en général que les tribunaux ont reconnu au gouvernement canadien un pouvoir de *dépenser*, c'est-à-dire le pouvoir de faire des versements à des individus, à des groupes ou à des gouvernements dans des domaines pour lesquels il n'a pas nécessairement la compétence

législative (par exemple, dans le secteur de la santé ou de l'éducation postsecondaire).

L'article 92 énumère 16 domaines confiés aux législatures provinciales. Cependant, certains alinéas de l'article 92 définissent des compétences fédérales, comme le pouvoir *déclaratoire* (en vertu de l'article 92.10c) voulant que des travaux, bien qu'ils soient situés dans une province, peuvent être déclarés par le Parlement canadien être à l'avantage de tout le Canada ou de deux ou plusieurs provinces et ainsi tomber sous la compétence fédérale (ce fut le cas, par exemple, de l'exploitation de l'uranium ou d'un certain nombre d'élévateurs à grains). En outre, l'article 93 accorde aux provinces le secteur de l'éducation avec protection des minorités catholiques et protestantes. Le Québec a cependant obtenu, en 1997, un amendement à cet article l'autorisant à remplacer les commissions scolaires confessionnelles par des commissions scolaires linguistiques.

En vertu de l'article 95, l'agriculture et l'immigration sont des pouvoirs *concurrents*, c'est-à-dire qu'elles relèvent des deux législateurs (fédéral et provinciaux), mais avec prépondérance de la législation fédérale: une loi provinciale sur ces sujets ne doit pas être incompatible avec une loi fédérale. Il en est de même de l'article 92A qui établit une compétence concurrente avec prédominance du fédéral sur les exportations à l'extérieur d'une province des ressources naturelles non renouvelables, des ressources forestières et de l'énergie électrique, et sur la taxation indirecte de ces ressources. Par contre, l'article 94A accorde au Parlement du Canada la capacité de légiférer sur les pensions de vieillesse et les prestations additionnelles, mais avec prédominance de la législation provinciale. Dans ces deux derniers cas

TABLEAU 2.2

Partage des compétences entre le fédéral et les provinces

	COMPÉTENCES PROVINCIALES	COMPÉTENCES FÉDÉRALES
Éducation	X	
Culture	X	
Droit civil	X	
Responsabilité civile	X	
Célébration des mariages	X	
Propriété privée	X	
Contrats locaux	X	
Relations de travail (en général)	X	
Fonction publique provinciale	X	
Successions	X	
Justice (administration)	X	
Prisons provinciales	X	
Santé	X	
Bien-être social	X	
Hôpitaux (établissement et entretien)	X	
Institutions de charité	X	
Institutions municipales	X	
Terres publiques provinciales	X	
Forêts (exploitation)	X	
Mines (exploitation)	X	
Matières premières (transformation)	X	
Commerce intraprovincial ou local	X	
Transport intraprovincial ou local	X	
Communications intraprovinciales (de moins en moins)	X	
Téléphone intraprovincial (de moins en moins)	X	
Entreprises locales (incorporation)	X	
Industries	X	
Valeurs mobilières	X	
Assurances	X	
Modification de sa Constitution interne (sauf lieutenant-gouverneur)	X	
Licences et permis (droits)	X	
Taxation directe	X	X
Taxation indirecte sur l'exploitation des ressources naturelles	X	X
Commerce interprovincial des produits des ressources naturelles	X	X
Agriculture	X	X
Immigration	X	X
Pensions de vieillesse et prestations additionnelles	X	X
Défense nationale		X
Service militaire		X
Milice		X
Postes		X

	COMPÉTENCES PROVINCIALES	COMPÉTENCES FÉDÉRALES
Monnaie		X
Banques		X
Intérêt de l'argent		X
Faillite		X
Assurance-emploi (autrefois assurance-chômage)		X
Relations de travail (entreprises fédérales)		X
Échanges et commerce (en général, interprovinciaux et internationaux)		X
Contrats avec l'extérieur de la province		X
Transport interprovincial et international		X
Terres publiques fédérales		X
Navigation		X
Sécurité des eaux		X
Énergie nucléaire		X
Aéronautique		X
Communications interprovinciales et internationales		X
Radio		X
Télévision		X
Propriété intellectuelle (brevets, droits d'auteur)		X
Recensement		X
Statistiques		X
Droit criminel		X
Procédure en matière criminelle		X
Pénitenciers		X
Citoyenneté (naturalisation et aubains)		X
Réfugiés		X
Indiens		X
Réserves indiennes		X
Mariage (sauf célébration)		X
Divorce		X
Fonction publique fédérale		X
Taxation indirecte		X
Pouvoir déclaratoire (travaux ou entreprises fédérales)		X
Pouvoir résiduaire		X
Pouvoir de dépenser	x	X
Autres sujets sur lesquels la province ou le fédéral n'a de compétence que sur une partie du champ		
Langue	x	x
Télévision éducative	x	x
Environnement	x	x
Compagnies (incorporation)	x	x
Institutions financières	x	x
Droit pénal	x	x
Pêche	x	x

(articles 92A et 94A), il s'agit d'amendements qui ont été apportés à la *Loi constitutionnelle de 1867*.

Au total, on constate donc que des pouvoirs économiques importants ont été accordés au fédéral, mais que les provinces n'en sont pas totalement dépourvues ; que les compétences en matière d'éducation et de culture et dans le domaine social ont été accordées aux provinces, mais que le fédéral a toujours la faculté d'y intervenir en vertu de son pouvoir de dépenser.

Si, à la suite de Kenneth Clinton Wheare (1963), certains analystes ont pu parler d'un *quasi-fédéralisme* canadien, ce n'est pas tant parce que le Parlement central dispose de pouvoirs économiques considérables que parce qu'il jouit de compétences importantes de *nature générale* : préambule de l'article 91, pouvoir déclaratoire, pouvoirs résiduaires, pouvoir de dépenser, pouvoirs généraux de taxation.

À ces pouvoirs importants de nature générale, les constituants ont également accordé au niveau central des instruments de *contrôle* à l'égard des provinces, traduisant ainsi l'idée d'une certaine subordination des provinces : nomination des lieutenants-gouverneurs dans les provinces, nomination des juges des cours les plus élevées, dont ceux de la Cour suprême, nomination des sénateurs fédéraux, pouvoir de désaveu et pouvoir de réserve, bien qu'ils soient aujourd'hui tombés en désuétude, le pouvoir de désaveu n'ayant pas été utilisé depuis 1943 et le pouvoir de réserve depuis 1961. Dès la fin du XIXᵉ siècle, une série de jugements rendus par le Comité judiciaire du Conseil privé à Londres avaient cependant rétabli un certain équilibre en faveur des provinces, rendant le quasi-fédéralisme de 1867 plus conforme à l'idée d'une véritable fédération.

LA DYNAMIQUE DE LA CONSTITUTION

Une Constitution, comme celle de 1867 au Canada, n'est pas arrêtée d'une manière définitive. Elle est appelée à changer avec le temps, à s'adapter à des réalités nouvelles. La *Loi constitutionnelle de 1867* créait un nouveau pays et lui accordait sa pleine autonomie interne, réservant à l'ancienne métropole la conduite de sa politique étrangère (surtout en tant que membre de l'Empire britannique) et au Parlement britannique le soin de modifier au besoin l'AANB qui était en réalité une loi adoptée par ce même Parlement. Une formule d'amendement à la Constitution, comme on en trouve dans d'autres fédérations, n'apparaissait pas nécessaire en 1867 : ce n'est qu'en 1982 qu'une telle formule sera intégrée à la Constitution canadienne désormais rapatriée au pays.

Les changements selon l'ancienne procédure

Dans l'intervalle, il a fallu modifier à plusieurs reprises la *Loi constitutionnelle de 1867*. Comment alors a-t-on procédé ? Un document fédéral datant de 1965 (*Modification de la Constitution du Canada*) et publié sous la signature du ministre de la Justice de l'époque, Guy Favreau, nous éclaire sur la procédure suivie pour modifier la Constitution en l'absence d'une formule officielle d'amendement. Elle se résume en cinq points :

a) Comme l'AANB est une loi du Parlement *britannique*, il faut recourir à ce Parlement pour la modifier : celui-ci adopte alors une loi à cet effet.

b) Une telle loi n'est adoptée qu'à la *demande* du Canada, plus précisément du Parlement canadien. Cette demande prend la forme d'une *adresse* conjointe de la Chambre des communes et du Sénat au souverain britannique qui la transmet à son gouvernement. En deux occasions seulement (en 1871 et 1895), c'est le Cabinet seul qui a demandé une modification à l'AANB.

c) *Toute* modification que le Parlement canadien a demandée dans le passé a été *adoptée* sans modification (sauf parfois quelques modifications mineures) par le Parlement britannique : la dernière modification est devenue la *Loi constitutionnelle de 1982* qui, entre autres, «rapatriait» la Constitution canadienne et y ajoutait une formule d'amendement.

d) Le Parlement britannique n'a jamais modifié la Constitution à la seule demande d'une *province* canadienne : la première tentative en ce sens, provenant de la Nouvelle-Écosse, a échoué en 1868. D'autres tentatives suivirent en 1869, 1874 et 1887 et ont également échoué.

e) Les provinces n'ont aucun droit *légal* d'être consultées. Mais le principe – ou, plus précisément, une convention constitutionnelle – a été bien établi dans le passé que le gouvernement fédéral consulte les *provinces* et obtient leur assentiment sur des projets de modification qui les intéressent. Tel fut le cas, en particulier, en 1907, 1931, 1940, 1951, 1960 et 1964. En 1981, la Cour suprême a reconnu que le projet de rapatriement affectait les droits des provinces (entre autres, par la Charte des droits) et qu'il exigeait, de ce fait, un appui appréciable des provinces avant d'être soumis au Parlement britannique.

Si l'on excepte l'admission de nouvelles provinces, on peut dire que les principales modifications à la *Loi constitutionnelle de 1867* ont respecté cette procédure qui s'est établie avec le temps. À une trentaine de reprises entre 1870 et 1982, la Constitution canadienne a été amendée (voir le tableau 2.3). Certains changements sont mineurs, comme celui de 1895. D'autres, estimait Ottawa, ne concernaient que le Parlement et le gouvernement du Canada et non les provinces, qui n'étaient dès lors pas consultées. Outre l'exemple précédent, on peut mentionner les lois de 1893, de 1927 et de 1950 sur la révision du droit statutaire, l'Acte de 1875, l'AANB de 1916, celui de 1943, de 1946, de 1949 (n° 2), de 1960 ou de 1974. Cependant, quelques-unes de ces modifications, comme celles de 1943 et de 1949, ont soulevé les protestations de certaines provinces, dont le Québec et l'Alberta, qui estimaient qu'elles devaient être consultées, puisque, selon elles, ces modifications ne concernaient pas seulement le fédéral, mais aussi les provinces.

Par contre, au cours du XXᵉ siècle, dans tous les cas qui concernaient directement les provinces, plus spécialement le partage des compétences, le gouvernement fédéral a consulté et a obtenu l'appui des seules provinces concernées (en 1930) ou de *toutes* les provinces (en 1907, 1931, 1940, 1951, 1960 et 1964). Mais tel ne fut pas le cas lors du rapatriement de 1982. C'est pourquoi ce dernier est encore considéré comme illégitime au Québec, puisque les gouvernements successifs (péquistes et libéraux) ont refusé jusqu'à ce jour d'y donner leur accord. Certains (dont je suis) considèrent même ce rapatriement comme contraire, dans son processus, aux conventions constitutionnelles alors existantes.

TABLEAU 2.3

Modifications à la Constitution canadienne

ANNÉES	OBJETS
1870	Admission du Manitoba dans la Confédération
1870	Admission de la Terre de Rupert et du Territoire du Nord-Ouest (décret en conseil)
1871	Loi concernant l'établissement de nouvelles provinces et l'administration des territoires
1871	Conditions d'adhésion de la Colombie-Britannique (décret en conseil)
1873	Conditions d'adhésion de l'Île-du-Prince-Édouard (décret en conseil)
1875	Privilèges, immunités et pouvoirs des Chambres du Parlement
1880	Admission des territoires adjacents (décret en conseil)
1886	Représentation des territoires au Parlement
1889	Frontières de l'Ontario
1895	Nomination d'un orateur suppléant (abrogée)
1905	Création et admission de l'Alberta
1905	Création et admission de la Saskatchewan
1907	Nouvelle échelle de subventions statutaires aux provinces (modification de l'art. 118)
1915	Redéfinition des divisions sénatoriales (avec l'arrivée de nouvelles provinces) et clause sénatoriale
1916	Prolongation de la durée du Parlement canadien au-delà de cinq ans (abrogée)
1930	Transfert des ressources naturelles aux provinces de l'Ouest
1931	Statut de Westminster (souveraineté internationale)
1940	Assurance-chômage (compétence fédérale, art. 91.2A)
1943	Ajournement du rajustement de la représentation à la Chambre des communes (abrogé)
1946	Rajustement de la représentation à la Chambre des communes (abrogé)
1949	Conditions d'adhésion de Terre-Neuve
1949 (nº 2)	Pouvoir du Parlement canadien de modifier sa Constitution, sauf sur certains sujets (abrogé)
1951	Pensions de vieillesse (compétence concurrente, art. 94A)
1952	Rajustement de la représentation à la Chambre des communes (abrogé)
1960	Retraite à 75 ans des juges des cours supérieures provinciales
1964	Pensions de vieillesse et prestations additionnelles (art. 94A)
1965	Retraite à 75 ans des membres du Sénat
1974	Rajustement de la représentation à la Chambre des communes (abrogé)
1975 (nº 1)	Représentation à la Chambre des communes du Yukon et des Territoires du Nord-Ouest
1975 (nº 2)	Représentation au Sénat du Yukon et des Territoires du Nord-Ouest
1982	Loi constitutionnelle de 1982 (incluant la formule d'amendement et la Charte canadienne des droits et libertés)

ANNÉES	OBJETS
1983	Modifications aux droits des peuples autochtones
1985	Représentation à la Chambre des communes (avec la clause des droits acquis)
1987	Loi sur Terre-Neuve (modifications aux écoles confessionnelles)
1993	Communautés linguistiques française et anglaise du Nouveau-Brunswick (institutions d'enseignement et institutions culturelles distinctes) (art. 16.1 de la Charte)
1994	Modification des conditions d'adhésion de l'Île-du-Prince-Édouard (remplacement d'un service de traversier subventionné par un pont)
1997	Nouvelles modifications aux écoles confessionnelles à Terre-Neuve (contrôle gouvernemental)
1997	Modification de l'article 93 au Québec (remplacement des commissions scolaires confessionnelles par des commissions scolaires linguistiques)
1998	Abolition du système scolaire confessionnel à Terre-Neuve
1999	Représentation du Nunavut au Sénat et à la Chambre des communes
2001	Changement du nom de Terre-Neuve pour celui de Terre-Neuve-et-Labrador

Il convient de ranger dans une catégorie à part l'addition de nouvelles provinces aux quatre premières qui se sont réunies en 1867 pour former le Canada. L'article 146 de l'AANB prévoyait l'ajout d'autres territoires au Canada, y compris par décrets en conseil. Ce qui fut fait dès 1870 avec l'admission du Manitoba, de la Terre de Rupert et du Territoire du Nord-Ouest; Terre-Neuve a été la dernière province admise dans la fédération en 1949.

Il faut enfin mentionner le cas particulier du Statut de Westminster en 1931 qui ne concernait pas que le Canada, mais aussi les autres *dominions* de l'époque. Ce statut était important puisqu'il accordait la souveraineté externe au Canada, en autorisant le Parlement à faire des lois ayant une portée extraterritoriale. De même, on pouvait abroger tout statut du Royaume-Uni qui faisait encore partie des lois du Canada, à l'exception évidemment de l'AANB lui-même. En outre, le Canada pouvait conclure directement des traités, mais il n'avait pas encore acquis sa pleine souveraineté. Le Comité judiciaire du Conseil privé à Londres servait toujours de dernier tribunal d'appel – ce sera le cas jusqu'en 1949 – et la Constitution canadienne, en l'absence d'une formule d'amendement sur laquelle on n'avait pu s'entendre, était toujours modifiée par le Parlement britannique : cette anomalie sera corrigée avec le rapatriement de 1982.

L'interprétation judiciaire

Dans un système fédéral, comme nous l'avons mentionné précédemment, il est nécessaire d'avoir un organisme judiciaire qui interprète la Constitution. On ne peut, en effet, laisser aux seuls acteurs politiques concernés le soin d'interpréter les textes constitutionnels : ce rôle est confié à un tribunal qui doit agir en arbitre impartial.

Au Canada, ce rôle a été joué jusqu'en 1949 (les dernières décisions sur le partage des pouvoirs ayant été rendues en réalité en 1954) par le Comité judiciaire du Conseil privé britannique.

Celui-ci a été appelé à se prononcer sur quatre aspects principaux de la répartition des pouvoirs entre le fédéral et les provinces, à savoir le pouvoir du Parlement canadien de légiférer pour la paix, l'ordre et le bon gouvernement du Canada (préambule de l'article 91) et de réglementer les échanges et le commerce (article 91.2) ainsi que le pouvoir des provinces de légiférer sur la propriété et les droits civils (article 92.13) et dans toutes les matières d'une nature purement locale ou privée dans la province (article 92.16).

De l'ensemble des décisions rendues par ce tribunal durant cette période, on peut dégager quelques constantes. Tout d'abord, on admet généralement qu'il a réussi à consolider ou à reconnaître davantage les pouvoirs des *provinces* et à restreindre la portée de ceux du fédéral. Il l'a fait, d'une part, en interprétant d'une façon assez large la clause sur « la propriété et les droits civils » et, d'autre part, en limitant le pouvoir du fédéral de légiférer pour la paix, l'ordre et le bon gouvernement aux sujets énumérés à l'article 91. En d'autres termes, le fédéral ne peut s'appuyer uniquement sur le préambule de l'article 91 pour intervenir dans des champs de compétence provinciale établis à l'article 92.

Durant cette période « provincialiste » qui s'étend de 1883 à 1930, le Comité judiciaire a fait évoluer grandement le fédéralisme canadien. Du quasi-fédéralisme de 1867, on est passé progressivement à un véritable fédéralisme *dualiste* fondé sur deux ordres de gouvernement, chacun ayant pleine compétence quant aux pouvoirs exclusifs énumérés aux articles 91 et 92, tout en respectant certaines contraintes (par exemple, en situation d'urgence). En soutenant que les législatures provinciales possédaient une autorité « entière » et « suprême » dans les matières de

leur compétence, le haut tribunal a établi que les provinces n'étaient pas en état de subordination par rapport au pouvoir central, contrairement aux prétentions du fédéral à cet égard.

Si de 1867 à 1882, le Comité judiciaire a rendu des décisions à saveur plutôt centralisatrice, ce fut également le cas après 1930 (sauf certaines exceptions) avec la Grande Crise économique et la Seconde Guerre mondiale. Même durant la période antérieure, toutes les décisions ne furent pas nécessairement favorables aux provinces. Plus particulièrement, le tribunal a établi des règles d'interprétation qui ont favorisé le niveau central. La théorie de l'*urgence nationale* permet au Parlement canadien d'empiéter temporairement sur des domaines de compétence provinciale en vertu du préambule de l'article 91 dans des situations d'urgence nationale (guerre, crise économique). Quant à la théorie de la *prépondérance*, elle reconnaît que, lorsque la prépondérance d'un niveau de gouvernement sur l'autre n'est pas expressément établie (comme à l'article 95), la législation fédérale l'emporte dans la mesure où les législations fédérale et provinciale sont incompatibles : les dispositions d'une loi provinciale qui entre en conflit avec une loi fédérale sont alors inopérantes.

Au total, on peut dire que le Comité judiciaire du Conseil privé a réussi à situer le partage des compétences dans un esprit et une vision plus fédéraliste que ce qu'avaient prévu les Pères de la Confédération (Cairns, 1971).

Quant à la Cour suprême, créée en 1875 et devenue le dernier tribunal d'appel en toutes matières en 1949 seulement, on reconnaît que ses jugements ont été souvent plus favorables au fédéral qu'aux provinces (ce qui n'est pas cependant l'avis de Hogg, 1979). Cela tient au fait que ce tribunal a généralement favorisé une conception plus large de la clause sur le commerce, accordant au fédéral un pouvoir de réglementation générale du commerce (par opposition à la réglementation d'un commerce ou d'une industrie en particulier), ce qui a été reconnu dans l'affaire *General Motors* en 1989. Cette décision ouvre la porte à des interventions fédérales dans plusieurs secteurs de l'économie, comme en matières de concurrence, de réglementation des aliments et des drogues et, éventuellement, des valeurs mobilières. Cependant, la Cour suprême a statué en 2011, dans un renvoi portant sur une loi fédérale (Renvoi relatif à la Loi sur les valeurs mobilières, [2011] 3 R.C.S. 837), que les valeurs mobilières relèvent encore de la compétence provinciale.

De même, le haut tribunal a donné une interprétation plutôt généreuse du pouvoir général de légiférer pour « la paix, l'ordre et le bon gouvernement du Canada », accordant au Parlement canadien le pouvoir de légiférer en matière de pollution des eaux douces intérieures, normalement de compétence provinciale, puisque la non-intervention d'une province à cet égard peut avoir un effet sur les eaux marines qui sont de compétence fédérale (affaire *Crown Zellerbach* en 1988). Par contre, il s'est servi de la théorie de l'urgence nationale pour déclarer constitutionnelle la loi fédérale anti-inflation de 1975 (et non du préambule de l'article 91).

Certes, tous ses jugements n'ont pas été favorables au fédéral. Dans l'Avis sur le Sénat, comme dans ses décisions sur la langue et sur les minorités, la Cour suprême a défendu une vision plus nettement fédéraliste. Cependant, il faut reconnaître qu'elle a élargi le champ des pouvoirs fédéraux en référence au préambule de l'article 91 et dans le domaine de la réglementation

des échanges et du commerce et qu'elle a rétréci les pouvoirs provinciaux quant à la propriété des ressources naturelles (droits miniers sous-marins), dans le domaine de la câblodistribution reconnue de compétence fédérale et, d'une façon générale maintenant, en ce qui a trait à l'ensemble du secteur des télécommunications.

D'autres études viennent nuancer davantage ces assertions. Ainsi, Andrée Lajoie *et al.* (1986) concluent au caractère centralisateur des décisions de la Cour suprême sur l'attribution des compétences durant la période de 1945 à 1960 et au maintien de cette tendance durant la période suivante (1960 à 1975), alors que pour la troisième période étudiée, soit de 1976 à 1985, les auteures concluent à un renversement au moins quantitatif de la situation. De même, Guy Tremblay (1986 : 207-208) soutient que la Cour suprême a su maintenir depuis 1945 un équilibre des compétences comparable à celui qui a existé auparavant. Il ajoute : « Cet équilibre ne consiste pas dans une égalité parfaite. Il fait partie d'un système qui véhicule un certain penchant en faveur de l'autorité fédérale, mais qui comporte des mécanismes compensateurs pour empêcher une centralisation irrémédiable », faisant alors référence au poids de la jurisprudence du Comité judiciaire du Conseil privé, qui ne peut être balayée du revers de la main, de même qu'à l'ancrage constitutionnel des entités provinciales, qui ne peuvent être dépouillées de tous leurs pouvoirs.

Selon Gil Rémillard (1983 : 258), la disparité entre le Comité judiciaire du Conseil privé et la Cour suprême se situe essentiellement dans une approche différente d'interprétation : le premier s'est souvent montré beaucoup plus politique que juridique, alors que le tribunal canadien s'en est tenu à une interprétation plus légaliste. En interprétant un texte de nature plutôt centralisatrice, la Cour suprême ne peut que favoriser davantage le fédéral au détriment des provinces. C'est également la conclusion qui se dégage de l'ouvrage de Gilbert L'Écuyer (1978). Mais il faut ajouter que cette tendance comporte des «mécanismes compensateurs», comme le soulignait Guy Tremblay (1986), empêchant une centralisation trop vive et irrémédiable qui serait contraire à l'esprit du fédéralisme.

Cependant, ces études ne prennent pas en compte les décisions de la Cour suprême depuis la fin des années 1980. Jacques Frémont (1998 : 46), pour sa part, souligne «jusqu'à quel point l'interprétation judiciaire portant sur le partage des compétences législatives a évolué de façon parfois radicale depuis quinze années», surtout en ce qui a trait à l'union économique canadienne, mais aussi dans d'autres secteurs (avec l'extension de la règle de la prépondérance fédérale dans l'affaire *Hall* en 1990). Ce qui l'amène à tirer la conclusion suivante : «À vrai dire, ces changements sont si importants que l'on peut probablement dire que l'état du partage des compétences a évolué plus radicalement ces quinze dernières années que depuis le début de la fédération» (1998 : 52). Et cette évolution favorise les autorités fédérales en élargissant leurs pouvoirs d'intervention.

Le chapitre suivant analyse en profondeur les principales décisions rendues par la Cour suprême au regard de la *Charte canadienne des droits et libertés* et fait état des conséquences de ces décisions, en particulier pour le Québec.

L'ÉVOLUTION DU FÉDÉRALISME

Le fédéralisme canadien a évolué depuis 1867 sous la poussée de différents facteurs qui se sont souvent conjugués. À des modifications à la Constitution à la suite d'amendements ou de l'interprétation de la *Loi constitutionnelle de 1867* par les tribunaux, il faut ajouter des facteurs sociaux, économiques et politiques (comme les conférences fédérales-provinciales) qui ont contribué à façonner un fédéralisme moins fortement centralisé qu'à ses débuts, mais qui garde toujours nettement la trace de ses origines centralisatrices.

La prédominance du fédéral et la reconnaissance des provinces (1867-1896)

Les trente premières années de la Confédération (1867-1896) sont marquées par la reconnaissance des *provinces* dans le cadre fédéral. Aux lendemains de la Confédération, le gouvernement fédéral veut mettre en œuvre un fédéralisme centralisé conforme aux vues de John A. Macdonald qui parle de la supériorité du gouvernement central. Ce même gouvernement parachève l'unification du territoire par la construction d'un chemin de fer transcontinental et, surtout, il met en œuvre une politique économique protectionniste (la *National Policy* de 1879) qui va contribuer au développement de l'industrie manufacturière au Québec et en Ontario et favoriser le commerce interprovincial. La domination du fédéral se manifeste également par l'utilisation fréquente du pouvoir de désaveu et de réserve : pas moins de 65 lois provinciales sont désavouées et 57 sont réservées au cours de cette période.

Tous ces faits traduisent la prédominance du gouvernement central et un certain paternalisme du fédéral à l'égard des provinces. Celles-ci vont réagir rapidement à la suite d'Oliver Mowat, premier ministre libéral de l'Ontario de 1872 à 1896 et, plus tard, d'Honoré Mercier, premier ministre du Québec de 1887 à 1891. La lutte des provinces s'étend aussi bien sur le plan économique que sur le plan politique où le combat est porté devant les tribunaux.

Trois grandes décisions rendues par le Comité judiciaire du Conseil privé viennent établir les principes de base du fédéralisme canadien. Une première, dans l'affaire *Russell* v. *The Queen*, est favorable au pouvoir central en ce qu'elle permet au gouvernement fédéral, en vertu de la théorie des « dimensions nationales », d'intervenir dans des domaines de compétence provinciale. Les deux autres, par contre, favorisent les provinces. En 1892, le Comité judiciaire établit qu'elles sont souveraines dans les domaines qui leur sont assignés et qu'elles ne sont donc pas subordonnées au gouvernement fédéral. Le tribunal vient ainsi consacrer leur autonomie à l'intérieur de la fédération. En 1896, dans la cause sur la prohibition, le Comité judiciaire limite la portée du préambule de l'article 91 aux sujets qui sont « indiscutablement d'importance nationale et d'intérêt national », n'autorisant pratiquement qu'une législation d'urgence au moment de grandes crises nationales et refusant au fédéral la possibilité d'empiéter, en invoquant le préambule de l'article 91, sur les compétences provinciales définies à l'article 92.

Au terme de cette période cruciale, on peut dire que l'on passe d'un fédéralisme centralisateur ou du quasi-fédéralisme, selon l'expression de Kenneth Clinton Wheare, à un fédéralisme *dualiste* qui reconnaît deux ordres de gouvernement, pleinement souverains dans leurs domaines de compétence et non subordonnés l'un à l'autre. C'est une victoire importante pour les provinces, acquise par la voie des tribunaux à la suite de requêtes de certains leaders provinciaux. Mais cette victoire ne met pas fin pour autant à la volonté de domination du fédéral sur les provinces.

Un équilibre difficile à trouver (1896-1930)

La période suivante, qui s'étend de 1896 à 1930, se distingue par un certain *équilibre* entre les deux ordres de gouvernement, à l'exception des années 1914 à 1920 marquées par la Première Guerre mondiale (1914-1918) et par la prépondérance incontestée du gouvernement fédéral.

L'élection du premier ministre libéral Wilfrid Laurier en 1896 ouvre une nouvelle époque. Durant ses années dans l'opposition, il s'est montré favorable à l'autonomie des provinces. Au pouvoir, il va chercher la collaboration des gouvernements provinciaux plutôt que la confrontation. Il a également la chance de bénéficier d'une situation économique qui s'est améliorée sensiblement. De plus, l'Ouest canadien connaît une croissance sans précédent marquée par une forte immigration et par la création de deux provinces en 1905, l'Alberta et la Saskatchewan. Jusqu'à la guerre, les conflits juridiques ne sont pas nombreux et le fédéral utilise peu son pouvoir de désaveu des lois provinciales.

Mais si les provinces ont conquis leur autonomie politique, elles n'ont pas pour autant assuré leur autonomie financière : elles sont tributaires du pouvoir central à bien des égards. C'est pourquoi elles se tournent vers le gouvernement fédéral pour faire augmenter les subventions prévues à l'article 118. En vertu de cet article, celles-ci étaient fixes et devaient libérer « pour toujours le Canada de toutes autres réclamations » de la part des provinces. Cet article fut toutefois modifié en 1907 par un amendement à la Constitution.

Défait en 1911 par les conservateurs de Robert Borden, Laurier va malgré tout demeurer à la tête du Parti libéral canadien jusqu'à sa mort en 1919. Dans l'intervalle, les conservateurs adoptent les premières subventions condition-nelles – prélude d'une longue série – accordées d'abord pour l'enseignement agricole (1913) et ensuite pour l'enseignement technique, puis pour la construction et l'amélioration des routes (1919). Bien d'autres secteurs seront touchés dans l'avenir par cette politique.

La guerre vient interrompre ce début de fédé-ralisme coopératif. Désormais, le gouvernement fédéral exerce un rôle prépondérant en faisant voter la *Loi sur les mesures de guerre* en août 1914. Le cabinet seul, par simple décret, peut prendre toutes les mesures nécessaires pour assurer la sécurité et la défense du Canada. Ce qui autorise le gouvernement fédéral à intervenir massivement dans l'activité économique du pays.

Ce rôle prédominant du fédéral se manifeste également par l'utilisation des ressources humaines du pays en vue de gagner la guerre. En juin 1917, le gouvernement conservateur de Robert Borden dépose son projet de loi sur le service militaire obligatoire (conscription). Adoptée en août, cette loi suscite de vives oppositions au Québec, si bien qu'aux élections générales de décembre 1917, la coalition unioniste menée par Borden l'emporte sur les libéraux de Laurier, dont 62 députés sur 82

viennent du Québec. Les partis politiques fédéraux sortent affaiblis de la période de guerre.

L'intervention massive de l'État canadien nécessite des revenus importants. Pour ce faire, le gouvernement fédéral envahit le champ de l'impôt direct en taxant les profits d'affaires en 1916 et en instaurant un impôt sur le revenu des particuliers en 1917, mesures qui devaient être provisoires pour le temps de la guerre.

Après ces quelques années de fédéralisme fortement centralisé, les provinces reprennent l'initiative face à des gouvernements fédéraux affaiblis par les divisions politiques et minori-taires (élections de 1921 et 1925). Si les aspi-rations provinciales sont davantage reconnues durant les années 1920, ce n'est pas par suite d'une redistribution des pouvoirs entre les deux ordres de gouvernement, mais plutôt par suite d'une conjoncture économique et sociale, liée à l'industrialisation et à l'urbanisation, favorable aux provinces. Cela se traduit par des dépenses importantes des provinces dans le domaine de la voirie et dans l'exploitation des ressources natu-relles où le secteur privé intervient également avec vigueur.

Au terme de cette décennie, par un amen-dement à la Constitution en 1930, le fédéral retourne aux provinces des Prairies l'adminis-tration des ressources naturelles et rétrocède à la Colombie-Britannique certaines terres expro-priées pour la construction du chemin de fer. Cette période se caractérise aussi par la première grande intervention du fédéral en matière de sécurité sociale, domaine jugé de compétence provinciale. La *Loi sur les pensions de vieillesse*, adoptée en 1927, établit les critères d'admissibi-lité à cette pension et offre de payer la moitié des frais à toute province qui établirait un tel régime.

Le Nouveau-Brunswick et le Québec seront les dernières provinces à conclure une entente sur ce sujet avec le fédéral en 1936. Un amendement à la Constitution, adopté en 1951, viendra confirmer sa présence dans ce secteur, mais avec prédominance provinciale (article 94A).

Au total, on peut dire que cette période qui s'étend de 1896 à 1930 se caractérise, à l'exception du temps de guerre, par la recherche d'une plus grande *coopération* entre le gouvernement central et les provinces, chaque niveau de gouvernement pouvant jouer le rôle que lui assigne la Constitution. En outre, les conflits sont peu nombreux entre eux; au contraire, le fédéral cherche à collaborer avec les provinces plutôt qu'à les dominer totalement, sauf durant la guerre évidemment. On en arrive ainsi à un meilleur équilibre entre les partenaires de la fédération. Par contre, c'est de cette époque que datent les premières subventions conditionnelles dans des champs de compétence provinciaux. Le fédéral utilise ainsi son pouvoir de dépenser, nullement prévu dans la Constitution canadienne, qui sera la source de nombreux conflits avec les provinces, en particulier le Québec. Cette période traduit bien l'idée d'un difficile équilibre à atteindre entre le fédéral et les provinces, même si cet équilibre est mieux assuré que durant la période précédente.

La prédominance du gouvernement fédéral (1930-1957)

La période qui suit (1930-1957) n'est pas de même nature. Elle se traduit par une *prédominance* très nette du gouvernement fédéral ou par ce que le rapport Tremblay (1956) appelait la décadence de l'autonomie provinciale et le progrès de l'«impérialisme» fédéral. La crise économique de 1930-1939, la guerre de

1939-1945, l'après-guerre (1945-1957) sont toutes des périodes qui favorisent l'interventionnisme fédéral.

La crise commencée en octobre 1929 fait sentir ses effets jusqu'au déclenchement de la Seconde Guerre mondiale qui ouvre une ère de prospérité s'étendant jusque dans les années 1950. Cette crise marque la fin du libéralisme économique qui avait fleuri durant la décennie précédente et traduit surtout la faillite du secteur privé. Les provinces et les municipalités, dont relèvent les secours aux chômeurs et aux défavorisés, n'ont pas les revenus suffisants pour faire face à la situation, d'autant plus que la règle de l'équilibre budgétaire prévaut encore largement. Cela se traduit donc par des interventions de plus en plus importantes du fédéral pour faire face aux problèmes économiques (il accorde des subventions spéciales aux provinces et crée la Banque du Canada en 1934 afin de coordonner la politique financière canadienne) et par du soutien dans le domaine social afin d'aider les chômeurs. En 1935, le gouvernement conservateur de Richard Bennett fait adopter une série de lois sociales (appelée le *New Deal* de Bennett): sur huit lois, cinq sont déclarées inconstitutionnelles par le Comité judiciaire en 1937 parce qu'elles touchent à des compétences provinciales.

Cette période difficile est marquée surtout par la création, en 1937, de la commission Rowell-Sirois qui remet son rapport en 1940. Ses principales recommandations vont dans le sens d'une forte centralisation et de la concentration entre les mains du fédéral de pouvoirs fiscaux importants (droit exclusif en matière d'impôt direct) et de nouveaux pouvoirs législatifs dans le domaine du travail (pour la mise en œuvre des conventions de l'Organisation internationale du travail) et dans le domaine social (soutien aux chômeurs). Après avoir obtenu l'accord de toutes les provinces, le gouvernement fédéral fait adopter par le Parlement britannique, en 1940, un amendement à la Constitution qui accorde au niveau central le pouvoir exclusif sur l'assurance-chômage (ce qui devient l'article 91.2A).

La période de la guerre se caractérise par une forte centralisation du fédéralisme canadien. Le pouvoir central donne suite à une autre recommandation du rapport Rowell-Sirois en occupant entièrement le champ de l'impôt sur le revenu des particuliers et celui des entreprises. En retour, il verse une compensation aux provinces, mesure qui sera reproduite dans les accords fiscaux de 1947 et de 1952, malgré l'opposition de certaines provinces, dont le Québec.

Le gouvernement fédéral en profite également pour intervenir dans le domaine social, ce qui est à la base de la construction d'un véritable État providence. Il s'oriente vers la création d'un système complet de sécurité sociale : amendement sur l'assurance-chômage en 1940, *Loi sur les allocations familiales* (1944), création d'un ministère de la Santé nationale et du Bien-être social (1944), programme national d'hygiène et de santé (1948), amendement sur les pensions de vieillesse (1951), sans oublier les interventions fédérales en matière d'éducation, comme les subventions aux universités (1951).

La période de la guerre marque véritablement l'éclipse des gouvernements provinciaux et municipaux, déjà amorcée durant la crise économique des années 1930. Les revenus du gouvernement central augmentent considérablement de même que les dépenses publiques. Cette période indique surtout un changement important dans les dépenses au profit du fédéral et aux dépens des provinces et des municipalités. C'est ce que révèle le tableau 2.4.

S'il revient au fédéral de mobiliser les ressources économiques, ce dernier n'hésite pas non plus à mobiliser les ressources humaines. Alors qu'Ernest Lapointe, lieutenant de Mackenzie King, avait promis aux Québécois au cours de la campagne électorale de 1940 qu'il n'y aurait pas de conscription, le gouvernement fédéral organise un plébiscite sur ce sujet en avril 1942 afin de permettre au premier ministre King d'imposer la conscription lorsque ce serait nécessaire. Tenu sous le slogan « Pas nécessairement la conscription, mais la conscription si nécessaire », ce plébiscite est facilement remporté par le premier ministre dans l'ensemble du Canada, mais nettement défait au Québec qui se trouve de nouveau isolé. King est ainsi libéré par l'ensemble des Canadiens d'une promesse faite au Québec.

TABLEAU 2.4

Dépenses des gouvernements (en %)

	FÉDÉRAL	PROVINCIAUX ET MUNICIPAUX
1938	33,0	67,0
1942	83,5	16,5
1944	87,0	13,0
1946	72,4	27,6
1952	63,4	36,6
1960	51,2	48,8
1965	46,6	53,4

Source : D. Smiley, *Constitutional Adaptation and Canadian Federalism since 1945*, Ottawa, Information Canada, 1970, p. 33.

Au cours de la conférence fédérale-provinciale dite « du rétablissement », amorcée en août 1945 et poursuivie l'année suivante, le fédéral présente un ambitieux programme d'action pour les années d'après-guerre. Incapable d'obtenir l'assentiment de toutes les provinces, par suite surtout du refus du Québec et de l'Ontario qui n'acceptent pas les mesures financières prévues, Ottawa revient à la charge en négociant avec chacune des provinces les nouveaux programmes présentés à la pièce. La « nouvelle politique nationale » du gouvernement fédéral s'inspire largement des conceptions économiques du keynésianisme et conduit à la mise sur pied progressive d'un véritable État providence.

Si les premières subventions conditionnelles datent de 1913, c'est vraiment à partir des années 1940 qu'elles vont se développer considérablement. Formation professionnelle, allocations familiales, hygiène et santé, aide aux aveugles, aide aux invalides, assurance hospitalisation, assistance sociale, assurance-maladie, tous ces programmes permettront au fédéral, en vertu de son pouvoir de dépenser, d'intervenir dans des secteurs de compétence provinciale. Il appartient au gouvernement central, par des subventions conditionnelles, de mettre sur pied l'État providence face à des provinces parfois récalcitrantes. Celles-ci dénoncent, en effet, les interventions du fédéral dans des domaines de compétence provinciale et l'élaboration de nouveaux programmes qui permettent au pouvoir central d'imposer pratiquement ses priorités alors qu'il se contente d'en payer la moitié des coûts, l'autre moitié devant être assumée par les provinces.

Bref, la crise des années 1930, la guerre et l'après-guerre favorisent nettement la prédominance du fédéral au détriment des provinces et des municipalités. Il s'agit de mettre en place l'État providence sous l'égide du gouvernement central, seul capable de mobiliser les ressources nécessaires, comme l'avaient démontré les années de la guerre. Le gouvernement « national » des Canadiens a réussi à s'imposer.

À la recherche d'une identité nationale (1957-1984)

Si, au début du XXe siècle, le Canada était devenu « une véritable entité nationale » (Rémillard, 1985 : 215) caractérisée par l'interdépendance économique et par un esprit de collaboration, il lui restait encore à se donner une véritable *identité* nationale. C'est à cela que vont s'engager les gouvernements canadiens avec l'arrivée au pouvoir des conservateurs dirigés par John Diefenbaker (1957-1963), puis des libéraux sous le leadership de Pierre Elliott Trudeau (1968-1984, sauf 1979-1980). Durant la période précédente, Ottawa s'était efforcé de créer un Canada uni politiquement et intégré économiquement sous la direction d'un gouvernement central fort : la mise en place de l'État providence assurait cet objectif. Durant la période suivante (1957-1984), le gouvernement fédéral s'emploie à sauvegarder son rôle dans l'ensemble du pays et à préserver l'unité canadienne. Ce thème de l'unité va s'imposer, au début de cette période avec Diefenbaker et à la fin avec Trudeau, dans une vision « uniformisatrice » où s'estompe le rêve de la dualité canadienne.

Dans l'intervalle, les provinces vont réagir. Certaines se donnent des gouvernements provinciaux forts, tels que ceux de Jean Lesage au Québec et de John Robarts en Ontario. La plupart se dotent d'une administration de qualité qui participe à l'élaboration de politiques économiques et sociales à mettre en œuvre dans les provinces. Si bien que la part des dépenses des gouvernements provinciaux et municipaux va dépasser celle du fédéral au cours des années 1960, comme l'indique le tableau 2.4. Ce *province-building* est favorisé par la croissance des dépenses dans des secteurs qui relèvent des provinces, comme l'éducation, la santé, le bien-être social, par la présence de gouvernements minoritaires à Ottawa (1962-1968 et 1972-1974) et par l'élection en 1963 d'un premier ministre libéral plus conciliant, Lester B. Pearson. C'est durant le court mandat de ce dernier que le Québec a pu réaliser ses «gains» les plus significatifs, bien qu'il ait tout simplement réussi à occuper des champs qui lui appartenaient déjà et qu'il n'en ait retiré aucun pouvoir nouveau (Morin, 1972).

La décennie suivante est, quant à elle, marquée par deux événements notables: le vif ressentiment des provinces de l'Ouest, en particulier de l'Alberta, contre les politiques économiques du gouvernement Trudeau et surtout sa politique de l'énergie, et l'arrivée au pouvoir du Parti québécois, en 1976, qui préconise la souveraineté politique du Québec assortie d'une association économique avec le reste du Canada.

Mais le fédéral ne reste pas inactif pour autant. Il s'emploie, au contraire, à créer un sentiment d'identité et d'appartenance au pays, même si les actions diplomatiques d'un Pearson ont *semblé* atténuer cette vision. Au slogan *One Canada, one nation* de Diefenbaker va correspondre celui de l'unité canadienne de Trudeau. À la Déclaration canadienne des droits de 1960 va correspondre une Charte constitutionnelle des droits et libertés en 1982. À la formule d'amendement de David Fulton en 1960 va correspondre le rapatriement de 1982. En somme, il appartiendra au gouvernement Trudeau de reprendre et, surtout, de mener à terme les projets élaborés sous le gouvernement Diefenbaker. En ce sens, on peut parler d'une réelle filiation entre les deux.

De nombreux événements traduisent cette recherche d'une identité nationale à la fin des années 1950 et au début de la décennie suivante: création du Conseil des Arts du Canada (1957), établissement d'une nouvelle formule de subvention appelée «péréquation» permettant le transfert de fonds des provinces les plus riches vers les provinces les plus pauvres (1957), mise en place de programmes sociaux nationaux comme l'assurance hospitalisation (1957) et l'assurance-maladie (1965), création de la Commission d'enquête sur le bilinguisme et le biculturalisme (1963), adoption de l'unifolié comme drapeau canadien (1965).

Par la suite, il appartiendra au gouvernement Trudeau de se poser en défenseur d'une identité nationale canadienne qui ne peut être assurée, selon lui, qu'en sauvegardant le rôle du gouvernement fédéral dans l'ensemble du pays et en préservant l'unité canadienne. Dans cette optique, il revient au gouvernement central d'assurer l'égalité des Canadiens francophones et des Canadiens anglophones au pays par une politique de bilinguisme dans les institutions fédérales et de présence des francophones au niveau central, surtout dans les sphères politique et administrative.

Cette dualité linguistique canadienne s'oppose de front à la volonté d'imposer l'unilinguisme français au Québec. Elle permet également au gouvernement fédéral de s'ériger en protecteur des francophones au pays contre les velléités des gouvernements québécois de s'affirmer comme le « foyer principal » et le « point d'appui » de l'une des deux nations ou des deux peuples fondateurs du Canada. À cette vision biculturelle et binationale, le fédéral oppose le multiculturalisme (qui vient noyer le biculturalisme) et le thème de l'unité canadienne.

Le premier ministre Trudeau s'est fait également le champion des droits individuels qu'il a voulu inscrire dans divers projets de Charte des droits en 1968, en 1971 et en 1978, jusqu'à la *Loi constitutionnelle de 1982* qui renferme une telle charte. Celle-ci, comme on le verra plus loin, est devenue l'élément central de l'identité canadienne et d'une nouvelle culture politique (Cairns, 1991 et 1992). À cet égard, Trudeau s'est opposé vivement à la reconnaissance de droits collectifs pour les francophones, tout en reconnaissant ceux des autochtones dans la Charte. Il a également fortement combattu, même après avoir quitté la politique, l'idée hérétique d'un Québec comme société distincte et réclamant plus de pouvoirs pour lui, en lui opposant une vision individualiste de citoyens égaux au pays et de provinces égales. C'était mettre fin au vieux rêve de la dualité canadienne (Laforest, 1992). Une telle stratégie, conclut Kenneth McRoberts (1997 : 245), a échoué : plutôt que d'unifier le pays, elle a laissé le Canada plus divisé que jamais.

En somme, tous ces gestes s'insèrent dans la tradition de recherche d'une identité nationale : l'État canadien, comme d'autres dans le monde, a été un instrument puissant dans la construction de cette identité nationale et d'une véritable nation canadienne. En quelques phrases, Philip Resnick (1990 : 211) nous présente un résumé de ces interventions du fédéral depuis la Première Guerre mondiale, interventions qui s'inscrivent dans cette tradition amorcée bien avant le gouvernement Trudeau, mais poussée plus loin par lui.

« Rapatrier » le Québec (1984-1993)

À la suite de l'échec de l'option souverainiste lors du référendum du 20 mai 1980 au Québec, le ministre fédéral de la Justice, Jean Chrétien, entreprend une tournée des capitales provinciales afin de procéder au renouvellement du fédéralisme canadien auquel s'était engagé le premier ministre Trudeau lui-même au moment de la campagne référendaire. La conférence fédérale-provinciale de septembre 1980 se termine par un échec (planifié, semble-t-il si bien que, dès le mois suivant, le gouvernement fédéral présente son projet de rapatrier unilatéralement la Constitution en y adjoignant une formule d'amendement transitoire. S'opposant à ce projet, huit provinces sur dix, à l'exception de l'Ontario et du Nouveau-Brunswick, signent un accord le 16 avril 1981, demandant au gouvernement Trudeau de renoncer au rapatriement unilatéral, et s'entendent sur une formule d'amendement qui satisfait le gouvernement québécois.

Le 28 septembre 1981, la Cour suprême rend une décision considérant tout à fait légal le projet fédéral de rapatrier unilatéralement la Constitution, en ce sens qu'il ne va à l'encontre d'aucune loi, mais le jugeant « inconstitutionnel au sens conventionnel », puisqu'il existe une convention selon laquelle un tel projet exige un appui appréciable des provinces. Toutefois, note la Cour, il appartient aux acteurs politiques « de fixer l'étendue du consentement provincial nécessaire ». Afin de se conformer à cet avis de la Cour suprême, le gouvernement Trudeau convoque une autre conférence fédérale-provinciale en novembre 1981, laquelle aboutit à une entente entre le fédéral et neuf provinces, à l'exclusion du Québec, sur un projet de modification à la Constitution. L'accord comporte une Charte des droits, la reconnaissance de la péréquation et une formule d'amendement modifiée par rapport à celle sur laquelle les huit provinces s'étaient entendues antérieurement. Le Québec se trouve donc isolé à la suite de ce que certains ont appelé « la nuit des longs couteaux » (Morin, 1988).

La *Loi constitutionnelle de 1982*, adoptée par le Parlement britannique en mars 1982 et proclamée par la reine en avril, n'a reçu l'assentiment ni du gouvernement québécois ni de l'Assemblée nationale, mais elle s'applique dans toutes les provinces, y compris au Québec. Au cours de la campagne électorale fédérale de 1984, le chef conservateur, Brian Mulroney, s'est engagé à « rapatrier » le Québec dans « l'honneur et l'enthousiasme », c'est-à-dire à satisfaire les conditions du Québec pour qu'il donne son adhésion à la loi de 1982. Élu en septembre, il s'emploie à remplir cette promesse. Mais il appartient au Québec de fixer ses conditions. Après la victoire du Parti libéral de Robert Bourassa en décembre 1985, le nouveau ministre délégué aux Affaires intergouvernementales canadiennes, Gil Rémillard, fait connaître les cinq conditions du Québec lors d'un colloque tenu à Mont-Gabriel en mai 1986 : la reconnaissance du Québec comme société distincte, des pouvoirs accrus en matière d'immigration, la limitation du pouvoir fédéral

de dépenser, la reconnaissance d'un droit de *veto* et la participation du Québec à la nomination des juges à la Cour suprême.

Dans l'Accord du lac Meech, conclu en avril par les onze premiers ministres canadiens et complété en juin 1987, le Québec a obtenu satisfaction par rapport à ces cinq demandes jugées minimales par plusieurs. Certes, la reconnaissance du caractère distinct du Québec a été soigneusement encadrée et la limitation du pouvoir fédéral de dépenser a été constitutionnalisée et assortie d'exigences pour les provinces. Mais, dans l'ensemble, les aspects positifs l'emportent sur les points négatifs, bien que les avis soient partagés à ce sujet (voir le dossier du *Devoir*, 1987 ; Tremblay, 1998).

Afin de se conformer à la formule d'amendement en vigueur depuis 1982, le Parlement canadien et les législatures provinciales doivent se prononcer sur cette modification à la Constitution. C'est ce que fait l'Assemblée nationale, la première, dès le 23 juin 1987. Dans un délai de trois ans, toutes les autres législatures doivent l'avoir acceptée pour qu'elle entre en vigueur. Dans le cas contraire, la modification ne peut s'appliquer, ce qui fut le cas de l'Accord du lac Meech, qui requérait l'unanimité des provinces. En effet, le 23 juin 1990, la législature du Manitoba ne s'était pas encore prononcée à la suite d'abord du recul du premier ministre Gary Filmon, minoritaire dans son Assemblée législative, puis de l'obstruction du député autochtone Elijah Harper. Quant à la législature de Terre-Neuve, désormais dominée par les libéraux de Clyde Wells, elle a rescindé sa résolution d'acceptation adoptée antérieurement et, à la date limite, elle n'avait pas donné à nouveau son accord. En l'absence de ces deux législatures provinciales, l'Accord du lac Meech ne pouvait s'appliquer.

Mais l'ex-premier ministre Trudeau fut le premier à dénoncer vivement cet accord et à rallier l'opposition. Dans un article paru en mai 1987, il le présente comme un « gâchis total » en opposition à sa vision du Canada, un pays bilingue, doté d'une Charte des droits et partageant des valeurs communes. Devant un comité parlementaire en août, il s'oppose à cet accord qui affaiblit la souveraineté fédérale, faisant alors appel au « patriotisme canadien », à l'« esprit national », au sentiment d'appartenance au pays (Johnston, 1989 ; Tremblay, 1998). D'autres ont repris ces mêmes arguments, de Frank McKenna, le nouveau premier ministre libéral du Nouveau-Brunswick, à Clyde Wells de Terre-Neuve, en passant par Sharon Carstairs et même Gary Filmon, tous deux du Manitoba.

L'opposition s'était cristallisée surtout autour de la reconnaissance du Québec comme société distincte (le Québec apparaissant alors comme une province différente des autres) et de la limitation du pouvoir fédéral de dépenser. À la suite de l'échec de cet accord centré sur les conditions du Québec, le fédéral s'est empressé de rouvrir le dossier constitutionnel. Il le fit dès l'automne 1991, sur la base d'une « ronde Canada » dans laquelle chacun pourrait trouver son compte. Il relance le débat avec son document *Bâtir ensemble l'avenir du Canada*, publié le 24 septembre 1991.

L'Accord de Charlottetown, qui résulte des négociations tenues de septembre 1991 au 28 août 1992 (voir Russell, 1993), s'attache d'abord à définir huit grandes caractéristiques fondamentales du pays dans une clause Canada, puis à réformer les institutions politiques centrales, plus particulièrement le Sénat, la Chambre des communes et la Cour suprême. Elle s'attache ensuite à modifier la formule d'amendement, à revoir le partage des pouvoirs et à dénouer la question autochtone en reconnaissant aux « premières nations » le droit inhérent à l'autonomie gouvernementale au sein du Canada.

Par cette offre qui vise un peu tout le monde, chacun ne peut être totalement satisfait. Cette entente a soulevé bien des critiques, surtout dans l'Ouest canadien qui ne pouvait accepter la notion de société distincte pour le Québec ainsi que la représentation accrue du Québec et de l'Ontario à la Chambre des communes, et au Québec où l'on était déçu du chapitre sur le partage des pouvoirs et considérait inacceptable un Sénat *égal* désormais élu, donc légitime. Trop pour le Québec, selon les uns, trop peu pour le Québec, selon les autres. Plus fondamentalement, comme le rappelait Kenneth McRoberts, ce désaccord repose sur deux conceptions mutuellement exclusives de la communauté politique canadienne : l'une basée sur le bilinguisme officiel, la Charte des droits, le multiculturalisme, l'égalité absolue entre les provinces et le renforcement des institutions nationales ; l'autre reposant sur le caractère distinct du Québec, le biculturalisme, l'asymétrie des pouvoirs (McRoberts et Monahan, 1993 : 258-261).

L'Accord de Charlottetown fut soumise à un référendum au Québec et dans le reste du Canada. Les « Canadiens de la Charte », selon les mots d'Alan C. Cairns (1991, 1992), réclamaient en effet une participation active du peuple souverain dans les changements constitutionnels plutôt que la soumission à un processus d'accommodement entre les seules élites politiques. Six provinces, dont le Québec, ont dit non à cette entente en octobre 1992. Il fallait désormais tourner la page sur le dossier constitutionnel sans avoir satisfait les réclamations du Québec, ni celles de l'Ouest canadien, ni celles des autochtones. Ce sont là des dossiers toujours ouverts que les élections fédérales d'octobre 1993 ont ravivés à leur manière par l'élection de députés du Bloc québécois et du Parti réformiste.

L'Accord du lac Meech et l'Entente de Charlottetown ont tous deux échoué. Avoir voulu « réintégrer » le Québec dans la Constitution canadienne, c'est-à-dire lui faire accepter la loi de 1982 en la modifiant de façon à répondre aux demandes du Québec, s'est soldé par un échec et le parti politique fédéral qui s'y était employé avec vigueur a été rayé de la carte politique canadienne. Mais rien n'était réglé pour autant.

La reprise en main (1993-2006)

Les élections fédérales du 25 octobre 1993 ont rappelé que le dossier des réclamations du Québec, de l'Ouest et des autochtones demeurait toujours ouvert, que les problèmes constitutionnels n'étaient pas réglés et que les Canadiens étaient toujours aussi divisés sur la nature même de leur propre identité. Les résultats de ces élections ont montré que le pays était plus fragmenté que jamais sur le plan politique : élection de 54 députés du Bloc québécois formant l'opposition officielle à la Chambre des communes, de 52 députés du Parti réformiste présents essentiellement dans l'Ouest canadien face à un Parti conservateur complètement écrasé (2 sièges seulement) et à un Parti libéral majoritaire, dirigé par Jean Chrétien, qui domine dans les provinces de l'Atlantique et en Ontario.

Cette fragmentation du territoire canadien a été réaffirmée et même accentuée par l'élection

de mai 1997 et se vérifie à nouveau aux élections de novembre 2000 et de juin 2004 (Pelletier, 2004. Voir aussi le tableau 6.1 du chapitre 6). Cette fragmentation politique a permis aux libéraux de se maintenir au pouvoir durant les années 1990 sans craindre la concurrence des partis d'opposition dont les appuis sont trop concentrés dans une seule région.

Élus en 1993 avec la promesse de laisser de côté les problèmes constitutionnels sous prétexte d'autres priorités à l'agenda politique, les libéraux sont vite rappelés à la réalité par l'élection du Parti québécois en septembre 1994 et la tenue d'un référendum en octobre 1995 sur l'option de la souveraineté-partenariat. Avec 49,4 % des voix en faveur de cette option, le référendum a clairement montré aux autorités politiques fédérales et des autres provinces que rien n'était réglé. Devant de tels résultats, le fédéral a cherché à reprendre l'initiative. Trois événements, parmi d'autres, en témoignent.

À la suite des résultats du référendum québécois, le gouvernement fédéral a demandé à la Cour suprême, en septembre 1996, de se prononcer sur la légalité d'une déclaration unilatérale d'indépendance du Québec en lui posant trois questions précises, les deux premières appelant normalement une réponse négative. Il a donc prié la Cour de décider si le Québec avait le droit, en vertu de la Constitution canadienne, de déclarer unilatéralement l'indépendance du Québec, s'il avait le droit de le faire en vertu du droit international et, dans l'éventualité où les réponses à ces deux questions seraient différentes, lequel du droit canadien ou du droit international aurait préséance. En rendant sa décision sur ce renvoi, en août 1998, la Cour a répondu par la négative aux deux premières questions.

Mais, contrairement aux attentes d'Ottawa, elle ne s'est pas limitée à répondre aux questions qui lui avaient été soumises. Elle a plutôt apporté une réponse nuancée en faisant intervenir quatre principes fondamentaux de la tradition constitutionnelle canadienne : le fédéralisme, la démocratie, le constitutionnalisme et la primauté du droit, et le respect des minorités.

En reconnaissant l'obligation pour Ottawa et les autres provinces de négocier avec le Québec à la suite d'un vote qui aboutirait à une majorité claire en faveur de la sécession, en réponse à une question claire, l'un et l'autre camp a mis l'accent sur ce qui lui plaisait davantage. Comme le rapportait le journal *Le Devoir* (22-23 août 1998 : A9), du côté du gouvernement québécois, on a fait état de la légitimité de la démarche souverainiste et du fait que la Cour suprême «ébranle ainsi les fondements de la stratégie fédéraliste, sape les arguments de la peur et du refus de négocier». Du côté du gouvernement fédéral, on a soutenu que le jugement de la Cour mettait fin aux «astuces» référendaires en exigeant une question claire et une réponse claire, soulignant que «les résultats d'un référendum, comme le stipule la Cour, doivent être dénués de toute ambiguïté en ce qui concerne tant la question posée que l'appui reçu». Chaque partie pouvant y trouver son profit, cet avis de la Cour suprême a eu finalement peu de répercussions tangibles sur l'opinion publique québécoise. Elle a eu, cependant, comme le souligne Kenneth McRoberts (1999 : 326), «un effet profondément salutaire sur le climat politique et intellectuel au Canada».

Ce renvoi devant la Cour, de même que les menaces de partition du Québec à la suite d'une victoire du Oui faisaient partie, selon certains, d'un plan B visant à contrer tout futur référendum au Québec. En même temps, le gouvernement fédéral va aussi tabler sur «l'union sociale canadienne» pour reprendre l'initiative sur le plan politique. Amorcé en août 1995 lors de la conférence annuelle des premiers ministres des provinces avec l'ambitieux mandat de renouveler l'ensemble des programmes sociaux au Canada, le projet d'union sociale fut de nouveau discuté lors des conférences qui suivirent à Jasper en 1996 et à St. Andrews en 1997. Entre-temps, le gouvernement fédéral n'entendait pas rester inactif et ouvrait la porte, dans son discours du Trône de février 1996, à une participation plus active des provinces dans la création de nouveaux programmes cofinancés dans des domaines évidemment de compétence exclusive des provinces. À la suite de nombreuses tractations et rencontres auxquelles le Québec a parfois refusé de participer était conclu, le 4 février 1999, un accord-cadre sur l'union sociale entre le gouvernement canadien et les gouvernements provinciaux et territoriaux, à l'exclusion de celui du Québec qui a refusé de le signer.

Cette entente administrative, d'une durée de trois ans mais prolongée ensuite, touche des sujets aussi divers que la mobilité au Canada, la nécessité de l'imputabilité et de la transparence, celle de travailler en partenariat par la coopération et des consultations réciproques. Surtout, elle met en place un mécanisme de prévention et de règlement des différends et reconnaît officiellement le pouvoir fédéral de dépenser. Ottawa, de son côté, s'engage à travailler en collaboration avec les provinces et à ne pas créer de nouvelles initiatives pancanadiennes sans le consentement de la majorité des provinces (ce qui peut vouloir dire l'accord de six provinces ne représentant que 15 % de la population canadienne).

Le gouvernement québécois, pour sa part, exigeait que cette entente reconnaisse un droit de retrait inconditionnel avec pleine compensation financière à l'égard de toute nouvelle initiative ou de tout nouveau programme fédéral cofinancé ou non (c'est-à-dire financé seulement par Ottawa) dans les secteurs des programmes sociaux qui relèvent de la responsabilité des provinces. Il avait même bâti un front commun des provinces sur cette question, front commun qui s'est effrité au moment crucial, comme ce fut le cas lors du rapatriement de 1981.

Le gouvernement fédéral voulait conserver sa marge de manœuvre dans le secteur social; le Québec et les autres provinces cherchaient à encadrer le pouvoir fédéral de dépenser. Finalement, seul le Québec a refusé de signer cette entente qualifiée de recul par le premier ministre, Lucien Bouchard. Même le chef du Parti libéral québécois, Jean Charest, estimait que l'accord, tout en constituant une nette amélioration par rapport au *statu quo*, devait être modifié et qu'il mettait en péril les intérêts particuliers du Québec (*Le Devoir*, 13-14 février 1999). Pour sa part, un ancien conseiller des gouvernements Trudeau et Mulroney, André Burelle, n'hésitait pas à parler de fédéralisme de tutelle pour qualifier cette entente (*Le Devoir*, 15 février 1999).

Un troisième événement mérite d'être souligné. En décembre 1999, le gouvernement canadien présentait le projet de loi C-20 «donnant effet à l'exigence de clarté formulée par la Cour suprême». Selon cette loi, il appartient à la Chambre des communes de déterminer si la question référendaire sur la sécession est claire et si la majorité exprimée en faveur de cette question est également claire. Dans la négative, le texte de loi interdit au gouvernement du Canada d'entamer des négociations avec la province. Si, à la suite de son examen, la Chambre des communes conclut que la question et la majorité obtenue sont claires, le texte précise certaines des matières qui seraient objets de négociations entre le Québec et les gouvernements du Canada et des autres provinces, dont les frontières, les droits des autochtones et ceux des minorités.

De toute évidence, le texte de loi se présente comme une course à obstacles dans laquelle le coureur a toutes les chances de trébucher dès le premier obstacle, soit la question référendaire, puisqu'on exclut toute référence à la souveraineté-partenariat ou même à toute forme d'association économique. En d'autres termes, le gouvernement canadien demande clairement au Parti québécois de renoncer à son option première qui, depuis sa fondation en 1968, repose sur l'idée de souveraineté-association. Si ce premier obstacle est franchi, un second se dresse immédiatement, soit la détermination d'une majorité claire. Pour ce faire, la Chambre des communes doit prendre en considération non seulement l'importance de la majorité des voix validement exprimées, mais également le pourcentage des électeurs qui ont voté et «tous autres facteurs ou circonstances qu'elle estime pertinents». Non seulement cet article est-il vague dans son libellé (circonstances ou facteurs pertinents), mais il ouvre aussi la voie à des interprétations diverses d'une majorité claire, donc à des débats interminables sur la majorité requise. Bref, le gouvernement central pose des exigences de clarté telles qu'il est peu probable qu'il s'engage rapidement dans des négociations avec le Québec à la suite d'un référendum. Il revient ainsi, par d'autres moyens, à sa position initiale qui est celle de ne pas négocier.

La stratégie de *visibilité* du gouvernement central constitue un volet important de cette reprise en main du dossier politico-constitutionnel. Le programme des commandites était au cœur de cette stratégie visant à assurer une plus grande visibilité du gouvernement central auprès des provinces et, plus particulièrement, du Québec. Le scandale qui en est résulté à la suite de contrats plantureux à des amis du régime a jeté un total discrédit sur ce programme qui a été en grande partie abandonné. Il a contribué, parmi d'autres facteurs, au net recul du Parti libéral au Québec aux élections fédérales de 2004 et à l'arrivée d'un gouvernement minoritaire.

Un autre volet de cette recherche de visibilité est beaucoup plus significatif du fait qu'il engendre des effets durables sur les relations fédérales-provinciales. En réduisant ses transferts aux provinces, Ottawa les contraignait à la fois à couper dans des services aussi cruciaux que la santé, l'assistance sociale ou l'éducation postsecondaire et à se tourner vers le fédéral pour qu'il investisse davantage dans ces secteurs. Même la commission Romanow, pourtant nommée par le gouvernement fédéral, a reconnu que ce dernier devait augmenter ses transferts en santé de façon à atteindre un objectif de 25 % du financement au lieu du 16 % correspondant à la situation décrite par le rapport au moment de sa publication en novembre 2002.

Depuis qu'il a éliminé son déficit budgétaire et retrouvé le chemin des surplus, Ottawa a consenti à augmenter ses transferts aux provinces. Ceux-ci prennent la forme non seulement de transferts globaux dans les programmes déjà établis, mais aussi de fonds « dédiés », c'est-à-dire qui doivent être consacrés à des objectifs et des programmes particuliers tels que l'achat d'équipement pour les hôpitaux ou la réduction des listes d'attente pour des chirurgies clairement définies, fixant ainsi les priorités pour les provinces. En outre, il a créé des programmes de subventions directes à des individus ou à des organismes, comme ce fut le cas pour les bourses d'étude du millénaire.

En somme, ce qui ressort clairement des événements analysés précédemment, c'est que le gouvernement fédéral a tout fait pour reprendre l'initiative depuis le référendum d'octobre 1995. Si le gouvernement québécois, tablant sur les 49,4 % des voix obtenues à ce référendum, pouvait se sentir en rapport de force, tel ne fut pas le cas. Le renvoi devant la Cour suprême, les menaces de partition du Québec, l'accord sur l'union sociale, la loi sur la clarté référendaire, tout témoigne d'une reprise en main du dossier de l'unité nationale par le gouvernement central qui intervient sur plusieurs fronts à la fois. D'un côté, il s'agit d'empêcher par tous les moyens qu'ait lieu un troisième référendum sur la souveraineté du Québec. De l'autre, après avoir jugulé son énorme déficit et dégagé un surplus budgétaire, le fédéral entend utiliser cette nouvelle marge de manœuvre pour intervenir dans le domaine social (y compris l'éducation postsecondaire), définir des objectifs prioritaires pancanadiens, créer ainsi un sentiment d'appartenance au Canada et une véritable identité nationale. Il s'agit, en somme, de revenir à la vision du Canada telle qu'elle a été définie par l'ancien gouvernement Trudeau.

En réalité, le désaccord du Québec sur l'union sociale d'un côté et l'accord d'Ottawa et des provinces à majorité anglophone de l'autre ont montré encore une fois que deux visions ou deux conceptions de ce pays continuaient de s'affronter et que ces deux conceptions étaient toujours irréconciliables.

Un fédéralisme d'ouverture? (2006-   )

C'est par opposition à ce fédéralisme de confrontation que le chef du Parti conservateur, Stephen Harper, a promis un «fédéralisme d'ouverture» et de plus grande collaboration avec les provinces, dont le Québec en particulier, à l'occasion d'un discours prononcé à Québec même au cours de la campagne électorale de 2005-2006. Il s'est alors engagé à régler le déséquilibre fiscal entre le fédéral et les provinces, à respecter les compétences provinciales et à mieux encadrer le pouvoir fédéral de dépenser dans des champs de compétences exclusives des provinces, à accorder une place au Québec à l'UNESCO. Ce discours a été bien accueilli au Québec à un point tel qu'il fut considéré comme un événement marquant de cette campagne électorale qui a permis au Parti conservateur de faire des gains sur la scène québécoise et, surtout, dans la grande région de Québec.

Il est vrai que certains analystes politiques (Meekison, Telford et Lazar, 2004) ont pu parler d'un modeste virage, du temps des libéraux, vers un fédéralisme de collaboration basé sur une parité relative entre les acteurs politiques engagés dans les négociations fédérales-provinciales. Cette vision ne me semble pas correspondre tout à fait à la réalité vécue par les provinces. S'il y a eu collaboration, c'était plutôt une collaboration forcée sous le signe de rapports hiérarchiques et non égalitaires, ce qui a conduit le plus souvent à l'affrontement entre les autorités centrales et les gouvernements provinciaux. Et le fait que les provinces acceptent finalement les offres fédérales traduit davantage leur urgent besoin de ressources financières accrues ou leur lassitude devant un gouvernement qui finit toujours par s'imposer plutôt qu'une réelle collaboration entre les deux ordres de gouvernement.

Dans le contexte d'affrontement et de rapports hiérarchiques qui avait prévalu durant la décennie précédente, l'idée d'une «ouverture» du gouvernement central à l'endroit des provinces ne pouvait apparaître que comme un vent nouveau vivifiant sur les relations fédérales-provinciales (voir Montpetit, 2007). Pour le Québec en particulier, cette ouverture indiquait une voie nouvelle totalement différente de celle adoptée par le gouvernement libéral de Jean Chrétien qui avait posé une série de gestes témoignant d'une volonté de «reprendre en main» les relations avec le Québec sur le ton de l'affrontement plutôt que de la collaboration.

Au cours de la campagne électorale fédérale de l'automne 2008, Stephen Harper a souligné les réalisations de son gouvernement en matière de «fédéralisme d'ouverture» en indiquant qu'il avait rempli ses promesses, plus particulièrement à l'égard du Québec. Qu'en est-il exactement? En ce qui a trait au déséquilibre fiscal, il est vrai que le gouvernement conservateur, comme avaient commencé à le faire les gouvernements libéraux précédents, a augmenté ses transferts dans le domaine social, dont la santé, mais en laissant pratiquement de côté le secteur de l'éducation postsecondaire. C'est pourquoi le premier ministre du Québec, Jean Charest, dans une lettre adressée aux chefs des partis fédéraux durant cette même campagne électorale de 2008 demandait «la pleine restauration du financement fédéral pour l'éducation postsecondaire au niveau d'avant les coupes de 1994-1995», et ce, en tenant compte de l'inflation depuis cette date (Charest, 2008).

Le gouvernement conservateur a également révisé la formule de péréquation qui est désormais basée sur la norme des dix provinces (au lieu de cinq comme c'était le cas auparavant) et de la moitié des revenus tirés des ressources non renouvelables, alors que le Québec favorisait une mesure qui tiendrait compte de la totalité de ces revenus. Mais il était plutôt satisfait de la nouvelle formule puisqu'elle lui apportait des revenus supplémentaires. Cependant, dans le contexte de la récession économique de 2008-2009, le gouvernement conservateur a décidé de plafonner les dépenses de péréquation qui auraient trop augmenté si on avait appliqué la nouvelle formule.

Au total, les transferts fédéraux ont augmenté considérablement – surtout par rapport aux compressions de 1995-1996 –, mais pas suffisamment pour répondre aux besoins réels des provinces. Telle était d'ailleurs la position des trois partis représentés en 2008 à l'Assemblée nationale du Québec qui estimaient que le déséquilibre fiscal n'était pas réglé. Le problème vient du fait que les coûts réels dans le domaine social, en particulier en santé, augmentent, proportionnellement, plus rapidement que les transferts fédéraux dans ce secteur. Ce qui se traduit par une ponction supplémentaire sur les finances provinciales.

Les conservateurs ont également promis de mieux encadrer le pouvoir fédéral de dépenser. Jusqu'à ce jour (janvier 2013), les propositions du gouvernement conservateur ont été rejetées par le Québec puisqu'elles ne concernaient que les nouveaux programmes fédéraux à frais partagés dans les champs de compétence provinciale. Elles ne touchaient donc pas aux grands programmes établis, ni aux programmes «dédiés», c'est-à-dire à ceux consacrés à des sujets spécifiques pour une durée limitée par des interventions directes auprès des individus, des groupes ou même des gouvernements, ce qui permet au fédéral d'établir des priorités pour les provinces. Les Accords du lac Meech et de Charlottetown contenaient des propositions visant à encadrer le pouvoir de dépenser. À l'époque, l'ex-premier ministre Trudeau les avait vivement critiquées parce qu'elles limitaient trop la capacité d'action du gouvernement fédéral (dans des secteurs qui, il convient de le rappeler, ne relèvent que de la compétence provinciale).

Le gouvernement conservateur, conformément à son engagement, a accordé au Québec une place à l'UNESCO. Mais il s'agit, tout au plus, d'un strapontin pour le Québec au sein de la délégation canadienne, puisque celle-ci ne peut parler que d'une seule voix définie par les autorités canadiennes. Rien ne garantit que cette voix sera celle du Québec. En somme, le délégué du Québec exerce plutôt un rôle de lobbyiste au sein même de la délégation canadienne et auprès des autres délégations représentées dans cette organisation internationale, sans pouvoir parler au nom du Québec sur la tribune officielle de l'UNESCO.

Finalement, la Chambre des communes a adopté, le 27 novembre 2006, une motion selon laquelle «les Québécoises et les Québécois forment une nation au sein d'un Canada uni». Il s'agit d'une reconnaissance purement symbolique qui n'entraîne aucun effet juridique contraignant, comme c'est le cas de toute motion de la Chambre. Cette reconnaissance de la nation québécoise n'était nullement prévue dans le programme du Parti conservateur adopté à Montréal en 2005, et pour cause, puisqu'une telle proposition n'aurait pas pu obtenir l'aval d'une majorité de délégués. Ce n'était pas non plus un engagement de Stephen Harper lors de son discours de

Québec en décembre 2005. Cette motion n'a été adoptée qu'à la suite d'un amendement soumis par les conservateurs avec l'appui des libéraux à une motion du Bloc québécois demandant la reconnaissance de la nation québécoise. Sans le Bloc québécois, il est peu probable qu'une telle reconnaissance ait été inscrite à l'agenda politique du gouvernement conservateur.

Le fédéralisme d'ouverture a déjà atteint ses limites : le déséquilibre fiscal est réglé selon les conservateurs, l'encadrement du pouvoir fédéral de dépenser se fait toujours attendre (et il est peu probable que la solution qui sera proposée reçoive un appui enthousiaste du Québec), le Québec n'a obtenu qu'un strapontin à l'UNESCO et une reconnaissance purement symbolique – sans effets concrets – de la nation québécoise. Fédéralisme d'ouverture ou fédéralisme bloqué ? Pour le moment, la voie constitutionnelle est certainement bloquée, puisque personne ne veut toucher à la Constitution sous le prétexte que « le fruit n'est pas mûr ». S'il y a eu un certain déblocage sur le plan politique, il importe de préciser que les résultats demeurent encore assez limités. La porte de la maison québécoise n'est qu'entrebaîllée et le gouvernement conservateur n'en a pas encore toutes les clés. Bien plus, les conservateurs semblent vouloir se désintéresser du Québec depuis les résultats décevants pour eux des élections fédérales d'octobre 2008 et, surtout, de mai 2011. Désormais, un gouvernement peut être majoritaire sans l'appui du Québec, ce qui est important pour l'avenir d'une nation minoritaire.

Depuis que les conservateurs sont devenus majoritaires, c'est une conception étanche, hermétique, du fédéralisme qui a cours à Ottawa où chaque entité est autonome et censée s'occuper de ses champs de compétence comme elle l'entend,

sans interventions extérieures. Ce qui a conduit à l'unilatéralisme du côté d'Ottawa. Tel fut le cas dans le domaine de la santé où le premier ministre Harper a décidé, sans consultations, de prolonger jusqu'en 2017 l'augmentation annuelle de 6 % des transferts fédéraux en santé et de les relier ensuite à la croissance du PIB. Surtout, le premier ministre se refuse à rencontrer les premiers ministres provinciaux dans le cadre d'une conférence fédérale-provinciale, ce qu'il aurait pu faire lors de la rencontre du Conseil de la fédération à Halifax en novembre 2012 sur le thème de l'économie, pourtant un thème central de la politique conservatrice. En somme, l'ouverture et la collaboration ont laissé place à la fermeture et à l'unilatéralisme.

LA *LOI CONSTITUTIONNELLE DE 1982*

À la suite du Statut de Westminster en 1931, comme je l'ai souligné précédemment, le Canada obtenait sa pleine souveraineté externe, mais il gardait encore quelques liens importants avec la mère patrie. Il faudra attendre 1949 pour abolir les appels au Comité judiciaire du Conseil privé à Londres, 1953 pour « canadianiser » la monarchie en nommant Élisabeth II reine du Canada (mais son titre premier est toujours reine du Royaume-Uni) et 1982 pour « rapatrier » la Constitution, c'est-à-dire l'AANB de 1867 et les statuts connexes.

La formule d'amendement

Rapatrier signifie tout simplement transférer des autorités législatives britanniques aux autorités législatives canadiennes le pouvoir d'amender la Constitution du pays. Mais pour effectuer ce transfert, il fallait que les Canadiens se donnent une formule d'amendement : c'était là la pierre d'achoppement sur laquelle avaient buté les autorités politiques canadiennes depuis 1927. Le rapatriement de 1981-1982, effectué sans l'accord du Québec, contient une telle disposition (voir le tableau 2.5 ; voir également Tremblay, 1995 : 75-103). Que prévoit la formule que l'on s'est donnée en 1982 ?

Elle prévoit tout d'abord une *règle générale* pour modifier la constitution, règle à laquelle on fait référence habituellement. Il faut des résolutions adoptées par le Sénat et la Chambre des communes ainsi que par au moins les deux tiers des Assemblées législatives des provinces, représentant au moins 50 % de la population canadienne au dernier recensement général (c'est la règle dite du 7-50). Cette règle s'applique dans les cas de modification à la répartition des pouvoirs, de modification à la Charte des droits et libertés, et aux sujets énumérés à l'article 42 (voir la *Loi constitutionnelle de 1982* en annexe ainsi que le tableau 2.5).

À cette règle générale s'ajoutent quelques règles particulières. La plus connue est certainement celle de l'*unanimité* requise pour certains sujets énumérés à l'article 41. Il est à noter que si, dans un ensemble de modifications à la Constitution, l'une d'entre elles requiert l'unanimité, celle-ci devient alors nécessaire pour l'ensemble du projet (un *package deal*). C'est le cas, entre autres, lorsqu'on veut modifier la formule d'amendement en même temps que d'autres projets de modification.

TABLEAU 2.5

Formule d'amendement à la Constitution canadienne

RÈGLE GÉNÉRALE	RÈGLES PARTICULIÈRES	
Parlement canadien et 7 législatures provinciales sur 10 (2/3) au moins 50 % de la population canadienne	**Unanimité**	**Droit de retrait**
Partage des compétences	Charge de reine, de gouverneur général et de lieutenant-gouverneur	Si l'amendement concerne les compétences législatives, les droits de propriété, les autres droits et privilèges d'une législature ou d'un gouvernement provincial
Charte des droits et libertés (sauf exception)		
Pouvoirs du Sénat	Nombre de députés égal au nombre de sénateurs dans une province	
Mode de sélection des sénateurs		
Nombre de sénateurs par province	Composition de la Cour suprême	Juste compensation uniquement en matière d'éducation et de culture
Représentation proportionnelle des provinces à la Chambre des communes		
Cour suprême (sauf composition)	Usage du français et de l'anglais ailleurs que dans une seule province	
Création de provinces		
Rattachement de territoires aux provinces	Formule d'amendement	

Une autre règle particulière touche au *droit de retrait* (ou *opting out*), c'est-à-dire à la capacité pour une province de se soustraire à un amendement qui diminue ou restreint les compétences législatives, les droits de propriété ou les autres droits et privilèges d'une législature ou d'un gouvernement provincial. Dans ce cas, l'amendement ne s'applique pas dans la province qui a exprimé son désaccord. Par contre, cette province pourra recevoir du fédéral une « juste compensation » pour les responsabilités qu'elle conserve et que n'auraient pas gardées les autres provinces, mais cela uniquement en matière d'éducation et dans d'autres domaines culturels. Dans les autres secteurs, comme dans le domaine social, la province qui utilise son droit de retrait se trouve pénalisée financièrement.

Une dernière règle particulière a trait aux modifications constitutionnelles qui ne concernent que *certaines provinces* (article 43). Dans ce cas, en plus de l'assentiment du Parlement fédéral, il faut obtenir l'accord de l'Assemblée législative de chaque province concernée. Ainsi, en 1997, le Québec a obtenu une modification à l'article 93 en ce qui a trait aux écoles confessionnelles.

On peut enfin souligner que le Sénat ne dispose que d'un *veto* suspensif de 180 jours à l'égard de tout projet de modification à la Constitution (article 47 de la loi de 1982). Passé ce délai, la Chambre des communes doit adopter une nouvelle résolution dans le même sens et si cette résolution est adoptée, il n'est plus nécessaire d'obtenir l'accord du Sénat.

À la suite de deux échecs successifs de profondes modifications à la Constitution canadienne (Accord du lac Meech et Accord de Charlottetown), plusieurs analystes ont trouvé la formule d'amendement trop rigide. En elle-même, elle n'est toutefois pas plus rigide ni plus contraignante que ce que l'on retrouve dans la plupart des fédérations modernes.

Les critiques ont porté sur deux aspects plutôt contradictoires. D'un côté, l'unanimité (ce qui confère un droit de *veto* à chaque province) est requise lorsqu'il s'agit de modifier la formule d'amendement, ce qui était le cas, parmi d'autres modifications, dans les deux ententes identifiées précédemment. De l'autre côté, les points essentiels de la Constitution canadienne peuvent être modifiés sans requérir l'unanimité, ce qui place alors le Québec comme « société distincte » ou « nation minoritaire » dans une position vulnérable. Ainsi, on pourrait modifier les institutions politiques fédérales ou même le partage des pouvoirs sans le consentement du Québec. Dans ce dernier cas, toutefois, le Québec pourrait se soustraire à un amendement qui viendrait lui enlever une compétence, mais sans recevoir de compensations financières dans tous les domaines autres que l'éducation et la culture. C'est là le véritable danger pour le Québec qui ne jouit pas d'un droit de *veto* dans ces cas (comme les autres provinces également). Ce danger est tout aussi évident lorsque le gouvernement conservateur de Stephen Harper entend réformer en profondeur le Sénat en procédant par une loi du Parlement fédéral qui maintiendrait les apparences de respect de la Constitution (par exemple, « nommer » des sénateurs *élus* précédemment dans leurs provinces respectives, comme le prévoit le projet de loi C-7 déposé en juillet 2011, ce qui devrait normalement requérir le consentement de sept assemblées législatives provinciales en vertu de la formule d'amendement). Même dans ce dernier cas, le Québec peut véritablement être piégé.

La Charte des droits

Outre la formule d'amendement, la loi de 1982 contient d'autres dispositions importantes. Elle a constitutionnalisé la péréquation ; elle a également reconnu la compétence provinciale sur l'exportation à l'extérieur d'une province des ressources naturelles non renouvelables (comme le pétrole), des ressources forestières et de l'énergie électrique, mais avec prépondérance des lois fédérales, de même que la possibilité de lever des taxes en ces matières. Et, surtout, elle a inscrit dans la Constitution une Charte des droits et libertés.

Cette Charte se compose de plusieurs chapitres. Le premier a trait aux *libertés fondamentales*. La Charte garantit les libertés de conscience, de religion, de pensée, de croyance, d'opinion, d'expression, de presse, de réunion pacifique et d'association (article 2), autant de termes dont les tribunaux sont appelés à définir le contenu et la portée. À ces libertés de base s'ajoute, pour tout citoyen canadien, la liberté de *circulation* et d'*établissement* dans toute province, sans pour autant interdire les programmes destinés à améliorer, dans une province, la situation d'individus défavorisés socialement ou économiquement (article 6). La Charte protège également les *droits démocratiques*: droit de vote et d'éligibilité pour tout citoyen canadien, mandat maximal de cinq ans pour les Chambres, obligation de tenir une séance parlementaire au moins une fois par année (articles 3 à 5).

La Charte accorde aussi des *garanties juridiques*. Chacun, y lit-on, a droit à la vie, à la liberté, à la sécurité de sa personne (motif souvent invoqué par les réfugiés devant les tribunaux canadiens), à la protection contre les fouilles, les perquisitions ou les saisies abusives et à la protection contre la détention ou l'emprisonnement arbitraires ;

chacun a également le droit de connaître rapidement les motifs de son arrestation, d'être assisté d'un avocat, d'être jugé dans un délai raisonnable, et ce, devant un tribunal indépendant et impartial, d'être présumé innocent et de ne pas subir un châtiment abusif (articles 7 à 14).

En reconnaissant le *droit à l'égalité* (article 15), la Charte interdit toute discrimination fondée notamment sur la race, l'origine nationale ou ethnique, la couleur, la religion, le sexe, l'âge ou les déficiences mentales ou physiques. Par contre, elle permet les programmes de promotion sociale destinés à améliorer la situation de personnes ou de groupes défavorisés. L'âge a été souvent invoqué pour contester certaines dispositions devant les tribunaux : exclusion des personnes âgées de 65 ans et plus des prestations d'assurance-chômage ; dispositions particulières pour les moins de 30 ans dans la *Loi sur l'aide sociale* au Québec. Mais, comme la Charte ne s'applique qu'aux pouvoirs publics et non au secteur privé, elle n'a qu'une portée limitée, puisqu'un bon nombre de cas de discrimination relèvent plutôt du domaine privé. On peut alors invoquer la Charte québécoise qui touche aussi bien le secteur privé que le secteur public.

Les droits décrits précédemment sont essentiellement de nature individuelle, c'est-à-dire qu'ils sont accordés aux individus et non aux collectivités. Il en est de même des *droits linguistiques*, aussi bien ceux qui ont trait aux langues officielles du Canada (articles 16 à 22) que ceux qui concernent les droits à l'instruction dans la langue de la minorité (article 23). Il s'agit de droits conférés à chaque citoyen et citoyenne du Canada et non à des collectivités, même si certains considèrent que, dans ce dernier cas, ce sont des droits conférés à des individus du fait de leur appartenance à une collectivité. D'une part, il faut souligner que l'utilisation par les tribunaux du critère «là où le nombre le justifie» vient restreindre la portée de la notion de collectivité (ce critère n'est d'ailleurs pas utilisé pour définir les droits des peuples autochtones). D'autre part, le premier ministre Trudeau lui-même a reconnu que la Charte contient «des dispositions pour protéger certaines collectivités minoritaires dont les intérêts risquent d'être négligés au sein de l'État», alors que tout le reste, y compris les *droits linguistiques*, cherche à «définir les droits exclusivement en fonction de la personne plutôt que de la collectivité» (Axworthy et Trudeau, 1990 : 388).

On reconnaît aujourd'hui que ces droits ont été au cœur des préoccupations du gouvernement Trudeau lorsqu'il a élaboré la Charte des droits. Il s'agissait avant tout de contrer les effets de la *Charte de la langue française* (appelée loi 101), en particulier dans le domaine de l'enseignement. En opposant la *clause Canada* à la *clause Québec*, le gouvernement Trudeau souhaitait préserver l'idée d'un Canada bilingue où s'imposent le français et l'anglais comme langues officielles, et ce, même dans le secteur de l'éducation. La Cour suprême, comme il convient, a reconnu la préséance de la *clause Canada* qui est inscrite dans la Constitution du pays et a déclaré inopérante la *clause Québec*. Ce droit à l'instruction dans la langue de la minorité s'exerce cependant là où le nombre le justifie : ce critère est sujet à interprétation par les tribunaux et il soulève beaucoup plus de problèmes au Canada anglais qu'au Québec même, où les anglophones ont bénéficié traditionnellement d'un réseau complet de services publics, y compris en matière d'enseignement. Tel n'est pas nécessairement le cas pour les francophones

hors du Québec qui doivent lutter constamment pour obtenir de tels services, à l'exception notable de ceux du Nouveau-Brunswick (et même dans cette province, plusieurs causes ont été portées devant les tribunaux par des francophones qui s'estimaient lésés dans leurs droits).

Par contre, les droits accordés aux *peuples autochtones* peuvent être considérés comme étant de nature collective ; l'article 25 garantit, en effet, que les droits et libertés définis dans la Charte ne portent pas atteinte aux droits ou libertés, ancestraux ou issus de traités, des *peuples autochtones*. La partie II de la loi de 1982 confirme également les droits *existants*, ancestraux ou issus de traités, des *peuples autochtones*. À l'heure actuelle, les revendications territoriales et la reconnaissance d'une autonomie gouvernementale, dont il faudra certainement préciser la portée, constituent les revendications principales des autochtones.

Enfin, la Charte contient deux articles qui permettent au législateur de circonscrire les droits et de «limiter» les libertés. L'article 1 stipule que les droits et libertés énoncés dans la Charte «ne peuvent être restreints que par une règle de droit, dans des limites qui soient *raisonnables* et dont la justification puisse se démontrer dans le cadre d'une *société libre et démocratique*». Il appartient aux tribunaux d'établir si ces conditions sont respectées et, surtout, si le législateur peut les invoquer lorsqu'il restreint des droits fondamentaux. La Cour suprême a défini, dans ce cas, un «test» à deux volets : la règle de droit adoptée doit poursuivre un objectif social suffisamment important pour justifier la suppression d'un droit ou d'une liberté et les moyens pour atteindre cet objectif doivent être raisonnables et proportionnés à l'objectif poursuivi.

Une clause a fait couler beaucoup d'encre, celle de dérogation ou clause *nonobstant* (article 33) qui permet au législateur de déroger à certains droits protégés par la Charte, nommément les libertés fondamentales, les garanties juridiques et les droits à l'égalité. Elle a été utilisée par le gouvernement Bourassa lors de l'adoption de la loi 178 sur l'affichage commercial en décembre 1988. Une telle dérogation ne vaut que pour cinq ans, mais elle peut être renouvelée. En 1993, le gouvernement Bourassa a fait adopter une nouvelle loi permettant l'affichage bilingue, mais avec une nette prédominance du français. La clause de dérogation soustrait aux tribunaux le monopole de l'interprétation de la Charte et rétablit un équilibre entre la souveraineté du Parlement où siègent les élus du peuple et la primauté des tribunaux dans l'interprétation de la loi.

L'héritage de 1982

Le rapatriement de 1982 nous a légué un double héritage : une formule d'amendement et une Charte des droits et libertés. Cet héritage a donné naissance à deux grandes visions du fédéralisme canadien qui se sont affrontées au cours de la décennie suivante et qui ont contribué, en partie, à l'échec des négociations constitutionnelles au cours de cette période (Cairns, 1991, 1992 ; Russell, 1993). La première vision, enracinée dans la formule d'amendement, repose sur la souveraineté du *Parlement* et sur l'idée que les questions constitutionnelles relèvent des gouvernements. La seconde vision, découlant des principes de la Charte, repose sur la souveraineté du *peuple* et soutient l'idée que la Constitution est l'affaire des citoyens et citoyennes.

Ces deux visions étaient à l'œuvre au moment de l'Accord du lac Meech et de l'Accord de Charlottetown. Dans les deux cas, les projets de modification se sont soldés par un échec auquel la reconnaissance du Québec comme société distincte ne fut pas étrangère (dans le cas de Meech, voir Blais et Crête, 1991).

Il faut tout de même ajouter que la *Loi constitutionnelle de 1982* a suivi le chemin traditionnel d'un changement constitutionnel conclu entre les élites politiques selon le modèle de ce que Donald V. Smiley a appelé le «fédéralisme exécutif» (1980) (voir également le chapitre sur le fédéralisme exécutif). Ce fut un document octroyé par les pouvoirs publics et non pas issu de la volonté populaire.

En somme, on peut dire que la Charte a servi à forger une nouvelle culture politique basée sur un sentiment d'identité nationale, sur l'identification à une communauté pancanadienne dans laquelle les citoyens et citoyennes partagent des valeurs communes et des droits communs. Le nationalisme canadien a enfin trouvé un élément unificateur, du moins pour une grande partie des Canadiens. L'esprit de 1982, rappelait Guy Laforest dans une phrase percutante, c'est «le désir de briser l'épine dorsale de la collectivité québécoise au bénéfice d'une vision de la nation canadienne» (Balthazar *et al.*, 1991 : 160).

CONCLUSION

La fédération canadienne a été la première, en 1867, à vouloir concilier le parlementarisme et le fédéralisme. Le premier est de nature centripète par la concentration du pouvoir au centre (le gouvernement) et le second, de nature centrifuge par la dispersion du pouvoir entre les entités fédérées, ce qui soulève bien des questions quant à leur coexistence, comme le souligne David Smith (2010 : 64).

Si l'on considère le fédéralisme canadien depuis 1867, on doit constater qu'il a changé avec le temps. Il faut d'abord reconnaître que le quasi-fédéralisme des débuts a été profondément altéré par les jugements du Comité judiciaire du Conseil privé et par l'action de leaders politiques provinciaux déterminés. L'idée première d'une subordination des provinces au pouvoir central a été battue en brèche : celles-ci ont réussi à s'affirmer et à se faire reconnaître comme entités politiques autonomes au sein de la fédération canadienne. En somme, comme le rappelait A. Cairns (1971), le Comité judiciaire du Conseil privé a réussi à situer le partage des compétences dans une vision plus fédéraliste que ce qu'avaient prévu les Pères de la Confédération. Ce qui n'est pas le cas de la Cour suprême, dernier tribunal d'appel depuis 1949, dont les jugements ont souvent été plus favorables au niveau central qu'aux provinces. L'interprétation de la Cour suprême portant sur le partage des compétences législatives a élargi les pouvoirs d'intervention des autorités fédérales non seulement en ce qui a trait à l'union économique canadienne, mais aussi dans d'autres secteurs tels que les télécommunications et les droits miniers sous-marins.

Des considérations précédentes peut-on conclure que le pendule fédératif a oscillé constamment entre le pôle central et le pôle provincial, entre la centralisation et la décentralisation ? Depuis plus de 140 ans, il a penché plus souvent qu'autrement du côté fédéral ; depuis une soixantaine d'années, cette tendance est encore plus manifeste. Le fédéral a été et reste encore le maître d'œuvre de la politique canadienne, même si certains analystes croient que le pays est trop décentralisé (Stevenson, 1979) et que d'autres estiment que le pendule a oscillé constamment entre la centralisation et la décentralisation (Cody, 1977 ; Jackson et Jackson, 2006 : 202-204). Il n'y a jamais eu de décentralisation, c'est-à-dire de transferts de compétences fédérales vers les provinces, alors que l'inverse est vrai (assurance-chômage, pensions de vieillesse et prestations additionnelles). Il s'agit plutôt de pauses, de temps d'arrêt dans la volonté du fédéral de dominer les provinces, ce qui est tout à fait différent. Ces pauses peuvent être reliées à des gouvernements et à des moments précis, comme le gouvernement Pearson ou le gouvernement King au lendemain de la Première Guerre mondiale.

Il faut ajouter que le Québec, plus que toute autre province, a empêché que le Canada ne se transforme irrémédiablement en une quasi-fédération. Depuis Honoré Mercier, cette lutte constante a pris différentes formes : autonomie provinciale, statut spécial, société distincte, États associés, indépendance. Par-delà ces soubresauts et ces crises, où en est le fédéralisme canadien aujourd'hui ?

La reconnaissance de la *dualité* canadienne constitue sans aucun doute une réclamation essentielle du Québec. Certes, au cours des ans, elle a pu revêtir des formes et des vocables différents, mais on revient toujours à la même réalité fondamentale.

De l'idée d'un « pacte » présente dans le rapport Tremblay (1956 : V) à celle de deux nations au Canada ou de deux peuples fondateurs qui justifiait en même temps la revendication d'un statut particulier pour le Québec, comme « foyer principal » et « point d'appui » des francophones du pays, les autorités politiques sont passées à la reconnaissance du Québec comme société distincte. Aussi bien l'Accord du lac Meech que l'Accord de Charlottetown vont admettre le caractère distinct du Québec, mais en l'encadrant soigneusement. Plus récemment, le gouvernement conservateur de Stephen Harper a fait adopter par la Chambre des communes une motion selon laquelle « les Québécoises et les Québécois forment une nation au sein d'un Canada uni ». Cette reconnaissance de la nation québécoise demeure avant tout symbolique, puisqu'elle n'entraîne aucun effet juridique contraignant.

C'est pourquoi on peut conclure que ces différentes conceptions de la société québécoise se trouvent encore aujourd'hui confrontées à une valeur qui s'est imposée au cours des années 1980, celle de l'*égalité*. Elle repose largement sur la Charte qui accorde à chacun des droits égaux. Il en est de même de la formule d'amendement qui place toutes les provinces sur le même pied : aucune ne jouit d'un droit de *veto*. Cette idée d'égalité des citoyens et citoyennes et d'égalité des provinces constitue certainement le legs le plus important du gouvernement Trudeau. Mais il faut tenir compte aussi de la résistance du Canada anglais et des peuples autochtones à cette vision dualiste, quelle que soit la forme qu'elle puisse prendre pour le Québec. Dans l'Ouest, en particulier, l'idée d'un Sénat égal, comportant le même nombre de sénateurs par province, s'est imposée avec force, ce que le Québec ne peut accepter (Pelletier, 1992, 1984).

Le Canada, estime Christian Dufour, demeure toujours en situation de dépendance face à la Conquête, ce qui l'empêche de vraiment reconnaître le Québec. Bien plus, « l'histoire du Canada, écrit-il, peut être vue comme un lent mais systématique siphonnage de l'identité québécoise par l'identité canadienne » (1989 : 57). On peut alors se demander si la vision identitaire canadienne, fondée sur l'égalité, peut encore reconnaître et intégrer la dualité canadienne.

En réalité, toutes ces questions se ramènent à une seule : comment concilier l'idée du Québec comme société distincte et nation avec la vision « uniformisatrice », homogénéisante, qui s'impose depuis 1982, mais qui était déjà à l'œuvre auparavant ?

Cette vision « uniformisatrice » se fonde sur l'acquisition des mêmes droits par tous les citoyens et citoyennes ; elle a été et est encore ardemment défendue, contre les gouvernements, par les « Canadiens de la Charte », c'est-à-dire par tous ces groupes qui s'appuient sur la Charte pour faire valoir leurs revendications et qui ont combattu la notion de société distincte au nom d'une homogénéité ou d'une uniformité pancanadienne.

Pourtant, le fédéralisme se veut la reconnaissance de la diversité. C'est ce qui explique que la Constitution canadienne de même que certains arrangements administratifs reconnaissent déjà l'asymétrie au nom précisément de cette diversité (Pelletier, 2008a et 2008b). Comme le soulignait Jeremy Webber (1994 : 229-232), il ne faut pas considérer que l'asymétrie constitutionnelle accorde à des citoyens plus de pouvoirs qu'à d'autres ; l'asymétrie fait plutôt référence au lieu où ils exercent leur pouvoir, à l'endroit où les décisions sont prises (le forum provincial ou fédéral) plutôt qu'à la nature même des décisions qui y sont prises. D'ailleurs, refuser l'asymétrie au nom de l'égalité, c'est ne pas admettre le principe de diversité qui est à la base même de la notion de fédéralisme.

On devrait reconnaître qu'il puisse y avoir un sens différent de l'identité nationale où le Québécois et l'autochtone, par exemple, ont leur place dans cette identité. On devrait reconnaître qu'il puisse y avoir des degrés différents d'allégeance au pays, et qu'ainsi cette allégeance soit plus forte ou moins prononcée selon les régions. On devrait reconnaître qu'il puisse y avoir un ordre différent des valeurs, valeurs de liberté ou d'égalité, valeurs sociales ou économiques, valeurs individuelles ou collectives.

Vouloir imposer l'homogénéité et l'uniformité conduit parfois à la situation inverse, c'est-à-dire à la nécessaire reconnaissance de la diversité. Comme le signalait déjà Will Kymlicka (2003 : 268) : « Nous devons inventer un fédéralisme qui permettra au Québec d'agir conformément à son profond sentiment d'identité politique nationale et qui n'empêchera pas les Canadiens anglophones de respecter leur volonté tout aussi profonde d'agir en tant que collectivité et pas simplement en tant que provinces distinctes. Bref, nous devons définir une formule de fédéralisme à la fois asymétrique et multinationale. » Pour le dire autrement, il faudrait que coexistent véritablement la double conception du fédéralisme canadien, à la fois territoriale et multinationale. L'égalité juridique et politique des provinces certes, mais aussi la reconnaissance juridique et politique de la diversité culturelle exprimée avant tout par la nation québécoise et les nations autochtones.

À cette question fondamentale de la reconnaissance constitutionnelle de la minorité nationale québécoise et de l'asymétrie s'ajoute le rôle de la Cour suprême depuis une vingtaine d'années. Depuis l'adoption de la Charte des droits inscrite dans la Constitution canadienne en 1982,

la Cour suprême a rendu un grand nombre de jugements qui sont venus préciser la portée de ces droits. Ce faisant, les juges de la Cour suprême ne sont plus seulement appelés à trancher des litiges en matière de compétences entre le fédéral et le provincial, mais à donner un contenu réel à des droits exprimés en termes généraux. Par exemple, jusqu'où peut aller la liberté d'expression ? La notion d'égalité comprend-elle une égalité de résultats ou fait-elle plutôt référence à une égalité de départ ? La liberté de religion comporte-t-elle le respect d'anciennes traditions religieuses considérées inacceptables aujourd'hui ?

En se prononçant sur ces droits, la Cour vient établir ce qu'un gouvernement peut faire ou ne pas faire ; parfois même, elle lui indique ce qu'il *doit* faire. C'est pourquoi certains (voir, entre autres, Morton et Knopff, 2000) ont dénoncé vigoureusement cet activisme judiciaire qui se traduit par un renforcement de l'influence politique des juges et de leur pouvoir sur des matières qui relèvent habituellement du législatif.

La Charte a souvent été présentée comme un moyen de transférer des pouvoirs du gouvernement aux citoyens et citoyennes désormais investis des mêmes droits, droits qui sont protégés contre de possibles abus de la part des autorités gouvernementales. En réalité, elle a plutôt conféré des pouvoirs aux tribunaux responsables de son interprétation et chargés de déterminer les frontières que ne peuvent franchir les gouvernements (voir aussi Smith, 2010 : 112-132). Plus encore, c'est à la Cour suprême que revient la tâche ultime d'interpréter la Charte en établissant des normes uniformes applicables sur l'ensemble du territoire canadien. C'est pourquoi on peut parler d'une vision à la fois centraliste et uniformisatrice qui se dégage de la Charte, vision qui tend parfois à ne pas tenir compte du caractère distinct des collectivités politiques telles que celle du Québec (voir également le chapitre suivant sur la *Charte canadienne des droits et libertés*).

Surtout, l'État apparaît de moins en moins comme le canal approprié pour régler certains problèmes sociaux : ce n'est plus le politique, mais le judiciaire qui est appelé à intervenir et qui semble être la voie la plus adéquate pour ce faire. La Charte et l'individualisme libéral qui la sous-tend contribuent alors à dévaloriser non seulement les autorités politiques en place, mais aussi l'État lui-même et, en définitive, le système démocratique sur lequel il repose.

Finalement, la fédération canadienne, comme bien d'autres États, fait face à de multiples défis, aussi bien celui de la mondialisation qui tend à réduire le rôle de l'État au profit d'instances supranationales que ceux de l'élimination du déficit et de la réduction de la dette au prix de compressions budgétaires importantes et d'une redéfinition de l'État providence, ou celui d'un changement d'attitude des citoyens et citoyennes se traduisant à la fois par une moindre confiance (Pelletier, 2007 et 2012) et une moindre déférence (Nevitte, 1996) à l'égard des autorités politiques et par une volonté d'être plus écoutés et, éventuellement, de participer davantage à la vie politique. Tous ces défis – et bien d'autres encore – nécessitent une plus étroite collaboration entre les autorités politiques fédérales et provinciales, y compris celles du Québec aussi longtemps qu'il demeurera dans la fédération.

Mais la collaboration et l'interdépendance entre les deux ordres de gouvernement ne doivent pas conduire à la dépendance de l'un par rapport à l'autre, ce qui est contraire à l'esprit même du fédéralisme. C'est pourtant ce qui a tendance à se produire dans la fédération canadienne où la coopération repose trop souvent sur un pouvoir fédéral dominant qui établit les règles et fournit

ENCADRÉ 2.1

Le principe du fédéralisme est une reconnaissance de la diversité des composantes de la Confédération et de l'autonomie dont les gouvernements provinciaux disposent pour assurer le développement de leur société dans leurs propres sphères de compétence.

La structure fédérale de notre pays facilite aussi la participation à la démocratie en conférant des pouvoirs au gouvernement que l'on croit le mieux placé pour atteindre un objectif sociétal donné dans le contexte de cette diversité. Selon l'arrêt *In re The Initiative and Referendum Act* (1919) A.C. 935, p. 942, le but de la *Loi constitutionnelle de 1867* […] n'était pas de fusionner les provinces en une seule, ni de mettre les gouvernements provinciaux en état de subordination par rapport à une autorité centrale, mais d'établir un gouvernement central dans lequel ces provinces seraient représentées, revêtu d'une autorité exclusive dans l'administration des seules affaires dans lesquelles elles avaient un intérêt commun. Sous cette réserve, chaque province devait garder son indépendance et son autonomie, assujettie directement à la Couronne.

Renvoi relatif à la sécession du Québec (1998), paragr. 58.

les stimulants financiers nécessaires pour que les provinces se conforment à ces règles, ce qui conduit à une coopération davantage forcée que consentie. Pour remédier à ce problème, il faudrait que les autorités fédérales redécouvrent le sens premier du fédéralisme qui repose sur l'autonomie, la participation et la non-subordination, donc sur une collaboration de type égalitaire (voir l'encadré 2.1).

SITES WEB

Loi constitutionnelle de 1867	http://lois.justice.gc.ca/fr/const/index.html
Loi constitutionnelle de 1982	http://lois.justice.gc.ca/fr/const/index.html
Charte canadienne des droits et libertés	http://lois.justice.gc.ca/fr/charte/index.html
Affaires intergouvernementales du Canada	http://www.pco-bcp.gc.ca/aia
Secrétariat aux affaires intergouvernementales canadiennes (Québec)	http://www.saic.gouv.qc.ca
Secrétariat des conférences intergouvernementales canadiennes	http://www.scics.gc.ca/menu_f.html
Conseil de la fédération	http://www.conseildelafederation.ca/
Forum des fédérations	http://www.forumfed.org/fr/index.php

LECTURES SUGGÉRÉES

AJZENSTAT, Janet *et al.* (2004), *Débats sur la fondation du Canada*, Québec, Les Presses de l'Université Laval.

GAGNON, Alain-G. (dir.) (2006), *Le fédéralisme canadien contemporain. Fondements, traditions, institutions*, Montréal, Presses de l'Université de Montréal.

GAGNON, Alain-G. et Raffaele IACOVINO (2007), *De la nation à la multination : les rapports Québec-Canada*, Montréal, Boréal.

KYMLICKA, Will (2003), *La voie canadienne. Repenser le multiculturalisme*, Montréal, Boréal.

McROBERTS, Kenneth (1999), *Un pays à refaire. L'échec des politiques constitutionnelles canadiennes*, Montréal, Boréal.

PELLETIER, Réjean (2008), *Le Québec et le fédéralisme canadien. Un regard critique*, Québec, Les Presses de l'Université Laval, Coll. «Prisme».

ROCHER, François et Miriam SMITH (dir.) (2003), *New Trends in Canadian Federalism*, 2e éd., Peterborough (Ont.), Broadview Press.

SMITH, David E. (2010), *Federalism and the Constitution of Canada*, Toronto, University of Toronto Press.

SMITH, Jennifer (2004), *Federalism*, Vancouver, UBC Press.

WATTS, Ronald L. (2008), *Comparing Federal Systems*, 3ᵉ éd., Montréal et Kingston, McGill-Queen's University Press.

BIBLIOGRAPHIE

AXWORTHY, Thomas S. et Pierre Elliott TRUDEAU (dir.) (1990), *Les années Trudeau. La recherche d'une société juste*, Montréal, Éditions Le Jour.

BALTHAZAR, Louis, Guy LAFOREST et Vincent LEMIEUX (dir.) (1991), *Le Québec et la restructuration du Canada, 1980-1992. Enjeux et perspectives*, Sillery, Septentrion.

BANTING, Keith et Richard SIMEON (dir.) (1983), *And No One Cheered. Federalism, Democracy and the Constitution Act*, Toronto, Methuen.

BLAIS, André et Jean CRÊTE (1991), « Pourquoi l'opinion publique au Canada anglais a-t-elle rejeté l'Accord du lac Meech ? », dans Raymond Hudon et Réjean Pelletier (dir.), *L'engagement intellectuel. Mélanges en l'honneur de Léon Dion*, Québec, Les Presses de l'Université Laval, p. 385-400.

CAIRNS, Alan C. (1992), *Charter versus Federalism : The Dilemmas of Constitutional Reform*, Montréal et Kingston, McGill-Queen's University Press.

CAIRNS, Alan C. (edited by Douglas E. WILLIAMS) (1991), *Disruptions. Constitutional Struggles, from the Charter to Meech Lake*, Toronto, McClelland & Stewart.

CAIRNS, Alan C. (1971), « The Judicial Committee and Its Critics », *Revue canadienne de science politique*, vol. 4, nº 3, p. 301-345.

CHAREST, Jean (2008), *Lettre adressée aux chefs des partis fédéraux* suivie de *Note d'information sur les dossiers prioritaires*, consultées en ligne le 18 décembre 2008 aux adresses suivantes : www.premier-ministre.gouv.qc.ca/salle-de-presse/communiques/2008/septembre-09-29-lettre.

pdf et www.premier-ministre.gouv.qc.ca/salle-de-presse/communiques/2008/septembre-09-29-note.pdf.

CODY, Howard (1977), « The Evolution of Federal-Provincial Relations in Canada », *American Review of Canadian Studies*, vol. 7, nº 1, p. 55-83.

COMMISSION ROYALE D'ENQUÊTE SUR LES PROBLÈMES CONSTITUTIONNELS (commission Tremblay) (1956), *Rapport*, Province de Québec, 4 vol.

COMMISSION ROYALE DES RELATIONS ENTRE LE DOMINION ET LES PROVINCES (commission Rowell-Sirois) (1940), *Rapport*, Ottawa, Imprimeur du Roi, 3 vol.

DOSSIER DU *DEVOIR* (1987), *Le Québec et le lac Meech*, Montréal, Guérin littérature.

DUFOUR, Christian (1989), *Le défi québécois*, Montréal, L'Hexagone.

FRÉMONT, Jacques (1998), « La face cachée de l'évolution contemporaine du fédéralisme canadien », dans Gérald-A. Beaudoin *et al.*, *Le fédéralisme de demain : réformes essentielles / Federalism for the Future : Essential Reforms*, Montréal, Wilson & Lafleur, p. 45-58.

FRIEDRICH, Carl J. (1971), *Tendances du fédéralisme en théorie et en pratique*, Bruxelles, Institut belge de science politique.

GAGNON, Alain-G. (dir.) (2000), *L'union sociale canadienne sans le Québec*, Montréal, Éditions Saint-Martin.

GAGNON, Alain-G. (1993), « The Political Uses of Federalism », dans Michael Burgess et Alain-G.

Gagnon (dir.), *Comparative Federalism and Federation. Competing Traditions and Future Directions*, Toronto, University of Toronto Press.

HEARD, Andrew (1991), *Canadian Constitutional Conventions. The Marriage of Law and Politics*, Toronto, Oxford University Press.

HOGG, Peter W. (1979), « Is the Supreme Court of Canada Biased in Constitutional Cases? », *The Canadian Bar Review*, n° 57, p. 721-739.

JACKSON, Robert J. et Doreen JACKSON (2006), *Politics in Canada: Culture, Institutions, Behaviour and Public Policy*, 6ᵉ éd., Toronto, Pearson Prentice Hall.

JOHNSTON, Donald (textes réunis et présentés par) (1989), *Lac Meech. Trudeau parle...*, Montréal, Hurtubise HMH.

KYMLICKA, Will (2003), *La voie canadienne. Repenser le multiculturalisme*, Montréal, Boréal.

LAFOREST, Guy (1992), *Trudeau et la fin d'un rêve canadien*, Sillery, Septentrion.

LAJOIE, Andrée, Pierrette MULAZZI et Michèle GAMACHE (1986), « Les idées politiques au Québec et le droit constitutionnel canadien », dans Andrée Lajoie et Ivan Bernier (dir.), *La Cour suprême du Canada comme agent de changement politique*, Ottawa, Approvisionnements et Services Canada, p. 1-110.

L'ÉCUYER, Gilbert (1978), *La Cour suprême du Canada et le partage des compétences, 1949-1978*, Québec, Éditeur officiel du Québec.

McROBERTS, Kenneth (1999), *Un pays à refaire. L'échec des politiques constitutionnelles canadiennes*, Montréal, Boréal.

McROBERTS, Kenneth (1997), *Misconceiving Canada. The Struggle for National Unity*, Toronto, Oxford University Press.

McROBERTS, Kenneth et Patrick MONAHAN (dir.) (1993), *The Charlottetown Accord, the Referendum, and the Future of Canada*, Toronto, University of Toronto Press.

MEEKISON, J. Peter, Hamish TELFORD et Harvey LAZAR (dir.) (2004), *Canada: The State of the Federation. Reconsidering the Institutions of Canadian Federalism*, Montréal et Kingston, McGill-Queen's University Press.

MONTPETIT, Éric (2007), *Le fédéralisme d'ouverture. La recherche d'une légitimité canadienne au Québec*, Québec, Septentrion.

MORIN, Claude (1988), *Lendemains piégés. Du référendum à la nuit des longs couteaux*, Montréal, Boréal.

MORIN, Claude (1972), *Le pouvoir québécois... en négociation*, Montréal, Boréal Express.

MORTON, F.L. et Rainer KNOPFF (2000), *The Charter Revolution and the Court Party*, Peterborough (Ont.), Broadview Press.

NEVITTE, Neil (1996), *The Decline of Deference: Canadian Value Change in Cross-National Perspective*, Peterborough (Ont.), Broadview Press.

PELLETIER, Réjean (2012), « Identité et confiance politique dans les sociétés plurinationales: les cas du Québec et de la Catalogne », dans Dimitrios Karmis et François Rocher (dir.), *La dynamique confiance/méfiance dans les démocraties multinationales. Le Canada sous l'angle comparatif*, Québec, Les Presses de l'Université Laval, p. 291-320.

PELLETIER, Réjean (2008a), *Le Québec et le fédéralisme canadien. Un regard critique*, Québec, Les Presses de l'Université Laval, Coll. « Prisme ».

PELLETIER, Réjean (2008b), « L'asymétrie dans une fédération multinationale: le cas canadien », dans Linda Cardinal (dir.), *Le fédéralisme asymétrique et les minorités linguistiques nationales*, Sudbury, Éditions Prise de parole, Coll. « Agora », p. 33-50.

PELLETIER, Réjean (2007), « Political Trust in the Canadian Federation », dans Ian Peach (dir.), *Constructing Tomorrow's Federalism. New Perspectives on Canadian Governance*, Winnipeg, University of Manitoba Press, p. 13-29.

PELLETIER, Réjean (2004), « Political Parties in Canadian Federalism: National or Regional Organizations? », dans Rudolf Hrbek (dir.), *Political Parties and Federalism. An International Comparison*, Baden-Baden, Nomos Verlagsgesellschaft, p. 131-146.

PELLETIER, Réjean (1992), « Du Sénat à la Chambre des communes: le Québec y gagne-t-il? », dans *Référendum, 26 octobre 1992: les objections de 20 spécialistes aux offres fédérales*, Montréal, Éditions Saint-Martin, p. 99-111.

PELLETIER, Réjean (1984), «La réforme du Sénat canadien à la lumière d'expériences étrangères», *Les Cahiers de droit*, vol. 25, n° 1, p. 209-226.

PILETTE, Lorraine (1993), *La Constitution canadienne*, Montréal, Boréal.

RÉMILLARD, Gil (1983), *Le fédéralisme canadien. La Loi constitutionnelle de 1867. Éléments constitutionnels de formation et d'évolution*, Montréal, Québec Amérique.

RÉMILLARD, Gil (1985), *Le fédéralisme canadien. Le rapatriement de la Constitution. Éléments constitutionnels de réalisation*, Montréal, Québec Amérique.

RESNICK, Philip (1990), *The Masks of Proteus: Canadian Reflections on the State*, Montréal et Kingston, McGill-Queen's University Press.

RUSSELL, Peter H. (1993), *Constitutional Odyssey. Can Canadians Become a Sovereign People?*, 2ᵉ éd., Toronto, University of Toronto Press.

SMILEY, Donald V. (1980), *Canada in Question: Federalism in the Eighties*, 3ᵉ éd., Toronto, McGraw-Hill Ryerson.

SMILEY, Donald V. (1970), *Constitutional Adaptation and Canadian Federalism since 1945*, Ottawa, Information Canada.

SMITH, David E. (2010), *Federalism and the Constitution of Canada*, Toronto, University of Toronto Press.

STEVENSON, Garth (1979), *Unfulfilled Union*, Toronto, Macmillan.

TREMBLAY, André (1995), *La réforme de la Constitution au Canada*, Montréal, Éditions Thémis.

TREMBLAY, Arthur (1998), *Meech revisité. Chronique politique*, Québec, Presses de l'Université du Québec.

TREMBLAY, Guy (1986), «La Cour suprême du Canada, dernier arbitre des conflits d'ordre politique», dans Andrée Lajoie et Ivan Bernier (dir.), *La Cour suprême du Canada comme agent de changement politique*, Ottawa, Approvisionnements et Services Canada, p. 193-224.

WEBBER, Jeremy (1994), *Reimagining Canada. Language, Culture, Community, and the Canadian Constitution*, Montréal et Kingston, McGill-Queen's University Press.

WHEARE, Kenneth Clinton (1963), *Federal Government*, 4ᵉ éd., Londres, Oxford University Press.

CHAPITRE 3

La Charte canadienne des droits et libertés *et ses répercussions sur la vie politique*

JOSÉ WOEHRLING
FACULTÉ DE DROIT
UNIVERSITÉ DE MONTRÉAL

CHARTE
CANADIENNE DES DROITS
ET LIBERTÉS

- DÉCRIRE LES CARACTÉRISTIQUES GÉNÉRALES (INSPIRATION, CONTENU, STATUT JURIDIQUE, CHAMP D'APPLICATION) DE LA *CHARTE CANADIENNE DES DROITS ET LIBERTÉS* ;

- EXPLIQUER L'INTERACTION DE LA CHARTE CANADIENNE AVEC LES LOIS FÉDÉRALES ET PROVINCIALES RELATIVES AUX DROITS DE LA PERSONNE, EN PARTICULIER LA *CHARTE DES DROITS ET LIBERTÉS DE LA PERSONNE* DU QUÉBEC ;

- EXPLIQUER LES RÉPERCUSSIONS DE LA MISE EN ŒUVRE DE LA CHARTE CANADIENNE SUR LA VIE POLITIQUE EN GÉNÉRAL (JUDICIARISATION, JURIDICISATION) ET LE PROCESSUS ÉLECTORAL EN PARTICULIER ;

- MONTRER COMMENT L'APPLICATION D'UN INSTRUMENT CONSTITUTIONNALISÉ DES DROITS DE LA PERSONNE A POUR EFFET DE TRANSFÉRER AU POUVOIR JUDICIAIRE UN CERTAIN NOMBRE DE DÉCISIONS RELEVANT TRADITIONNELLEMENT DES POUVOIRS POLITIQUES (GOUVERNEMENT ET PARLEMENT) ;

- MONTRER COMMENT LE CONTRÔLE DE CONSTITUTIONNALITÉ FONDÉ SUR LA CHARTE CANADIENNE ENTRAÎNE DES EFFETS CENTRALISATEURS SUR LE SYSTÈME FÉDÉRAL CANADIEN.

Ce chapitre traite de la *Charte canadienne des droits et libertés* et des répercussions qu'entraîne son application sur le système politique canadien. L'idée générale qui sera développée est qu'un instrument constitutionnalisé de protection des droits et libertés, dont l'application est confiée au pouvoir judiciaire, a pour effet de transférer entre les mains de celui-ci un certain nombre de décisions relevant traditionnellement du pouvoir politique et portant sur la conciliation des divers droits et libertés garantis aux individus et aux groupes composant la société. Cet effet, loin d'être une surprise, était anticipé (sur la base de l'expérience d'autres sociétés possédant depuis longtemps un tel instrument, comme les États-Unis) et soulevait certaines réticences, ce qui explique pourquoi le Canada est une des dernières démocraties libérales occidentales à avoir adopté une telle charte. La première partie rappelle donc les controverses entourant l'adoption de la Charte canadienne en 1982, puis elle examine son contenu et son économie générale. Une attention particulière est accordée au pouvoir de déroger par déclaration législative expresse à la plupart des droits et libertés garantis, illustrant l'ambivalence des rédacteurs de la Charte et leur réticence à confier aux tribunaux le dernier mot sur les grandes questions sociales et politiques.

On examinera également les modalités du contrôle de constitutionnalité destiné à assurer le respect de la Charte par les législateurs, puis l'interaction de la Charte canadienne avec les autres instruments, fédéraux et provinciaux, de protection des droits et libertés, notamment la Charte québécoise, afin de montrer leur complémentarité.

La deuxième partie porte sur les répercussions qu'entraîne la mise en œuvre de la Charte canadienne sur la vie politique et le fédéralisme. Après avoir constaté comment les tribunaux, en particulier la Cour suprême, oscillent entre l'activisme et la retenue judiciaires, on montrera comment la mise en œuvre de la Charte canadienne entraîne la judiciarisation et la juridicisation de la vie politique, c'est-à-dire la reformulation des débats politiques dans le langage du droit et leur transfert de l'arène politique vers l'arène judiciaire, avec certains effets heureux et d'autres qui le sont moins. Pour terminer, on verra que l'application de la Charte canadienne a également des effets sur le système fédéral en transférant un certain pouvoir de décision des organes représentatifs provinciaux vers les organes judiciaires fédéraux et en consolidant, au moins au Canada anglais, l'identité nationale au détriment de l'identité provinciale et régionale.

LES CARACTÉRISTIQUES DE LA *CHARTE CANADIENNE DES DROITS ET LIBERTÉS*

Les controverses entourant l'adoption de la Charte canadienne en 1982

Avec la Grande-Bretagne, le Canada est l'une des démocraties libérales qui a le plus tardé à se doter d'une charte constitutionnelle des droits et libertés donnant ouverture à un contrôle de constitutionnalité. En effet, la *Charte canadienne des droits et libertés* n'est entrée en vigueur qu'en 1982, c'est-à-dire 115 ans après la création du Canada. Ce retard à adopter une institution pourtant considérée comme inséparable de la démocratie libérale s'explique principalement par deux séries de motifs, les premiers historiques et politiques et les seconds relatifs à la nature même du système constitutionnel canadien.

En simplifiant quelque peu, l'adoption d'une charte constitutionnelle des droits exigeait des modifications à la Constitution canadienne qui, avant 1982, ne pouvaient être formellement adoptées que par le Parlement britannique, à la demande des autorités canadiennes. Or, il a existé pendant une cinquantaine d'années (entre 1930 et 1981) un désaccord entre les autorités fédérales et les provinces sur le degré de consentement provincial nécessaire pour réclamer l'intervention des autorités britanniques. En outre, le Québec réclame depuis le début des années 1960 une augmentation de ses pouvoirs et de son autonomie à l'intérieur de la fédération canadienne ainsi qu'une reconnaissance de son caractère national distinct. Or, jusqu'au début des années 1980, il existait au Canada anglais une sorte de

conviction voulant qu'aucune réforme importante de la Constitution ne devrait avoir lieu sans l'accord du Québec (ce qui explique sans doute pourquoi en deux occasions, en 1964 et en 1971, un projet de rapatriement ayant l'accord des autorités fédérales et de toutes les provinces, sauf le Québec, a été abandonné). Cependant, le Canada anglais ne s'est jamais montré véritablement disposé à reconnaître au Québec le supplément d'autonomie ou la reconnaissance que celui-ci réclame. Par conséquent, la controverse sur les règles à suivre pour obtenir la modification de la Constitution par le Parlement de Westminster et, par la suite, l'impasse des discussions constitutionnelles sur la place du Québec au sein du Canada ont bloqué pendant un demi-siècle l'adoption d'un instrument constitutionnel de protection des droits et libertés. Cependant, en 1981-1982, en profitant de la situation de faiblesse dans laquelle l'échec du référendum sur la souveraineté-association de mai 1980 avait placé le gouvernement du Québec formé par le Parti québécois, le gouvernement fédéral réussissait à convaincre les neuf autres provinces de donner leur consentement à son projet de rapatriement de la Constitution, auquel par contre le gouvernement du Québec s'opposait. La Cour suprême du Canada ayant jugé, dans *Renvoi : Résolution pour modifier la Constitution* (1981) et *Re : Opposition à une résolution pour modifier la Constitution* (1982), que le Québec n'avait pas de droit de *veto* lui permettant d'empêcher une telle modification constitutionnelle, une nouvelle loi constitutionnelle a été adoptée par le Parlement de Westminster en 1982. La *Loi constitutionnelle de 1982* contient principalement une procédure de modification constitutionnelle entièrement canadienne (rendant désormais inutile l'intervention britannique) ainsi qu'une *Charte canadienne des droits et libertés.* Depuis 1982, aucun gouvernement québécois, y compris ceux qui ont été formés par le Parti libéral, n'a formellement accepté la Constitution de 1982, ce qui n'empêche pas celle-ci de s'appliquer pleinement au Québec, mais ce qui explique que la Charte canadienne souffre au Québec d'un certain déficit de légitimité, au moins dans une partie de l'opinion publique.

Une autre raison qui explique le retard du Canada à se doter d'une charte des droits constitutionnalisée tient à la filiation et à l'inspiration britanniques des institutions canadiennes. Or, le modèle constitutionnel britannique était, en 1867, fondé sur les principes de la souveraineté du Parlement et de la primauté du droit. Le premier principe est évidemment incompatible avec la limitation des pouvoirs du Parlement par un instrument de protection des droits ayant une autorité supérieure aux lois ordinaires. Quant au principe de la primauté du droit (ou *rule of law*), dans son sens britannique traditionnel, il signifie que la protection des droits et libertés résulte des lois ordinaires et des règles de *common law* plutôt que de leur « enchâssement » dans une Constitution suprême. Le modèle britannique traditionnel répond donc à une conception de la démocratie qui accorde la prééminence au principe majoritaire, au suffrage universel et à la représentativité. Il repose sur la conviction que le Parlement élu par la population doit être l'arbitre ultime des droits individuels et de l'intérêt général. Il faut cependant remarquer que dans un système parlementaire comme celui de la Grande-Bretagne et du Canada, où les gouvernements sont habituellement majoritaires et exercent sur leurs députés une discipline rigoureuse, la souveraineté du Parlement devient en fait celle de

l'exécutif. C'est une des raisons pour lesquelles ce modèle a été progressivement remis en cause à la fois au Canada et en Grande-Bretagne[1]. En outre, à notre époque, l'inscription des droits et libertés dans un instrument constitutionnel et leur mise en œuvre par l'entremise des tribunaux exerçant le contrôle de constitutionnalité sont devenues des institutions considérées comme incontournables dans une démocratie libérale (elles font, par exemple, partie des conditions que doivent nécessairement remplir les pays candidats à l'admission au Conseil de l'Europe ou dans l'Union européenne).

Néanmoins, même à la fin des années 1980, de nombreux décideurs politiques et juristes canadiens étaient toujours imprégnés de l'idéal politique et constitutionnel britannique et, par conséquent, étaient réticents à confier aux tribunaux le pouvoir de censurer la volonté des élus de la population sur le fondement d'un catalogue constitutionnel de droits et de libertés exprimés de façon inévitablement vague et abstraite. En outre, un certain nombre de politiciens provinciaux craignaient que l'adoption d'une charte constitutionnelle appliquée et interprétée en dernière instance par la Cour suprême du Canada, un organisme fédéral dont les juges sont nommés par le premier ministre canadien, sans participation des gouvernements provinciaux, n'en vienne à produire des effets centralisateurs. Ces craintes et cette hésitation entre le modèle britannique

---

1. Au Canada, le principe de la souveraineté du Parlement devait évidemment s'accommoder d'un contrôle judiciaire du partage fédéral des compétences, mais il se traduisait avant 1982 par le fait que la Constitution n'imposait pas aux législateurs, fédéral et provinciaux, le respect des droits et libertés (sauf pour ce qui est de quelques droits minoritaires).

de la souveraineté des élus et le modèle américain de la suprématie des tribunaux expliquent que les rédacteurs de la Charte canadienne aient cherché à concilier ces deux modèles en inventant un compromis original consistant à permettre au Parlement fédéral et aux législatures des provinces de déroger par déclaration expresse à la majorité des droits garantis. On donnera davantage de détails plus loin sur ce mécanisme.

Le contenu, l'économie générale et le domaine d'application de la Charte canadienne

La philosophie politique ayant inspiré la Charte est le libéralisme individualiste, tempéré cependant par la préoccupation de reconnaître et de protéger certaines réalités collectives héritées de l'histoire ou nées de l'immigration. En effet, si la plus grande place est réservée aux droits individuels, la Charte consacre également certains droits qui peuvent être qualifiés de collectifs ou de communautaires, dans la mesure où ils sont destinés à protéger les intérêts de certaines collectivités et reconnaissent l'existence de droits particuliers fondés sur la race, la langue, la religion ou la culture. En fait, c'est depuis 1867 que la Constitution canadienne reconnaît un statut particulier à certaines collectivités définies par la langue et la religion. En effet, parmi les quelques droits reconnus dans la *Loi constitutionnelle de 1867*, ceux qui sont contenus dans ses articles 93 et 133 ont pour but de conférer une certaine protection à la minorité anglophone et protestante du Québec et aux minorités francophones et catholiques du reste du Canada. L'article 133 institue le bilinguisme législatif, réglementaire, parlementaire et judiciaire dans les institutions provinciales du Québec et dans celles de l'État central canadien[2]. L'article 93 protège les droits confessionnels, en matière scolaire, des catholiques et des protestants (il a cependant été rendu inapplicable au Québec par une modification constitutionnelle adoptée en 1997). Les rédacteurs de la Constitution de 1867 ont également cherché à protéger, de façon bien indirecte et imparfaite il est vrai, les peuples autochtones du Canada, qui constituaient dès 1867 des minorités particulièrement dépourvues. Ils l'ont fait en attribuant au Parlement fédéral plutôt qu'aux provinces, par le truchement de l'article 91(24) de la *Loi constitutionnelle de 1867*, la compétence de légiférer sur «les Indiens et les terres réservées aux Indiens». Cette attribution d'un pouvoir législatif à l'égard d'un groupe racial et culturel déterminé a toujours été interprétée par les tribunaux comme permettant au Parlement fédéral d'assujettir les autochtones à un

---

2. En 1867, l'article 133 n'a pas été rendu applicable aux trois provinces anglophones existantes, si bien que leurs minorités francophones sont restées sans protection constitutionnelle. Cela s'explique par le rapport de force qui existait entre les francophones et les anglophones au moment de l'adoption de la Constitution. Parmi les provinces admises dans la fédération après 1867, celles où les anglophones étaient majoritaires ne furent pas davantage assujetties au bilinguisme constitutionnel. Seul le Manitoba, créé en 1870, dont la population était composée à l'époque d'à peu près la moitié de francophones et la moitié d'anglophones, se vit imposer des obligations équivalentes à celles de l'article 133. Cependant, une fois les anglophones devenus majoritaires, la législature manitobaine institua, en 1890, l'unilinguisme des lois et des tribunaux et ce ne fut qu'en 1979 que cette mesure fut déclarée inconstitutionnelle par la Cour suprême. Finalement, en 1982, le Nouveau-Brunswick a accepté de s'assujettir à des obligations constitutionnelles similaires à celles qui étaient prévues dans l'article 133.

statut juridique différent de celui qui s'applique aux autres Canadiens. Le Parlement n'a pas toujours utilisé ce pouvoir de façon éclairée et bienveillante ; la politique des autorités fédérales dans ce domaine a longtemps été caractérisée par le paternalisme à l'endroit des peuples autochtones.

La *Loi constitutionnelle de 1982* contient de nouvelles dispositions qui ont également pour but de protéger les droits de certaines collectivités. D'abord, les articles 17 à 20 de la Charte canadienne prévoient des dispositions qui sont globalement similaires à celles de l'article 133 de la *Loi constitutionnelle de 1867* ; elles garantissent le bilinguisme parlementaire, judiciaire, législatif et réglementaire, avec en plus une certaine forme de bilinguisme administratif (cette dernière dimension étant absente de l'article 133 de 1867). Les articles 17 à 20 s'appliquent uniquement à l'État fédéral et à la province du Nouveau-Brunswick. En 1982, le premier ministre fédéral de l'époque, Pierre Elliott Trudeau, avait laissé les provinces libres d'adhérer aux dispositions sur les langues officielles, ce que seul le Nouveau-Brunswick a fait. L'Ontario, où vit la plus importante communauté francophone en dehors du Québec, s'y est refusée (cependant, depuis cette époque, elle a adopté un cadre législatif pour garantir certains droits à sa minorité francophone en matière d'usage officiel du français). Par ailleurs, en 1982, le Québec et le Manitoba ont continué d'être assujettis aux dispositions constitutionnelles sur le bilinguisme officiel qui s'appliquaient déjà à ces deux provinces.

L'autre protection linguistique prévue par la Charte découle de l'article 23, applicable à toutes les provinces, qui confère aux minorités francophones hors du Québec et à la minorité anglophone du Québec le droit à l'enseignement dans leur langue – dans des classes ou des écoles financées grâce aux fonds publics –, « là où le nombre le justifie ». Ce droit était entièrement nouveau, rien de semblable n'étant prévu dans la *Loi constitutionnelle de 1867*. Ensuite, l'article 35 de la *Loi constitutionnelle de 1982* garantit les droits des peuples autochtones, qu'ils soient « ancestraux » (c'est-à-dire fondés sur l'occupation ou l'utilisation traditionnelle du territoire et non éteints avant 1982) ou issus de traités conclus entre les autochtones et les autorités canadiennes (avant ou après 1982). Enfin, l'article 27 de la Charte canadienne énonce que l'interprétation de la Charte « doit concorder avec l'objectif de promouvoir le maintien et la valorisation du patrimoine multiculturel des Canadiens ». Cette disposition a été adoptée pour donner satisfaction aux groupes culturels minoritaires issus de l'immigration.

Il faut également souligner que la Charte canadienne garantit principalement des droits qui mettent à la charge de l'État une obligation d'abstention et dont la fonction est de protéger la sphère existante d'autonomie des acteurs sociaux contre l'intervention étatique (les « droits barrières » ou « droits résistances »). Par contre, elle n'octroie que peu de droits dont la contrepartie consisterait en une obligation pour l'État de redistribuer les richesses et de mettre à la disposition des individus (ou des groupes) qui en sont privés les moyens matériels nécessaires à leur bien-être et à leur développement (les « droits créances »). Le principal article de la Charte qui peut être indubitablement rattaché à cette deuxième catégorie est l'article 23 : comme nous l'avons relevé, il garantit les droits à l'instruction dans la langue de la minorité (anglophone ou francophone) «sur les fonds publics ». Par contre, la Charte n'inclut pas les droits économiques, culturels et sociaux, comme le droit à l'éducation, au travail ou à la santé. Il est vrai que ces droits sont difficiles à sanctionner par l'intermédiaire du processus judiciaire, précisément parce qu'ils exigent des décisions politiques, administratives et budgétaires que les tribunaux ne se reconnaissent pas traditionnellement le pouvoir de forcer l'appareil gouvernemental à adopter. Cependant, l'inscription des droits économiques et sociaux dans la Charte aurait pu avoir des effets sur l'interprétation des autres droits garantis en rendant plus facile à justifier la limitation de certains droits individuels lorsque celle-ci est nécessaire pour atteindre des objectifs d'intérêt collectif (par exemple, la reconnaissance du droit du public à l'information permettrait peut-être de justifier plus facilement des mesures limitant la concentration des entreprises de presse, mesures susceptibles d'être contestées au nom de la liberté de la presse). En outre, l'inscription des droits économiques et sociaux aurait été importante pour contrebalancer le rôle des droits-barrières et rappeler que l'intervention de l'État ne constitue pas toujours une menace pour les droits, mais qu'elle est souvent une condition nécessaire pour permettre leur réalisation concrète.

Par ailleurs, ce qui est plus surprenant pour un pays d'économie libérale, la Charte ne garantit pas le droit à la propriété privée et à la jouissance des biens. Cela s'explique par la réticence de certains gouvernements provinciaux qui craignaient de voir contestées leurs législations limitant le droit de propriété, comme les lois sur la protection du territoire agricole ou le zonage. À cause de l'absence du droit de propriété, l'article 7 de la Charte canadienne, qui protège le droit à la vie, à la liberté et à la sécurité de la personne (et dans lequel, à l'instar de la disposition similaire de la *Déclaration canadienne des droits* de 1960, le droit de propriété aurait dû être ajouté si le constituant avait voulu l'inclure dans la Charte), a été interprété comme ne protégeant pas les droits de nature économique. L'absence de protection du droit de propriété et, de façon plus générale, des droits économiques comme la liberté contractuelle ou la liberté d'entreprise soulève la question du recours à la Charte canadienne par les personnes morales, principalement les sociétés commerciales. La Cour suprême a reconnu que certains droits, par nature, ne sont pas susceptibles de bénéficier aux personnes morales, comme le droit à la vie, à la liberté et à la sécurité ou la liberté de religion, mais que d'autres droits, comme la liberté d'expression ou la protection contre les perquisitions et les saisies, peuvent bénéficier autant aux personnes morales qu'aux personnes physiques. Cependant, cette distinction est largement théorique, puisque la Cour suprême a également affirmé à plusieurs reprises qu'une personne morale peut toujours se défendre, lors d'une poursuite pénale ou civile intentée par l'État, en invoquant tous les droits garantis par la Charte, y compris ceux qui, comme la liberté de religion, ne lui sont pas bénéfiques en principe. De fait, la Charte canadienne est aussi ou plus souvent invoquée par des sociétés commerciales que par des individus, ce qui s'explique si l'on tient compte du coût considérable de l'accès à la justice. En permettant ainsi aux grandes entreprises commerciales d'invoquer facilement la Charte, la

Cour suprême fait ce que le constituant semble avoir voulu éviter, c'est-à-dire qu'elle utilise la Charte pour assurer la protection des intérêts économiques des entreprises. Dans certains cas, la Cour suprême du Canada va jusqu'à protéger les intérêts d'entreprises qui semblent pourtant fort peu légitimes. Ainsi, dans *RJR MacDonald Inc.* c. *Canada* (P.G.) (1995), en se fondant sur la liberté d'expression commerciale, elle a jugé de façon unanime que des entreprises de fabrication de tabac avaient un droit constitutionnel de faire de la publicité pour leurs produits ; ce droit ayant été, selon les juges majoritaires, restreint de façon non raisonnable par des dispositions fédérales réglementant la publicité sur le tabac, celles-ci ont été invalidées.

Conformément à son article 32, tel qu'interprété par la Cour suprême dans *S.G.D.M.R.* c. *Dolphin Delivery Ltd.* (1986), la Charte canadienne ne s'applique pas aux rapports entre personnes privées (ou rapports « horizontaux »), mais uniquement aux relations entre celles-ci et les organismes étatiques, fédéraux, provinciaux et municipaux (ou rapports « verticaux »). Précisons toutefois que la Cour suprême du Canada a développé certains principes qui font en sorte que la Charte pourra être invoquée contre les actes d'une entité non gouvernementale, comme un hôpital ou une université, lorsque celle-ci est chargée de mettre en œuvre un « programme gouvernemental » ou qu'elle exerce un pouvoir de nature coercitive qui lui a été délégué par l'État. Par exemple, dans *Eldridge* c. *Colombie-Britannique (P.G.)* (1997), la Cour a jugé qu'en administrant le programme provincial de soins de santé, un hôpital (considéré par la Cour comme une entité non gouvernementale) devait respecter le droit à l'égalité garanti

par la Charte et offrir un service d'interprétation gestuelle aux patients malentendants. En outre, dans un litige entre deux ou plusieurs particuliers, auquel la Charte ne s'applique pas, chaque partie pourra soulever l'exception d'inconstitutionnalité contre les normes étatiques qui régissent l'issue du litige. Ainsi, au Québec, dans un litige portant sur l'exécution d'un contrat comprenant une clause discriminatoire (interdisant, par exemple, la revente d'un appartement en copropriété aux membres d'une minorité raciale ou religieuse), la Charte canadienne ne pourra pas être invoquée contre le contrat en tant que tel, mais elle pourra l'être contre le *Code civil du Québec*, si l'on conclut que celui-ci autorise, expressément ou implicitement, la clause en question.

Le pouvoir de déroger à la Charte canadienne

L'article 33 de la Charte canadienne permet de rendre inapplicables les droits garantis dans les articles 2 et 7 à 15 de la Charte à l'égard de toute loi fédérale ou provinciale dans laquelle est insérée une disposition de dérogation expresse, adoptée selon la procédure législative ordinaire. Dès lors, tout contrôle judiciaire – sauf celui qui porte sur le respect des conditions formelles de l'exercice du pouvoir de déroger – disparaît à l'égard des lois contenant une telle clause de dérogation. La dérogation est valable pour une période maximale de cinq ans, mais elle est indéfiniment renouvelable par un nouveau vote tous les cinq ans. Trois catégories de droits échappent au pouvoir de déroger : les droits démocratiques, la liberté de circulation et d'établissement et les droits linguistiques de la minorité anglophone du

Québec et des minorités francophones du reste du Canada. On constate qu'il s'agit dans les trois cas de droits et de libertés auxquels les promoteurs de la Charte entendaient faire jouer un rôle dans la promotion d'une identité pancanadienne, destinée à contrebalancer l'importance accordée à l'identité provinciale ou régionale considérée comme dangereuse pour l'unité canadienne. Autrement dit, les trois catégories de droits non susceptibles de dérogation font partie d'un programme politique de construction nationale (*nation-building*).

Avec l'article 33, les rédacteurs de la Charte canadienne cherchaient donc à établir un équilibre entre la primauté de la Constitution et le contrôle judiciaire, d'une part, et le principe démocratique de la décision par les représentants élus de la population, d'autre part. La nécessité d'une dérogation expresse, visible pour l'opinion publique, et la limitation de l'application des dispositions de dérogation à cinq ans, ce qui oblige à la tenue d'un nouveau débat pour les adopter à nouveau (des élections ayant nécessairement eu lieu dans l'intervalle), constituent des précautions encadrant l'exercice du pouvoir de déroger et faisant en sorte que celui-ci reste soumis à un contrôle démocratique, à défaut de l'être à un contrôle judiciaire (les tribunaux ne peuvent vérifier que la régularité formelle des dispositions de dérogation et non leur opportunité).

On peut cependant penser que, dans sa forme présente, le pouvoir de déroger n'établit pas un équilibre satisfaisant entre le contrôle judiciaire et le processus démocratique. Actuellement, le pouvoir de dérogation est susceptible d'être exercé de façon « préventive » ; les gouvernements peuvent faire insérer par leur majorité parlementaire une déclaration de dérogation dans les lois au moment de leur adoption, ce qui a pour effet d'empêcher tout contrôle judiciaire de la conformité de ces lois aux dispositions de la Charte canadienne. La possibilité du contrôle judiciaire devrait toujours être présente et l'utilisation du pouvoir de déroger devrait par conséquent être limitée aux cas où une disposition législative a déjà été invalidée. Par ailleurs, l'adoption d'une disposition de dérogation ne devrait pas être trop aisée, ce qui est le cas à l'heure actuelle, puisqu'elle ne nécessite qu'une simple majorité des députés. Une dérogation à la Charte devrait exiger une majorité renforcée suffisante pour que l'accord d'une partie des députés d'opposition soit nécessaire.

Le pouvoir de déroger à la Charte a jusqu'à présent été utilisé surtout par les autorités québécoises. Peu de temps après l'entrée en vigueur de la *Loi constitutionnelle de 1982*, le gouvernement du Parti québécois faisait adopter une loi modifiant d'un seul coup toutes les lois québécoises en vigueur, dans le but d'ajouter à chacune une disposition dérogatoire destinée à écarter l'application des articles 2 et 7 à 15 de la Charte canadienne. En outre, par la suite, le gouvernement devait faire insérer systématiquement la même disposition dérogatoire dans toutes les lois adoptées par la législature québécoise. Le gouvernement du Parti québécois entendait ainsi protester contre l'adoption de la *Loi constitutionnelle de 1982* sans le consentement et en dépit des objections du Québec. La constitutionnalité de cette politique fut contestée devant les tribunaux, mais confirmée pour l'essentiel par la Cour suprême en 1988 dans *Ford c. P.G. Québec* (1988). Entretemps, cependant, le Parti libéral avait succédé au Parti québécois en 1985 et avait abandonné la politique de dérogation systématique à la Charte canadienne. À son retour au pouvoir en 1994, le Parti québécois n'a pas davantage repris cette politique. Cependant, autant les gouvernements libéraux que les gouvernements péquistes qui se sont succédé depuis 1985 ont utilisé le pouvoir de déroger de façon occasionnelle.

Par contre, en dehors du Québec, il n'existe que peu de cas de recours au pouvoir de déroger. En 1986, la législature de la Saskatchewan adoptait une loi, contenant une disposition de dérogation pour forcer le retour au travail des employés du secteur public et leur enlever le droit de grève. Par la suite, il devait s'avérer que la dérogation avait été inutile, puisque la Cour suprême allait décider plus tard, dans *Re : Public Service Employee Relations Act (Alta.)* (1987), que la Charte canadienne ne garantissait pas le droit de grève (les syndicats essayaient de démontrer que l'on pouvait faire découler ce droit de la liberté d'association garantie à l'article 2d) de la Charte). Ensuite, la législature de l'Alberta a adopté, en 2000, une loi réaffirmant le caractère hétérosexuel du mariage et contenant une disposition de dérogation. Ce geste était destiné à manifester l'opposition d'une partie de la classe politique albertaine à la décision du gouvernement fédéral de faire adopter une loi autorisant le mariage homosexuel. Si la loi albertaine était appliquée de façon à interdire la célébration des mariages homosexuels dans cette province, elle serait presque sûrement considérée comme inconstitutionnelle ou inopérante sur le fondement des dispositions relatives au partage des pouvoirs, lesquelles ne peuvent évidemment pas être écartées par une disposition de dérogation. En effet, si les provinces sont compétentes pour

légiférer sur la célébration du mariage, le Parlement fédéral a seul le pouvoir d'en définir les conditions de fond.

De façon générale, en dehors du Québec, dans le reste du Canada, le pouvoir de déroger est discrédité dans l'opinion publique par le grand prestige dont jouit la Charte canadienne (nous avons déjà souligné que ce prestige est moindre au Québec à cause du fait que les autorités québécoises n'ont jamais jusqu'à présent formellement donné leur accord à l'adoption de la Charte canadienne), et peut-être davantage encore par la méfiance du public à l'égard des politiciens, fédéraux ou provinciaux, et le plus grand respect dont jouit le pouvoir judiciaire. Le pouvoir de déroger n'a jamais été utilisé par le Parlement fédéral.

Enfin, la Charte canadienne contient dans son article premier une disposition limitative de portée très générale qui s'applique à tous les droits garantis par la Charte et qui autorise la limitation de ces derniers, la différence avec l'article 33 qui permet la dérogation étant qu'une limitation, pour être jugée permise selon les termes de l'article premier, doit être considérée comme raisonnable et justifiable par le tribunal devant lequel elle est contestée, alors que l'utilisation du pouvoir de déroger est discrétionnaire, les tribunaux ne pouvant pas vérifier l'opportunité ou le caractère raisonnable de la dérogation. Nous examinerons plus loin la mise en œuvre de l'article premier de la Charte par la Cour suprême.

Le contrôle de constitutionnalité fondé sur la Charte canadienne

Le *contrôle judiciaire* de constitutionnalité existe au Canada depuis les débuts du système constitutionnel. Dans la mesure où le Canada ne jouissait avant 1931 que d'une souveraineté limitée, en tant que colonie, puis «dominion», britannique, les lois canadiennes devaient être conformes aux lois britanniques (dites «impériales»). La vérification de cette conformité, par les tribunaux canadiens ordinaires, et en dernière instance par le Comité judiciaire du Conseil privé à Londres, constituait une forme de contrôle de constitutionnalité (la Constitution canadienne de 1867 étant une loi impériale). Ce système, qui était en place avant 1867, fut tout naturellement maintenu au moment de la création du Canada, d'autant plus qu'un contrôle de constitutionnalité devenait également nécessaire, à partir de ce moment, pour faire respecter le partage fédéral des compétences. Tout cela explique qu'au moment de l'adoption de la Constitution fédérale canadienne, en 1867, contrairement à ce qui s'était passé au moment de l'adoption de la Constitution des États-Unis, presque un siècle auparavant, il n'y eut aucun débat sur la légitimité et l'opportunité du contrôle judiciaire de constitutionnalité.

Le contrôle judiciaire de constitutionnalité a connu, avec l'adoption de la Charte canadienne en 1982, une extension significative. En effet, lorsque le contrôle de constitutionnalité se limite au partage des compétences législatives entre les deux ordres de gouvernement, comme c'était essentiellement le cas au Canada avant 1982, il permet seulement aux tribunaux de vérifier quel Parlement – fédéral ou provincial – est compétent pour adopter une loi en particulier; il ne les autorise pas à se prononcer sur le bien-fondé ou sur la sagesse de la législation adoptée par ce Parlement. Par contre, lorsque la Constitution contient des dispositions garantissant les droits et libertés, les tribunaux doivent en interpréter les termes

généralement vagues et abstraits, ce qui les amène inévitablement à contrôler les choix de société posés par les représentants politiques élus. En effet, les règles contenues dans la Constitution, principalement dans les dispositions sur les droits et libertés, sont le plus souvent vagues et indéterminées. Ce sont les tribunaux qui doivent les préciser, c'est-à-dire qu'il leur revient de définir eux-mêmes le contenu des principes qui limitent la liberté d'agir du Parlement. À cette occasion, il est inévitable que les juges infusent, dans les concepts flous de la Constitution, leurs propres conceptions sociales et morales.

Au Canada, comme aux États-Unis, ce sont les tribunaux de droit commun qui exercent le contrôle de constitutionnalité lors des litiges ordinaires (ce modèle de justice constitutionnelle, dit «nord-américain», s'oppose à celui qui a été retenu dans la plupart des pays européens, où la fonction de contrôler la constitutionnalité est confiée en exclusivité à une cour unique spécialisée, appelée généralement «Cour constitutionnelle»). Devant n'importe quel tribunal, tout plaideur est en droit d'invoquer au soutien de sa cause l'inconstitutionnalité d'une norme ou d'un comportement étatiques. Il suffit qu'il ait intérêt à le faire, c'est-à-dire que cet argument soit de nature à l'aider à gagner son procès. Toute personne peut donc, par exemple, contester une accusation pénale en faisant valoir que la loi en vertu de laquelle celle-ci est portée est inconstitutionnelle. Elle peut, de même, dans une affaire civile, contester la constitutionnalité de la loi ou du règlement qui sert de fondement à l'action de la partie adverse (la partie qui désire contester la constitutionnalité d'une loi doit cependant donner avis au procureur général, qui pourra intervenir). En outre, toute personne peut, de façon préventive, avant même qu'on ait cherché à lui appliquer le texte, demander un *jugement déclaratoire* (dont une des fonctions est de prévenir une atteinte à la Constitution avant même qu'elle se produise) pour faire constater l'inconstitutionnalité d'une loi ou d'un règlement si elle satisfait aux exigences relatives à « l'intérêt pour agir ». Ces exigences ont été considérablement assouplies par la Cour suprême depuis une trentaine d'années et celle-ci accepte maintenant – en pratique – l'existence d'une véritable action d'intérêt public. C'est-à-dire qu'elle reconnaît à tout citoyen le droit de contester la validité de n'importe quelle loi, à condition seulement de démontrer qu'il n'existe pas d'autre manière raisonnable et efficace de soumettre la question aux tribunaux. C'est ainsi que, dans l'affaire *Borowski* (1981), la Cour suprême a reconnu à un homme qui n'était pas médecin ni conjoint d'une femme enceinte la qualité requise pour contester les dispositions du *Code criminel* autorisant l'avortement thérapeutique dans le but de défendre le droit à la vie de l'enfant conçu, mais non encore né (cette décision ne portait cependant pas sur le fond du problème, mais uniquement sur la recevabilité de l'action). De la même façon, la Cour suprême autorise maintenant assez facilement les interventions de personnes ou de groupes qui, sans être parties au litige, ont un point de vue pertinent, au jugement de la Cour, à faire valoir.

Une autre procédure permettant de faire exercer le contrôle judiciaire de constitutionnalité, mais qui est moins souvent utilisée pour faire appliquer la *Charte canadienne des droits et libertés* que pour d'autres questions constitutionnelles, est celle de l'*avis consultatif*. Le Cabinet fédéral peut s'adresser directement à la Cour suprême pour lui demander un avis sur toute question constitutionnelle qu'il juge à propos. La Cour rend un avis consultatif qui prend la forme d'un jugement. Dans chaque province existent des dispositions législatives qui prévoient que le gouvernement provincial peut adresser une demande d'avis consultatif à la Cour d'appel. Une fois que celle-ci a donné sa réponse, l'affaire peut être portée en appel devant la Cour suprême. Le gouvernement canadien a, par exemple, eu recours à cette procédure en 1997 pour saisir la Cour suprême de la question d'une éventuelle sécession du Québec.

L'interaction de la Charte canadienne avec les lois « quasi constitutionnelles » relatives aux droits et libertés, en particulier la *Charte des droits et libertés de la personne* du Québec

À l'heure actuelle, chaque province et chaque territoire possède une loi sur les droits de la personne et il en existe deux au niveau fédéral. Ces instruments se divisent en deux catégories. La première, la plus nombreuse, est celle des lois antidiscriminatoires (*Human Rights Codes*). Même si le titre de la plupart des lois antidiscriminatoires canadiennes contient l'expression « droits de la personne » ou « droits de l'homme », la portée de ces lois se limite à *interdire la discrimination* dans les activités et les interventions gouvernementales et dans un certain nombre de domaines des relations interindividuelles privées (comme les relations de travail, le logement, les relations commerciales, les contrats, la publicité, etc.). La plupart des provinces et des territoires se sont contentés d'adopter ce type d'instrument. Pour sa part, le Parlement fédéral a adopté, en 1977, une loi antidiscriminatoire du même genre, intitulée *Loi canadienne sur les droits de la personne*, qui s'applique aux ministères et autres organismes de l'État fédéral ainsi qu'aux entreprises privées réglementées par le gouvernement fédéral. Au Québec, ce sont les articles 10 à 20 de la *Charte des droits et libertés de la personne* (ou Charte québécoise) qui constituent le code antidiscriminatoire provincial. La Charte québécoise est particulière en ce que son article 10 prohibe la discrimination non seulement dans les domaines d'activité mentionnés plus haut, mais également dans la reconnaissance et l'exercice de tous les autres droits et libertés garantis dans cet instrument (libertés fondamentales, droits politiques, droits judiciaires, droits économiques et sociaux). Sur ce point, la Charte québécoise garantit donc un droit à l'égalité considérablement plus large que les autres lois provinciales et que la *Loi canadienne sur les droits de la personne*.

La deuxième catégorie de lois sur les droits de la personne est celle des instruments appelés « Déclarations » ou « Chartes » des droits (*Bills of Rights*) qui garantissent certains droits civils et politiques (et, dans le cas du Québec, certains droits économiques et sociaux). La loi québécoise est la plus ambitieuse et la plus complète à cet égard. Dans le cas du Québec, les dispositions constituant le code antidiscriminatoire et celles garantissant d'autres droits et libertés sont contenues dans la même loi, à savoir la Charte québécoise. Par contre, au niveau fédéral, il existe deux lois distinctes, l'une pour interdire la discrimination, l'autre pour garantir certaines libertés fondamentales. En effet, le Parlement canadien a adopté, en 1960, la *Déclaration canadienne des droits* qui garantit de façon générale les droits civils et politiques à l'égard des interventions des organes étatiques fédéraux. Comme nous l'avons déjà noté, il a aussi adopté une loi antidiscriminatoire en 1977. Il faut cependant souligner que l'utilité de la *Déclaration canadienne des droits* a été considérablement diminuée par l'entrée en vigueur de la *Charte canadienne des droits et libertés* en 1982. En effet, de toutes les lois relatives aux droits de la personne en vigueur au Canada, la Déclaration est celle qui ressemble le plus à la Charte canadienne.

L'éventail des droits et des libertés garanti par la Charte québécoise est beaucoup plus vaste que celui qui est contenu dans les autres lois provinciales similaires et dans la *Déclaration canadienne des droits*. La loi québécoise garantit ainsi les libertés et les droits fondamentaux (art. 1 à 9), les droits politiques (art. 21 et 22) et les droits judiciaires (art. 23 à 38). Par ailleurs, elle possède également un contenu plus original, principalement dans son chapitre IV (art. 39 à 48) qui contient des droits qualifiés d'« économiques et sociaux » : protection de l'enfant, instruction publique gratuite, droit des parents ou des personnes qui en tiennent lieu d'assurer l'éducation religieuse et morale de leurs enfants conformément à leurs convictions et de choisir pour eux des établissements d'enseignement privé, vie culturelle des minorités, droit à l'information, assistance financière des personnes dans le besoin, droit à des conditions de travail justes et raisonnables, droit de vivre dans un environnement sain et respectueux de la biodiversité, égalité des conjoints, protection des personnes âgées ou handicapées contre l'exploitation. Cependant, il faut souligner que les droits économiques et sociaux ne font l'objet d'aucune primauté sur la législation ordinaire, dans la mesure où l'article 52 de la Charte québécoise (la clause de primauté) ne s'applique qu'aux articles 1 à 38 (la question de la primauté des lois sur les droits de la personne est examinée dans le prochain paragraphe). Par conséquent, les droits économiques et sociaux ne peuvent servir à contester une norme législative; d'ailleurs, bon nombre d'entre eux ne sont expressément garantis que «dans la mesure prévue par la loi». Ils peuvent néanmoins servir à interpréter les autres lois (art. 53). En outre, si la violation d'un droit économique ou social est discriminatoire et si la distinction est fondée sur l'un des motifs de discrimination prohibés à l'article 10 (à savoir «la race, la couleur, le sexe, la grossesse, l'orientation sexuelle, l'état civil, l'âge, sauf dans la mesure prévue par la loi, la religion, les convictions politiques, la langue, l'origine ethnique ou nationale, la condition sociale, le handicap ou l'utilisation d'un moyen pour pallier ce handicap»), celui-ci pourra être invoqué avec succès.

La majorité des lois provinciales et territoriales sur les droits de la personne, notamment la Charte québécoise, contiennent un mécanisme destiné à leur conférer une certaine primauté sur les autres lois, antérieures et postérieures. Ce mécanisme est celui de la *clause de primauté* jumelée à une exigence de dérogation expresse. Autrement dit, la loi sur les droits de la personne ou certaines de ses dispositions se voient reconnaître la primauté sur toute autre loi incompatible, à moins que le législateur n'y ait déclaré expressément sa volonté d'y déroger. Ainsi, l'article 52 de la *Charte des droits et libertés de la personne* du Québec énonce: «Aucune disposition d'une loi, même postérieure à la Charte, ne peut déroger aux articles 1 à 38,

sauf dans la mesure prévue par ces articles, à moins que cette loi n'énonce expressément que cette disposition s'applique malgré la Charte.»

Cette technique a été retenue de préférence à celle de l'«enchâssement» (*entrenchment*), qui a par contre été utilisée pour la Charte canadienne et qui consiste à jumeler l'affirmation de la primauté avec une exigence de modification par majorité renforcée ou par procédure spéciale (ainsi, la Charte canadienne ne peut être modifiée qu'avec le consentement, d'une part, des deux Chambres du Parlement fédéral et, d'autre part, des Assemblées législatives d'au moins sept provinces représentant au moins la moitié de la population de toutes les provinces). La primauté des lois sur les droits de la personne ne découle donc pas de la nécessité d'un processus de modification particulier, mais de l'obligation du législateur d'alerter l'opinion publique et l'opposition parlementaire de son intention d'y déroger. On remarquera que, dans le cas de la Charte canadienne dont la primauté tient à sa «rigidité», c'est-à-dire à l'existence d'une procédure spéciale de modification constitutionnelle, l'existence d'un pouvoir de dérogation affaiblit évidemment la protection des droits et libertés. Par contre, l'exigence de dérogation expresse contenue dans certaines des lois sur les droits de la personne, qui peuvent être modifiées par la procédure législative ordinaire, confère à ces lois une suprématie qui découle précisément du fait qu'on ne peut y déroger que par disposition expresse.

Cette obligation faite au législateur de déclarer clairement sa volonté de ne pas respecter les droits constitue habituellement une barrière politique suffisante. En effet, dans la mesure où la majorité parlementaire doit annoncer expressément son intention de déroger à une loi sur les droits de la

TABLEAU 3.1

Tableau comparatif du contenu de la Charte canadienne et de la Charte québécoise

CHARTE CANADIENNE DES DROITS ET LIBERTÉS	
art. 1:	Limitation des droits garantis
art. 2:	Libertés fondamentales
art. 3 à 5:	Droits démocratiques
art. 6:	Liberté de circulation et d'établissement
art. 7:	Droit à la vie, à la liberté et à la sécurité de sa personne
art. 8 à 14:	Garanties juridiques
art. 15:	Droits à l'égalité
art. 16 à 22:	Langues officielles du Canada
art. 23:	Droits à l'instruction dans la langue de la minorité
art. 24:	Recours
art. 25 à 31:	Dispositions générales
art. 32:	Application de la Charte
art. 33:	Dérogation par déclaration expresse
art. 34:	Titre
CHARTE DES DROITS ET LIBERTÉS DE LA PERSONNE DU QUÉBEC	
art. 1 à 9:	Libertés et droits fondamentaux
art. 9.1:	Limitation des libertés et droits contenus dans les articles 1 à 9
art. 10 à 20.1:	Droits à l'égalité
art. 21 et 22:	Droits politiques
art. 23 à 38:	Droits judiciaires
art. 39 à 48:	Droits économiques et sociaux
art. 49 à 56:	Dispositions spéciales et interprétatives
art. 57 à 96:	La Commission des droits de la personne et des droits de la jeunesse
art. 97 à 99:	Réglementation
art. 100 à 133:	Le Tribunal des droits de la personne
art. 134 à 138:	Dispositions finales

personne, elle actionne un « mécanisme d'alerte » qui mobilise les instances sociales et politiques susceptibles de s'opposer à elle. De cette façon, les lois sur les droits de la personne ont une efficacité comparable à celle d'un instrument constitutionnel, bien qu'elles soient plus faciles à modifier. Le statut respectif des lois sur les droits de la personne et de la Charte canadienne est d'autant plus comparable que, comme nous l'avons vu, l'article 33 de cette dernière autorise le Parlement fédéral et les législatures des provinces à déroger par déclaration expresse, adoptée à la majorité ordinaire des votes, aux droits garantis par les articles 2 et 7 à 15, c'est-à-dire à la majorité des droits garantis.

Les lois provinciales, territoriales et fédérales sur les droits de la personne servent donc, à côté de la *Charte canadienne des droits et libertés*, de norme de référence au contrôle de constitutionnalité (ou en l'occurrence de « quasi-constitutionnalité ») en matière de protection des droits de la personne. Toutes les modalités du contrôle de constitutionnalité qui ont été décrites précédemment s'appliquent également au contrôle de compatibilité des lois fédérales ou provinciales avec les lois sur les droits de la personne (fédérales ou provinciales selon le cas). Et les effets sur la vie politique des deux types de contrôle, qui seront examinés plus loin, sont en grande partie les mêmes. Une mesure provinciale peut donc être contestée à la fois en vertu de la Charte canadienne et de la loi provinciale sur les droits de la personne applicable. Dans une telle situation, les mêmes tribunaux, cours provinciales de première instance et d'appel, puis la Cour suprême du Canada le cas échéant, examineront les deux moyens en parallèle. Le cas échéant, la loi provinciale pourra être déclarée doublement invalide si elle est jugée

non conforme à la fois à la Charte canadienne et à l'instrument provincial de protection des droits. Bien sûr, les justiciables peuvent également choisir de contester une mesure provinciale uniquement sur la base de la Charte canadienne ou uniquement sur la base de la loi provinciale sur les droits de la personne applicable. En pratique, il semble que seule la Charte québécoise soit fréquemment invoquée pour actionner le contrôle de quasi-constitutionnalité des lois et règlements provinciaux, soit seule, soit en combinaison avec la Charte canadienne. La chose paraît beaucoup moins fréquente pour les autres lois provinciales sur les droits de la personne et pour la *Loi canadienne sur les droits de la personne* (lesquelles sont, par contre, très régulièrement utilisées pour contrer la discrimination dans les rapports privés et dans les actes des pouvoirs publics).

Il y a sans doute deux explications à cette situation. D'une part, comme nous l'avons vu, la Charte québécoise a une portée considérablement plus large que les autres lois sur les droits de la personne, tant en ce qui concerne l'interdiction de la discrimination que la garantie d'autres droits et libertés. D'autre part, dans la mesure où leur loi provinciale et la Charte canadienne font double emploi, les justiciables des autres provinces préfèrent invoquer, quand ils le peuvent, la Charte canadienne inscrite dans la Constitution. Au Québec, en revanche, le défaut de légitimité politique de la Charte canadienne, que nous avons déjà noté, fait en sorte que certains justiciables préfèrent, quand ils le peuvent, invoquer la Charte québécoise. La Charte canadienne constitue pour certains Québécois un instrument « étranger », imposé au Québec contre son gré par le reste du Canada, alors que la Charte québécoise est l'instrument que les Québécois se sont donné eux-mêmes et qu'ils considèrent davantage conforme à leurs valeurs propres et à leur caractère distinct. Ainsi, l'idée que les droits résultent d'un équilibrage des divers intérêts en présence dans la société, effectué par l'intermédiaire du processus politique, est présente dans la formulation de la disposition limitative de la Charte québécoise, contenue dans l'article 9.1 de celle-ci (« Les libertés et droits fondamentaux s'exercent dans le respect des valeurs démocratiques, de l'ordre public et du bien-être général des citoyens du Québec. La loi peut, à cet égard, en fixer la portée et en aménager l'exercice »). Par contre, la disposition limitative de la Charte canadienne, contenue dans l'article 1 de celle-ci, correspond davantage à une conception des droits comme préexistant à l'intervention du législateur, celle-ci venant fatalement les restreindre et les limiter plutôt que d'en aménager l'exercice (« La *Charte canadienne des droits et libertés* garantit les droits et libertés qui y sont énoncés. Ils ne peuvent être restreints que par une règle de droit, dans des limites qui soient raisonnables et dont la justification puisse se démontrer dans le cadre d'une société libre et démocratique. ») De façon plus générale, on peut souligner que la Charte québécoise transfère moins d'autorité au pouvoir judiciaire que la Charte canadienne. En effet, de nombreux droits n'y sont garantis que « dans la mesure prévue par la loi » ou avec des dispositions limitatives discrétionnaires, ce qui signifie que le législateur peut les aménager ou les limiter sans avoir à se justifier devant le pouvoir judiciaire. Autrement dit, la Charte québécoise maintient davantage le pouvoir de décision entre les mains du corps politique élu que la Charte canadienne, qui le transfère de façon plus considérable au

pouvoir judiciaire. Au « nationalisme » de la Charte canadienne au Canada anglais répond le nationalisme de la Charte québécoise au Québec. Cette « guerre des Chartes » illustre bien le rôle que jouent les instruments reconnaissant les droits et libertés dans la construction de l'identité civique : deux identités en concurrence s'appuient chacune sur sa Charte des droits présentée comme emblématique.

La Cour suprême du Canada est l'interprète final à la fois de la Constitution canadienne et des lois sur les droits de la personne fédérales, territoriales et provinciales, et l'on constate qu'elle a tendance à aligner l'interprétation des unes sur les autres, même lorsqu'il existe des différences importantes dans la rédaction des deux catégories d'instruments. L'inconvénient est que cette attitude diminue quelque peu l'intérêt et l'utilité de la superposition des deux niveaux de garanties : si les deux catégories sont alignées l'une sur l'autre, elles perdront en complémentarité. L'avantage, en revanche, est une certaine simplification du régime en matière de droits et libertés qui risquerait autrement d'être extrêmement complexe. Pour comparer, aux États-Unis, le particularisme du droit constitutionnel étatique est plus marqué que celui des lois quasi constitutionnelles au Canada, car la Cour suprême américaine n'a pas normalement l'occasion d'appliquer les constitutions des États fédérés, dont l'interprétation dépend ainsi entièrement des tribunaux étatiques. Néanmoins, la jurisprudence de la Cour suprême américaine relative à la Constitution fédérale exerce évidemment une forte influence indirecte sur l'interprétation des constitutions étatiques, les tribunaux des États ayant tendance à s'en inspirer (Woehrling, 2000).

Enfin, les lois sur les droits de la personne doivent évidemment être conformes aux dispositions de la Charte canadienne et, dans le cas contraire, elles peuvent être déclarées inopérantes ou reformulées par les tribunaux dans la mesure de leur incompatibilité. Il est arrivé à quelques reprises que les tribunaux se servent de la Charte canadienne pour reformuler ou reconstruire les dispositions incompatibles d'une loi provinciale ou fédérale plutôt que de les invalider, ce qui a généralement eu pour effet d'améliorer l'instrument en cause en étendant la protection qui en a découlé. C'est ce qu'illustre, par exemple, la décision de la Cour suprême du Canada dans l'affaire *Vriend* (1998), où celle-ci a jugé que le code antidiscriminatoire de l'Alberta était incompatible avec l'article 15 (1) de la Charte canadienne parce que, à l'époque considérée, il *ne comprenait pas* l'orientation sexuelle en tant que motif de discrimination prohibé. La Cour a donc reformulé la loi albertaine en y ajoutant par interprétation l'orientation sexuelle comme motif prohibé de discrimination.

LES RÉPERCUSSIONS DE LA MISE EN ŒUVRE DE LA CHARTE CANADIENNE SUR LA VIE POLITIQUE

Les attitudes adoptées par la Cour suprême du Canada dans la mise en œuvre de la Charte canadienne : entre l'activisme et la retenue judiciaires

Dans les premières années suivant l'entrée en vigueur de la Charte canadienne, la Cour a adopté une attitude d'intense activisme judiciaire. C'est à cette époque que le cadre conceptuel de la mise en œuvre de la Charte a été mis en place. Il se caractérise par le principe de l'interprétation très large des droits garantis et par une application de l'article premier de la Charte qui en fait découler un critère de justification extrêmement sévère à l'endroit des mesures restreignant les droits garantis. Ajoutons qu'à cette époque, la philosophie qui s'exprime dans les décisions de la Cour est nettement celle du libéralisme classique, antiétatique. La Charte est présentée comme ayant pour objectif quasi exclusif de limiter l'intervention de l'État et celle-ci semble perçue par les juges avec une méfiance systématique, comme étant presque nécessairement dangereuse pour les droits et libertés. Cet activisme judiciaire des premières années s'explique de plusieurs façons. Les attentes à l'égard de la Cour étaient très élevées, dans la communauté juridique bien sûr, mais également dans le grand public, car l'adoption de la Charte avait donné lieu à un battage médiatique important. La désillusion grandissante à l'égard du processus politique, qui existe au Canada comme ailleurs en Occident, faisait en sorte que de nombreux groupes d'intérêt pensaient obtenir dans le forum judiciaire des réformes ou des victoires qu'ils n'espéraient plus trouver dans l'arène politique. Il semble donc que la Cour a voulu répondre à ces multiples attentes (Manfredi, 2001).

Cependant, dès 1986-1987, les positions adoptées par la Cour suprême commencent à se modifier, peut-être à cause des critiques dont elle a été l'objet ou, encore, parce que sa réflexion a évolué au contact des questions auxquelles elle a dû faire face. La Cour, à cette époque, commence à modifier le critère de justification qu'elle avait tiré de l'article premier de la Charte pour le rendre moins rigoureux et pour se permettre de faire varier l'intensité du contrôle de constitutionnalité selon divers critères. À la même époque, la Cour commence à se diviser selon diverses tendances idéologiques. L'application de l'article premier, qui permet la limitation raisonnable des droits garantis, est devenue particulièrement controversée et divise souvent les membres du tribunal en deux camps opposés qui sont, d'une part, les tenants d'un contrôle rigoureux de l'activité législative et, d'autre part, les partisans d'une plus grande déférence à l'égard du législateur. Lorsqu'une décision portant sur une question fortement controversée n'est acquise qu'avec quelques voix de majorité, voire une seule, comme c'est parfois le cas, le fait que la décision dépende des positions d'un petit nombre dc juges souligne le caractère «politique» de la justice constitutionnelle et rend insoutenable le postulat voulant que le contrôle de constitutionnalité ne soit fondé que sur des considérations juridiques.

La clause limitative contenue dans l'article premier de la Charte canadienne se lit ainsi:

> La Charte canadienne des droits et libertés garantit les droits et libertés qui y sont énoncés. Ils ne peuvent être restreints que par une règle de droit, dans des limites qui soient raisonnables et dont la justification puisse se démontrer dans le cadre d'une société libre et démocratique.

La Cour suprême du Canada a tiré de cette disposition un «test» de justification en deux étapes[3]. D'abord, il faut démontrer que la loi qui restreint un droit ou une liberté poursuit un «objectif social suffisamment important». Si c'est le cas, il faut ensuite faire la preuve que les limitations apportées au droit garanti ont un lien rationnel avec l'objectif poursuivi, qu'elles empiètent «le moins possible» sur ce droit et, enfin, que les effets négatifs qu'elles ont sur lui ne l'emportent pas sur les effets bénéfiques. On peut noter que le critère de l'atteinte minimale ne semble laisser aucune marge d'appréciation au législateur, du moins si on l'applique à la lettre. Il amène les tribunaux à substituer leurs propres choix à ceux du législateur ou, du moins, à indiquer à ce dernier quelles mesures seraient les plus souhaitables. En effet, il est presque toujours possible d'imaginer, pour n'importe quelle politique législative, une solution de rechange qui puisse être considérée comme entraînant une atteinte moindre aux droits et libertés. C'est pourquoi, sans doute, la Cour suprême a par la suite assoupli le critère de l'atteinte minimale en le reformulant de diverses manières, par exemple de façon à ce que le législateur puisse choisir parmi «*une gamme de moyens* de nature à porter aussi peu que possible atteinte [aux droits garantis par la Charte]», qu'il puisse «disposer d'une *marge de manœuvre raisonnable*» ou, encore, que la législation «*n'a[it] pas à*

---

3. *R. c. Oakes*, [1986] 1 R.C.S. 103. L'interprétation de l'expression «règle de droit» à l'article premier de la Charte canadienne («Ils ne peuvent être restreints que par une règle de droit [...]») pose deux problèmes: d'une part, celui de l'identification des normes qui peuvent être considérées comme des règles de droit au sens de cette disposition; d'autre part, celui des qualités minimales d'accessibilité, d'intelligibilité et de prévisibilité que ces règles doivent présenter. Étant donné le cadre limité de la présente étude, nous ne pouvons aborder ces questions, qui portent sur ce que l'on pourrait appeler l'exigence de «légalité» de l'article premier, par opposition aux exigences de «légitimité» et de «proportionnalité» qui découlent du double test de l'objectif poursuivi et des moyens utilisés.

être parfaitement ajustée de manière à résister à un examen judiciaire ».

En combinant le principe de l'interprétation large des droits garantis avec l'adoption d'une norme de justification extrêmement sévère, la Cour suprême se donne donc la possibilité d'exercer un contrôle extrêmement interventionniste. Cependant, on constate que la « sévérité » de ce contrôle varie beaucoup selon les circonstances. On examinera donc brièvement les critères que la Cour utilise pour moduler cette alternance entre la réserve et l'interventionnisme (ou « activisme »). Elle considère qu'elle doit faire preuve de déférence à l'égard des décisions du législateur lorsque la norme contestée a pour objet de protéger certains groupes vulnérables. Ainsi, dans *R. c. Edwards Books* (1986), elle a d'abord jugé qu'une loi ontarienne restreignait la liberté de religion en prohibant la majorité des activités commerciales le dimanche. Elle a cependant conclu, de façon majoritaire, que ces restrictions constituaient une limite raisonnable et justifiable en vertu de l'article premier de la Charte. Une considération importante pour arriver à cette conclusion a été que la loi contestée avait pour objet de protéger les travailleurs, qui formaient en l'occurrence un groupe vulnérable. Dans une autre décision, *Irwin Toy Ltd. c. P.G. Québec* (1989), la Cour était arrivée à la conclusion qu'une loi québécoise restreignait la liberté d'expression en prohibant la publicité destinée aux enfants de moins de treize ans. De façon majoritaire, elle a cependant jugé que cette restriction pouvait être considérée comme raisonnable dans la mesure où il s'agissait de protéger un groupe particulièrement vulnérable. Une considération parallèle semble être que la déférence envers le législateur se justifie lorsque son intervention a pour effet

non seulement de restreindre les droits et libertés de certains individus, mais, ce faisant, d'établir un meilleur équilibre entre deux catégories de justiciables dont les droits respectifs entrent en concurrence. Dans les deux mêmes décisions, la Cour a souligné le fait que la question soulevée exigeait « l'évaluation de preuves scientifiques contradictoires et de demandes légitimes mais contraires quant à la répartition de ressources limitées ». On rencontre ici l'idée que les caractéristiques du processus judiciaire ne permettent pas toujours aux juges de trancher les problèmes qui leur sont soumis en toute connaissance de cause. Par conséquent, l'expertise limitée de la Cour doit militer, dans certains domaines, en faveur d'une déférence envers le législateur, celui-ci étant en meilleure position pour évaluer tous les éléments d'un problème social complexe.

Un autre critère de modulation de l'intensité du contrôle est constitué par la nature de la législation attaquée. Ainsi, la Cour se montre particulièrement sévère à l'égard des législations de nature pénale. Cela s'explique évidemment parce que celles-ci entraînent des dangers particulièrement graves pour la liberté et la sécurité des citoyens, mais également par le fait que le droit pénal constitue un domaine pour lequel les tribunaux s'estiment, à juste titre, spécialement compétents. Par contre, la Cour a déclaré à plusieurs reprises qu'un contrôle judiciaire moins rigoureux suffit pour les législations commerciales et « socioéconomiques », dans la mesure où celles-ci ne mettent pas en cause des « valeurs fondamentales ». Il faut cependant remarquer que la notion de lois « socioéconomiques » n'est guère précise. Enfin, la Cour admet également que le contrôle judiciaire puisse varier en fonction de la nature du droit ou de la liberté garantis, certains droits étant moins importants que d'autres et justifiant par conséquent un contrôle moins sévère et une plus grande déférence à l'égard des choix posés par les corps législatifs. Les droits de nature économique, notamment la liberté d'expression commerciale, constituent ainsi des garanties dont la Cour considère qu'elles devraient pouvoir être plus facilement limitées. De même, les formes d'expression, comme la pornographie ou l'incitation à la haine raciale ou religieuse, qui s'éloignent des « valeurs au cœur de la liberté d'expression », bien qu'elles soient également protégées par la Charte canadienne, méritent une protection moindre que les formes d'expression, comme celle des idées politiques, qui sont proches de ces valeurs. La Cour suprême a identifié les valeurs qui se trouvent au cœur de la liberté d'expression comme incluant « la découverte de la vérité dans les affaires politiques et dans les entreprises scientifiques et artistiques, la protection de l'autonomie et de l'enrichissement personnels et la promotion de la participation du public au processus démocratique » (*RJR-MacDonald Inc.* c. *Canada*, 1995).

Avec des critères de modulation aussi nombreux et aussi complexes, l'approche judiciaire est susceptible de varier d'une affaire à l'autre et, dans une même affaire, d'un juge à l'autre. L'avantage de cette approche pour les tribunaux résulte évidemment du pouvoir d'appréciation qu'elle leur confère. Elle leur permet de tenir compte de la complexité et du caractère propre de chaque situation, chacune étant jugée à son mérite. Par conséquent, il est extrêmement difficile de prévoir quel sera le jugement adopté par la Cour. D'ailleurs, assez fréquemment, ses membres seront divisés sur la mise en œuvre du critère de proportionnalité et la décision ne sera acquise qu'avec quelques voix de majorité, voire une seule.

Une confusion que l'on rencontre fréquemment consiste à assimiler, d'une part, l'activisme judiciaire et les attitudes progressistes en matière sociale et, d'autre part, la retenue judiciaire et le conservatisme social. Cela permet aux groupes qui s'appuient sur la Charte d'accuser de conservatisme ceux qui prônent une certaine déférence à l'égard du législateur. Cependant, il s'agit là d'une attitude simpliste qui ne tient pas compte du fait que l'intervention de l'État, si elle limite souvent certaines libertés négatives, est par ailleurs nécessaire pour assurer la réalisation des libertés positives ou droits-créances. Ainsi, face à des mesures législatives ayant pour objet de rétablir une plus grande égalité entre les acteurs sociaux ou d'effectuer une certaine redistribution de la richesse, une attitude judiciaire de déférence ne peut sûrement pas être considérée comme ayant des effets « conservateurs ». Au contraire, dans ce cas, c'est l'attitude activiste qui aurait des conséquences antiprogressistes, puisqu'elle consisterait à invalider les mesures en cause au nom des libertés individuelles négatives. Par conséquent, la retenue ou l'activisme judiciaires n'ont pas en tant que tels de signification progressiste ou conservatrice. C'est uniquement par rapport aux mesures législatives qu'il s'agit de contrôler qu'une telle signification apparaîtra. Selon que la législation contestée sera elle-même progressiste ou conservatrice, le fait pour les juges de s'incliner devant la volonté du législateur ou, au contraire, de s'y opposer aura des effets inverses.

La Cour suprême du Canada s'est montrée sensible à ces nuances. L'antiétatisme dont elle fait preuve dans les premières années d'application de la Charte est aujourd'hui moins monolithique. La philosophie du tribunal varie désormais selon la nature des droits en cause. Dans la mise en œuvre des droits fondamentaux (liberté d'expression, de religion, d'association, etc.) et des droits reliés au processus judiciaire et à la procédure pénale (mettant en cause le comportement des corps policiers et des tribunaux criminels), la Cour continue de considérer l'intervention étatique comme étant *a priori* suspecte et exigeant, par conséquent, un contrôle judiciaire plus rigoureux. Dans ce domaine, elle semble donc considérer que l'idéal à atteindre est celui d'une intervention minimale de l'État dans la sphère d'autonomie des particuliers. La difficulté avec ce point de vue, c'est qu'il néglige le fait que l'intervention de l'État est souvent nécessaire pour limiter les phénomènes de pouvoir privé qui s'exercent dans la société. La restriction des pouvoirs de l'État au nom de la Charte accroît donc la marge de manœuvre de ces pouvoirs privés. Ainsi, interdire la réglementation de la publicité télévisée au nom de la liberté d'expression revient à augmenter le pouvoir des grandes entreprises d'imposer leur propagande commerciale aux téléspectateurs. De même, interdire à l'État de limiter les dépenses électorales ou référendaires, toujours au nom de la liberté d'expression, a pour effet de permettre aux puissances d'argent d'exercer une influence disproportionnée sur le processus politique (*Libman c. P.G. Québec*, 1997). Autrement dit, réduire le rôle de l'État, c'est aussi s'en prendre à sa fonction sociale.

Par contre, dans l'application du droit à l'égalité, la Cour adopte un point de vue assez différent, selon lequel la réalisation d'une égalité réelle

et substantielle, plutôt que purement formelle, justifie, voire exige, une intervention active de la part de l'État pour égaliser les chances et redistribuer les ressources. Par conséquent, dans ce domaine, elle accepte et valorise le rôle de l'État providence. Dans ce secteur du droit à l'égalité, les tribunaux vont même parfois jusqu'à pratiquer une forme d'activisme consistant à obliger le législateur à intervenir pour établir ou rétablir l'égalité. Ainsi, dans une décision de 1992 (*Schachter c. Canada*), la Cour suprême s'est reconnue le pouvoir d'étendre, de façon purement jurisprudentielle, les prestations sociales prévues dans certaines lois à de nouvelles catégories de bénéficiaires si elle en arrivait à la conclusion que le législateur avait limité le bénéfice de ces prestations de façon discriminatoire.

Il faut souligner que la législation du Québec s'est révélée particulièrement vulnérable aux attaques fondées sur la Charte, principalement dans deux domaines qui ont une importance cruciale pour le caractère distinct du Québec, ceux de l'éducation et de la langue. La *Charte de la langue française* (ou loi 101) a été souvent attaquée avec succès. La Cour suprême a déclaré invalides les dispositions restreignant l'accès à l'école publique anglaise aux enfants dont l'un des parents avait lui-même été éduqué en anglais au Québec. Cette exigence allait à l'encontre de l'article 23(1) de la Charte canadienne, qui confère ce même droit à tous les enfants dont l'un des parents a été éduqué en anglais quelque part au Canada (*Procureur général du Québec c. Quebec Association of Protestant School Boards*, 1984). Plus récemment, la Cour a adopté une interprétation de l'article 23(2) de la Charte canadienne qui fait en sorte que des parents qui n'ont pas eux-mêmes été éduqués en anglais, ni au Québec ni dans le reste du Canada, et qui n'ont donc pas normalement le droit d'envoyer leurs enfants à l'école publique anglaise au Québec, puissent acquérir ce droit en faisant fréquenter, par un de leurs enfants, une école privée non-subventionnée anglophone (qui sert alors d'«école passerelle») *(Solski (Tuteur de) c. Québec (Procureur général)*, 2005 ; *Nguyen c. Québec (Éducation, Loisir et Sport)*, 2009).

Dans une autre décision, *Ford c. P.G. Québec* (1988), la Cour s'est fondée sur la liberté d'expression commerciale et sur l'interdiction de la discrimination pour invalider les dispositions de la loi 101 qui prohibaient l'usage d'une langue autre que le français dans l'affichage commercial et les raisons sociales. Elle a considéré que le Québec pouvait imposer l'usage du français dans ce domaine, même «de façon nettement prédominante», mais qu'il n'était pas justifié de prohiber l'usage des autres langues. Il faut cependant souligner que, dans cette affaire, la Cour s'est appuyée à la fois sur la Charte canadienne et sur la Charte québécoise pour arriver à sa conclusion. Ici, par conséquent, la non-application de la Charte canadienne au Québec n'aurait pas entraîné de conséquences différentes. À la suite de cette décision, l'Assemblée nationale du Québec a adopté deux dispositions de dérogation, une pour chacune des deux Chartes, afin d'écarter l'effet de ce jugement et de restaurer la validité des dispositions en cause de la loi 101. Les dispositions de dérogation destinées à écarter l'application de la Charte canadienne ne sont valables que pour cinq ans, mais elles peuvent être renouvelées. Cependant, l'indignation soulevée par ce geste au Canada anglais a été si considérable qu'en 1993, cinq ans plus tard, le gouvernement du Québec n'a pas osé le renouveler. Il faut dire aussi qu'entre-temps, dans des constatations du 31 mars 1993, le Comité des droits de l'homme des Nations unies, saisi par des commerçants anglophones du Québec, était arrivé à la même conclusion, à savoir que les dispositions de la loi 101 sur l'affichage et les raisons sociales violaient la liberté d'expression garantie à l'article 19 du *Pacte international relatif aux droits civils et politiques*. Le gouvernement du Québec a donc préféré adopter une modification à la loi 101, qui institue le genre de régime qui avait précisément été suggéré par la Cour suprême : l'affichage public et la publicité commerciale peuvent désormais être faits à la fois en français et dans une ou plusieurs autres langues pourvu que le français y figure «de façon nettement prédominante».

La juridicisation et la judiciarisation de la vie politique

De façon générale, beaucoup d'observateurs ont noté que la justice constitutionnelle favorise la juridicisation et la judiciarisation de la vie politique. Les acteurs sociaux ont recours, de façon croissante, aux dispositions de la Constitution pour formuler leurs revendications politiques sous forme de droits à faire respecter ou à conquérir. De nombreux groupes, qui veulent obtenir la satisfaction d'un intérêt particulier, cherchent désormais à éviter les mécanismes démocratiques, considérés trop ardus ou trop coûteux, et considèrent qu'il est plus facile d'obtenir satisfaction devant les tribunaux en reformulant leurs demandes dans le vocabulaire des droits et libertés. Ils arrivent ainsi à conférer une légitimité à leurs arguments que ces derniers n'auraient pas toujours autrement. Par exemple, les commerçants qui n'avaient pas obtenu du pouvoir politique le droit d'ouvrir leurs magasins le dimanche ont reformulé cette revendication, fondée en réalité sur un objectif économique, en invoquant la liberté de religion. N'est-il cependant pas vrai que la majorité des commerçants sont des personnes morales et que ces entités juridiques n'ont pas de religion? En réalité, sous le couvert de la liberté de religion, c'est la liberté de l'industrie et du commerce qu'on invoquait réellement. Or, celle-ci n'est pas garantie par la Charte canadienne. Pourtant, dans *R. c. Big M Drug Mart Ltd.* (1985), la Cour suprême a donné gain de cause aux sociétés commerciales requérantes sur la base de la liberté de religion. Plus récemment, l'invocation d'un « droit à étudier » et l'appel aux tribunaux pour obtenir des injonctions ordonnant la reprise des cours dans le cadre du conflit étudiant au Québec, au printemps 2012, ont offert un autre exemple de juridicisation et de judiciarisation d'une situation relevant traditionnellement de la négociation politique et de la décision majoritaire des instances concernées.

Cette reformulation des enjeux politiques et sociaux dans le langage des droits et libertés entraîne un certain nombre de conséquences indésirables sur le fonctionnement de la vie politique canadienne. D'abord, on peut faire remarquer que la rhétorique des droits et libertés confère un caractère absolu et non susceptible de débat à des questions qui sont pourtant traditionnellement considérées comme pouvant faire l'objet de divergences politiques légitimes. Ainsi, pour reprendre l'exemple ci-haut, si l'on présente la question de l'ouverture des commerces le dimanche comme un problème économique et social ordinaire, il semble évident qu'aucune

solution uniforme ne s'impose, étant donné que les conditions objectives et les mentalités peuvent varier grandement à ce propos. Si l'on présente la même question comme une affaire de liberté de religion, il devient nécessaire d'adopter une solution universelle et impérative, car il est difficile d'admettre que la liberté de religion puisse être moindre dans certaines provinces ou dans certaines municipalités que dans d'autres. Le recours systématique au discours des droits de la personne a donc pour effet « pervers » de rendre beaucoup plus difficiles les compromis politiques sur des questions à propos desquelles il n'existe pourtant aucun consensus social.

Ensuite, la reformulation des enjeux politiques et sociaux dans le langage des droits entraîne un appauvrissement du débat politique (Glendon, 1991). En effet, seules les valeurs contenues dans la Charte canadienne sont considérées comme dignes d'être respectées et l'idée finit par s'imposer qu'elles rendent compte, à elles seules, de la totalité du concept de « société libre et démocratique ». Or, comme nous l'avons souligné, la Charte canadienne ne garantit principalement que les droits individuels et les libertés négatives, dont la mise en œuvre exige le retrait et la non-intervention de l'État. Le recours systématique au discours des droits encourage, par conséquent, l'adoption d'une vision libérale tronquée, dans laquelle toute intervention de l'État est suspecte parce qu'elle menace la sphère d'autonomie individuelle protégée par les droits-barrières. Par contre, les droits socioéconomiques et les valeurs collectives, dont la réalisation suppose l'intervention active de l'État, ne sont pas mentionnés dans la Charte. Les objectifs d'intérêt général ne peuvent donc être pris en compte qu'à travers la

TABLEAU 3.2

**Tableau des principales décisions rendues par la Cour suprême en vertu
de la Charte canadienne et affectant le processus électoral**

• *Osborne c. Canada (Conseil du Trésor)*, [1991] 2 R.C.S. 69.

Une majorité de six juges (sur sept) conclut que le paragraphe 33 (1) de la *Loi sur l'emploi dans la fonction publique* restreint la liberté d'expression consacrée à l'alinéa 2b) de la *Charte canadienne des droits et libertés* en interdisant à tout fonctionnaire de travailler pour ou contre un parti politique ou un candidat à l'occasion d'une élection. Les juges formant la majorité sont également d'avis que cette interdiction n'est pas justifiée dans une société libre et démocratique. En effet, même si l'objectif du maintien de la neutralité de la fonction publique revêt suffisamment d'importance pour justifier une restriction de la liberté d'expression des fonctionnaires, les mesures prévues sont disproportionnées dans la mesure où l'interdiction s'applique à tous les fonctionnaires sans tenir compte de leur rôle, de leur rang ou de leur importance dans la hiérarchie de la fonction publique. La restriction est donc non justifiable en autant qu'elle s'applique à un grand nombre de fonctionnaires qui n'ont aucun lien avec l'exercice d'un pouvoir discrétionnaire susceptible d'être influencé de quelque manière par des considérations politiques.

• *Renvoi: Circonscriptions électorales provinciales (Sask.)*, [1991] 2 R.C.S. 158.

Selon les six juges majoritaires (sur neuf), des écarts de population de plus de 25 % par rapport au quotient électoral dans la délimitation des circonscriptions électorales de la Saskatchewan et la surreprésentation des circonscriptions rurales par rapport aux circonscriptions urbaines ne portent pas atteinte au droit de vote garanti par l'article 3 de la *Charte canadienne des droits et libertés*. En effet, le droit de vote n'a pas pour but de garantir l'*égalité* du pouvoir électoral, mais plutôt une *représentation effective* des électeurs dans un système qui tient compte de la parité électorale et, au besoin, d'autres facteurs tels que la géographie, l'histoire, la communauté d'intérêts et la représentation des groupes minoritaires afin de garantir que les assemblées législatives représentent réellement la diversité de la mosaïque sociale de la province.

• *Sauvé c. Canada (Procureur général)*, [1993] 2 R.C.S. 438.

Le Procureur général du Canada ayant concédé que l'alinéa 51e) de la *Loi électorale du Canada*, en vertu duquel tout détenu, quelle que soit la durée de sa peine, est inhabile à voter, enfreint l'article 3 de la *Charte canadienne des droits et libertés* qui consacre le droit de vote, les neuf juges concluent à l'unanimité que cette interdiction ne peut être justifiée dans une société libre et démocratique. La disposition ayant été déclarée inconstitutionnelle, le législateur l'a remplacée par une nouvelle disposition qui enlève le droit de vote à toute personne détenue et purgeant une peine de deux ans ou plus. Cette nouvelle disposition a également été contestée par Richard Sauvé et la Cour suprême s'est prononcée à nouveau sur cette question en 2002 (voir ci-dessous).

• *Sauvé c. Canada (Directeur général des élections)*, [2002] 3 R.C.S. 519.

Une majorité de cinq juges (sur neuf) estime que le nouvel alinéa 51e) de la *Loi électorale du Canada*, qui prive du droit de vote toute personne détenue et purgeant une peine de deux ans ou plus, viole l'article 3 de la *Charte canadienne des droits et libertés*. Les juges majoritaires sont d'avis que cette mesure n'est pas justifiable, car elle ne permet pas d'accroître la responsabilité civique et le respect de la règle de droit de la part des détenus ; le fait de priver ces derniers du droit de vote risque plutôt de transmettre des messages qui compromettent le respect de ces valeurs. De même, la privation du droit de vote n'est pas une sanction appropriée, car rien n'indique qu'elle aurait pour effet de dissuader les criminels ou de faciliter leur réadaptation. Quant aux quatre juges dissidents, ils sont d'avis que la mesure est justifiée par les objectifs avancés. Ils estiment que la question soulevée met en jeu des philosophies sociales et politiques opposées et que, pour cette raison, la Cour doit faire preuve de déférence à l'égard de la solution adoptée par le législateur dès lors que celle-ci paraît raisonnable et qu'elle fait partie des diverses possibilités acceptables. Dans une telle optique, le retrait du droit de vote aux auteurs d'actes criminels graves peut être justifié comme servant à transmettre à la collectivité et aux contrevenants eux-mêmes le message que la collectivité ne tolérera pas la perpétration d'infractions graves.

• *Libman c. Québec (Procureur général)*, [1997] 3 R.C.S. 569.

À l'unanimité, les neuf juges déclarent inopérants plusieurs articles de la *Loi sur la consultation populaire* qui régit la tenue des référendums au Québec dans la mesure où ils contreviennent à la liberté d'expression consacrée à l'alinéa 2b) de la *Charte canadienne des droits et libertés* et à la liberté d'association prévue à l'alinéa 2d) de la Charte. D'une part, cette loi prévoit que tous les groupes voulant participer à une campagne référendaire doivent s'inscrire ou s'affilier à un groupe national soutenant la même option et, d'autre part, elle détermine le financement et les limites de dépenses des comités nationaux, des groupes affiliés ainsi que des groupes indépendants. Selon la Cour, le fait que les dépenses des groupes indépendants, c'est-à-dire ceux qui ne peuvent pas ou ne veulent pas s'affilier aux comités nationaux, soient limitées à une somme maximale de 600 $ pour l'organisation d'une réunion restreint leur liberté d'expression politique de façon non justifiable. En effet, si l'objectif de favoriser l'égalité entre les options soumises et d'empêcher que le débat référendaire ne soit dominé par les éléments les plus fortunés de la société est fort louable, les limites imposées aux dépenses des tiers sont trop restrictives. La Cour laisse au législateur la tâche de corriger la législation en déterminant le montant dont les groupes indépendants devraient pouvoir bénéficier pour des dépenses autres que celles déjà autorisées, mais elle laisse entendre qu'un montant de 1 000 $ (semblable à celui proposé par une commission pour les dépenses électorales des tiers au niveau fédéral) lui semblerait approprié. À la suite de cette décision, le législateur québécois a modifié la loi en suivant la suggestion de la Cour.

• *Thomson Newspapers Co. c. Canada (Procureur général)*, [1998] 1 R.C.S. 877.

De l'avis des huit juges participant au jugement, la disposition de la *Loi électorale du Canada* interdisant l'annonce, la publication et la diffusion des résultats de nouveaux sondages sur les intentions de vote durant les trois derniers jours d'une campagne électorale limite la liberté d'expression consacrée à l'article 2b) de la Charte canadienne des droits et libertés. Selon les cinq juges majoritaires, la restriction n'est pas justifiée au sens de l'article premier de la Charte. Bien que l'objectif consistant à prévenir l'influence possible de sondages inexacts publiés tard en campagne électorale soit suffisamment important, la disposition contestée ne porte pas atteinte le moins possible à la liberté d'expression, car il aurait été possible d'exiger la communication obligatoire des données méthodologiques sans interdiction de publication. Pour les trois juges minoritaires, la disposition contestée est justifiable, car elle constitue un compromis acceptable entre le droit des sondeurs et des diffuseurs de fournir librement l'information de leur choix et le droit des électeurs d'obtenir de l'information en temps utile, de manière à en permettre l'examen minutieux et critique.

TABLEAU 3.2

Tableau des principales décisions rendues par la Cour suprême en vertu de la Charte canadienne et affectant le processus électoral (suite)

- *Figueroa c. Canada (Procureur général)*, [2003] 1 R.C.S. 912.

À l'unanimité, les neuf juges déclarent inconstitutionnels les paragraphes 24 (2), 24 (3) et 28 (2) de la *Loi électorale du Canada* en vertu desquels, pour obtenir et maintenir son enregistrement, un parti politique doit présenter des candidats dans au moins 50 circonscriptions électorales. L'appartenance à un parti enregistré permet aux candidats d'émettre des reçus fiscaux pour les dons recueillis en dehors des campagnes électorales, de remettre les fonds non dépensés pendant la campagne à leur parti politique (plutôt qu'au gouvernement) et d'inscrire leur appartenance partisane sur les bulletins de vote. L'impossibilité pour les candidats des petits partis d'émettre des reçus fiscaux et de remettre à leur parti politique les fonds non dépensés compromet le droit de tout citoyen de jouer un rôle significatif et utile dans le processus électoral. En effet, l'aptitude d'un parti politique à contribuer valablement à ce processus ne dépend pas de sa capacité à former le gouvernement. Les petits partis et les partis régionaux sont en mesure de faire valoir des intérêts et des préoccupations qui ne sont pas représentés par les grands partis nationaux. Quant à l'impossibilité d'inscrire l'appartenance politique sur les bulletins de vote, elle porte atteinte au droit de l'électeur de faire un choix éclairé et de voter selon ses préférences. Ces diverses atteintes au droit de vote ne sont pas justifiables, car ni nécessaires ni proportionnées aux objectifs invoqués par le gouvernement, c'est-à-dire le coût et l'efficacité du régime de crédits d'impôt, la protection de l'intégrité du processus électoral et le fait de favoriser les grands partis nationaux susceptibles de former un gouvernement majoritaire. Dans une opinion concurrente, trois des membres de la Cour soulignent également que la règle des 50 candidatures, dans la mesure où elle défavorise les partis régionaux, produit des effets distincts selon les provinces puisque ce n'est qu'en Ontario et au Québec qu'elle permet l'enregistrement d'un parti défendant les intérêts d'une seule province.

- *Harper c. Canada (Procureur général)*, [2004] 1 R.C.S. 827.

Une majorité de six juges (sur neuf) confirme que les paragraphes 323 (1) et (3) ainsi que les articles 350 à 360 et 362 de la *Loi électorale du Canada* sont valides. L'article 350, qui limite respectivement à 3 000 $ et à 150 000 $ les dépenses de publicité électorale susceptibles d'être engagées par des tiers dans une circonscription donnée et à l'échelle nationale restreint la liberté d'expression politique prévue à l'alinéa 2b) de la Charte canadienne des droits et libertés, mais ne contrevient pas au droit de vote consacré à l'article 3 de la Charte. En outre, les limites à la liberté d'expression sont justifiées dans une société libre et démocratique dans la mesure où elles sont proportionnées à l'objectif de favoriser l'égalité dans le débat politique, de protéger l'intégrité du système de financement applicable aux candidats et aux partis ainsi que de maintenir la confiance des électeurs dans le processus électoral. Pour sa part, l'article 351, qui interdit aux individus et aux groupes de se diviser ou d'agir de concert pour éviter les plafonds de dépense des publicités électorales, ne contrevient ni à la liberté d'expression, ni au droit de vote, ni à la liberté d'association de la Charte. Quant à l'article 323, qui interdit aux tiers de diffuser de la publicité le jour du scrutin, il limite la liberté d'expression. Néanmoins, puisque cet interdit vise à donner l'occasion de réagir à toute publicité potentiellement trompeuse et que sa durée n'est que d'une vingtaine d'heures, il est justifié dans une société libre et démocratique. De plus, cet interdit de diffuser de la publicité ne porte pas atteinte au droit de vote parce qu'il n'a pas d'effet préjudiciable sur l'information transmise aux électeurs. Trois des membres de la Cour sont dissidents en partie en considérant que les plafonds prescrits par l'article 350 interdisent aux tiers de communiquer efficacement leurs vues sur les enjeux électoraux. Pour eux, ces limites ne sont pas justifiables, car elles reviennent virtuellement à interdire toute participation des citoyens aux débats électoraux, sauf par l'entremise des partis politiques.

• *R. c. Bryan*, [2007] 1 R.C.S. 527.

Une majorité de cinq juges (sur neuf) conclut que l'article 329 de la *Loi électorale du Canada*, lequel interdit la diffusion de résultats électoraux dans les circonscriptions dont les bureaux sont encore ouverts, limite la liberté d'expression garantie à l'article 2b) de la Charte canadienne des droits et libertés, mais que cette limitation est justifiable au sens de l'article premier de la Charte. L'objectif de la disposition incriminée est de garantir l'égalité informationnelle des électeurs en évitant que certains électeurs n'aient accès à des informations dont ne disposent pas d'autres électeurs et pour éviter que l'accès à ces informations puisse influer sur la participation ou sur les choix des électeurs. Sans la restriction imposée par l'article 329, les électeurs du Centre et de l'Ouest du Canada auraient accès, avant d'aller voter, aux résultats électoraux des provinces de l'Atlantique alors que les électeurs de ces provinces ne disposeraient pas d'une telle information. Pour les quatre juges dissidents, la restriction de la liberté d'expression n'est pas justifiable, car ils considèrent que les effets préjudiciables de la prohibition l'emportent sur ses effets bénéfiques, lesquels leur paraissent hypothétiques et non convaincants dans la mesure où l'influence potentielle de la divulgation des résultats sur les électeurs n'ayant pas encore voté est atténuée par le décalage des heures de scrutin qui tient compte de l'existence de plusieurs fuseaux horaires.

clause limitative de l'article premier de la Charte, c'est-à-dire sous l'angle par lequel ils limitent les droits individuels et les libertés négatives. Dès lors, ces valeurs collectives seront considérées comme suspectes. En outre, les valeurs collectives, parce qu'elles ne sont pas énumérées dans la Charte, seront facilement considérées comme subordonnées aux droits individuels, qui sont expressément garantis.

La place croissante du discours des droits de la personne entraîne également des conséquences regrettables sur le comportement des décideurs politiques. Ceux-ci adoptent souvent une attitude défensive en intégrant par anticipation, dans leurs calculs ou dans leur programme législatif, l'intervention appréhendée du juge constitutionnel. Le législateur et les autorités réglementaires s'auto-censurent pour respecter ce qu'ils croient être les prescriptions de la Charte des droits et libertés. Les choix politiques se voient donc restreints par des contraintes constitutionnelles réelles ou imaginaires; des études montrent, en effet, que lors de l'étape de préparation des lois et des

règlements, des projets sont abandonnés ou modifiés simplement parce que l'on considère qu'il y a des risques qu'ils soient considérés comme incompatibles avec les droits et libertés (Monahan et Finkelstein, 1992; Hiebert, 1999; Rousseau, 1993; Tushnet, 1995).

Dans d'autres cas, l'invocation de la contrainte constitutionnelle permet aux acteurs politiques d'esquiver des choix impopulaires ou difficiles et de se retrancher avantageusement derrière les tribunaux, auxquels revient alors la responsabilité de trouver une solution. Cependant, pour certains sujets comme l'avortement ou le mariage homosexuel, qui mettent en cause les intérêts véritablement fondamentaux de certaines personnes ou de certains groupes et sur lesquels l'opinion est fortement, voire irrémédiablement divisée, le fait de les retirer de l'arène politique est probablement la meilleure solution (nous y revenons plus loin). Parfois, l'intervention du juge constitutionnel a pour effet d'amener le législateur à adopter une attitude purement «réactive» et à se contenter d'une nouvelle mouture, moins efficace, d'une politique pourtant socialement nécessaire. Ainsi, après une décision invalidant des textes fédéraux limitant la publicité pour le tabac (*RJR-MacDonald Inc. c. Canada*, 1995), le Parlement canadien s'est conformé aux directives de la Cour en adoptant une nouvelle version, édulcorée, de cette politique. Pourtant, la décision avait été rendue par une faible majorité de cinq juges contre quatre qui s'était appuyée sur une interprétation pour le moins contestable de la Constitution en considérant que celle-ci protégeait le droit de faire de la publicité pour un produit nocif pour la santé[4].

Cependant, il serait faux de conclure que le contrôle de constitutionnalité n'entraîne que des effets négatifs pour la vie politique. Dans certains cas, les décisions des tribunaux sont venues forcer le législateur à modifier des dispositions désuètes ou injustifiées qui empêchaient la participation de certaines catégories de citoyens au processus électoral (par exemple, les juges, les détenus et certaines catégories de personnes handicapées). Sous la pression de la Charte, d'autres modifications législatives ont été adoptées pour permettre le vote par procuration ou par correspondance, ce qui n'était pas prévu auparavant. La Charte a également servi à contester, avec succès, des découpages électoraux qui entraînaient des résultats inéquitables et injustes (pour les principales décisions rendues par la Cour suprême en vertu

de la Charte et affectant le processus électoral, voir le tableau 3.2 *supra*).

De façon plus générale, on constate qu'un certain nombre de minorités ou de groupes vulnérables, comme les femmes, les homosexuels, les handicapés ou, encore, les minorités francophones vivant en dehors du Québec, ont réussi à réaliser, en invoquant la Charte devant les tribunaux, des progrès qui n'auraient sans doute pas été possibles au moyen du processus politique, ou alors seulement de façon plus lente et plus ardue (Manfredi, 2001). D'ailleurs, on considère souvent que les tribunaux sont justifiés d'adopter une attitude plus interventionniste à l'égard des lois qui ont pour effet d'empêcher – ou de rendre plus difficile – la participation de certains groupes au processus démocratique. La même chose est vraie des lois résultant d'un fonctionnement défaillant de ce processus ou, encore, qui sont préjudiciables à des groupes sociaux habituellement défavorisés, comme les groupes minoritaires qui sont sous-représentés dans les institutions politiques et qui manquent de moyens pour faire valoir leurs intérêts. En d'autres termes, si les juges ne doivent pas imposer leurs propres valeurs, ils doivent cependant s'assurer que le processus démocratique fonctionne de façon à permettre la représentation de tous les intérêts, y compris ceux des groupes minoritaires ou marginalisés. Dans une telle optique, le contrôle judiciaire ne contredit pas le principe démocratique de la représentation, mais, au contraire, il le renforce. La difficulté de ce point de vue, qui est en quelque sorte celui du « renforcement de la représentation », c'est qu'il est bien souvent difficile de distinguer entre ce qui touche au processus démocratique en tant que tel et ce qui relève des choix de valeurs – ou

---

4. La nouvelle réglementation fédérale, dans laquelle certaines obligations imposées à l'industrie du tabac sont modifiées à la baisse pour satisfaire la décision de la Cour suprême de 1995, mais où l'on trouve également de nouvelles obligations plus contraignantes à d'autres égards, a été jugée constitutionnellement valide par la Cour suprême dans *Canada (Procureur général) c. JTI-MacDonald Corp.*, [2007] 2 R.C.S. 610.

« choix de société » – qui résultent normalement du fonctionnement de ce processus. Néanmoins, il y a là une idée fondamentalement juste, à savoir que l'intervention d'un organe peu démocratique comme les tribunaux se justifie précisément quand le processus représentatif fonctionne mal ou quand les majorités démocratiques abusent de leur pouvoir à l'égard de groupes minoritaires ou de groupes autrement dépourvus d'influence. Il n'est donc pas étonnant de constater qu'il s'agit d'une idée qui sert fréquemment à la Cour suprême du Canada pour légitimer son contrôle de constitutionnalité. Ainsi, comme nous l'avons vu, en appliquant l'article premier de la Charte, qui l'amène à vérifier le caractère raisonnable d'une loi qui restreint un droit ou une liberté, la Cour considère qu'elle pourra exercer un contrôle plus rigoureux dans les cas où la loi contestée brime les droits d'un groupe vulnérable. De la même façon, l'article 15, qui garantit le droit à l'égalité, a été interprété comme principalement destiné à protéger les minorités marginalisées et isolées (*Andrews* c. *Law Society of British Columbia*, 1989 ; *Law* c. *Canada (Ministre de l'Emploi et de l'Immigration)*, 1999 ; *R.* c. *Kapp*, 2008). Un autre argument auquel la Cour fait fréquemment appel pour tenter de montrer que le contrôle judiciaire n'est pas incompatible avec les principes démocratiques repose sur la « théorie du dialogue », selon laquelle les décisions judiciaires invalidant une norme législative ne censurent pratiquement toujours que les *moyens* utilisés par le législateur et non les *objectifs* politiques et sociaux que celui-ci poursuit (Leclair, 2003 ; Brouillet et Michaud, 2011). Dès lors, le législateur conserve la possibilité d'atteindre les mêmes objectifs par d'autres moyens qui restreignent moins les droits

et libertés, moyens moins restrictifs qui seront parfois, mais pas nécessairement, ceux qui auront été suggérés au législateur par le juge dans sa décision. Il y aurait donc un « dialogue » entre le juge et le législateur qui, loin de nuire au processus démocratique, l'enrichirait (affaire *Vriend*, 1998).

Par ailleurs, on ne peut nier que certaines questions très conflictuelles qui mettent en cause des valeurs morales fondamentales sont plus faciles à trancher dans l'arène judiciaire que par le processus politique, où règne plutôt une logique électoraliste. Le problème de l'avortement constitue un bon exemple. Au Canada, les dispositions législatives applicables prévoyaient l'interdiction de l'avortement, sauf pour des raisons thérapeutiques. Elles étaient attaquées tant par les groupes « pro-vie », qui les trouvaient trop libérales, que par les groupes « pro-choix », qui auraient voulu que soit autorisé l'avortement pour convenance. Dans le jugement Morgentaler (1988), la Cour suprême a invalidé les dispositions en cause en 1988 en considérant que les formalités imposées pour obtenir un avortement thérapeutique étaient inutilement restrictives. Par la suite, la division des opinions au Parlement canadien a empêché l'adoption de nouvelles dispositions corrigées en fonction des indications contenues dans le jugement de la Cour, si bien que l'avortement est aujourd'hui permis sans aucune restriction de type pénal. Ces péripéties semblent montrer que, sur la question de l'avortement, une décision législative est devenue pratiquement impossible et que seuls les tribunaux sont encore en mesure de faire évoluer le droit.

Dans le cas du problème soulevé par le mariage homosexuel, la situation était plus complexe et elle illustre bien les diverses interactions qui peuvent se produire entre le processus politique et le processus judiciaire à propos d'un choix de société difficile. Après que deux cours d'appel, en Ontario et en Colombie-Britannique, aient jugé discriminatoire la définition hétérosexuelle du mariage et aient elles-mêmes reformulé cette définition de manière à permettre immédiatement la célébration de mariages homosexuels, le gouvernement fédéral avait décidé qu'il n'irait pas en appel et qu'il présenterait plutôt un projet de loi pour reconnaître le mariage homosexuel, projet sur lequel il permettrait un vote libre. Si on en était resté là, le problème aurait été soustrait au processus judiciaire pour être replacé dans l'arène politique. Cependant, le gouvernement annonçait en même temps que le projet de loi reconnaissant le mariage entre personnes du même sexe serait soumis à la Cour suprême du Canada par l'entremise d'une demande d'avis consultatif. En optant pour la voie de l'avis consultatif plutôt que de porter en appel les décisions des cours d'appel de l'Ontario et de la Colombie-Britannique, le gouvernement fédéral se donnait la possibilité de choisir très précisément les questions qu'il poserait à la Cour.

L'affaire fut entendue en octobre 2004 et le jugement fut rendu public au mois de décembre suivant[5]. Aux trois premières questions qui lui avaient été posées, la Cour a donné les réponses anticipées tant par le gouvernement fédéral que par les constitutionnalistes (il s'agissait, en fait, de questions appelant des réponses évidentes). Ainsi, elle n'a guère éprouvé de difficultés à conclure que l'article premier du projet de loi énonçant que « le mariage est, sur le plan civil, l'union légitime de deux personnes, à l'exclusion de toute autre personne » relevait de la compétence législative fédérale dans la mesure où il se rapportait à la capacité juridique de contracter un mariage civil. De même, à la deuxième question qui lui demandait si le projet de loi, en accordant aux personnes de même sexe la capacité de se marier, était « conforme » à la *Charte canadienne des droits et libertés*, la Cour a répondu qu'il s'agissait effectivement d'une façon de mettre en œuvre les valeurs de la Charte, tout en évitant soigneusement de dire qu'il s'agissait de la *seule* façon possible (le gouvernement fédéral aurait probablement désiré une telle réponse, qui lui aurait donné un argument pour convaincre les députés opposés à la reconnaissance du mariage homosexuel, y compris au sein de son propre parti). La troisième question demandait à la Cour de dire si la liberté de religion garantie par la Charte canadienne protégeait les autorités religieuses de la contrainte d'avoir à marier deux personnes de même sexe contrairement à leurs croyances religieuses. La réponse affirmative donnée par la Cour n'avait évidemment jamais fait de doute et la question n'avait été posée que pour aider le gouvernement fédéral à mieux neutraliser le principal argument des adversaires du projet de loi. Par contre, la Cour a refusé tout net de répondre à la quatrième question, qui demandait à la Cour de se prononcer sur la constitutionnalité de la définition hétérosexuelle du mariage, ce qui revenait à lui demander de réviser les décisions des cours d'appel qui avaient déjà statué sur cette question. Bien que la *Loi sur la Cour suprême* fasse un devoir à la Cour de répondre aux questions

---

5. *Renvoi relatif au mariage entre personnes du même sexe*, [2004] 3 R.C.S. 698.

qui lui sont posées par le gouvernement fédéral, la Cour se reconnaît traditionnellement le pouvoir discrétionnaire de refuser de répondre aux questions qu'elle juge trop imprécises, qui n'ont pas de contenu juridique suffisant ou pour lesquelles on ne lui a pas fourni suffisamment d'informations. En l'espèce, elle a refusé de répondre à la quatrième question pour d'autres raisons que celles qui viennent d'être mentionnées. En premier lieu, elle a rappelé l'intention annoncée par le gouvernement, en ajoutant la quatrième question, de faire adopter le projet de loi reconnaissant le mariage homosexuel peu importe la réponse que donnerait la Cour. Par conséquent, un avis de la Cour sur la constitutionnalité de la définition hétérosexuelle du mariage ne serait d'aucune utilité sur le plan juridique. En second lieu, la Cour a souligné que le fait de répondre à la question pourrait entraîner d'importantes conséquences négatives. En effet, si la réponse consistait à reconnaître la validité de la définition hétérosexuelle du mariage, les mariages homosexuels contractés en vertu de l'autorité des jugements devenus définitifs des cours d'appel dans plusieurs provinces se verraient remis en cause et les droits acquis par les couples intéressés seraient mis en péril[6]. Or, si

les jugements autorisant le mariage homosexuel étaient devenus définitifs, c'est parce que le Procureur général du Canada avait décidé de ne pas les porter en appel, ce qui aurait suspendu leur effet. À mots couverts, la Cour a donc laissé entendre que même si par hypothèse la définition hétérosexuelle du mariage pouvait être jugée valide, dans la mesure faut-il comprendre où elle serait assortie de la création d'un régime d'union civile offrant aux couples homosexuels un statut équivalent au mariage, il était maintenant trop tard pour adopter ce genre de solution. La décision du gouvernement fédéral de laisser devenir définitifs les jugements de cours d'appel autorisant le mariage homosexuel avait fait naître une situation sur laquelle il n'était plus possible de revenir sans remettre en cause les droits acquis et créer une forme de désordre et d'insécurité juridiques.

La loi autorisant le mariage entre personnes de même sexe a été adoptée par le Parlement fédéral et elle est entrée en vigueur en juillet 2005. L'analyse des péripéties qui ont entouré la question du mariage homosexuel montre que, si l'application de la Charte canadienne a souvent pour effet de judiciariser des questions relevant traditionnellement de la décision politique, les décideurs politiques, de leur côté, succombent parfois à la tentation de «politiser» le processus judiciaire en le manipulant pour obtenir de la part des tribunaux les réponses qui les avantageront dans le jeu politique.

Finalement, on peut se demander si l'on n'assiste pas, avec le contrôle de constitutionnalité fondé sur les droits et libertés, à l'apparition d'une nouvelle forme de démocratie, différente à la fois de la démocratie représentative et de la

---

6. Au moment de la formulation de la demande d'avis consultatif, en juillet 2003, le mariage homosexuel avait déjà été autorisé par les tribunaux d'appel en Ontario, en Colombie-Britannique et au Québec. Au moment de la décision de la Cour suprême, en décembre 2004, trois autres provinces ainsi que le territoire du Yukon s'étaient ajoutés à ce nombre. Chaque fois, le Procureur général du Canada s'était abstenu de porter en appel les décisions judiciaires supprimant la condition que les époux soient de sexe opposé.

démocratie directe, la démocratie « continue », qui ne supprime pas la représentation, mais qui l'élargit en inventant de nouvelles formes de participation populaire, notamment la justice constitutionnelle (Rousseau, 1993 : 387 et suiv.). Alors qu'avec la démocratie représentative classique les citoyens sont essentiellement privés de moyens d'action ou de contrainte sur leurs représentants entre deux élections, le recours au juge constitutionnel leur permet d'exercer une telle contrainte institutionnelle. En outre, le désabusement à l'égard de la politique et des politiciens explique la mise en avant de la « figure » du juge : les juges bénéficient dans la population d'un taux de confiance beaucoup plus élevé que les élus et apparaissent davantage qu'eux comme l'incarnation de l'idéal démocratique et libéral. Si l'exécutif détient toujours le monopole de l'initiative des lois et le contrôle de la procédure législative, si le Parlement demeure le seul lieu de discussion et d'amendement des projets de loi, la Cour suprême élargit de plus en plus son rôle, non seulement en invalidant des lois, mais en en précisant le sens, en en définissant les modalités d'application, voire en les reformulant. En fait, on assiste dans les démocraties libérales à la mise en place d'un « régime concurrentiel » dans l'énonciation des politiques législatives, où les tribunaux deviennent un acteur du processus de fabrication des lois et influencent de façon décisive la politique législative. La loi est désormais moins le produit de la volonté d'un seul acteur, le Parlement, que le résultat d'une « délibération » qui s'organise entre les différentes institutions qui participent à son énonciation, chacune d'elles défendant une

rationalité et des exigences qui lui sont propres (Rousseau, 1993 : 407-408).

Les effets centralisateurs du contrôle de constitutionnalité fondé sur la Charte canadienne

La mise en œuvre d'une Charte des droits contenue dans la Constitution fédérale peut avoir des effets centralisateurs, qui prennent principalement deux formes.

Transfert d'un certain pouvoir de décision des organes représentatifs provinciaux vers les organes judiciaires fédéraux

En premier lieu, la protection des droits par les tribunaux entraîne un transfert du pouvoir de décision sur des questions sociales, économiques et politiques des organes représentatifs provinciaux vers les organes judiciaires fédéraux. Il se produit donc un double déficit, le premier en matière de démocratie, le second en matière de fédéralisme. En tant qu'organe fédéral, la Cour suprême est davantage sensible aux priorités et aux préoccupations de la classe politique et des élites fédérales qu'à celles des entités fédérées. Il existe des liens organiques et institutionnels entre les membres de la Cour suprême et les politiciens fédéraux ; les uns et les autres participent à la même culture politique. Cela est encore plus vrai au Canada qu'aux États-Unis ou dans d'autres fédérations. Les membres de la Cour suprême canadienne sont nommés par le gouvernement fédéral, sans véritable participation des autorités provinciales. Au contraire, aux États-Unis comme dans la plupart des autres fédérations, les États fédérés exercent une influence par l'intermédiaire de la participation du Sénat (ou de la Chambre fédérale) à la nomination des membres de la Cour suprême ou de la Cour constitutionnelle. De fait, de nombreuses études montrent que, dans les États fédérés ou régionalisés, les cours suprêmes ou constitutionnelles exercent pratiquement toujours une influence centralisatrice, en favorisant à long terme l'augmentation de la légitimité politique et des pouvoirs du gouvernement national (voir, par exemple, Bzedra, 1993 ; Shapiro, 1981 : 20).

Consolidation de l'identité nationale au détriment de l'identité provinciale

En deuxième lieu, la protection des droits par la Constitution fédérale et par les tribunaux contribue à créer et à consolider une identité (ou citoyenneté) nationale commune. Cette consolidation de l'identité nationale (*nation-building*) se fait presque nécessairement au détriment de l'identification à la communauté provinciale. Les systèmes de protection des droits par la Constitution et les tribunaux sont donc de puissants instruments d'unification des mentalités. Celle-ci facilite ensuite le phénomène de centralisation des pouvoirs. C'est dans cette perspective qu'il existe une opinion assez répandue voulant que l'un des objectifs principaux de l'adoption de la Charte canadienne en 1982 était le *nation-building*, la mise en place d'une institution qui favoriserait la consolidation de l'identité canadienne et de la légitimité du pouvoir central et qui aiderait donc à la centralisation des pouvoirs[7].

On s'entend généralement pour dire que la Charte canadienne a effectivement créé chez les Canadiens anglais une nouvelle conscience civique fondée sur la revendication de droits et l'expression d'identités qui s'articulent au niveau national plutôt qu'au niveau régional ou provincial. Par contre, elle a aggravé les divisions et l'antagonisme entre le Québec et le reste du Canada. Non pas, comme on le prétend parfois, parce que les Québécois seraient «illibéraux» et réfractaires aux droits et libertés – le Québec s'est lui aussi donné une Charte, la Charte québécoise, qui est globalement comparable dans son contenu et ses effets à la Charte canadienne –, mais parce que la façon dont la Charte canadienne a été utilisée l'a fait paraître comme incompatible avec les efforts que le Québec fait pour protéger sa langue et sa culture. On pense, bien sûr, aux décisions de la Cour suprême du Canada, fondées sur la Charte, qui ont invalidé certaines parties de la *Charte de la langue française* (voir plus haut). Ensuite, à l'occasion des discussions sur l'Accord du lac Meech, la Charte canadienne a été invoquée contre les efforts du Québec pour faire reconnaître son caractère distinct. Une telle reconnaissance a été systématiquement présentée comme un repli identitaire porteur des plus graves menaces contre les libertés individuelles et la protection des minorités[8].

---

7. Voir, par exemple, Peter H. Russell, « The Political Purposes of the Canadian Charter of Rights and Freedoms », *Revue du Barreau canadien*, 1983, vol. 61,

n° 1, p. 30-54 et Alan C. Cairns, *Charter versus Federalism*, Montréal et Kingston, McGill-Queen's University Press, 1992.

8. Pour une analyse critique des arguments dirigés contre les dispositions de l'Accord du lac Meech sur la reconnaissance du caractère distinct du Québec, voir José Woehrling, « A Critique of the Distinct Society Clause's Critics », dans *The Meech Lake Primer: Conflicting Views of the 1987 Constitutional Accord* (sous la direction de

CONCLUSION

L'opposition du Québec à la Constitution de 1982 et à la Charte canadienne permet de souligner la tension qui peut survenir, dans une fédération, entre la protection des minorités par la création d'autonomies territoriales et la protection des droits de la personne par le processus judiciaire antimajoritaire. L'existence d'une autonomie politique territoriale protège les minorités concentrées territorialement en leur donnant le contrôle politique d'une entité fédérée; le fédéralisme permet donc aux minorités d'exercer une autonomie fondée sur le principe démocratique de la décision majoritaire. Dans la mesure où la protection des droits par un instrument constitutionnel est un dispositif antimajoritaire, elle vient limiter l'autonomie politique des minorités qui disposent d'une ou de plusieurs entités territoriales. La minorité qui contrôle une telle entité voit son pouvoir politique limité au profit de ses propres minorités et de ses propres membres. La situation la plus problématique est celle où la minorité à l'intérieur de la minorité fait partie de la majorité au niveau national, comme c'est le cas pour les anglophones minoritaires au Québec qui font partie de la majorité anglophone du Canada. La majorité au niveau national peut alors céder à la tentation d'utiliser son pouvoir pour imposer à sa minorité le respect de garanties excessives au profit de «la minorité dans la minorité». On a l'impression, parfois, que le groupe majoritaire au niveau national défend ses propres intérêts sous le prétexte des droits de la personne et des droits des minorités[9]. La protection constitutionnelle des droits individuels constitue une limitation de la liberté collective d'un groupe de s'autogouverner. Cela est vrai pour toutes les collectivités, tant les majorités que les minorités, mais c'est une limitation qui s'impose plus lourdement aux minorités.

Michael D. Behiels), Ottawa, University of Ottawa Press, 1989, p. 171 et suiv.

9. Par ailleurs, il est également vrai que les minorités ayant une minorité en leur sein, laquelle fait partie de la majorité au niveau national, sont peut-être davantage portées à faire usage de leur position de pouvoir parce qu'elles se sentent plus menacées.

SITES WEB

Décisions de la Cour suprême du Canada	www.scc-csc.gc.ca
Décisions du Tribunal des droits de la personne du Québec	
	www.tribunaux.qc.ca/TDP/index-tdp.html
Texte de la *Charte canadienne des droits et libertés*	http://lois.justice.gc.ca/fr/charte/index.html
Texte des lois constitutionnelles de 1867 et de 1982	http://lois.justice.gc.ca/fr/const/index.html
Texte de la *Charte des droits et libertés de la personne* du Québec et Commission des droits de la personne et des droits de la jeunesse du Québec	www.cdpdj.qc.ca/fr/
Commission canadienne des droits de la personne	www.chrc-ccdp.ca
Centre de recherche et d'enseignement sur les droits de la personne de l'Université d'Ottawa	
	www.uottawa.ca/hrrec/

LECTURES SUGGÉRÉES

BERNATCHEZ, Stéphane (2006), « Les traces du débat sur la légitimité de la justice constitutionnelle dans la jurisprudence de la Cour suprême du Canada », *Revue de droit de l'Université de Sherbrooke*, n° 36, p. 165 et suiv.

BREDT, Christopher D. et Markus F. KREMER (2005), « Section 3 of the *Charter*: Democratic Rights at the Supreme Court of Canada », *National Journal of Constitutional Law*, n° 17, p. 19-70.

DIXON, Rosalind (2009), « The Supreme Court of Canada, Charter Dialogue, and Deference », *Osgoode Hall Law Journal*, n° 47, p. 235 et suiv.

HIEBERT, Janet L. (2002), *Charter Conflicts. What Is Parliament's Role?*, Montréal et Kingston, McGill-Queen's University Press.

HOWE, Paul et Peter H. RUSSELL (dir.) (2001), *Judicial Power and the Canadian Democracy*, Montréal et Kingston, McGill-Queen's University Press.

IGNATIEFF, Michel (2001), *La révolution des droits*, Montréal, Éditions du Boréal.

KELLY, James B. et Christopher P. MANFREDI (dir.) (2009), *Contested Constitutionalism: Reflections on the Canadian Charter of Rights and Freedom*, Vancouver, UBC Press.

MANDEL, Michael (1996), *La Charte des droits et libertés et la judiciarisation du politique au Canada*, Montréal, Éditions du Boréal.

WOEHRLING, José (2000), « Convergences et divergences entre fédéralisme et protection des droits et libertés : l'exemple des États-Unis et du Canada », *Revue de droit de McGill*, n° 46, p. 21-68.

WOEHRLING, José (1995), « Les modifications à la Charte des droits et libertés de la personne nécessaires en cas d'accession du Québec à la souveraineté », *Revue générale de droit*, n° 26, p. 565-586.

BIBLIOGRAPHIE

BROUILLET, Eugénie et Félix-Antoine MICHAUD (2011), « Les rapports entre pouvoirs politique et judiciaire en droit constitutionnel canadien : dialogue ou monologue ? », dans les Actes de la XIXᵉ Conférence des juristes de l'État (2011), Cowansville, Éditions Yvon Blais, p. 3 et suiv.

BZEDRA, Andrew (1993), « Comparative Analysis of Federal High Courts : A Political Theory of Judicial Review », Canadian Journal of Political Science, vol. 26, nᵒ 1, p. 3-29.

CAIRNS, Alan C. (1992), Charter versus Federalism, Montréal et Kingston, McGill-Queen's University Press.

GLENDON, Mary Ann (1991), Rights Talk : The Impoverishment of Political Discourse, New York, The Free Press.

HIEBERT, Janet (1999), Des droits à interpréter : les juges, le Parlement et l'élaboration des politiques publiques, Montréal, Institut de recherche en politiques publiques, Coll. « Choix, Tribunaux et législatures », vol. 5, nᵒ 3.

LECLAIR, Jean (2003), « Réflexions critiques au sujet de la métaphore du dialogue en droit constitutionnel canadien », Revue du barreau (numéro spécial en marge du vingtième anniversaire de l'adoption de la Charte canadienne des droits et libertés), p. 377-420.

MANFREDI, Christopher P. (2001), Judicial Power and the Charter. Canada and the Paradox of Liberal Constitutionalism, 2ᵉ éd., Don Mills (Ont.), Oxford University Press.

MONAHAN, Patrick J. et Marie FINKELSTEIN (1992), « The Charter of Rights and Public Policy in Canada », Osgoode Hall Law Journal, nᵒ 30, p. 501-546.

MORTON, Ted et Rainer KNOPFF (2000), The Charter Revolution and the Court Party, Peterborough (Ont.), Broadview Press.

ROUSSEAU, Dominique (1993), Droit du contentieux constitutionnel, 3ᵉ éd., Paris, Montchrestien.

RUSSELL, Peter H. (1983), « The Political Purposes of the Canadian Charter of Rights and Freedoms », Revue du Barreau canadien, vol. 61, nᵒ 1, p. 30-54.

SHAPIRO, Martin (1981), Courts : A Comparative and Political Analysis, Chicago, University of Chicago Press.

TUSHNET, Mark (1995), « Policy Distortion and Democratic Debilitation : Comparative Illumination of the Countermajoritarian Difficulty », Michigan Law Review, nᵒ 94, p. 245.

WOEHRLING, José (1989), « A Critique of the Distinct Society Clause's Critics », dans Michael D. Behiels (dir.), The Meech Lake Primer : Conflicting Views of the 1987 Constitutional Accord, Ottawa, University of Ottawa Press, p. 171 et suiv.

CHAPITRE 4

Le fédéralisme exécutif: problèmes et actualités

Guy Laforest et Éric Montigny
Département de science politique
Université Laval

- DÉFINIR CE QU'EST LE FÉDÉRALISME EXÉCUTIF ET LE SITUER SUR LES PLANS CONSTITUTIONNEL ET INSTITUTIONNEL ;

- RETRACER LES PRINCIPAUX MOMENTS DE L'INSTITUTIONNALISATION DU FÉDÉRALISME EXÉCUTIF AU CANADA ET EN DÉCRIRE LES PRINCIPAUX ACTEURS ;

- ÉVALUER CERTAINES PORTÉES ET LIMITES DU FÉDÉRALISME EXÉCUTIF ;

- CERNER LES DÉFIS ET ENJEUX CONTEMPORAINS DU FÉDÉRALISME EXÉCUTIF.

À partir du début de l'ère Trudeau, en 1968, jusqu'au retour au pouvoir à Ottawa du Parti libéral dirigé par Jean Chrétien, en octobre 1993, le fédéralisme exécutif s'est avéré une réalité institutionnelle de premier plan pour la vie politique au Canada et pour celles et ceux qui l'étudient. Les deux décennies suivantes, marquées par les trois gouvernements libéraux majoritaires consécutifs de Jean Chrétien et par la montée en puissance de Stephen Harper et du Parti conservateur, lesquels ont pris le pouvoir pour la première fois en 2006 avant d'obtenir une majorité en mai 2011, ont été caractérisées par une diminution importante tant de la fréquence que de la qualité des rencontres au sommet, sauf exceptions, entre les principaux acteurs du dialogue fédéral canadien. Compte tenu de l'esprit de la doctrine du fédéralisme d'ouverture, analysée par Réjean Pelletier dans un chapitre antérieur de cet ouvrage, il eût été logique que le premier gouvernement conservateur minoritaire de Stephen Harper conduisît à un renforcement du fédéralisme exécutif et de sa principale institution de coordination, la Conférence des premiers ministres. Les choses se sont toutefois passées autrement. Outre quelques rencontres informelles au cours du premier mandat minoritaire entre 2006 et 2008, et deux autres rencontres plus formelles à la fin de 2008 durant le second mandat, il ne s'est rien passé de substantiel sur ce terrain. Depuis sa réélection en mai 2011 jusqu'à ce jour (janvier 2013), monsieur Harper n'a pas encore rencontré formellement ses homologues une seule fois.

Du côté de Québec, la décennie au pouvoir du Parti libéral dirigé par Jean Charest entre 2003 et 2012 a bel et bien donné quelques résultats concrets : création du Conseil de la fédération en 2003, entente asymétrique sur la santé avec le gouvernement de Paul Martin en 2004, représentation du Québec auprès de la délégation canadienne à l'Unesco et entente sur le déséquilibre fiscal avec le premier gouvernement de Stephen Harper. Toutefois, entre 2007 et 2012, la volonté du gouvernement Charest de redynamiser la coopération entre les partenaires de la fédération, et celle du gouvernement Harper de pratiquer un fédéralisme d'ouverture, ont lentement mais sûrement perdu leur bel élan. L'arrivée au pouvoir à Québec du Parti québécois dirigé par Pauline Marois crée bien sûr une nouvelle dynamique. Dans les premiers mois de son mandat, madame Marois a atténué sa rhétorique souverainiste et choisi de participer aux affaires courantes des relations intergouvernementales comme les réunions du Conseil de la fédération et les grandes manœuvres entourant la renégociation des transferts fiscaux et des accords entourant la péréquation. Le fédéralisme exécutif peut sembler complexe et ennuyeux. Nous commencerons en essayant de faire preuve d'audace dans l'explication. Nous croyons, en effet, que les origines historiques de l'institution phare du fédéralisme exécutif, à savoir la Conférence des premiers ministres, sont ignorées même par les meilleurs spécialistes de ce domaine. Même dans sa pratique de l'unilatéralisme et de l'irrégularité des rencontres, le gouvernement Harper reste fidèle aux traditions impériales britanniques.

Sur le plan institutionnel, le Canada a été le premier pays à expérimenter la combinaison de ces deux régimes politiques que sont le fédéralisme et le système parlementaire de Westminster. Alors que le premier comprend deux niveaux de gouvernement théoriquement souverains dans leurs champs de compétence, le deuxième se manifeste principalement par une concentration du pouvoir entre les mains des dirigeants de la branche exécutive. Cette combinaison (Ottawa, dix provinces et trois territoires), jumelée à la taille relativement petite de la fédération canadienne quant au nombre de ses États membres, a favorisé la multiplication des mécanismes de coordination intergouvernementale. Le fédéralisme exécutif est donc le fruit de l'évolution de ces arrangements institutionnels, et ce, dans un contexte où l'État (peu importe le niveau gouvernemental) a entrepris d'occuper une place plus importante dans la vie quotidienne des citoyens. Selon Donald Smiley et James Hurley, le fédéralisme exécutif est le phénomène qui recoupe les relations qui se multiplient entre les officiers, nommés aussi bien qu'élus, « des deux ordres de gouvernement dans le cadre des échanges fédéraux-provinciaux et entre les membres de l'exécutif des provinces dans le cadre des échanges interprovinciaux » (Smiley, 1980 : 1 ; Hurley, 2000 : 299).

Dans ce chapitre, nous tenterons d'abord de cerner les dimensions suivantes du phénomène : la place du fédéralisme exécutif dans la conjoncture politique actuelle au Canada ; les problèmes et

les défis de la Conférence des premiers ministres dans le contexte des principales caractéristiques du fédéralisme exécutif canadien, les origines de cette conférence et les suggestions pour une réforme éventuelle. Ensuite, nous établirons une typologie des relations intergouvernementales canadiennes. Le Conseil de la fédération sera analysé dans cette section. Nous poursuivrons le chapitre avec quelques réflexions, d'ordre théorique et historique, sur le débat actuel à propos du fédéralisme asymétrique dans la foulée de l'entente parallèle Québec-Ottawa, laquelle a accompagné l'accord sur la santé lors de la Conférence des premiers ministres en septembre 2004. Le gouvernement Harper a repris par la suite l'esprit et la lettre de cette entente asymétrique. Finalement, nous nous pencherons sur les défis contemporains du fédéralisme exécutif, à la lumière des élections fédérales du 2 mai 2011 et des élections québécoises du 4 septembre 2012.

LES PROBLÈMES ET LES ORIGINES DE LA CONFÉRENCE DES PREMIERS MINISTRES

Selon Raoul Blindenbacher et Ronald Watts, on reconnaît les régimes fédéraux par leur capacité de reprendre, en les modulant en fonction de leurs particularités, toute une série de caractéristiques structurelles de même que des processus et une culture politique qui sont typiques de l'esprit du fédéralisme. L'une de ces caractéristiques vise directement le thème du fédéralisme exécutif : Blindenbacher et Watts rappellent, en effet, qu'un régime fédéral exige la présence d'institutions et de processus appuyant la collaboration intergouvernementale dans les champs de compétence où les responsabilités sont partagées et où il y a des chevauchements entre les gouvernements. Ces mêmes auteurs établissent trois dimensions essentielles d'une culture politique authentiquement fédérale, venant ainsi compléter le cadre institutionnel d'un dialogue de coordination : l'existence d'une pluralité de lieux pour la prise de décision (principe de non-centralisation), un cadre ouvert pour les négociations politiques et la présence de contrepoids dans le système politique (plus d'un gouvernement), servant de barrières à la concentration excessive du pouvoir (Blindenbacher et Watts, 2003 : 10-11). Bien que sa genèse remonte aux pires moments du pourrissement de la relation Canada-Québec, le Forum des fédérations a entrepris depuis quelques années un vaste programme de recherches comparatives sur les régimes fédéraux, lequel est en train d'avoir des conséquences bénéfiques sur la capacité des experts canadiens à examiner de manière lucide et critique leur propre système politique (Laforest, 2010 : 13-30). Nous en voulons d'abord pour preuve les travaux du professeur Ronald Watts, chercheur mondialement connu pour ses écrits sur le fédéralisme, qui ne donne pas une bonne note au Canada à propos des institutions et des mécanismes du fédéralisme exécutif : « Si l'on fait une comparaison, force est d'admettre que le Canada est moins bien outillé pour faire face au défi contemporain de l'interdépendance que la plupart des autres fédérations. Les fédérations, un peu partout, sont parvenues à innover, notamment en se dotant d'instances fédérales-provinciales et interprovinciales, ce que les Canadiens feraient mieux d'examiner attentivement » (Watts, 2003 : 8-9 [traduction libre]).

Les conclusions de Watts ont été appuyées par l'un des ouvrages parmi les plus approfondis du dernier quart de siècle sur les institutions du fédéralisme au Canada et, en particulier, sur celles du fédéralisme exécutif. Ce travail, parrainé par l'Institut des relations intergouvernementales de l'Université Queen's, nous semble la référence essentielle pour aller plus loin que ce que nous pouvons offrir dans ce chapitre (Meekison, Telford et Lazar, 2004 ; pour une perspective complémentaire en français, voir Gagnon, 2006). Martin Papillon et Richard Simeon signent dans ce livre un chapitre extrêmement riche et fouillé sur l'évolution des Conférences des premiers ministres dans les relations intergouvernementales canadiennes. Ils vont jusqu'à se demander, c'est le titre de leur chapitre, si la Conférence des premiers ministres ne serait pas le maillon le plus faible (*the weakest link*) dans le réseau institutionnel du fédéralisme canadien. Nous présentons ici les extraits les plus significatifs de l'analyse de Papillon et de Simeon, suivis de nos interprétations et conjectures.

> La Conférence des premiers ministres demeure une institution relativement sous-développée. La tenue de ces rencontres est irrégulière ; en principe cela se passe sur une base *ad hoc*, souvent motivée par des fins politiques dont les liens avec la gestion de l'interdépendance entre les deux niveaux de gouvernement demeurent fort ténus. D'un point de vue organisationnel, il y a très peu de procédures et de règles consensuelles entourant la prise de décisions. Comparativement à d'autres forums intergouvernementaux, ces conférences pâlissent tant sur le plan du degré de préparation bureaucratique que sur celui de l'organisation des suivis. Par ailleurs, il n'y a pas de relation claire entre la Conférence des premiers ministres et les autres institutions intergouvernementales, et il n'y en a pas davantage avec les législatures fédérales et provinciales […]. Le maillon le plus faible sur

le plan de la coordination intergouvernementale? L'histoire démontre que, en dépit de plusieurs tentatives (en particulier au temps de la commission Rowell-Sirois et pendant les années Meech-Charlottetown), la Conférence des premiers ministres n'est pas encore devenue une véritable institution autonome, avec des règles fixes et des procédures précises, une organisation bien structurée, des motivations et des contraintes capables d'influencer ou de former le comportement et les stratégies des acteurs politiques [...]. La même absence de règles prévaut en ce qui a trait à la transparence, aussi bien à l'égard des médias qu'envers le public. Ajoutons à cela que les conclusions des conférences, lesquelles prennent la forme de communiqués formels, et plus occasionnellement d'accords en bonne et due forme, ne jouissent d'aucun statut légal ou constitutionnel. Ces conclusions ne lient les participants que dans le sens le plus faible de ce mot. Les Conférences des premiers ministres sont aussi remarquablement indépendantes du processus législatif : il n'y a aucune norme consensuelle sur le plan des discussions législatives des positions que les gouvernements s'apprêtent à prendre dans une rencontre à venir ou, encore, pour faire un rapport aux assemblées législatives au terme d'une séance. Toutes ces décisions appartiennent au premier ministre, au chef de l'exécutif, reflétant ainsi la domination des premiers ministres dans le système canadien [...]. Les approches et les mécanismes *ad hoc* qui demeurent hégémoniques au sein de cette institution ne contribuent pas à asseoir sur des bases de confiance et de loyauté les relations entre les participants. Cela n'amène pas davantage les citoyens canadiens à s'investir dans des débats réfléchis à propos de l'évolution de la fédération. Se servir des rencontres entre les premiers ministres comme s'il s'agissait de réunions pour gérer des crises, plutôt que comme des forums structurés pour exprimer et résoudre des désaccords sur des bases plus régulières, tout cela ne débouche

que sur d'étroits sentiers pour celles et ceux qui recherchent des débats constructifs et une collaboration suivie (Papillon et Simeon, 2004: 114, 125-126, 130 [traduction libre]).

Comment expliquer qu'un État comme le Canada, lequel s'est construit une enviable réputation dans le monde sur les plans de la rationalité et de l'efficacité de son administration publique, souffre de carences toutes plus criantes les unes que les autres en ce qui a trait à la coordination au sommet? Nous croyons que l'essentiel de la réponse se trouve du côté de la genèse historique de l'État canadien, laquelle a été explicitée par Laforest et Gagnon dans le premier chapitre du présent volume. Cet État canadien, depuis la *Loi constitutionnelle de 1867* qui a suivi les débats menant à notre fondation fédérale et a fait émerger un Dominion semi-autonome au sein de l'Empire britannique, jouit d'une identité politique complexe. Il comprend des éléments empruntés au libéralisme politique à l'anglaise, avec son cortège de libertés et les institutions du gouvernement représentatif et responsable, lesquelles ont été enrichies par le penchant démocratique de la modernité, une modeste mais réelle invocation du principe fédéral, ainsi qu'une tension cruciale entre l'autonomie politique du nouveau Dominion et la continuité de son assujettissement à l'autorité tutélaire de l'Empire. En 1867, les colonies formant le nouveau Dominion gagnaient en autonomie, mais elles restaient soumises à l'Empire. Plus précisément, il fallait imaginer la structure politique globale de la manière suivante: le Dominion jouissait d'une large autonomie politique tout en restant subordonné à l'Empire dans une pluralité de domaines comme la politique étrangère, l'interprétation judiciaire et un droit de regard politique sur la recevabilité des lois. Les relations entre le Dominion et les provinces répondaient à la même logique : celles-ci, en vertu du principe fédéral, disposaient d'une vaste autonomie, mais elles demeuraient subordonnées à l'autorité ultime du Dominion souvent dans des domaines identiques et, en particulier, sur les plans du fonctionnement des tribunaux et de la « révisabilité » des lois (pouvoirs de réserve et de désaveu). Dans le contexte de l'essoufflement de la doctrine du fédéralisme d'ouverture depuis 2007-2008, le gouvernement Harper semble s'inspirer d'une telle approche « classique », faite d'un certain respect pour les compétences des provinces mais sur fond d'une suprématie tacite du gouvernement central. Au temps des débats sur la fondation du Canada, John A. Macdonald avait exprimé cela de la façon suivante aux députés du Canada-Uni en 1865 : « Comme nous devons former une province unie, avec des gouvernements provinciaux et des corps législatifs subordonnés au gouvernement fédéral et à la législature générale, il est évident que l'administrateur de chaque section sera également subordonné à l'administrateur principal de toute la confédération. Le gouvernement général occupera envers les gouvernements provinciaux exactement la même position que l'impérial occupe maintenant à l'égard des colonies... » (Ajzenstat, Romney, Gentles et Gairdner, 2004 : 314).

Dans le dernier tiers du XIXe siècle, c'est l'utilisation fréquente des pouvoirs de réserve et de désaveu qui a servi de principal mécanisme de coordination dans les relations entre le gouvernement du Dominion du Canada et ceux des provinces. Vers la fin du XIXe siècle les provinces, sous le leadership du premier ministre Honoré Mercier du Québec avec la collaboration de son collègue ontarien Oliver Mowat, ont renforcé leur

voix en organisant, en 1887, la première conférence interprovinciale qui s'est tenue à Québec. À la même époque – c'est selon nous le facteur crucial pour comprendre les véritables origines de l'actuelle Conférence des premiers ministres –, le gouvernement britannique, aiguillonné par la montée en puissance de l'Allemagne de Bismarck, réfléchit sérieusement à un nouveau rapprochement entre Londres et ses principales colonies. Le personnage central à cette époque était le secrétaire d'État aux Colonies, Joseph Chamberlain ; sa vision était celle d'une transformation de l'Empire en une fédération politique. Pour discuter de cette idée d'une fédération impériale, on organisa à Londres une série de rencontres connues sous le nom de Conférences coloniales entre 1887 et 1907, rebaptisées Conférences impériales à partir de 1911. L'homme clé pour comprendre l'échec du projet de Chamberlain fut le premier ministre d'alors au Canada, Wilfrid Laurier. L'un de ses biographes, Réal Bélanger, précise le contexte dans lequel il évoluait :

> Avec la mère patrie, la situation se présenta sous un angle beaucoup plus complexe. L'Angleterre véhiculait un nouvel impérialisme centré sur les incomparables vertus de la race anglo-saxonne et l'obligation de convertir le plus grand nombre de peuples à sa brillante civilisation. Rien n'importait plus que de préserver sa sécurité et sa suprématie contre les États-Unis et l'Allemagne. Dans cette optique, le secrétaire d'État aux Colonies Joseph Chamberlain voulut associer les colonies à son projet de fédération impériale, une fédération militaire, économique et politique. Ce plan partagea les Canadiens en deux camps : d'un côté, de nombreux Canadiens anglais qui acceptèrent cet impérialisme et, se définissant comme nationalistes, estimèrent que le cadre impérial deviendrait le moteur du passage de l'état de colonie à celui de

nation pleinement souveraine; de l'autre, de nombreux Canadiens français qui refusèrent l'impérialisme, car il pouvait conduire à la participation aux guerres étrangères et au sacrifice des intérêts du pays (Bélanger, 1998 : 676).

Aux Conférences coloniales de 1897 et de 1902, Laurier se comporta comme un nationaliste canadien et comme un antifédéraliste impérial, bloquant le projet d'une union impériale plus serrée. Le fonctionnement de ces conférences est singulièrement instructif pour notre propos. Elles se tenaient sur une base irrégulière, *ad hoc*, sans règles de procédures clairement établies, puis elles menaient à des résolutions informelles qui ne liaient pas vraiment les gouvernements et les Parlements souverains. Le gouvernement impérial convoquait ces conférences selon son bon vouloir. Stephen Harper se comporte de manière semblable dans sa gestion du fédéralisme exécutif au Canada. Selon le grand historien de ces conférences, J.E. Tyler, elles étaient convoquées par Londres, au moyen d'une dépêche du Colonial Office (Tyler, 1959 : 412-415). Lors des conférences cruciales de 1897 et de 1902, leur ordre du jour fut établi sous l'étroite supervision de Chamberlain, qui présida lui-même à leurs délibérations. Les relations hiérarchiques au sein de l'entité impériale sont bien expliquées par les subtilités sémantiques de la langue anglaise. Premier ministre du Canada (*Prime Minister* en anglais), Laurier était l'un des « Colonial Premiers » quand il participait aux Conférences (Tyler, 1959 : 415). Quand Asquith présida pour la première fois en tant que chef du gouvernement de la Grande-Bretagne la Conférence impériale de 1911, il le fit comme un *primus inter pares*, le seul à être présenté comme un *Prime Minister*. Ces appellations demeurent fonctionnelles en 2013 dans

le vocabulaire qui est employé en anglais pour décrire et analyser la politique canadienne : le chef du gouvernement central à Ottawa est un *Prime Minister*, tandis que les leaders des provinces sont des *Premiers*.

Les descriptions du fonctionnement des Conférences coloniales et impériales par Tyler (1959) correspondent pour l'essentiel aux analyses de la Conférence des premiers ministres dans le fédéralisme canadien par Papillon et Simeon (2004) : irrégularité dans le temps, imprécisions formelles et procédurales, flou légal, monopole de l'initiative par Londres dans un cas, par Ottawa dans l'autre. Si la Conférence des premiers ministres est bel et bien le maillon le plus faible (*the weakest link*) dans le fédéralisme exécutif canadien selon Papillon et Simeon, il faut compléter leur étude en ajoutant ce que nous appellerons le chaînon manquant (*the missing link*). Le lien entre les Conférences coloniales et impériales d'un côté, la Conférence des premiers ministres dans le fédéralisme canadien de l'autre, est le suivant. Dans les années qui ont suivi son retour au Canada, après la Conférence coloniale de 1902, Laurier demanda à ses fonctionnaires d'organiser ce qui allait devenir, en 1906, la première Conférence des premiers ministres dans l'histoire fédérale du Canada. Et il y a un siècle, comme à notre époque, les enjeux fiscaux (plus précisément la révision du mécanisme des subventions statutaires aux provinces) étaient au cœur des débats. Les experts techniques sur le fédéralisme exécutif, tels Papillon et Simeon, partent de 1906 et recensent intelligemment l'évolution de l'institution en cernant ses dysfonctionnements avec beaucoup de lucidité, mais sans prendre en compte ses origines dans l'histoire administrative de l'Empire. Nous y voyons l'émergence d'un autre paradoxe dans un pays qui en compte beaucoup. Dans la foulée des mêmes efforts qui ont fait sans conteste de lui l'un des grands champions de la décolonisation tranquille du Canada, Laurier fut le parrain de la reprise, par mimétisme administratif, d'un dessein colonial dans la mise sur pied d'une institution à savoir la Conférence des premiers ministres servant à assurer une meilleure coordination des rapports entre le gouvernement du Dominion du Canada (la Puissance, selon nos vieux manuels en français) et ceux des provinces. Plusieurs des pathologies notées par Papillon et Simeon sont dues à une reprise mécanique d'une structure où les Dominions et les autres colonies étaient clairement subordonnés à l'autorité centrale. Dans le Canada du XXIᵉ siècle, l'unilatéralisme passif de Stephen Harper a succédé à l'unilatéralisme actif de Jean Chrétien. Le cadre historique impérial continue cependant à expliquer une dimension fondamentale de la nature des rapports entre les partenaires, et cela vaut encore dans le Canada du gouvernement conservateur majoritaire de Stephen Harper.

LES CARACTÉRISTIQUES DU FÉDÉRALISME EXÉCUTIF CANADIEN

Avec le temps, certaines pratiques ont été institutionnalisées dans le fonctionnement du fédéralisme exécutif canadien. À l'exception de la mise en place du Conseil de la fédération en 2003 et de certains organismes offrant un soutien administratif, le fonctionnement du fédéralisme exécutif canadien repose sur l'évolution de certaines traditions informelles plutôt que sur

des bases juridiques. Aux fins de cet exercice, il convient d'en décrire quelques caractéristiques :

1) Les présidents de forums intergouvernementaux doivent jouer deux rôles à la fois, soit celui de défendre la position canadienne et de veiller à la bonne marche des travaux dans le cas du premier ministre du Canada, soit celui de défendre les intérêts de sa province tout en travaillant à forger des consensus au sein du Conseil de la fédération dans le cas d'un premier ministre provincial qui en préside les travaux.

2) Les négociations ont généralement un caractère privé. En effet, quand les choses se passent en public, chaque intervenant souhaite se montrer en position de force face à ses électeurs. Une telle dynamique rend plus difficile l'atteinte de compromis. Notons que le caractère privé des discussions est fortement critiqué à l'extérieur du Québec, et ce, particulièrement dans l'Ouest du pays sous l'impulsion d'un certain courant populiste. La question de la transparence est l'un des principaux défis contemporains du fédéralisme exécutif (voir Pelletier, 2004a : 182-185 et 2008 : 85-131).

3) Dans la mesure où les principaux enjeux sont choisis et définis par les chefs de l'exécutif, la plupart d'entre eux échappent au contrôle du Parlement et des institutions législatives, ce qui diminue d'autant la place des partis d'opposition. On tend à l'oublier, mais lors de la fameuse Conférence de Québec, d'octobre 1864, qui mena à la fondation fédérale du Canada, les principaux responsables des exécutifs coloniaux étaient aussi accompagnés par des représentants de l'opposition dans leurs assemblées législatives respectives.

4) Le volume des relations intergouvernementales est tout à fait considérable. Il y a plus de 500 conférences et rencontres annuelles à tous les niveaux. On peut illustrer l'importance quantitative de ces relations pour une période récente. Selon le rapport annuel de gestion du ministère du Conseil exécutif du gouvernement du Québec, 96 ententes intergouvernementales ont été déposées au Secrétariat des affaires intergouvernementales canadiennes du gouvernement du Québec (SAIC) pour la seule année 2012.

5) Les ententes sont la plupart du temps signées entre une province et le gouvernement fédéral ; une faible proportion d'entre elles sont le fruit d'un accord entre deux ou plusieurs provinces et territoires. Une tendance récente mérite cependant d'être signalée. Les gouvernements de l'Alberta et de la Colombie-Britannique organisent depuis quelques années des rencontres conjointes et l'Alberta a étendu cette pratique à la province voisine de la Saskatchewan à l'automne 2008. Il s'agit de rencontres annuelles. Formé en 2000, le Conseil des Premiers ministres de l'Atlantique regroupe les gouvernements du Nouveau-Brunswick, de la Nouvelle-Écosse, de l'Île-du-Prince-Édouard et de Terre-Neuve-Labrador. En 2006, un important protocole de coopération couvrant huit ententes sectorielles a été signé entre le gouvernement du Québec et celui de l'Ontario. Cela a mené, à l'été 2008, à la tenue, à Québec, de la première séance conjointe du Conseil des ministres de ces deux provinces. Avec les départs des premiers ministres Charest du Québec et McGuinty de l'Ontario en 2012, tout indique que ce type de coopération s'essoufflera.

Ces caractéristiques ne peuvent cependant être considérées sans tenir compte de trois éléments structurants pour l'évolution du cadre global du fédéralisme exécutif canadien. Premièrement, on observe une logique d'institutionnalisation, sur les plans politique et administratif, et ce, par la mise en place de mécanismes formels. Deuxièmement, le gouvernement fédéral fut jusqu'à présent favorisé dans le rapport de force qui l'oppose aux gouvernements provinciaux. Cela peut s'expliquer par sa mainmise sur les conférences constitutionnelles et sur la structure de l'assiette fiscale. Troisièmement, les principaux changements institutionnels apportés au fédéralisme exécutif sont survenus à la suite des initiatives du gouvernement québécois.

DES TYPES DE RELATIONS INTERGOUVERNEMENTALES

À l'échelle canadienne, il existe plusieurs types et niveaux de relations intergouvernementales. Afin de bien les distinguer, il convient de les regrouper selon deux axes : le type de participants et la nature des échanges.

Les rencontres intergouvernementales peuvent impliquer des acteurs de quatre niveaux : 1) les premiers ministres des provinces, le premier ministre du Canada ainsi que les représentants des territoires et, à l'occasion, ceux des peuples autochtones ; 2) les premiers ministres des provinces et les représentants des territoires ; 3) des ministres ; et 4) des fonctionnaires.

La Conférence des premiers ministres

À l'époque contemporaine, la convocation du premier type de rencontres constitue un moment fort de la politique canadienne. La première conférence fédérale-provinciale, nous l'avons rappelé dans un développement antérieur, fut instituée en 1906 par Laurier. Portant sur les arrangements fiscaux, ce forum prit le nom de Conférence du Dominion et des provinces. Avec le temps, cette formule a évolué pour devenir, en 1960, la Conférence des premiers ministres. Celle-ci devait à l'origine se tenir sur une base annuelle. Dans l'ensemble, il faut plutôt constater l'institutionnalisation de certaines pratiques permettant d'accroître le poids du gouvernement central dans le fonctionnement du fédéralisme exécutif. Ainsi, le premier ministre du Canada, en plus de présider les travaux lors de la rencontre, décide seul de l'ordre du jour et de la pertinence de la convocation. De même, à l'initiative du gouvernement fédéral, on assiste, depuis 1992, à un élargissement du nombre de participants pour y inclure les représentants des peuples autochtones et ceux des territoires. On peut illustrer cette tendance de manière anecdotique. Quand des rencontres semblables se tiennent au Centre des conférences à Ottawa, toutes les délégations jouissent de conditions formelles (accès à des bureaux, à des suites privées, à des moyens logistiques) propices à des délibérations paritaires ou partenariales. La conférence de septembre 2004 sur la santé s'est déroulée dans un tel contexte. Mais celle sur la péréquation, tenue la même année, s'est déroulée au ministère des Affaires étrangères, plaçant les provinces dans un véritable cadre formel de subordination. Ces conférences de 2004 ont néanmoins été les exceptions de la présente décennie. Pendant les dernières années de l'ère Chrétien, tout comme durant les différents gouvernements dirigés par Stephen Harper depuis 2006, ces rencontres en ont été réduites à de brefs passages à la résidence du premier ministre. Cette pratique a été sévèrement critiquée, à juste titre selon nous, par les experts du Groupe de travail du Conseil de la fédération sur le déséquilibre fiscal dans leur rapport publié en 2006. Voici les extraits les plus significatifs de cette analyse :

> Nous ne pouvons toutefois entériner le remède habituel, qui consiste à tenir un très petit nombre de rencontres et à faire en sorte qu'elles soient les plus courtes, les plus petites et les moins structurées possibles. Vite, un dîner des premiers ministres au 24, promenade Sussex quand on n'a vraiment pas le choix, puis faire en sorte qu'ils quittent la ville dans les plus brefs délais. Que l'ordre du jour soit vague, les discussions privées et officieuses, la présence de fonctionnaires réduite au minimum, les comptes rendus inexistants, le lien entre les réunions obscur. Ne jamais s'engager à tenir une série de rencontres dans l'avenir ; ne jamais demander que des travaux soient réalisés et rapportés au groupe, comme le ferait normalement un organisme permanent. Cette démarche est tout à fait logique si le gouvernement fédéral a comme objectif de maintenir au maximum sa liberté d'action qui lui permet de faire ce qui lui plaît avec le moins de restrictions possibles (Conseil de la fédération, 2006 : 101).

Dans ce rapport, le Conseil de la fédération considère cependant qu'une telle démarche est « nuisible si le but consiste à améliorer les structures qui permettent à la fédération canadienne de mener ses affaires » (2006 : 101). En 2012, en prévision de sa rencontre automnale tenue à Halifax, le Conseil de la fédération avait invité le premier ministre Harper à participer à sa rencontre. Le gouvernement canadien a décliné l'invitation.

Le Conseil de la fédération

Afin de faire contrepoids au gouvernement central, les premiers ministres des provinces se sont dotés de mécanismes particuliers de coordination. En plus d'un forum pancanadien, ils disposent de forums régionaux. C'est le cas du Conseil des premiers ministres de l'Atlantique, de la Conférence des premiers ministres de l'Ouest et de la Conférence des premiers ministres de l'Est du Canada et des gouverneurs de la Nouvelle-Angleterre. Sur le plan canadien, on a assisté à un lent processus d'institutionnalisation de leurs rencontres. La première fut tenue en 1887 dans le but de lutter contre leur homologue fédéral, et ce, sur le plan électoral. Néanmoins, il fallut attendre 1960 pour que l'on institue sur une base annuelle une conférence des premiers ministres des provinces, et ce, à l'initiative du gouvernement du Québec. En 2003, encore une fois sous l'impulsion de l'État québécois, cette conférence deviendra le Conseil de la fédération. Le but de cette initiative était d'articuler plus efficacement la coordination interprovinciale. Par la création de cette institution, les premiers ministres des provinces et les représentants des territoires souhaitaient rétablir un certain équilibre quant au rapport de force existant entre les provinces et le gouvernement central. Selon un document d'orientation du gouvernement québécois : « La recherche d'un certain équilibre entre les participants de la fédération constitue une condition préalable à son bon fonctionnement » (Gouvernement du Québec-SAIC, 2004 : 14).

Ces mandats du Conseil de la fédération innovent à maints égards quand on les compare au regroupement qu'il a remplacé. Réjean Pelletier l'a bien noté, le désir d'établir des positions et des visions communes, tout comme la volonté d'analyser les impacts des actions du gouvernement fédéral sur les provinces et les territoires, représentent des innovations (Pelletier, 2008 : 202). Dans un discours prononcé à Charlottetown en 2004, Jean Charest avait souligné que le gouvernement fédéral n'était pas le seul à pouvoir se prononcer à propos du bien commun canadien. Implicitement, on peut en déduire que, dans la perspective du gouvernement du Québec qu'il a dirigé de 2003 à 2012, le Conseil de la fédération était lui aussi autorisé à s'exprimer sur le bien commun canadien. Par ailleurs, le Conseil de la fédération inclut quatre nouveautés dans la logique institutionnelle des relations interprovinciales : 1) une intensification des relations interprovinciales en doublant le nombre de rencontres annuelles ; 2) un caractère permanent sur le plan institutionnel et autonome sur le plan administratif par la création d'un secrétariat spécifique ; 3) la reconnaissance du principe de l'égalité des provinces de façon statutaire et opérationnelle au sein d'une institution interprovinciale commune ; et 4) l'institutionnalisation statutaire de la présence des représentants des territoires à la table des provinces ainsi que leur participation au financement d'une institution commune. Par ailleurs, comme c'était le cas avec la Conférence des premiers ministres provinciaux, les premiers ministres des provinces présideront à tour de rôle et sur une base annuelle les destinées de l'institution. C'est dans ce contexte que Jean Charest a assumé cette responsabilité en 2008, année du

400ᵉ anniversaire de la fondation de Québec et sur un fond de crise du système financier mondial qui a obligé les provinces à se concerter lors de réunions extraordinaires du Conseil tenues à Montréal le 20 octobre 2008 et dans la matinée du 10 novembre, juste avant la Conférence fédérale-provinciale-territoriale sur l'économie à Ottawa.

Après une décennie d'existence, quel bilan peut-on tracer de cette institution de coordination qu'est le Conseil de la fédération ? Sur certains enjeux, la redynamisation souhaitée par Jean Charest en 2003 a conduit à l'élaboration de consensus réels entre les partenaires. Dans le champ de la santé, cela a mené à l'entente de 2004 avec le gouvernement fédéral. On peut aussi souligner des consensus quant à la reconnaissance du déséquilibre fiscal, à la nécessité d'un refinancement fédéral de l'éducation postsecondaire ainsi qu'à propos de l'urgence d'un accord sur le commerce intérieur. Sur deux grandes questions, les membres du Conseil ont échoué à trouver un terrain d'entente : le choix des principes et des moyens pour régler la question du déséquilibre fiscal pavant ainsi la voie à l'unilatéralisme du gouvernement Harper en mars 2007 et la très difficile question des changements climatiques. Nous rejoignons dans cette veine critique l'analyse de Réjean Pelletier, comme nous souscrivons à son énumération des avancées procédurales et

TABLEAU 4.1

Mandats du Conseil de la fédération

MANDATS	
Gestion	• Servira de forum où les Membres pourront **partager** et **échanger** des **points de vue**, de l'**information**, des **connaissances** et des **expériences**.
	• Renforcera le travail des **forums intergouvernementaux sectoriels** en leur donnant des **orientations**, lorsque approprié, sur des questions qui préoccupent le Conseil.
Coordination	• Permettra, lorsque approprié, une **approche coordonnée et intégrée** en matière de relations fédérales-provinciales-territoriales par le développement d'analyses et de positions communes.
	• Développera une **vision commune** sur la façon de conduire les relations intergouvernementales qui respecte les valeurs fondamentales et les principes du fédéralisme.
Compétence	• **Analysera** toute **action** ou **mesure** du **gouvernement fédéral** qui, de l'avis des Membres, a un impact majeur sur les provinces et territoires, ce qui pourra inclure une révision et des commentaires communs eu égard aux **projets de loi** et aux **lois du Parlement du Canada**, comme le font déjà individuellement les provinces et les territoires. Un des objets de cette analyse est d'appuyer des discussions fructueuses avec le gouvernement à l'égard d'enjeux importants pour les Canadiennes et les Canadiens.
	• Abordera **toute question prioritaire** qui, de l'opinion des Membres, requiert la mise en commun d'expertise, une concertation accrue entre eux ou la coordination de leurs actions.

Source : http://www.conseildelafederation.ca, site consulté le 18 décembre 2012.

normatives, modestes mais néanmoins réelles, que l'on doit au Conseil : cohérence de l'institution dans sa volonté d'une plus grande transparence communicationnelle, efforts marqués à assurer un suivi des dossiers et à pratiquer une politique d'imputabilité des acteurs (Pelletier, 2008 : 219-220). À l'actif du Conseil de la fédération, il faut aussi placer deux très importants rapports, l'un sur le déséquilibre fiscal en 2006 et l'autre en 2012 sur les impacts financiers des propositions fédérales actuelles dans le domaine des transferts financiers et à propos de la péréquation. En combinant les ressources et les capacités de recherches de tous les acteurs provinciaux et territoriaux, le Conseil a renforcé l'épine dorsale institutionnelle de tous les partenaires du gouvernement central. Avec le départ de personnages centraux dans l'histoire du Conseil comme les premiers ministres Jean Charest du Québec et Dalton McGuinty de l'Ontario, il est trop tôt pour se prononcer quant à savoir qui s'imposera parmi la nouvelle génération de premiers ministres. Le temps dira aussi de quelle manière une première ministre souverainiste comme Pauline Marois s'ajustera à cette institution. À l'automne 2012, elle a passé outre au programme de son parti pour participer à une réunion du Conseil. Comme nous le verrons plus loin, si les pratiques du Conseil de la fédération pouvaient être étendues à la Conférence des premiers ministres, la qualité du fédéralisme exécutif au Canada s'améliorerait de plusieurs degrés.

Les rencontres ministérielles

Tout en étant moins médiatisées, les rencontres ministérielles sont plus fréquentes. Elles peuvent se dérouler avec ou sans la présence d'un ministre fédéral selon le champ de compétence. D'ailleurs,

l'institutionnalisation de certaines de ces rencontres par la création du Conseil des ministres de l'environnement en 1964 et du Conseil des ministres de l'éducation en 1967 illustre cette réalité. Ainsi, dans le cas de l'environnement, le Conseil regroupe les ministres provinciaux et le ministre fédéral alors que le Conseil des ministres de l'éducation réunit exclusivement les représentants des provinces.

La place occupée par les fonctionnaires

La majeure partie du volume des échanges entre les différents niveaux de gouvernements repose cependant sur des discussions entre les fonctionnaires. Bien qu'elles se déroulent généralement dans l'ombre, ces délibérations administratives permettent notamment d'harmoniser l'application de certaines politiques, d'assurer un certain partage de l'expertise et de préparer les rencontres de niveaux supérieurs. Pour y parvenir, les deux ordres de gouvernement se sont dotés de structures administratives, et ce, sur le plan tant interne que communautaire. À titre d'exemple, le Québec a mis sur pied, dès 1961, un ministère des Relations fédérales-provinciales, devenu maintenant le Secrétariat aux affaires intergouvernementales canadiennes, alors que le gouvernement fédéral établissait, en 1968, le Secrétariat des relations fédérales-provinciales, devenu en 1994 une direction des affaires intergouvernementales au sein du Conseil privé. Sur le plan communautaire, un secrétariat conjoint fut mis sur pied par le gouvernement fédéral et les provinces en 1968 afin d'offrir un soutien technique et administratif aux provinces et au gouvernement fédéral quant à l'organisation des rencontres intergouvernementales de haut niveau. Depuis 1973, cet organisme, dont le financement est conjoint et le personnel est issu des deux ordres de gouvernement, répond sous le vocable de Secrétariat des conférences intergouvernementales canadiennes. À titre indicatif, au niveau ministériel, pour le seul mois d'octobre 2012, le Secrétariat a recensé des rencontres de responsables provinciaux, fédéraux ou territoriaux sur la justice, les parcs, le transport et la sécurité routière. On le voit bien, le volume d'activités est constant et considérable, ce qui nous amènera à revenir sur l'idée d'interdépendance en conclusion de ce chapitre.

L'autre axe retenu afin d'évaluer le type de relations intergouvernementales repose sur la nature des objectifs poursuivis. Au Canada, il est possible d'en dégager trois. Il s'agit des relations de nature 1) administrative, 2) constitutionnelle et 3) fiscale et financière, lesquelles peuvent, bien entendu, se dérouler de façon bilatérale ou multilatérale.

Les rencontres administratives

Les relations de nature administrative sont fréquentes. Elles peuvent se dérouler sur une base régulière entre fonctionnaires, et ce, tant pour appliquer ou harmoniser différents programmes que pour partager une expertise particulière. Ce fut par exemple le cas lors de la Conférence des sous-ministres fédéral-provinciaux-territoriaux de la Santé tenue en décembre 2012 à Toronto. De façon épisodique, elles peuvent également regrouper les premiers ministres en vue de jeter les bases de programmes pancanadiens. Ce fut d'ailleurs le cas lors des négociations portant sur

TABLEAU 4.2

Visions conflictuelles Québec-Ottawa en matière de relations intergouvernementales

	VISION CANADIENNE DOMINANTE DEPUIS TRUDEAU	PRINCIPES DES POSITIONS TRADITIONNELLES DU GOUVERNEMENT DU QUÉBEC
Identité	1) Bilinguisme officiel pour l'ensemble du Canada 2) Multiculturalisme	1) Reconnaissance du caractère distinct du Québec
Partage des compétences et des ressources et fonctionnement des institutions communes	3) Préséance d'Ottawa comme gouvernement national 4) Inscription de la Charte des droits dans la Constitution	2) Autonomie du Québec 3) Étanchéité des compétences 4) Le gouvernement central est la création des membres de la fédération
Évolution du fédéralisme canadien	5) Égalité des provinces	5) Droit de veto pour respecter la conviction que la Constitution canadienne constitue un pacte entre deux nations

Source : Kenneth McRoberts (1999 : 337).

l'Union sociale canadienne, et ce, sans la participation du gouvernement du Québec, ou en décembre 2012 au Lac Meech entre les ministres et les sous-ministres des Finances pour discuter des régimes de retraite.

Les rencontres constitutionnelles

À l'opposé, les relations d'ordre constitutionnel sont maintenant rarissimes. Elles furent, certes, au centre de l'actualité politique canadienne pendant plus d'une vingtaine d'années, entre 1971 et 1992. Après avoir constaté une impasse quant à la capacité de réconcilier les visions québécoise et canadienne du fédéralisme, peu d'acteurs politiques se risquent à proposer des modifications à la Constitution canadienne (Russell, 1993 : 234). Dans les faits, depuis l'échec de l'Accord de Charlottetown en 1992, seules des discussions bilatérales furent tenues sur des enjeux constitutionnels précis. Ce fut d'ailleurs le cas en 1997 lorsqu'une modification constitutionnelle permit au Québec de mettre en place des commissions scolaires linguistiques (voir le chapitre 2).

Les rencontres fiscales et financières

Déjà à l'ordre du jour de la première conférence de 1906, les relations de nature fiscale ou financière sont encore aujourd'hui au centre du fédéralisme exécutif. C'est d'autant plus vrai que l'un des grands enjeux des dernières années a porté d'abord sur l'existence puis sur le règlement du déséquilibre fiscal entre les provinces et le gouvernement central. Il convient donc de s'y attarder davantage. Jackson et Jackson (1999 : 74-93) indiquent quatre problèmes liés au fédéralisme sur le plan fiscal, lesquels auraient

contribué au développement de mécanismes de coordination. Ainsi :

1) Les dispositions constitutionnelles de 1867 favorisaient le gouvernement fédéral sur le plan fiscal ;
2) Il existait des écarts entre la capacité et la richesse fiscale des provinces ;
3) Il y avait de la compétition pour les sources de revenu et le partage de l'assiette fiscale ;
4) Une concertation sur le plan des politiques fiscales était nécessaire afin d'en assurer l'efficacité sur le plan économique.

Sur le plan financier, deux mécanismes de transfert constituent la base des discussions fédérales-provinciales en la matière. Premièrement, il s'agit de la péréquation : paiement de transfert sans condition vers les provinces moins fortunées en vue d'assurer une accessibilité pancanadienne comparable aux services publics. Deuxièmement, le gouvernement fédéral a établi des paiements de transfert conditionnels au respect de certaines normes particulières. Depuis 1947, le gouvernement fédéral a intensifié ce qu'il est convenu d'appeler un pouvoir fédéral de dépenser lui permettant, moyennant une participation de certaines provinces, de mettre sur pied des programmes conjoints dont le financement fédéral serait conditionnel au respect d'objectifs qu'il détermine. Le financement du régime de santé public, jumelé à la loi canadienne en matière de santé, constitue l'exemple le plus connu de cette pratique. En 1996, le gouvernement fédéral a procédé à une révision en profondeur de ses paiements de transfert sur deux plans : 1) une diminution importante des paiements aux provinces et 2) une intégration de l'ensemble de ses programmes, à l'exception de la péréquation qui est formellement inscrite dans la Constitution depuis 1982, au sein d'un seul programme, le transfert canadien en matière de santé et de programmes sociaux (TCSPS). Le 1er avril 2004, le gouvernement fédéral a cependant scindé le TCSPS en deux volets distincts en vue d'accroître la visibilité des sommes consacrées à la santé. Le transfert canadien en santé (TCS) comprend maintenant les sommes dévolues spécifiquement au domaine de la santé, tandis que le transfert canadien en matière de programmes sociaux (TCPS) regroupe des fonds destinés notamment à la sécurité du revenu, à la petite enfance et à l'éducation postsecondaire. Par ailleurs, le gouvernement fédéral a développé, depuis l'année financière 1997-1998, une nouvelle stratégie afin d'intervenir dans des champs de compétence provinciaux. Il a ainsi créé et financé des fondations telles que la Fondation canadienne pour l'innovation, chargée de financer l'infrastructure de recherche au Canada, et celle des Bourses du millénaire, laquelle a pour objectif d'octroyer un soutien financier aux étudiants des niveaux postsecondaires. Ces fondations agissent à l'extérieur du périmètre comptable surveillé par la vérificatrice générale et par le Comité parlementaire permanent des comptes publics.

Ces intrusions fédérales dans des domaines de compétence provinciale, ainsi que les compressions apportées aux paiements de transfert à partir de 1996, sont les fondements des réclamations des provinces quant à l'existence d'un déséquilibre fiscal. Le gouvernement du Québec, qui a amorcé cette réflexion, évaluait à plus de 2,5 milliards son manque à gagner sur une base annuelle. Pour appuyer ces prétentions, il a régulièrement constaté un déséquilibre fiscal lorsqu'une des situations suivantes est présente :

1) un écart trop important existe entre les revenus autonomes et les dépenses (puisque cet écart risquerait de fixer les provinces dans une position subordonnée à l'égard du gouvernement central, ce qui est contraire au principe fédéral) ;

2) les transferts fédéraux ne sont pas suffisants pour permettre aux provinces de couvrir les dépenses qu'elles ont à assumer dans leurs champs de compétence ;

3) les transferts limitent l'autonomie décisionnelle et budgétaire des provinces dans leurs champs de compétence, en raison des conditions qui les accompagnent ;

4) de façon plus générale, le gouvernement fédéral invoque un pouvoir de dépenser pour intervenir dans les champs de compétence des provinces (Vaillancourt et Charest, 2004 : 89).

Reconnaître le principe de l'existence d'un déséquilibre fiscal, mais comment le régler ? Admettre les limites du pouvoir fédéral de dépenser, mais comment l'encadrer ? Ces deux questions ont occupé une grande place sur le front des relations intergouvernementales au Canada durant le premier gouvernement minoritaire conservateur dirigé par Stephen Harper de 2006 à 2008. Sur le plan du déséquilibre fiscal, le discours sur le budget de mars 2007 du ministre fédéral des Finances, James M. Flaherty, incluait cet énoncé : « Pour faire en sorte que le Canada soit encore meilleur demain, il faut d'abord rétablir l'équilibre fiscal à l'échelle du pays, et ce, dès aujourd'hui » (Flaherty, 2007). Ce budget conservateur prévoyait le versement de 39 milliards aux provinces, sur une période de sept ans. Pour l'année 2007-2008, le Québec a ainsi obtenu 2,3 milliards $ supplémentaires. En ce qui a trait au pouvoir de dépenser, Harper avait exprimé très clairement son désir d'encadrer un tel pouvoir dans son premier grand discours sur le fédéralisme d'ouverture en décembre 2005, à Québec. Désireux de mettre fin à un fédéralisme « paternaliste et tutélaire » pratiqué par les précédents gouvernements libéraux, il avait, en effet, effectué une telle promesse dans un développement où il s'engageait à mieux respecter le partage constitutionnel des compétences tout en clarifiant les rôles et les responsabilités entre le gouvernement central et ceux des provinces. C'est dans le Discours du Trône du 16 octobre 2007 que le premier gouvernement Harper a précisé ses intentions : « Notre gouvernement estime que les compétences constitutionnelles de chaque ordre de gouvernement doivent être respectées. À cette fin, et guidé par notre vision d'un fédéralisme d'ouverture, notre gouvernement déposera un projet de loi qui imposera des limites explicites à l'utilisation du pouvoir fédéral de dépenser pour des nouveaux programmes à frais partagés dans les compétences exclusives des provinces. Cette loi autorisera les provinces et les territoires à se retirer de ces nouveaux programmes, avec juste compensation, s'ils en offrent qui sont compatibles. » Mais comme plusieurs observateurs l'ont noté à la suite d'Alain Noël, la pratique du pouvoir fédéral de dépenser ne passe à peu près plus par la création de nouveaux programmes à frais partagés. Ce dossier a peu progressé dans la foulée des Discours du Trône de 2006 à 2011.

Cette section sur les relations fiscales et financières est l'occasion pour nous d'examiner davantage l'approche pratiquée par Stephen Harper et son gouvernement dans la gestion des relations intergouvernementales. Après quelque deux années caractérisées par la concrétisation de la doctrine du fédéralisme d'ouverture, M. Harper

a lentement mais sûrement glissé vers un fédéralisme plus classique, défensif, appuyé sur le respect des compétences des deux ordres de gouvernement en fonction des articles 91 et 92 de la *Loi constitutionnelle de 1867* (avec des exceptions pour le financement de l'enseignement secondaire et pour le grand programme des infrastructures économiques après la crise mondiale de 2008-2009), marqué aussi par une préférence appuyée pour des négociations bilatérales avec chacune des provinces et par des actions de plus en plus unilatérales. C'est justement dans deux dossiers aux incidences financières de toute première importance, à savoir les transferts concernant la santé et les programmes sociaux d'une part, et les paiements de péréquation d'autre part, que l'unilatéralisme du gouvernement Harper a été particulièrement criant. Le 19 décembre 2011, sans aucune discussion avec les provinces, le gouvernement Harper a annoncé qu'il allait reconduire jusqu'en 2016-2017 les transferts en santé dans le respect de l'entente signée en 2004 par le gouvernement fédéral de Paul Martin avec les provinces. Ainsi, jusqu'en 2016-2017, le transfert canadien en santé (TCS) continuera de croître au rythme de 6 % par année, mais par la suite il augmentera en fonction du Produit intérieur brut (PIB) nominal avec un plancher de 3 % par année (Gauvin 2012 : 40). Le même unilatéralisme a prévalu dans l'annonce du maintien de la croissance à 3 % par année pour le Transfert canadien sur les programmes sociaux (TCPS). Geoff Norquay corrobore l'analyse de Jean-Philippe Gauvin à propos de l'évolution du gouvernement Harper vers l'unilatéralisme dans certains domaines et le bilatéralisme dans d'autres (Norquay 2012 : 46-47). Norquay estime qu'en ce qui concerne le transfert canadien en santé, le gouvernement Harper à moyen terme pourrait négocier, ou imposer, une formule qui récompense les provinces qui ont mis en œuvre des réformes et des rationalisations dans leur propre système de santé. Comme Gauvin le rappelle, cela désavantage les provinces, comme le Québec, qui sont particulièrement touchées par le phénomène du vieillissement de la population.

Le gouvernement fédéral a choisi la même approche unilatérale pour le programme de péréquation. Rappelons que ce programme, prévu par la *Loi constitutionnelle de 1982*, vise à réduire les disparités économiques et fiscales entre les provinces et les territoires, permettant aux moins riches de fournir des services publics à peu près comparables à ceux des autres provinces, à des taux d'imposition à peu près semblables. Notons qu'en 2010-2011, la valeur totale des transferts fédéraux au Québec a été de 17,5 milliards de dollars, tandis que la part de la péréquation dans ces transferts a été de 8,5 milliards de dollars. Notons que pour la même année, l'impôt fédéral net payé par les particuliers au Québec a atteint la somme de 19,7 milliards de dollars (Observatoire de l'Administration publique de l'ENAP 2012 : 4). Le 19 décembre 2011, le gouvernement Harper a donc aussi annoncé, de manière unilatérale, que les plafonds imposés au programme de péréquation pour 2009-2010 seront reconduits et resteront en vigueur au moins jusqu'en 2018-2019. La capacité fiscale des provinces bénéficiaires (dont le Québec) à l'échelle canadienne continuera donc de souffrir des déséquilibres actuels. À l'été 2012, le groupe de travail du Conseil de la fédération sur les transferts fédéraux portait un regard pessimiste sur les conséquences prévues des décisions unilatérales du gouvernement Harper : «En 2018-2019, les principaux

transferts combinés du gouvernement fédéral seront inférieurs de 5,9 milliards de dollars à ceux qu'il s'était engagé de verser dans le budget de 2007. Cela s'explique par une diminution de paiements au titre du TCS et de la péréquation. Sur la période de cinq ans allant de 2014-2015 à 2018-2019, les transferts cumulatifs mis à la disposition des provinces et des territoires diminueront de 23,3 milliards de dollars. L'exercice 2018-2019 est le dernier pour lequel il existe un plan relatif aux principaux programmes de transfert» (Conseil de la fédération 2012 : 21).

★ ★ ★

Faisant abstraction du fait qu'elles peuvent être multilatérales, regroupant alors plus de deux gouvernements, ou bilatérales avec le gouvernement fédéral, une autre province ou un territoire, les relations intergouvernementales gagnent à être analysées en fonction du niveau hiérarchique de leurs participants et selon la nature des objectifs poursuivis (voir les tableaux 4.3 et 4.4). Cette typologie permet d'illustrer la variété et l'étendue des relations intergouvernementales canadiennes. De plus, elle permet de cerner les différents rôles joués par les acteurs du fédéralisme exécutif.

UNE SYNTHÈSE DE L'HISTOIRE DU FÉDÉRALISME EXÉCUTIF AU XXᵉ SIÈCLE

Les institutions du fédéralisme exécutif ont accompagné les différentes étapes de l'évolution de notre système politique depuis l'avènement d'un Dominion fédéral en 1867. Elles sont apparues à une époque où le Canada cherchait à consolider son autonomie face à l'Empire

TABLEAU 4.3

Typologie des rencontres intergouvernementales canadiennes multilatérales selon leurs participants et leur nature

	PREMIERS MINISTRES FÉDÉRAL ET PROVINCIAUX	PREMIERS MINISTRES DES PROVINCES	MINISTRES	FONCTIONNAIRES
Administratif et multilatéral	– Négociations sur la gestion ou la mise en place de programmes administratifs de portée pancanadienne Ex. : Conférence des premiers ministres et Entente sur la santé 2004	– Rencontres politiques préparatoires en vue de dégager des positions communes sur des objectifs administratifs Ex. : Consensus du Conseil de la fédération sur la santé en 2004 – Partage de l'expertise – Négociations d'accords interprovinciaux Ex. : Discussion sur l'Accord sur le commerce intérieur au Conseil de la fédération	– Possibilité d'ententes administratives spécifiques entre plus de deux gouvernements – Rencontres politiques préparatoires – Partage de l'expertise Ex. : Conseil des ministres en environnement et en éducation, Conseil des ministres des finances (Toronto, décembre 2012)	– Rencontres préparatoires techniques – Partage de l'expertise
Constitutionnel et multilatéral	– Négociations visant à modifier la Constitution canadienne selon les principales dispositions de la formule d'amendement Ex. : Négociations constitutionnelles de 1981, 1987-1990 et 1992	– Rencontres politiques préparatoires en vue de dégager des consensus sur des amendements constitutionnels Ex. : Front commun des provinces en 1981	– Rencontres politiques préparatoires Ex. : Aucun précédent, sinon les discussions antérieures à l'Entente de Charlottetown en 1992	– Rencontres préparatoires techniques
Financier, fiscal et multilatéral	– Négociations concernant le partage de l'assiette fiscale et l'évolution des paiements de transfert Ex. : Conférence des premiers ministres portant sur la péréquation et les transferts fédéraux 2004 et Conférence des premiers ministres sur l'économie 2009	– Rencontres politiques préparatoires en vue de dégager des consensus sur les paiements de transfert et sur le partage de l'assiette fiscale – Partage de l'expertise Ex. : Conseil de la fédération 2004	– Rencontres politiques préparatoires – Possibilité d'ententes spécifiques entre plus de deux gouvernements – Partage de l'expertise Ex. : Rencontre des ministres des Finances	– Rencontres préparatoires techniques – Partage de l'expertise

TABLEAU 4.4

Typologie des rencontres intergouvernementales canadiennes bilatérales selon leurs participants et leur nature

	PREMIERS MINISTRES FÉDÉRAL ET PROVINCIAUX	PREMIERS MINISTRES DES PROVINCES	MINISTRES	FONCTIONNAIRES
Administratif et bilatéral	– Si nécessaire : conclusion d'accords quant à l'administration d'un programme ou à l'entrée en vigueur d'une entente intervenue entre le gouvernement d'une province et celui du Canada Ex. : Ententes administratives Canada-Québec sur l'immigration (1991) ou Entente sur la perception de la TPS par le Québec (1990)	– Si nécessaire : conclusion d'accords quant à l'administration d'un programme ou à l'entrée en vigueur d'une entente intervenue entre deux gouvernements provinciaux – Rencontres de travail	– Négociations généralement finales quant à l'administration d'un programme ou en vue d'obtenir une entente entre deux gouvernements d'une province ou entre l'un d'eux et celui du Canada	– Rencontres préparatoires techniques – Discussions visant la reconduction d'ententes administratives existantes – Partage de l'expertise Ex. : Ententes sur les policiers autochtones
Constitutionnel et bilatéral	– Si nécessaire : négociations finales portant sur une modification constitutionnelle nécessitant l'appui du Parlement fédéral et celui d'une province Ex. : Entente sur la déconfessionnalisation des commissions scolaires du Québec 1997	– Rencontres de travail	– Rencontres politiques préparatoires – Négociations portant sur une modification constitutionnelle nécessitant l'appui du Parlement fédéral et celui d'une province	– Rencontres préparatoires techniques
Financier, fiscal et bilatéral	– Si nécessaire : négociations finales portant sur le partage de l'assiette fiscale et sur le plan financier entre une province et le gouvernement fédéral	– Rencontres de travail	– Rencontres politiques préparatoires – Négociations quant au partage de l'assiette fiscale et sur le plan financier entre le gouvernement d'une province et celui du Canada Ex. : Discussions sur la modification de la formule de péréquation entre les ministres des Finances	– Rencontres préparatoires techniques

britannique. Elles ont été consolidées, tel que Réjean Pelletier le note au chapitre 2, à partir du moment où le Comité judiciaire du Conseil privé à Londres a confirmé et précisé le degré d'autonomie des provinces à l'intérieur du Canada. C'est ainsi que la Conférence des premiers ministres a vraiment pris son envol dans les années 1930, quand la Grande Crise a obligé les gouvernements à reconnaître la profondeur de leur interdépendance. Il se pourrait que la profonde crise du système financier mondial de l'automne 2008, avec ses conséquences négatives sur l'économie, finisse par réactualiser une telle reconnaissance. D'ailleurs, une rencontre des premiers ministres a été tenue le 16 janvier 2009 sur ce sujet. Après 1945, la Conférence a été au cœur du grand réaménagement menant à la création et au renforcement de l'État providence au Canada. Après 1960, elle a servi de théâtre de prédilection pour la démonstration de force d'un Québec galvanisé par la Révolution tranquille. Après avoir obtenu un statut asymétrique *de facto* sur le plan du fédéralisme fiscal, le Québec a utilisé la Conférence des premiers ministres pour exprimer la nécessité d'une réforme constitutionnelle en profondeur qui lui donnerait de nouveaux pouvoirs, accompagnés d'un statut particulier (distinct, unique, asymétrique, spécial, original, selon les formules…) tout en parachevant la modernisation de la fédération canadienne. Il s'agissait aussi, et comme Laforest et Gagnon en font l'analyse au chapitre 1, d'une logique conflictuelle entre un Canada et un Québec occupés à des entreprises respectives de développement ou de construction de la nation. À partir de la deuxième moitié des années 1960, la question constitutionnelle a été l'enjeu central de la plupart des Conférences des premiers ministres. Ce processus s'est accéléré

avec la victoire du Parti québécois en 1976, pour culminer avec le rapatriement de la Constitution et l'enchâssement d'une Charte des droits et libertés en 1982. Comme José Woehrling le rappelle au chapitre 3, le fédéralisme exécutif a été l'instrument institutionnel par lequel une telle réforme est advenue. Comme il le démontre également amplement, cette réforme a changé le visage politique et juridique du Canada. Le fédéralisme exécutif n'est pas resté à l'écart de ce phénomène. La Conférence des premiers ministres du 13 au 15 septembre 2004, qui s'est terminée par un accord fédéral-provincial-territorial sur les épineuses questions du financement et de l'organisation du système de santé au Canada, a été le théâtre du retour en force d'une doctrine amplement discutée par les élites politiques et intellectuelles du pays depuis la commission Laurendeau-Dunton jusqu'aux Accords de Meech et de Charlottetown : le fédéralisme asymétrique.

DES RÉFLEXIONS SUR LE FÉDÉRALISME ASYMÉTRIQUE

L'idée du fédéralisme asymétrique a été promue surtout au Québec depuis une quarantaine d'années par celles et ceux qui ont cherché à constitutionnaliser la situation particulière, distincte et spéciale du Québec au Canada et en Amérique au moyen de pouvoirs particuliers et d'une reconnaissance de son originalité sur le plan de l'identité collective. Aucune des tentatives faites pour atteindre cet objectif n'a été couronnée de succès. Réagissant à l'adoption d'une entente-cadre sur l'union sociale malgré les oppositions du Québec en 1999, le regretté Claude Ryan (2000 : 260) expliquait la situation de la manière suivante : « Si plusieurs tentatives ont échoué, ce fut principalement en raison de l'opposition persistante à laquelle elles se sont heurtées auprès des promoteurs d'une conception rigide de l'unité canadienne, lesquels s'obstinent, au nom d'une vision abstraite et doctrinaire de l'égalité des personnes et des provinces, à refuser de laisser percer toute forme d'asymétrie dans notre système fédéral. » Le principal concepteur de la réforme constitutionnelle de 1982 et de la *Charte canadienne des droits et libertés*, Pierre Elliott Trudeau, désirait ardemment que tous les citoyens et toutes les provinces jouissent de droits et de statuts symétriques, en raison d'une certaine vision de l'égalité libérale, mais aussi, et peut-être encore plus fondamentalement, pour solidifier l'identité et l'appartenance des uns et des autres à une seule grande nation canadienne. Conséquemment, comme Christian Dufour l'a souligné, la tendance lourde des vingt-cinq dernières années réprouve le fédéralisme asymétrique : « À la suite principalement des efforts des Québécois, le Canada présente aujourd'hui une image plus cartésienne : formellement indépendant de la Grande-Bretagne, bilingue et multiculturel, avec dix provinces égales en statut et des citoyens protégés par une Charte constitutionnelle des droits. Le pays a cependant perdu en souplesse ce qu'il a gagné en cohérence » (1989 : 16).

Les vents qui poussent dans une direction opposée depuis deux décennies n'empêchent pas que, depuis sa fondation en 1867, la fédération canadienne ait intégré plusieurs éléments asymétriques dans ses dispositions constitutionnelles et dans ses pratiques. Quitte à référer à Ronald Watts (2002 : 68-69) et au regretté Gérald A. Beaudoin (2004 : A-7) pour un aperçu plus exhaustif, nous ne mentionnerons ici que les garanties linguistiques et confessionnelles à propos de l'éducation, du droit civil ainsi que celles concernant l'usage de l'anglais et du français dans les assemblées législatives et les tribunaux ; après 1945, le Québec a, par exemple, consolidé son asymétrie législative (Régime des rentes du Québec) et administrative (perception de l'impôt sur le revenu).

En somme, à l'époque où Paul Martin succéda à Jean Chrétien à la tête du Parti libéral et à la direction du Canada, le fédéralisme asymétrique conservait des assises dans les lois et les pratiques politiques du pays, mais son capital de légitimité avait été considérablement affaibli par le triomphe constitutionnel de Pierre Elliott Trudeau et les échecs ultérieurs des Accords de Meech et de Charlottetown. Rien, dans les discours que Paul Martin prononça en tant que candidat à la direction du Parti libéral, dans les Discours du Trône et du Budget de son gouvernement, pas plus que dans le programme de son parti lors de la campagne électorale du printemps 2004, n'annonçait le type d'ouverture et de reconnaissance explicite du principe du fédéralisme asymétrique que l'on trouve dans l'entente fédérale-provinciale-territoriale sur la santé qui a conclu la Conférence des premiers ministres de septembre 2004. Dans cet accord, le principe de l'asymétrie est affirmé et théoriquement offert à l'ensemble des membres de la fédération. Il fut également précisé et réaffirmé dans une entente parallèle entre le gouvernement canadien et celui du Québec (voir l'encadré 4.1). Une telle avancée conceptuelle et symbolique obtenue dans une belle harmonie au terme d'une Conférence des premiers ministres eut l'heur de surprendre les observateurs de toutes tendances tout autant sinon plus que l'importance des sommes impliquées (41 milliards de dollars

ENCADRÉ 4.1

Fédéralisme asymétrique qui respecte les compétences du Québec

Ottawa, le 15 septembre 2004*. Le Québec souscrit globalement aux objectifs et principes généraux énoncés par les premiers ministres fédéral, provinciaux et territoriaux dans le communiqué du 15 septembre 2004, dont l'objectif concernant l'accès en temps opportun à des soins de qualité et celui visant à réduire les délais d'attente.

Reconnaissant la volonté du gouvernement du Québec d'exercer lui-même ses responsabilités à l'égard de la planification, de l'organisation et de la gestion des services de santé sur son territoire, constatant que son engagement à l'égard des principes qui fondent son système public de santé soit l'universalité, la transférabilité, l'intégralité, l'accessibilité et l'administration publique coïncide avec celui de l'ensemble des gouvernements du Canada, et se fondant sur un fédéralisme asymétrique, c'est-à-dire un fédéralisme flexible qui permet notamment l'existence d'ententes et d'arrangements adaptés à la spécificité du Québec, le premier ministre du Canada et le premier ministre du Québec ont convenu que l'adhésion du Québec au communiqué conjoint émis à l'issue de la rencontre fédérale-provinciale-territoriale des premiers ministres doit être interprétée et mise en œuvre de la manière suivante:

- Le Québec applique son propre plan de réduction des temps d'attente, en fonction des objectifs, des normes et des critères

établis par les autorités québécoises compétentes, et ce, notamment à l'égard de la gestion des ressources humaines en santé, de la réforme des soins familiaux et communautaires, des soins à domicile, des stratégies visant l'accès aux médicaments, et des stratégies de promotion de la santé et de prévention des maladies chroniques. En ce qui concerne les délais d'attente, des points de repère fondés sur la preuve scientifique, d'ici au 31 décembre 2005, aideront le Québec à avoir une action plus efficace. Par ailleurs, le Québec poursuivra son objectif de couvrir des soins à domicile post-hospitaliers de courte durée en santé physique, mentale et en soins palliatifs à partir du premier dollar, en tenant compte de sa capacité financière.

- Le gouvernement du Québec fera lui-même rapport à la population québécoise des progrès accomplis en vue de l'atteinte de ses objectifs, et il entend, à cette fin, favoriser l'utilisation d'indicateurs comparables, mutuellement convenus avec les autres gouvernements. À cet égard, le Québec continuera de collaborer avec les autres gouvernements au développement de nouveaux indicateurs comparables.

- Le commissaire à la santé du Québec a la responsabilité de faire rapport au gouvernement du Québec sur le système de santé québécois. Il collaborera avec l'Institut canadien d'information sur la santé.

- Le financement rendu disponible par le gouvernement du Canada sera utilisé par le gouvernement du Québec pour mettre en œuvre son propre plan de renouvellement du système de santé québécois.
- Le gouvernement du Québec continuera de faire rapport à la population québécoise sur l'usage de l'ensemble des fonds destinés à la santé.

Dans le domaine de la santé, le Québec entend continuer à collaborer étroitement avec les gouvernements provinciaux et territoriaux et avec le gouvernement fédéral, en partageant l'information et les meilleures pratiques.

Les premiers ministres reconnaissent que des citoyens attendent trop longtemps pour obtenir des services de santé. Le Québec, au cours des dernières années, a déployé des efforts pour permettre aux Québécois et Québécoises d'accéder plus rapidement à ses services. Les premiers ministres conviennent que, pour obtenir des résultats, le financement de la santé doit être stable et prévisible afin de permettre l'amélioration des services actuels et d'en développer de nouveaux.

* Rien dans le présent communiqué ne doit être interprété d'une façon qui dérogerait aux compétences du Québec. Le présent communiqué doit être interprété dans le respect complet de ces compétences.

Source : http://www.hc-sc.gc.ca/hcs-sss/delivery-prestation/fptcollab/2004-fmm-rpm/bg-fi_quebec-fra.php, site consulté le 12 janvier 2009.

sur 10 ans). Certains y virent le début de la balkanisation du Canada (Coyne, 2004 : A-1), d'autres, une simple entente administrative et défensive ne faisant que confirmer l'autorité des provinces en général et celle du Québec en particulier dans le champ de la santé (Pelletier, 2004b : A-8) ; d'autres encore y virent enfin un véritable déblocage politique représentant un renforcement du principe fédéral et une ouverture réelle en faveur de l'asymétrie pour le Québec, au détriment de la tendance dominante des deux dernières décennies (Dufour, 2004 : A-9). Après six années au pouvoir à Ottawa, Stephen Harper a montré qu'il pouvait vivre avec l'esprit et la lettre de cette entente, sans faire preuve de véritable enthousiasme pour sa généralisation à l'ensemble du système fédéral canadien, comme on le verra dans la section suivante. Dans le dossier de la redistribution des

sièges à la Chambre des Communes, analysé dans un autre chapitre de ce manuel, il a cependant fait preuve d'une certaine ouverture à l'égard du Québec en lui consentant trois sièges de plus (pour un total de 78 sièges sur 338).

L'ASYMÉTRIE À L'ANGLAISE ET L'ASYMÉTRIE À LA FRANÇAISE

Ce débat sur le fédéralisme asymétrique risque de hanter les praticiens et les institutions du fédéralisme exécutif au cours des prochaines années. S'y pose un vieux problème, typique du caractère profondément hybride de l'État et de la culture politique et juridique au Canada. On sent très nettement un esprit juridique français derrière la réforme de 1982 : un texte constitutionnel écrit, une méta-loi guidant verticalement l'interprétation de tout le reste à partir de droits et de principes clairs, limpides, une approche cartésienne assez logique et abstraite. L'égalité y prend, au fond, la forme d'un traitement symétrique, uniforme, à la française. Mais le droit public canadien, malgré le caractère écrit de la *Loi constitutionnelle de 1867*, reste ancré dans la tradition de l'État et du parlementarisme britanniques : c'est l'univers des conventions, des précédents, des coutumes, des sous-entendus, des évolutions par la bande et des raisonnements obliques. On trouve un très bel exemple de cela dans une des clauses les plus asymétriques de la loi de 1867, à savoir l'article 94 qui stipule que le gouvernement fédéral pourra procéder à l'homogénéisation des lois en matière de propriété et de droits civils avec les provinces de *common law*, à la condition expresse que chaque province concernée donne son consentement explicite par l'entremise de son Assemblée législative. Il n'est nullement fait mention du Québec dans cet article. Pourtant, dans la mesure où le Québec venait de parachever la codification de son droit civil, et dans la mesure où le principal responsable de cette entreprise, George-Étienne Cartier, se félicitait de l'attribution aux provinces de la juridiction sur la propriété et les droits civils, il était très clair aux yeux des participants aux débats sur la fondation du Canada que la rédaction de cet article équivalait à l'attribution d'un statut particulier au Québec, autrement dit à la mise en pratique du fédéralisme asymétrique. Les extraits suivants, tirés des débats sur la fondation du Canada, en feront la démonstration :

> Cela étant, pourquoi cette disposition ne serait-elle pas appliquée au Bas-Canada aussi bien qu'aux autres provinces ? […]. Il m'est facile de comprendre le sentiment du peuple canadien-français et je puis même admirer qu'il ne veuille pas qu'on

lui impose quoi que ce soit contre sa volonté. Néanmoins, ce que je ne puis comprendre, c'est qu'il ne veuille pas, même avec son consentement et pour le bien général, qu'il nous soit permis de proposer quelques changements à ses lois (M.C. Cameron, Assemblée législative du Canada-Uni, 24 février 1865).

> […] comme s'il fallait montrer davantage que le Bas-Canada ne sera jamais comme le reste de la confédération, il est expressément stipulé que le parlement général ne pourra uniformiser que les lois des autres provinces, pourvu qu'elles y consentent, mais, par induction, l'uniformisation ne peut s'étendre au Bas-Canada, quand même il le souhaiterait. En supposant encore que les autres provinces soient intéressées à adopter notre système bas-canadien, on pourrait déduire, en lisant la constitution à la lettre, que cela leur serait interdit. Elles peuvent fort bien rendre leurs lois uniformes, mais le Bas-Canada, même s'il le voulait, ne pourrait pas assimiler les siennes aux leurs […] (C. Dunkin, Assemblée législative du Canada-Uni, 27 février 1865[1]).

Les participants aux débats sur la fondation du Canada comprenaient indirectement, obliquement, par induction, à l'anglaise, que le Québec était absent de cet article non pas pour l'assujettir à l'action arbitraire et unilatérale du gouvernement central dans ce domaine, mais bien pour lui procurer en la matière un statut distinct justifié par sa tradition juridique civiliste différente de la *common law*. On se trouve bien en présence de ce que nous appelons du fédéralisme asymétrique « à l'anglaise ». Les participants à la Conférence des premiers ministres sur la santé en septembre 2004 ont pratiqué du fédéralisme asymétrique

---

1. Voir J. Ajzenstat, P. Romney, I. Gentles et W.D. Gairdner, *Débats sur la fondation du Canada*, édition française préparée par S. Kelly et G. Laforest, Québec, Les Presses de l'Université Laval, 2004, p. 337 et 378.

« à l'anglaise » : ils se sont réclamés officiellement, formellement, de ce principe dans une entente générale, globale, puis ils ont accepté que le principe de cette asymétrie soit repris et précisé dans une entente parallèle entre Ottawa et Québec. Ce faisant, ils heurtaient directement la logique très française et très symétrique qui prévaut dans l'ordre constitutionnel et dans la culture politique au Canada depuis la révision de 1982. Ce conflit restera selon nous en arrière-scène des développements à venir : les institutions du fédéralisme canadien pencheront-elles pour une asymétrie à la française, à l'anglaise, pour une combinaison hybride entre les deux esprits ou encore pour le retour à l'uniformité, antithèse même de l'asymétrie ? Dans la lettre qu'il a fait parvenir aux chefs des partis fédéraux le 29 septembre 2008, le premier ministre Jean Charest en a profité pour actualiser la vision québécoise du fédéralisme canadien promue par son gouvernement. Cette vision était structurée autour de trois principes : le respect du partage des compétences, le fédéralisme asymétrique et la reconnaissance de la différence québécoise. Comme Réjean Pelletier le souligne dans le deuxième chapitre de cet ouvrage, Stephen Harper a montré entre 2006 et 2008 qu'il pouvait adhérer clairement, à des degrés divers, au premier et au troisième de ces principes. Qu'en est-il en ce qui a trait au fédéralisme asymétrique ? La chose nous paraît moins évidente à cet égard, car le principe du fédéralisme asymétrique ne figure pas clairement dans les grands textes programmatiques associés au gouvernement Harper. Cependant, à Québec, le gouvernement de Charest a vu dans l'entente Canada-Québec relative à l'organisation des Nations unies pour l'éducation, la science et la culture (UNESCO), paraphée à Québec en 2006 par messieurs Harper et Charest, la reconnaissance

du principe du fédéralisme asymétrique et du rôle particulier incombant au Québec sur la scène internationale. Jusqu'à présent, on peut affirmer que la résolution parlementaire de l'automne 2006 reconnaissant que les Québécois forment une nation au sein d'un Canada uni se cantonne dans l'ordre du symbolique, sans trop porter de conséquences du côté de la consolidation du fédéralisme asymétrique. Au cours des dernières années, le gouvernement de monsieur Harper s'est pour l'essentiel comporté avec le Québec comme avec les autres provinces. Il a multiplié avec lui les ententes bilatérales, juridiques et administratives, sur le développement du marché du travail (en 2008, précisant l'entente de principe de 1997) et sur le marché du travail (en 2009, prévoyant une enveloppe de 116 millions de dollars pour le Québec). Il a signé avec le Québec des ententes de nature financière : 115 millions de dollars pour le droit de retrait de cette province face au nouveau Programme canadien de bourses aux étudiants en 2010, de même qu'une entente en 2011 lui assurant 100 % des redevances de l'exploitation éventuelle du gisement de pétrole Old Harry dans le fleuve Saint-Laurent, et finalement une autre entente en 2012 octroyant un montant de 2,2 milliards de dollars pour la compensation de l'harmonisation des taxes de vente. Ces ententes ne doivent pas occulter le fait que les gouvernements québécois et ceux de monsieur Harper se sont affrontés régulièrement devant les tribunaux ces dernières années, notamment à propos de la destruction, planifiée par Ottawa, des données du registre des armes à feu, de même qu'à propos de la réforme du Sénat sans oublier la tentative fédérale de créer une Commission nationale des valeurs mobilières. Dans les deux derniers cas, comme cela est discuté dans d'autres chapitres de ce volume, les principes du fédéralisme classique ont survécu aux intentions des gouvernements Harper.

LES DÉFIS CONTEMPORAINS DU FÉDÉRALISME EXÉCUTIF

Le débat est vif sur le fédéralisme asymétrique parce que cette question est liée aux interrogations sur la nature du Canada et de son identité politique. Les institutions du fédéralisme exécutif comme la Conférence des premiers ministres et le Conseil de la fédération n'échappent pas davantage à cette problématique fondamentale. Nous aborderons ce sujet au moyen des propositions formulées par Papillon et Simeon (2004 : 132), lesquelles visent à améliorer le fonctionnement de la Conférence des premiers ministres. Ils proposent tout d'abord que les Conférences des premiers ministres se tiennent à date fixe sur une base annuelle. Cela aurait notamment pour avantage de dépolitiser la décision de tenir ou non une telle conférence et de dédramatiser tout cela sur le plan médiatique. Nous y voyons un autre avantage : rendre plus paritaire, authentiquement fédérale, la relation entre le chef du gouvernement à Ottawa et ses homologues des provinces et des territoires. Cela libérerait l'institution d'une partie importante de ses origines impériales. Force nous est de constater que le gouvernement de Stephen Harper n'est pas très enthousiaste à cette idée.

Depuis toujours, les critiques du fédéralisme exécutif se plaignent de l'absence d'imputabilité des gouvernements et de leurs leaders dans ces forums face à leurs Assemblées législatives et Parlements respectifs. Papillon et Simeon notent avec raison qu'il faut remédier à cela. Il faudrait créer des comités parlementaires capables d'interroger ministres et gouvernements sur les objectifs et les pratiques des relations intergouvernementales et de leurs institutions, capables de poser des questions sur les positions que les responsables politiques s'apprêtent à prendre dans les théâtres du fédéralisme exécutif de même que sur les accords qui en découlent. Nous ajouterons ici que, paradoxalement, un tel comité existe à Ottawa, au Sénat (c'est le même que celui qui s'occupe des questions entourant la justice), mais qu'il n'y en a toujours pas à la Chambre des communes. À Québec, un semblable travail de contrôle des pratiques du fédéralisme exécutif et des relations intergouvernementales est effectué par la Commission parlementaire des institutions. À Québec, contrairement à Ottawa, et c'est toujours le cas en 2013, les partis d'opposition peuvent faire un vrai travail de contrôle parlementaire du gouvernement sur les relations intergouvernementales.

Papillon et Simeon complètent leur réflexion sur le sujet en recommandant la création d'une association rassemblant les élus de toutes les Assemblées législatives et Parlements du Canada. Comme ils le soulignent, les États-Unis donnent l'exemple de pratiques assez sophistiquées sur ce plan de « l'intergouvernementalisme législatif », ayant créé des forums où se rencontrent les gouverneurs et les élus des États. Avec un brin d'ironie, osons poser la question suivante : bien qu'ils soient surchargés dans leurs différents rôles, nos parlementaires participent à des regroupements d'élus du Commonwealth, de l'ensemble des Amériques et de la Francophonie, comme ce fut le cas à Québec en 2008 ; ne devraient-ils pas rencontrer, ne serait-ce qu'une fois par année, les gens qui partagent avec eux la responsabilité législative du bon fonctionnement de l'ensemble de la fédération canadienne ?

La dernière recommandation imaginée par Papillon et Simeon touche à la question de la transparence. Il devrait, selon eux, y avoir une procédure claire, et fixe, stipulant que les séances inaugurales et de clôture des Conférences des premiers ministres devraient avoir lieu en public et en présence de la presse. Cela procurerait des gains tant du côté de la transparence que de celui de l'imputabilité, sans priver nos dirigeants du réalisme et des bénéfices des discussions en privé.

Les idées avancées par Papillon et Simeon nous semblent fondées, mais incomplètes. Même si elles étaient toutes mises en application, le leader du gouvernement central conserverait toujours les prérogatives arbitraires et unilatérales qui sont les siennes, conventionnellement, en ce qui a trait à la rédaction de l'ordre du jour et à la présidence des conférences. Il nous appert vraisemblable de penser que ces questions feront l'objet de demandes formelles de la part du Conseil de la fédération à court ou à moyen terme, car les objectifs du Conseil dépassent, et de beaucoup, les questions d'efficacité et de cohérence dans le dialogue sectoriel avec Ottawa. Une prémisse nous semble sous-jacente à l'ensemble de la démarche du Conseil : quand les provinces et les territoires parlent d'une seule voix, leur rapport de force face au gouvernement central est plus senti. Un document préparé par le gouvernement du Québec rappelle que, « en présentant une vision et des orientations communes, tout en conservant leur autonomie, les provinces et les territoires se donneront un leadership pour influer sur l'évolution du Canada » (Gouvernement du Québec-SAIC, 2004 : 15). Dans une conférence prononcée à Charlottetown alors qu'il était premier ministre

du Québec en novembre 2004, Jean Charest, notait que « le gouvernement du Québec comme celui des autres provinces ne constitue pas un sous-ordre de gouvernement. Et le gouvernement fédéral n'est pas à lui seul le gardien suprême du bien commun. Dans une fédération, chaque partenaire est gardien du bien commun dans ses domaines de compétence » (2004 : A-19). Dans cette perspective, contester les procédures et les mécanismes actuels de la Conférence des premiers ministres, c'est, aussi, nier le monopole exclusif du gouvernement central dans la définition et la promotion du bien commun canadien. Comme président du Conseil de la fédération en 2008, Charest a agi en ce sens, mais indirectement, par exemple en organisant une réunion autonome du Conseil le jour de la Conférence des premiers ministres sur l'économie, en novembre, à Ottawa.

Comme nous le faisions valoir en introduction, plusieurs facteurs se sont combinés ces dernières années pour donner une nouvelle force à la pratique du fédéralisme exécutif, à tout le moins à l'échelle horizontale des provinces et des territoires, ainsi qu'à un examen, plus minutieux et plus rigoureux qu'auparavant, de ses institutions et de leurs lacunes.

Dans la phase actuelle de la mondialisation, la pratique du fédéralisme telle qu'on la définit usuellement (autonomie et participation, *self-rule* et *shared rule*, coordination sans subordination) n'est pas simple. Dans les forums internationaux, les leaders des pays fédéraux, souvent minoritaires, dialoguent avec des collègues et des responsables d'organisations qui veulent des résultats immédiats sans se préoccuper des subtilités constitutionnelles internes. Ajoutons à cela que, sous le vocable « glocalisation », sociologues et anthropologues ont décrit un phénomène où les citoyens, de plus en plus, s'intéressent aux questions mondiales et à leur petite patrie, négligeant les instances et les gouvernements nationaux et régionaux. Les nouvelles technologies de communication ont aussi impulsé des demandes citoyennes pour des gouvernements efficaces et imputables « en ligne ». Sur ces questions, dans plusieurs pays fédéraux, y compris au Canada, il y a une véritable asymétrie des expertises entre le gouvernement central et la plupart des gouvernements des provinces et des entités fédérées. C'est notamment pour pallier une telle asymétrie des expertises, sur le plan technologique comme dans la maîtrise même des dossiers sur lesquels s'engage le dialogue entre les gouvernements, que les provinces et territoires du Canada ont créé, en 2003, le Conseil de la fédération. En renforçant l'allégeance des Canadiens envers le gouvernement central et ses institutions, la *Charte canadienne des droits et libertés* adoptée en 1982 a par ailleurs infléchi l'équilibre des forces entre les acteurs qui se trouvent dans les institutions du fédéralisme exécutif, à commencer par la Conférence des premiers ministres. Il faut, selon nous, lire avec ce contexte précis en tête le discours où Jean Charest niait à Ottawa tout monopole en matière de définition du bien commun canadien.

CONCLUSION : QUELQUES QUESTIONS ET ENJEUX

Sur le front du fédéralisme exécutif, l'horizon des prochaines années nous semble défini par les questions et enjeux suivants :

1) Quelle sera la place du fédéralisme exécutif et des relations intergouvernementales dans les débats parlementaires, les programmes électoraux des partis et les discours des chefs d'ici aux élections fédérales d'octobre 2015 à Ottawa, et sur la scène politique québécoise où les prochaines élections pourraient avoir lieu au printemps 2014 ?

2) Les institutions et les pratiques du fédéralisme exécutif parviendront-elles, finalement, à sortir du déterminisme de leurs origines impériales ?

3) Partira-t-on de la lucidité de l'analyse, à la manière de Papillon et Simeon, pour aller à l'audace de la réforme pour faire en sorte que le fédéralisme exécutif ne soit plus sur le plan institutionnel le maillon le plus faible dans le système politique canadien ?

4) Quelle sera la nature des ententes sur la péréquation et les transferts fédéraux, notamment en santé, entre le gouvernement fédéral et ses partenaires, et quelles en seront les conséquences institutionnelles pour le fédéralisme exécutif ?

5) Le Conseil de la fédération aura-t-il la force et la cohérence requises dans un contexte où, après les départs de Jean Charest et de Dalton McGuinty, la plupart des premiers ministres sont assez nouveaux et donc inexpérimentés, pour faire du rapport entre Ottawa et les entités fédérées un véritable dialogue partenarial, où les uns et les autres peuvent contribuer en toute légitimité à l'identification et à la redéfinition du bien commun ?

6) Pour formuler les choses à la manière de Claude Ryan, est-ce que les acteurs du fédéralisme exécutif, représentatifs en cela du cadre

constitutionnel et politique canadien, iront assez loin dans l'acceptation et la reconnaissance du fédéralisme asymétrique pour offrir au Québec des garanties suffisantes lui permettant raisonnablement d'espérer qu'il pourra, dans l'avenir, se développer en fonction de son génie propre ?

7) Les fronts régionaux entre les provinces, comme ceux qui existent dans l'Ouest et dans les Maritimes et qui ont donné lieu à des rencontres beaucoup plus régulières et sérieuses entre 2008 et 2013, ajouteront-ils un palier supplémentaire à la réalité des relations intergouvernementales ?

8) Alors que l'on se rapproche petit à petit du 150ᵉ anniversaire, en 2017, de l'émergence d'un régime fédéral au Canada, le gouvernement du Québec sous la direction de Pauline Marois osera-t-il moderniser ou adapter ses « revendications traditionnelles » pour proposer un rééquilibrage des rapports entre autonomie et interdépendance, ou en sera-t-il empêché par sa rhétorique souverainiste ?

Les institutions et les pratiques du fédéralisme exécutif existent au Canada depuis plus de 100 ans. Au cours des dernières décennies, les innovations dans ce champ de notre vie politique ont été plutôt rares. Dix ans après la création du Conseil de la fédération, la pratique institutionnelle conservatrice du gouvernement Harper et la situation délicate du gouvernement Marois, à la tête d'une province qui a souvent pris le leadership des réformes et des transformations, ne nous incitent pas à prédire de grands bouleversements pour les prochaines années.

SITES WEB

Affaires intergouvernementales du Canada	http://www.pco-bcp.gc.ca/aia
Bureau du Conseil privé	http://www.pco-bcp.gc.ca
Conseil de la fédération	http://www.conseildelafederation.ca/
Forum des fédérations	http://www.forumfed.org/
Secrétariat aux affaires intergouvernementales canadiennes	http://www.saic.gouv.qc.ca
Secrétariat des conférences intergouvernementales canadiennes	http://www.scics.gc.ca

LECTURES SUGGÉRÉES

GAGNON, Alain-G. (dir.) (2006), *Le fédéralisme canadien contemporain : fondements, traditions, institutions*, Montréal, Presses de l'Université de Montréal.

GAUVIN, Jean-Philippe (2012), « Les relations intergouvernementales au Canada : gage de succès ou d'échec ? », *Options politiques*, août 2012, p.38-41.

GOUVERNEMENT DU QUÉBEC (2004), *Le Conseil de la fédération. Un premier pas vers une nouvelle ère de relations intergouvernementales au Canada*, Secrétariat aux Affaires intergouvernementales canadiennes.

LAFOREST, Guy (2004), *Pour la liberté d'une société distincte*, Québec, Les Presses de l'Université Laval.

MEEKISON, J. Peter, Hamish TELFORD et Harvey LAZAR (2004), *Canada : The State of the Federation 2002 : Reconsidering the Institutions of Canadian Federalism*, Montréal et Kingston, Institut des relations intergouvernementales.

NORQUAY, Geoff (2012), « The Death of Executive Federalism and the Rise of the Harper Doctrine : Prospects for the Next Health Accord », *Options politiques*, décembre 2011-janvier 2012, p.46-50.

PELLETIER, Réjean (2008), *Le Québec et le fédéralisme canadien. Un regard critique*, Québec, Les Presses de l'Université Laval.

PRATTE, André (dir.) (2007), *Reconquérir le Canada : un nouveau projet pour la nation québécoise*, Montréal, Les Éditions Voix Parallèles.

WATTS, Ronald (1989), *Executive Federalism : A Comparative Analysis*, Kingston, Institute of Intergovernmental Relations.

BIBLIOGRAPHIE

AJZENSTAT, Janet, Paul ROMNEY, Ian GENTLES et William D. GAIRDNER (2004), *Débats sur la fondation du Canada*, édition française préparée par Stéphane Kelly et Guy Laforest, Québec, Les Presses de l'Université Laval.

BEAUDOIN, Gérald A. (2004), « Nouveau, le fédéralisme asymétrique ? », *Le Devoir*, 28 septembre, p. A7.

BÉLANGER, Réal (1998), « Laurier », dans Ramsay Cook et Jean Hamelin (dir.), *Dictionnaire biographique du Canada*, vol. XIV, 1911 à 1920, Québec, Les Presses de l'Université Laval, p. 676.

BLINDENBACHER, Raoul et Ronald WATTS (2003), « Federalism in a Changing World A Conceptual Framework for the Conference », dans Raoul Blindenbacher et Arnold Koller (dir.), *Federalism in a Changing World : Learning from Each Other*, Montréal et Kingston, McGill-Queen's University Press, p. 7-25.

CONSEIL DE LA FÉDÉRATION (2006), *Réconcilier l'irréconciliable. Rapport du groupe de travail du Conseil de la fédération sur le déséquilibre fiscal*, Ottawa, Secrétariat du Conseil de la fédération.

CONSEIL DE LA FÉDÉRATION (2012), *Évaluation des impacts financiers des propositions fédérales actuelles. Rapport du groupe de travail du Conseil de la fédération sur les transferts fédéraux*, Ottawa, Secrétariat du Conseil de la fédération.

COYNE, Andrew (2004), « What if Meech had a son ? », *National Post*, 17 septembre, p. A1 et A6.

DUFOUR, Christian (2004), « Plus qu'un simple accord administratif », *Le Devoir*, 1er octobre, p. A9.

DUFOUR, Christian (1989), *Le défi québécois*, Montréal, L'Hexagone.

ÉCOLE NATIONALE D'ADMINISTRATION PUBLIQUE DU QUÉBEC (2012), Observatoire de l'administration publique : l'État québécois en perspective, hiver 2012, p.4. Consulté en ligne le 22 décembre 2012 à l'adresse suivante : http://www.etatquebecois.enap.ca/docs/ste/finances_publiques/a-transferts-fed.pdf

FLAHERTY, James M. (2007), *Discours sur le budget du 19 mars 2007*, http://www.budget.gc.ca/2007/speech-discours/speech-discours-fra.html, site consulté le 12 janvier 2009.

GAGNON, Alain-G. (dir.) (2006), *Le fédéralisme canadien contemporain : fondements, traditions, institutions*, Montréal, Presses de l'Université de Montréal.

GAUVIN, Jean-Philippe (2012), « Les relations intergouvernementales au Canada : gage de succès ou d'échec ? », *Options politiques*, août 2012, p.38-41.

GOUVERNEMENT DU QUÉBEC-SAIC (2004), *Le Conseil de la fédération. Un premier pas vers une nouvelle ère de relations intergouvernementales au Canada*, Québec, Secrétariat aux Affaires intergouvernementales canadiennes.

HURLEY, James (2000), « Le parlementarisme canadien et le fédéralisme exécutif », dans Manon Tremblay, Réjean Pelletier et Marcel R. Pelletier (dir.), *Le parlementarisme canadien*, 2e éd., Québec, Les Presses de l'Université Laval, p. 297-312.

JACKSON, Robert J. et Doreen JACKSON (1999), *Canadian Government in Transition*, 2e éd., Scarborough, Prentice-Hall.

LAFOREST, Guy (2010), « What Canadian Federalism Means in Québec », *Review of Constitutional Studies / Revue d'études constitutionnelles*, XV(1), p. 1-33.

McROBERTS, Kenneth (1999), *Un pays à refaire. L'échec des politiques constitutionnelles canadiennes*, Montréal, Boréal.

MEEKISON, J. Peter, Hamish TELFORD et Harvey LAZAR (2004), *Canada : The State of the Federation 2002 : Reconsidering the Institutions of Canadian Federalism*, Montréal et Kingston, McGill-Queen's University Press.

NORQUAY, Geoff (2012), « The Death of Executive Federalism and the Rise of the Harper Doctrine : Prospects for the Next Health Accord », *Options politiques*, décembre 2011-janvier 2012, p.46-50.

PAPILLON, Martin et Richard SIMEON (2004), « The Weakest Link ? First Ministers Conferences in Canadian Intergovernmental Relations », dans J.Peter Meekison, Hamish Telford et Harvey Lazar (dir.), *Canada : The State of the Federation 2002 : Reconsidering the Institutions of Canadian Federalism*, Montréal et Kingston, McGill-Queen's University Press, p. 114, 125-126 et 130.

PELLETIER, Réjean (2008), *Le Québec et le fédéralisme canadien. Un regard critique*, Québec, Les Presses de l'Université Laval.

PELLETIER, Réjean (2004a), « Les mécanismes de coopération intergouvernementale : facteurs de changement ? », dans Tom McIntosh, Pierre-Gerlier Forest et Gregory P. Marchildon (dir.), *La gouvernance du système de santé canadien*, Ottawa, Presses de l'Université d'Ottawa, vol. III, *Études de la commission Romanow*, p. 151-194.

PELLETIER, Réjean (2004b), « L'asymétrie, quelle asymétrie ? », *Le Devoir*, 20 septembre, p. A8.

RUSSELL, Peter H. (1993), *Constitutional Odyssey. Can Canadians Become a Sovereign People ?*, Toronto, University of Toronto Press.

RYAN, Claude (2000), « L'entente sur l'union sociale canadienne vue par un fédéraliste québécois », dans Alain-G. Gagnon (dir.), *L'Union sociale canadienne sans le Québec. Huit études sur l'entente-cadre*, Montréal, Éditions Saint-Martin, p. 245-262.

SMILEY, Donald (1980), *Canada in Question : Federalism in the Eighties*, Toronto, McGraw-Hill Ryerson Limited.

TYLER, John Ecclesfield (1959), « The Development of the Imperial Conference, 1887-1914 », dans Ernest Alfred Benians, Sir James Butler et Charles E. Carrington (dir.), *The Cambridge History of the British Empire*, vol. III, *The Empire-Commonwealth*, Cambridge, Cambridge University Press, p. 406-437.

VAILLANCOURT, François et Caroline CHAREST (2004), « Les finances publiques québécoises et le déséquilibre fiscal », dans Robert Bernier (dir.), *L'État québécois au XXIe siècle*, Québec, Presses de l'Université du Québec, p. 63-101.

WATTS, Ronald (2003), « Intergovernmental Councils in Federations », dans *Constructive and Cooperative Federalism?,* Institute of Intergovernmental Relations et Institute for Research on Public Policy, Kingston et Montréal, p. 8-9.

WATTS, Ronald (2002), *Comparaison des régimes fédéraux*, Kingston, Institut des relations intergouvernementales, 2e édition.

CHAPITRE 5

Le système électoral et les comportements électoraux

Jean Crête
Université Laval
et André Blais
Université de Montréal

Le Vote est la sixième d'une série de sculptures ornant le mur est de la Chambre des communes. Le centre de ce haut-relief montre une croix évoquant la marque traditionnellement inscrite par les électeurs sur leur bulletin de vote. Les rayons de la roue représentent les rivières du Canada et, par analogie, les grandes distances franchies anciennement par les électeurs pour exercer leur droit de vote. Les visages représentent les diverses races et les deux sexes qui forment la population, et qui ont tous aujourd'hui le droit de vote. Les quatre têtes aux longs cheveux qui forment la base de la sculpture entonnent les premières syllabes de l'hymne national : « O-Ca-na-da ».

- Mieux comprendre le processus de sélection des élites législatives au Canada et au Québec;

- Décrire les règles électorales canadiennes et québécoises;

- Analyser les comportements de l'électorat canadien et québécois.

*L*e Canada et le Québec sont des démocraties libérales, où le système de gouvernement repose sur la liberté du choix. Dans une société libérale, les individus peuvent choisir leur profession, leur conjoint ou conjointe, leur religion et ainsi de suite. L'un des choix fondamentaux que les citoyens font est celui de leurs gouvernants politiques. Cette sélection des gouvernants se pratique dans un cadre institutionnel explicitement prévu dans des textes, par exemple la Constitution ou la Loi électorale, ou par des conventions (notion abordée au chapitre 2 de cet ouvrage). Les conventions sont des règles admises mais non écrites ; elles durent aussi longtemps que les principaux intéressés les respectent.

Dans les démocraties libérales, la démocratie s'exerce de façon indirecte : le peuple choisit les dirigeants qui, eux, ont la responsabilité de décider, de faire le choix des politiques au nom des citoyens et citoyennes. Dans une démocratie directe, le peuple voterait les lois plutôt que de déléguer ce pouvoir à une élite dirigeante. Au Canada, la Constitution ne prévoit pas que le peuple puisse légiférer directement.

Dans ce chapitre, nous verrons succinctement comment les dirigeants sont choisis. Dans un premier temps, nous décrirons les règles électorales qui gouvernent ce choix et, dans un deuxième temps, nous examinerons les comportements des citoyens et citoyennes lors des élections fédérales canadiennes et provinciales québécoises.

LES RÈGLES ÉLECTORALES

Dans une démocratie, une des premières règles à établir est, bien sûr, de déterminer qui a le droit de choisir les dirigeants, c'est-à-dire qui a le droit de voter, puis qui a le droit d'être dirigeant, c'est-à-dire qui a le droit de représenter le peuple. Il faut également préciser avec quels mécanismes on procédera à la sélection des dirigeants, mécanismes qui sont décrits sous l'expression « système électoral ». Tenant compte du fait que le Canada est une fédération de provinces et de territoires (ce qui a été abordé au chapitre 2 de cet ouvrage), des règles de répartition des élus entre provinces et territoires sont prévues par la Constitution canadienne. Finalement, lorsque vient le temps de choisir les représentants du peuple, il y a une foule de règles, prévues dans les lois et les conventions, ou qui sont simplement le fruit de la pratique, qui viennent encadrer le déroulement des campagnes électorales. Tous les dirigeants ne sont pas élus. Par exemple, les membres du Sénat, les juges et le directeur de la banque centrale, des décideurs très importants dans le système politique canadien, ne le sont pas ; ils sont plutôt nommés par les élus.

L'électorat

De nos jours, on conçoit que le droit de vote soit un attribut de la citoyenneté politique. Cela n'a pas toujours été le cas. Au cours du XXe siècle, plusieurs catégories de personnes ont obtenu ce droit et peu l'ont perdu. Lors de la création de la fédération canadienne en 1867, la loi britannique (*Acte de l'Amérique du Nord britannique*) prévoyait à son article 51 que «jusqu'à ce que le Parlement du Canada en ordonne autrement, toutes les lois en vigueur dans les diverses provinces […] s'appliqueront respectivement aux élections des députés envoyés à la Chambre des communes par ces diverses provinces». Au départ, donc, le droit de vote fédéral dépendait des provinces, qui en définissaient les conditions. Il était lié à la propriété du sol ou, d'une façon plus générale, aux personnes qui avaient des biens – le vote censitaire. En cela, les pratiques dans les provinces canadiennes n'étaient pas différentes de ce qui se faisait ailleurs dans le monde de tradition britannique. Après maintes péripéties, le Parlement fédéral, par l'Acte des élections fédérales (*Dominion Elections Act*) de 1920, a repris définitivement le contrôle de la législation en la matière.

Le suffrage n'était pas encore universel, bien que des progrès importants fussent accomplis dans ce sens. En 1917, les femmes membres des Forces armées (essentiellement des infirmières) et celles qui avaient un lien de parenté avec un ou une militaire ont obtenu le droit de vote. En 1918, la distinction homme-femme disparut, mais d'autres catégories de citoyens, notamment les Canadiens d'origine japonaise, chinoise ou indienne (de l'Inde) vivant en Colombie-Britannique et ceux d'origine chinoise vivant en Saskatchewan, en étaient privées (Commission royale sur la réforme électorale et le financement des partis, 1991, vol. 1 : 31). Les Canadiens d'origine autochtone ont été tantôt inclus et tantôt exclus de l'électorat fédéral. Les Inuits ont été explicitement exclus de 1934 à 1950. Les Amérindiens, et leurs conjointes, qui avaient servi dans les Forces armées avaient le droit de vote et, plus

tard, ceux qui abandonnaient leur statut d'Indien. Finalement, en 1960, le gouvernement de John Dienfenbaker accorda le suffrage à l'ensemble des Amérindiens et Amérindiennes.

La *Loi constitutionnelle de 1982*, à son article 3, confère le droit de vote à tout citoyen canadien aux élections législatives fédérales et provinciales. Désormais, le suffrage est universel et, en ce qui concerne les citoyens tout au moins, le Parlement ne peut procéder que par restriction «dans des limites qui soient raisonnables et dont la justification puisse se démontrer dans le cadre d'une société libre et démocratique» (*Charte canadienne des droits et libertés*, article 1).

La principale exclusion qui demeure touche les personnes âgées de moins de 18 ans. La loi canadienne qui excluait les prisonniers servant une peine de deux ans et plus a été déclarée nulle par la Cour suprême du Canada en 2002 (voir le tableau 3.2 du chapitre 3). Par ailleurs, les personnes qui ne sont pas citoyennes sont exclues. Les «sujets britanniques» qui n'étaient pas citoyens canadiens, mais qui vivaient au Canada, ont eu le droit de vote aux élections fédérales jusqu'en 1975. Depuis lors, on peut dire que seuls les citoyens qui résident au Canada ont le droit de vote, et ce, tant aux élections canadiennes que québécoises. Des règles spéciales s'appliquent aux militaires et aux fonctionnaires en poste à l'étranger et aux citoyens qui résident temporairement à l'étranger.

L'histoire du droit de suffrage au Québec est pour l'ensemble semblable à celle du Canada, si ce n'est en ce qui a trait au droit de vote des Québécoises. En effet, sous la Constitution de 1791, les femmes qui possédaient des biens avaient le droit de vote, lequel leur fut retiré en 1849 par le gouvernement La Fontaine-Baldwin, alors sous la Constitution du Canada-Uni. Tandis que les femmes le regagnèrent en 1918 pour les élections fédérales, ce n'est qu'en 1940 qu'elles l'obtinrent pour les élections législatives québécoises.

Enfin, soulignons que désormais, chaque citoyen ou citoyenne n'a droit qu'à un seul vote lors d'un scrutin donné. Lorsque ce droit était lié à la propriété, une personne pouvait voter dans chaque circonscription où elle possédait des biens fonciers. Dorénavant, la situation économique de la personne et le droit de vote sont totalement dissociés. Bref, l'universalité du droit de vote aux élections canadiennes et québécoises est étendue aux personnes de citoyenneté canadienne, âgées de 18 ans et plus et résidant au Canada, ou au Québec depuis au moins six mois pour les élections provinciales québécoises. En 2011, 24 257 592 personnes répondaient à ces critères et leurs noms figuraient dans le registre des électeurs pour les élections fédérales (Élections Canada, 2011 : 28). En 2012, 5 919 808 personnes étaient inscrites sur la liste électorale permanente du Québec (Directeur général des élections du Québec, 2012 : 10).

Le mode de scrutin

Le mode de scrutin, c'est-à-dire le mécanisme utilisé pour traduire le vote populaire en sièges aux élections législatives fédérales et québécoises, est le système pluralitaire uninominal à un tour. Le territoire est divisé en circonscriptions électorales et les électeurs inscrits dans une circonscription votent pour un candidat ou une candidate qui figure sur la liste des personnes qui s'y présentent. Pour permettre aux électeurs de s'y retrouver, l'affiliation politique du candidat, s'il est parrainé par un parti politique enregistré, ou la mention indépendant est inscrite sur le bulletin de vote.

La formule électorale en fonction de laquelle on désigne les élus au Canada et au Québec est celle de la pluralité : le candidat qui obtient le plus de votes est déclaré élu. Il existe évidemment d'autres modes de scrutin, fondés sur d'autres formules. Il peut être majoritaire comme en France : pour être élu à l'Assemblée nationale, un candidat doit obtenir plus de la moitié des votes[1]. Il peut aussi être proportionnel : dans ce cas, il y a plusieurs élus par circonscription et on applique une formule qui fait en sorte que chaque parti ait un nombre d'élus à peu près proportionnel au pourcentage de votes qu'il a obtenus. Il existe, enfin, des systèmes mixtes qui combinent un volet proportionnel et un volet pluralitaire ou majoritaire.

Plusieurs personnes réclament une réforme du mode de scrutin au Canada. On reproche au mode actuel d'être injuste, de systématiquement surreprésenter les grands partis et de sous-représenter les petits. On note qu'avec un tel mode de scrutin il peut arriver qu'un parti gagne l'élection même s'il obtient moins de votes qu'un autre, comme ce fut le cas lors de l'élection québécoise de 1998 (le Parti québécois a obtenu une majorité de sièges même s'il a récolté moins de votes que le Parti libéral – 42,8 % comparativement à 43,5 %). On souligne aussi des distorsions en matière de représentation régionale. Aux élections fédérales de 2004, par exemple, aucun candidat conservateur n'a été élu au Québec même si le Parti conservateur y a obtenu 8,8 % des voix. Pour corriger ces lacunes, on propose généralement l'adoption d'un mode de scrutin proportionnel ou, encore, un système mixte incorporant une certaine dose de proportionnalité.

---

1. Si aucun candidat n'obtient la majorité absolue, on procède à un deuxième tour et alors, la personne est élue avec la pluralité des voix.

C'est dans cette perspective qu'une réforme du mode de scrutin a été considérée dans cinq provinces au début des années 2000 (Milner, 2004), mais ces propositions ont finalement été abandonnées. Dans trois cas, en Colombie-Britannique, à l'Île-du-Prince-Édouard et en Ontario, la proposition a été rejetée par référendum. Au Québec, le ministre délégué à la Réforme des institutions démocratiques a déposé en 2004 un avant-projet de loi qui, entre autres choses, modifierait le mode de scrutin. En 2005 et 2006, une commission parlementaire spéciale réunissant élus et non-élus s'est penchée sur ce projet de loi, mais finalement aucune suite n'y a été donnée. Au Nouveau-Brunswick, c'est également le gouvernement qui a abandonné le projet de réforme.

Les défenseurs du système actuel affirment que, malgré ses défauts, celui-ci permet habituellement la formation d'un gouvernement majoritaire alors que les élections à la proportionnelle conduisent généralement à la constitution d'un gouvernement de coalition, lequel est moins directement redevable aux électeurs, puisqu'il découle en partie de jeux de coulisse entre les partis. Les élections québécoises de 2007 et de 2012 de même que les élections fédérales de 2004, 2006 et 2008 n'ont pas octroyé la majorité absolue de sièges à un parti, mais au lendemain des élections, il n'y a néanmoins pas eu de coalitions de partis pour former le gouvernement. Le parti ayant obtenu la pluralité des sièges a simplement formé un gouvernement minoritaire à l'Assemblée législative. Cette incapacité des partis à former des coalitions a fait ressortir les défauts d'un système qui produirait davantage encore de situations où aucun parti ne recueillerait une majorité de sièges.

Il faut convenir qu'aucun mode de scrutin n'est parfait, qu'aucun ne permet de satisfaire toutes les conditions d'une élection démocratique idéale. La question est donc de porter un jugement comparatif sur les défauts et les avantages du système actuel et sur ceux d'autres systèmes. On peut alors se demander s'il serait possible de modifier le système actuel tout en préservant certains de ses atouts. Cette préoccupation amène des auteurs (Massicotte et Blais, 2003) à proposer un système mixte dans lequel un certain nombre de députés seraient élus comme présentement et d'autres en fonction d'une formule proportionnelle.

Les candidats et les partis

Pour être candidat ou candidate, il faut avoir la qualité d'électeur (citoyen canadien, 18 ans ou plus, etc.) et ne pas occuper certaines fonctions publiques, comme celles de juge ou de membre d'une Assemblée législative provinciale. Dans quelques systèmes politiques, le cumul des mandats est permis. En Italie et au Royaume-Uni, par exemple, la loi prévoit qu'un individu peut être à la fois maire de sa commune, député à l'Assemblée nationale et représentant au Parlement européen. Au Canada et au Québec, en principe, on ne cumule pas les postes. Depuis les débuts de la Confédération, il y a toujours eu l'exigence pour la personne qui présente sa candidature de déposer une somme d'argent comme preuve de son sérieux. En 1874, le montant du dépôt pour les élections fédérales avait été fixé à 50 $ puis, en 1882, à 200 $ (Commission royale sur la réforme électorale et le financement des partis, 1991, vol. 1 : 90). Ce dernier montant est demeuré le même jusqu'avant les élections fédérales de 1993.

À la suite des recommandations de la Commission Lortie, il a été fixé à 1 000 $; il est remboursé après l'élection si le candidat remet son rapport dans les délais prescrits. En plus du dépôt en argent, le candidat doit être soutenu par une pétition d'au moins 100 électeurs de sa circonscription. Au Québec, aucun cautionnement n'est nécessaire pour être candidat.

Au fédéral, le directeur général des élections tient un registre des partis politiques (voir le tableau 5.1A) et depuis 2004 il verse des contributions à ceux qui sont enregistrés. Les conditions à remplir pour présenter une demande d'enregistrement sont simples : il faut avoir la signature de 250 électeurs qui se déclarent membres du parti et le parti doit avoir un nom, un chef et un vérificateur pour les questions financières. Le parti sera dûment enregistré lorsqu'il présentera un candidat à une élection. Depuis 25 ans, les électeurs ont le choix parmi plus d'une dizaine de partis politiques aux élections fédérales. Toutefois, il n'y en a que quatre ou cinq qui sont vraiment concurrentiels, les autres ne recueillant qu'un nombre très limité de votes. D'une élection à l'autre, quelques partis disparaissent et d'autres naissent (voir le tableau 5.1A). Aux élections fédérales de 2011, 18 partis rencontraient toutes les exigences de la loi fédérale. Au Québec, un parti peut être reconnu s'il a l'appui de 100 électeurs (voir le tableau 5.1B). Comme la figure 5.1 le fait bien ressortir, le nombre de partis politiques enregistrés au Canada a beaucoup augmenté depuis le début des années 1970. Cette croissance indique sans doute l'insatisfaction de plusieurs citoyens à l'égard des partis déjà en place. Cette fragmentation des préférences de l'électorat ne se reflète cependant pas dans la représentation à la Chambre des communes ou à l'Assemblée nationale, notamment en raison de notre système électoral qui a pour effet de sous-représenter les petits partis.

Les circonscriptions électorales

Le système électoral en vigueur au Canada et au Québec exige que les électeurs votent dans des circonscriptions électorales. Trois principes fondamentaux guident le découpage du territoire en circonscriptions électorales. Le premier veut que les citoyens soient égaux et pour ce faire, le nombre de personnes doit être égal d'une circonscription à l'autre de sorte que, quelle que soit celle où un individu est inscrit, son poids électoral soit le même. Le deuxième principe veut que les règles constitutionnelles et conventionnelles soient respectées, notamment en ce qui a trait à la répartition des circonscriptions par province. Le troisième principe veut que les circonscriptions coïncident autant que possible avec les communautés d'intérêts. Une communauté d'intérêts peut se définir de multiples façons. Par exemple, dans une ville, on essaiera d'inclure dans une même circonscription un quartier homogène plutôt que de le diviser en deux ou trois segments qui se joindraient à d'autres segments de quartiers pour former une circonscription. Sur des territoires moins peuplés, on tentera de respecter la géographie humaine, c'est-à-dire la façon dont les gens vont normalement vers leur lieu d'affaires, ce qui est souvent lié au système routier. On vise ainsi à permettre la représentation de divers intérêts. La répartition des circonscriptions entre les provinces et le découpage de la carte électorale dans chacune d'elle doivent être examinés après chaque recensement décennal en fonction de ces

TABLEAU 5.1A

Liste des partis politiques fédéraux enregistrés lors des élections de 1993-2011

	2011	2008	2006	2004	2000	1997	1993
Parti progesssiste-conservateur					X	X	X
Reform Party/Alliance canadienne					X	X	X
Parti conservateur du Canada	X	X	X	X			
Parti libéral du Canada	X	X	X	X	X	X	X
Bloc québécois	X	X	X	X	X	X	X
Parti vert du Canada	X	X	X	X	X	X	X
Nouveau Parti démocratique	X	X	X	X	X	X	X
Parti marxiste-léniniste du Canada	X	X	X	X	X	X	X
Parti de l'héritage chrétien du Canada	X	X	X	X		X	X
Parti Action canadienne	X	X	X	X	X	X	
Parti marijuana	X	X	X	X	X		
Parti communiste du Canada	X	X	X	X	X		
Parti libertarien du Canada	X	X	X	X			X
Animal Alliance Environment Voters Party of Canada	X	X	X				
Parti progressiste canadien	X		X	X			
Western Block Party	X		X				
First Peoples National Party of Canada	X		X				
Parti Pirate du Canada	X						
Parti Rhinocéros	X						
Parti uni du Canada	X						
Autres partis non inscrits en 2011, mais inscrits lors d'élections précédentes		2			1	1	5
Total	18	14	15	12	11	10	14

TABLEAU 5.1B

Liste des partis politiques québécois enregistrés en août 2012

PARTIS POLITIQUES AUTORISÉS	DATES D'AUTORISATION
Bloc pot	18 mars 1998
Coalition Avenir Québec – L'équipe François Legault	14 février 2012
Coalition pour la constituante	13 juin 2012
Équipe autonomiste	27 juin 2012
Mouvement équité au Québec	16 avril 2008
Option nationale	31 octobre 2011
Parti communiste du Québec	3 avril 2006
Parti conservateur	14 janvier 2012
Parti de la classe moyenne du Québec	8 mai 2012
Parti égalité/Equality Party	7 mai 1990
Parti équitable	20 février 2012
Parti indépendantiste	18 octobre 2007
Parti libéral du Québec/Quebec Liberal Party	22 février 1978
Parti marxiste-léniniste du Québec	5 mai 1989
Parti nul	9 avril 2009
Parti québécois	22 février 1978
Parti unité nationale	15 mai 2002
Parti vert du Québec/Green Party of Québec	14 novembre 2001
Parti – Révolution démocratique	7 mars 2011
Québec solidaire	1er novembre 2002
Union citoyenne du Québec	13 juillet 2012

trois principes (qui ne peuvent cependant pas toujours être appliqués intégralement).

La répartition des circonscriptions par province

La *Loi constitutionnelle de 1867* prévoyait la distribution des sièges entre les quatre provinces originales. Cependant, au fur et à mesure que d'autres s'ajoutaient (Manitoba, 1870 ; Colombie-Britannique, 1871 ; Île-du-Prince-Édouard, 1873, voir la chronologie à la fin de l'ouvrage), il a fallu augmenter le nombre de sièges. De plus, la croissance de la population de l'Ouest diminuait l'importance relative des provinces maritimes, desquelles, dès 1882, il a fallu constater que la représentation électorale devait diminuer (voir le tableau 5.2).

La Constitution de 1867 prévoyait que le nombre de représentants d'une province à la Chambre des communes ne pouvait diminuer à moins que la population totale de ladite province n'ait chuté de plus de 5 % entre les deux derniers recensements décennaux. Dans le cas des Maritimes, cette clause ne suffisait pas à freiner leurs pertes. Après de multiples pressions politiques, la Constitution fut amendée en 1915 pour garantir à chaque province un nombre de députés au moins égal à son nombre de sénateurs. Puis, après le recensement de 1941, on se rendit compte qu'en appliquant les règles prévues à la Constitution, toutes les provinces sauf deux, la Colombie-Britannique et le Québec, verraient leur représentation diminuer. Le gouvernement libéral de Mackenzie King demanda au Parlement de Londres de modifier la Constitution du Canada à cet égard (voir le tableau 2.3 du chapitre 2).

FIGURE 5.1

Nombre de partis politiques aux élections fédérales canadiennes de 1972 à 2011

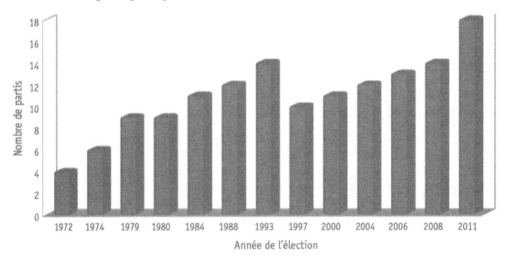

TABLEAU 5.2

La représentation depuis 1867

	NOMBRE DE SIÈGES											
ANNÉE	CANADA	ONT.	QUÉ.	N.-É.	N.-B.	MAN.	C.-B.	Î.-P.-É.	T.N.-O.		YUKON/ NUNAVUT/ T.N.-O.	T.-N.
1867	181	82	65	19	15							
1871	185	82	65	19	15	4						
1872	200	88	65	21	16	4	6					
1873	206	88	65	21	16	4	6	6				
1882	211	92	65	21	16	5	6	6				
1887	215	92	65	21	16	5	6	6	4			
1892	213	92	65	20	14	7	6	5	4			
1903	214	86	65	18	13	10	7	4	10		1	
									Sask.	Alb.		
1907	221	86	65	18	13	10	7	4	10	7	1	
1914	234	82	65	16	11	15	13	3	16	12	1	
1915	235	82	65	16	11	15	13	4	16	12	1	
1924	245	82	65	14	11	17	14	4	21	16	1	
1933	245	82	65	12	10	17	16	4	21	17	1	
1947	255	83	73	13	10	16	18	4	20	17	1	
1949	262	83	73	13	10	16	18	4	20	17	1	7
1952	265	85	75	12	10	14	22	4	17	17	2	7
1966	264	88	74	11	10	13	23	4	13	19	2	7
1976	282	95	75	11	10	14	28	4	14	21	3	7
1987	295	99	75	11	10	14	32	4	14	26	3	7
1996	301	103	75	11	10	14	34	4	14	26	3	7
2003	308	106	75	11	10	14	36	4	14	28	3	7
2012*	338	121	78	11	10	14	42	4	14	34	3	7

* Date de la proclamation du dernier décret de représentation électorale
Source : Directeur général des élections du Canada.

Au recensement suivant, en 1951, on amenda de nouveau la formule pour éviter que la Saskatchewan ne perde trop de sièges d'un seul coup. Désormais, une province ne pouvait perdre plus de 15 % de ses sièges entre deux redistributions. Mais comme la Saskatchewan en obtenait alors davantage que l'Alberta plus populeuse, on adopta une règle pour garantir qu'aucune province n'ait moins de sièges qu'une autre moins populeuse (article 51, règle 5 de la *Loi constitutionnelle de 1867*). Puis, après le recensement de 1971, pour éviter que le nombre de sièges ne diminue dans les provinces moins populeuses, on décida d'augmenter le nombre total de députés. Après le recensement de 1981, cette formule aurait donné 310 députés. On décida alors d'appliquer une nouvelle formule pour éviter que le nombre de membres à la Chambre des communes n'augmente trop.

L'application de la *Loi de 1985 sur la représentation électorale* donnait, après le recensement de 2001, un total de 308 députés. Malgré l'augmentation du nombre de sièges, l'Ontario, la Colombie-Britannique et l'Alberta demeuraient sous-représentées à la Chambre des communes. Après le recensement de 2011, la situation s'était encore détériorée pour ces trois provinces, d'où de nouvelles règles qui visaient à ne pas trop augmenter le nombre de circonscriptions tout en garantissant à chaque province d'obtenir au moins le nombre de circonscriptions qu'elles comptaient déjà. Malgré l'augmentation du nombre de députés de 308 à 338, un citoyen de l'Île-du-Prince-Édouard continue d'avoir un poids près de trois fois supérieur à celui de l'Alberta. En d'autres mots, le vote d'une personne de l'Île-du-Prince-Édouard valait celui de trois électeurs de l'Alberta. La distribution résultant du recensement de 2011 laisse trois provinces sous-représentées : la Colombie-Britannique, l'Ontario et l'Alberta. Leurs quotients électoraux sont au-dessus de la moyenne canadienne, comme l'indiquent les données du tableau 5.3. Le Québec répond d'assez près à la norme (quotient électoral fédéral), alors que les six autres provinces et les territoires sont surreprésentés à la Chambre des communes.

La croissance démographique n'étant pas uniforme à travers le Canada, il est normal que le quotient électoral devienne rapidement inégal d'une province à l'autre. C'est pourquoi on a prévu refaire la carte électorale après chaque recensement. Les diverses garanties constitutionnelles et conventionnelles qui se sont accumulées depuis 1867 sont autant de contraintes qui pèsent sur le processus de mise à jour de la répartition des sièges entre les provinces.

Le découpage des circonscriptions

Une fois déterminé le nombre de sièges de chaque province et territoire, il faut délimiter à l'intérieur de chacune des provinces les circonscriptions électorales. Étant donné qu'il peut y avoir des intérêts partisans à délimiter les circonscriptions de façon à favoriser un parti au détriment d'un autre, ce qu'on appelle le remaniement arbitraire des circonscriptions (*gerrymandering*), il y eut dès le début de la Confédération des propositions pour que le découpage de la carte soit fait par des personnes indépendantes des partis politiques. En fait, ce n'est qu'en 1964 que le Parlement canadien a mis en place un processus de découpage impartial.

Depuis lors, le processus est le suivant. Après chaque recensement décennal, pour chacune des provinces et, au besoin, chacun des territoires, la loi prévoit la création d'une commission formée de trois membres. Elle est présidée par un juge qui est désigné par le juge en chef de la province. Les deux autres membres, qui ne peuvent être des législateurs, sont nommés par le président de la Chambre des communes. Parce que le Yukon, le Nunavut et les Territoires du Nord-Ouest n'auront droit dans un avenir prévisible qu'à un seul siège chacun, il ne sera pas nécessaire de créer de commissions pour eux.

Le directeur général des élections informe les commissions du nombre de circonscriptions qu'elles doivent délimiter ainsi que de la population de la province ou du territoire. À partir des grands principes de représentation des collectivités et de la population, les commissions préparent des cartes provisoires puis elles tiennent des audiences publiques pour prendre connaissance des remarques des citoyens. Elles révisent ensuite leurs cartes et les remettent au directeur général des élections qui les transmet au Parlement. Les députés examinent ces cartes et font leurs commentaires. Les commissions, après avoir écouté les députés, remettent leurs rapports finals respectifs. Un an plus tard, les nouvelles limites des circonscriptions entrent en vigueur.

Pour découper la carte en circonscriptions, les commissions de délimitation doivent suivre deux grands principes de représentation qui entrent parfois en conflit (un troisième principe a trait au respect des règles constitutionnelles et conventionnelles, tel que mentionné précédemment). Ces deux principes sont, d'une part, l'égalité des citoyens, donc des circonscriptions électorales et, d'autre part, la représentation des intérêts locaux. Ce deuxième principe dérive de l'origine même de la Chambre des communes, c'est-à-dire de la Chambre des représentants des collectivités locales. En effet, à l'origine, dans le Parlement britannique, les personnes qui se retrouvaient à la Chambre des communes étaient les représentants des collectivités. Aujourd'hui, en Grande-Bretagne comme au Canada, les municipalités comme entités juridiques ne sont plus représentées, mais le découpage de la carte tient encore compte de la représentation des communautés d'intérêts. En fait, les commissions de délimitation ont le devoir de tenir compte de «la

communauté d'intérêts ou d'identité culturelle d'une circonscription électorale ou son évolution historique» (*Loi de 1985 sur la représentation électorale*, article 6).

Le premier principe est, bien sûr, la représentation selon la population. D'après ce principe, le nombre de personnes par circonscription devrait autant que possible être le même partout. Cependant, pour tenir compte des communautés d'intérêts et des dimensions géographiques, les commissions ont une marge de 25 %, soit en plus, soit en moins. Par exemple, si le quotient électoral de l'Ontario est de 110 520 (voir le tableau 5.3), la commission de délimitation de cette province peut délimiter des circonscriptions dont la taille en population varie entre 138 150 (quotient plus 25 %) et 88 416 (quotient moins 25 %). De plus, depuis 1986, la loi prévoit que les commissions pourront déroger aux écarts admissibles de 25 % pour mieux respecter les communautés d'intérêts et la géographie. Si l'on ne tenait compte que du principe de l'égalité des citoyens, toutes les circonscriptions compteraient à peu près le même nombre de personnes. Or, lors des élections de 2011, la circonscription d'Oak-Ridges-Markham, en Ontario, comptait 153 973 électeurs, alors que celle de Labrador en avait six fois moins avec 20 305. La moins populeuse de toutes les circonscriptions, le Nunavut, n'en comptait que 17 349.

L'une des questions posées avec de plus en plus d'acuité est justement la représentation des intérêts des communautés autochtones à la Chambre des communes, ce que réclament des porte-parole des groupes ethniques: Inuits, Indiens et Métis. Seules les circonscriptions des Territoires du Nord-Ouest, du Nunavut et de Churchill, au Manitoba, sont à majorité autochtone (Small,

1991 : 341). Ailleurs, comme les autochtones sont peu concentrés géographiquement, il a été proposé de créer des circonscriptions réservées aux personnes se définissant comme autochtones (Commission royale sur la réforme électorale et le financement des partis, 1991, vol. 1 : 175-200). Elles s'inscriraient, de façon volontaire, sur une liste et elles voteraient non pas dans une circonscription locale mais dans une circonscription provinciale. S'il y avait assez de personnes pour créer deux ou plus de deux circonscriptions autochtones dans une province, celle-ci pourrait être subdivisée de façon à regrouper dans une même circonscription les autochtones ayant davantage d'intérêts en commun. Ce projet n'est pas sans inconvénients, notamment le tri des citoyens selon leur ethnicité et il ne donnerait guère plus d'une demi-douzaine de députés aux autochtones.

Au Québec, une commission de la représentation électorale constituée du Directeur général des élections du Québec, qui agit comme président, et de deux commissaires, proposés par le premier ministre et nommés par l'Assemblée nationale par une résolution d'au moins les deux tiers de ses membres, revoit la carte électorale après la deuxième élection générale qui suit la dernière délimitation. Cette commission redessine la carte en consultant la population et en tenant compte des remarques des membres de l'Assemblée nationale qui débat du projet dans le cadre d'une commission parlementaire. La décision finale est prise par la Commission de la représentation électorale. Les principes qui la guident dans le découpage de la carte sont l'égalité effective des citoyens et la communauté naturelle établie en se fondant sur des considérations d'ordre démographique, géographique et sociologique, tels que la densité de la population, le taux relatif de croissance de la population, l'accessibilité, la superficie et la configuration de la région, les frontières naturelles du milieu ainsi que les territoires des municipalités locales (*Loi électorale*, L.R.Q., c. E-3.3). Chaque circonscription doit être délimitée de telle façon que, d'après la liste électorale permanente, le nombre d'électeurs qu'elle comporte ne soit ni supérieur ni inférieur à 25 % du quotient obtenu par la division du nombre total d'électeurs par le nombre de circonscriptions.

Les campagnes électorales

Depuis 2007, sauf en cas de dissolution anticipée du Parlement, une élection fédérale doit avoir lieu le troisième lundi d'octobre de la quatrième année civile qui suit le jour de scrutin de la dernière élection générale. Le Québec a également amorcé une réforme à l'automne 2012. En effet, le nouveau gouvernement du Parti québécois a proposé de tenir des élections à date fixe. Les élections générales auraient désormais lieu le premier lundi du mois d'octobre de la quatrième année civile suivant celle qui comprend le jour de la fin de la législature précédente. Le parti d'opposition Coalition avenir Québec a spontanément appuyé le projet alors que le Parti libéral du Québec s'est montré réticent, tout en ne s'y opposant pas.

Lorsqu'une élection générale ou un référendum a lieu, quel que soit le mode de déclenchement de l'évènement, trois grandes catégories d'organisations sont immédiatement affectées : l'administration électorale, les partis politiques et les médias (sur ce point, voir le chapitre 6 sur les partis politiques et le chapitre 8 sur les médias).

TABLEAU 5.3

Répartition des sièges à la Chambre des communes et poids relatif des citoyens

PROVINCES ET TERRITOIRES	POPULATION 2011*	SIÈGES 2012*	QUOTIENT ÉLECTORAL RÉEL
Terre-Neuve-et-Labrador	510 578	7	72,939
Île-du-Prince-Édouard	145 855	4	36,463
Nouvelle-Écosse	945 437	11	85,948
Nouveau-Brunswick	755 455	10	75,545
Québec	7 979 663	78	102,303
Ontario	13 372 996	121	110,520
Manitoba	1 250 574	14	89,326
Saskatchewan	1 057 884	14	75,563
Alberta	3 779 353	34	111,157
Colombie-Britannique	4 573 321	42	108,888
Nunavut	33 322	1	33 322
Territoires du Nord-Ouest	43 675	1	43 675
Yukon	34 666	1	34 666
Canada	34 482 779	338	102,020

* Source : Directeur général des élections.

Le directeur général des élections du Canada est un serviteur de l'État nommé par le gouverneur général sur la recommandation de la Chambre des communes et du Sénat. Il cesse d'occuper sa fonction lorsqu'il atteint l'âge de 65 ans. Son rôle est de diriger et de surveiller les activités électorales et, de façon générale, de s'assurer que la loi électorale est appliquée. Au Québec, sur la proposition du premier ministre, c'est l'Assemblée nationale qui nomme, par une résolution des deux tiers de ses membres, le directeur général des élections pour un mandat de sept ans.

L'une des plus importantes tâches du directeur des élections est celle de confectionner une liste des électeurs. Cette liste est désormais permanente et mise à jour grâce aux renseignements fournis par différentes administrations, comme le ministère du Revenu. Les citoyens peuvent aussi s'adresser directement au bureau du directeur général des élections pour s'inscrire sur la liste ou pour modifier leur inscription. Pour illustrer les devoirs qui incombent au directeur général des élections, notons, par exemple, que lors du référendum canadien[2] de 1992, il dut faire traduire la question référendaire en 37 langues autochtones et, comme à chaque élection, faire imprimer les

---

2. En 1992, il y a eu deux référendums tenus le même jour : un au Québec, selon les lois québécoises, et un dans le reste du Canada, selon les lois canadiennes.

bulletins de vote, s'assurer qu'ils étaient gardés en sécurité, louer des locaux pour le jour du scrutin, vérifier que l'on pouvait y avoir accès aisément et, au besoin, faire construire une rampe d'accès, fournir des boîtes de scrutin, la documentation pertinente ainsi que des sessions de formation aux dizaines de milliers de personnes qui participaient à l'inscription des électeurs ou à la gestion des activités le jour du vote, et ainsi de suite. Bref, le directeur général des élections doit garantir la qualité du déroulement du processus électoral jusque dans ses détails. Si le directeur général des élections fédérales est nommé par le gouverneur général, les directeurs ou directrices de scrutin de chaque circonscription sont par ailleurs nommés par le gouverneur en conseil, c'est-à-dire le gouvernement du jour. Toutefois, après leur nomination, ces directeurs doivent s'abstenir de poser des gestes partisans, sous peine d'être révoqués. Au Québec, le directeur général des élections procède par concours pour nommer les directeurs de scrutin de chaque circonscription. Si l'élection est avant tout l'occasion d'élire des parlementaires, c'est aussi un geste symbolique de soutien au système démocratique ; si l'organisation de l'élection ne répondait pas aux normes attendues par les électeurs, ce serait la confiance envers tout le système qui pourrait être mise en doute.

La durée minimale d'une campagne électorale est prévue par la loi (voir le tableau 5.4). La volonté du législateur a été de limiter la période (donc les budgets) de publicité des partis et des candidats. La loi fédérale prévoyait que, trois jours avant le scrutin, les médias s'abstiennent de publier des sondages d'opinion, mais ces dispositions furent déclarées inconstitutionnelles par le pouvoir judiciaire (voir le tableau 3.2 du chapitre 3). Les dispositions de la législation électorale de même que toutes les lois qui limitent d'une façon ou d'une autre la liberté d'action des individus ou des organisations sont constamment

TABLEAU 5.4

Abrégé du calendrier électoral

CANADA	ÉVÉNEMENTS STATUTAIRES	QUÉBEC
Jour 36	Émission des brefs d'élection/ Prise du décret	Jour 33
	Début de la période d'interdiction de la publicité de 7 jours	32
	Fin de la période d'interdiction de la publicité	26
24	Avis d'inscription de l'électeur	22
21	Date limite pour la présentation des candidats	16
10	Début du vote par anticipation	10
6	Dernier jour de demande de vote par la poste – électeurs résidant à l'étranger	19
0	Jour du scrutin – interdiction de toute publicité électorale	0

Source : Lois électorales du Canada et du Québec.

remises en question depuis l'adoption de la *Charte canadienne des droits et libertés*. Lors de chaque campagne électorale, on se trouve donc avec des articles de loi inopérants.

Outre l'administration électorale, les partis politiques doivent aussi se lancer dans un branle-bas de combat. Chacun peut être divisé en deux niveaux : l'organisation centrale et autant d'organisations locales que le parti présente de candidats. Comme on peut le constater en consultant la figure 5.2, le nombre d'organisations locales lors des élections fédérales est impressionnant, bien que certaines soient plus ou moins actives par la suite.

Au niveau local, le parti doit d'abord, si ce n'est déjà fait, choisir un candidat ou une candidate et mettre sur pied son organisation électorale. Puis, si le parti est arrivé premier ou deuxième à l'élection précédente, il a le loisir, mais ce n'est pas toujours une tâche facile, de proposer au directeur du scrutin les noms de personnes à

engager comme réviseurs de la liste électorale et dont le rôle sera de traiter les demandes d'inscription ou de radiation sur la liste permanente des électeurs. Le directeur de scrutin est tenu d'embaucher ces personnes. S'il est arrivé premier, le parti fournira aussi une liste de noms de personnes qui agiront comme scrutateurs le jour du vote et, s'il est arrivé deuxième, une liste de noms pour les postes de greffiers. Le scrutateur est la personne qui a la garde des bulletins de vote et de tout le matériel nécessaire pour que le citoyen puisse effectivement voter. Le greffier est responsable de l'identification des personnes qui se présentent pour voter et il inscrit sur la liste électorale le fait qu'elles ont voté. Il y a un scrutateur et un greffier par bureau de scrutin. Lors de l'élection de 2011, par exemple, il y avait plus de 70 000 bureaux de scrutin. Plusieurs scrutateurs et greffiers – représentant environ 10 % des travailleurs d'élection – militeront au cours de la campagne pour faire élire leur candidat ou

FIGURE 5.2

Nombre de candidats et candidates aux élections fédérales canadiennes de 1972 à 2011

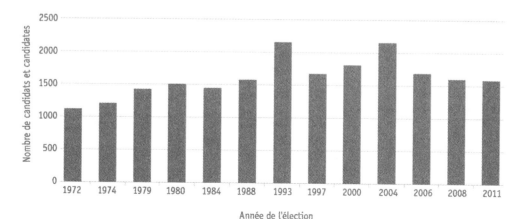

TABLEAU 5.5

Plafond des dépenses d'élection des candidats et candidates dans les circonscriptions

CANADA		QUÉBEC
Nombre d'électeurs	Montant par électeur Base 2004*	Montant par électeur Base 2012-2013
0 à 15 000	2,07 $	
15 à 25 000	1,04 $	
25 000 et plus	0,52 $	1,23 $

On ajoute une allocation dans le cas des circonscriptions où le nombre d'électeurs est inférieur à 10 par kilomètre carré	Dans les circonscriptions de Duplessis, Rouyn-Noranda-Témiscamingue, Saguenay et Ungava, le maximum est augmenté de 0,28 $ par électeur et dans la circonscription des Îles-de-la-Madeleine, le maximum est augmenté de 0,80 $ par électeur.

Note : * Ces montants sont indexés au coût de la vie.

candidate en distribuant des tracts, en posant des affiches, en sollicitant le soutien de leurs concitoyens par téléphone, et ainsi de suite. Le candidat ou la candidate s'efforcera de rencontrer le plus d'électeurs possible en faisant du porte-à-porte, en croisant les gens sur la rue, dans les centres commerciaux ou sur les lieux de travail. La publicité se fera surtout par voie d'imprimés, d'affiches, de sites Web et d'annonces dans les journaux de quartier. Le candidat aura pris soin de s'assurer qu'un agent officiel, nommé par lui ou son organisation, tiendra un compte des dépenses électorales. La loi prévoit un plafond qui varie selon le nombre d'électeurs sur la liste électorale (voir le tableau 5.5) et selon la superficie dans le cas des circonscriptions peu densément peuplées.

Au niveau central, en plus de s'occuper de la coordination générale des candidats locaux, l'organisation sera responsable de la stratégie de diffusion du message du parti. La tournée du chef et des vedettes du parti, comme les ministres et autres personnalités bien connues du public, et la

participation à un éventuel débat des chefs seront des éléments de cette stratégie. Pour faire passer leur message par les médias, les partis disposent de trois grands types de moyens. Ils peuvent acheter de la publicité et se faire voir sur le Web, mais dans le cas de la télévision, l'accès est réglementé par la loi. Ils peuvent faire participer leur chef ou leurs vedettes à des débats ou faire des mises en scène, comme la visite d'une usine, ce qui attire l'attention des médias. Enfin, ils peuvent communiquer leurs messages aux journalistes en espérant que ces derniers transmettront l'information avec le moins de commentaires ou de mise en perspective possible.

L'achat de publicité et sa diffusion absorbent une bonne part du budget des partis en campagne électorale. La publicité électorale n'est pas un phénomène nouveau, mais les techniques modernes de communication ont transformé les stratégies électorales. Malgré des variations d'une campagne à l'autre, on constate (voir le tableau 5.6) que les grands partis canadiens dépensent plus de

ENCADRÉ 5.1

Plafond des dépenses d'un intervenant particulier (ou tiers) lors d'une élection

Au Canada

On entend par tiers une personne ou un groupe, à l'exception d'un candidat, d'un parti enregistré et d'une association de circonscription d'un parti enregistré.

Les tiers sont assujettis à certaines obligations, entre autres :

Lors d'une élection, ils doivent s'enregistrer auprès d'Élections Canada après la délivrance du bref, et ce, dès qu'ils ont engagé des dépenses de publicité électorale de 500 $.

Il leur est interdit, pendant la période électorale relative à une élection générale, de faire des dépenses de publicité électorale dépassant 168 900 $ et de ce total, il leur est interdit de dépenser plus de 3 378 $ pour favoriser l'élection d'un ou de plusieurs candidats ou pour s'opposer à l'élection d'un ou de plusieurs candidats dans une circonscription donnée.

Il leur est interdit d'utiliser des fonds anonymes ou de source étrangère à des fins de publicité électorale.

Note : les montants mentionnés étaient valides le 1er janvier 2004. Ils sont ajustés annuellement en fonction de l'inflation.

Au Québec

Un intervenant particulier est défini par la loi comme étant un électeur ou un groupe qui ne possède pas de personnalité morale et qui est composé de personnes physiques dont la majorité a la qualité d'électeur et qui, en période électorale, peut engager uniquement des dépenses de publicité dont le total ne dépasse pas 300 $, pour :

- faire connaître son opinion sur un sujet d'intérêt public ou obtenir un appui à une telle opinion ; ou
- prôner l'abstention ou l'annulation du vote.

L'intervenant particulier ne peut effectuer des dépenses de publicité dont le but est de favoriser ou de défavoriser directement un candidat ou un parti.

TABLEAU 5.6

Budget électoral et pourcentage des dépenses consacré à la publicité lors de l'élection de 2011

	BQ	NPD	PC	PLC
Limite des dépenses permises*(en millions de dollars)	5,3	21,0	21,0	21,0
Total des dépenses réelles**(en millions de dollars)	5,3	20,3	19,5	19,5
Publicité, radiodiffusion, radio, télévision (en % du total)**	58 %	49 %	54 %	61 %

* Rapport du directeur général des élections du Canada sur la 41e élection générale du 2 mai 2011, tableau 2.

** Source des données brutes : Élections Canada. Rapports de dépenses d'élection – Détails du rapport – État des dépenses électorales pour une élection générale. Pour chaque parti.

quarante pour cent de leur budget à la préparation et à la diffusion de leur publicité proprement dite. C'est une tendance que l'on observait aussi dans les années 1980.

Une autre préoccupation intense des organisations partisanes est la mise en valeur de leur chef et de leurs candidats vedettes. Comme les médias suivent très attentivement les chefs, les partis s'assureront de créer des événements qui serviront de décor à leurs performances. En limitant l'accès des journalistes aux politiciens, le parti s'assure du contrôle du message qui sera diffusé.

Les partis, comme les candidats, ne peuvent dépenser plus que le montant prévu par la loi (voir les tableaux 5.5 pour les candidats et candidates et 5.6 pour les partis). Les dépenses des «tiers» (voir l'encadré 5.1) sont également assujetties à la loi électorale. Du point de vue des stratèges des partis, tous les moyens de communication, payés ou gratuits, doivent être utilisés de façon rationnelle dans la poursuite de l'objectif qui est d'élire le plus de candidats possible.

En plus de l'administration électorale et des partis politiques, les médias sont eux aussi grandement affectés par le déclenchement d'une élection ou d'un référendum. Que ce soient les diffuseurs d'information comme les chaînes de télévision, les radios ou les journaux ou, encore, les grossistes en information que sont les agences de presse, tous s'organisent pour couvrir les élections. Les politiciens, le plus souvent par l'entremise de leurs spécialistes en relations publiques, sont en constante négociation avec les journalistes pour que leurs messages soient diffusés. On sait que ces derniers ont besoin de nouvelles pour alimenter l'entreprise qui les emploie. Les politiciens sont en mesure de leur en fournir, mais ils exigent

d'eux en retour qu'ils se comportent d'une façon prévisible. D'où la négociation.

L'importance des médias, particulièrement de la télévision, durant une campagne électorale ne saurait être exagérée, puisque la très grande partie des électeurs se fient aux médias pour obtenir les informations pertinentes aux choix à faire. L'influence de la presse sur les électeurs demeure toutefois un sujet controversé. Est-ce que les médias, par l'information ou la publicité, orientent directement le vote des gens? Serait-ce les médias qui établissent la liste des sujets à débattre? Attirent-ils tout simplement l'attention sur l'un ou l'autre aspect du débat en cours (voir le chapitre 8 sur les médias)?

Les campagnes électorales semblent de plus en plus importantes au fur et à mesure que les électeurs deviennent moins attachés à leurs partis. Lors des campagnes électorales fédérales de 1984, 1988, 1993 et 1997, on a observé des mouvements très significatifs dans les choix de l'électorat. Plus de la moitié des électeurs de 1988 ont changé de parti entre 1988 et 1993. Près d'un tiers des électeurs de 1993 n'ont pas voté pour le même parti en 1993 et en 1997. Depuis, on continue d'observer des fluctuations dans les choix électoraux. On dit alors que l'électorat est volatil, que le choix partisan varie selon l'état de l'économie, selon les caractéristiques personnelles des candidats ou selon les plates-formes électorales des partis politiques.

LE COMPORTEMENT ÉLECTORAL

Avant d'examiner ce qui influence le vote des électeurs, il convient de se demander combien de gens participent au scrutin, qui sont-ils et qui participent ou ne participent pas.

La participation électorale

Si tous les Canadiens et les Canadiennes ont le droit de vote, tous ne s'en prévalent pas. En moyenne, depuis la Deuxième Guerre mondiale, environ 25 % des gens inscrits sur les listes électorales n'ont pas voté. De 1984 à 2011, le taux d'abstention est passé de 25 % à 39 %. Aux élections québécoises de 2008, il a atteint 43 % pour revenir à 25 % en 2012. Ces taux sont élevés lorsqu'on compare le Canada et le Québec aux autres démocraties occidentales. Même par rapport aux démocraties du tiers-monde, le taux d'abstention électorale au Canada demeure élevé. À côté des pays de l'Europe de l'Ouest, auxquels il se compare assez bien en termes socioéconomiques, le Canada obtient de piètres résultats, selon la Commission royale sur la réforme électorale et le financement des partis (1991, vol. 1 : 53) qui attribue cela aux règles institutionnelles qui régissent le système électoral canadien. Trois caractéristiques institutionnelles expliquent en bonne partie pourquoi le niveau de participation électorale est bas au Canada. Les études montrent, en effet, que c'est dans les pays où le vote est obligatoire, où le Parlement ne compte qu'une Chambre (l'unicaméralisme) et où le système électoral est proportionnel que la participation est la plus élevée (Blais *et al.*, 2003).

Le déclin du taux de participation s'explique essentiellement par le remplacement des générations. On observe, de fait, que les jeunes sont beaucoup moins portés à exercer leur droit de vote que ce n'était le cas pour leurs parents lorsqu'ils avaient le même âge. On constate également que les gens qui appartiennent aux générations moins récentes votent tout autant qu'ils avaient l'habitude de le faire (Gélineau et Teyssier, 2012).

On attribue souvent le déclin de la participation électorale à la montée du cynisme à l'endroit de la politique, mais certaines données infirment cette interprétation. C'est ainsi qu'on observe que les jeunes, qui sont plus portés à s'abstenir, ne sont pas plus cyniques à l'endroit des politiciens que les plus âgés. Il se dégage, par contre, que les jeunes suivent beaucoup moins la politique, qu'ils sont beaucoup moins informés en général et qu'ils sont aussi moins susceptibles de penser que le vote est non seulement un droit, mais également un devoir dont tout citoyen « responsable » doit s'acquitter. Il semble que ce soient ces attitudes différentes qui expliquent la participation nettement plus faible des jeunes générations (Pammett et LeDuc, 2003 ; Blais et Loewen, 2011).

Le vote

Deux partis se sont jusqu'à maintenant succédé pour former le gouvernement à Ottawa : le Parti libéral du Canada (PLC) et le Parti progressiste-conservateur (PC) devenu, en 2004, le Parti conservateur du Canada. Dans les 15 élections fédérales tenues entre 1945 à 1988, le PLC a obtenu en moyenne 40 % des votes et le PC 36 % (voir le tableau 5.7). Puis l'appui au PC a diminué jusqu'à 12 % avant qu'il ne fusionne avec l'Alliance canadienne (AC) et remonte à 30 % des votes en 2004 pour ensuite dépasser le PLC. De 1945 jusqu'en 2004, le PLC a obtenu plus de votes que le PC dans 13 des 20 élections. Depuis les assises du PLC se sont effritées et le PC a mieux fait.

Le troisième parti «traditionnel» en importance est le Nouveau Parti démocratique (NPD), qui s'appelait la Co-operative Commonwealth Federation (CCF) jusqu'à l'élection de 1962. De 1945 à 1958, le CCF a obtenu en moyenne 12 % des votes. De 1962 à 1988, le NPD en a recueilli en moyenne 17 %, pourcentage qu'il n'avait pas beaucoup dépassé jusqu'aux élections de 2011 (voir le tableau 5.7) alors qu'il est devenu plus important que le Parti libéral. Les autres partis ont accumulé en moyenne 8 % des votes lors de ces élections. Le plus important d'entre eux fut le Crédit social (CS), qui remporta 12 % des votes lors des élections de 1962 et de 1963.

Ce qui compte, en dernière analyse, ce n'est évidemment pas le nombre de votes, mais celui de députés que chaque parti réussit à faire élire à la Chambre des communes. Le mode de scrutin canadien fait en sorte que les petits partis ont tendance à y être sous-représentés. C'est ainsi que le NPD, qui a obtenu en moyenne 17 % du vote de 1962 à 1988, n'a réussi à faire élire que 10 % de ses candidats, en moyenne au cours de cette période. Cette règle n'est cependant pas absolue; le CS, en particulier, n'était pas aussi désavantagé parce que ses votes étaient davantage concentrés dans des régions distinctes. Ce qui a été également le cas du Bloc québécois (BQ) de sa création en 1993 jusqu'aux élections de 2011.

De façon typique pour la période 1945-1988, le parti qui remporte le plus de votes à une élection canadienne obtient 44 % des suffrages et 56 % des sièges. Un parti qui obtient 45 % ou plus des votes est à peu près sûr de former un gouvernement majoritaire; avec 43 % ou 44 %, les chances demeurent bonnes et avec 41 % ou 42 %, elles sont minces, bien que le PLC fut majoritaire avec 39 % des voix en 1997. Lorsque le PLC et le PC terminent sur un pied d'égalité, comme ce fut le cas en 1962, le PC est susceptible de remporter davantage de sièges, spécialement parce qu'il est davantage implanté en milieu rural. Neuf des quinze élections tenues entre 1945 et 1988 ont produit des gouvernements majoritaires et six des gouvernements minoritaires. Parmi ces derniers, dans deux cas, en 1957 et en 1979, le PC a réussi à faire élire davantage de députés que le PLC même s'il avait recueilli moins de votes.

Les tendances qui viennent d'être évoquées valent pour la période de 1945 à 1988. Les deux élections de la décennie 1990 ont bouleversé le système de partis (voir le tableau 5.7). Le fait que le Parti libéral du Canada ait remporté quatre élections consécutives tenues après 1990 était évidemment en continuité avec l'histoire récente. Le résultat le plus spectaculaire a été l'émergence, en 1993, de deux nouveaux partis et la déconfiture du Parti progressiste-conservateur qui, avec seulement 16 % des votes, n'a pu faire élire que deux députés. Il s'agit de la pire dégringolade qu'ait subie un parti dans l'histoire politique canadienne. Le record était détenu jusqu'alors par le PC de John Diefenbaker qui avait reculé de 17 points de pourcentage entre 1958 et 1962.

Cette dégringolade s'est produite au profit de deux nouveaux partis, le Bloc québécois, avec 14 % des votes et 18 % des sièges, et le Parti réformiste (PR), avec 19 % des votes et 18 % des sièges. C'était la première fois que deux nouveaux partis réussissaient à faire élire des députés à la Chambre des communes lors de la même élection; c'était évidemment aussi la première fois que deux nouveaux partis réussissaient à surpasser un des deux partis traditionnels.

TABLEAU 5.7

Les résultats des élections fédérales au Canada en pourcentages de votes et de sièges pour les principaux partis, 1945-2011

PARTIS	MOY. 1945-1988	1993	1997	2000	2004	2006	2008	2011
PLC-VOTES (%)	40,3	41	39	41	37	30,2	26,2	18,9
PLC-SIÈGES (%)	45	60	52	57	44	33	25	11
*PC-VOTES (%)	36,4	16	19	12	30	36,3	37,6	39,6
PC-SIÈGES (%)	41	1	7	4	32	40	46	53,9
**NPD-VOTES (%)	15,5	7	11	9	16	17,5	18,2	30,6
NPD-SIÈGES (%)	9	3	7	4	6	9	12	33,4
CS-VOTES (%)	4,7	–	–	–	–	–	–	
CS-SIÈGES (%)	4	–	–	–	–	–	–	
BQ-VOTES (%)	–	14	11	11	12	10,5	10	6,1
BQ-SIÈGES (%)		18	15	13	18	17	16	1,3
***AC/PR-VOTES (%)	–	19	19	26	–	–	–	
AC/PR-SIÈGES (%)		18	20	22	–	–	–	
AUTRES-VOTES (%)	2,6	3	2	2	6	5,4	7,9	4,8
AUTRES-SIÈGES (%)	1	0	0	0	0	1	0	0,3

*   Le Parti progressiste-conservateur de 1942 à 2003; le Parti conservateur du Canada depuis 2004.
**   Le CCF de 1945 à 1958 inclusivement.
***   Le Parti réformiste en 1993 et 1997 et l'Alliance canadienne en 2000.
Source: Frizzell, Pammett et Westell (1989: table A1) et Directeur général des élections. Résultats officiels du scrutin. Élections 1997 à 2011.

TABLEAU 5.8

Pourcentage du vote au Québec par parti, lors des élections fédérales de 1993 à 2011

	1993	1997	2000	2004	2006	2008	2011
BQ	49,5	37,9	39,9	48,8	42,1	38,1	23,4
PLC	33,2	36,7	44,2	33,9	20,8	23,7	14,2
NPD	1,6	2,0	1,8	4,6	7,5	12,2	42,9
PC/PCC	13,6	22,2	5,6	8,8	24,6	21,7	16,5
PR/AC	–	0,3	6,2	–	–	–	–
Verts	0,1	0,1	0,1	3,2	4	3,5	2,1

Ces résultats dénotent des bouleversements dans le comportement électoral des Canadiens et des Canadiennes. L'élection de 1997 a consolidé le bouleversement de 1993, puisque le Parti réformiste et le Bloc demeurent alors les deuxième et troisième partis en importance à la Chambre. À l'élection de 2000, l'Alliance canadienne, qui avait remplacé le Parti réformiste, fit un peu mieux que ce dernier, mais sans faire la percée espérée par la droite. La fusion de l'Alliance canadienne et du Parti progressiste-conservateur a permis à la droite d'améliorer encore ses résultats et de recueillir 30 % des votes aux élections de 2004. De l'élection de 1993 à celle de 2011, on se trouve donc avec deux systèmes de partis : un au Québec et un dans le reste du Canada (ROC). Au Québec, le Bloc québécois affronte deux partis (voir le tableau 5.8) : le Parti libéral du Canada et le Parti conservateur ; dans le ROC, la lutte se fait entre le Parti libéral du Canada, le Parti conservateur du Canada et le Nouveau Parti démocratique. Tout cela fit en sorte que les élections de 2004, 2006 et 2008 produisirent des gouvernements minoritaires. D'abord un gouvernement libéral minoritaire faisant suite à trois gouvernements libéraux majoritaires, puis deux gouvernements minoritaires conservateurs (sur les partis au Parlement, voir le chapitre 6). À l'élection de 2011, un revirement subit de l'électorat au Québec éliminera presque le Bloc québécois pour donner une majorité de sièges au NPD au Québec. Pendant ce temps, dans le ROC, le PLC continuait son lent déclin si bien qu'au total le NPD devint le second parti en importance au Canada et le Parti libéral devint un tiers parti.

Les élections québécoises ont elles aussi produit un gouvernement minoritaire en 2007 lorsque l'Action démocratique du Québec (ADQ)

a recueilli 30,8 % des votes alors que le Parti libéral du Québec (PLQ) en obtenait 33,1 % et le Parti québécois (PQ) 28,4 %. Dès 2008, à l'occasion d'élections précipitées par le premier ministre, le PLQ reprenait suffisamment de sièges pour former un gouvernement majoritaire. Aux élections de 2012, elles aussi précipitées, le Parti québécois gagna suffisamment de sièges pour prendre le pouvoir, mais sans obtenir la majorité de sièges. Le système de partis au Québec demeure encore fractionné si on le compare à ce qui se passait avant 2003 alors que deux partis, le PLQ et le PQ, récoltaient plus de 85 % des votes. Au Québec, on observe donc une volatilité électorale tant aux élections provinciales que fédérales, d'où l'attention accrue portée aux tiers-partis (Bélanger et Nadeau, 2009)

Les déterminants du vote fédéral

Les clientèles électorales

Au Canada comme ailleurs, les partis ont des appuis inégaux dans différentes catégories de la population. Les principales caractéristiques socio-économiques qui sont associées au vote sont les suivantes : la région, la religion, la langue, la syndicalisation et le sexe.

C'est traditionnellement au Québec que le Parti libéral obtenait le plus de votes et dans les provinces de l'Ouest que le Parti conservateur et le NPD connaissaient les meilleurs succès[3]. Cette tendance a cependant été renversée complètement par la venue de Brian Mulroney à la tête du Parti

---

3. Cette section s'inspire de Pammett *et al.*, 1984, Johnston *et al.*, 1992 et Blais *et al.*, 2002.

conservateur. Ainsi, en 1988, c'est au Québec que le PC a obtenu son meilleur résultat.

Depuis 1993, le Parti libéral connaît ses plus grands succès en Ontario et dans les provinces de l'Atlantique. Pour sa part, c'est dans les provinces de l'Ouest que le Parti conservateur est le plus fort. Le NPD est quant à lui le parti dont les bases régionales sont les moins marquées, sauf pour sa percée fulgurante au Québec en 2011. Le Bloc recueille évidemment tous ses appuis au Québec.

La religion est également fortement associée aux comportements électoraux au Canada, comme dans un grand nombre de pays d'ailleurs. Plus spécifiquement, les catholiques ont eu tendance à appuyer davantage le Parti libéral, les protestants, le Parti conservateur et les personnes sans religion, le NPD. Ces orientations tenaient bon même lorsqu'on contrôlait l'effet d'autres facteurs comme la région et la langue. Au cours des récentes années les libéraux ont perdu leur ascendance sur les catholiques, ceux-ci se réalignant lentement vers le PC.

L'importance du clivage linguistique au Canada est bien connue. Ce sont les deux minorités linguistiques, les francophones hors du Québec et les anglophones du Québec, qui se démarquent le plus nettement par leur attachement au Parti libéral. Dans la même perspective, les Canadiens d'origine ethnique non européenne ont par le passé voté massivement libéral, mais ce n'est plus le cas (Thomas, 2012)

On observe finalement, depuis quelques années, un écart dans le comportement électoral des hommes et des femmes. Les femmes ont été plus enclines à appuyer le NPD et les hommes ont été plus nombreux à voter pour le Parti conservateur. Cette tendance des femmes à être légèrement plus à gauche s'expliquerait en partie par leur

plus grand attachement aux programmes sociaux, surtout ceux reliés à la santé, par leur approche moins punitive face au crime et par leur point de vue modéré face à la libre entreprise (Gidengil *et al.*, 2003).

Les traditions partisanes

Les Canadiens et Canadiennes ont-ils tendance à s'identifier à un parti qu'ils vont appuyer bon an mal an, sauf dans une circonstance exceptionnelle? Il semble qu'environ un électeur sur deux s'identifie à un parti et parmi eux environ un sur deux s'identifie au Parti libéral. C'est donc dire que, parmi les électeurs loyaux à un parti, le Parti libéral jouit d'une forte avance.

L'intensité de l'attachement partisan varie selon les catégories d'électeurs. On note qu'à mesure qu'ils vieillissent, les électeurs ont tendance à s'identifier un peu plus fortement à un parti. Cet effet est cependant relativement modeste; il est nettement moins important, en particulier, que celui de l'héritage familial.

La déconfiture du Parti conservateur et du NPD en 1993 et du BQ en 2011 donne à penser que les traditions partisanes sont moins fortes qu'auparavant, que les citoyens sont davantage enclins à changer de parti d'une élection à l'autre. Y a-t-il là une tendance structurelle vers un électorat moins partisan, plus mobile?

La réponse semble être oui, même si les données ne sont pas aussi claires qu'on pourrait le souhaiter. L'ambiguïté provient du fait que, de 1965 à 1984, le pourcentage de gens qui disent ne s'identifier à aucun parti demeure relativement stable. Il semble cependant que le vote est plus volatil qu'auparavant. En 1993, deux des principaux partis ont perdu plus de 10 points de pourcentage par rapport à l'élection précédente. En 1984, le Parti conservateur a gagné 17 points et le Parti libéral en a perdu 16 par rapport à l'élection de 1980. De 1988 à 2011, le comportement des électeurs a également beaucoup fluctué.

Pourquoi cette volatilité ? On n'est guère en mesure d'apporter de réponse sûre à cette question. Une hypothèse intéressante stipule que la médiatisation de la politique et des campagnes électorales en particulier pourrait être un facteur clé. Mendelsohn (1994) a montré qu'en 1988, ceux qui étaient davantage exposés aux médias modifiaient plus rapidement leur intention de vote pendant la campagne et décidaient comment voter plus en fonction de leur évaluation des chefs et moins à partir de leur identification partisane. Les médias, en personnalisant la politique, affaibliraient les traditions partisanes. Cette thèse est toutefois contestée (Albrigt, 2009).

Les enjeux

Chaque élection a des enjeux qui lui sont propres. Ce qui nous intéresse ici, c'est de savoir dans quelle mesure l'appui à un parti ou à un autre reflète des attitudes différenciées à l'égard des principaux enjeux de la politique canadienne.

On constate, en effet, que les électeurs des divers partis se différencient selon leur orientation idéologique. Ceux qui votent à droite sont, en général, plus traditionnels sur le plan moral et moins favorables à l'intervention de l'État. Les électeurs du NPD ont des orientations inverses, en plus d'être davantage critiques à l'égard du système capitaliste. Les électeurs du Parti libéral fédéral se situent tantôt près des électeurs de la droite, tantôt près de ceux de la gauche (Bélanger

et Meguid, 2008). De ce point de vue, le traditionnel clivage droite-gauche s'applique tout à fait. Pour ce qui est des électeurs du Bloc québécois, l'attitude qui les distingue fondamentalement des autres électeurs est évidemment leur appui à la souveraineté.

Sans prétendre que les enjeux expliquent tout, on peut néanmoins conclure que le vote des électeurs reflète en bonne partie leurs attitudes sur les grands enjeux de la politique canadienne, en particulier la place du Québec et du français et les rôles relatifs que devraient jouer le marché économique et l'État.

La conjoncture économique

L'une des hypothèses les plus souvent énoncées pour rendre compte des résultats électoraux renvoie à la conjoncture économique. Elle avance que les électeurs ont tendance à récompenser les gouvernements en les réélisant lorsque l'économie se porte bien et à les punir en se débarrassant d'eux lorsque l'économie va mal. Cette hypothèse est-elle confirmée au Canada ?

Il semble que oui, mais avec des nuances. Nadeau et Blais (1993 et 1995) ont trouvé que les succès électoraux du gouvernement sortant sont effectivement liés au rendement de l'économie. Ils observent que parmi les trois indicateurs économiques retenus – le chômage, l'inflation et le revenu personnel –, seul le chômage semble vraiment jouer et que ce qui semble compter, c'est l'écart entre le taux de chômage actuel et celui des années précédentes. Selon leurs données, lorsque le taux de chômage augmente de un point de pourcentage, l'appui au gouvernement sortant diminue de deux points, tout étant égal par ailleurs.

Il semble donc que la popularité des gouvernements est tributaire de la conjoncture économique, tout particulièrement des fluctuations du taux de chômage. En même temps, il faut bien reconnaître que la conjoncture économique n'est qu'un des facteurs qui affectent le résultat d'une élection.

Les chefs de partis

Le Canada a un régime parlementaire en vertu duquel les électeurs sont appelés à choisir, dans leur circonscription, un député associé à un parti. Ils n'ont donc pas la possibilité de choisir directement celui ou celle qui deviendra le chef du gouvernement, contrairement à ce qui se passe dans un régime présidentiel. Il ne fait guère de doute, cependant, que les électeurs ont des opinions sur les chefs de partis, sur la personne qui, à leurs yeux, ferait le meilleur premier ministre ; ces opinions pèsent lourdement sur le comportement électoral.

Lorsqu'on leur demande ce qui est le plus important dans leur décision – le parti, le chef ou le candidat local dans la circonscription –, environ le tiers des Canadiens choisissent le chef[4]. Quoiqu'il ne faille pas prendre à la lettre de telles réponses, il paraît indéniable que les chefs comptent beaucoup dans le choix électoral.

Il serait bien surprenant qu'il en soit autrement. Toute la couverture de la campagne électorale est centrée sur les chefs. Mendelsohn (1994), en particulier, a montré que plus de la moitié des bulletins de nouvelles lors de la campagne électorale de 1988 ont porté sur leurs activités.

De même, le débat télévisé des chefs s'est imposé comme l'événement marquant des campagnes électorales, événement dont les répercussions sur le vote peuvent être considérables. En 1984, Brian Mulroney a été perçu comme le grand gagnant du débat télévisé et cela a grandement aidé la cause du Parti conservateur. En 1988, c'est John Turner qui est sorti gagnant et cela a permis au Parti libéral de distancer le NPD, qui était à égalité avec les libéraux avant le débat. En 2011, la prestation du chef du NPD, Jack Layton, à une émission de variétés à la télévision francophone semble avoir propulsé la popularité de son parti au Québec.

Quelles sont les qualités d'un chef de parti les plus appréciées et les défauts les plus dépréciés ? Le politicien le plus populaire de l'histoire contemporaine a été Pierre Elliott Trudeau[5]. Les sondages ont révélé que ce qu'on aimait davantage chez lui, c'était son intelligence et son honnêteté et ce qu'on détestait le plus, c'était son arrogance. Quant à Brian Mulroney, dont l'image fut particulièrement négative, on lui reprochait surtout son manque de sincérité. On pourrait donc conclure que les chefs sont évalués en fonction de deux grands critères : leur compétence et leur honnêteté. L'importance accordée à ces deux caractéristiques peut varier d'une campagne à l'autre, mais les électeurs souhaitent avoir un premier ministre qui possède plusieurs qualités : intelligence, leadership, intégrité et empathie.

Il ne faudrait pas non plus surestimer le poids des chefs dans le vote. Jean Chrétien a permis au

---

4. Cette section s'inspire de Clarke *et al.*, 1991, chapitre 5.

5. Notons cependant que sa cote de popularité, comme celle de tous les leaders, a eu tendance à se détériorer avec le temps.

Parti libéral de remporter trois élections successives sans jouir d'une forte popularité personnelle. On entend aussi souvent dire que les élections canadiennes ressemblent de plus en plus aux élections présidentielles américaines, l'accent étant davantage mis sur la personnalité des chefs et, pourtant, une analyse des enquêtes électorales menées depuis 1965 révèle que, contrairement à ce qu'on pourrait penser, l'évaluation des chefs n'affecte *pas* plus le choix des électeurs présentement qu'il y a 20, 30 ou 40 ans (Gidengil *et al.*, 2000).

Le vote stratégique

En principe, le vote est supposé indiquer quel parti, quel chef ou quel candidat local l'électeur juge le plus valable. Mais il n'est pas sûr qu'il vote toujours pour son premier choix, surtout s'il croit que le parti ou le candidat préféré n'a aucune chance de gagner. On dira d'un électeur qu'il vote de façon stratégique s'il le fait pour appuyer son deuxième choix plutôt que pour son premier parce que ce deuxième choix est perçu comme plus susceptible de battre un candidat ou un parti qui est considéré comme le pire choix.

Le vote stratégique suppose donc que l'électeur prend en considération la probabilité de gagner qu'ont des partis ou des candidats et il évite de voter pour celui qui est perçu comme n'ayant pratiquement aucune chance de l'emporter. Un tel vote est-il fréquent?

Les études qui ont été menées sur cette question en arrivent à deux conclusions (Blais, 2002). La première est que le vote stratégique existe, c'est-à-dire qu'un certain nombre d'électeurs votent pour un parti qui n'est pas leur parti préféré parce qu'ils estiment que ce dernier n'a aucune chance de gagner dans leur circonscription. La deuxième conclusion est que le vote stratégique est peu fréquent, qu'il est typiquement le fait de seulement 5 % des électeurs.

Pourquoi y a-t-il si peu de votes stratégiques? Pour deux raisons principales. La première est que plusieurs électeurs ont une forte préférence pour un parti et qu'ils n'ont pas vraiment de deuxième choix. Ces électeurs sont très peu enclins à abandonner « leur » parti. La seconde est que les tenants des petits partis sont portés à surestimer les chances de leur parti et qu'ils n'ont donc pas l'impression de gaspiller leur vote en appuyant ce parti.

En somme, il existe un vote stratégique et il peut avoir une portée considérable dans certaines circonscriptions, mais la grande majorité des électeurs votent tout simplement pour le parti qu'ils préfèrent.

CONCLUSION

Dans ce chapitre, nous avons examiné comment les représentants du peuple sont choisis au Canada et au Québec, qui participe à ce choix et quels en sont les déterminants. Nous avons pour ainsi dire des règles et des comportements, et les deux fluctuent dans le temps.

Prenons le cas d'une règle de base, qui est aussi un des principes fondamentaux de la démocratie libérale: le droit de vote. Qui a le droit de voter? Comme nous l'avons vu, tant aux élections canadiennes que québécoises, ce droit est théoriquement conféré aux personnes qui sont citoyennes du Canada, qui résident au Canada et qui sont âgées d'au moins 18 ans. Celles qui résident au

Canada, qui y paient leurs taxes et y élèvent leur famille tout en n'ayant pas la citoyenneté canadienne n'ont pas le droit de vote. De même pour les citoyens canadiens qui résident en permanence à l'étranger. On peut penser que si la mobilité de la main-d'œuvre devait s'accroître, par exemple en vertu de l'Accord de libre-échange nord-américain, de plus en plus de personnes perdraient leur droit de vote. En effet, elles ne pourraient voter ni dans leur pays d'accueil ni dans leur pays d'origine. Ces exclusions sont des choix politiques particuliers. Il n'en est pas nécessairement ainsi dans toutes les démocraties libérales.

D'autres exclusions portent sur des groupes franchement impopulaires (voir l'encadré 5.2 pour l'évolution du droit de vote depuis 1791). Au cours des années 1990, il y a eu un débat sur le droit de vote des prisonniers. Dans sa décision du 21 octobre 1999, la Cour d'appel fédérale a établi que les personnes incarcérées purgeant une peine de deux ans ou plus n'avaient plus le droit de voter aux élections fédérales. Par contre, celles purgeant une peine de moins de deux ans pouvaient voter. Cette décision renversait le jugement rendu le 27 décembre 1995 par la Section de première instance de la Cour fédérale, lequel avait accordé le droit de vote à toutes les personnes incarcérées, établissant que l'alinéa 51e) de la *Loi électorale du Canada* – qui privait du droit de vote les électeurs purgeant une peine de deux ans ou plus dans un établissement correctionnel – contrevenait à l'article 3 de la *Charte canadienne des droits et libertés* et était donc inconstitutionnel. Comme on peut le constater, pour certains citoyens, le droit de vote est un phénomène quelque peu aléatoire. C'est ainsi que ces prisonniers n'eurent pas le droit de voter en 1993, qu'ils purent voter en 1997, qu'ils perdirent de nouveau ce droit en 1999 et

qu'ils le recouvrirent par une décision de la Cour suprême en 2002.

En conformité avec la lettre et l'esprit de la Constitution du Dominion, le Parlement canadien a peu à peu « nationalisé » les institutions liées aux élections. De ce point de vue, le Canada est aujourd'hui beaucoup plus centralisé que ne l'est, par exemple, le voisin américain où les États fédérés maintiennent un rôle important en divers points du processus électoral. Cette uniformisation accentue la crise de la représentation que vivent les démocraties occidentales au tournant du millénaire. Si le Canada a maintenu son système électoral uninominal à un tour alors que sa population était culturellement très variée, c'est probablement parce que les intérêts des diverses communautés ont pu être pris en compte par le caractère fédéral des institutions. Dans la mesure où le caractère fédéral de la vie politique est amenuisé au profit du caractère « national », les intérêts non représentés par les partis politiques dominants voudront faire pression pour modifier le mode de scrutin afin d'avoir au moins une chance d'accéder eux aussi au pouvoir. Il est par ailleurs logique de penser que ces systèmes ne changent pas tant qu'ils bénéficient aux partis dominants. Aussi, à moins que les appuis aux deux grands partis fondent davantage ou que les partis d'opposition se coalisent, il est peu probable que le mode de scrutin change au Canada ou au Québec.

Du côté des comportements, les fluctuations sont plus nombreuses, comme nous l'avons vu dans ce chapitre. Les comportements sont, bien sûr, encadrés par les institutions et conditionnés par l'histoire, mais les fluctuations à court ou à plus long terme dépendent beaucoup de la situation économique, de la qualité du leadership politique et des idées défendues par les partis politiques,

ENCADRÉ 5.2

Évolution du droit de vote

ANNÉES	MODIFICATIONS
1791	L'Acte constitutionnel prévoit une assemblée élue au suffrage censitaire par des «personnes» répondant à certains critères de propriété. Certaines femmes ont alors le droit de vote au Bas-Canada.
1792	Premières élections à se tenir au Bas-Canada.
1844-1858	Sont tour à tour exclus de l'électorat, entre autres : les juges, les douaniers, les percepteurs de l'impôt, les greffiers et assistants-greffiers, les shérifs.
1849	Retrait du droit de vote aux femmes du Canada-Uni.
1856-1867	Élection des membres du Conseil législatif du Canada-Uni.
1867	L'AANB exclut les femmes de l'électorat ; les conditions régissant le droit de vote fédéral relèvent de chaque province.
1874	Adoption du vote secret à Ottawa. (En 1875, au Québec.)
1918	Toutes les Canadiennes obtiennent le droit de vote aux élections fédérales. Ce même droit sera octroyé aux femmes en 1940 pour les élections québécoises.
1948	Les Canadiens et les Canadiennes d'origine asiatique recouvrent le droit de vote au fédéral.
1950	Les Inuits obtiennent le droit de vote au fédéral.
1955	Certains objecteurs de conscience, notamment les Mennonites qui s'étaient vu retirer le droit de vote au fédéral en 1920, le recouvrent.
1960	Les Autochtones obtiennent le droit de vote au fédéral. (En 1969, au Québec.)
1963	Abaissement de l'âge minimum pour voter aux élections québécoises, qui est ramené de 21 à 18 ans. Au fédéral, ce sera en 1970.
1964	La tâche d'établir les limites des circonscriptions électorales au fédéral est pour la première fois confiée à des commissions indépendantes de délimitation des circonscriptions électorales.
1970	Le Parlement légifère pour obliger les partis politiques fédéraux à s'inscrire auprès du Directeur général des élections.
1972	Pour la première fois, l'affiliation partisane apparaît sur les bulletins de vote aux élections fédérales.
1975	Les sujets britanniques qui ne sont pas naturalisés canadiens perdent leur droit de vote aux élections fédérales canadiennes.
1979	Les juges et les détenus ont droit de vote au Québec. (En 1988 au fédéral.)
1982	La Charte reconnaît le droit de vote comme étant un droit démocratique, permettant ainsi la contestation de plusieurs exclusions.
1993	L'introduction du bulletin de vote spécial permet aux électeurs et électrices qui ne peuvent voter le jour de l'élection ou à un bureau spécial de scrutin, y compris ceux et celles qui vivent ou voyagent à l'étranger, d'exercer leur droit de vote au fédéral.
1995	Établissement d'une liste électorale permanente, au Québec, devant être utilisée pour toutes les élections provinciales, municipales et scolaires. (En 1997 au fédéral.)

les groupes de pression et les grands médias. Ces changements dépendent aussi de phénomènes mondiaux comme la généralisation de l'utilisation d'Internet. On doit, par exemple, s'attendre à ce que les citoyens puissent un jour exercer leur droit de vote par voie électronique. Déjà, à l'occasion des premières élections primaires américaines de l'an 2000, certains électeurs des États-Unis d'Amérique ont pu voter ainsi. Chaque électeur a reçu un numéro d'identification personnelle (NIP) et grâce à la cryptographie, il a pu voter en ligne.

Internet devient également une source importante d'information pour les citoyens. Déjà les grands fournisseurs de ce service disputent sérieusement aux grands réseaux de télévision, comme CBC, CTV, SRC et TVA, les revenus de publicité. C'est donc dire que les annonceurs croient que les gens prennent connaissance de ces annonces. Or, les partis politiques diffusent aussi leurs messages par les voies publicitaires. Il est donc normal que les efforts de publicité des partis migrent aussi vers le Web. L'État pourra-t-il alors maintenir sa réglementation sur les dépenses des partis et des tiers lors des campagnes électorales ? Comment, en effet, réglementer ces activités lorsqu'elles ne se déroulent pas en sol national ?

Les règles du jeu électoral ne sont pas immuables et les comportements des électeurs encore moins. Les changements à venir dépendront beaucoup de la capacité des partis politiques à offrir des programmes intéressants aux citoyens et à les mobiliser dans la réalisation de ces programmes.

SITES WEB

Élections Canada	http://www.elections.ca/
Le Directeur général des élections du Québec	http://www.dgeq.qc.ca/
Loi électorale fédérale canadienne	http://laws-lois.justice.gc.ca/fra/lois/E-2.01/index.html
Systèmes électoraux dans le monde	http://www.aceproject.org/main/francais/index.htm
Le Mouvement pour la représentation équitable au Canada	http://www.fairvotecanada.org/fra/index.shtml
Site personnel d'Andrew Heard, Simon Fraser University	http://www.sfu.ca/~aheard/elections/index.htm
Mouvement Démocratie nouvelle	http://www.democratie-nouvelle.qc.ca/
Ailleurs dans le monde	http://welections.wordpress.com/about/

LECTURES SUGGÉRÉES

ANDESON, Cameron D. et Laura B. STEPHENSON (dir.), *Voting behaviour in Canada*, Toronto, University of Toronto Press.

BÉLANGER, Éric et Richard NADEAU (2009). *Le comportement électoral des Québécois*, Montréal, Les Presses de l'Université de Montréal.

BICKERTON, James *et al.* (2002), *Partis politiques et comportement électoral au Canada : filiations et affiliations*, Montréal, Boréal.

BLAIS, André et Louis MASSICOTTE (2002), « Electoral Systems » dans L. LeDuc, R.G. Niemi et P. Norris (dir.), *Comparing Democracies 2 : new challenges in the study of elections and voting*, London, Thousand Oaks, Sage, p. 40-69.

CLARKE, Harold D. *et al.* (1996), *Absent Mandate : Canadian Electoral Politics in an Era of Restructuring*, Toronto, Gage.

COURTNEY, John C. (2004), *Elections*, Vancouver, University of British Columbia Press.

GIDENGIL, Elisabeth, Neil NEVITTE, André BLAIS et coll. (2012), *Dominance & Decline : Making sense of recent Canadian elections*, Toronto, University of Toronto Press.

PAMMETT, John H. et Christopher DORNAN (dir.) (2011), *The Canadian Federal Election of 2011*, Toronto, Dundurn.

TREMBLAY, Manon et Linda TRIMBLE (2003), *Women and Electoral Politics in Canada*, Don Mills (Ont.), Oxford University Press.

BIBLIOGRAPHIE

Albright, Jeremy J. (2009), "Does political knowledge erode party attachments ? : A review of the cognitive mobilization thesis." *Electoral Studies* 28 (2) : 248-260.

Bélanger, Éric et Bonnie M. Meguid (2008), "Issue salience, issue ownership, and issue-based vote choice." *Electoral Studies* 27 : 477-491.

Bélanger, Éric et Richard Nadeau (2009), *Le comportement électoral des Québécois*, Montréal, Les Presses de l'Université de Montréal.

Blais, André (2002), "Why Is There So Little Strategic Voting in Canadian Plurality Rule Elections ?" *Political Studies* 50 : 445-454.

Blais, André et Peter Loewen (2011), *Youth Electoral Engagement in Canada,* Ottawa, Élections Canada, Working Paper Series.

Blais, André *et al.* (2002), *Anatomy of a liberal victory : making sense of the vote in the 2000 Canadian election,* Peterborough (Ont.), Broadview Press.

Blais, André, Louis Massicotte et A. Dobrzynska (2003), *Pourquoi le taux de participation est-il plus élevé dans certains pays que d'autres ?,* Ottawa, Élections Canada.

Clarke, Harold D. *et al.* (1991), *Absent Mandate : Interpreting Change in Canadian Elections,* Toronto, Gage.

Commission royale sur la réforme électorale et le financement des partis (1991), *Pour une démocratie électorale renouvelée : rapport final*, Ottawa, Ministre des Approvisionnements et Services Canada.

Directeur général des élections du Québec (2012), *Rapport des résultats officiels du scrutin élections générales du 4 septembre 2012*, Québec, Directeur général des élections du Québec.

Élections Canada (2011), *Rapport du directeur général des élections du Canada sur la 41ᵉ élection générale du 2 mai 2011*, Directeur général des élections du Canada.

Gélineau, François et Ronan Teyssier (2012), *Le déclin de la participation électorale au Québec, 1985-2008*, Cahier de recherche électorale et parlementaire, Chaire de recherche sur la démocratie et les institutions parlementaires.

Gidengil, Elisabeth *et al.* (2000), *Are Party Leaders Becoming More Important To Vote Choice in Canada ?* Paper prepared for delivery at the annual meeting of the American Political Science Association, Marriott Wardman Park, Washington DC.

Gidengil, Elisabeth *et al.* (2003), « Women to the Left ? Gender Differences in Political Beliefs and Policy Preferences », dans Manon Tremblay et Linda Trimble (dir.), *Women and electoral politics in Canada*, Don Mills (Ontario), Oxford University Press, p.140-159.

Johnston, Richard *et al.* (1992), *Letting the People Decide : Dynamics of a Canadian Election*, Montréal, McGill-Queen's University Press.

Massicotte, Louis et André Blais (2003), « La réforme électorale : profil d'un mode de scrutin mixte approprié au Québec » dans Jean Crête (dir.), *Le dernier des maîtres fondateurs : La science politique au Québec*, Québec, Les Presses de l'Université Laval, p. 247-269.

Mendelsohn, Matthew (1994), « The Media's Persuasive Effects : The Priming of Leadership in the 1988 Canadian Election », *Canadian Journal of Political Science / Revue canadienne de science politique*, vol. 27, nᵒ 1, p. 81-99.

Nadeau, Richard et André Blais (1993), « Explaining Elections Outcome in Canada : Economy and Politics », *Canadian Journal of Political Science*, vol. 26, nᵒ 4, p.775-790.

Nadeau, Richard et André Blais (1995), « Economic Conditions, Leader Evaluations and Election Outcomes in Canada. », *Canadian Public Policy – Analyse des politiques*, vol.21, nᵒ 2, p. 212-218.

Pammett, John H. *et al.* (1984), « Soutien politique et comportement électoral lors du référendum québécois » dans Jean Crête (dir.), *Comportement électoral au Québec*, Chicoutimi, Gaëtan Morin Éditeur, p. 387-419.

Pammett, John H. et Lawrence LeDuc (2003), *Pourquoi la participation décline aux élections fédérales canadiennes : un nouveau sondage des non-votants*, Ottawa, Élections Canada.

Small, David (1991), « Pour une meilleure représentation des autochtones dans le cadre actuel de délimitation des circonscriptions », dans David Small (dir.), *La délimitation des circonscriptions au Canada : pour un vote égal et efficace*, Montréal, Wilson et Lafleur, p. 341-384.

Thomas, Melanee (2012), « Clarifying the Shrinking Liberal Core : Visible Minorities, Immigrants, and Vote Choice in Canada », Annual Meeting of the Canadian Political Science Association, Edmonton.

CHAPITRE **6**

Les partis politiques fédéraux et québécois

RÉJEAN PELLETIER
DÉPARTEMENT DE SCIENCE POLITIQUE
UNIVERSITÉ LAVAL

- Comprendre ce qu'est un parti politique ;

- Expliquer les conditions d'émergence et l'évolution du système de partis au Canada et au québec ;

- Analyser les partis politiques selon certaines caractéristiques : leurs positions idéologiques, leurs organisations, leur place au Parlement et leur rôle de représentation.

Le parti politique apparaît aujourd'hui comme un élément naturel de la scène politique. Pourtant, l'acception moderne de ce mot ne remonte qu'au XIXᵉ siècle. Auparavant, le mot était plutôt employé au sens de «tendance», ayant le plus souvent la connotation péjorative de «faction».

À la fin du XVIIIᵉ et au début du XIXᵉ siècle, les partis sont apparus d'abord au sein des Parlements selon des visions différentes qui s'affrontaient; avec l'extension du suffrage populaire, ces groupes parlementaires se donnèrent peu à peu une organisation, des structures permettant d'encadrer et de mobiliser les électeurs en leur faveur: les partis modernes étaient nés. D'autres seront créés et viendront traduire davantage les clivages, les oppositions ou les divisions qui traversent les sociétés occidentales. Ainsi naîtront des partis socialistes, communistes, agrariens, etc., à côté des conservateurs et des libéraux qui se disputaient déjà le pouvoir. Puis, par un phénomène d'emprunt ou de mimétisme, les partis vont apparaître dans à peu près tous les États, mais avec des fortunes diverses. Comme le rappelle Bertrand Badie, dans le jeu politique importé des nouveaux États, les partis n'ont souvent qu'une faible capacité de mobilisation (Badie, 1992: 177-190).

La situation canadienne a suivi la trajectoire des partis britanniques dont elle est largement tributaire. Mais avant de parler de l'émergence du système partisan et de son évolution au Canada et au Québec, de la position idéologique des partis, de leur organisation, de leur place au Parlement et de leur capacité de représentation politique, il faut tout d'abord définir ce qu'est un parti.

UNE DÉFINITION

Joseph LaPalombara et Myron Weiner (1966: 6) ont déjà défini quatre grandes caractéristiques permettant de distinguer un parti d'une clique, d'un club politique ou d'un petit groupe de notables faiblement unifiés et ayant des relations intermittentes. Pour eux, un parti doit avoir:

- une organisation durable dont l'espérance de vie est supérieure à celle de ses dirigeants en place;
- une organisation visible et supposée permanente au niveau local, qui a des relations avec le niveau central;
- la volonté délibérée des dirigeants et des dirigeantes d'exercer le pouvoir seuls ou en coalition avec d'autres, et non pas simplement de l'influencer;
- le souci de rechercher un soutien populaire aussi bien auprès de militants et militantes que de l'électorat.

Les partis se trouvent au cœur du processus électoral non seulement par le recrutement de candidats et candidates, mais aussi par l'organisation des campagnes électorales (discours, débats télévisés, publicités), et par la mobilisation de l'électorat autour de certains thèmes et de certains enjeux, ce qui contribue finalement à la participation des citoyens et citoyennes à la vie politique.

Ils se trouvent également au cœur de la démocratie représentative, puisqu'ils font élire ceux et celles qui vont occuper des sièges au Parlement et former le gouvernement ou l'opposition. Ils structurent ainsi les débats parlementaires et, surtout lorsqu'ils sont au pouvoir, contribuent à la formulation des politiques publiques. Pour y arriver, ils vont chercher à exprimer les divers intérêts de la société, parfois en prenant en charge les intérêts propres à tel groupe ou à telle région, le plus souvent en tentant de les réduire à des options politiques plus facilement gérables.

Selon cette logique, le parti peut être conçu comme une entreprise politique qui dispose pratiquement d'un monopole d'activité sur le marché des biens électifs (Offerlé, 2008). Dans ce marché politique, les partis entrent en concurrence pour la production de biens à offrir à l'électorat (un programme, des politiques), espérant en retour rencontrer des électeurs qui sont réceptifs à ces programmes et ces politiques et qui acceptent d'échanger leurs soutiens et leur vote contre ces biens fournis par le parti.

LA NAISSANCE DU SYSTÈME DE PARTIS AU CANADA

Deux grandes théories sur l'origine des partis se sont imposées en science politique. La première relie le développement des partis à celui de la démocratie, entendue surtout dans le sens de la démocratie de représentation où le peuple – que le suffrage soit restreint ou non – élit des représentants et représentantes à une assemblée parlementaire. Maurice Duverger (1969) symbolise

bien ce courant théorique. Reliant la démocratie à l'extension du suffrage populaire et des prérogatives parlementaires, il distingue deux types de partis : ceux de création électorale et parlementaire qui sont apparus les premiers, et ceux d'origine extérieure au Parlement qui sont issus de groupes sociaux.

Dans le premier cas, on assiste à la création d'abord de groupes parlementaires qui se donnent ensuite une certaine organisation pour encadrer les nouveaux électeurs. Dans le second cas, le parti est essentiellement créé par une institution préexistante dont l'activité propre se situe en dehors des élections et du Parlement : syndicats, coopératives, associations paysannes, groupe d'intellectuels, Églises, etc. Un tel parti se caractérise habituellement par une plus grande cohérence idéologique et par une organisation plus centralisée.

Le modèle de Duverger, construit autour de l'institution parlementaire, suppose donc l'existence d'un Parlement où existent déjà des factions et la présence d'une tradition parlementaire. Cela correspond bien à la situation aux États-Unis, au Canada et dans plusieurs pays européens. Mais cette théorie ne tient pas suffisamment compte de la dynamique sociale ou des forces sociales en présence.

C'est pourquoi d'autres auteurs ont plutôt relié l'origine des partis au processus de développement économique et social. Ainsi, Seymour M. Lipset et Stein Rokkan (1967) expliquent l'origine des partis par quatre grands types de clivages qui ont traversé les sociétés (surtout occidentales).

a) Deux clivages reliés à la révolution nationale qui se traduisent par :

– des conflits entre le centre qui veut construire une nation unifiée, une culture nationale et la périphérie qui oppose des résistances ethniques, linguistiques ou religieuses : l'enjeu est alors l'établissement d'un contrôle sur un territoire national ;

– des conflits entre l'État centralisé et sécularisé et l'Église comme organisation supranationale avec ses privilèges historiques : l'enjeu est alors le contrôle séculier ou religieux sur les institutions sociales.

b) Deux clivages reliés à la révolution industrielle qui se traduisent par :

– des conflits entre les intérêts agraires, l'économie agricole (secteur primaire) et la classe montante des entrepreneurs ou la bourgeoisie industrielle (secteur secondaire) : les enjeux sont ici multiples, allant de la protection de l'agriculture au développement de l'entreprise privée ;

– des conflits entre d'un côté les propriétaires, les employeurs et, de l'autre, les travailleurs industriels, les ouvriers : l'enjeu

est l'intégration de ces derniers dans un système national ou leur engagement dans un mouvement politique international.

Au Canada, le conflit entre l'Église et l'État n'a pas suscité la création de partis politiques sur la base d'une telle opposition, ce qui est différent de la situation européenne. Non pas qu'il n'y ait pas eu ici de clivages religieux, mais ils ont plutôt été incorporés dans les partis.

Le conflit entre les intérêts industriels des centres urbanisés et les intérêts agraires des milieux ruraux s'est traduit par la création de partis, durant les années 1920, représentant ces derniers intérêts surtout dans l'Ouest canadien : ce fut le cas du Parti progressiste au niveau fédéral et des Fermiers unis dans les provinces. On peut également ranger dans cette catégorie le Crédit social qui prendra la succession des Fermiers unis de l'Alberta dans les années 1930. Ces partis s'opposaient à la fois à la domination des intérêts industriels et à celle du centre du pays représentées par les deux grandes formations politiques traditionnelles (libérale et conservatrice).

FIGURE 6.1

Le modèle de Lipset et Rokkan appliqué à la situation canadienne

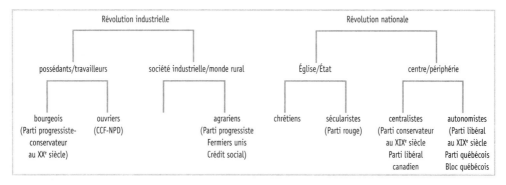

Si l'on peut retracer la présence de partis ouvriers dès la fin du XIXᵉ siècle au Canada, ceux-ci ne réussiront pas à s'imposer sur l'échiquier politique. Il faudra attendre la rencontre de Calgary en 1932, qui a jeté les bases d'un nouveau parti, et celle de Regina en 1933, qui lui a donné un programme d'action (le Manifeste de Regina), pour que naisse officiellement la *Co-operative Commonwealth Federation*, communément appelée CCF. Au départ, ce parti regroupe des fermiers, des ouvriers ainsi que des intellectuels socialistes. Avec la disparition du CCF naîtra le Nouveau Parti démocratique (NPD), créé officiellement lors d'un congrès tenu à Ottawa en 1961. À l'opposé, on peut considérer que le Parti conservateur (PC) (longtemps appelé libéral-conservateur ou conservateur avant de devenir progressiste-conservateur en 1942 avec l'arrivée de John Bracken comme chef du parti et de nouveau, depuis 2004, conservateur) a surtout représenté les intérêts des milieux d'affaires et des grands financiers canadiens.

Dans le cas canadien, il faut souligner l'importance du conflit entre le centre et la périphérie. C'est ce que faisaient déjà remarquer Frederick C. Engelmann et Mildred A. Schwartz (1975: 90) en insistant sur le clivage territorial opposant les intérêts centraux aux intérêts locaux. Mais ce clivage territorial recouvre une double dimension: ethnique-nationale et économique-industrielle. Dans le premier cas, c'est avant tout au niveau provincial québécois que l'on assiste à la naissance de partis pour défendre ces intérêts, que ce soit le Parti national d'Honoré Mercier au XIXᵉ siècle ou, plus récemment, le Rassemblement pour l'Indépendance nationale (RIN) et, surtout, le Parti québécois (PQ). Dans cette lignée, il faut noter la présence, mais cette fois-ci au niveau fédéral, du Bloc québécois (BQ) voué à la défense des intérêts et de la souveraineté du Québec. Par contre, la présence de chefs canadiens-français sur la scène fédérale dès le XIXᵉ siècle a empêché que ne se constitue un parti qui représenterait ce clivage ethnique à ce niveau. Des chefs comme George-Étienne Cartier chez les conservateurs et Wilfrid Laurier chez les libéraux ont prêché la nécessité d'une collaboration entre francophones et anglophones à l'intérieur d'un même parti afin d'éviter des affrontements trop profonds. Le parti devenait ainsi un instrument pour éviter et éventuellement solutionner de telles crises. Un tel parti qui réunit les francophones et les anglophones sous un même toit était alors considéré – et est toujours considéré – comme remplissant la condition essentielle pour devenir un parti vraiment national, c'est-à-dire présent dans toutes les régions du Canada.

Quant à la seconde dimension du clivage territorial, elle s'est traduite avant tout par un régionalisme économique parfois très prononcé. Ce régionalisme s'est développé largement dans l'Ouest canadien où l'aliénation politique s'ajoutait au ressentiment économique: le Parti progressiste, le Crédit social et même le CCF en étaient autrefois les manifestations les plus évidentes, le Parti réformiste et l'Alliance canadienne ont repris ce flambeau plus récemment. Aux élections fédérales d'octobre 1993, le Parti réformiste a obtenu un tel succès dans l'Ouest canadien (et, dans une moindre mesure, en Ontario) avec ses 52 députés qu'il a complètement éliminé les conservateurs de cette région et réduit le NPD à quelques sièges. Il a répété ce succès aux élections fédérales de 1997 en obtenant 60 sièges (uniquement dans l'Ouest canadien), ce qui lui a permis de former l'opposition officielle à Ottawa.

Comme on peut le constater, le paradigme de Lipset et Rokkan, bien qu'il ait été élaboré avant tout dans le contexte européen, s'applique bien à la situation canadienne en effectuant les adaptations nécessaires. Ce qui ne veut pas dire pour autant que le modèle de Duverger soit totalement inadapté. Au contraire, les deux grands partis traditionnels canadiens (conservateur et libéral) sont nés dans un cadre parlementaire, d'abord sous la forme d'une opposition entre réformistes et conservateurs ou *tories*, puis sous la forme d'une opposition entre d'un côté les réformistes modérés et les conservateurs, qui vont s'allier pour donner naissance au Parti libéral-conservateur (ancêtre du Parti conservateur et du Parti progressiste-conservateur), et de l'autre les réformistes plus radicaux (*Clear Grits* et Parti rouge), qui vont s'allier pour donner naissance au Parti libéral du Canada (PLC).

Ce qu'il importe de souligner, c'est que, aussi bien à l'intérieur qu'à l'extérieur de l'enceinte parlementaire, les partis naissent à la suite de conflits qui divisent la société et qui sont repris par des groupes politiques. Ces groupes vont chercher à mobiliser la population, à obtenir son appui. Les appels au peuple au moment des élections apparaissent alors aux dirigeants et dirigeantes des partis comme les meilleurs moyens pour faire prévaloir leurs conceptions politiques et conquérir les fonctions de gouvernement. Comme le rappelait Daniel-Louis Seiler (1986: 56-58), l'organisation partisane veut réunir en tentant de mobiliser la plus grande partie de la population autour d'un projet, alors que le projet politique sépare, divise la population en ce sens que les partisans se rassemblent en faveur d'un projet contre un autre. Ces contradictions sont des sources de tensions au sein des partis qu'illustrent bien les conflits qui ont divisé le Parti québécois au cours des années 1970 entre participationnistes, électoralistes et technocrates (Murray, 1976).

Autre élément paradoxal: si la logique du conflit est à la base des partis, en ce sens que les organisations partisanes mobilisent en faveur d'un projet contre un autre, il faut voir que celles-ci cherchent en même temps à rassembler le plus grand nombre possible autour de ce projet. En ce sens, les partis se considèrent également comme des instruments de cohésion sociale, du moins dans les démocraties occidentales, jouant ainsi un rôle de conservation et de renforcement du système politique établi.

LES SYSTÈMES DE PARTIS AU CANADA

De 1867 jusqu'à l'élection de 1993, on avait l'habitude de distinguer trois systèmes de partis au Canada (Smith, 1985; Carty, 1988 et 1992; Johnston *et al.*, 1992; Carty, Cross et Young, 2000; Bickerton, Smith et Gagnon, 2002). C'est l'effondrement du système en place depuis une quarantaine d'années qui caractérise le quatrième système de partis s'ouvrant avec l'élection de 1993, ce qui conduit certains auteurs à parler alors de l'un des plus grands «tremblements de terre» de l'histoire canadienne sur le plan électoral (Carty, Cross et Young, 2000: 12). Depuis lors, la réunification de la droite marque probablement le début d'une nouvelle période caractérisée, dans un premier temps, par un quadripartisme inégal où les deux grands partis traditionnels sont en compétition entre eux et avec deux partis plus régionalisés et, dans un second temps qui suit cette période de transition, par une opposition plus marquée entre la gauche (NPD) et la droite réunifiée (PCC).

Le bipartisme initial (1867-1921)

La première période s'étend de la Confédération jusqu'à l'élection de 1917, année de la formation d'un gouvernement unioniste dominé par les conservateurs qui se maintient au pouvoir jusqu'en 1921. Durant cette période, deux grands partis – conservateur et libéral – s'affrontent et s'échangent le pouvoir. Les deux présentent à peu près les mêmes caractéristiques. Tout d'abord, ils sont construits autour de leur aile parlementaire et d'un leadership fort. Ainsi, le chef du parti se trouve au centre de l'organisation, exerçant un pouvoir important à la fois dans la définition des politiques du parti (par exemple, John A. Macdonald et sa «politique nationale») et dans l'imposition d'une discipline qui deviendra plus rigide avec le temps, mais qui sera aussi d'autant plus facilement acceptée par les députés que les dirigeants peuvent compter sur le patronage pour garder le parti unifié.

Pour reprendre la terminologie de Maurice Duverger (1969), on peut dire que ce sont avant tout des partis de cadres construits autour de politiciens locaux et prenant la forme d'une machine électorale qui s'active aux quatre ans. Cette organisation électorale sert aussi bien au niveau fédéral qu'au niveau provincial, puisqu'il n'y a pas encore de distinction entre les deux (ce qui ne se fera que dans la deuxième moitié du XXᵉ siècle, mais pas dans toutes les provinces).

En l'absence de véritables médias nationaux, les partis doivent trouver d'autres stratégies de communication. Pour transmettre leurs messages et entrer en communication avec les électeurs, ils peuvent compter sur des journaux partisans, c'est-à-dire clairement identifiés à un parti politique, et sur des assemblées publiques pour lesquelles les organisations locales jouent un rôle important. En ce sens, on peut affirmer que les campagnes électorales deviennent une série de luttes locales.

En même temps, les deux partis ont une réelle présence dans toutes les régions du pays et se considèrent comme des intermédiaires entre la société et l'État. Le parti au pouvoir répond aux demandes de la population, relayées par les députés, pour la création d'emplois et le développement de travaux publics, dont les chemins de fer. En comptant sur le patronage dans la distribution des emplois, on peut ainsi s'assurer la loyauté de l'électorat.

Il importe également de souligner que les deux grands partis cherchent à concilier les divers intérêts et les clivages fondamentaux qui divisent la population canadienne. En évitant de donner prise à une trop forte polarisation idéologique entre eux, les deux principaux partis vont chercher à incorporer les clivages linguistiques (francophones-anglophones) et religieux (catholiques-protestants) qui traversent la société canadienne. C'est d'abord le Parti conservateur (ou libéral-conservateur) qui, au départ, va réussir le mieux ce pari en étant fidèle à ce que préconisait George-Étienne Cartier, soit une sorte de pacte ou de respect mutuel des deux grands groupes qui composent alors la société canadienne. Par la suite, c'est le Parti libéral qui va le mieux atteindre cet objectif, en particulier avec Wilfrid Laurier qui s'emploie à définir un libéralisme plus modéré et qui devient le premier chef francophone à la tête d'un parti canadien ainsi que le premier francophone comme premier ministre du pays.

Au même moment, le Parti conservateur est de plus en plus divisé entre deux factions extrémistes, les Orangistes de l'Ontario et les Ultramontains du Québec. Si l'on ajoute à cela la première crise de la conscription en juin 1917 et l'élection d'un gouvernement unioniste en décembre de la même année, on comprend mieux pourquoi le Parti conservateur n'aura pas vraiment d'emprise au Québec durant la plus grande partie du XXe siècle, ce qui contribue en retour à la domination du Parti libéral. Avec l'arrivée de nouveaux immigrants en provenance d'Europe et du Canada central, l'Ouest canadien subit des modifications importantes, y compris le développement de nouvelles idées démocratiques favorisant l'élargissement du suffrage populaire et la création de nouveaux partis. Tout cela conduit à de profonds changements dans le système de partis en place.

Des leaders régionaux et de nouveaux partis (1921-1957)

Outre la naissance de nouveaux partis, la deuxième phase est caractérisée par un régionalisme intense. Ce dernier se caractérise par la présence de leaders politiques régionaux forts qui défendent les intérêts de leur région au sein d'un parti ou au sein du cabinet fédéral lorsque leur parti est au pouvoir. Il devient alors impérieux de chercher à accommoder ce régionalisme. Dans les partis traditionnels, les chefs jouent un rôle crucial à cet égard et demeurent importants dans la détermination des politiques et l'établissement du programme électoral. Cependant, à la suite du décès de Laurier en 1919, le Parti libéral ouvre

la voie à une plus grande démocratisation du parti en choisissant son chef (Mackenzie King) à la suite d'un congrès qui réunit plusieurs délégués plutôt que de laisser les parlementaires et quelques membres de l'establishment faire seuls ce choix. Les conservateurs vont par la suite adopter la même formule.

Mais cette démocratisation a ses limites. Les partis traditionnels, surtout, demeurent essentiellement des partis de cadres dominés par des élites locales regroupées autour de politiciens locaux. Cela est déjà moins vrai pour les nouveaux partis créés durant cette période et qui partagent certaines caractéristiques communes. Ils sont tous opposés aux « vieux partis » et à la domination du Canada central incarnée par les intérêts financiers de Montréal et de Toronto. Ils sont aussi créés pour représenter les intérêts de certains groupes sociaux, en particulier les fermiers et les ouvriers. Ils partagent enfin la vision d'un parti plus près de la population et représentent des courants populistes de protestation : c'est le cas principalement des Fermiers unis sur la scène provinciale et du Parti progressiste sur la scène fédérale au cours des années 1920 et, à partir des années 1930, du Crédit social (et même du CCF sous certains aspects).

C'est précisément l'émergence de nouveaux partis qui caractérise toute cette période. Dès l'élection de 1921, on assiste à un renversement important de la politique traditionnelle, puisque les conservateurs sont relégués au troisième rang au profit du Parti progressiste qui réussit à faire élire 64 députés et à former l'opposition officielle face à un gouvernement libéral minoritaire, rôle que les progressistes vont cependant refuser de jouer. Rayé assez rapidement de la scène fédérale – mais non pas provinciale où les Fermiers unis obtiendront un succès plus durable –, le Parti progressiste sera remplacé à la fois par le parti CCF, créé officiellement en 1932 et se donnant l'année suivante un programme d'action (le Manifeste de Regina), et par le parti du Crédit social. Tous deux présentent des candidats pour la première fois sur la scène fédérale aux élections de 1935.

Parti de gauche, le CCF représentait à la fois les ouvriers et les fermiers réunis dans leur commune opposition aux intérêts financiers du Canada central et dans leur hostilité au fonctionnement du capitalisme libéral qui venait de s'effondrer avec la profonde crise économique des années 1930, entraînant avec elle la chute du marché du blé. Le Crédit social, pour sa part, s'était développé surtout en Alberta et, dans une moindre mesure, en Colombie-Britannique et représentait un populisme de droite que ses premiers leaders avaient incarné avec succès aussi bien sur la scène provinciale qu'au niveau fédéral. En ce sens, le Parti réformiste des années 1990 s'inscrivait dans la lignée de ce parti (Bickerton, Smith et Gagnon, 2002: 165-211).

En somme, le deuxième système de partis se caractérise avant tout par l'arrivée de nouvelles formations politiques sur la scène fédérale qui apportent alors un nouveau modèle de compétition politique, d'autant plus que l'Ouest canadien constitue désormais le quart de l'électorat et surpasse ainsi en importance les Maritimes. Le Québec, pour sa part, se démarque par son appui massif et durable au Parti libéral durant toute cette période. Cette domination incontestée des libéraux au Québec leur assure habituellement la victoire au niveau canadien, confinant ainsi les conservateurs à un rôle quasi permanent d'opposition.

Le pancanadianisme des partis (1957-1993)

Cette période coïncide avec le développement de l'État providence qui a amené une croissance importante de l'activité des provinces en santé, en éducation et dans le domaine social. De ce fait, les leaders politiques provinciaux deviennent les premiers représentants des intérêts de leurs provinces, ce qui accroît l'importance du fédéralisme exécutif reposant sur des rencontres entre premiers ministres et ministres provinciaux et fédéraux (voir le chapitre 4). On assiste également à une séparation croissante entre les ailes provinciales et fédérale des deux grands partis (mais non au NPD), ce qui accroît l'importance des chefs politiques provinciaux.

En outre, les partis sont appelés à définir un véritable agenda national, à mobiliser l'ensemble des Canadiens autour de leurs politiques, à présenter un message cohérent à l'ensemble de l'électorat du pays et à mettre sur pied des programmes nationaux. Cette politique du pancanadianisme vise à créer une véritable communauté politique canadienne ou, plutôt, une nation canadienne, ce qui accroît l'importance des leaders politiques, tels que John Diefenbaker chez les conservateurs et Pierre Elliott Trudeau chez les libéraux, qui défendent une telle vision nationale. Pour faire passer ce message, rien ne vaut la télévision qui permet justement de rejoindre un auditoire national, comme en témoigne le premier débat des chefs au niveau fédéral en 1968.

Dans ce contexte de changements, comme aussi de transformations importantes au Québec avec la Révolution tranquille, les partis sont appelés à se réorganiser et à se réorienter. Avec l'élection de Diefenbaker en 1957, les Prairies se tournent résolument vers les conservateurs qui étaient pratiquement absents de cette région depuis les années 1920. Au Québec, on assiste à un affaiblissement des libéraux avec l'arrivée du Crédit social, jusque-là confiné à l'Ouest canadien. Les créditistes se présentent en défenseurs des plus démunis et d'une société traditionnelle remise en cause par la Révolution tranquille. Cependant, ce parti va paraître de plus en plus dépassé et inutile en tant que parti régional de protestation : ses appuis vont s'effriter dans l'Ouest d'abord et au Québec ensuite, si bien que le parti sera rayé complètement de la scène fédérale.

Le CCF, pour sa part, après son cuisant échec électoral de 1958 (8 sièges seulement), va se transformer radicalement pour devenir le Nouveau Parti démocratique (NPD) en 1961. Les travailleurs syndiqués occupent désormais une place importante dans la nouvelle formation politique, ce qui marginalise d'autant le socialisme agraire et coopératif de l'Ouest présent depuis la fondation du CCF. Le parti se définit comme étant de tendance réformiste et sociale-démocrate plutôt que partisan d'un socialisme plus doctrinaire, s'ajustant ainsi à la montée du syndicalisme réformiste liée au développement du secteur industriel souvent tributaire des capitaux américains.

Tous les partis fédéraux doivent, cependant, composer avec un électorat de plus en plus diversifié sur le plan ethnique. Ce qui se traduit par un appui des trois partis (PLC, PC, NPD) à la politique du multiculturalisme élaborée par le gouvernement Trudeau. En même temps, le mouvement féministe s'affirme de plus en plus, ce qui force les partis à développer une politique d'inclusion des femmes, par une reconnaissance explicite au sein du parti, prenant différentes formes (commission des femmes, caucus des femmes, cible de représentation à atteindre), et ce, d'abord au NPD, ensuite chez les libéraux et, enfin, chez les conservateurs. Ce qui ne se traduit pas pour autant par une parité dans les candidatures aux élections ni dans la représentation au Parlement (Young, 2000).

Cette volonté d'assurer une plus grande présence des femmes, des groupes ethniques, comme aussi des jeunes, se répercute également sur la revitalisation des organisations de circonscriptions afin de les rendre plus ouvertes à tous et à toutes et plus sensibles aux revendications locales. Ce mouvement de démocratisation touche également les instances des partis et conduit même à la possibilité de contester le leadership du parti au cours d'un congrès, habituellement à la suite d'une élection : Pierre Elliott Trudeau, Joe Clark, Brian Mulroney, Jean Chrétien et Paul Martin seront tour à tour soumis à cette remise en question.

On assiste également à des changements importants dans la compétition entre les partis. Ainsi, les Prairies se tournent résolument vers les conservateurs, abandonnant largement les libéraux et les tiers partis. Toutefois, ce n'est pas encore le cas au Québec où les libéraux fédéraux, sauf en 1958, maintiennent leur emprise et obtiennent toujours une majorité de sièges. Ils vont perdre cette suprématie à l'élection de 1984 sans pouvoir la retrouver jusqu'à ce jour puisque les Québécois vont élire successivement une majorité de députés d'abord conservateurs (en 1984 et 1988), ensuite bloquistes (de 1993 à 2011), puis néo-démocrates (2011). Les deux grandes formations politiques doivent donc compter sur l'Ontario pour l'emporter. C'est pourquoi cette période semble assez largement compétitive entre les partis, en fonction des changements possibles en Ontario, ce qui se traduit par l'élection de nombreux gouvernements minoritaires (1957, 1962, 1963, 1965, 1972, 1979). Bien plus, depuis l'élection de 1953 jusqu'à celle de 1988, aucun gouvernement majoritaire ne réussit à obtenir deux mandats consécutifs comme gouvernement majoritaire.

Enfin, des négociations constitutionnelles quasi permanentes sous les gouvernements de Lester B. Pearson, Pierre Elliott Trudeau et Brian Mulroney vont marquer cette période. Le rapatriement de 1982 sans l'accord du Québec et le double échec des Accords du lac Meech et de Charlottetown laissent le pays plus fragmenté que jamais. Il en est de même de la politique du pancanadianisme qui nourrit une intensification des tensions régionales. Dans ce contexte, la place est ouverte pour la création de nouveaux partis.

La régionalisation des partis (1993-2006)

La période précédente se termine par un double succès électoral du Parti conservateur dirigé par Brian Mulroney. Pour la première fois (en 1984), un parti réussit à obtenir la majorité des sièges dans chacune des provinces canadiennes. Il réussit également à obtenir deux mandats consécutifs comme parti gouvernemental majoritaire (en 1988), ce qui ne s'était pas vu depuis 1953. Mais cet appui de l'électorat aux conservateurs va s'effriter rapidement. Pour certains, ils paraissent trop sympathiques aux réclamations du Québec. Pour d'autres, ils adoptent des mesures

impopulaires qui suscitent le mécontentement, telles que la taxe sur les produits et services (TPS) et l'Accord de libre-échange avec les États-Unis, puis avec le Mexique. En outre, le gouvernement ne réussit pas à endiguer l'endettement croissant de l'État de telle sorte qu'une part importante du budget est consacrée au service de la dette, ce qui contribue à maintenir un niveau de taxation toujours aussi élevé alors que diminue l'offre de services aux citoyens.

Bref, le mécontentement gagne de plus en plus une bonne partie de l'électorat. Cette grogne se répand à la fois chez les nationalistes québécois, qui avaient appuyé les efforts du gouvernement Mulroney pour « rapatrier » le Québec en proposant les Accords du lac Meech et de Charlottetown qui se terminent tous deux par un échec, et chez les conservateurs de l'Ouest, surtout en Alberta, qui souhaitaient une plus grande décentralisation vers les provinces, une réduction de l'énorme dette du pays et une écoute plus attentive de la part des autorités politiques centrales. La table est donc mise pour un éclatement de la coalition hétéroclite constituée autour de Mulroney.

De cet éclatement émergent deux nouveaux partis qui obtiendront des résultats inattendus à l'élection de 1993 sans même présenter de véritables programmes nationaux. Le Bloc québécois, comme son nom l'indique, fait appel au Québec seulement, alors que le Parti réformiste s'adresse avant tout au Canada anglophone et, surtout, à l'Ouest canadien. De cette lutte à cinq partis, ce sont les conservateurs qui sortiront les grands perdants, puisqu'ils passent de 169 sièges à 2 sièges seulement, ce qui ne s'était pas vu depuis la Confédération. Autre première : le Bloc québécois, parti indépendantiste, forme l'opposition officielle à la Chambre des communes avec 54 députés.

Ce plus grand «tremblement de terre» électoral sur la scène canadienne est provoqué par une forte volatilité de l'électorat qui passe d'un parti à un autre ou qui se réfugie dans l'abstention. Cette volatilité a été deux fois plus grande en 1993 qu'en 1935 (défaite des conservateurs) et qu'en 1984 (défaite des libéraux) selon des données citées dans R. Kenneth Carty, William Cross et Lisa Young (2000 : 32). Non seulement cette élection constitue-t-elle le plus grand mouvement de l'électorat de tous les temps au Canada, mais c'est également le cas par comparaison avec 300 élections nationales, sauf trois exceptions, analysées par Stefano Bartolini et Peter Mair (1990) et Mair (1997) dans 13 pays démocratiques sur une période de 100 ans (1885-1985). Bref, le paysage politique canadien est plus fragmenté que jamais.

Même si le Canada est dirigé par des gouvernements majoritaires libéraux sous la conduite de Jean Chrétien durant cette période, il importe de souligner que la régionalisation du pays et des partis ne disparaît pas pour autant : c'est grâce à l'appui massif de l'Ontario que les libéraux se maintiennent au pouvoir, alors que le Bloc québécois tire sa force du Québec, que le Parti réformiste (devenu l'Alliance canadienne en 2000) domine dans l'Ouest et que les conservateurs sont surtout présents dans les provinces de l'Atlantique (Pelletier, 2004 ; voir aussi le tableau 6.1).

Durant cette période, le Parti progressiste-conservateur ne réussit pas à se relever de la défaite cuisante de 1993, puisque sa base traditionnelle dans l'Ouest est clairement monopolisée par le Parti réformiste et par son successeur, l'Alliance canadienne. Son avenir est donc relié au succès de ce dernier parti. C'est pourquoi une fusion entre les deux est apparue comme le meilleur moyen à la fois d'assurer la pérennité du bloc conservateur au Canada, de jouer le rôle d'une forte opposition officielle à Ottawa et de devenir ainsi une solution crédible de remplacement aux libéraux qui obtiennent, grâce à l'appui indéfectible de l'Ontario, trois gouvernements majoritaires consécutifs. Le problème, c'est que le mariage entre le Parti progressiste-conservateur et l'Alliance canadienne ne semble pas naturel. Les sondages montrent, en effet, que l'électorat conservateur est, sur le plan idéologique, plus près des libéraux que des alliancistes et qu'il opte, comme deuxième choix, pour le Parti libéral plutôt que pour l'Alliance (Blais *et al.*, 2002 : 76-78). Par contre, les partisans de l'Alliance optent pour les conservateurs comme deuxième choix.

Malgré ce contexte difficile, la fusion du Parti progressiste-conservateur et de l'Alliance canadienne deviendra réalité à la suite d'une entente de principe signée le 15 octobre 2003 et le parti né de cette fusion portera le nom de Parti conservateur du Canada. Sous le leadership de Stephen Harper, élu en mars 2004, le nouveau parti est appelé à atténuer certaines positions jugées trop extrêmes par les conservateurs modérés, présents surtout dans les provinces de l'Atlantique et en Ontario, sans pour autant s'aliéner la clientèle électorale traditionnelle de l'Alliance. Ce pari ne fut pas entièrement gagné à l'élection de 2004. Certes, avec 99 sièges, le nouveau Parti conservateur obtient 21 sièges de plus que ce que le PC et l'Alliance réunis avaient obtenu en 2000. En outre, le parti conserve toute sa force dans l'Ouest et augmente sensiblement son nombre de sièges en Ontario, sans faire le plein des voix des

TABLEAU 6.1

Provenance régionale des députés et députées de chaque parti (en pourcentages)
Élections fédérales de 1993 à 2004

	PLC				PC				NPD				ALLIANCE (REFORM PARTY)				BLOC QUÉBÉCOIS			
	1993	1997	2000	2004	1993	1997	2000	2004	1993	1997	2000	2004	1993	1997	2000	2004	1993	1997	2000	2004
Atlantique	17,5	7,1	11,0	16,3	*	68,4	75,0	7,1	–	38,1	30,7	15,8	–	–	–	–	–	–	–	–
Québec	10,7	16,8	20,9	15,6		26,3	8,3	–	–	–	–	–	–	–	–	–	100	100	100	100
Ontario	55,4	65,2	58,1	55,6		–	–	24,2	–	–	0,8	36,8	1,9	–	3,0	–	–	–	–	–
Ouest	16,4	11,0	9,9	12,6		5,3	16,7	68,7	100	61,9	61,5	47,4	98,1	100	97,0	–	–	–	–	–
N.	177	155	172	135		20	12	99	9	21	13	19	52	60	66	–	54	44	38	54

* Avec deux députés seulement, il est inutile d'analyser la provenance régionale des députés du PC.

deux anciens partis dans cette dernière province. Mais il en obtient suffisamment (24 sièges sur 106) pour assurer la présence d'un gouvernement libéral minoritaire à Ottawa. En même temps, la remontée sensible du Bloc québécois, qui passe de 38 à 54 sièges du fait surtout du scandale des commandites, empêche aussi le gouvernement Martin d'être majoritaire, sans que le nouveau Parti conservateur ne puisse faire des gains significatifs au Québec.

Par ailleurs, il importe de signaler que les deux nouveaux partis régionaux issus de l'élection de 1993 canalisent un certain mécontentement de l'électorat à l'égard de la vision et des politiques du pancanadianisme telles que le bilinguisme, le multiculturalisme et la volonté d'accommoder les clivages régionaux, linguistiques ou religieux à l'intérieur même des partis. Ce mécontentement se traduit par une fragmentation du débat politique national et de l'électorat et il ouvre la voie à une régionalisation du débat politique et des partis, à une vision plutôt régionale et décentralisatrice que nationale et centralisatrice. Cette régionalisation politique correspond probablement mieux à la situation réelle du pays que le faux consensus parfois créé artificiellement par les partis, comme ce fut le cas des conservateurs sous le leadership de Brian Mulroney.

Cette période, comme le signale Pierre Martin (2005 : 215), se caractérise par un système partisan fédéral *tripolaire*, soit BQ/Lib./All., ce dernier étant remplacé par le PC en 2004. Les autres partis, tels que le NPD et le PC jusqu'en 2003, obtiennent chacun moins de la moitié des sièges du troisième parti. Ce système, fait-il remarquer, n'existe nulle part ailleurs que dans la Chambre des communes à Ottawa. Il n'est reproduit par aucun système partisan fédéral au niveau des

provinces, puisque le Bloc québécois n'est présent qu'au Québec et que l'Alliance canadienne (ou le Reform Party auparavant) est faible à l'est de l'Ontario. La fusion des partis de droite pour former le Parti conservateur vient modifier ce paysage politique et ainsi ouvrir une nouvelle période en 2006 (Flanagan, 2007).

En somme, l'émergence de deux nouveaux partis, la régionalisation de la vie politique, la frustration et la volatilité de l'électorat, une plus grande méfiance à l'endroit de la classe politique et des institutions politiques, tout concourt à rendre cette période nettement différente de la précédente.

Un quadripartisme inégal en transformation ? (2006-   )

La période qui s'ouvre en 2006 se caractérise, dans un premier temps, par un quadripartisme inégal qui oppose les deux grands partis traditionnels (PCC et PLC) et deux tiers partis (NPD et Bloc québécois). Dans un deuxième temps, le duopole traditionnel est remplacé par une opposition idéologique plus marquée entre la gauche (NPD) et la droite conservatrice, opposition que l'arrivée de Justin Trudeau à la tête du Parti libéral pourrait venir bouleverser par un recentrage de ce parti.

Avec l'élection d'un gouvernement conservateur minoritaire en 2006 et en 2008, le Parti conservateur dirigé par Stephen Harper est redevenu un parti national qui réussit à faire élire des députés dans chacune des grandes régions du pays, y compris au Québec avec 10 députés dans les deux cas. Le Parti libéral, l'autre grande formation politique canadienne, désormais dirigé par Stéphane Dion qui a succédé à Paul Martin, ne réussit pas à s'imposer comme un parti qui a des assises solides partout au pays : l'Ouest canadien, surtout les Prairies, lui tourne toujours le dos et le Québec opte encore majoritairement, en 2006 et en 2008, pour le Bloc québécois. Par contre, le Parti libéral peut compter sur l'Ontario et sur les provinces de l'Atlantique, ce qui ne l'empêche pas d'obtenir alors le résultat le plus désastreux de son histoire, en 2008, avec 26 % des voix seulement. L'arrivée de Michael Ignatieff à la tête du parti semble avoir momentanément un effet bénéfique, puisque les appuis au PLC augmentent, y compris au Québec, en même temps qu'augmentent les contributions politiques aux libéraux qui en ont bien besoin. Mais l'élection de 2011 vient confirmer le déclin du Parti libéral qui obtient un résultat encore plus désastreux qu'en 2008 avec seulement 18,9 % des voix et est ainsi relégué au troisième rang (une première dans l'histoire du parti).

Aux côtés de ces deux grands partis traditionnels, qui forment depuis longtemps les assises d'un système partisan bipolaire, deux autres partis, aux appuis plus limités numériquement et géographiquement, viennent briser ce duopole, mais dans une lutte inégale à quatre. En effet, le Bloc québécois maintient ses appuis en se présentant comme le seul défenseur des intérêts du Québec sans compromis : il y fait élire une solide majorité de députés aux élections de 2006 (51 sur 75) et de 2008 (49 sur 75). Quant au NPD, il demeure confiné à un rôle de tiers parti durant ces années. En effet, depuis 1993 jusqu'en 2008, le NPD doit se contenter de la quatrième place à la Chambre des communes, oscillant entre 9 et 21 sièges de 1993 à 2004. Ses 29 sièges en 2006 et ses 37 sièges en 2008 n'en font pas encore un parti susceptible de briser le duopole PCC-PLC.

Cependant, l'élection de mai 2011 vient modifier complètement ce tableau d'un quadripartisme inégal en place depuis 2006. On assiste alors à la quasi-disparition du Bloc québécois (4 députés) et le Parti libéral est relégué à un rôle de tiers parti avec ses 34 députés, situation qu'il n'avait jamais connue jusque-là. En même temps, cette élection aurait pu être le signe annonciateur d'une polarisation idéologique plus marquée entre la droite incarnée par le Parti conservateur et la gauche identifiée au NPD qui forme désormais l'opposition officielle (une première pour lui) avec l'appui majoritaire du Québec (autre première).

Si tel est le cas, la politique canadienne pourrait alors suivre la trajectoire de la politique américaine. En effet, certains analystes ont observé que la politique américaine est devenue plus polarisée ces dernières années, polarisation qui repose sur un « public engagé » composé de citoyens qui s'intéressent à la politique, qui portent attention à ce que disent et font les leaders politiques et qui participent activement au processus politique. C'est parmi ces citoyens engagés que la polarisation idéologique et partisane est la plus forte et c'est à ces citoyens engagés que les partis et les candidats accordent la plus grande attention si bien que la polarisation au sein de l'élite politique n'est tout simplement que le reflet de cette polarisation parmi les citoyens engagés (Abramowitz, 2010). C'est donc d'abord et avant tout ce public engagé que les partis courtisent avant de vouloir convaincre les non-engagés ou les indépendants.

On est porté à croire qu'une telle situation aurait pu aussi se produire au Canada entre un parti de droite, le PCC, et un parti de gauche, le NPD, qui font appel à un public engagé bien polarisé entre ces deux options. Mais encore faudrait-il que le NPD s'enracine davantage au Québec comme parti de gauche et qu'il garde résolument ses positions de gauche, ce qui est moins le cas depuis qu'il a atténué ses positions « socialistes » dans le préambule de sa constitution lors du congrès de Montréal en avril 2013. Le NPD en vient ainsi à prendre une position plus près du centre-gauche que le Parti libéral a occupée le plus souvent au cours du XXᵉ siècle de telle sorte que ces deux partis risquent de se disputer un même électorat. Au total, s'il veut accéder au pouvoir, le NPD devra réussir à s'imposer davantage dans les autres provinces comme ce fut le cas au Québec et à maintenir ses positions dans cette dernière province : c'est un double objectif certainement difficile à atteindre.

Quant au Parti libéral qui a dominé la scène politique canadienne au cours du XXᵉ siècle tout en oscillant entre le centre-gauche le plus souvent et le centre-droit à certains moments, il est appelé à se redéfinir et à occuper une position idéologique susceptible d'attirer un électorat qui l'a délaissé progressivement depuis une dizaine d'années. Est-il toujours prêt à se définir comme un parti du centre, comme le souhaite son nouveau chef, Justin Trudeau, un centre souvent sans signification véritable (*meaningless middle* pour reprendre les termes de Jamey Heath, 2007), d'autant plus qu'une *doctrine* centriste n'existe pas vraiment comme le soulignait déjà Duverger ? « Toute politique, écrit-il, implique un choix entre deux types de solutions : les solutions dites intermédiaires se rattachent à l'une ou à l'autre. Cela revient à dire que le centre n'existe pas en politique. » Et il ajoutait : « Tout centre est divisé contre lui-même, qui demeure séparé en deux moitiés : centre-gauche et centre-droit. Car le centre n'est pas autre chose que le groupement artificiel de la partie droite de la gauche et de la

partie gauche de la droite. Le destin du centre est d'être écartelé, ballotté, annihilé… » (Duverger, 1969 : 245).

Tel est le dilemme auquel se trouve confronté le Parti libéral canadien. Sur l'échiquier politique canadien, il se situe entre le NPD et le PCC, les deux pôles d'une possible polarisation idéologique. Il est probable qu'il va se retrouver plus près du centre-gauche (position traditionnelle du parti) tempéré au besoin par des positions de centre-droit, tout en étant conscient du « tassement » vers la droite de l'électorat.

Au total, s'il y a polarisation idéologique au Canada, on pourrait croire qu'elle résulte plutôt des positions politiques plus nettement à droite du Parti conservateur qui entraînent des réactions plus « à gauche » des autres partis.

Malgré tous les changements survenus depuis une vingtaine d'années, les citoyens ont toujours aussi peu confiance en leurs dirigeants et en leurs institutions politiques (Pelletier, 2007a et 2007b, Pelletier et Couture, 2012), et ils votent toujours aussi peu. À cet égard, le taux de participation de 2008 a atteint un plancher historique, cela depuis 1867, avec 58,8 % ; il remonte à 61,1 % seulement en 2011. En somme, le désenchantement, la frustration et la volatilité de l'électorat qui avaient caractérisé la période précédente sont encore présents durant cette période-ci.

LES SYSTÈMES DE PARTIS AU QUÉBEC

On peut diviser le système de partis au Québec en trois grandes périodes, soit de 1867 à 1936 où le Parti conservateur et le Parti libéral dominent tour à tour, de 1936 à 1970 où l'Union nationale

(UN) s'impose face au Parti libéral du Québec (PLQ) et de 1970 jusqu'à ce jour où s'affrontent le Parti libéral du Québec et le Parti québécois (PQ) qui alternent au pouvoir. C'est donc dire que le bipartisme s'impose toujours, chaque période donnant naissance à un nouveau parti qui vient en remplacer un ancien. Autre caractéristique : le Parti libéral « est le parti de la continuité dans le système des partis provinciaux du Québec » (Lemieux, 2008 : 2), en ce sens que c'est la seule formation politique à avoir survécu depuis 1867.

Chacune de ces périodes est marquée par l'existence d'un parti générationnel, soit un parti qui se recrute dans une génération politique, en particulier les jeunes, et qui exploite l'insatisfaction face à l'action du parti au pouvoir (Lemieux, 2011). C'est le cas du Parti libéral qui, dans la foulée de la victoire de Wilfrid Laurier à Ottawa, détrône les conservateurs en 1897 et se maintient au pouvoir jusqu'en 1935. Un nouveau parti générationnel, l'Union nationale, apparaît en 1936 et détient le pouvoir durant de nombreuses années. Il sera remplacé par un autre parti générationnel, le Parti québécois créé en 1968, qui entraîne la disparition de l'Union nationale à la suite de sa victoire en 1976.

Durant près de soixante-dix ans, soit de 1867 à 1936, les partis provinciaux québécois ne sont que de simples succursales des partis du même nom œuvrant sur la scène fédérale, avec une exception importante à Ottawa : à partir des années 1920, des tiers partis font élire régulièrement un certain nombre de députés à la Chambre des communes (Parti progressiste, CCF, Crédit social).

Durant cette période, deux partis se partagent le pouvoir à Ottawa. À la longue domination des conservateurs au XIXᵉ siècle suit la longue domination des libéraux au XXᵉ siècle, laquelle est entrecoupée de deux intermèdes conservateurs (Robert Laird Borden et Richard Bedford Bennett). À Québec, les deux mêmes partis se partagent le pouvoir, les conservateurs au cours du XIXᵉ siècle (avec l'intermède du Parti national d'Honoré Mercier) et les libéraux qui se maintiennent au pouvoir sans interruption de 1897 à 1935.

Les chefs des partis fédéraux ou leurs lieutenants francophones imposent leur présence et leur domination sur le parti frère du même nom, aussi bien du côté libéral que du côté conservateur. L'exemple le plus probant survient au XIXᵉ siècle lorsque le premier ministre conservateur Adolphe Chapleau quitte son poste à Québec pour devenir ministre à Ottawa. Il est remplacé par un ministre conservateur fédéral, Joseph-Alfred Mousseau, qui devient premier ministre à Québec. Durant cette période, la carrière fédérale est plus prestigieuse et, souvent, elle attire davantage que la carrière provinciale.

Par contre, la situation va changer progressivement au cours de la première moitié du XXᵉ siècle. Des premiers ministres libéraux tels que Lomer Gouin et Louis-Alexandre Taschereau adoptent à l'occasion des positions autonomistes face aux gouvernements fédéraux. Ils ont été précédé en cela par Honoré Mercier (1887-1891) qui avait convoqué la première conférence interprovinciale de l'histoire chargée d'établir les positions des provinces sur un certain nombre de sujets litigieux dans les relations avec Ottawa (le rôle du lieutenant-gouverneur, les subventions fédérales aux provinces, l'utilisation du pouvoir déclaratoire, le pouvoir de désaveu, etc.).

Surtout, la fin de cette longue période est marquée par la naissance, en 1936, de l'Union nationale. Ce parti résulte de la fusion du Parti conservateur provincial, alors dirigé par Maurice Duplessis, et de l'Action libérale-nationale, dirigée par Paul Gouin, groupe dissident qui a quitté le Parti libéral provincial. Le nouveau parti sera dirigé par Duplessis qui laissera de côté les positions réformistes de Gouin et adoptera des positions conservatrices sur le plan social et des positions libérales sur le plan économique avec sa politique de laisser-faire (Boismenu, 1981 ; Pelletier, 1989). L'arrivée de l'Union nationale marque ainsi le début de la deuxième période qui s'étend jusqu'en 1970.

Comme le souligne Vincent Lemieux (2008 : 57), les élections de 1935 et de 1936 peuvent être considérées comme des élections de réalignement en ce qu'elles marquent la fin de la domination du Parti libéral et l'émergence d'un nouveau parti, sous la forme d'une coalition en 1935 et d'un parti unifié en 1936. Cela ouvre la voie à une longue domination, presque ininterrompue, de l'Union nationale, de 1936 à 1960, sous le leadership de Maurice Duplessis (décédé en 1959). Le Parti libéral, désormais dirigé par Adélard Godbout qui a succédé à Louis-Alexandre Taschereau, reprendra cependant le pouvoir en 1939, à l'aube de la guerre, jusqu'en 1944 où il sera défait en obtenant moins de sièges, mais plus de voix que l'Union nationale.

L'Union nationale de Duplessis reprendra pratiquement les mêmes thèmes durant quatre campagnes électorales successives, de 1944 à 1956 : défense de l'autonomie provinciale, attaques contre les libéraux provinciaux, mais aussi fédéraux, lutte contre le communisme, rappel des réalisations de l'UN ou, plus exactement, de Duplessis, puisque toutes ces campagnes sont extrêmement personnalisées (Pelletier, 1989 : 38).

L'*autonomie* apparaît comme l'élément le plus structurant du discours unioniste. C'est à la fois la préservation et la défense des droits du Québec face aux empiétements du gouvernement central, le moyen de s'opposer aux libéraux provinciaux qui préconisent des réformes sociales selon un modèle inspiré d'Ottawa, et une façon également de préserver la place de l'Église dans les systèmes d'éducation et de santé (Pelletier, 1989 : 56). Bref, il s'agit de maintenir et de préserver les valeurs et les institutions en place.

La Révolution tranquille constitue sans aucun doute une rupture politique importante avec l'arrivée au pouvoir du Parti libéral du Québec, sous la direction de Jean Lesage, et la défaite de l'Union nationale. Mais elle ne marque pas pour autant la fin de l'UN. Le réalignement des partis politiques au Québec se fera progressivement à partir de l'élection de 1970 avec l'arrivée du Parti québécois (créé en 1968), qui avait été précédé dans les années 1960 de deux partis indépendantistes, le Rassemblement pour l'Indépendance nationale (RIN) et le Ralliement national (RN).

Cette période de modernisation et de rattrapage pour la société québécoise est surtout marquée par la transformation des institutions politiques et par l'intervention de l'État québécois dans de nombreux secteurs d'activité (éducation, culture, santé, économie, etc.). Le Parti libéral incarne bien cette idéologie interventionniste face à l'UN. Création ou restructuration d'appareils étatiques, modernisation de la fonction publique, réforme de l'éducation, assurance-hospitalisation, nationalisation de l'électricité, création du régime des rentes du Québec et de la Caisse de dépôt et placement, bref, le Parti libéral place l'État québécois au cœur du développement économique, social, culturel et politique et il considère cet État comme étant un instrument d'émancipation et de progrès (Pelletier, 1989 : 261-268).

Si cette conception d'un État interventionniste touche aussi l'UN au cours des années 1960, surtout sous le leadership de Daniel Johnson, c'est plutôt la naissance du Parti québécois (PQ) en 1968 qui témoigne d'un réalignement des forces politiques au Québec au cours de la décennie suivante et ouvre une nouvelle ère politique. Il ne s'agit plus de défendre l'autonomie du Québec face aux autorités fédérales, comme l'avaient fait antérieurement l'Union nationale avec Duplessis et le Parti libéral avec Jean Lesage. Le Parti québécois franchit une étape inédite en préconisant une profonde redéfinition du régime constitutionnel qui prendrait la forme de la souveraineté du Québec, assortie d'une association économique avec le reste du Canada. L'Union nationale, désormais interventionniste, cherche sa voie entre l'autonomie, l'égalité et l'indépendance (Johnson, 1965) : elle choisit plutôt la voie fédéraliste, tout en flirtant avec l'indépendance et en s'opposant aux visées centralisatrices d'Ottawa. Entre le PLQ qui défend clairement l'option fédéraliste et le PQ qui incarne le mouvement souverainiste, l'UN ne réussit pas à trouver sa place et disparaîtra du paysage politique. C'est pourquoi on peut dater de 1970 la troisième grande période du système de partis au Québec : le Parti québécois vient remplacer l'Union nationale sur l'échiquier politique, alors que le Parti libéral constitue toujours l'autre grande force politique.

Présent depuis 1867 sur la scène québécoise, le Parti libéral a survécu à deux scissions qui se sont produites en son sein et qui ont donné naissance à deux nouveaux partis, sources de réalignements des forces politiques : l'UN en 1936 et le Parti québécois en 1968. En effet, le PQ

résulte de la fusion du Mouvement souveraineté-association, créé par René Lévesque et ses partisans qui ont quitté le Parti libéral, et du Ralliement national, parti indépendantiste déjà présent à l'élection de 1966, suivi peu après de la dissolution du RIN. Comme en 1935-1936, il se produit alors un changement durable et significatif dans les fidélités partisanes et dans l'identification des électeurs à un parti donné à la suite de la montée d'un nouvel enjeu politique suffisamment fort pour briser l'inertie caractéristique du système de partis (Pelletier, 1989 : 363). Ce nouveau réalignement des forces politiques s'effectuera progressivement au cours des années 1970.

L'opposition sur la conception du *rôle* de l'État québécois entre, d'un côté, l'Union nationale et un État clientéliste et, de l'autre, le Parti libéral et un État interventionniste est largement remplacée par un nouvel enjeu qui fait référence à la *place* que doit occuper l'État québécois au sein même ou à l'extérieur de la fédération canadienne. Avec Robert Bourassa, le Parti libéral du Québec s'est rangé résolument dans le camp fédéraliste ; avec René Lévesque, le Parti québécois s'est présenté comme le défenseur de l'option souverainiste. Entre les deux, il n'y avait pas de place pour des positions centristes, mitoyennes, trop souvent ambiguës. Dans ce contexte, survivant avec peine au cours des années 1970, l'Union nationale et le Ralliement créditiste vont disparaître complètement de la carte politique québécoise à l'élection de 1981. Désormais, le PLQ et le PQ seront les deux seuls grands adversaires à s'affronter dans l'arène politique sur la base, premièrement, d'une opposition entre le fédéralisme et le souverainisme et, secondairement, de leur conception du rôle de l'État québécois

Depuis 1970 jusqu'à ce jour (janvier 2013), le Parti libéral et le Parti québécois se sont échangé le pouvoir, chacun le conservant durant deux mandats, à l'exception du Parti libéral qui a obtenu un troisième mandat à la suite de l'élection de décembre 2008. Il est vrai, cependant, que son deuxième mandat, sous la forme d'un gouvernement minoritaire, a été de courte durée (un an et demi). En septembre 2012, le Parti québécois est revenu au pouvoir en formant lui aussi un gouvernement minoritaire avec 54 députés.

Ces deux partis vont marquer la société québécoise, chacun à sa manière. Le premier gouvernement libéral de Robert Bourassa (1970-1976) se caractérise à la fois par des projets qui ont été bien accueillis, tels que l'instauration de l'assurance-maladie et le lancement du projet hydro-électrique de la baie James, mais aussi par de nombreuses grèves dans les secteurs public et parapublic, l'une d'elles conduisant à l'emprisonnement des chefs des trois grandes centrales syndicales en 1972, et par l'adoption de la loi 22 qui a fait du français la langue officielle du Québec, loi qui a été critiquée surtout pour les tests linguistiques que devaient passer de jeunes enfants pour être admis à l'école anglaise.

Le retour de Robert Bourassa au pouvoir (1985-1994) ne fut pas particulièrement marquant, puisqu'il se caractérise par de nombreux échecs ou par des politiques décriées: échec de la « réingénierie » de l'État entreprise par les ministres Paul Gobeil et Pierre MacDonald qui s'inspiraient des idées néoconservatrices alors à la mode avec Reagan et Thatcher, échec de l'Accord du lac Meech (1990), échec de l'Accord de Charlottetown (1992), crise d'Oka avec les autochtones (1990), politique largement décriée de réforme de l'aide sociale (avec ce que l'on

a appelé les « Bou-bou macoutes »), volonté d'assainir les finances publiques qui a conduit à quelques affrontements avec les syndicats (mais sans commune mesure avec les années 1970) et, finalement, scission à l'intérieur du Parti libéral en 1992. Pour la troisième fois de son histoire, le PLQ a fait face à une scission avec le départ de Jean Allaire et d'un groupe de jeunes libéraux sous la direction de Mario Dumont qui présideront, en mars 1994, à la naissance de l'Action démocratique du Québec (ADQ). Ces membres démissionnaires étaient en désaccord avec la position du parti qui appuyait l'Accord de Charlottetown.

Sous la direction de René Lévesque, le Parti québécois prend le pouvoir en 1976 pour le conserver jusqu'en 1985. Durant son premier mandat, le PQ renoue avec l'esprit de la Révolution tranquille par différentes mesures qui ont marqué le Québec jusqu'à ce jour. Outre la loi sur les consultations populaires, on peut signaler la réforme du financement des partis politiques, dont René Lévesque était particulièrement fier, l'instauration d'un programme d'assurance-automobile sous l'égide de l'État, la protection du territoire agricole, l'interdiction d'employer des briseurs de grève (loi anti-scabs) et, surtout, la loi 101, aussi appelée *Charte de la langue française*, qui entendait faire du Québec un État français et touchait ainsi non seulement au secteur public, mais aussi au secteur privé. Ce mandat se terminera par un échec du PQ lors du référendum de mai 1980.

Amorcé en 1981, le deuxième mandat du PQ fut nettement moins glorieux, marqué à la fois par une grave récession économique et un profond mécontentement du secteur public qui doit subir des coupures salariales en 1982. C'est aussi en

1982 que le gouvernement fédéral, avec l'appui de neuf provinces, mais sans l'accord du Québec, va procéder au rapatriement de la Constitution canadienne à laquelle s'ajoutent désormais la *Charte canadienne des droits et libertés* et une formule d'amendement (voir le chapitre 2).

De retour au pouvoir en 1994, le Parti québécois, dirigé par un nouveau chef, Jacques Parizeau, va soumettre son option d'une souveraineté-partenariat à un référendum dès 1995. Avec un taux de participation de 93,5 %, ce sont 50,6 % des citoyens québécois qui diront non à ce projet contre 49,4 % qui l'appuieront. Devant cet échec, Parizeau démissionne et sera remplacé par Lucien Bouchard, chef du Bloc québécois à Ottawa. Après avoir remporté l'élection de 1998, ce dernier va quitter son poste en 2001 et sera remplacé par Bernard Landry qui conservera le pouvoir jusqu'à l'élection de 2003.

Ces années de pouvoir du PQ seront marquées par deux programmes sociaux qu'on ne trouve pas, selon la formule québécoise, dans les autres provinces canadiennes : le programme de garderies à cinq dollars et le programme d'assurance-médicaments. C'est aussi Lucien Bouchard qui va convoquer, à l'automne de 1996, un Sommet économique en vue d'obtenir un consensus de la part des acteurs socioéconomiques sur l'atteinte du «déficit zéro» par le gouvernement. Cet objectif s'est maintenu de peine et de misère depuis 1997. Toutefois, le Québec a renoué avec les déficits budgétaires à la suite d'une profonde récession économique à partir de 2008. Mais ce sont surtout les coupures importantes dans le secteur de la santé, entraînées par la lutte au déficit, sans oublier les fusions municipales forcées de la fin de l'année 2000, qui seront exploitées

abondamment par les chefs du PLQ et de l'ADQ et qui conduiront à la défaite du PQ en 2003.

Depuis lors, le Parti libéral, dirigé à partir de 1998 par l'ancien chef du Parti progressiste-conservateur, Jean Charest, a réussi à se faire élire durant trois élections consécutives, ce qui n'était pas arrivé depuis l'époque de Duplessis. Le premier mandat du PLQ fut surtout marqué, à côté de quelques succès comme une importante entente sur la santé avec le fédéral, par un fort taux d'impopularité du gouvernement Charest à la suite d'un certain nombre de décisions plutôt mal accueillies par la population (parc du Mont-Orford, centrale du Suroît, augmentation des tarifs dans les centres de la petite enfance, subventions annoncées aux écoles juives, baisses d'impôts qui tardent, etc.). À l'élection suivante, Jean Charest a été réélu, tout en étant contraint de former un gouvernement minoritaire (le premier depuis 1878) avec 48 députés sur 125, alors que l'ADQ est devenue l'opposition officielle à l'Assemblée nationale avec 41 députés, reléguant ainsi le Parti québécois au troisième rang (avec 36 députés). La cohabitation vantée par le premier ministre Charest ne dura pas longtemps, puisque de nouvelles élections ont eu lieu en décembre 2008 : le PLQ a pu former, de peu, un gouvernement majoritaire avec 66 députés et le PQ est redevenu l'opposition officielle avec 51 députés, alors que l'ADQ a repris son rôle habituel de tiers parti avec 7 députés et que Québec solidaire a fait son entrée à l'Assemblée nationale en faisant élire un député. Ce recul prononcé de l'ADQ a entraîné la démission de son chef historique, Mario Dumont, qui dirigeait le parti depuis 1994. À la suite de la création de la Coalition avenir Québec (CAQ) sous la direction de François Legault, les membres de l'ADQ ont accepté majoritairement de fusionner avec la CAQ, ce qui a entraîné la disparition de l'ADQ.

Durant cette période, qui s'étend de 1970 jusqu'à ce jour (janvier 2013), le PQ paraît plus interventionniste que le PLQ, en ce sens qu'il fait davantage appel à l'État et à des programmes étatiques pour implanter des réformes dans la société québécoise, alors que le PLQ, et plus tard l'ADQ, préconisent davantage le retrait de l'État et la déréglementation pour laisser plus de place au secteur privé. Sur un axe gauche-droite, le PQ se situe ainsi à la gauche du PLQ et celui-ci, à la gauche de l'ADQ, ce dernier parti étant plus à droite que les deux autres par son conservatisme fiscal et certaines de ses propositions dans le secteur social (comme le financement des écoles par des « bons d'études ») si l'on se base sur les différents programmes qu'il a défendus au cours des campagnes électorales de 1994 à 2008. Il importe d'ajouter, cependant, que les programmes de 2007 et de 2008 ont été passablement recentrés alors que l'ADQ abandonnait l'idée d'un taux unique d'imposition et la privatisation du financement des écoles par des bons d'études (bien qu'il préconisait toujours l'abolition des commissions scolaires), proposant même des investissements accrus en éducation et en culture. L'ADQ se rapprochait ainsi du PLQ sur un axe gauche-droite, les deux voulant restreindre les interventions de l'État. La CAQ, qui a pris la relève de l'ADQ, cherche à se définir comme un parti centriste, avec toutes les ambiguïtés d'une telle position, ce qui la rapproche de la position du PLQ. L'ambiguïté vient du fait, pour le moment, qu'elle apparaît comme l'héritière de l'ADQ sous plusieurs aspects, ce qui la situe à la droite des deux autres partis, mais que certaines positions qu'elle défend sont plutôt de centre-gauche.

Sur l'axe fédéralisme-souverainisme, le PQ défend toujours des positions souverainistes, atténuées par des formes de partenariat économique et même politique avec le reste du Canada, et par le report d'un éventuel référendum, alors que le PLQ se présente comme un fervent défenseur du fédéralisme, ce qui ne l'empêche pas de critiquer parfois les visions trop centralisatrices du gouvernement fédéral, surtout lorsque les libéraux sont au pouvoir à Ottawa. Quant à l'ADQ, sa position autonomiste la situe entre les deux autres partis. Se présentant comme un ardent défenseur des compétences du Québec et se montrant même favorable à un accroissement de ces compétences, elle se situe avant tout du côté fédéraliste, sans remettre fondamentalement en cause le lien fédéral. La Coalition avenir Québec (CAQ), qui a succédé à l'ADQ, se veut également autonomiste, mais ses positions constitutionnelles demeurent encore floues, du fait surtout qu'elle ne cherche pas à se définir sur cet axe en mettant de côté la question nationale durant dix ans.

Pour rendre compte de la dynamique politique québécoise, il faut donc prendre en considération ces deux axes, même si la ligne dominante de clivage semble être, depuis les années 1970, celle de la souveraineté et du fédéralisme. C'est ainsi qu'on pourrait qualifier le PQ de parti souverainiste et plutôt social-démocrate, le PLQ de parti fédéraliste et plutôt centriste (centre-droit), l'ADQ, et son successeur la CAQ, de parti fédéraliste-autonomiste et plutôt à droite du PLQ pour l'ADQ et plus près du centre-droit pour la CAQ. Ce qui a distingué davantage l'ADQ des deux autres partis durant ses premières années d'existence, c'est l'adoption d'un discours populiste sous sa forme *protestataire*, discours qui soulignait la coupure entre le peuple et les élites politiques et exprimait «une protestation de la classe moyenne et des régions contre une forme d'intervention étatique jugée trop dirigiste» (Boily, 2008 : 97).

Dans ce contexte de tripartisme ou même de quadripartisme, comment analyser les dernières élections québécoises de 2003 à 2012 ? Depuis l'échec référendaire de 1995, le Parti québécois a perdu des appuis. C'est en 2003, comme le rappelle Pierre Drouilly (2007 : 27), que les pertes péquistes ont été les plus importantes. «Un des faits majeurs de l'élection de 2003, écrit-il, est la chute brutale du taux de participation, en raison de l'abstention d'une bonne partie de l'électorat péquiste traditionnel (environ la moitié des 500 000 voix perdues par le Parti québécois sont allées à l'abstention, un tiers à l'Action démocratique et un sixième au Parti libéral).» Et ces abstentionnistes péquistes de 2003, ajoute-t-il, ne sont manifestement pas revenus au PQ en 2007. On pourrait ajouter que le même phénomène s'est pratiquement reproduit en 2008 puisque le PQ n'a gagné que 16 200 voix de plus par rapport à 2007 (même s'il passe de 28 % à 35 % des suffrages par suite d'un faible taux de participation). Par contre, en 2012, il obtient 32 % des suffrages et 250 000 voix de plus qu'en 2008 de sorte qu'il peut former un gouvernement minoritaire avec 54 députés seulement.

Le scrutin de 2007, soutient Pierre Drouilly (2007 : 32), «apparaît surtout comme une victoire de l'Action démocratique aux dépens du Parti libéral, le Parti québécois demeurant relativement stable». En effet, le Parti libéral perd près de 450 000 voix par rapport à l'élection précédente et ces électeurs ne sont pas vraiment revenus au PLQ en 2008, puisqu'il gagne seulement un peu plus de 50 000 voix supplémentaires ; il maintient ses appuis en nombre absolu à l'élection de 2012, mais recule à 31,2 % des suffrages par suite d'une participation électorale beaucoup plus forte (74,6 %).

Par contre, ce qui caractérise avant tout le scrutin de 2008, c'est à la fois le très faible taux de participation (57,4 %) et le déclin marqué de l'ADQ : ce parti perd, en effet, près de 700 000 voix par rapport à l'élection précédente, passant de 30,8 % des voix en 2007 à 16,4 % en 2008, les deux autres partis augmentant assez peu leurs appuis en nombre absolu. La Coalition avenir Québec qui succède à l'ADQ n'atteint pas, en 2012, le succès de cette dernière en 2007 : il lui manque encore plus de 40 000 voix et elle n'obtient que 19 sièges.

En somme, on assiste à un déclin prononcé du PQ en 2003, qui se maintient aux élections suivantes, mais non pas en 2012 où ses appuis augmentent en nombre absolu, ce qui lui assure le pouvoir ; on assiste à un déclin prononcé du PLQ en 2007, qui se maintient en 2008 de même qu'en 2012 où il perd le pouvoir et son chef, Jean Charest ; on assiste à un déclin encore plus prononcé de l'ADQ en 2008, ce qui entraîne sa disparition au profit de la CAQ qui prend la relève comme troisième parti avec 27 % des voix. À ce tripartisme s'ajoute un quatrième joueur, Québec solidaire, qui double ses appuis de 2008 à 2012 et obtient 6 % des voix, ce qui nuit au PQ dans certaines circonscriptions à Montréal, à Québec et en régions. La présence de ces nouveaux partis et, surtout, de la CAQ n'annonce pas encore un réalignement des forces politiques au Québec. Mais tout pourrait se jouer au cours des prochaines années en fonction du succès ou non d'un gouvernement minoritaire péquiste.

LA POSITION IDÉOLOGIQUE DES PARTIS FÉDÉRAUX : LA RECHERCHE D'UN CRÉNEAU

Sur le marché des biens politiques, les partis veulent offrir un produit qui n'est pas le parfait décalque d'un autre. En se mobilisant autour d'un projet, ils vont normalement s'appuyer sur une doctrine ou sur des orientations idéologiques et traduire ce projet en programme d'action. Ils tentent ainsi d'occuper un créneau ou une position distinctive sur la scène politique.

Si l'on s'arrête aux grandes formations ayant marqué la vie politique canadienne, on peut retracer trois grands courants qui ont dominé le paysage, libéral, conservateur et socialiste, auxquels on pourrait ajouter un courant nationaliste.

Le courant libéral

Le libéralisme repose sur deux grands principes : l'autonomie ou liberté individuelle, qui doit primer sur les libertés collectives, et son corollaire, le droit de l'individu à la propriété, cette dernière étant considérée comme le moteur du progrès. Dans cette optique, l'État n'a pas à intervenir dans les lois du marché, il doit laisser faire la libre concurrence, en simple spectateur du jeu économique. S'il intervient, c'est pour faire respecter les règles du jeu et ainsi assurer l'ordre social.

Cette primauté de l'individu sur la collectivité et cet attachement à la liberté individuelle, à la libre concurrence économique, à la non-intervention de l'État caractérisent effectivement le libéralisme canadien du XIXᵉ siècle. En ce sens, le Parti libéral de cette époque, né de l'union des *Clear Grits* (branche plus radicale du Parti

réformiste) et du Parti rouge, porte bien son nom : il est libéral au sens philosophique du terme.

De cet engagement envers la liberté, dans le sens des libertés individuelles plutôt que collectives, et de la croyance en l'initiative individuelle plutôt qu'étatique découlent une série de mesures que les réformistes d'abord, puis les *Clear Grits* et les Rouges et, enfin, les libéraux vont défendre au cours du XIXᵉ siècle (Christian et Campbell, 1995) :

- Ils sont favorables à des réformes politiques dans le sens d'une plus grande liberté du Parlement face à la monarchie ; c'est pourquoi ils défendent l'idée d'un gouvernement responsable devant la Chambre.
- Ils sont favorables à l'égalité des individus, ce qui va se traduire par l'idée d'une représentation (essentiellement masculine) selon la population (le fameux *Rep by Pop* de George Brown).
- Ils se prononcent en faveur de la séparation de l'Église et de l'État ; c'est pourquoi ils s'opposent aux écoles séparées, c'est-à-dire catholiques.
- Ils réclament cette même liberté pour la propriété et l'entreprise ; ils sont donc opposés au protectionnisme imposé par l'État et se montrent favorables au libre-échange avec les États-Unis : les libéraux dirigés par Wilfrid Laurier mèneront deux campagnes électorales sur le thème de la réciprocité avec les États-Unis, en 1891 et 1911.
- Ils réclament aussi cette liberté pour les colonies face à la métropole et, plus tard, pour les provinces canadiennes face au pouvoir central, d'autant plus que le gouvernement fédéral est dominé après la

Confédération par le Parti conservateur de John A. Macdonald qui est très centralisateur. L'autonomie ou l'indépendance du Canada est au cœur du nationalisme politique véhiculé par le Parti libéral.

Bref, la protection des libertés individuelles, la défense de l'autonomie ou de l'indépendance du Canada face à la Grande-Bretagne et à l'Empire britannique, une vision continentaliste et libre-échangiste de l'économie ainsi que la primauté de l'économique sur le politique, c'est-à-dire du caractère naturel de l'économie et de ses lois sur les interventions artificielles de l'État, telles sont les caractéristiques essentielles du courant libéral canadien au cours du XIXe siècle et au début du XXe siècle.

Mackenzie King, successeur de Laurier en 1919 (voir le tableau 6.2), va s'employer à redéfinir en partie l'idéologie de sa formation politique à la suite de la Première Guerre mondiale. Cette insistance sur les chefs des partis s'explique par le fait que, au sein des organisations partisanes canadiennes et provinciales, la présence de leaders forts et marquants, à l'instar des Laurier, King et Trudeau chez les libéraux, contribue à façonner, à accentuer ou à transformer au besoin les grands traits idéologiques qui caractérisent leur parti respectif. Ainsi, sur le plan de l'autonomie canadienne et sur celui de la vision continentale de l'économie, King s'inscrit dans la tradition de Laurier. Du point de vue de l'autonomie, il n'apporte pas un soutien inconditionnel aux politiques de l'Empire britannique et il cherche à briser les liens encore présents de subordination à l'égard de la métropole en préparant, par exemple, le Statut de Westminster de 1931. En somme, on peut dire que l'idée d'un nationalisme politique prévaut encore au sein du parti qui se présente

TABLEAU 6.2

Les chefs du Parti libéral du Canada depuis 1873

1873-1880	Alexander Mackenzie
1880-1887	Edward Blake
1887-1919	Wilfrid Laurier
1919	Daniel D. McKenzie*
1919-1948	William Lyon Mackenzie King
1948-1958	Louis Saint-Laurent
1958-1968	Lester B. Pearson
1968-1984	Pierre Elliott Trudeau
1984-1990	John Turner
1990-2003	Jean Chrétien
2003-2006	Paul Martin
2006	William (Bill) Graham*
2006-2008	Stéphane Dion
2008-2009	Michael Ignatieff*
2009-2011	Michael Ignatieff
2011- 2013	Bob Rae*
2013-	Justin Trudeau

* Chef intérimaire.

d'ailleurs comme celui de l'unité nationale; le seul capable de regrouper des anglophones et des francophones sous un même toit.

D'un autre côté, le parti met toujours l'accent sur le continentalisme en se montrant prêt à réduire les tarifs protectionnistes, sans les abolir complètement, et en intégrant davantage l'économie canadienne à l'économie américaine, dans le domaine des richesses naturelles surtout, tout en respectant l'autonomie des provinces dans ce secteur. C'est d'ailleurs après la Première Guerre mondiale que les investissements américains au Canada vont dépasser ceux de la Grande-Bretagne.

C'est plutôt dans le champ des politiques sociales et du travail que King va innover et donner une orientation nouvelle à l'idéologie du parti. Il va tempérer la politique de non-intervention et aller dans le sens d'un libéralisme positif (Christian et Campbell, 1995 : 59-63) : la liberté individuelle, selon les libéraux de King, peut être restreinte tant par l'absence de certains biens de base pour les individus, comme la nourriture, le logement, les soins médicaux, que par la présence de restrictions gouvernementales. Il s'agit donc de fournir aux individus et non aux collectivités des chances égales au départ. Un tel changement dans la pensée libérale va servir d'assise aux politiques sociales défendues par les libéraux, comme les pensions de vieillesse en 1927, l'assurance-chômage en 1940 et, surtout, le programme de l'État providence mis en place progressivement après la Seconde Guerre mondiale sous l'influence du keynésianisme.

Défenseur des libertés individuelles, mais désormais sous l'angle d'un libéralisme positif, ce parti impose l'image d'une formation politique favorable aux plus démunis, aux moins nantis des milieux urbains ainsi qu'aux groupes minoritaires face à un Parti conservateur reliés aux milieux financiers et à la grande entreprise. Ce qui n'a pas empêché le Parti libéral de Louis Saint-Laurent d'être proche des milieux d'affaires avec des ministres comme C.D. Howe, Robert Winters et Walter Harris, tout en mettant en place de nouveaux programmes sociaux. Cette façon de promouvoir des programmes sociaux sans s'aliéner les milieux d'affaires assurera le succès électoral du Parti libéral au cours du XXᵉ siècle

face au Parti conservateur à sa droite et au CCF-NPD à sa gauche.

Quant à Pierre Elliott Trudeau, qui a profondément marqué le Parti libéral, on peut dire qu'il adhère fermement à la pensée libérale et qu'il s'inscrit largement dans la tradition du libéralisme canadien au sens classique du terme. En effet, la défense des libertés individuelles a sans contredit constitué un thème central de sa pensée politique. De la libéralisation de la *Loi sur le divorce* et l'avortement jusqu'à la Charte des droits et libertés enchâssée dans la Constitution en 1982, mais déjà projetée en 1968, en passant par la politique sur les langues officielles de 1969, la défense et la promotion des droits individuels s'inscrivent au cœur de ses projets politiques.

La volonté de centralisation politique, autre thème central de sa pensée, renvoie elle aussi à l'idée des libertés individuelles. La défense de l'unité nationale, d'une seule nation canadienne, se situe dans la logique d'une opposition à toute reconnaissance de droits collectifs sous les formes, par exemple, d'un statut particulier pour le Québec, de la souveraineté-association ou même d'un caractère distinct de la société québécoise. L'État est là pour promouvoir des fins individuelles, non pas des groupes sociaux ou des collectivités nationales, ce qui justifie l'opposition de Trudeau à l'idéologie nationaliste comme idéologie collectiviste qui a mené à des excès dans le passé. Ce qui ne l'a pas empêché de tout mettre en œuvre pour construire une véritable nation canadienne, un sentiment identitaire canadien reposant sur trois piliers : la Charte des droits, la dualité linguistique et un certain antiaméricanisme (sur le plan économique surtout). Le développement d'un nationalisme canadien devait alors servir de contrepoids au nationalisme québécois, si bien que la sauvegarde de l'unité canadienne pouvait justifier le recours à une certaine forme de nationalisme.

Trudeau s'inscrit en même temps dans la tradition de Mackenzie King en poursuivant une politique d'intervention de l'État dans le domaine social selon les orientations de l'État providence. Dans le secteur économique, par contre, tout en étant favorable à un certain interventionnisme étatique, il s'est montré plus ambivalent en oscillant entre le continentalisme nord-américain au début et le nationalisme économique par la suite (Petro-Canada, Agence d'examen des investissements étrangers, etc.).

Quant à Jean Chrétien, au pouvoir de 1993 à 2003, on peut dire qu'il est avant tout un gestionnaire qui a peu ou pas marqué la pensée politique libérale. Ayant fait carrière sous le gouvernement Trudeau, il a adhéré à sa vision du pays. C'est pourquoi il a souscrit sans peine aux idées de centralisation politique et de défense de l'unité nationale.

Cependant, en conformité avec le courant néolibéral et face à la nécessité d'éliminer le déficit et de réduire la dette, il a pu se montrer momentanément moins favorable à des interventions de l'État, surtout dans le domaine social. Mais après avoir réussi à dégager des surplus budgétaires, il a cherché à engager l'État canadien dans de nouveaux programmes sociaux (Bourses du millénaire, programme national de garderies, assurance-médicaments, etc.) qui pourraient aider à développer et à entretenir un sentiment d'appartenance au pays. Le maintien d'un filet de sécurité sociale est d'ailleurs devenu *la* caractéristique centrale qui permet de distinguer le Canada des États-Unis, thème qu'ont repris également Paul Martin et Stéphane Dion. Ce dernier s'est aussi distingué

par son ambitieux programme environnemental à l'égard duquel son successeur, Michael Ignatieff, a pris ses distances. Proche de la vision trudeauiste sous certains aspects (Ignatieff, 2001), le nouveau chef libéral semblait cependant plus sensible aux réclamations des provinces, dont le Québec, et plus ouvert au dialogue qu'à l'affrontement et à la domination. Défait aux élections de 2011, il a quitté la direction du parti et Bob Rae a assuré avec succès l'intérim jusqu'au choix du futur chef. Choisi comme chef du PLC, Justin Trudeau va probablement reprendre et défendre l'essentiel des idées de son père (défense des libertés individuelles, promotion de l'unité nationale, plus grande centralisation politique, plus grande intervention de l'État) en adoptant toutefois une position plus centriste en certains domaines afin de se démarquer du NPD à sa gauche (par exemple, imposer davantage de limites à l'action de l'État) tout en tenant compte de la présence d'un Parti conservateur plus à droite.

Bref, on peut ramener la pensée politique libérale de la seconde moitié du XXe siècle à la trilogie du pancanadianisme : interventionnisme étatique, centralisation politique et unité nationale. C'est une pensée qui a profondément marqué la vie politique canadienne, déjà au XIXe siècle, mais surtout au XXe siècle où les libéraux ont détenu le pouvoir durant soixante-dix ans grâce à une puissante machine électorale (Clarkson, 2005).

Le courant conservateur

On peut dégager, à la suite de William Christian et Colin Campbell (1995 : 100-112), quelques traits principaux du conservatisme au Canada de la seconde moitié du XIXe siècle jusqu'au début du XXe siècle. Tout d'abord, les conservateurs canadiens croient à la hiérarchie sociale et aux privilèges qui y sont rattachés. Ils ont ainsi développé une certaine attitude aristocratique, un certain élitisme en opposition à l'idée d'égalité politique entre les individus prônée par les libéraux. De même, ils ont souvent mis l'accent sur le respect de la loi et de l'ordre en opposition à la défense des libertés individuelles préconisée par les libéraux. C'est pourquoi ils ont été plus près des milieux d'affaires que des groupes plus défavorisés.

Les conservateurs canadiens vouent aussi, à cette époque, une loyauté très forte à la monarchie et à l'Empire britannique. Leur nostalgie de l'Empire et leur attachement indéfectible à la monarchie et à la Grande-Bretagne vont constituer leur « marque de commerce », non seulement au XIXe siècle, mais même durant la première moitié du XXe siècle. Arthur Meighen et Richard Bennett (voir le tableau 6.3) sont des nostalgiques de l'Empire et de fidèles alliés de la Grande-Bretagne. Les sentiments probritanniques de John Diefenbaker servent aussi de fondements à son antiaméricanisme.

Les conservateurs sont donc tournés davantage vers la Grande-Bretagne que vers les États-Unis dont ils craignent souvent les visées politiques et l'expansionnisme économique. C'est pourquoi John A. Macdonald n'hésitera pas à mettre en œuvre une « Politique nationale » dès 1878, dont les tarifs protectionnistes serviront à aider et à stimuler l'industrie manufacturière canadienne face à la concurrence étrangère, surtout américaine. En ce sens, on peut dire que si les libéraux ont défendu un nationalisme politique, les conservateurs ont mis en place un véritable nationalisme économique.

TABLEAU 6.3

Les chefs du Parti conservateur canadien depuis 1867 (libéral-conservateur, progressiste-conservateur, conservateur)

1867-1891	John A. Macdonald
1891-1892	John C. Abbott
1892-1894	John S.D. Thompson
1894-1896	Mackenzie Bowell
1896-1901	Charles Tupper
1901-1920	Robert Laird Borden
1920-1926	Arthur Meighen
1926-1927	Hugh Guthrie*
1927-1938	Richard Bedford Bennett
1938-1940	Robert James Manion
1940-1941	Richard B. Hanson*
1941-1942	Arthur Meighen
1942-1948	John Bracken
1948-1956	George Drew
1956-1967	John G. Diefenbaker
1967-1976	Robert Stanfield
1976-1983	Charles Joseph (Joe) Clark
1983	Erik Nielsen*
1983-1993	Martin Brian Mulroney
1993 (juin-déc.)	Kim Campbell
1993 (déc.)-1995	Jean Charest*
1995-1998	Jean Charest
1998 (avril-nov.)	Elsie Wayne*
1998-2003	Charles Joseph (Joe) Clark
2003-2004	Peter MacKay
2004-	Stephen Harper

* Chef intérimaire.

Dès lors, il ne faut pas s'étonner que l'idéologie conservatrice recouvre également un élément de collectivisme, dans le sens où il faut défendre une collectivité, construire une nation canadienne : Macdonald s'y emploiera dès 1867. L'idée d'un gouvernement unioniste dirigé par Borden en 1917 et d'un *National Government* préconisé par Manion en 1940 va dans le même sens. Cet élément collectiviste permet en outre de justifier des interventions possibles de l'État afin d'assurer les intérêts de l'ensemble de la collectivité dans certaines circonstances. Cela prendra des formes aussi diverses que le soutien à des grandes entreprises, comme le Canadien Pacifique, la création d'un réseau ferroviaire étatique, le Canadien National, la mise sur pied de Radio-Canada ou la création de la Banque du Canada (au cours des années 1930 avec Bennett).

Il faut ajouter, enfin, que le conservatisme canadien a de plus subi l'influence des idées libérales, surtout dans le sens d'un libéralisme d'affaires. C'est pourquoi les conservateurs ont souvent été divisés entre partisans d'une certaine forme d'intervention de l'État ou de protection assurée par l'État (*Red Tories*) et partisans de la non-intervention ou d'un véritable libéralisme économique (*Blue Tories*). Ces derniers ont, à maintes reprises, eu tendance à l'emporter au cours du XXe siècle.

Sous la poussée du néoconservatisme américain (avec Ronald Reagan) et britannique (avec Margaret Thatcher) et du néolibéralisme européen, les conservateurs de Brian Mulroney ont défendu un certain libéralisme d'affaires : il s'agissait désormais de fournir les conditions favorables au développement du secteur privé plutôt que d'assurer la participation directe de l'État dans l'économie. Défense de la libre entreprise et de la propriété privée, réduction des interventions gouvernementales, croyance en l'initiative individuelle, tels étaient les nouveaux slogans de la politique conservatrice. Il fallait réduire le déficit, diminuer les dépenses, restreindre la taille de la fonction publique fédérale, déréglementer et privatiser (13 sociétés d'État le seront durant le premier mandat de Mulroney de 1984 à 1988, dont Air Canada, De Havilland, Canadair et Téléglobe).

Ce retour vers le secteur privé sur le plan interne s'est prolongé sur le plan externe par une volonté affirmée dès le départ d'alléger les barrières tarifaires puis de s'engager dans un traité de libre-échange avec les États-Unis – ce sera un thème dominant de la campagne électorale fédérale de 1988, tel que mentionné précédemment – et de conclure enfin l'Accord de libre-échange nord-américain (ALENA) entre le Canada, les États-Unis et le Mexique. Le nationalisme économique lié à la « Politique nationale » de John A. Macdonald, qui a longtemps caractérisé le conservatisme canadien, est totalement remplacé par une vision continentaliste nord-américaine, qui avait longtemps été un créneau distinctif des libéraux canadiens. Il faut dire que les conservateurs n'avaient pas beaucoup le choix : le nationalisme économique devait céder le pas au continentalisme si l'on voulait s'inscrire dans le courant de mondialisation de l'économie et des échanges commerciaux.

Autre virage effectué par les conservateurs de Mulroney : d'un parti favorable à la centralisation avec Macdonald, Borden et d'autres ou du *One Canada, one nation* avec Diefenbaker, il est devenu le défenseur de la diversité du pays et d'une plus grande décentralisation vers les provinces. Pour ce faire, le gouvernement conservateur a conclu des ententes avec différentes provinces, avec l'Ouest canadien pour mettre fin au programme national de l'énergie mis en place par les libéraux, avec Terre-Neuve pour le programme Hibernia, avec le Québec pour assurer sa participation aux sommets de la francophonie et, surtout, pour faire accepter les conditions de son adhésion à la Constitution canadienne dans l'Accord du lac Meech.

Malgré tout, en particulier au cours du XXᵉ siècle, les conservateurs canadiens n'ont jamais réussi à s'implanter au Québec, sauf sous le leadership de Mulroney. Divers facteurs expliquent cette faiblesse ou cette absence (Laterreur, 1973) : problèmes reliés au leadership du parti, faiblesse chronique de l'organisation et un programme ou une idéologie incapables de s'adapter aux désirs profonds du Québec francophone. Si Brian Mulroney a réussi à obtenir l'appui du Québec, c'est à la fois parce qu'il était le premier chef conservateur en provenance de cette province et qu'il a pu bénéficier d'un fort ressentiment anti-Trudeau et antilibéral parmi les Québécois francophones à la suite du rapatriement de 1982 : c'est pourquoi il avait promis de « rapatrier » le Québec dans la Confédération, ce qu'il a tenté de faire avec l'Accord du lac Meech qui a cependant échoué en 1990. Sans un soutien appréciable du Québec, les conservateurs n'ont pu obtenir la victoire bien souvent au cours du XXᵉ siècle (ils ont été au pouvoir durant trente ans seulement, dont la moitié du temps grâce à un appui majoritaire du Québec). C'est pourquoi ils ont senti le besoin de changer de chef plus souvent que les libéraux, espérant ainsi retrouver le chemin de la victoire.

À la suite du scrutin d'octobre 1993, le conservatisme s'est manifesté surtout sous une autre forme politique. Cette élection donne un coup fatal au Parti progressiste-conservateur qui se retrouve avec deux sièges seulement et qui voit le Parti réformiste lui ravir son électorat traditionnel dans l'Ouest et même une partie de son électorat en Ontario. Créé officiellement en 1987 lors du congrès de Winnipeg, le Parti réformiste va garder le même chef, Preston Manning, jusqu'à sa dissolution en mars 2000 au profit d'une nouvelle formation, l'Alliance réformatrice-conservatrice canadienne, devenue ensuite l'Alliance canadienne, et d'un nouveau chef, Stockwell Day, élu au congrès de juin 2000.

À l'enseigne de la droite, ce parti cherche à tabler tout d'abord sur la frustration de la population à l'égard de la faillite des institutions politiques, des partis traditionnels en place et des réformes constitutionnelles avortées pour proposer un « nouveau Canada ». Ce « nouveau Canada » ne s'arrête cependant pas aux seules réformes politiques ; il embrasse aussi le domaine social et il s'enracine dans une profonde méfiance, sinon dans une forte opposition, à l'égard des élites en place.

Ces élites sont identifiées à des intérêts particuliers et à ceux qui les défendent : les groupes féministes, autochtones, syndicaux, multiculturels, linguistiques et ethniques, les sociétés d'État, les agences gouvernementales et même les milieux d'affaires qui quémandent des subventions gouvernementales. En somme, ce sont tous ces groupes qui requièrent des fonds publics et qui obligent ainsi les gouvernements à dévier des lois du marché pour redistribuer des ressources (Laycock, 1994 : 216-219).

C'est pourquoi le Parti réformiste a critiqué vivement les « vieux partis » qui sont les complices et les instruments de ces intérêts particuliers. Dans cette même optique, il s'est opposé au fédéralisme asymétrique et à toute forme de statut particulier pour le Québec, qui doit être considéré comme une province comme les autres. En revanche, il a préconisé certaines réformes politiques comme une moindre discipline de parti et un usage plus fréquent du référendum afin de renouveler la démocratie de représentation trop dominée par les élites du centre du pays (Ontario et Québec) et par des intérêts particuliers.

Les changements envisagés doivent toucher également tout le domaine social par la remise en cause de l'État providence, des programmes sociaux et de l'idée de justice sociale, bref de l'intervention de l'État dans la société civile. Défendre la propriété privée par tous les moyens ou couper l'aide de l'État aux déviants et aux marginaux de la société comme les homosexuels et les drogués illustrent bien la position idéologique du parti qui se situe nettement à droite de l'échiquier politique et que certains n'hésitent pas à qualifier d'extrémiste.

Après son congrès d'octobre 1996, le parti a cherché à projeter une image plus modérée de façon à convaincre l'électorat de l'Ontario, des Maritimes et même du Québec. Il a moins misé sur le mécontentement traditionnel de l'Ouest canadien et il a mis l'accent sur des orientations idéologiques susceptibles d'attirer un électorat conservateur : réduction de la taille du gouvernement, retour aux valeurs familiales, diminution des impôts, renforcement du système judiciaire. Il a cependant maintenu à peu près les mêmes positions sur des sujets comme l'homosexualité, l'avortement, la peine de mort et l'égalité entre toutes les provinces. Il a toutefois réussi à faire élire 60 députés à l'élection de 1997, uniquement dans l'Ouest canadien où il a joué la carte

anti-Québec avec des affiches clamant « Fini les politiciens québécois qui mènent le pays », et, ainsi, à former l'opposition officielle à la Chambre des communes.

Malgré un nouveau nom et un nouveau chef, l'Alliance canadienne ne réussit pas à convaincre la population d'un changement de cap au cours de la campagne électorale de 2000. Incarnant toujours la droite conservatrice et populiste, le parti maintient ses appuis dans l'Ouest où il apparaît encore comme un parti de protestation, sans faire de gains réels ailleurs au pays. C'est dans ce contexte qu'émerge une autre tentative d'union des forces conservatrices qui deviendra réalité par suite de l'entente de principe signée le 15 octobre 2003 entre le nouveau chef de l'Alliance canadienne, Stephen Harper, élu à ce poste en mars 2002, et le nouveau chef du Parti progressiste-conservateur, Peter MacKay. De cette entente de fusion entre les deux naît le « nouveau » Parti conservateur du Canada qui se donne Stephen Harper comme chef en mars 2004.

Un an plus tard, en mars 2005, le parti tient un congrès à Montréal pour définir son programme politique, lequel semble avoir réussi à étouffer les dissensions les plus importantes entre les anciens alliancistes et les conservateurs en appuyant le bilinguisme et en maintenant le *statu quo* sur l'avortement. Ce programme plutôt « modéré » (par rapport à celui de l'ancienne Alliance canadienne) insiste également sur le respect des compétences provinciales et sur la correction du déséquilibre fiscal, tout en demeurant fidèle, cependant, à des principes de droite en matière de justice en favorisant, par exemple, des peines plus sévères pour les récidivistes et les jeunes contrevenants.

De retour au pouvoir en octobre 2008, mais toujours minoritaires, et face à une grave récession économique, les conservateurs, premier ministre en tête, ont été obligés de laisser de côté leurs principes pour affronter la situation. Trois exemples en témoignent: la nomination de sénateurs non «élus» préalablement dans leur province respective, l'acceptation d'un important déficit budgétaire et une aide de l'État à l'entreprise privée telle que le secteur de l'automobile en Ontario. Le non-respect de ces principes de base du parti a suscité la grogne dans l'Ouest canadien, mais il pouvait apporter des dividendes politiques dans d'autres provinces. Le Parti conservateur devait, en effet, rallier davantage l'électorat de l'Ontario, du Québec et des Maritimes s'il voulait former un gouvernement majoritaire. C'est ce qui est d'ailleurs arrivé en 2011 où le PC a obtenu un appui plus prononcé en Ontario. Cela n'a pas été le cas au Québec, qui a par ailleurs tourné le dos au Bloc québécois pour se rallier au NPD.

Maintenant majoritaire, le parti peut désormais mettre en œuvre son véritable programme en matière économique (réduire la taille de l'État, éliminer le déficit, favoriser la libre entreprise sans contraintes étatiques et environnementales) et dans le domaine social (réduire les programmes sociaux, abolir le registre des armes d'épaule, réduire les subventions aux groupes opposants, retourner aux valeurs familiales, mais sans toucher jusqu'à maintenant à l'avortement), et ce, en cherchant de plus en plus à museler le Parlement, tout en valorisant la monarchie comme symbole «canadien». Bref, les conservateurs se situent maintenant plus à droite que ne l'était le défunt Parti progressiste-conservateur, bien que son conservatisme social ne puisse être entièrement

relié à la droite religieuse et au *Tea Party* américains (Farney, 2012).

Le courant socialiste et social-démocrate

On peut signaler la présence de partis socialistes au Canada dès la fin du XIXᵉ siècle. Il existe, en effet, un Parti des travailleurs en Colombie-Britannique dès 1886 et un Parti ouvrier socialiste en Ontario dès 1894.

Mais c'est avant tout la Grande Crise économique des années 1930 qui favorise la rencontre de groupes d'ouvriers, de fermiers et de socialistes (dont plusieurs intellectuels) d'abord à Calgary en 1932 où naît officiellement la *Co-operative Commonwealth Federation* (CCF), ensuite à Regina en 1933 où l'on adopte un véritable programme, le Manifeste de Regina (Brodie et Jenson, 1988: 167-170). Le point qui rallie ces groupes, c'est leur hostilité commune à l'égard des excès du capitalisme. À l'idée d'une compétition entre les individus à la base du système capitaliste, ils vont opposer celle d'une coopération entre les individus dans le contexte, par exemple, de la planification économique. À l'idée d'un contrôle des moyens de production et de distribution par un petit groupe seulement, ils vont opposer celle d'un partage économique par la nationalisation de certains secteurs comme les transports, les communications et l'énergie électrique. À l'idée d'une totale liberté économique, ils vont opposer celle d'une meilleure égalité économique et d'une plus grande justice sociale. Ainsi l'adoption d'un code du travail uniforme à travers le pays pour améliorer les conditions des travailleurs et des travailleuses de même que l'établissement d'un programme public d'assurance-maladie, pour ne citer que ces deux exemples, constituent sans aucun doute des innovations importantes susceptibles d'assurer une plus grande justice sociale. Ce qui frappe un lecteur moderne, note Alan Whitehorn (1992 : 44-45), c'est comment le Manifeste de 1933 a pu examiner d'une façon adéquate, en général, les changements sociaux, économiques et politiques qui allaient survenir durant le demi-siècle suivant.

Mais le CCF ne se présente pas pour autant comme un mouvement révolutionnaire qui préconiserait des changements par la violence. Au contraire, en conformité avec la tradition canadienne de non-violence (sauf certaines exceptions, comme la grève générale de Winnipeg en 1919 ou la grève d'Asbestos en 1949), il croit que les buts poursuivis peuvent être atteints par des moyens constitutionnels, par l'entremise des institutions politiques en place.

Certaines réclamations du Manifeste, comme la liberté de parole et d'assemblée, l'égalité de traitement devant la loi, s'inscrivent véritablement dans la tradition du libéralisme. Mais, pour le CCF, la défense des libertés individuelles doit s'accorder avec la défense de l'égalité économique. Bref, propriété sociale, nationalisation de services publics, opposition aux entreprises financières qui contrôlent le crédit, planification économique, égalité économique par l'extension de droits économiques, défense de libertés individuelles, tels sont les principaux thèmes qui se dégagent du programme unissant ces fermiers, ouvriers et intellectuels socialistes à la base du CCF.

Par la suite, le parti va atténuer certaines positions plus radicales de son programme et même chercher à minimiser ses différences idéologiques avec les libéraux, alors que ceux-ci, surtout

sous l'influence de Mackenzie King, vont aussi « emprunter » au programme du CCF. Ces positions plus modérées, comme celles de la Déclaration de Winnipeg en 1956 qui tranchent avec les positions plus radicales du Manifeste de Regina, ne réussissent pas à contrer le déclin constant du parti depuis 1945, déclin en termes de suffrages et non pas nécessairement en termes de sièges (Whitehorn, 1992, chap. 4). L'échec de 1958 à la suite du raz-de-marée conservateur avec John Diefenbaker, deux ans seulement après la Déclaration de 1956, va provoquer une sérieuse remise en question au sein du parti.

Comme dans les années 1930, des ouvriers, des fermiers et des socialistes vont se regrouper pour fonder, à Ottawa en 1961, le Nouveau Parti démocratique (NPD) en remplacement du CCF. Mais ce sont désormais les ouvriers qui forment le groupe le plus nombreux au sein du parti, puisque contrairement aux décennies précédentes, les syndicats appuient officiellement le NPD. La fusion en 1956 des deux grandes centrales syndicales canadiennes (le Congrès des métiers et du travail du Canada ou CMTC et le Congrès canadien du travail ou CCT) pour donner naissance au Congrès du travail du Canada (CTC) n'est pas étrangère à cette situation, d'autant plus que le CTC appelle en 1958 à un réalignement des forces politiques et propose de créer un « parti du peuple canadien ».

Cette présence importante des syndicats marque le NPD d'une double façon. Tout d'abord, les efforts du nouveau parti sur le plan électoral vont porter surtout sur les provinces où se retrouvent le plus grand nombre de travailleurs syndiqués, en particulier l'Ontario et la Colombie-Britannique. Le Québec, pour des raisons historiques (Lamoureux, 1985), garde encore ses distances à l'égard de la nouvelle formation en dépit d'une volonté de rapprochement entre les deux nettement présente au moment de la fondation du NPD, par exemple, en reconnaissant le caractère binational du Canada ou en abandonnant des positions jugées trop socialistes (Whitehorn, 1992: 50-51). La Saskatchewan rurale, par contre, va demeurer un important bastion du parti, mais son importance dans l'ensemble canadien diminue constamment. De nos jours, cette région est cependant devenue conservatrice.

Ensuite, la présence des syndicats exerce une influence sur l'orientation idéologique du parti où domine une tendance sociale-démocrate plutôt qu'une position nettement socialiste. L'intervention de l'État, des programmes sociaux plus nombreux, un développement économique planifié et la reconnaissance du secteur coopératif se trouvent encore dans la déclaration de principes de 1961. Mais ce document ignore des termes comme « capitalisme », « socialisme », « impérialisme » et « classe sociale » (Whitehorn, 1992: 61) dans un souci évident de ne pas s'aliéner la classe moyenne qui est prête à accepter l'État providence, mais non un État socialiste. C'est pourquoi le NPD adopte une position plutôt modérée où même la présence importante du capital américain au Canada, si elle peut poser certains problèmes, n'est pas nécessairement perçue comme un obstacle à des transformations sociales. Il faut reconnaître cependant que le nationalisme canadien est largement présent dans ce programme, nationalisme qui s'accorde avec l'idée du caractère binational du Canada alliée toutefois à une profonde proclamation de foi dans le fédéralisme.

Cette ouverture sans précédent sur le Québec ne lui rapportera pas les dividendes escomptés,

puisque le NPD obtiendra ses plus grands « succès électoraux » en Ontario, en Colombie-Britannique et en Saskatchewan, et non au Québec. À l'élection de 1988, il obtient alors le plus grand nombre de sièges (43 sur 295 ou 14,6 %) et de voix (20,4 %) de toute l'histoire du CCF-NPD. Tous les espoirs étaient alors permis... du moins jusqu'à l'élection de 1993 où le parti ne retrouve que 9 sièges. Cette débandade du NPD peut s'expliquer en partie par l'impopularité des gouvernements néo-démocrates déjà en place dans les provinces où ce parti a ses plus fortes assises: ce fut le cas tout particulièrement en Ontario où les libéraux ont remporté 98 sièges sur 99. Par contre, à l'élection de 1997, il a réussi à obtenir 21 sièges (avec 11 % des voix) et à faire une percée significative dans les Maritimes où l'électorat s'est montré à la fois déçu des politiques des libéraux au pouvoir (surtout en ce qui a trait aux réductions importantes dans l'assurance-chômage) et séduit par le leadership d'Alexa McDonough, elle-même des Maritimes. Plus récemment, il a obtenu de meilleurs résultats avec 29 sièges en 2006 et 37 en 2008, ce qui le confinait toujours au rang de quatrième parti à la Chambre des communes.

C'est l'appui fortement majoritaire du Québec à l'élection de 2011 (59 députés sur 75) qui va changer la donne et propulser le NPD au rang de l'opposition officielle, permettant ainsi de le considérer comme une option possible et crédible de remplacement du parti au pouvoir. C'est une situation inespérée pour le NPD qui s'est donné un nouveau chef en provenance du Québec (Thomas Mulcair) et qui doit maintenir ses appuis dans cette province et les augmenter ailleurs s'il veut conquérir le pouvoir, ce qui sera une tâche difficile à réaliser.

Durant un demi-siècle, le NPD n'est pas parvenu à remplacer l'une des deux grandes formations politiques du pays : il est demeuré un tiers parti malgré tous ses efforts, mais un tiers parti qui a influencé grandement la vie politique canadienne surtout par le fait qu'il a pu s'emparer du pouvoir dans cinq provinces du pays, et qu'au niveau fédéral il a souvent joué le rôle de groupe de pression auprès du Parti libéral pour qu'il mette en œuvre des politiques progressistes (comme l'assurance-maladie). Devenu l'opposition officielle en 2011, le NPD espère désormais accéder au pouvoir afin de mettre lui-même en œuvre l'essentiel de son programme politique. Pour ce faire, il devra obtenir des appuis plus importants dans toutes les provinces canadiennes. Si tel est le cas, l'élection de 2011 pourrait annoncer une polarisation idéologique plus marquée entre la droite (PCC) et la gauche (NPD) au détriment du PLC plus centriste. Mais il ne faut pas oublier que le NPD a adouci ses positions « socialistes » à son congrès de Montréal en avril 2013 de telle sorte qu'il se rapproche désormais des positions du PLC.

Le courant nationaliste : le Bloc québécois

Dans l'esprit de son fondateur, Lucien Bouchard, le Bloc québécois est né « un jour de juillet 1990 » (Bouchard, 1993 : 7), soit peu de temps après l'échec de l'Accord du lac Meech en juin de la même année. Ayant quitté le Parti conservateur pour protester contre de vaines tentatives de modifier le contenu de cet accord, Lucien Bouchard sera suivi d'autres députés conservateurs et de deux libéraux. Ce noyau formera le Bloc québécois, premier parti à caractère souverainiste sur

TABLEAU 6.4

Les chefs du CCF-NPD depuis 1932

1932-1942	James S. Woodsworth
1942-1960	James William Coldwell
1960-1961	Hazen Argue
1961-1971	Tommy (T.C.) Douglas
1971-1975	David Lewis
1975-1989	Ed Broadbent
1989-1995	Audrey McLaughlin
1995-2003	Alexa McDonough
2003-2011	Jack Layton
2011-2012	Nycole Turmel*
2012-	Thomas Mulcair

* Chef intérimaire.

la scène fédérale. À ce titre, il s'inscrit en filiation avec le Parti québécois, partageant avec lui une même vision du Québec et de sa place dans la fédération canadienne, en attendant que se réalise la souveraineté-partenariat. À cet égard également, il se distingue des autres partis nationalistes (mais non pas indépendantistes) du Québec qui ont été actifs sur la scène fédérale, tels que la Ligue nationaliste dirigée par Henri Bourassa ou le Bloc populaire canadien de Maxime Raymond (au niveau fédéral) et d'André Laurendeau (sur la scène québécoise).

Le Bloc québécois tient son assemblée de lancement en juin 1991 et se donne des statuts visant à régir le fonctionnement de la nouvelle formation politique. Comme son nom l'indique, le parti est cantonné au seul Québec : c'est le pendant sur la scène fédérale du Parti québécois sur la scène provinciale. Il en partage donc les grands traits idéologiques, bien qu'il ait eu tendance depuis 1997 à prendre ses distances à l'égard du PQ.

Le Bloc québécois, comme l'écrivait son ancien chef, se définit selon deux axes principaux : il a d'abord pour vocation la défense primordiale des intérêts du Québec sur la scène fédérale et il a ensuite pour objectif essentiel la souveraineté politique du Québec (Bouchard, 1993 : 13). Sur la scène fédérale, il doit se préoccuper de toutes les politiques d'Ottawa qui ont des répercussions au Québec, qu'il s'agisse de politiques sociales ou environnementales, de recherche-développement, de défense nationale ou de politique internationale. Mais, en même temps, en conformité avec une certaine vision sociale-démocrate présente au Parti québécois, le Bloc apparaît aussi comme le défenseur des Québécois les plus durement touchés par la récession et par les compressions budgétaires. En d'autres termes, son programme parle aussi bien de relance économique et de création d'emplois que de préservation des acquis sociaux. Dans l'un et l'autre cas, le gouvernement, estime-t-il, ne peut se soustraire à ses obligations.

Comme défenseur des intérêts du Québec à Ottawa, le parti s'engage à réclamer sa juste part pour le Québec des fonds fédéraux qui favorisent l'emploi, sa juste part des transferts fédéraux au chapitre de la péréquation et du financement des programmes établis, tout en exigeant un rapide transfert au Québec des budgets et des centres de décision concernant les plus importants champs de compétence québécois (Bouchard, 1993 : 107-111).

Au total, comme on peut le constater, tout converge vers cette double idée : une seule fidélité, le Québec ; un seul objectif, la souveraineté du Québec. Dans cette optique, son passage sur la scène fédérale ne peut être que temporaire, soit jusqu'au moment où le Québec aura accédé à la souveraineté.

À l'élection fédérale de 1993, sous le leadership de Lucien Bouchard, le Bloc québécois a obtenu plus de 49 % des voix au Québec et 54 sièges sur 75, ce qui lui a permis de former l'opposition officielle à Ottawa. L'enjeu de cette élection au Québec s'est résumé au choix du parti susceptible de mieux représenter les intérêts du Québec à Ottawa. C'est ainsi que le Bloc a obtenu le soutien de l'électorat qui s'identifiait le plus à la cause nationaliste, ainsi que celui des gens déçus du Parti conservateur, sans oublier ceux et celles qui s'estimaient trahis par les libéraux de Jean Chrétien associés au rapatriement de 1982 et à la défaite de l'Accord du lac Meech en 1990. À cet important contingent se sont ajoutés des électeurs qui avaient l'habitude de ne pas participer aux élections fédérales en l'absence d'un véritable choix (Bickerton *et al.*, 2002 : 238-241).

Quatre ans plus tard, à l'élection de juin 1997, il restait bon premier au Québec, mais il ne décrochait que 44 sièges. Ce moindre succès du Bloc québécois s'explique tout aussi bien par un leadership plus faible (Michel Gauthier, puis Gilles Duceppe ont remplacé Lucien Bouchard comme chef du parti ; voir le tableau 6.5) que par la montée du Parti progressiste-conservateur, avec Jean Charest comme leader, qui a réussi à récupérer le vote d'un certain nombre de nationalistes conservateurs, et par les compressions budgétaires importantes en vue d'atteindre l'objectif du « déficit zéro » imposées par le nouveau premier ministre du Québec, Lucien Bouchard, qui a officiellement remplacé Jacques Parizeau en janvier 1996.

À l'élection de novembre 2000, le Parti libéral de Jean Chrétien a obtenu plus de voix que le Bloc québécois, mais celui-ci a réussi à conserver de justesse une majorité de sièges (38 sur 75).

À la suite de ces résultats, certains ont conclu à un déclin continu et irréversible du Bloc sur la scène fédérale, ce que les élections de 2004 ont démenti avec vigueur. Le scandale des commandites a entaché considérablement la crédibilité des libéraux si bien que le Bloc québécois a alors fait élire 54 députés, soit le résultat qu'il avait obtenu à sa première élection en 1993. On était loin d'une mort lente, prédite par plusieurs analystes. Il en est de même en 2006 où il obtient 51 sièges et en 2008 où il en conserve 49. Dans les deux cas, il a su exploiter des thèmes qui ont touché l'électorat québécois, comme les compressions dans le domaine de la culture en 2008, ce qui touchait à l'un des éléments de l'identité québécoise.

TABLEAU 6.5

Les chefs du Bloc québécois depuis 1991

1991-1996	Lucien Bouchard
1996 (janv.-févr.)	Gilles Duceppe*
1996-1997	Michel Gauthier
1997-2011	Gilles Duceppe
2011 (mai-déc.)	Vivian Barbot*
2011-	Daniel Paillé

* Chef intérimaire

En somme, en se présentant comme le seul vrai défenseur des intérêts du Québec à Ottawa et en se montrant sensible aux grands enjeux auxquels la société québécoise doit faire face, le Bloc a pu obtenir l'appui d'une majorité d'électeurs francophones déçus des deux partis traditionnels. À la suite de ses succès électoraux, le parti qui avait été créé sur une base temporaire a eu tendance à affirmer sa pérennité en ayant l'intention de demeurer sur la scène fédérale… tant que les

électeurs québécois voudront bien lui accorder leur confiance. Celle-ci a fortement diminué comme le montrent les résultats de l'élection de 2011 où le Bloc n'a fait élire que quatre députés, tout en obtenant 23,4 % des voix. Son nouveau chef, Daniel Paillé, réussira-t-il à lui insuffler une nouvelle vigueur ? Ce sera plus difficile tant que le NPD (sinon le PLC et son nouveau chef) sera considéré par les Québécois comme une option crédible et que les conservateurs détiendront le pouvoir. Cette nouvelle polarisation idéologique anti-conservatrice ne peut favoriser le Bloc aussi longtemps que ces deux conditions seront réunies.

L'ORGANISATION DES PARTIS

Si un parti veut mobiliser l'électorat et accéder au pouvoir, il ne lui suffit pas de se positionner sur le marché des biens politiques en occupant un créneau distinctif. Il doit aussi se donner une organisation qui soit capable de défendre son programme d'action et d'appuyer des candidats et des candidates au cours des campagnes électorales.

Des structures qui se ressemblent

D'une façon générale, on peut dire que les partis se sont donné des structures qui ont tendance à se ressembler. Ils reposent tous d'abord sur des associations locales mises sur pied, autant que possible, dans chacune des circonscriptions du pays (le Bloc étant une exception évidente). À un niveau supérieur, aussi bien le Parti libéral du Canada (PLC) que le Parti conservateur du Canada (PCC), le Nouveau Parti démocratique (NPD) ou le Bloc québécois (BQ) considèrent le congrès national comme l'instance suprême chargée d'établir les politiques générales du parti et d'élire les dirigeants nationaux. Ce qui les distingue, toutefois, c'est leur conception d'un tel congrès. Au NPD, comme c'est aussi le cas au Parti québécois, les membres réunis en congrès participent véritablement à la définition du programme en adoptant différentes résolutions qui en deviennent partie intégrante. En outre, celui-ci constitue un document auquel on réfère et dont on se réclame lorsqu'il s'agit d'expliquer et de défendre les politiques du parti. Le Parti réformiste des années 1990, le Parti conservateur du Canada de même que le Bloc québécois (issu de la mouvance souverainiste) ont adopté à peu près la même attitude.

Cependant, un tel document n'a pas la même valeur symbolique et effective pour les libéraux canadiens, d'autant plus que le « programme » qu'ils soumettent à l'électorat n'est pas élaboré par les membres réunis en congrès, mais plutôt par un groupe restreint autour du comité national de la plate-forme, comme ce fut clairement le cas aux élections de 1993. Certes, le parti peut s'en réclamer et y faire régulièrement référence, mais on ne peut dire que le programme, dans un tel cas, est élaboré par les membres réunis en congrès. Il est vrai, cependant, que les libéraux se réclament de plus en plus des résolutions adoptées en congrès général par les membres pour souligner que ce sont là les politiques officielles du parti. Malgré tout, en ce qui a trait à l'influence des membres de la base sur le processus de décision, c'est le Parti libéral qui s'est jusqu'à maintenant le moins démocratisé (Cross, 2004 : 18). Toutefois, dans sa volonté de démocratisation et d'ouverture aux membres, ce parti s'est doté depuis lors d'un Conseil des présidents, énorme

organisation de plus de 350 membres (tous les présidents des associations de circonscription et tous les membres votants du Conseil national) investie de pouvoirs importants tels que l'examen des plans annuels de stratégie, d'organisation, de financement, d'élaboration des politiques et de préparation aux élections (Constitution d'avril 2012).

Entre les congrès, qui se tiennent habituellement tous les deux ans, une autre instance est chargée de diriger les activités du parti, appelée l'exécutif national chez les conservateurs, le conseil national d'administration chez les libéraux, le conseil du parti fédéral chez les néo-démocrates ou le conseil général chez les bloquistes. Cette instance se réunit d'une à quatre fois par année selon les partis. Les commissions et les comités mis sur pied par un parti pour s'occuper de différents champs d'activité (organisation, communication et publicité, questions juridiques, gestion financière, plate-forme électorale, etc.) doivent habituellement rendre compte de leurs travaux devant un tel organisme qui a la responsabilité générale des affaires du parti entre les congrès.

Toutefois, au NPD et au Bloc québécois, comme cet organisme est composé de nombreux membres (entre 100 et 200) et qu'il se réunit peu souvent (une ou deux fois par année), c'est plutôt un bureau de direction, relié à la permanence nationale, qui est responsable des affaires du parti entre les réunions de cette instance supérieure, s'occupant alors des dossiers courants, de l'administration et des questions budgétaires.

Cette structure globale se trouve dans toutes les grandes formations politiques. Un congrès national des membres, une structure intermédiaire (appelée exécutif national, conseil national d'administration ou conseil général), un certain nombre de commissions ou de comités à objectifs particuliers, des associations locales, tels sont les traits dominants qui s'imposent à toutes les formations politiques (voir la figure 6.3).

La concentration du leadership

« La lecture des statuts d'un parti est rarement inutile, mais jamais suffisante », comme l'écrivait Offerlé (2008 : 49). C'est pourquoi, au-delà des organigrammes et des structures officielles, il importe aussi de s'intéresser à la distribution réelle du pouvoir au sein des partis. Plus particulièrement, le pouvoir a-t-il tendance à se concentrer au sommet de la pyramide entre les mains d'un petit groupe ou à se disperser au sein du parti entre les instances ?

D'une façon générale, on peut dire que les partis politiques canadiens, sauf en périodes électorales, se rapprochent davantage du modèle oligarchique (Michels, 1971) où le pouvoir est concentré au sommet et exercé par un petit nombre de dirigeants professionnels qui contrôlent le parti que du modèle stratarchique (Eldersveld, 1964) où le pouvoir est plutôt partagé entre les divers groupes ou instances qui composent le parti. À l'appui de cette thèse, il faut souligner le double phénomène de nationalisation des structures et de concentration du pouvoir.

Examinons tout d'abord la nationalisation des structures. Si le congrès national, tenu habituellement tous les deux ans, conserve une certaine importance dans la vie des partis du fait qu'il réunit des délégués et qu'il procure une grande visibilité médiatique, ce sont plutôt les autres instances nationales qui assurent le fonctionnement usuel du parti. Les exécutifs nationaux ou conseils nationaux aussi bien que les bureaux de direction occupent une place centrale dans toutes les formations politiques canadiennes : ils administrent le parti, s'occupent des affaires courantes, établissent les allocations budgétaires, nomment les officiers non élus et voient même à la mise en place de sa ligne de pensée. En ce sens, les premiers constituent de véritables conseils d'administration qui ne se contentent pas des seules questions de gestion, mais aussi d'orientation du parti, alors que les seconds ne se confinent pas nécessairement aux seuls rôles d'exécutants : les questions politiques y occupent une place importante au même titre que les problèmes de fonctionnement et les affaires administratives.

À cette importance sans conteste des instances nationales s'ajoute le phénomène de concentration du pouvoir déjà évoqué précédemment. Par exemple, les organismes supérieurs ont tendance à exercer un contrôle sur les résolutions soumises au congrès national. Tel est le cas aussi bien au PLC et au PCC qu'au NPD. Cependant, au PLC (et probablement au PCC), c'est le chef qui exerce l'action la plus importante dans tout ce processus. Comme le soulignait déjà un dirigeant libéral : « S'il y avait une politique qui allait à l'encontre des idées du chef, je serais porté à croire soit que la politique ne serait pas adoptée, soit qu'elle serait négligée » (Pelletier, 1991 : 327). C'était aussi l'avis d'un dirigeant de l'ancien Parti progressiste-conservateur : « La plupart des initiatives concernant les politiques sont soumises très tôt à l'attention du chef. Je serais surpris qu'il y ait des politiques dans notre parti qui surprennent le chef » (Pelletier, 1991 : 326).

Au PLC comme au PCC, au NPD comme au BQ, le chef est toujours identifié comme étant la personne qui détient le plus de pouvoir dans le

FIGURE 6.3

Organigramme général des partis politiques

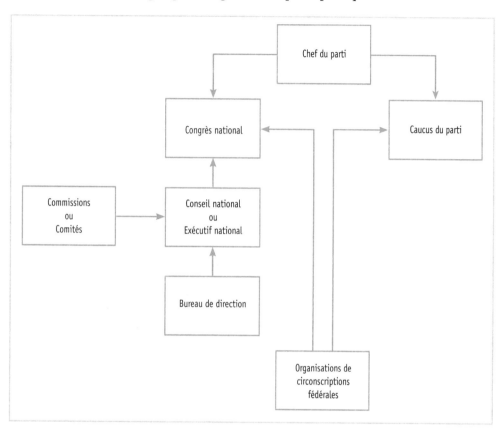

parti. Il jouit de pouvoirs importants dans l'élaboration des politiques, dans la prise des décisions ainsi que dans les nominations à des postes clés au sein du parti et, s'il est à la tête du gouvernement, dans les nominations au conseil des ministres et à différentes positions de commandement; comme l'ont mentionné Jean Crête et André Blais (chapitre 5), il conduit également les élections en contrôlant les ressources de son organisation et en créant l'image qui s'impose au parti. C'est pourquoi, pour reprendre une expression

de William P. Schonfeld (1980), il conviendrait peut-être de caractériser les partis canadiens comme des monocraties plutôt que des groupes oligarchiques, la monocratie étant un mode de domination caractérisé par l'influence prépondérante ou prédominante d'une seule personne sur les décisions du groupe. C'est à cette personne que l'organisation entière tend à s'identifier; en outre, lorsqu'elle en prend le contrôle, elle va coopter des personnes qui semblent acquises à sa cause, ce qui se traduit par la promotion rapide de collaborateurs fidèles. Dans ce genre d'organisation, le remplacement du chef produit toujours un bouleversement assez important, puisque le nouveau chef peut s'entourer d'une nouvelle équipe et imprimer de nouvelles orientations au parti. C'est pourquoi les luttes à la direction des partis sont si importantes et couvertes par les médias, comme le sont également la démission ou la défaite électorale du chef. En ce sens, le chef est vraiment au centre de la vie du parti (voir aussi Cross et Blais, 2012). Autour de lui gravite une équipe restreinte qui contrôle largement toute la formation politique.

LES PARTIS AU PARLEMENT

Ce phénomène de concentration du pouvoir se vérifie également au Parlement dont les activités quotidiennes sont ponctuées par la division entre le parti qui forme le gouvernement et le ou les partis qui se trouvent dans l'opposition.

La concentration et la personnalisation du pouvoir

Pour exercer le pouvoir, les organisations ont tendance à être centralisées. C'est également le cas des partis qui sont enclins à se refermer après les élections, ce qui se traduit par la domination des parlementaires sur l'ensemble du parti et par celle des permanents et permanentes sur la vie interne de l'organisation, et ce, en étroite relation avec les dirigeants et dirigeantes parlementaires. Si le parti est au pouvoir, il appartient alors au premier ministre, qui est aussi chef d'un parti, de choisir son conseil des ministres et de diriger le gouvernement, ce qui lui assure une position centrale non seulement dans l'appareil gouvernemental et

administratif, mais aussi dans la vie parlementaire par sa participation à la période des questions et à de grands débats politiques et par son orientation générale des travaux de la Chambre (voir le chapitre 9).

En outre, le Bureau du premier ministre contribue à cette concentration du pouvoir en lui fournissant une organisation solide pour assurer son leadership. En liaison constante avec le premier ministre, ce bureau, si l'on se fie à d'anciens dirigeants libéraux et conservateurs, intervient autant dans l'administration même du parti (le chef de cabinet du premier ministre est un personnage politique important) que dans l'élaboration des politiques (voir aussi le chapitre 10). Cette influence du Bureau du premier ministre ne peut être tempérée que par la consultation régulière avec le *caucus* des députés et sénateurs. Il peut ainsi s'établir une sorte d'équilibre entre le bureau et l'aile parlementaire à la condition que le *caucus* soit uni sur un certain nombre de questions. À l'inverse, le bureau sera d'autant plus fort que le *caucus* sera divisé.

Aussi bien lorsque le parti est au pouvoir que lorsqu'il est dans l'opposition, les médias viennent amplifier le phénomène de concentration du pouvoir en mettant l'accent sur la vie parlementaire. En ce sens, on peut dire que, en politique canadienne, tout converge vers la colline parlementaire à Ottawa. C'est là le centre de la vie politique, ce qui favorise nettement les chefs des partis, leur entourage et le *caucus* des députés et sénateurs. Par contre, une telle concentration du leadership n'encourage nullement la participation active des membres à la vie du parti. C'est pourquoi les associations de comté sont si moribondes entre les élections, y compris dans un parti comme le NPD qui favorise pourtant la participation des membres.

Ce phénomène de concentration du pouvoir est relié d'abord au système parlementaire de type britannique qui nous régit. On y a dépouillé le monarque de ses pouvoirs pour les transférer non pas à l'assemblée élue, mais au premier ministre qui est devenu un nouveau monarque investi de pouvoirs considérables (Savoie, 1999). Ce nouveau monarque jouit cependant d'une légitimité plus grande conférée par l'élection.

Ce phénomène est également relié aux nouvelles techniques de marketing qui mettent l'accent davantage sur le style et l'image que sur le message (Sabato, 1981). En privilégiant l'image, ces techniques visent à forger des liens personnels entre le chef et les électeurs plutôt qu'à mettre en évidence les politiques et les différences de programme. De ce fait, soulignait Grant Amyot (1986), elles ont tendance à consolider la position du chef dans l'organisation et à renforcer l'orientation traditionnelle de la politique canadienne centrée sur le leadership.

Kenneth Carty (1988) en arrive à la même conclusion lorsqu'il analyse les grandes périodes qui ont marqué la vie politique canadienne depuis 1867. À partir de 1963 environ, c'est la politique de l'électronique qui domine le paysage politique canadien (voir aussi le chapitre 8). En comptant ainsi sur les nouvelles technologies, on personnalise de plus en plus la politique, si bien que les partis sont devenus pratiquement des «extensions du chef». La toile de fond qui recouvre ces périodes, selon Carty, c'est l'importance considérable accordée au chef.

Ainsi, au phénomène bien connu de concentration du pouvoir s'ajoute celui de la personnalisation du pouvoir. En d'autres termes, le pouvoir s'incarne en une personne à laquelle s'identifie tout le parti. Les médias contribuent fortement à ce phénomène, d'une part, en mettant l'accent sur le style et l'image plutôt que sur le contenu et, d'autre part, en centrant l'attention sur la colline parlementaire à Ottawa. Ce double phénomène de concentration et de personnalisation du pouvoir se vérifie également à Québec et dans les autres capitales provinciales.

La révision du leadership

Si le chef domine son parti et que les membres y jouent un rôle plutôt effacé, il ne faut pas conclure pour autant que le leader jouit d'un pouvoir absolu. À certains moments, la base s'anime davantage, exerce un certain contrôle sur le chef et remplit mieux ses fonctions dans l'organisation partisane.

Ainsi, les partis se sont donné une politique de révision du leadership qui s'exerce à certains moments précis. Dans le cas du NPD, une telle politique existe depuis longtemps. Lors de chaque congrès national, les délégués participent à l'élaboration des politiques et du programme et ils se prononcent par scrutin secret pour déterminer «si une élection à la chefferie est nécessaire»: le Parti réformiste avait également adopté une telle disposition dans ses statuts. Mais cela est habituellement une simple formalité pour le leader qui est réélu par acclamation.

Au Parti progressiste-conservateur, de 1974 à 1989, la question du leadership pouvait être posée à chaque assemblée générale des membres. C'est ainsi que l'ancien premier ministre Joe Clark (voir le tableau 6.6), contesté comme chef depuis un certain temps, a préféré remettre sa démission en 1983, même après avoir obtenu les deux tiers des voix. Depuis 1989, cette règle a été modifiée : les membres peuvent se prononcer sur le leadership à la suite d'une élection générale où le parti n'a pas formé le gouvernement. Cette règle a été maintenue par le « nouveau » Parti conservateur du Canada (article 10.7 de la Constitution de juin 2011).

Chez les libéraux, on pouvait soulever cette question au congrès national qui se tenait à la suite d'une élection générale fédérale : c'est ainsi que l'ancien premier ministre Trudeau a dû se soumettre quatre fois (en 1970, 1973, 1975 et 1980) au processus de révision du leadership. Une seule fois (en 1973), alors que son gouvernement était minoritaire (voir le tableau 6.6), le Bureau du premier ministre a dû travailler fort pour lui assurer une victoire éclatante (Wearing, 1989). En 2005, le premier ministre Paul Martin a obtenu un vote de confiance de 88 % des délégués au congrès du parti. À l'heure actuelle au PLC, la révision du leadership se pose seulement lors d'un congrès qui suit une élection générale où le chef n'est pas devenu premier ministre.

Au Parti québécois, les militants réunis en congrès tiennent un vote de confiance envers le chef lors du premier congrès national qui suit une élection générale, que le parti soit au pouvoir ou non, et ils sont habituellement très sévères à son égard. Ainsi, Lucien Bouchard au pouvoir a obtenu 76,2 % d'appuis et il a songé à démissionner. Bernard Landry dans l'opposition a obtenu 76,2 % d'appuis et il a démissionné (Montigny, 2011 : 73-80).

En somme, comme on peut le constater, cette procédure de révision du leadership semble accorder un pouvoir important aux membres du parti. Mais ce n'est habituellement qu'une simple formalité pour le leader, à moins qu'il n'y ait un fort mécontentement à l'intérieur du parti. Toutefois, le Parti québécois fait figure d'exception du fait qu'il a la réputation de « dévorer » ses chefs.

La sélection des candidats et candidates

Si, pour exercer le pouvoir, l'organisation des partis a tendance à se refermer et à être plus centralisée, on peut dire que, pour conquérir le pouvoir, les partis sont plus ouverts, plus décentralisés et se rapprochent ainsi davantage du modèle stratarchique. Le parti accorde des pouvoirs considérables aux organisateurs provinciaux et locaux ; il laisse habituellement la plus grande autonomie aux associations locales dans le choix des candidats et candidates ; la plate-forme électorale est même souvent adaptée aux situations locales ou régionales, ce qui est également le cas de la publicité électorale.

La sélection des candidats et candidates constitue certainement l'une des plus importantes fonctions des partis politiques, d'autant plus que, dans notre système parlementaire fondé sur le principe de la responsabilité ministérielle, le gouvernement en place doit s'assurer de l'appui d'une majorité de députés et députées à la Chambre des communes. C'est le moment par excellence où s'anime l'association locale et où se prononce la base du parti.

En effet, les membres d'un parti participent directement à la sélection en votant pour le candidat ou la candidate de leur choix au moment d'une assemblée d'investiture. C'est la procédure habituellement suivie au Canada par tous les partis. Mais il existe d'autres procédures de sélection des candidatures, par exemple dans les pays où l'on a adopté la représentation proportionnelle avec scrutin de liste (voir Hazan et Rahat, 2010).

Il arrive parfois que l'association locale refuse de renommer le député sortant candidat officiel du parti. Ce fut le cas de quatre députés sortants en 1997, deux du Bloc québécois, un libéral et un réformiste. Dans trois cas sur quatre, le nouveau candidat choisi par l'association locale a réussi à se faire élire et est donc devenu député (Sayers, 1999 : 225-226).

Comme les critères d'adhésion à un parti sont assez souples et peu restrictifs, le problème du *membership* peut se poser à ces occasions. Certaines associations locales sont passées rapidement de 200 ou 300 à plus de 2 000 ou 3 000 membres, surtout dans les régions urbaines comme Montréal et Toronto où le militantisme n'est pas toujours très élevé entre les élections. Ces membres « instantanés » ne sont pas d'ardents militants du parti, d'autant plus que la plupart sont démobilisés immédiatement après l'assemblée d'investiture si leur candidat ou candidate n'a pas été choisi. Il importe aussi de souligner que, comme c'est le cas dans toute grande organisation, le *membership* des partis politiques n'est aucunement représentatif de l'ensemble de la population : les membres sont avant tout des hommes, plus âgés que la moyenne, d'un niveau d'éducation élevé, nés au Canada et ce membership ne reflète pas la dualité linguistique canadienne (à l'exception des libéraux dans ce dernier cas) (Cross, 2004 : 19-24).

Les interventions manifestes de la haute direction d'un parti sont plutôt rares et habituellement mal acceptées par la base. Cependant, le chef libéral Jean Chrétien est intervenu une douzaine de fois (sur 295) pendant la campagne électorale d'octobre 1993 afin de bloquer les candidatures

provenant de la circonscription et d'imposer son choix, le plus souvent dans le but de faire passer un candidat « vedette » ou une candidature de sexe féminin. Cela a parfois provoqué des divisions internes importantes, comme dans la circonscription de Hull-Aylmer, au Québec, ou même une poursuite judiciaire contre le parti, comme ce fut le cas dans la région de Toronto. En 1997, Jean Chrétien est intervenu six fois, ce qui signifiait que le chef opposait alors son *veto* aux candidats choisis par l'association locale (Sayers, 1999 : 226).

Comme le chef du parti est appelé à signer les bulletins de mise en candidature pour assurer la reconnaissance officielle des nominations déjà faites par les associations locales, il peut toujours refuser de le faire et donc opposer son *veto* au choix effectué par la base. Un tel geste est plutôt rare, puisque le chef préfère habituellement utiliser son pouvoir de persuasion pour inciter une personne à se présenter ou pour lui déconseiller de le faire. Lorsqu'il intervient pour rejeter une candidature, c'est souvent parce que son entourage lui a suggéré de procéder ainsi, agissant alors « dans les meilleurs intérêts du parti ».

Dans le cas du NPD, les règles déjà établies au niveau national selon lesquelles on doit accorder la moitié des sièges à des candidatures féminines ne semblent pas avoir provoqué d'énormes remous à l'intérieur du parti, même si l'atteinte de cet objectif pouvait comporter une intervention des instances centrales dans les affaires locales du parti. À l'élection d'octobre 1993, ce chiffre ne fut pas atteint, mais, de tous les principaux partis présents sur la scène fédérale, le NPD fut certainement celui qui a présenté le plus de candidatures féminines, soit 113 sur 294 (38 %). À l'élection de 1997, il a présenté 107 candidates

TABLEAU 6.6

Partis au pouvoir et premiers ministres du Canada

ÉLECTIONS GÉNÉRALES	PARTIS FORMANT LE GOUVERNEMENT À LA SUITE DE L'ÉLECTION	PREMIERS MINISTRES DU CANADA
1867	«Conservateur*»	John A. Macdonald
1872	Conservateur	John A. Macdonald
		Alexander Mackenzie (Lib.) 1873
1874	Libéral	Alexander Mackenzie
1878	Conservateur	John A. Macdonald
1882	Conservateur	John A. Macdonald
1887	Conservateur	John A. Macdonald
1891	Conservateur	John A. Macdonald
		John C. Abbott (1891-1892)
		John S.D. Thompson (1892-1894)
		Mackenzie Bowell (1894-1896)
		Charles Tupper (1896)
1896	Libéral	Wilfrid Laurier
1900	Libéral	Wilfrid Laurier
1904	Libéral	Wilfrid Laurier
1908	Libéral	Wilfrid Laurier
1911	Conservateur	Robert Laird Borden
1917	«Conservateur**»	Robert Laird Borden
		Arthur Meighen (1920-1921)
1921	Libéral (minoritaire)	William Lyon Mackenzie King
1925	Libéral (minoritaire)	William Lyon Mackenzie King
		Arthur Meighen (conservateur, minoritaire) 1926
1926	Libéral	William Lyon Mackenzie King
1930	Conservateur	Richard Bedford Bennett
1935	Libéral	William Lyon Mackenzie King
1940	Libéral	William Lyon Mackenzie King
1945	Libéral	William Lyon Mackenzie King
		Louis S. Saint-Laurent (1948)
1949	Libéral	Louis S. Saint-Laurent
1953	Libéral	Louis S. Saint-Laurent

ÉLECTIONS GÉNÉRALES	PARTIS FORMANT LE GOUVERNEMENT À LA SUITE DE L'ÉLECTION	PREMIERS MINISTRES DU CANADA
1957	Conservateur (minoritaire)	John G. Diefenbaker
1958	Conservateur	John G. Diefenbaker
1962	Conservateur (minoritaire)	John G. Diefenbaker
1963	Libéral (minoritaire)	Lester B. Pearson
1965	Libéral (minoritaire)	Lester B. Pearson
		Pierre Elliott Trudeau (1968)
1968	Libéral	Pierre Elliott Trudeau
1972	Libéral (minoritaire)	Pierre Elliott Trudeau
1974	Libéral	Pierre Elliott Trudeau
1979	Conservateur (minoritaire)	Charles Joseph Clark
1980	Libéral	Pierre Elliott Trudeau
		John N. Turner (1984)
1984	Conservateur	Martin Brian Mulroney
1988	Conservateur	Martin Brian Mulroney
		Kim Campbell (1993)
1993	Libéral	Jean Chrétien
1997	Libéral	Jean Chrétien
2000	Libéral	Jean Chrétien
2004	Libéral (minoritaire)	Paul Martin
2006	Conservateur (minoritaire)	Stephen Harper
2008	Conservateur (minoritaire)	Stephen Harper
2011	Conservateur	Stephen Harper

* La coalition autour de Macdonald, favorable à la Confédération, peut être identifiée au Parti conservateur.

** Il s'agit plutôt d'un gouvernement « unioniste », formé par une coalition de conservateurs et de libéraux, essentiellement anglophones, mais dominé par le Parti conservateur.

et 194 candidats (36 %) et environ le tiers de candidates à celle de 2004. Il importe toutefois de souligner que c'était alors le parti dont les chances étaient les plus faibles de faire élire de nouveaux députés.

On peut enfin signaler, à la suite de Carty (1992: 443), que près des deux tiers des nominations à l'élection fédérale de 1988 n'ont pas opposé deux adversaires. En d'autres termes, dans la majorité des cas, la nomination a été faite par acclamation. Le processus de sélection est alors plutôt fermé, en ce sens que le résultat est le fruit d'une décision de l'exécutif local et non de l'ensemble des membres, même si ceux-ci sont appelés à ratifier l'unique candidature qui leur est présentée. Par contre, une procédure plus ouverte comportant des adversaires en présence et le recrutement de nouveaux membres peut rendre les candidats et candidates plus puissants dans le processus de nomination et, de là, dans le parti (Ware, 1987 : 137).

En somme, la sélection des candidats et candidates constitue le geste le plus important pour un grand nombre de militants et militantes. C'est à ce moment que la base s'anime véritablement, surtout s'il y a une véritable course entre plusieurs candidatures. Par la suite, les membres sont appelés à se mobiliser pour assurer l'élection de leur candidat ou candidate. Mais entre les élections, il est difficile de maintenir actives les associations locales. Comme le soulignait déjà un dirigeant libéral : « Entre les élections, on n'a pas les structures d'intégration de tout ce monde-là. Si tout le monde qui travaille à une élection nous arrivait demain matin, à trois ans d'une élection […], on ne saurait pas quoi faire avec eux » (Pelletier, 1991 : 333).

C'est là le véritable dilemme des partis politiques. Ce sont des organisations qui cherchent à faire élire des candidats et candidates à des postes publics et, éventuellement, à prendre le pouvoir. En même temps, elles doivent présenter à la population des programmes de gouvernement. Mais comment conserver actives les associations locales qui se sont mobilisées durant les campagnes électorales et qui laissent ensuite à une équipe restreinte le soin de gérer l'organisation partisane entre les élections, d'autant plus que des partis comme le Parti libéral et le Parti progressiste-conservateur n'ont pas misé beaucoup sur la fonction programmatique ? À cela s'ajoute un autre facteur, soit le double phénomène de concentration et de personnalisation du pouvoir,

ce qui laisse peu de place aux militants et militantes à la base, sauf en périodes électorales.

LES PARTIS ET LA REPRÉSENTATION POLITIQUE

Les partis politiques ont connu de profondes transformations dans les sociétés postindustrielles depuis une trentaine d'années. Plusieurs auteurs ont dressé un constat de déclin, alors que d'autres ont pu parler de renouveau. Pour bien mesurer l'un et l'autre phénomènes, il importe de se centrer surtout sur la structure organisationnelle des partis et de reprendre, à cet effet, la distinction classique entre trois composantes principales : le parti comme organisation, le parti dans l'électorat, le parti au gouvernement (Beck et Sorauf, 1992 ; Dalton et Wattenberg, 2000).

Lorsqu'on parle de déclin des partis comme phénomène marquant de la politique aussi bien canadienne qu'américaine, on réfère avant tout à cette composante de l'organisation partisane qui est en relation avec l'électorat (Wattenberg, 1990 ; Dalton et Wattenberg, 2000). On constate une baisse du pouvoir de mobilisation des clientèles électorales qui se traduit par un électorat plus volatil, un affaiblissement des loyautés partisanes et un phénomène de « désalignement ». Le déclin constaté dans l'identification partisane ainsi que dans la force d'attachement aux partis conduit en retour à une importance accrue d'un électorat indépendant, bien informé des enjeux politiques, mais sans attache partisane très forte. Cette « neutralité » croissante envers les partis s'accompagne, aux États-Unis surtout, d'un nouveau style de politique centré sur le candidat ou la candidate (Wattenberg, 1991). Dans le cas canadien, par contre, si l'affaiblissement des loyautés partisanes peut se vérifier, la vie politique continue d'être encore largement dominée par les partis : les « raz-de-marée » électoraux en témoignent, où le vote pour un parti l'emporte sur l'identification à un candidat ou une candidate (Ferejohn et Gaines, 1991). D'ailleurs, le système parlementaire de type britannique constitue toujours un rempart efficace contre certaines forces de désintégration affectant les partis, contrairement à la situation américaine plus centrée sur le candidat ou la candidate.

En revanche, comme le soulignait déjà John Meisel (1985), les partis ne jouent plus le rôle central que la théorie démocratique libérale leur assignait : établir l'agenda politique et participer à l'élaboration des politiques publiques. Comme je l'ai souligné dans ce chapitre, on assiste plutôt à un phénomène de concentration du pouvoir entre les mains du premier ministre et des instances qui l'entourent : Conseil des ministres, Bureau du premier ministre, Bureau du conseil privé. Si tout converge vers la colline parlementaire à Ottawa, ce n'est pas tant au profit de l'ensemble des députés que des instances dirigeantes des partis.

À ces facteurs de déclin s'en ajoute un autre : comme il est ressorti au chapitre sur le système électoral et les comportements électoraux, les partis ne jouent plus un rôle aussi essentiel qu'autrefois dans la conduite des campagnes électorales par suite de l'arrivée des consultants et de l'importance accrue des médias et des sondages (Sabato, 1981). Toutefois, étudiant la situation canadienne, Khayyam Z. Paltiel (1989) fait remarquer que les nouvelles techniques de marketing, plutôt que de contribuer à la fragmentation des partis, ont concouru à renforcer

la position des chefs nationaux et même celle des organisations centrales, ce qui est encore le cas de nos jours.

Si le déclin des partis se mesure bien à la faiblesse des loyautés partisanes et de l'attachement à un parti, si les organisations politiques sont concurrencées par les nouveaux mouvements sociaux (mouvements écologistes, mouvements de femmes, etc.) qui semblent exprimer mieux les valeurs postmatérialistes des générations actuelles (Inglehart, 1990), si l'utilisation des nouvelles technologies rend moins importants les partis dans les campagnes électorales, il faut voir, cependant, que tous ces facteurs ne concourent pas à rendre les partis politiques inutiles et dépassés. Ceux-ci se sont adaptés à ces réalités nouvelles. D'une part, ils ont intégré à leur structure organisationnelle les nouvelles techniques de marketing et de collectes de fonds et le recours aux sondages, ce qui a contribué à renforcer les instances nationales. Ils ont également incorporé à leurs programmes la défense des nouvelles valeurs reliées à la qualité de vie, à la protection de l'environnement, à l'égalité entre les sexes et au respect des droits de la personne. Et les dirigeants des partis, au Québec tout au moins, adhèrent à ces nouvelles valeurs (Pelletier et Guérin, 1998), ce qui semblait toutefois moins évident dans le cas du Parti réformiste sur la scène fédérale. D'autre part, les partis continuent de jouer un rôle central dans le recrutement du personnel politique, candidats et candidates à l'échelon local et leaders nationaux. Cela leur assure une place importante dans l'organisation de la vie parlementaire et gouvernementale. Par contre, par suite de l'affaiblissement des loyautés partisanes, ils ne réussissent plus à structurer le vote et à mobiliser l'opinion publique comme autrefois, ce qui se traduit par des taux de participation plutôt faibles aux élections.

En somme, même si les partis sont fortement concurrencés dans leur rôle de représentation par la bureaucratie elle-même, par les nouvelles techniques de communication et par l'émergence de nouveaux mouvements sociaux, il faut tout de même conclure que les partis canadiens se sont adaptés à ces situations, ce qui bien souvent a conduit à un renforcement des instances nationales et à une concentration accrue du pouvoir au sommet. Malgré tout, ils continuent à jouer un rôle essentiel dans la vie politique et démocratique canadienne.

CONCLUSION

Deux points essentiels ressortent clairement lorsqu'on tente de dégager les traits les plus marquants du système de partis au Canada à l'époque contemporaine. Premièrement, il importe de souligner la nette domination du Parti libéral canadien au cours du XXᵉ siècle : il a détenu le pouvoir durant soixante-dix ans contre trente seulement pour son principal adversaire, le Parti progressiste-conservateur, portant maintenant le nom de Parti conservateur. En ce sens, il convient de parler non pas d'un système bipartite ou tripartite (avec le CCF-NPD), ou même multipartite ces dernières années, mais d'un système à parti dominant.

Ce qui a favorisé cette domination du PLC, c'est sa position centriste à géométrie variable entre des partis plus à droite tels que le PC, le Crédit social et le Parti réformiste, et des partis plus à gauche, tels que le CCF, le NPD et le Bloc québécois. À l'époque de la mise en œuvre de l'État providence et d'une certaine forme de « contagion de la gauche », le Parti libéral a gouverné plus près du centre-gauche. Avec la montée du néolibéralisme économique, du conservatisme social et d'une certaine « contagion de la droite », le PLC a gouverné plus près du centre-droit. En d'autres termes, ce parti cherche toujours à occuper une position centriste qui l'a si bien servi jusqu'ici, mais il se déplace autour de cet axe central au fur et à mesure que l'ensemble de l'échiquier politique est plus orienté vers la gauche ou vers la droite. Il tient avant tout à rassembler le plus large électorat possible, sans faire appel, par son idéologie, à un segment particulier de l'électorat. Ce qui ne l'empêche pas de demeurer fidèle à la vision trudeauiste qui a beaucoup marqué le parti, tout en insistant, au besoin, sur des aspects essentiellement pragmatiques du programme libéral, comme au temps de Jean Chrétien. On pourrait résumer la position du PLC dans la formule suivante : des positions idéologiques si nécessaire, mais pas nécessairement des positions idéologiques d'autant plus qu'il est bien difficile de définir une doctrine politique centriste.

La deuxième conclusion a trait à l'organisation des partis. Celle-ci est largement dominée par le chef. Le phénomène de la personnalisation du pouvoir n'est pas nouveau : le chef incarne le parti et, si ce dernier est au pouvoir, il incarne même l'ensemble du gouvernement. Les élections sont devenues des combats entre les chefs et les médias accentuent ce phénomène.

Par-delà cette personnalisation du pouvoir, il importe aussi de reconnaître la grande concentration du pouvoir entre les mains du chef. Celui-ci détient une autorité considérable sur les nominations au niveau central de l'organisation partisane, sur le choix des candidats et candidates du parti au moment des élections (il peut opposer son *veto* à ce choix), sur la conduite des élections, sur les orientations générales et les politiques du parti, sur son aile parlementaire cimentée par la discipline du parti et, s'il est au pouvoir, sur l'ensemble du Conseil des ministres dont il nomme et démet les membres, pouvant également compter sur une forte solidarité ministérielle.

C'est pourquoi les partis ont de la difficulté à se redéfinir ou, tout au moins, à adopter de nouvelles positions. Pour y arriver, ils doivent habituellement changer de chef, ce qu'ils n'hésitent d'ailleurs pas à faire à la suite d'une défaite électorale. Entre-temps, l'organisation partisane est dominée par le chef, entre autres, parce que les militants et militantes ne s'activent vraiment qu'en périodes électorales et très peu entre les élections. Un tel constat nous autorise alors à parler de « monocratie » plutôt que d'oligarchie, si l'on veut traduire plus adéquatement cette influence prépondérante du chef sur les décisions qui se prennent dans le parti.

Quittant le passé pour regarder vers l'avenir, il importe de souligner que le modèle de Westminster (ou le parlementarisme de type britannique qui nous régit) repose au moins sur un système à deux partis : un parti de gouvernement et un parti de l'opposition officielle. Ce dernier constitue normalement une solution de rechange au parti de gouvernement en ce sens qu'il a des chances raisonnables d'accéder au pouvoir, ce qui rend alors possible le principe fort démocratique de l'alternance. Mais, si un parti domine nettement les autres, comme ce fut le cas du Parti libéral au cours du XXe siècle, on pourrait alors croire que notre système parlementaire est vicié et qu'il faudrait dès lors mettre en place des mécanismes de représentation proportionnelle afin de briser cette domination.

En effet, le mode de scrutin uninominal à un tour accorde toujours une prime au parti le plus fort et défavorise les tiers partis, ce qui conduit à des distorsions importantes dans la représentation de la population. Cependant, il faut préciser que ce mode de scrutin favorise la représentation régionale en accordant une prime au parti le plus fort dans une région donnée au lieu de diluer cette représentation dans l'ensemble du Canada, donc de l'affaiblir, comme le ferait un mode de scrutin basé sur la représentation proportionnelle, à moins que ce soit une proportionnelle régionalisée. Dans le système fédéral canadien, en l'absence d'un Sénat qui n'a jamais joué son rôle premier de chambre représentative des intérêts régionaux ou provinciaux, le mode de scrutin actuel a pu compenser momentanément cette faiblesse de notre système en permettant l'élection de députés du Parti progressiste, du Crédit social, du CCF, du NPD, du Parti réformiste ou du Bloc québécois.

Depuis l'élection de 1993 où deux nouveaux partis régionaux se sont imposés sur la scène politique, on a soulevé à maintes reprises le problème de la régionalisation de la politique canadienne. Un tel problème pose la question suivante : les partis politiques canadiens à vocation nationale, comme l'ont été le Parti conservateur, surtout au XIXe siècle, et le Parti libéral, surtout au XXe siècle, peuvent-ils concilier adéquatement leur orientation nationale et une sensibilité particulière aux problèmes régionaux ? En d'autres termes, comme le rappellent certains analystes (Bickerton *et al.*,

2002 : 27-35), la nationalisation de la politique canadienne se ferait-elle au détriment de la reconnaissance de réelles préoccupations régionales ? Les politiques adoptées au niveau central, qui paraissent bénéfiques pour l'ensemble du Canada, peuvent avoir des effets néfastes pour certaines régions. Que l'on songe aux politiques agricoles ou à la politique nationale de l'énergie du gouvernement Trudeau pour comprendre le profond ressentiment de l'Ouest canadien à l'égard du Parti libéral et son adhésion marquée au Parti progressiste-conservateur devenu, par la suite, le Parti conservateur.

Dans un tel contexte, un parti, ancien ou nouveau, peut toujours capitaliser sur ce mécontentement régional et acquérir ainsi une base électorale suffisamment forte pour obtenir un nombre important de sièges, assurant alors une représentation adéquate de cet électorat mécontent, ce qui fut le cas du Parti réformiste de 1993 à 2003. Un tel phénomène renforce alors la régionalisation de la politique canadienne et, finalement, traduit peut-être mieux l'état réel des forces politiques présentes dans les régions que ne le ferait l'élection de partis « nationaux » qui ne sont pas toujours suffisamment sensibles aux situations régionales. En ce sens, la présence de partis régionaux traduit une certaine vitalité de la politique canadienne. Mais elle a également contribué à la domination du Parti libéral au XXe siècle, ce qui n'est pas nécessairement sain sur le plan de l'alternance au pouvoir et, finalement, de la démocratie elle-même. Tel est le paradoxe auquel nous faisons toujours face : est-ce que la présence de tiers partis assure la domination de l'un des grands partis ?

SITES WEB

Bloc québécois	http://www.blocquebecois.org
Nouveau Parti démocratique du Canada	http://www.npd.ca
Parti conservateur du Canada	http://www.conservateur.ca
Parti libéral du Canada	http://www.liberal.ca
Parti vert du Canada	http://www.partivert.ca
Coalition avenir Québec	http://www.coalitionavenirquebec.org
Option nationale	http://www.optionnationale.org
Parti libéral du Québec	http://www.plq.org
Parti québécois	http://www.pq.org
Parti vert du Québec	http://www.partivertquebec.org
Québec solidaire	http://www.quebecsolidaire.net

LECTURES SUGGÉRÉES

BICKERTON, James, Patrick J. SMITH et Alain-G. GAGNON (2002), *Partis politiques et comportement électoral au Canada. Filiations et affiliations*, Montréal, Boréal.

CARTY, R. Kenneth, William CROSS et Lisa YOUNG (2000), *Rebuilding Canadian Party Politics*, Vancouver, UBC Press.

CROSS, William (2004), *Political Parties*, Vancouver, UBC Press.

CROSS, William et André BLAIS (2012), *Politics at the Centre : The Selection and Removal of Party Leaders in the Anglo Parliamentary Democracies*, Oxford, Oxford University Press.

LEMIEUX, Vincent (2011), *Les partis générationnels au Québec. Passé, présent, avenir*, Québec, Les Presses de l'Université Laval.

LÉVESQUE, Michel (2013), *Histoire du Parti libéral du Québec. La nébuleuse politique, 1867-1960*, Québec, Septentrion.

MARTIN, Pierre (2005), *Dynamiques partisanes et réalignements électoraux au Canada (1867-2004)*, Paris, L'Harmattan.

MONTIGNY, Éric (2011), *Leadership et militantisme au Parti québécois*, Québec, Les Presse de l'Université Laval.

PELLETIER, Réjean (dir.) (2012), *Les partis politiques québécois dans la tourmente. Mieux comprendre et évaluer leur rôle*, Québec, Les Presses de l'Université Laval.

SEILER, Daniel-Louis (2000), *Les partis politiques*, 2ᵉ éd., Paris, Armand Colin.

BIBLIOGRAPHIE

ABRAMOWITZ, Alan I. (2010), *The Disappearing Center. Engaged Citizens, Polarization, and American Democracy*, New Haven, Yale University Press.

AMYOT, Grant (1986), « The New Politics », *Queen's Quarterly*, vol. 93, nº 4, p. 952-955.

BADIE, Bertrand (1992), *L'État importé. Essai sur l'occidentalisation de l'ordre politique*, Paris, Fayard, Coll. « L'espace du politique ».

BARTOLINI, Stefano et Peter MAIR (1990), *Identity, Competition, and Electoral Volatility : The Stabilisation of European Electorates, 1885-1985*, Cambridge, Cambridge University Press.

BECK, Paul A. et Frank J. SORAUF (1992), *Party Politics in America*, 7ᵉ éd., New York, Harper Collins.

BICKERTON, James, Patrick J. SMITH et Alain-G. GAGNON (2002), *Partis politiques et comportement électoral au Canada. Filiations et affiliations*, Montréal, Boréal.

BLAIS, André, Elisabeth GIDENGIL, Richard NADEAU et Neil NEVITTE (2002), *Anatomy of a Liberal Victory : Making Sense of the Vote in the 2000 Canadian Election*, Peterborough (Ont.), Broadview Press.

BOILY, Frédéric (2008), *Mario Dumont et l'Action démocratique du Québec : entre populisme et démocratie*, Québec, Les Presses de l'Université Laval.

BOISMENU, Gérard (1981), *Le duplessisme: politique économique et rapports de force, 1944-1960*, Montréal, Presses de l'Université de Montréal.

BOUCHARD, Lucien (1993), *Un nouveau parti pour l'étape décisive*, Montréal, Fides.

BRODIE, Janine et Jane JENSON (1988), *Crisis, Challenge and Change: Party and Class in Canada Revisited*, Ottawa, Carleton University Press.

CARTY, R. Kenneth (dir.) (1992), *Canadian Political Party Systems: A Reader*, Toronto, Broadview Press.

CARTY, R. Kenneth (1988), « Three Canadian Party Systems: An Interpretation of the Development of National Politics », dans George Perlin (dir.), *Party Democracy in Canada: The Politics of National Party Conventions*, Scarborough, Prentice-Hall Canada, p. 15-30.

CARTY, R. Kenneth, William CROSS et Lisa YOUNG (2000), *Rebuilding Canadian Party Politics*, Vancouver, UBC Press.

CHRISTIAN, William et Colin CAMPBELL (1995), *Political Parties and Ideologies in Canada*, 4e éd., Toronto, McGraw-Hill Ryerson.

CLARKSON, Stephen (2005), *The Big Red Machine: How the Liberal Party Dominates Canadian Politics*, Vancouver, UBC Press.

CROSS, William (2004), *Political Parties*, Vancouver, UBC Press.

DALTON, Russell J. et Martin P. WATTENBERG (dir.) (2000), *Parties without Partisans. Political Change in Advanced Industrial Democracies*, Oxford, Oxford University Press.

DROUILLY, Pierre (2007), « L'élection du 26 mars 2007 au Québec. Une élection de réalignement? », dans Michel Venne et Miriam Fahmy (dir.), *L'Annuaire du Québec 2008*, Montréal, Fides.

DUVERGER, Maurice (1969), *Les partis politiques*, 7e éd., Paris, A. Colin.

ELDERSVELD, Samuel J. (1964), *Political Parties: A Behavioral Analysis*, Chicago, Rand McNally.

ENGELMANN, Frederick C. et Mildred A. SCHWARTZ (1975), *Canadian Political Parties: Origin, Character, Impact*, Scarborough, Prentice-Hall Canada.

FARNEY, James H. (2012), *Social Conservatives and Party Politics in Canada and the United States,* Toronto, University of Toronto Press.

FLANAGAN, Tom (2007), *Harper's Team. Behind the Scenes in the Conservative Rise to Power*, Montréal, McGill-Queen's University Press,

FEREJOHN, John et Brian GAINES (1991), « Le vote pour l'individu au Canada », dans Herman Bakvis (dir.), *Les partis politiques au Canada. Représentativité et intégration*, Toronto, Dundurn Press (vol. 14 de la Commission royale sur la réforme électorale et le financement des partis), p. 309-339.

GAGNON, Alain-G. et A. Brian TANGUAY (dir.) (2007), *Canadian Parties in Transition, Discourse, Organization, and Representation*, 3e éd., Peterborough, Broadview Press.

HAZAN, Reuven Y. et Gedeon Rahat (2010), *Democracy within Parties: Candidate Selection Methods and their Political Consequences*, Oxford, Oxford University Press.

HEATH, Jamey (2007), *Dead Centre: Hope, Possibility, and Unity for Canadian Progressives*, Mississauga (Ont.), J. Wiley & Sons Canada.

IGNATIEFF, Michael (2001), *La révolution des droits*, Montréal, Boréal.

INGLEHART, Ronald (1990), *Culture Shift in Advanced Industrial Societies*, Princeton, Princeton University Press.

JOHNSON, Daniel (1965), *Égalité ou indépendance*, Montréal, Édition Renaissance.

JOHNSTON, Richard, André BLAIS, Henry E. BRADY et Jean CRÊTE (1992), *Letting the People Decide. Dynamics of a Canadian Election*, Montréal et Kingston, McGill-Queen's University Press.

LAMOUREUX, André (1985), *Le NPD et le Québec, 1958-1985*, Montréal, Éditions du Parc.

LAPALOMBARA, Joseph et Myron WEINER (dir.) (1966), *Political Parties and Political Development*, Princeton, Princeton University Press.

LATERREUR, Marc (1973), *Les tribulations des conservateurs au Québec*, Québec, Les Presses de l'Université Laval.

LAYCOCK, David (1994), « Reforming Canadian Democracy? Institutions and Ideology in the

Reform Party Project», *Canadian Journal of Political Science / Revue canadienne de science politique*, vol. 27, n° 2, p. 213-247.

LEMIEUX, Vincent (2011), *Les partis générationnels au Québec. Passé, présent, avenir*, Québec, Les Presses de l'Université Laval

LEMIEUX, Vincent (2008), *Le Parti libéral du Québec. Alliances, rivalités et neutralités*, 2ᵉ éd., Québec, Les Presses de l'Université Laval.

LIPSET, Seymour M. et Stein ROKKAN (1967), «Cleavage Structures, Party Systems, and Voter Alignments: An Introduction», dans Seymour M. Lipset et Stein Rokkan (dir.), *Party Systems and Voter Alignments*, New York, The Free Press, p. 1-64.

MAIR, Peter (1997), *Party System Change. Approaches and Interpretations*, Oxford, Clarendon Press.

MARTIN, Pierre (2005), *Dynamiques partisanes et réalignements électoraux au Canada (1867-2004)*, Paris, L'Harmattan.

MEISEL, John (1985), «The Decline of Party in Canada», dans Hugh G. Thorburn (dir.), Party Politics in Canada, 5ᵉ éd., Scarborough, Prentice-Hall Canada, p. 98-114.

MICHELS, Robert (1971), *Les partis politiques. Essai sur les tendances oligarchiques des démocraties*, Paris, Flammarion.

MONTIGNY, Éric (2011), *Leadership et militantisme au Parti québécois*, Québec, Les Presses de l'Université Laval.

MURRAY, Vera (1976), *Le Parti québécois: de la fondation à la prise du pouvoir*, Montréal, Hurtubise HMH.

NEVITTE, Neil, Elisabeth GIDENGIL, André BLAIS et Richard NADEAU (2000), *Unsteady State: The 1997 Canadian Election*, Don Mills (Ont.), Oxford University Press.

OFFERLÉ, Michel (1987), *Les partis politiques*, Paris, Presses universitaires de France, Coll. «Que sais-je?», n° 2376.

PALTIEL, Khayyam Z. (1989), «Political Marketing, Party Finance, and the Decline of Canadian Parties», dans Alain-G. Gagnon et A. Brian Tanguay (dir.), *Canadian Parties in Transition. Discourse, Organization, and Representation*, Scarborough, Nelson Canada, p. 332-353.

PELLETIER, Réjean (dir.) (2012), *Les partis politiques québécois dans la tourmente. Mieux comprendre et évaluer leur rôle*, Québec, Les Presses de l'Université Laval.

PELLETIER, Réjean (2007a), «Political Trust in the Canadian Federation», dans Ian Peach (dir.), *Constructing Tomorrow's Federalism. New Perspectives on Canadian Governance*, Winnipeg, University of Manitoba Press, p. 13-29.

PELLETIER, Réjean (2007b), «Identity and Trust in a Multinational Federation: The Case of Canada», dans Martin Howard (dir.), *Intercultural Dialogue: Canada and the Other*, Ottawa, University of Ottawa Press, p. 87-100.

PELLETIER, Réjean (2004), «Political Parties in Canadian Federalism: National or Regional Organizations?», dans Rudolf Hrbek (dir.), *Political Parties and Federalism. An International Comparison*, Baden-Baden, Nomos Verlagsgesellschaft.

PELLETIER, Réjean (1991), «Les structures et le fonctionnement des partis politiques canadiens», dans Herman Bakvis (dir.), *Les partis politiques au Canada. Chefs, candidats et candidates, et organisation*, Toronto, Dundurn Press (vol. 13 de la Commission royale sur la réforme électorale et le financement des partis), p. 299-352.

PELLETIER, Réjean (1989), *Partis politiques et société québécoise. De Duplessis à Bourassa, 1944-1970*, Montréal, Québec Amérique.

PELLETIER, Réjean et Jérôme COUTURE (2012), «La confiance dans les partis politiques au Canada et au Québec: un Québec distinct?» dans Réjean Pelletier (dir.), *Les partis politiques québécois dans la tourmente*, Québec, Les Presses de l'Université Laval, p. 225-246.

PELLETIER, Réjean et Daniel GUÉRIN (1998), «Les nouveaux mouvements sociaux constituent-ils un défi pour les partis politiques? Le cas du Québec», *Canadian Journal of Political Science / Revue canadienne de science politique*, vol. 31, n° 2, p. 311-338.

SABATO, Larry J. (1981), *The Rise of Political Consultants*, New York, Basic Books.

SARTORI, Giovanni (1976), *Parties and Party Systems. A Framework for Analysis*, Londres, Cambridge University Press.

SAVOIE, Donald J. (1999), *Governing from the Centre: The Concentration of Power in Canadian Politics*, Toronto, University of Toronto Press.

SAYERS, Anthony M. (1999), *Parties, Candidates, and Constituency Campaigns in Canadian Elections*, Vancouver, University of British Columbia Press.

SCHONFELD, William R. (1980), «La stabilité des dirigeants des partis politiques: la théorie de l'oligarchie de Robert Michels», *Revue française de science politique*, vol. 30, n° 4, p. 846-866.

SEILER, Daniel-Louis (1986), *De la comparaison des partis politiques*, Paris, Economica, Coll. «Politique comparée».

SMITH, David (1985), «Party Government, Representation, and National Integration in Canada», dans Peter Aucoin (dir.), *Party Government and Regional Representation in Canada*, Toronto, University of Toronto Press.

WARE, Alan (1987), *Citizens, Parties and the State. A Reappraisal*, Princeton, Princeton University Press.

WATTENBERG, Martin P. (1991), *The Rise of Candidate-Centered Politics. Presidential Elections of the 1980s*, Cambridge (Mass.), Harvard University Press.

WATTENBERG, Martin P. (1990), *The Decline of American Political Parties, 1952-1988*, Cambridge (Mass.), Harvard University Press.

WEARING, Joseph (1989), «Can an Old Dog Teach Itself New Tricks? The Liberal Party Attempts Reform», dans Alain-G. Gagnon et A. Brian Tanguay (dir.), *Canadian Parties in Transition. Discourse, Organization, and Representation*, Scarborough, Nelson Canada, p. 272-286.

WHITEHORN, Alan (1992), *Canadian Socialism. Essays on the CCF-NDP*, Toronto, Oxford University Press.

YOUNG, Lisa (2000), *Feminist and Party Politics*, Vancouver, UBC Press.

CHAPITRE 7

Groupes d'intérêt et démocratie : promesses et réalités

RAYMOND HUDON
DÉPARTEMENT DE SCIENCE POLITIQUE
UNIVERSITÉ LAVAL

- Mettre en lumière et en perspective les développements qui ont récemment marqué la place et le rôle des groupes d'intérêt en contexte démocratique ;

- Présenter des éléments théoriques permettant d'interpréter ces changements ;

- Fournir un aperçu des interventions législatives et réglementaires qui encadrent l'action des groupes d'intérêt au Canada ;

- Analyser, par référence à des cas de figure, le sens et la portée des pratiques de représentation par les groupes ;

- Éclairer, au-delà de l'étude des processus de représentation électorale, les rapports des acteurs de la société civile aux institutions politiques.

Plus de deux siècles après que Madison l'eut exprimé, le dilemme n'est visiblement pas résolu : l'action des groupes d'intérêt serait source d'entorses aux principes démocratiques du fait que de leur poids relatif résulteraient des inégalités politiques ; par contre, imposer des limites à cette action constituerait un obstacle à l'expression démocratique des citoyens rassemblés et organisés. Si le débat doit être limité à ces termes, l'attitude à l'égard des groupes d'intérêt conduit, au mieux, à les tolérer au sein de sociétés démocratiques. Toutefois, la configuration actuelle des formes d'expression de la société civile invite à envisager que les groupes contribuent valablement à un renouvellement de la démocratie. À tout le moins, leur multiplication spectaculaire dans la période récente n'autorise plus à les reléguer au rang de perturbateurs d'un ordre démocratique où les partis seraient seuls légitimement habilités à mener le jeu politique : quand l'application de la norme étend trop largement le domaine de la délinquance, il convient peut-être de reconnaître que la norme est due pour changer ! L'évolution du statut et du rôle des groupes les place vraiment au cœur de mutations qui obligent à réviser la conception des pratiques démocratiques. Cependant, les ambiguïtés qui marquent couramment l'action de groupes empêchent de trancher simplement le dilemme que ceux-ci posent eu égard à la poursuite des idéaux démocratiques.

LA FONCTION DE REPRÉSENTATION EN DÉMOCRATIE

La présence et l'action de groupes d'intérêt sont régulièrement associées aux sociétés démocratiques, plus précisément les démocraties libérales. Ce rapprochement tient au fond à une institutionnalisation plus poussée, dans ces sociétés, des interventions des groupes dans les processus décisionnels. Dans des situations où le Parti – les partis, dans des situations faussement pluralistes[1] – monopolise apparemment le mandat de représentation de la société civile auprès ou, plutôt, au sein des instances politiques, les organisations non partisanes occupent peu de place ou, du moins, demeurent plus discrètes sinon

---

1. Le pluralisme peut s'entendre de diverses façons. Ainsi peut-on se dire pluraliste en adhérant à une philosophie qui valorise la reconnaissance de la diversité et des différences qui composent une société. Par contre, en rapport plus précisément avec les théories pluralistes, il est aussi entendu que la pluralité sociale trouve sa correspondance plus ou moins exacte dans les organisations et les institutions politiques. Cependant, ces deux visions théoriques ne se vérifient pas toujours empiriquement : promouvoir le respect d'un pluralisme social ne parvient pas à occulter la structuration inégalitaire de la société ni celle d'un parti pris des institutions politiques en faveur des valeurs et des intérêts dominants au sein de cette même société.

serviles devant les positions du Parti. Cette perception déforme toutefois la réalité en réduisant les intérêts présents en société à leur expression autorisée.

Dans les sociétés ouvertes chères à Karl Popper, il a plutôt été donné de voir une concurrence entre partis politiques et groupes d'intérêt dans l'exercice de la représentation des intérêts de la société ou de ses composantes, cette concurrence s'accroissant et s'accentuant avec la multiplication et la diversification des organisations candidates au statut de groupes d'intérêt. Il résulte de ces développements que le dilemme qui assaillait déjà Madison retrouve toute sa pertinence. Ce chapitre vise précisément à mettre en lumière les enjeux, théoriques et empiriques, qui ont jalonné sa discussion et, ainsi, mettre en perspective les problèmes perçus dans les sociétés contemporaines, au sein desquelles se perçoit un mélange des genres dans l'affirmation

des préférences citoyennes bien illustré dans une caricature publiée le jour des élections québécoises du 4 septembre 2012 (encadré 7.1).

Le rapport des groupes d'intérêt à la vie politique ne peut être adéquatement saisi qu'à la lumière de divers examens, d'ordre théorique et conceptuel autant que d'ordre empirique. Après une présentation sommaire des développements théoriques survenus depuis environ un siècle, nous décrivons brièvement les formes et l'étendue des interventions des groupes d'intérêt dans nos sociétés, les pratiques du lobbying incluses. Enfin, nous nous intéressons aux lois et réglementations qui, dans le contexte canadien, visent justement à encadrer ces interventions que l'on craint, à l'aune de conceptions normatives et des règles formelles (Saward, 2010), de voir pervertir la qualité démocratique des pratiques de représentation pour lesquelles les partis demeurent des candidats de premier niveau. Ces observations

ENCADRÉ 7.1

Les intérêts en file aux bureaux de scrutin

Le Soleil, André-Philippe Côté (2012-09-04)

successives conduisent à finalement repenser la nature et les formes de la politique dans les sociétés contemporaines plutôt que d'adhérer aux thèses démesurément sombres qui aboutiraient à un dépérissement irréparable.

Une intrusion des groupes

La présence des groupes d'intérêt a été couramment vue, du moins jusqu'à assez récemment, comme une intrusion risquant d'enrayer le fonctionnement démocratique des sociétés modernes. Sur ce plan, aux États-Unis, le phénomène a atteint une ampleur telle qu'il a été perçu comme un phénomène typiquement américain. Non pas que l'action des groupes y jouisse d'une légitimité absolue, mais elle a été l'objet d'une tolérance relative qui tient à plusieurs raisons, de diverses natures. Tout d'abord, en écho aux propos de Madison, le premier amendement à la Constitution américaine est adopté en 1791 pour garantir « le droit qu'a le peuple de s'assembler pacifiquement et d'adresser des pétitions au Gouvernement pour la réparation des torts dont il a à se plaindre ». En cette même année, en France postrévolutionnaire, la Loi Le Chapelier « interdit toute coalition, toute association professionnelle constituée autour "de prétendus intérêts communs" » (Barthélemy, 2000 : 40). Renforcée en 1810 par le Code pénal qui « soumet à autorisation, avec peines sévères en cas de contravention, toute association de plus de vingt personnes » (Barthélemy, 2000 : 42), ladite loi est grandement assouplie seulement en 1864 avec l'abolition du « délit de coalition » (Barthélemy, 2000 : 47). De ce seul point de vue législatif et réglementaire se comprend déjà mieux le contraste très fortement suggéré, à peine accentué, de « l'"exemple"

américain contre l'idéal républicain » français (Barthélemy, 2000 : 25).

De son côté, dans le compte rendu de ses séjours américains, Alexis de Tocqueville rapporte des différences bien « réelles » entre les États-Unis et la France (Barthélemy, 2000 : 30), même si l'on suggère que ses découvertes sont orientées : comme théoricien libéral, « il trouve aux États-Unis ce qu'il y cherche » pour mieux dénoncer « la conception française de la démocratie républicaine » (Barthélemy, 2000 : 35). Ainsi, dans le tome II (1840) de *De la démocratie en Amérique*, il écrit :

> Partout où, à la tête d'une entreprise nouvelle, vous voyez en France le gouvernement et en Angleterre un grand seigneur, comptez que vous apercevrez aux États-Unis une association. J'ai rencontré en Amérique des sortes d'associations dont je confesse que je n'avais pas même l'idée, et j'ai souvent admiré l'art infini avec lequel les habitants des États-Unis parvenaient à fixer un but commun aux efforts d'un grand nombre d'hommes, et à les y faire marcher librement (Tocqueville, 1963 : 280).

Cette lecture quasi édénique allait être sensiblement tempérée par la suite pour faire voir le caractère particulier des intérêts poursuivis par les associations au détriment de la réalisation du bien commun ou de l'intérêt général. Il n'est pas surprenant que, sur ces arrière-plans historique et idéologique, les réflexions théoriques et les principaux efforts analytiques aient tout d'abord éclos aux États-Unis.

Au nombre des contributions les plus marquantes d'un parcours[2] qui s'échelonne pratiquement sur un siècle, retenons tout d'abord

---

2. Le développement qui suit prend les allures d'un tracé linéaire. Il s'agit évidemment d'une reconstruction qui, aux fins de simplifier l'exposé, fait l'économie des débats

un ouvrage publié en 1908 par Arthur Bentley (1995). Ce dernier pose la centralité des groupes dans le fonctionnement des sociétés. En vertu d'un raisonnement circulaire qui relève de l'archétype, les groupes naissent de la présence d'intérêts au sein des sociétés, et ces intérêts sont repérables à travers l'existence des groupes! Pour lui, tout ce qui compte en politique est action, et seule l'action des groupes a pouvoir d'explication. En bref, la connaissance des groupes permet la connaissance de la société dans sa totalité et l'action gouvernementale ne se comprend qu'à la lumière de leurs interventions.

Les affirmations étaient audacieuses. Peut-être excessives, d'ailleurs. Toutefois, les énoncés n'étaient pas sans fondement empirique. Bentley formule, en effet, ses positions en cette période où, selon Elisabeth Clemens (1997), les groupes d'intérêt se taillent une place importante dans la conduite des affaires publiques. Empruntant aux méthodes jusque-là typiques des pratiques du monde des entreprises, les associations professionnelles et syndicales tout comme les groupements d'affaires et patronaux se posent en interlocuteurs face aux titulaires de charges publiques (TCP) et n'hésitent pas à recourir à la pression pour être reconnus comme tels. Cette évolution, notée à l'échelle nationale, s'inscrivait dans le sillage des observations de Tocqueville qui, un demi-siècle plus tôt, rendait compte de dynamiques plus proches de la politique locale. Elle avait aussi pour effet d'entamer le monopole exercé par les partis dans la représentation de la société civile auprès des autorités politiques. La fonction politique proprement dite subit ainsi

une perte de prestige – non exclusive au territoire américain, comme en rend compte le cri alarmiste de Charles François (1899 : xii) en France – qui allait se traduire, entre autres, par un recul marqué des taux de participation électorale (Schudson, 1998 : 187).

Au milieu du XXᵉ siècle, David Truman (1951) allait littéralement réhabiliter Bentley en s'appuyant sur sa contribution de 1908 pour paver la voie à ce qui deviendrait un âge d'or de la reconnaissance des groupes d'intérêt tant les analyses de leurs actions et leurs dynamiques allaient se multiplier (Garson, 1978 : 77-118). Truman apporte néanmoins des retouches importantes aux positions de Bentley. Il brise, en effet, l'automatisme de la formation des groupes à partir des intérêts présents au sein des sociétés ; des intérêts demeurent à l'état latent, du moins aussi longtemps que des perturbations dans leur environnement ne les poussent à se manifester. Par là même, les groupes ne constituent plus la source exclusive de l'ordre social et gouvernemental, dont la rupture plus ou moins radicale peut justement les amener à se mobiliser pour rétablir l'équilibre perdu ou en établir un nouveau qui ne leur serait pas désavantageux. De plus, signale-t-il, l'appartenance des individus à de nombreux groupes (*overlapping membership*) prévient que l'influence des groupes soit conçue de façon mécanique ; de la sorte, la capacité effective d'un groupe ne résulte pas d'une puissance indépendante, mais elle est conditionnée par les interactions avec d'autres groupes. Finalement, son évaluation de l'action des groupes est redevable à une conception de la démocratie plus soucieuse d'égalité d'accès et d'attention effective.

Malgré l'apport de Truman, la théorie souffrait encore d'insuffisances sérieuses. Initialement

---

et des désaccords qui scandent généralement les différentes étapes du progrès des connaissances.

publié en 1966[3], *The Logic of Collective Action* de Mancur Olson allait représenter une étape déterminante en définissant un agenda de recherche radicalement renouvelé (Baumgartner et Leech, 1998 : 65). Intrigué, entre autres, par l'absence de reconnaissance de la spécificité du politique – problème aussi mentionné par Léon Dion (1971 : 47-49) – et par la durée des groupes au-delà de l'atteinte de leurs objectifs initiaux et sans égard à leur taille, Olson proposa de recentrer l'attention sur les composantes internes des groupes. De collectifs composés d'éléments indistincts, ils devaient être conçus comme des ensembles d'individus rationnels qui lient leur appartenance à un calcul coûts-bénéfices. Par conséquent, les intérêts individuels des membres ne correspondent pas forcément à l'intérêt du groupe, et inversement. Si une taille modeste tend à favoriser la cohésion du groupe, le recours à la « coercition » (par exemple, la cotisation obligatoire pour tout membre d'une unité syndicale d'accréditation) peut parfois s'imposer pour les grands groupes, notamment pour contrer le phénomène du passager clandestin (*free rider*) qui touche des bénéfices (par exemple, les conditions de travail négociées pour une unité de travail) sans, en retour, investir le groupe. En effet, les gains résultant de l'action d'un groupe ne sont pas toujours exclusifs aux membres du groupe ; d'autres se révèlent de nature plus inclusive et, parfois, débordent les frontières de celui-ci (par exemple, une politique d'assainissement de l'air réclamée par des écologistes). Dans ces conditions, la mise en place d'incitations sélectives paraît cruciale.

3. En 1978, une traduction lacunaire est devenue disponible en français.

Olson a bien signalé l'importance de l'organisation pour expliquer la pérennité des groupes, mais c'est Robert Salisbury (1969) qui devait apporter un important complément pour expliquer l'apparition des groupes en mettant en avant, par analogie au domaine économique, le concept d'entrepreneur politique. À ce point, il est intéressant de souligner que les contributions jumelées de Salisbury et d'Olson marquent le passage d'une théorie politique fondée sur les groupes à une théorie des groupes d'intérêt. Exprimée très simplement, la thèse de Salisbury repose sur un processus d'échange à travers lequel des entrepreneurs mobilisent des intérêts très souvent latents, organisent et rassemblent les individus intéressés en leur offrant des bénéfices en échange de contributions qui, à leur tour, constituent des bénéfices au profit de l'organisateur. On comprend que les « biens » et les bénéfices ainsi échangés ne sont pas que de nature matérielle, mais aussi sociaux (solidarité, pouvoir, etc.) et de nature expressive (significations, valeurs, symboles, etc.). Avec son travail de structuration et d'organisation des intérêts des consommateurs, Ralph Nader incarne une des figures emblématiques de ce type d'acteurs.

La récapitulation et la reconstitution sommaire des propositions formulées de Bentley à Salisbury fondent l'idée d'une progression indéniable, qui dévoilait concrètement une réalité mouvante et révélatrice de transformations fondamentales. En faisant rapport de son examen d'une série d'études consacrées aux groupes d'intérêt, David Lowery (2007) pose un dernier jalon important : l'action des groupes sert souvent les intérêts des dirigeants et de l'organisation tout en présentant aux membres le leurre que les énergies dépensées servent vraiment la promotion de leurs intérêts. Cette théorie dite de la « survie organisationnelle » se vérifie encore dans la mesure où sont pris en compte les intérêts spécifiques des entrepreneurs qui, souvent après avoir contribué à la naissance et à la construction d'un groupe, peuvent tourner leur loyauté vers des défis plus intéressants et des causes devenues plus attrayantes (Nownes et Cigler, 1995). Par contre, elle peut occulter des ajustements successifs d'organisation et de vocation qui jalonnent le parcours (*career*) des groupes (Halpin et Nownes, 2012).

Ces dernières observations ne pouvaient que conforter les sceptiques qui n'ont jamais vraiment cru aux vertus des groupes dans l'exercice de la fonction démocratique de représentation. Des changements socio-politiques firent momentanément mal paraître les groupes d'intérêt accusés d'afficher un bilan négatif en termes de légitimité démocratique. Ainsi, à partir du début des années 1970, l'attention allait plutôt se porter sur des acteurs dont l'émergence et la multiplication bousculaient les schèmes relatifs aux activités de revendication en société. À travers leur contestation des ordres (politique, économique et social) existants, les nouveaux mouvements sociaux (NMS) mettaient en lumière les inégalités persistantes à l'intérieur du pluralisme associé aux groupes d'intérêt, pluralisme dont Olson avait lui-même indiqué quelques failles et dont Miriam Smith (2008a) signale bien les difficultés historiques en contexte canadien. Les indices d'un renouveau se multipliaient : la mobilisation des femmes, parallèle à celle des jeunes ; la revendication de nouveaux droits sociaux et économiques, qui prolongeait celle des droits civiques ; la valorisation des dimensions non matérielles de la vie, qui semblait même suggérer l'apparition d'une culture dite postmatérialiste, etc. À la faveur de

cette effervescence, les groupes d'intérêt furent encore plus étroitement, très souvent exagérément (Grossmann, 2012), associés à la poursuite d'intérêts particuliers au détriment du bien collectif et des intérêts plus généraux du public.

Des distinctions apparurent, opposant plus ou moins superficiellement des groupes poursuivant des intérêts particuliers (*special interest groups*) à d'autres plus préoccupés d'un intérêt de plus grande étendue (*public interest groups*). Le malaise n'en persistait pas moins. Alors a-t-on pu voir la locution « groupes plaideurs » (*advocacy groups*) pudiquement substituée à celle de groupes d'intérêt, sous le prétexte que ceux-ci exercent leur *lobbying* différemment de ceux-là qui, eux, le font en croyant à une cause ! (Young et Everitt, 2004 : 5) Distinction plutôt factice, surtout au vu de la définition retenue… pas excessivement originale par rapport aux caractérisations les plus classiques des groupes d'intérêt[4] !

Toutefois, ces exercices sémantiques ne sont pas purement fantaisistes. Ils font en réalité écho à des mutations observables au sein des sociétés, tout en rendant maladroitement compte de l'institutionnalisation de l'expression organisée de ces

---

4. La définition retenue pour *advocacy group* était en effet la suivante : « any organization that seeks to influence government policy, but not to govern ». Il est intéressant de présenter en parallèle deux définitions classiques (assez proches de la définition précédente) proposées pour « groupe (d'intérêt ou) de pression » : « A pressure group is an organisation which seeks to influence the details of a comparatively small range of public policies and which is not a faction of a recognised political party » (Baggott, 1995 : 2) ; « A pressure group [is] an organization whose members act together to influence public policy in order to promote their common interest » (Pross, 1986 : 11).

mutations et de l'appropriation par les nouveaux acteurs des modes d'action traditionnellement rapportés aux groupes d'intérêt. Les analyses de Jeffrey Berry (1999) révèlent particulièrement bien la montée en puissance des groupes citoyens (*citizen groups*) qui, pour une très grande partie, sont justement l'incarnation organisée et institutionnalisée des mouvements qui furent pour un temps considérés nouveaux. Berry propose d'étendre cette notion de groupes citoyens à l'ensemble des groupes qui sont porteurs d'intérêts autres que ceux qui sont liés à l'activité professionnelle (*professional* et *vocational*). La réalité couverte par la notion peut se révéler d'extension variable, mais son usage met en relief la fonction d'expression citoyenne repérable à travers l'action des groupes.

De tels développements ont contribué à élargir la réalité de la représentation des intérêts. Les pratiques que s'étaient appropriées les groupes d'intérêt au tournant des XIXe et XXe siècles sont maintenant assimilées par la panoplie des nouveaux groupes qui, au-delà de la contestation propre aux mouvements sociaux, investissent pesamment le domaine des politiques publiques[5]. De la sorte, les mouvements sociaux sont devenus groupes d'intérêt, même si les intérêts ainsi promus et défendus ne correspondent pas à ceux qu'on associe habituellement aux groupes d'intérêt traditionnels. Cette transformation traduit une conversion radicale. Le mouvement social est en effet généralement conçu comme *un projet de conduite collective qui*

défie les règles instituées et les normes acceptées dans un contexte historique et dont les acteurs surgissent dans un cadre conflictuel. Par contraste, on comprend que le principe de réalité – la recherche de résultats tangibles et plus ou moins immédiats – impose au groupe d'intérêt, du moins partiellement, un respect des règles instituées et une acceptation des normes de conduite reconnues, même quand l'action se veut contestataire. Il n'en reste pas moins que les pratiques de représentation sont en profonde transformation et l'univers des acteurs est en pleine recomposition (Hudon, 2003b).

Frank Baumgartner et Beth Leech (1998 : 109) ont d'ailleurs bien mesuré l'ampleur des changements survenus dans l'univers des groupes d'intérêt au cours du dernier demi-siècle. Ils relatent notamment que le nombre d'associations recensées dans *Encyclopedia of Associations* aux États-Unis a crû de 5 843 en 1959 à 23 298 en 1995. Les changements dans la composition même de cet univers sont non moins remarquables : la part des groupes liés aux affaires (*trade associations*) est ainsi passée de 39 % à 18 % ; celle de ceux représentant le monde du travail (*labor*), de 4 % à 1 % ; en contrepartie, ceux associés à la santé, aux préoccupations sociales (*social welfare*), à la culture et à l'éducation ont vu leur part du « territoire » associatif passer de 21 % à 32 %. Une compilation effectuée pour l'année 2005 (Hudon, 2007a : 21) ne montre pas de transformations radicales de ce portrait. Des analyses qui permettraient de suivre l'évolution du champ associatif dans le temps ne sont pas disponibles pour le Canada. Néanmoins, une compilation réalisée pour l'année 2006 à partir du répertoire d'*Associations Canada* donne une image tout à fait comparable à celle qui découle des observations

---

5. Salah Oueslati (2005) a bien illustré et décrit le passage de la contestation à la pratique plus traditionnelle du lobbying.

rapportées aux États-Unis. Cette similarité vaut généralement pour le Québec[6] qui, traité comme un sous-ensemble (N = 3 286) à partir de la même source (Hudon, 2007a : 22), se distingue sur seulement quelques points : les associations rattachées au monde du travail y sont proportionnellement plus importantes que dans l'ensemble du Canada (9 % par rapport à 5 %) alors que, peut-être plus surprenant, la catégorie Services publics y semble moins bien représentée (7 % par rapport à 10 %).

La présence massive des groupes d'intérêt met en question non plus seulement l'effet de l'action des groupes sur la démocratie, mais elle mène à repenser celle-ci autrement qu'une réalité immuable ou qu'une pratique figée. D'ailleurs, force est de noter que le modèle de la démocratie représentative, essentiellement libérale, connaît de sérieuses difficultés. Le mécanisme de la délégation par voie électorale est profondément ébranlé, et les systèmes électoraux divers ne semblent pas devoir faire une bien grande différence. Par ailleurs, l'assentiment populaire est devenu un critère indispensable de la légitimité des politiques publiques. À l'instar de Clemens (1997), qui a voulu expliquer les changements survenus il y a une centaine d'années dans la nature des apports respectivement des partis et des groupes à la conduite des affaires publiques, ne vaudrait-il pas d'examiner les difficultés actuelles comme des pratiques en renouvellement plutôt que de porter

un regard nostalgique sur des modèles sévèrement ébranlés ? En contrepartie, des réponses adéquates à ces interrogations exigent plus qu'une adhésion candide aux nouveaux courants et aux nouvelles tendances. La réussite des projets de réforme démocratique comporte des exigences.

> Si la rénovation de la démocratie nécessite une rupture du monopole de la représentation détenu par la politique traditionnelle et les états-majors partisans, l'idée que le mouvement associatif puisse se limiter à un instrument d'expression, de gestion ou de pression, sans articulation à la société politique doit, en tout état de cause, être combattue (Barthélemy : 2000 : 269).

En effet, une insuffisance de recul critique comporte le danger d'un emballement face à cette remise sur ses pieds d'une démocratie tendant à devenir ascendante (*bottom-up*) et à faire puissamment contrepoids à celle qui, pour longtemps, aurait été définie en vertu d'une logique opposée, à partir du haut (*top-down*) (Sue, 2001). Néanmoins, et plus précisément, la nouvelle revendication démocratique porte sur une participation accrue à la détermination des choix politiques, et cette participation passe de plus en plus couramment par des regroupements d'individus organisés sous des formes diverses.

Pour Benjamin Barber (2003 : 151), l'avènement de cette démocratie participative aurait pour effet de transformer les individus en citoyens dont les intérêts privés et particuliers sont alors convertis en biens publics ou collectifs. La nouvelle conjoncture inspire encore de nouvelles conjectures comme le projet d'une démocratie associative (Hirst, 1994). Ces dernières utopies comportent tout de même l'extrême faiblesse de ne pas tenir compte de l'affirmation d'un citoyen consommateur qui contribue de plus en plus à

---

6. Le monde associatif comporte toutefois une singularité notable au Québec. En effet, les Québécois en général adhèrent à un moins grand nombre d'associations que ce n'est le cas pour les citoyens du reste du Canada. Cette particularité se remarque aussi chez les francophones par rapport aux anglophones dans l'ensemble du pays (Hwang, Andersen et Grabb, 2007).

structurer les rapports en société, notamment en minant les projets de nature collective (Scammel, 2003 ; Crenson et Ginsberg, 2004 ; Rosanvallon, 2006 ; Hudon et Roseberry, 2008).

À la lumière des rappels et des réflexions qui précèdent, on ne peut imaginer qu'une analyse des groupes d'intérêt puisse être menée sérieusement sans être rattachée au contexte de l'action. Compte tenu du déficit présumé d'études proprement canadiennes (Young et Everitt, 2004 : 9), les interrogations sur le sens et la portée de l'action des groupes d'intérêt reçoivent des réponses limitées. Heureusement, un répertoire impressionnant d'analyses a été constitué hors du Canada (Baumgartner et Leech, 1998 : 168-188) qui fournit de multiples éclairages, malgré le caractère « exotique » des expériences observées.

LES DYNAMIQUES PROPRES AUX GROUPES

En synthétisant les propos qui précèdent et des conceptions couramment notées dans le domaine d'études qui concerne les groupes d'intérêt, il paraît approprié de les définir génériquement comme *une organisation soucieuse d'influencer des décisions publiques touchant plus ou moins immédiatement les intérêts qu'elle a vocation ou prétention à représenter* (Hudon, 2008a : 105-106). Il faut toutefois spécifier cette notion en précisant la nature et les catégories des organisations ainsi conçues et d'évoquer la panoplie des modes d'interventions et des moyens mobilisés pour réaliser leur mission.

Ces éléments permettent de clairement distinguer les groupes des partis malgré leur intérêt commun dans la conduite des politiques publiques et leurs ambitions concurrentes à représenter les intérêts et préférences des membres de la société. Il est généralement admis que les premiers ne peuvent aspirer aux fonctions de gouvernement. Mais les seconds ne peuvent se payer le luxe, dans l'exercice de telles fonctions, de ne pas prêter attention aux positions et revendications des premiers. L'exercice des fonctions gouvernementales s'articule ainsi à un paradoxe incontournable : pour assurer la légitimité de ses décisions, le gouvernement doit transcender les intérêts particuliers de manière à correspondre d'au plus près au bien commun, mais ce même gouvernement doit compter avec l'appui d'intérêts particuliers en vue de rendre les décisions possibles. En termes pratiques, les uns et les autres sont condamnés à collaborer pour assurer des rapports relativement harmonieux au sein de sociétés démocratiques.

Nature et catégories des groupes

Aux premiers rangs des exigences posées aux groupes d'intérêt figure la preuve que leurs porte-parole doivent établir de leur représentativité et de leur reflet fidèle des opinions et des demandes de leurs membres. Un traitement adéquat de cette question doit par ailleurs tenir compte du paradoxe qui marque toute pratique de représentation : à partir du moment où ils sont représentés, les intérêts des membres au nom desquels on prétend agir ne sont déjà plus en parfaite adéquation avec les intérêts de ces mêmes membres (Halpin, 2010 : 283). La résolution de ce paradoxe ne peut pas faire l'économie d'une question préalable, en apparence bien élémentaire : de quels membres est-il question ?

Il est couramment reconnu qu'un nombre croissant de groupes sont en réalité des organisations animées par des permanents professionnels prioritairement préoccupés de multiplier le nombre de sympathisants (Young et Everitt, 2004 : 54). Cela comporte l'avantage d'un fonctionnement plus souple au détriment d'une participation poussée, la tendance montrant justement l'accentuation d'une « participation par chéquier[7] » ou, encore plus au goût du jour, par carte de crédit ! L'examen de quelques groupes organisés dans différents secteurs d'activité permet de rapidement comprendre que les groupes d'intérêt ne correspondent pas à un modèle unique. Nullement exhaustif, l'examen de quelques cas est mené en fonction de catégories analytiques qui s'apparentent aux deux générations de groupes discutées en termes généraux dans la section précédente.

Le « modèle classique » s'illustre bien avec l'Union des producteurs agricoles (UPA)[8] qui affirme représenter « les quelque 43 000 producteurs et productrices agricoles du Québec. Avec ses 155 syndicats de base, ses 16 fédérations régionales, ses 222 syndicats et ses 25 groupes spécialisés, l'UPA est, en fait, l'interlocutrice unique, la voix officielle qui parle au nom de tous les agriculteurs et agricultrices du Québec[9] ». L'organisation ne fait pas mystère de sa « mission principale de promouvoir, défendre et développer les intérêts professionnels, économiques, sociaux

et moraux des productrices et des producteurs agricoles et forestiers du Québec, sans distinction de race, de nationalité, de sexe, de langue et de croyance ». Toutefois, il est précisé que « les intérêts collectifs [priment] toujours sur les intérêts individuels ou sectoriels » quand vient le temps de décider les actions à prioriser ou les services à développer. De plus, consciente d'être partie d'un ensemble plus large, la société québécoise, elle affirme « contribuer à l'amélioration des conditions de vie sur le plan social, économique et culturel du milieu rural ». Finalement, pour bien asseoir la légitimité de son action, elle met l'accent sur le caractère démocratique de son fonctionnement comme organisation « contrôlée par et pour ses membres au cœur d'une vie syndicale dynamique. »

Avec quelques variantes, les structures des centrales syndicales comme la Confédération des syndicats nationaux (CSN), la Fédération des travailleurs et travailleuses du Québec (FTQ) et la Centrale des syndicats du Québec (CSQ) sont dessinées de manière comparable et leur fonctionnement s'inspire formellement d'une philosophie similaire. D'ailleurs, si ces organisations devaient s'écarter sérieusement d'un fonctionnement démocratique, elles se feraient sans doute servir un vigoureux rappel à l'ordre !

Les organisations patronales et d'affaires n'échappent pas à l'obligation de se soumettre à des exigences similaires. Par exemple, le Conseil du patronat du Québec (CPQ)[10] se présente d'emblée comme « la principale confédération patronale au Québec. L'organisme regroupe

---

7. L'expression est une traduction littérale de *chequebook participation* (Young et Everitt, 2004 : 32).

8. Les données touchant l'UPA sont tirées du site http://www.upa.qc.ca/fra/qui_sommes_nous/ (consulté le 15 novembre 2012). Il est pertinent de signaler que, devant la menace « temporaire » qu'a incarnée l'Union paysanne et les défis qu'ont posés les revendications écologistes à l'égard de la pollution d'origine agricole, l'UPA a été appelée à adapter son discours et ses stratégies (Berny, Hudon et Ouellet, 2009).

9. Voir l'organigramme à l'encadré 7.2.

---

10. Sauf s'il est autrement indiqué, les données touchant le CPQ sont tirées du site http://www.cpq.qc.ca/ (consulté le 16 novembre 2012).

ENCADRÉ 7.2

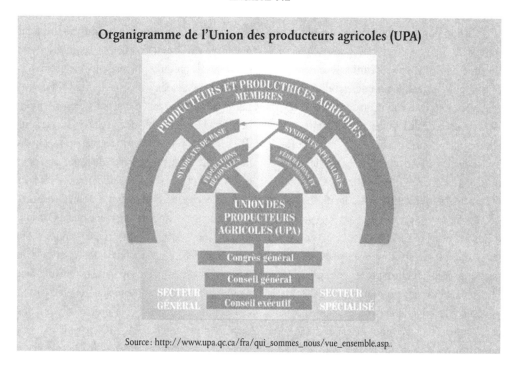

Organigramme de l'Union des producteurs agricoles (UPA)

Source : http://www.upa.qc.ca/fra/qui_sommes_nous/vue_ensemble.asp..

plusieurs des plus grandes entreprises du Québec ainsi que la vaste majorité des associations patronales sectorielles. Force incontournable au Québec, le CPQ représente les employeurs de plus de 70% de la main-d'œuvre québécoise». Dans la foulée, il pose comme sa mission «de s'assurer que les entreprises puissent disposer au Québec des meilleures conditions possibles – notamment en matière de capital humain – afin de progresser de façon durable dans un contexte de concurrence mondiale». En décembre 2009, le CPQ célébrait le quarantième anniversaire de sa fondation, elle-même précédée de plusieurs années de travail lancées en février 1963, «à la suite d'une réunion importante tenue à Montréal, et regroupant des porte-parole autorisés des milieux des affaires, syndical et universitaire».

Le CPQ garantit aux employeurs du Québec une participation active et engagée «auprès des diverses instances où s'élaborent les politiques qui touchent les entreprises». Assumant pleinement son rôle de lobby des patrons, il «souhaite influencer, de manière constructive, les débats économiques et sociaux en proposant la vision d'une société plus prospère, au sein de laquelle l'entrepreneuriat, la productivité, la création de richesse et le développement durable sont les conditions nécessaires à l'accroissement du niveau de vie de l'ensemble de la population». Ce dernier énoncé, tiré de la plateforme 2010-2013 (*S'allier pour la prospérité*), contraste singulièrement avec l'esprit de confrontation dont la version précédente de ce chapitre (Hudon, 2009) faisait état en référence aux années 1980, illustrant ainsi la capacité d'adaptation des groupes au contexte pour améliorer la portée de leur message dont la diffusion constitue une préoccupation quasi obsessive.

Créé en 2000 et se définissant comme « le plus important réseau commercial du Canada », Manufacturiers et exportateurs canadiens (MEC)[11] avait été précédé de l'Alliance des manufacturiers et exportateurs du Canada (1996-2000) qui avait pris le relais de l'Association des manufacturiers du Canada (1877-1996), elle-même issue de l'Ontario Manufacturers Association (1871-1877). Selon ce qu'en témoigne le président d'Edson Packaging Machinery, MEC « offre des programmes rentables que ne peuvent pas se permettre individuellement les entreprises, mais l'intérêt réel de ces programmes est d'offrir la possibilité de collaborer avec les gouvernements et les autres chefs de file du monde des affaires pour trouver des solutions aux problèmes qui affectent nos entreprises ». Le lobbying en douceur de MEC ne cache pas la convergence de ses objectifs avec ceux du CPQ, mais MEC met visiblement plus l'accent sur les services qui contribuent à la réalisation des intérêts de ses membres. Les deux organisations ne sont d'ailleurs pas en rapport de concurrence directe, comme le donne à voir le statut de membre de MEC au sein du CPQ; leur coexistence laisse néanmoins penser que l'exercice des deux fonctions d'influence et de service en lien avec la réalisation des intérêts propres à un domaine peut, sans que cela soit explicite, être objet de partage entre différentes organisations.

L'Association canadienne du médicament générique (ACMG) représente les intérêts des fabricants de produits pharmaceutiques et d'autres intervenants associés à ces activités de fabrication[12]. Elle insiste cependant sur sa contribution, bénéfique à l'ensemble de la société : « le secteur des produits pharmaceutiques génériques joue un rôle vital dans le système de santé canadien en lui offrant des solutions de rechange sûres et éprouvées aux médicaments d'ordonnance d'origine coûteux. » Ainsi estime-t-elle qu'au Canada, « l'utilisation de médicaments génériques d'ordonnance peu coûteux a fait économiser plus de 8,5 milliards de dollars aux gouvernements, aux employeurs et aux consommateurs en 2011 ». On conçoit qu'il soit très précieux pour des organisations comme l'ACMG de pouvoir présenter la promotion des intérêts de leurs membres comme indispensable à la poursuite de l'intérêt collectif… tout en se gardant d'exercer des pressions indues qui iraient justement à l'encontre de choix collectifs comme nous en avait déjà fait part un lobbyiste de l'ACMG ! Néanmoins, compte tenu de la croissance phénoménale de la facture québécoise en médicaments en dix ans, doublée de la suppression massive d'emplois en cinq ans par les pharmaceutiques multinationales, le point de vue de l'Association a plus aisément trouvé écho et il a sans doute contribué à justifier la décision du gouvernement québécois de mettre fin, avec le budget du 20 novembre 2012, à la

---

11. Sauf indication différente, les informations concernant MEC sont tirées du site http://www.cme-mec,ca (consulté le 17 novembre 2012).

12. Ce paragraphe est un condensé des informations présentées au http://www.canadiangenerics.ca (consulté le 18 novembre 2012).

règle de protection du plein prix d'un médicament pendant 15 ans.

Les groupes que nous venons d'examiner appartiennent à la première génération des groupes d'intérêt, celle qui a intéressé les Clemens, Bentley, Truman, Olson et Salisbury en particulier et qui a établi la réputation des groupes comme des porteurs et des promoteurs d'intérêts particuliers. Ces groupes définissent d'ailleurs leur mission en ce sens. Néanmoins, ils se montrent généralement empressés d'atténuer l'image qui leur colle d'agir le plus souvent au détriment de l'intérêt général. L'UPA, par exemple, voit résulter de son action l'amélioration des conditions de vie en milieu rural. Le CPQ affiche une semblable prétention « d'assurer le mieux-être collectif », tout en ne cherchant pas à voiler ses objectifs de défense des intérêts des entreprises et des employeurs. Pour convaincre que la défense d'intérêts plus ou moins exclusifs contribue réellement à ce « mieux-être collectif » sont alors cités les emplois et les autres avantages liés au développement économique ; ces aspects sont mis en relief avec insistance par l'ACMG… du fait sans doute que l'industrie pharmaceutique (fabricants de médicaments génériques inclus !) ne mobilise pas spontanément les plus grands courants de sympathie publique. Bien candide qui recevrait ces déclarations et ces intentions « altruistes » sans broncher. Celles-ci, par contre, mettent bien au jour le malaise que suscite la poursuite d'intérêts particuliers, même si peu sont fondamentalement prêts à y renoncer.

Autre constatation possible à cette étape de nos observations : l'exigence de démocratie paraît pondérée par le type même de représentation qui caractérise les organisations et les groupes.

Malgré le caractère partiel de notre examen – des recherches plus poussées et plus systématiques pourraient se révéler pertinentes –, il est frappant que l'UPA mette tout d'abord en lumière son respect des règles démocratiques dans son fonctionnement interne, alors que les autres organisations, le CPQ et MEC tout comme l'ACMG, se concentrent sur la mesure de leur représentativité pour « démontrer » leur légitimité. Une hypothèse mérite considération : l'avantage d'une « adhésion forcée » – en vertu des lois et des réglementations existantes, l'UPA jouit d'un monopole de la représentation des agriculteurs québécois[13] – a comme contrepartie une exigence démocratique plus forte. En d'autres termes, une fois le statut de représentant garanti, il faut assurer un reflet fidèle des vues et des intérêts des représentés. Par contraste, quand l'adhésion demeure volontaire, il semble suffire de faire voir sa représentativité.

Ce qui semble valoir pour les groupes de première génération s'applique-t-il aux groupes de deuxième génération, issus de courants pour un temps associés aux « nouveaux mouvements sociaux », et depuis récemment assimilés aux « groupes citoyens » que Berry, suivi par d'autres, a contribué à nommer plus spécifiquement[14] ?

---

13. La lutte de l'Union paysanne n'est visiblement pas parvenue à briser ce monopole légal.

14. Parler des groupes en termes de génération n'a pas un sens strictement chronologique. Les groupes identifiés à la première génération ont longtemps dominé par leur importance, mais ils n'étaient pas seuls à occuper le champ des pratiques de représentation. Des groupes comme Amnesty International (1961) sont apparus avant la vague des « nouveaux groupes » qui allaient justifier de parler d'une deuxième génération. Au bout du compte, c'est plus précisément par référence à des

Porteurs d'intérêts et de valeurs de nature beaucoup plus inclusive – environnement, droits de la personne, etc. –, ces groupes semblent moins contraints[15], même si des questionnements se profilent depuis peu sur leur fonctionnement et, plus spécialement, sur la gestion et l'administration des fonds parfois importants qui leur sont confiés. Pour tester la validité de cette présomption, examinons sommairement quatre groupes: Greenpeace Canada[16], Nature Québec (ex-Union québécoise pour la conservation de la nature – UQCN[17]), la Fédération des femmes du Québec (FFQ)[18] et Amnistie internationale Canada (AIC)[19].

Greenpeace constitue un cas de figure intéressant. En 1971, «un petit groupe de militants visionnaires mais sans grands moyens louait un vieux bateau de pêche et quittait Vancouver en direction d'Amchitka, en Alaska. Leur objectif: empêcher les États-Unis de réaliser des essais d'armes nucléaires dans cette région. Ils s'étaient

donné pour nom Greenpeace[20]: "green" pour leur souci de l'environnement et "peace" parce qu'ils rêvaient d'un monde sans menace nucléaire.» Se déclarant présente dans 40 pays, l'organisation se réclame de «plus de 2,9 millions de membres sur la planète». Au sein de cet ensemble multinational, Greenpeace déclare 86 000 membres au Canada. Par ailleurs, le rôle de ceux-ci semble demeurer bien effacé. En réalité, sous la rubrique «À vous d'agir», on trouve des invitations à aider financièrement, à devenir cybermilitant, à agir comme bénévole et à s'abonner aux listes de diffusion électronique. On a ainsi une illustration exemplaire d'une «participation par chéquier» qui alimentait un budget de fonctionnement à hauteur de 11 939 503 $ en 2010; l'effet déjà noté d'une adhésion libre trouve apparemment un renforcement dans la nature des intérêts portés par Greenpeace, non réductibles à des individus ou à des groupes restreints. Il ressort par ailleurs de ces tendances observables à travers d'autres groupes que la croissance du nombre de membres n'équivaut pas réellement à un accroissement de l'engagement, la participation se révélant souvent plutôt passive. Pour vérifier partiellement la validité de ces voies interprétatives, arrêtons-nous à une organisation apparentée, mais de taille plus modeste, l'UQCN, devenue Nature Québec en 2005.

Les racines de l'UQCN remontent à 1981 alors que «le Front commun québécois pour les espaces verts et les sites naturels est fondé par sept organismes opposés au développement autoroutier et portuaire des battures de Beauport

---

pratiques différentes, devenues courantes, qu'il paraît justifié de parler d'une deuxième génération de groupes.

15. En effet, ces groupes ont souvent le privilège d'un *bye* qui, à toutes fins utiles, équivaut à une exemption partielle de l'obligation de rendre compte. Du fait que la cause est bonne, la présomption de bonne conduite prévaut! (Berry et Arons, 2005: 49)

16. Les données touchant Greenpeace sont tirées du site http://www.greenpeace.org/canada/fr/ (consulté le 18 novembre 2012).

17. Les données touchant l'UQCN-Nature Québec sont tirées du site http://naturequebec.org/ (consulté le 18 novembre 2012).

18. Les données touchant la FFQ sont tirées du site http://www.ffq.qc.ca/ (consulté le 18 novembre 2012).

19. Les données touchant AIC sont tirées du site http://www.amnistie.ca/ (consulté le 18 novembre 2012).

---

20. En 2005, on lisait plutôt: «Douze Canadiens de Vancouver, en Colombie-Britannique, forment le groupe Ne faites pas de vagues» qui ne tarda pas à devenir Greenpeace.

ainsi qu'aux projets d'endiguement des marais de Kamouraska et du lac Saint-Pierre». Cet embryon d'organisation allait vite devenir l'UQCN, puis Nature Québec. En 2008, l'organisation affirme regrouper «5000 membres sympathisants et 130 organismes affiliés[21]» (on est assez loin du compte de Greenpeace[22]). Nature Québec n'hésite pas, toutefois, à se concevoir comme «une référence en matière de conservation et de protection de l'environnement», notamment sur la base de travaux réalisés en commissions. Comme cela semblait le cas pour Greenpeace, les *Règlements généraux* adoptés en 2006 portent cependant à croire que le contrôle effectif de l'organisation peut échapper aux membres. Ainsi, le quorum du Congrès annuel est établi à sept membres individuels (article 16), alors qu'il est jugé suffisant avec la présence de «[h]uit membres actifs, dont les représentants d'au moins cinq organismes» pour l'Assemblée générale annuelle (article 23). Précisons encore que le «Congrès annuel a pour seule fonction l'élection d'un minimum de sept et d'un maximum de quinze représentants des membres individuels, lesquels les représenteront à toutes fins que de droits. Le Congrès peut, toutefois, délibérer et émettre des avis ou recommandations à la Corporation.» (article 17[23]).

Nature Québec a connu des succès qui tiennent potentiellement à la pratique de partenariats – rejetée absolument par Greenpeace – et qui peuvent parfois inspirer une surévaluation de la taille relativement modeste de ses effectifs et de ses ressources financières. Du coup, il pourrait se révéler discutable de poser automatiquement l'équation du nombre et des ressources (particulièrement financières), d'une part, et de l'influence, d'autre part. Le succès des campagnes antitabac – dont Rob Cunningham (1996) fait un excellent compte rendu – a illustré tout aussi efficacement le bien-fondé d'une prudence analytique : les millions de dollars des entreprises du tabac n'ont, en bout de piste, pas fait le poids contre les interventions de la Société canadienne du cancer et ses alliés. Quand une cause se fond dans «l'air du temps», elle devient difficilement répressible. D'où, pour une bonne partie, la force relative de Nature Québec... sans rien enlever aux prouesses organisationnelles de son noyau de militants, en majorité exemptés de faire la preuve de leur représentativité ! Il demeure quand même que les visions idylliques de l'avenir peuvent n'être que difficilement accréditées au vu de l'intégration plus ou moins avortée de l'enjeu environnemental comme facteur déterminant des politiques publiques (McKenzie, 2008).

La cause des femmes se présente quelque peu différemment... malgré qu'il s'impose toujours

21. La liste des membres affiliés (le compte est plus précisément de 109) est disponible à l'adresse http://www.naturequebec.org/organismes-affilies (consulté le 23 novembre 2012).

22. En 2005, le compte était ainsi établi : «L'UQCN compte sur environ 8 000 sympathisants, dont plus de 200 membres individuels et donateurs, et sur près d'une centaine d'organismes affiliés [plus précisément 91, en date du 30 septembre 2004] issus de toutes les régions du Québec. Ces derniers représentent environ 50 000 personnes qui soutiennent diverses activités reliées à l'environnement et aux sciences naturelles.»

23. Il est par ailleurs intéressant de signaler que, dans le cas de l'Assemblée générale annuelle, les «résolutions écrites, signées par tous les membres habilités à voter sur ces résolutions lors des assemblées annuelles des membres, ont la même valeur que si elles avaient été adoptées au cours» des réunions formelles (article 24).

d'apporter toutes les nuances utiles et de tenir compte de l'évolution du mouvement lui-même et des changements survenus dans l'ensemble de la société. Fondée en 1966, dans la foulée des célébrations du 25ᵉ anniversaire de l'acquisition, en 1940, du droit de vote pour les femmes aux élections législatives québécoises, la Fédération des femmes du Québec (FFQ) affirme toujours, selon les termes de sa plate-forme politique adoptée en 2004, sa «détermination à faire de l'égalité, de la solidarité, de la justice, de la liberté, du respect des personnes et de l'environnement des valeurs qui se traduisent concrètement dans la réalité». La poursuite de ces objectifs exige une organisation solidement structurée et réputée représentative, à laquelle est confié un rôle de concertation et de mobilisation au sein du mouvement des femmes : «La FFQ regroupe des membres individuelles et des membres associatives[24]. Ces dernières œuvrent sur les plans local, régional et national et représentent des groupes de femmes ou des comités de femmes au sein d'organisations mixtes, tels les syndicats ou les organismes communautaires.»

Comme nous l'avons déjà évoqué, les succès militants dépendent d'une ouverture de la part des interlocuteurs que l'on veut convaincre, qui vient avec l'évolution des orientations acceptées par les acteurs sociaux et politiques au sein d'une société[25]. Dans un contexte profondément renouvelé, les gains qui ont résulté des luttes et des actions de la FFQ sont indiscutablement importants – même si tout n'est pas acquis. Les effets peuvent être encore amplifiés à la faveur d'une volonté tout juste constatée de multiplier les possibilités d'alliances avec différents acteurs qui se consacrent aux mêmes causes. La tendance de plus en plus répandue à constituer des coalitions peut se révéler relativement efficace. Elle entraîne par ailleurs des effets non négligeables sur les pratiques générales de représentation et sur les processus de médiation entre la société civile et les institutions politiques. En effet, une coalition peut difficilement se créer et présenter des positions cohérentes sans une certaine harmonisation des positions de ses participants qui, elle-même, suppose une série de compromis auxquels ceux-ci doivent consentir. En s'adonnant à cette médiation-compromis (horizontale), les groupes (coalisés) s'approprient une fonction traditionnellement réservée aux partis politiques qui, de ce fait, jouissaient d'une position privilégiée dans l'accomplissement de la médiation-relais[26] (verticale). À travers ces développements, la FFQ ne renonce pas à son autonomie d'action.

Même si l'égalité entre les femmes et les hommes est loin d'être complètement acquise, l'attention désormais portée aux droits des femmes représente une réussite incontestable, quoique toujours inégale à l'échelle mondiale. De ce fait même, il y a lieu de mener une action qui déborde les frontières nationales. Au gré d'alliances formelles ou informelles, des relais peuvent alors se révéler nécessaires. Avec sa

---

24. La liste de ces membres atteint le total de 199 en novembre 2012 : http://www.ffq.qc.ca/a-propos/vie-associative/membres-associatives/ (consulté le 24 novembre 2012).

25. Dans cette optique, Miriam Smith (2008b) rappelle l'effet déterminant de cette dimension de l'action militante dans l'affirmation des droits des gais et lesbiennes au Canada.

---

26. Pour un développement sur les notions de médiation-compromis et de médiation-relais, voir Raymond Hudon et Stéphanie Yates (2008a : 377-380).

campagne contre la violence faite aux femmes, Amnistie internationale (AI) assure justement un tel rôle touchant la déclaration des Nations unies sur le sujet. Se réclamant de «plus de 2,3 millions de membres et sympathisants actifs dans plus de 150 pays», AI a adapté sa mission aux réalités d'un monde en changement: «Notre champ d'intervention, limité à l'origine [1961] aux prisonniers d'opinion, s'est considérablement étendu et, **depuis 2001, il comprend la conduite d'actions dans le domaine des droits économiques, sociaux et culturels**.» L'organisation a récemment connu un développement important de sa section francophone au Canada, quasi embryonnaire il n'y a encore pas si longtemps: «Notre section compte quelque 20 000 membres, militants et sympathisants. Elle gère également un budget de plus d'un million et demi de dollars dont la quasi-totalité provient de dons d'individus, car nous n'acceptons aucune subvention gouvernementale.»

Jusqu'à récemment, les campagnes menées par Amnistie avaient assez rarement le Canada pour cible; une exception fut un rapport publié à l'automne de 2004 pour dénoncer la violence faite aux femmes autochtones. Il eut un écho relativement faible. Dans un rapport plus récent[27] (24 septembre 2008), AIC signalait une série de carences (les droits humains et la sécurité nationale; les droits humains dans la politique étrangère canadienne; le Canada sur la scène internationale; les droits des peuples autochtones; les droits des femmes; la protection des réfugiés; la peine de mort; l'utilisation du pistolet Taser; les affaires et les droits humains; l'éradication de la pauvreté) qui ternissaient le titre traditionnellement reconnu au Canada de défenseur des droits humains et fragilisaient son leadership habituel en la matière. À l'heure où la tendance à la mondialisation des enjeux est présumée universelle, les programmes d'action développés par AIC signalent la grande pertinence d'interventions à l'échelle nationale. De groupe d'action international, dont les causes portaient l'attention sur des situations étrangères, AIC tend à se «nationaliser» en mettant en lumière des problèmes auxquels on ne peut pas se déclarer tout à fait étrangers!

Notre incursion dans l'univers des groupes n'épuise évidemment pas l'éventail de leurs formes structurelles et de leurs domaines d'intervention. Au risque de tomber dans l'insolite, relatons pour terminer le cas de l'Association des témoins spéciaux du Québec (ATSQ), créée en 2002 pour dénoncer le non-respect par le gouvernement et la police des ententes intervenues avec des criminels pour garantir leur contribution comme délateurs dans de retentissants procès concernant, entre autres, le crime organisé[28]. Le principal animateur de cette association était en contact régulier avec une douzaine de délateurs qui, comme lui, s'estimaient trahis et il leur transmettait de très nombreux documents légaux et politiques ainsi qu'un bulletin, *L'Informateur*. Leur principale revendication, la création d'une agence publique autonome responsable des contrats

---

27. *Renforcer notre engagement: programme relatif aux droits humains à l'endroit du Canada* (http://www.amnistie.ca/images/stories/section_agir/PDF/ProgrammeRelatifAuxDroitsHumains2008vf.pdf).

28. L'ATSQ a fait l'objet d'un reportage par Alex Roslin, «The Snitch's Last Stand», *Toro*, septembre 2004, p. 98-105. Peu après la création de l'Association, la question avait déjà été publicisée sous la signature de Bryan Miles, «Des délateurs se sentent floués», *Le Devoir*, 12 juin 2003.

passés avec les délateurs, rencontra évidemment des réserves. Il reste que l'objet même de cette demande relevait clairement du domaine public : entre 1992 et 1998, 69 contrats signés avec des « repentis » avaient effectivement été recensés dans un document publié en juin 2000 par les ministères québécois de la Justice et de la Sécurité publique, *Rapport sur l'utilisation des témoins repentis en 1998*. Peut-être plus discutable encore est cette pratique qui consiste à recruter les repentis en leur offrant plus ou moins systématiquement une sortie de prison « au sixième de leur peine par le truchement du Programme d'encadrement en milieu ouvert (PEMO) » et, ainsi, en créant « une menace à la sécurité de la population que l'État a balayée sous le tapis au nom de la lutte contre le crime organisé[29] ». Dans un ultime effort pour forcer le respect des contrats de délation, l'ASTQ déposa, en avril 2011, une poursuite de 9 millions de dollars contre le Procureur général du Québec au profit de trois délateurs ; la requête fut rejetée en novembre de la même année !

Les cas répertoriés ici rendent bien inadéquatement compte du riche terrain – quasi illimité – que constituent les 19 200 associations inscrites dans *Associations Canada* en 2010 et les quelque 3 900 recensées dans *Associations Québec* en 2012[30] (Turcotte, 2012). Néanmoins, ces répertoires ne mesurent que bien imparfaitement un phénomène

dont le Registraire des entreprises du Québec évoquait l'ampleur, pour le seul Québec, dans un document de consultation publié en septembre 2004 en vue d'une réforme du droit des associations personnifiées :

> Les associations personnifiées constituent une manifestation d'une grande importance, un véritable phénomène de société, tant au Québec qu'ailleurs dans le monde. En effet, près de 50 000 associations personnifiées constituées au Québec sont considérées actives. Ces dernières représentent environ 17 % des personnes morales constituées au Québec et 13 % de celles immatriculées au registre des entreprises individuelles, des sociétés et des personnes morales. Ces proportions se rapprochent de celle [*sic*] qu'on retrouvait aux États-Unis au début des années 1970. Les données récentes démontrent une augmentation constante du nombre d'associations personnifiées depuis le début des années 1990. En tenant compte du fait qu'une association regroupe, en moyenne, quelques centaines de membres, on peut affirmer que le mouvement associatif rejoint quelques millions de Québécoises et Québécois.
>
> Par ailleurs, les associations personnifiées se manifestent dans plusieurs secteurs de l'activité humaine qui vont de la culture et du loisir, à l'économie et au travail, au social et à la santé, à l'environnement et à l'aménagement, au politique et au religieux[31] (Québec, 2004 : 10).

---

29. Ce dossier est réexaminé par Brian Myles, « Trahisons croisées contre les délateurs », *Le Devoir*, 17-18 mai 2008. Myles signale aussi la thèse de doctorat complétée par Mathilde Turcotte sur le sujet à l'École de criminologie de l'Université de Montréal.

30. À titre comparatif, 24 421 associations nationales (à l'exclusion des organisations internationales) se trouvent inscrites, en 2008 (45ᵉ édition), dans l'*Encyclopedia of Associations* aux États-Unis.

31. Le document était accessible à l'adresse suivante : http://www.req.gouv.qc.ca/ (consulté le 23 mars 2005) ; cependant, « depuis le 1ᵉʳ avril 2007, Revenu Québec a pris en charge les activités anciennement sous la responsabilité du Registre des entreprises, en partenariat avec Services Québec » : http://www.registreentreprises.gouv.qc.ca/fr/publications/ (consulté le 11 janvier 2009). Pour assurer une bonne compréhension de la réalité évoquée, précisons aussi qu'une « association personnifiée est une

Ces dernières données traduisent une réalité caractéristique des sociétés contemporaines qui appartiennent au monde dit développé : peu importent les sources consultées et l'étendue de l'univers couvert, il ressort que la vie associative est extrêmement vivante et qu'elle signale, à l'encontre des diagnostics d'apathie couramment formulés, le dynamisme de ces sociétés. Ces mêmes données correspondent aussi aux tendances générales notées auparavant dans le présent chapitre. Sur un autre plan, un examen plus poussé des deux répertoires cités met en lumière la situation particulière des organisations québécoises par rapport aux organisations canadiennes. Admettons que le Québec francophone a peut-être accédé un petit peu plus tard à cette « modernité », en ce qui touche précisément l'éclosion des groupes de première génération. Il faut en effet attendre les années 1950 pour voir se multiplier des groupes d'intérêt (Roy, 1976) affranchis de l'autorité ecclésiale catholique. Avec leur expansion, ces groupes allaient subséquemment contribuer tout d'abord à animer la Révolution tranquille et ensuite à ouvrir de nombreux nouveaux champs d'intervention sociale et politique dans la société québécoise. Quand le CPQ affiche son caractère unique au Québec, il pourrait tout aussi bien souligner son caractère distinct

au sein du patronat canadien. L'UPA pourrait en faire autant, avec la plupart des centrales syndicales incluant la FTQ qui, affiliée au Congrès du travail du Canada (CTC), y jouit d'un statut qui la distingue nettement des autres fédérations provinciales au Canada. En réalité, peu d'organisations, associations ou groupes qui se réclament d'une base concrète ou de membres réels échappent à cette « règle », des organisations étudiantes aux groupes de femmes, aux écologistes, etc.

Indépendamment de leurs structures organisationnelles ou des intérêts au nom desquels ils agissent, les groupes d'intérêt ont un point en commun : on leur prête d'emblée l'intention d'influencer – même si ce peut être plus ou moins épisodiquement et, parfois, en trompe-l'œil – les décisions publiques les touchant directement ou indirectement, en intervenant sur des modes divers et en utilisant des moyens variés. Avant d'examiner sommairement ces derniers aspects, retenons quelques points des pages qui précèdent : les orientations de plusieurs organisations ne tiennent parfois que faiblement aux « membres » déclarés ou à leur contribution financière ; la mesure de l'influence n'est pas automatiquement liée à l'importance des moyens matériels, notamment financiers, dont un groupe dispose ; l'exercice de l'influence ne se matérialise pas forcément par l'exercice de pressions qui, seules, contraindraient les décisions (ou non-décisions) des titulaires de charges publiques. Finalement, l'univers des groupes d'intérêt est extrêmement diversifié, et ce trait s'est accentué avec l'institutionnalisation des mouvements sociaux dits nouveaux. Avant de traiter plus à fond cette dernière dimension, examinons sommairement les

personne morale sans but lucratif distincte de ses membres. Elle possède un nom, une existence autonome, indépendante de celle de ses membres, un domicile, des droits et des obligations (dettes et engagements), une activité propre, des biens (patrimoine). Elle est généralement constituée en vertu de la partie III de la Loi sur les compagnies, mais peut aussi être constituée par ou en vertu de nombreuses autres lois » : http://www.registreentreprises.gouv.qc.ca/fr/glossaire/ (consulté le 11 janvier 2009).

moyens mis en œuvre par les groupes pour assurer l'atteinte de leurs fins.

Modes d'action courants et moyens utilisés

Bien qu'ils s'efforcent régulièrement de faire percevoir les intérêts et les positions qui les identifient comme plus ou moins en correspondance avec l'intérêt général, les groupes d'intérêt tirent leur singularité de la préoccupation de voir les décisions publiques le plus possible en accord avec ces intérêts et positions. Sur pareilles bases, on ramène très souvent leur action à une activité de pression sur les titulaires de charges publiques, couramment associés aux fonctions législatives (élus), exécutives (ministres, cabinet du premier ministre), administratives (fonctionnaires), qu'elles soient de niveau fédéral, provincial ou municipal. Avant de décrire sommairement les modes d'intervention privilégiés, précisons toutefois que cette activité peut être commandée.

En effet, il est courant que les responsables politiques et administratifs sollicitent les avis et les contributions de groupes et d'associations pour mieux éclairer les orientations à définir et les décisions à prendre. Cette tendance demeure fonction d'une série de facteurs comme la tradition, l'histoire et les institutions existantes (Pierce et al., 1992 : 189), mais elle se confirme dans la multiplication des démarches de consultation qui se greffent à ce besoin d'informations, désormais admis par les responsables de politiques publiques. La révision du droit des associations en est une bonne illustration. Le recours aux commissions parlementaires constitue un autre élément marquant de cette tendance qui confirme la nécessité d'un lien plus étroit avec les acteurs

et les porte-parole de la société civile. Dans certains cas, les autorités politiques constatent que l'absence d'interlocuteurs intéressés – même potentiellement contestataires – peut miner la poursuite de politiques ou de programmes qui leur tiennent à cœur. Aussi n'est-il pas purement fantaisiste de poser que les groupes exercent leur lobbying en réponse à des « invitations » qui leur ont été lancées (Schier, 2000).

Il y a quelques décennies, le gouvernement canadien mit en place un programme de financement d'associations ou d'organisations sans but lucratif (OSBL) rejoignant trois « populations » précises : les groupes minoritaires de l'une ou l'autre langue officielle, les groupes ethniques et les femmes. Les intentions politiques étaient assez nettement identifiables[32] : voulant tout d'abord stimuler l'engagement citoyen et promouvoir l'unité nationale, le gouvernement cherchait aussi à susciter des revendications qui contribueraient à la définition de son agenda politique dans le domaine, par exemple, des programmes sociaux (Pal, 1993 : 243-244). Comme le note Christian Poirier (2005) en rapport avec les politiques cinématographiques, les objectifs de l'État peuvent en fin de compte se révéler multiples et complexes : il « exerce ainsi une action, privilégie certaines options, active certains récits, etc. Cela illustre bien que le système d'intermédiation des intérêts n'est pas complètement divorcé de l'État : celui-ci intervient afin de structurer ce système dans un certain sens. »

---

32. Il n'est cependant pas acquis que les intentions seront pleinement réalisées. Ainsi, Audrey Kobayashi (2008) est d'avis que la politique du multiculturalisme a au mieux abouti à une forme de cosmopolitisme, à l'image des restaurants ethniques qui se sont multipliés dans la plupart des villes canadiennes.

En supplément à un soutien financier offert aux organisations, le gouvernement canadien a aussi créé en 1978, en réaction à l'élection d'un gouvernement souverainiste à Québec et, surtout, à l'adoption de lois linguistiques plus contraignantes, un programme en appui aux recours judiciaires intentés par des représentants de minorités linguistiques qui s'estimaient lésées (Cardinal, 2000 : 54-55). Après l'adoption et la constitutionnalisation de la Charte des droits et libertés, la portée du programme fut élargie[33] (Brodie, 2002). Plus largement, les recours judiciaires sont devenus assez courants qu'il est justifié de parler d'un lobbying judiciaire, pratiqué par divers groupes[34] (Gonen, 2003). Les gains ne sont pas toujours assurés. Les effets n'en sont pas pour autant négligeables. En effet, que les tribunaux tranchent en faveur d'une cause ou non, il semblerait que les actions en justice peuvent tout de même contribuer à mobiliser différentes élites

---

33. Le gouvernement Harper a aboli ce programme en septembre 2006. Toutefois, la mobilisation d'une légion de groupes représentant notamment les communautés linguistiques minoritaires, les femmes et les handicapés a conduit à un rétablissement partiel du programme peu avant la campagne électorale de l'automne 2008 ! Dans un communiqué de Patrimoine Canada, le 19 juin 2008, le gouvernement annonçait, en effet, un nouveau programme d'appui aux droits linguistiques destiné à aider « financièrement des recours devant les tribunaux, afin de faire valoir les droits linguistiques reconnus en vertu de la Constitution du Canada, lorsque le recours à la médiation aura échoué et qu'il s'agira d'une cause type ». Il est pertinent de noter qu'au moment de l'abolition du programme, le chef de cabinet du premier ministre était Ian Brodie (auteur de l'ouvrage cité).

34. Pour une illustration proprement québécoise, on peut consulter un document diffusé par Radio-Canada en décembre 2003 (http://radio-canada.ca/actualite/justice/reportages2003/decembre/lobbyiste.html).

et l'opinion publique, influencer l'ordre du jour politique et la définition des problèmes, asseoir la légitimité d'un groupe et consolider l'appui à une politique donnée (Morton et Allen, 2001 : 82-83).

Les analyses de Leslie Pal, Linda Cardinal et Ian Brodie mettent bien en lumière des manifestations d'activisme gouvernemental qui aboutissent finalement à des activités de pression « commandées » et signifient une instrumentalisation des groupes et des associations de citoyens. Ainsi, les objectifs d'unité nationale et de société juste qui étaient ceux du gouvernement Trudeau à partir de la fin des années 1960 ont inspiré des interventions destinées spécifiquement à mobiliser les citoyens pour faciliter l'atteindre de ces objectifs. Plus généralement, au-delà d'intentions politiques précises, les gouvernements trouvent leur intérêt dans de telles mobilisations. Il en va de leur légitimité même : rien n'est plus inquiétant pour un gouvernement que faire face à l'apathie générale. Aussi les dirigeants politiques sont-ils de moins en moins gênés par la participation des groupes à la définition des politiques publiques ; l'effet peut même se révéler compensatoire des ratés de la mobilisation électorale. Du coup, pour reprendre la formule de Richard Posner (2003 : 386-387), l'action du gouvernement ne consiste pas seulement à arbitrer (*broker*) les choix politiques qui se présentent à lui, mais aussi à en promouvoir (*seller*) de son cru.

Malgré leur accentuation dans les sociétés postindustrielles, ces « échanges » entre les gouvernements et des acteurs de la société civile ne sont pas venus colorer que récemment les processus politiques. Ainsi la politique tarifaire greffée à la Politique nationale de 1879 peut-elle se percevoir comme le fruit d'une « heureuse rencontre » de différents intérêts gouvernementaux et d'autres, protectionnistes, au sein de l'industrie canadienne (Foster, 1986). Bien sûr, les pressions pour une nouvelle ouverture des frontières n'allaient pas s'effacer par enchantement. Elles furent animées et alimentées particulièrement par les organisations de fermiers qui, à la suite de la défaite libérale en 1911, allaient se laisser tenter par l'action politique partisane avant de revenir, non sans succès, à des pratiques plus proprement de représentation et de pression sur les gouvernements en place[35] (Wood, 1975).

Les milieux d'affaires – entreprises et associations – ont une réputation bien établie, bien qu'en grande partie surfaite, de puissance face aux gouvernements. Il est vrai que les politiques les concernant ou affectant directement leurs intérêts propres tendent à correspondre à leurs préférences, mais cela peut s'observer pour l'ensemble des politiques publiques dont le succès est fonction de leur degré d'acceptabilité au sein des groupes qui y sont prioritairement intéressés (Stanbury, 1977 : 36). L'impression de puissance du monde des affaires est en partie stimulée et alimentée par la discrétion que privilégient ses membres dans leurs relations avec les décideurs (Fournier, 1979). Pourtant, avec son étude de l'action des associations d'affaires au Canada, William Coleman (1988) en vient à déplorer leur absence relative des discussions qui devraient favoriser l'adoption de politiques de long terme, cet effacement étant attribué à une conscience insuffisante de leurs responsabilités sociales et

politiques[36] combinée à la fixation obsessive des politiciens sur les échéances électorales. Quoi qu'il en soit, les milieux économiques n'ont plus les coudées aussi franches et ont régulièrement affaire à une opposition aguerrie, qui se laisse plus facilement aller à des méthodes pour le moins étrangères aux démarches plus feutrées des investisseurs ou des gestionnaires peu enclins à jouer leurs cartes sur la place publique.

Le recours à l'opinion publique est par contraste de pratique courante pour plusieurs groupes qui, de la marginalité, ont fait le passage vers la respectabilité, selon l'expression de Tim Falconer (2001) applicable, à des degrés divers, à tout un éventail de nouveaux intervenants qui sont venus changer les pratiques de représentation, parfois de manière radicale. Ainsi, l'Association pour les droits des non-fumeurs[37] (ADNF) a obtenu des marques de reconnaissance peu communes : la médaille d'or du contrôle du tabac de l'Organisation mondiale de la santé (OMS) et le prix d'excellence de la Société canadienne du cancer « pour son rôle de leader dans la prévention du cancer ». Depuis sa fondation en 1974, ses méthodes d'intervention, parfois audacieuses, n'ont pas toujours fait l'unanimité (Falconer, 2001 : 159-173), mais, en modifiant sa mission initiale pour devenir un organisme de promotion de la santé publique – entre autres, par l'entremise de la Fondation pour la lutte contre le tabac (FLT) qui vise à « réduire le nombre de maladies et de décès reliés au tabac », elle a acquis le respect de plusieurs et la sympathie du public.

---

35. Il est ironique qu'avec le temps, l'agriculture soit devenue un des secteurs économiques les plus fortement protégés devant la mondialisation de l'économie.

36. Hugh Thorburn (1991 : 266-267) dégage les effets pervers qui en découlent.

37. Les quelques informations concernant l'ADNF sont tirées du site http://www.nsra-adnf.ca/ (consulté le 28 juin 2009).

En favorisant la constitution de coalitions, en lançant des campagnes de sensibilisation destinées au grand public et en offrant des avis appuyés sur des recherches et présentés dans divers congrès, l'ADNF a contribué, avec bien d'autres, à renouveler le répertoire des pratiques de représentation et de pression auprès des décideurs.

Ce recours à des méthodes de nature plutôt indirecte, doublé des possibilités offertes par les nouvelles technologies de l'information et de la communication – même s'il faut se garder d'ériger autour de celles-ci le mythe d'une nouvelle ère de la participation civique (Hudon, 2003a) –, correspond à la transformation des acteurs eux-mêmes. Les méthodes classiques de communication directe avec les titulaires de charges publiques ne sont pas pour autant abandonnées par les groupes de deuxième génération. À cause d'une institutionnalisation encore inachevée dans plusieurs cas, il paraît cependant nécessaire à ces groupes de s'assurer des appuis « extérieurs ». Quand ils parviennent à gagner l'appui d'autres groupes que l'on assimile à l'opinion publique et à obtenir une visibilité en étant relayés par les médias, leurs demandes et les causes dont ils font la promotion forcent finalement l'attention des titulaires de charges publiques (particulièrement les élus), sensibles à ces manifestations de « l'opinion publique » (Herbst, 1998 : 46-88).

L'évolution des pratiques de représentation rend encore plus complexe la mesure – de tout temps difficile – de l'influence des groupes. La correspondance entre le contenu respectif de demandes de groupes et de décisions publiques ne résulte sans doute pas d'une simple coïncidence, mais elle demeure une démonstration assez fragile des jeux d'influence qui entourent l'adoption des politiques publiques (Hudon, 2010). Dans

certains cas, seules une connaissance intime et une observation attentive des échanges entre les protagonistes d'un dossier permettent de rendre adéquatement compte des influences réciproques ; l'étude par Léon Dion (1967) de l'épisode de la création du ministère de l'Éducation du Québec fait bien saisir combien éclairantes peuvent se révéler les dimensions cachées, ou secrètes, de l'action.

« L'air du temps » fut déjà évoqué pour expliquer la recevabilité de certaines causes qui, en d'autres temps, ne pouvaient trouver leur place au sein de l'agenda politique. Limitée à cette formulation, cette explication demeure vague à souhait, mais elle est une autre façon de signaler l'importance de renvoyer au contexte de l'intervention pour comprendre son succès ou son insuccès. Plusieurs éléments doivent alors être retenus. L'ouverture des autorités à l'égard des questions soulevées par un groupe constitue un facteur indiscutablement important, qui doit être accompagné d'une attitude de réceptivité dans un réseau plus large d'acteurs. Par ailleurs, ces facteurs n'ont une réelle portée que grâce à une conjoncture d'événements favorables. Ainsi, est-il estimé, la proposition d'une politique culturelle pour le Québec devint possible en 1992 grâce à une telle conjonction d'éléments :

> En effet, malgré plusieurs bouleversements survenus entre 1986 et le début des années 1990 (crise des finances publiques, négociation du libre-échange, coupures budgétaires), la cause de la Coalition du 1 % n'a jamais été suffisante pour faire bouger le gouvernement provincial. Il aura fallu la combinaison d'autres événements, habilement récupérés par les parties en présence, pour que s'opère un changement dans les croyances politiques des libéraux du Québec. Ce n'est que lorsque

le débat constitutionnel atteint un point culminant après l'échec de Meech que la culture et, incidemment, les problèmes vécus par les associations et les regroupements du milieu de la culture deviennent prioritaires dans le programme gouvernemental (Saint-Pierre, 2004 : 577).

Nous avons aussi noté que les gouvernements n'hésitaient pas à solliciter les groupes pour conforter des orientations politiques ou des décisions déjà planifiées. Cependant, l'influence des gouvernements sur les interventions des groupes peut se révéler moins délibérée… et découler simplement de leurs propres politiques, par voie législative ou autre. Par exemple, les interventions gouvernementales touchant la sécurité de la vieillesse ne sont pas étrangères à l'organisation des lobbies gris dans différents pays (Pratt, 1993 : 201), lobbies dont la puissance est parvenue dans les années 1980 à contrer les projets de compressions dans les programmes d'aide aux personnes âgées (Pratt, 1993 : 220). Comme suite au repli qu'avait dû effectuer le gouvernement Mulroney devant la pression des aînés, les membres de cette catégorie d'âge constituent d'ailleurs le groupe qui a le moins souffert au Canada – le niveau de leurs revenus connaissant plutôt, par comparaison avec ceux d'autres groupes, un progrès notable – des réductions survenues dans les programmes de sécurité sociale.

Dans des épisodes du genre, la sympathie du public paraît nécessaire. Mais les victoires politiques ne s'enregistrent souvent qu'avec une direction habile à articuler clairement et de manière convaincante les demandes correspondantes aux intérêts et aux attentes des « membres[38] ». Il faut

par contre rappeler que les qualités de leadership ne se vérifient que dans des environnements favorables et qu'elles tirent grandement profit d'une attitude de coopération (*mutual accommodation*) avec les dirigeants d'autres groupes, qui contribue à la stabilité des comportements et à la prévisibilité de l'action (Kwavnick, 1972 : 1-3). Les gouvernements ne font d'ailleurs pas beaucoup autrement quand ils cherchent à contrôler l'évolution de leur propre environnement. Ils s'y emploient de diverses façons : activisme judiciaire, appuis à la formation de groupes, etc., le tout produisant des effets marquants sur le réseau des institutions qui définissent le cadre des interventions mêmes des groupes et qui sont elles-mêmes conditionnées par la culture politique et les idéologies propres à une société donnée (Price Boase, 1994 : 168-169). En bref, les relations entre l'État et les groupes sont le fruit d'une véritable interaction, dans une dynamique de structuration réciproque (Hudon, 1980 : 278-281).

La politique est d'abord action, mais elle n'y est pas réductible ; la référence à la culture politique vient éclairer les comportements observés au sein de différentes sociétés. Ainsi suggère-t-on que les différences culturelles – notamment la culture scientifique – entre le Canada et les États-Unis ouvrent une piste intéressante pour interpréter l'efficacité présumée moins grande des groupes canadiens dans le soutien fourni aux citoyens parfois déconcertés devant la complexité des politiques de nature technique et scientifique

---

38. Christine DeGregorio (1997 : 141) avait bien mis en lumière qu'au-delà des ressources disponibles et des

moyens utilisés, ce sont les qualités de leadership qui conditionnent le succès des opérations de représentation auprès des titulaires de charges publiques, la nature des causes et les domaines d'intervention n'étant pas forcément la source des meilleures explications.

(Pierce *et al.*, 1992 : 63). La culture politique et les idéologies expliquent encore les réseaux particuliers observés dans différentes sociétés, sans qu'elles puissent évidemment se concevoir comme absolument déterminantes. Néanmoins, en influençant l'institutionnalisation des réseaux politiques qui se forgent à l'intérieur de domaines d'intervention, elles contribuent à leur durée (Price Boase, 1994 : 169) et, par conséquent, se trouvent à la source d'une certaine rigidité des modes d'action. Parfois, cette influence créera le sentiment d'une apparente intransigeance des intervenants (Price Boase, 1994 : 174).

Au-delà des distinctions et des particularités qui ont été signalées touchant la nature des groupes et les formes de leurs interventions, les pratiques de représentation sont dans leur ensemble marquées d'une forte tendance à la professionnalisation. Est souvent citée en preuve la multiplication des lobbyistes professionnels dont les atouts ne reposent plus seulement – non prioritairement même – sur leur réseau de contacts politiques. Les origines du phénomène sont cependant beaucoup plus lointaines et plus profondes. En effet, elles plongent tout d'abord dans la valorisation des démarches rationnelles et de solutions techniques propres aux sociétés contemporaines façonnées par la modernité. Concrètement, dans le domaine des politiques publiques, pareilles aspirations ont justifié des programmes de modernisation de l'État pour dégager son fonctionnement des aléas de la politique partisane et confier celui-ci à des fonctionnaires dont la qualité était désormais définie par des compétences professionnelles attestées. L'effet politique devait se remarquer : « La compétence technique désormais exigée dans l'élaboration de politiques

complexes résulta pratiquement en [*sic*] une certaine dépendance des élus. Politiquement parlant, la collaboration apparut raisonnable. La rationalité politique semblait condamnée à marcher sur les pas de la rationalité technique[39] » (Hudon, 1987 : 127-128). Les cabinets ministériels, nouvelles gardes rapprochées des membres du gouvernement, ont connu un essor accéléré et contribuèrent à étendre l'esprit technicien aux pratiques politiques proprement dites. Dans de telles conditions, les groupes et les acteurs de la société civile n'ont eu d'autre choix que d'épouser la tendance en s'armant eux-mêmes de permanents en mesure de parler le langage de leurs interlocuteurs dans les instances politiques et administratives par l'embauche poussée d'ingénieurs, d'économistes, de juristes ou de spécialistes des communications, ou par l'octroi de contrats à des cabinets-conseils d'affaires publiques ou relations gouvernementales[40]. Des nuances s'imposent quand même. Rachel Laforest et Michael Orsini (2005) ont éloquemment décrit la dépolitisation des actions de plusieurs organisations du secteur bénévole au Canada

---

39. Des analyses de processus concrets rappellent cependant que des pressions proprement politiques déterminent encore les résultats de démarches conçues en fonction d'une rationalité technique, même en incluant des consultations en bonne partie destinées à la diffuser ! (Contandriopoulos *et al.*, 2007).

40. Les adresses Internet de quelques-unes de ces « entreprises » sont présentées à l'encadré 7.3 : la liste est constituée principalement d'un petit échantillon des 486 inscriptions effectuées durant les 30 jours qui ont précédé le 30 novembre 2012 en application de la *Loi sur la responsabilité*, spécifiquement son chapitre intitulé *Loi sur le lobbying*. Nous avons ajouté à ces inscriptions récentes quelques références importantes, parmi une multitude d'autres possibles.

ENCADRÉ 7.3

**Quelques adresses Internet
(Cabinets de lobbying-conseil ou affaires publiques)**

Canadian Corporate Consultants Ltd. (CANCORP) :	http://www.cancorp.com/consultants/
CFN Consultants :	http://www.cfnconsultants.com
Earnscliffe Strategy Group (The) :	http://www.earnscliffe.ca/
Ensight Canada Inc. :	http://www.ensightcanada.com/
Farris Vaughan Wills & Murphy (avocats) :	http://www.martindale.com/Farris--Vaughan-Wills-Murphy-LLP/law--firm-1064071.htm
Fleishman-Hillard Canada :	http://www.fleishman.ca/
Global Public Affairs :	http://www.globalpublic.com/lobby.html
Groupe Capital Hill inc. (Le) :	http://www.capitalhill.ca/
Hill + Knowlton Strategies :	http://wwwhlstrategies.com/
Hillwatch Inc. :	http://www.hillwatch.com/Government_Relations/
Policy Insights Inc. :	http://www.policyinsights.com/
Prime Strategies Group Inc. :	http://www.primestrat.com/
SAMCI (S.A. Murray Consulting Inc.) :	http://www.samci.com/
Summa Strategies Canada Inc. :	http://www.summa.ca/
Tactix Government Relations and Public Affairs :	http://www.tactix.ca/

qui, en réponse à de nombreuses demandes de participation aux politiques et sous l'attrait d'incitatifs financiers, ont recentré une partie de leurs activités dans la recherche. En contrepartie, les groupes moins institutionnalisés, en particulier ceux qui s'inscrivent dans des logiques protestataires[41], affirment la validité de « l'expertise de l'expérience » (Chivers, 2008) pour faire contrepoids aux positions qu'ils jugent de nature technocratique.

Les techniques de lobbying ont été définies et présentées dans des publications provenant de divers horizons et disponibles dans une variété de formes (Cohen *et al.*, 2001 ; Hébert, 2003 ; Lawson ; Voluntary Sector Knowledge Network). Ce répertoire partiel de guides pratiques fait ressortir que le lobbying a largement débordé les

---

41. Pour une illustration, voir Raymond Hudon, Christian Poirier et Stéphanie Yates (2008a).

boardrooms des entreprises ou des associations d'affaires et ne mobilise plus exclusivement des ressources couramment associées aux services offerts par les cabinets-conseils. Cette extension du phénomène n'allait pas laisser indifférents des législateurs qui y voient une menace à leur indépendance et leur autonomie ou, le plus souvent, estiment pertinent d'encadrer des pratiques qui non seulement se multiplient très rapidement mais sont l'objet d'appropriation par des intervenants de plus en plus diversifiés. Ces interventions ne sont toutefois pas exemptes d'ambiguïtés (Hudon, 2007b).

INSTITUTIONNALISATION ET ENCADREMENT DU LOBBYING

Les cadres institutionnels (et juridiques) ont un effet indiscutable sur les pratiques, plusieurs études comportant justement cette faiblesse de considérer l'action des groupes « de manière abstraite, c'est-à-dire à l'extérieur du contexte institutionnel où elle se situe[42] » (Montpetit, 2002 : 92). Tout d'abord, la reconnaissance de leur existence contribue à leur institutionnalisation. En l'absence de prohibition, leur légitimité est à toutes fins utiles admise. Dans le cas du lobbying, les lois existantes affirment explicitement la légitimité de cette pratique dans des sociétés démocratiques, avec des degrés variables d'empressement (voir

l'encadré 7.4). Le préambule des codes de déontologie des lobbyistes respectivement adoptés par les autorités fédérales et québécoises[43] (voir l'encadré 7.5) en témoigne. Le code fédéral « vient compléter les exigences d'enregistrement de la *Loi sur le lobbying* entrée en vigueur le 2 juillet 2008[44] ». Les « quatre notions » énoncées au début du préambule du code fédéral figurent aussi dans le préambule de la *Loi sur le lobbying* [1985, chap. 44 (4e suppl.)] qui a remplacé la *Loi sur l'enregistrement des lobbyistes* (désormais *LEL*), sanctionnée initialement en septembre 1988. Du côté québécois, le premier article de la *Loi sur la transparence et l'éthique en matière de lobbyisme* affirme fort les objectifs de transparence et d'éthique, tout en « protégeant » la légitimité de représentations auprès de titulaires de charges publiques :

> Reconnaissant que le lobbyisme constitue un moyen légitime d'accès aux institutions parlementaires, gouvernementales et municipales et qu'il est dans l'intérêt du public que ce dernier puisse savoir qui cherche à exercer une influence auprès de ces institutions, la présente loi a pour objet de rendre transparentes les activités de lobbyisme exercées auprès des titulaires de charges publiques et d'assurer le sain exercice de ces activités.

L'encadrement législatif et réglementaire des activités de lobbying est demeuré jusqu'à récemment relativement restreint, confiné à peu près exclusivement à l'Amérique du Nord[45]. Tous

---

42. Avec son analyse des actions des organisations anti-pauvreté au Canada, Jonathan Greene (2008) donne assez nettement crédit à ce point de vue. Les réussites, somme toute relatives, se comptent en effet beaucoup plus aisément à l'échelon local qu'aux niveaux national et provincial. C'est en réalité à cette échelle que l'action communautaire peut donner ses plus beaux résultats.

43. En supplément à ces deux codes, le Commissaire au lobbyisme du Québec affirme on ne peut plus clairement la légitimité de l'action des lobbyistes (voir l'encadré 7.6).

44. Sauf indication contraire, les données et les informations relatives à la *Loi sur le lobbying* sont tirées du site http://www.ocl-cal.gc.ca/ (consulté le 27 octobre 2008).

45. Il y a un certain nombre d'années, quelques projets d'interventions législatives en Irlande et en Écosse n'ont

ENCADRÉ 7.4

Adresses Internet (Régulation du lobbying au Canada)	
Gouvernement fédéral :	http://www.ocl-cal.gc.ca/epic/site/lobbyist-lobbyiste1.nsf/accueil
Ontario :	http://lobbyist.oico.on.ca/LRO/GeneralSettings.nsf/vwFrHTML/Home.htm
Nouvelle-Écosse :	http://www.gov.ns.ca/snsmr/lobbyist/
Colombie-Britannique :	http://www.ag.gov.bc.ca/lra/
Québec :	http://www.commissairelobby.qc.ca (Commissaire au lobbyisme)
	http://sil.lobby.gouv.qc.ca/internet/ (Registre des lobbyistes)
Terre-Neuve-et-Labrador :	http://www.assembly.nl.ca/legislation/sr/statutes/l24-1.htm#top
Alberta :	http://www.lobbyistsact.ab.ca/
Ville de Toronto :	http://www.toronto.ca/lobbying/index.htm
Ville d'Ottawa :	http://ottawa.ca/city_hall/

les États américains possèdent des lois relatives au lobbying dont la portée est extrêmement variable[46]. De plus, plusieurs agglomérations urbaines ou grandes villes ont leur propre

réglementation[47]. De son côté, le gouvernement fédéral américain avait adopté dès 1946 le *Lobbying Disclosure Act* (*LDA*), révisé en 1995 et enrichi en 2007 avec le *Honest Leadership and Open Government Act* pour resserrer les mailles d'un filet qui, selon plusieurs, ne filtrait que trop peu. Le Canada emboîta le pas beaucoup plus tard. Adoptée en 1988, la *LEL* entra en vigueur en 1989 et fut révisée successivement en 1994 et en 2003 avant de devenir l'actuelle *Loi sur le lobbying*. Il fallut, par ailleurs, attendre une décennie

---

finalement pas été menés à leur terme. Constituent les « exceptions qui confirment la règle » les cas rapportés dans Chari, Hogan et Murphy (2010 : 8) : la Hongrie, la Lituanie, la Pologne, Taiwan, et le cas plus ou moins déroutant de l'Australie. Dans le cas du Parlement européen, les lobbyistes sont soumis à des règles de conduite énoncées dans le *Règlement du Parlement européen* (annexe IX) : http://admi.net/eur/loi/leg_euro/fr_399Q0802. html (consulté le 27 octobre 2008). Notons que l'Allemagne et, depuis tout récemment, la France ont, à l'instar du Parlement européen, emprunté la voie règlementaire.

46. Pour une évaluation comparée, en date de 2003, de ces lois ainsi que de la loi fédérale américaine, voir le site : http://www.publicintegrity.org/hiredguns/comparisons.aspx (consulté le 27 octobre 2008).

47. Au Canada, la ville de Toronto a son propre registre des lobbyistes dont les modalités ont été adoptées les 30 septembre et 1er octobre 2009 et reconduites les 12 et 13 avril 2011 : http://www.toronto.ca/lobbying/ (consulté le 25 novembre 2012). Un semblable registre, entré en vigueur le 1er septembre 2012, a été ouvert par la ville d'Ottawa : http://ottawa.ca/city_hall/ (consulté le 25 novembre 2012).

ENCADRÉ 7.5

**Préambule des codes (fédéral et québécois)
de déontologie des lobbyistes**

Code fédéral :

Le *Code de déontologie des lobbyistes* s'appuie sur quatre notions énoncées dans la *Loi sur l'enregistrement des lobbyistes* :

- L'intérêt public présenté par la liberté d'accès aux institutions de l'État ;
- La légitimité du lobbyisme auprès des titulaires d'une charge publique ;
- L'opportunité d'accorder aux titulaires d'une charge publique et au public la possibilité de savoir qui cherche à exercer une influence auprès de ces institutions ;
- L'enregistrement des lobbyistes rémunérés ne doit pas faire obstacle à cette liberté d'accès.

Le *Code de déontologie des lobbyistes* est un moyen important d'accroître la confiance du public en l'intégrité du processus décisionnel de l'État. La confiance que les Canadiennes et les Canadiens accordent aux titulaires d'une charge publique afin qu'ils prennent des décisions favorables à l'intérêt public est indispensable à toute société libre et démocratique.

À cette fin, les titulaires d'une charge publique sont tenus, dans les rapports qu'ils entretiennent avec le public et les lobbyistes, d'observer les normes qui les concernent dans leurs codes de déontologie respectifs. Quant aux lobbyistes qui communiquent avec des titulaires d'une charge publique, ils doivent aussi respecter les normes déontologiques ci-après.

Ces codes remplissent conjointement une fonction importante visant à protéger l'intérêt public, du point de vue de l'intégrité de la prise des décisions au sein du Gouvernement.

Code québécois :

La *Loi sur la transparence et l'éthique en matière de lobbyisme* (L. R.Q., c. T-11.011) reconnaît la légitimité du lobbyisme comme moyen d'accès aux institutions parlementaires, gouvernementales et municipales ainsi que l'intérêt du public de savoir qui cherche à exercer une influence auprès de ces institutions.

S'inscrivant dans la poursuite des objectifs de transparence et de sain exercice des activités de lobbyisme visés par cette loi, le *Code de déontologie des lobbyistes* édicte des normes devant régir et guider les lobbyistes dans l'exercice de leurs activités, celles-ci pouvant contribuer à la prise de décision éclairée par les titulaires de charges publiques.

De pair avec les normes de conduite applicables aux titulaires de charges publiques, le *Code de déontologie des lobbyistes* concourt, dans l'intérêt supérieur de la vie démocratique, à la préservation et au renforcement du lien de confiance des citoyens dans leurs institutions parlementaires, gouvernementales et municipales.

Le lobbyisme est légitime

Dans notre société libre et démocratique, le lobbyiste joue un rôle important, car il peut communiquer au titulaire d'une charge publique des informations pertinentes pour l'aider à prendre des décisions éclairées sur des sujets souvent forts complexes (par exemple, l'impact de l'utilisation des pesticides sur l'environnement, la fluoration de l'eau, le plan de développement urbain, le protocole de Kyoto, les organismes génétiquement modifiés (OGM), etc.).

De plus, le lobbyisme constitue un moyen d'avoir accès aux institutions pour tous les citoyens ou groupes d'intérêts. Par exemple, qu'il s'agisse du lobby de l'asphalte ou de son compétiteur, le lobby de l'industrie du béton, chacun a le droit de faire valoir son point de vue auprès du ministère des Transports quant au revêtement des routes. Dans ce cas, l'influence des deux lobbies est légitime dans la mesure où les lobbyistes respectent la Loi, c'est-à-dire qu'ils agissent en toute transparence et dans le respect du code de conduite.

Enfin, le lobbyiste qui respecte la Loi et agit en toute transparence contribue à améliorer la vie démocratique. Il donne ainsi la possibilité au citoyen d'avoir accès à des informations par l'entremise d'un registre public lui permettant d'exercer son droit à l'information.

Source : http://www.commissairelobby.qc.ca/citoyens/legitime (consulté le 27 octobre 2008).

avant de voir une province, l'Ontario, adopter sa propre loi en 1998. Suivirent la Nouvelle-Écosse (2001), la Colombie-Britannique (2001), le Québec (2002), Terre-Neuve-et-Labrador (2004) et l'Alberta (2007)[48].

Ces interventions de gouvernements au Canada s'expliquent en grande partie par les transformations survenues dans la médiation-relais discutées précédemment. Les interventions recensées sont aussi très largement appuyées sur une volonté des élus de corriger le déficit de confiance des citoyens à leur égard, accompagné de plus grandes exigences en matière de fonctionnement démocratique dans le sens, en particulier, d'une plus grande transparence. Les documents parlementaires préparatoires à l'adoption de la *LEL* et à ses révisions de 1994 et de 2003 (Canada, 1987, 1993, 1995 et 2001) rendent très bien compte des préoccupations des élus sur chacun de ces plans, pressés de faire écho aux revendications de transparence et d'éthique attribuées aux citoyens et spécialement articulées par les médias[49].

De manière plus immédiate, l'arrivée de nouvelles législations et réglementations est vraisemblablement liée à la croissance phénoménale des «investissements» en lobbying proprement dit. Ceux-ci dépassent d'ailleurs les contributions versées aux partis politiques, comme il est possible de l'observer aux États-Unis avec les

---

48. On trouve à l'encadré 7.4 les références électroniques pertinentes.
49. Pour être complète, la discussion devrait inclure les codes de déontologie et les déclarations d'intérêts qui encadrent désormais les parlementaires eux-mêmes et rejoignent sous différentes formes les fonctionnaires (Hudon, 2003c), rendant quasi impossible le lobbying interne qu'analysait Colin Campbell (1978).

données disponibles grâce au *LDA* et à la *Federal Election Commission* (*FEC*). Ainsi, en 2000, année d'élection présidentielle, les sommes déclarées en dépenses de lobbying au niveau fédéral ont été 1,5 fois plus élevées que celles qui ont été recensées par la *FEC* en contributions aux partis ; pour les années 2000-2002, le rapport est plutôt de 2,5. Par ailleurs, une compilation effectuée par Louis Massicotte à partir des fichiers de Revenu Québec laisse voir une autre facette tout aussi révélatrice de l'évolution des contributions versées aux partis politiques québécois :

> Au cours des cinq premières années d'application de la *Loi sur le financement des partis politiques*, entre 1978 et 1982, on comptait une moyenne de 191 000 donateurs par année. En tenant compte de l'inflation, la moyenne des dons s'établissait alors à 52 $.
>
> En comparaison, il n'y avait plus que 68 800 souscripteurs aux caisses du Parti libéral du Québec, du Parti québécois, de l'Action démocratique et de toute autre formation reconnue entre 1999 et 2003. Toutefois, chacun des donateurs faisait une contribution trois fois plus importante qu'auparavant, soit 176 $ en moyenne.
>
> « L'analyse de René Lévesque s'est révélée ne pas être bonne. Il pensait qu'il était possible de financer les partis politiques à partir de contributions modestes et diversifiées. La tendance est claire : il y a de moins en moins de gens qui font des contributions, mais leurs dons sont de plus en plus gros », a expliqué Louis Massicotte au *Devoir*.

Ces changements radicaux ne surprennent guère le professeur Massicotte, qui y voit un symptôme parmi d'autres du désengagement de la population à l'égard de la politique traditionnelle[50].

Grâce aux nouvelles exigences comprises dans le *LDA* depuis la révision de 1995, on peut encore noter, à partir d'un rapport publié le 7 avril 2005 par le *Center for Public Integrity* (CPI), que plus de 12 K $ ont été comptabilisés en dépenses de lobbying entre 1998 et juin 2004, augmentant d'un peu plus de 1,5 K $ en 1998 à une estimation de plus de 3 K $ pour 2004[51]. Durant cette même période de sept ans, les dépenses déclarées par des intérêts canadiens se chiffraient pour leur part à un peu plus de 48,5 M $, ce qui plaçait le Canada au sixième rang des pays étrangers dont différents intérêts organisés s'adonnent à la pratique du lobbying auprès d'instances de niveau fédéral (présidence, Congrès, agences).

simple, néanmoins frappante, le même jour, un ancien candidat à la direction d'un parti se préparant aux élections municipales de l'automne 2005 à Québec faisait la une en déclarant « avoir reçu des offres de la part de compagnies qui voulaient contribuer à sa caisse » et il précisait « que ce mode de financement est répandu et bien connu dans le monde municipal ». Jean-François Cliche, « Financement des partis municipaux. "Il faut arrêter de jouer à l'autruche". Les offres conditionnelles à des contrats abondent, dit Labeaume », *Le Soleil*, 14 avril 2005. Ces observations et commentaires pourraient être rapprochés des révélations multiples qu'ont entraînées les travaux de la commission Charbonneau sur le sujet du financement des partis et organisations politiques. Toutefois, des distinctions s'imposent pour éviter que soient considérées simplement équivalentes activités illégales et activités de corruption, même si la frontière se révèle parfois ténue entre ces deux types de conduites.

51. Le Center for Responsive Politics arrive à des résultats comparables à ceux cités dans une compilation étendue jusqu'en 2011 (Encadré 7.7). Le CPI a aussi compilé, pour l'année 2006, les dépenses en lobbying dans 43 États : http://projects.publicintegrity.org/hiredguns/chart.aspx?act=lobbyspending (consulté le 27 octobre 2008).

50. Kathleen Lévesque, « Plus d'argent, moins de donateurs. Les contributions d'entreprises seraient déguisées en dons individuels », *Le Devoir*, 14 avril 2005. Coïncidence

ENCADRÉ 7.7

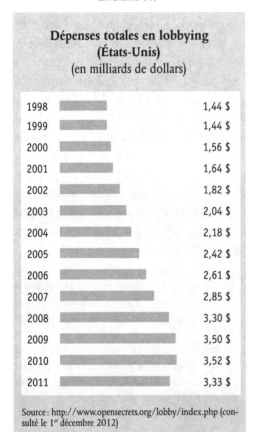

**Dépenses totales en lobbying
(États-Unis)
(en milliards de dollars)**

1998	1,44 $
1999	1,44 $
2000	1,56 $
2001	1,64 $
2002	1,82 $
2003	2,04 $
2004	2,18 $
2005	2,42 $
2006	2,61 $
2007	2,85 $
2008	3,30 $
2009	3,50 $
2010	3,52 $
2011	3,33 $

Source : http://www.opensecrets.org/lobby/index.php (consulté le 1er décembre 2012)

Par contraste, les lois canadiennes paraissent faire preuve d'une transparence limitée – malgré la volonté déclarée d'une sévérité exemplaire lorsque le premier ministre Landry annonça au début de 2002 son projet de réglementer le lobbying[52]. Ainsi, la loi canadienne n'exige pas des

lobbyistes qu'ils déclarent les honoraires reçus. La loi québécoise, quant à elle, se limite à imposer aux lobbyistes-conseils d'inscrire dans leur déclaration, « parmi les tranches de valeurs qui suivent, celle dans laquelle se situe le montant ou la valeur de ce qui a été reçu ou sera reçu en contrepartie de ses activités de lobbyisme : moins de 10 000 $, de 10 000 $ à 50 000 $, de 50 000 $ à 100 000 $ et 100 000 $ ou plus » (article 8, paragraphe 10[53]). De plus, la loi québécoise interdit formellement à tout lobbyiste-conseil de proposer quelque forme de contrat comportant une « contrepartie conditionnelle à l'obtention d'un résultat ou subordonnée au degré de succès de ses activités » (article 24). L'entrée en vigueur de la *Loi sur le lobbying* a eu pour effet d'étendre cette interdiction au palier fédéral. En d'autres termes, les deux lois, québécoise et fédérale, prohibent la rétribution au rendement !

Les représentations des lobbyistes ont réussi à limiter les exigences liées à la divulgation d'informations. La transparence limitée qui en résulte se double – particulièrement dans le cas de la loi québécoise – d'autres « réserves » qui amènent à parler spécialement d'une transparence sélective (Hudon, 2002b), d'ailleurs dénoncée par le Commissaire au lobbyisme dans son premier rapport

---

52. Cette déclaration du premier ministre était d'autant plus frappante qu'elle tranche singulièrement avec la décision, en 1998, du gouvernement dont il faisait partie de ne pas légiférer, faisant finalement sienne la recommandation des membres de la Commission des finances publiques

de l'Assemblée nationale d'adopter une loi pour tout au plus amener les lobbyistes à s'autoréglementer… s'ils ne le faisaient pas par eux-mêmes.

53. On comprend que, pour ne pas alourdir le texte, l'analyse se limite aux lois québécoise et fédérale. D'ailleurs, les lois des autres provinces ont plusieurs points communs avec la loi fédérale. Il faut aussi comprendre que les lobbyistes-conseils inscrivent chacun des dossiers qui font l'objet d'interventions ; les honoraires se rapportent donc à un dossier.

annuel. Pour mieux y voir, il faut signaler la définition de trois catégories de lobbyistes : les lobbyistes-conseils, les lobbyistes d'entreprise (dans la *LEL* : lobbyistes salariés – personnes morales ou organisations) et les lobbyistes d'organisation. Empruntons au texte de la loi québécoise (article 3) :

> « lobbyiste-conseil », toute personne, salariée ou non, dont l'occupation ou le mandat consiste en tout ou en partie à exercer des activités de lobbyisme pour le compte d'autrui moyennant contrepartie [professionnel, juriste ou autre, associé à un cabinet d'affaires publiques comme HKDP ou GPC] ;
>
> « lobbyiste d'entreprise », toute personne dont l'emploi ou la fonction au sein d'une entreprise à but lucratif consiste, pour une partie importante, à exercer des activités de lobbyisme pour le compte de l'entreprise [dirigeant, souvent le vice-président aux affaires publiques, ou employé d'une entreprise comme Alcan ou GlaxoSmithKline] ;
>
> « lobbyiste d'organisation » : toute personne dont l'emploi ou la fonction consiste, pour une partie importante, à exercer des activités de lobbyisme pour le compte d'une association ou d'un autre groupement à but non lucratif [employé ou dirigeant d'organisations comme le CPQ ou la FTQ].

Au premier coup d'œil, l'esprit des lois québécoise et canadienne paraît similaire sous cet aspect. Cependant, la comparaison de deux autres passages[54], respectivement des lois fédérale et québécoise, met au jour une différence marquante sur la portée des deux lois en ce qui touche les lobbyistes d'organisation. En réponse aux critiques qui voyaient dans le projet de loi initial un effet de « transparence sélective », le

législateur québécois avait consenti à élargir sa définition du lobbyiste d'organisation, concession qu'il s'empressait d'annuler en intégrant à la version finale de la loi une disposition transitoire (article 72) pour proposer une définition qui allait être confirmée dans le règlement subséquemment adopté[55]. Ce règlement excluait, entre autres, les établissements universitaires[56], les cégeps, les commissions scolaires, les établissements privés d'enseignement, les établissements de santé et services sociaux, les divers conseils régionaux (de développement, de santé et services sociaux) et, pour couronner cette liste, « toute autre personne dont l'emploi ou la fonction consiste à exercer, même d'une manière importante, des activités de lobbyisme pour le compte d'une association ou d'un autre groupement à but non lucratif qui n'est ni constitué à des fins patronales, syndicales ou professionnelles, ni formé de membres dont la majorité sont des entreprises à but lucratif ou des représentants de telles entreprises[57] ». En plus d'être ainsi très fortement contrastée par rapport à la loi fédérale et aux lois des autres provinces[58],

---

54. Les textes pertinents sont reproduits à l'encadré 7.8.

55. On trouve le texte du « Règlement relatif au champ d'application de la *Loi sur la transparence et l'éthique en matière de lobbyisme* » dans la *Gazette officielle du Québec*, 134e année, n° 47, 20 novembre 2002, p. 8099-8100.

56. Qu'il suffise de consulter le Registre des lobbyistes fédéral pour constater la place occupée par ces institutions.

57. Dans le projet de loi initial, les organisations syndicales étaient exclues. En fin de compte, la loi québécoise réduit le lobbying aux seuls acteurs du secteur économique ou aux seules activités lucratives !

58. Citons, pour bien marquer le coup, la définition qui est retenue dans la loi ontarienne (article 1) pour désigner une organisation : une organisation « s'entend de ce qui suit : a) une organisation commerciale, industrielle,

Encadré 7.8

Définitions (de lobbyiste) d'organisation dans les lois fédérale et québécoise

Loi fédérale – article 2 (1)

« organisation », organisation commerciale, industrielle, professionnelle, syndicale ou bénévole, chambre de commerce, société de personnes, fiducie, association, organisme de bienfaisance, coalition ou groupe d'intérêt, ainsi que tout gouvernement autre que celui du Canada. Y est en outre assimilée la personne morale sans capital-actions constituée afin de poursuivre, sans gain pécuniaire pour ses membres, des objets d'un caractère national, provincial, patriotique, religieux, philanthropique, charitable, scientifique, artistique, social, professionnel ou sportif, ou des objets analogues.

Loi du Québec – article 72 (disposition transitoire s'appliquant à l'article 3 jusqu'au 1er mars 2003 ou jusqu'à l'entrée en vigueur d'un règlement prévu à cet effet, selon la plus rapprochée de ces dates)

« lobbyiste d'organisation », toute personne dont l'emploi ou la fonction consiste, pour une partie importante, à exercer des activités de lobbyisme pour le compte d'une association ou d'un autre groupement à but non lucratif constitué à des fins patronales, syndicales ou professionnelles ou dont les membres sont majoritairement des entreprises à but lucratif ou des représentants de telles entreprises.

---

la loi québécoise véhicule des conceptions de bon

professionnelle ou bénévole ; b) une organisation syndicale ; c) une chambre de commerce ; d) une association, un organisme de bienfaisance, une coalition ou un groupe d'intérêt ; e) un gouvernement autre que celui de l'Ontario ; f) une personne morale sans capital-actions constituée en vue de poursuivre, sans gain pécuniaire pour ses membres, des objets d'un caractère national, provincial, territorial, patriotique, religieux, philanthropique, charitable, éducatif, agricole, scientifique, artistique, social, professionnel, fraternel, sportif ou athlétique ou des objets analogues ». Que les autres gouvernements soient ici tenus de déclarer leurs activités de pression marque concrètement la pratique d'un lobbying intergouvernemental sur lequel Beverly Cigler (2012) attire notre attention.

et de mauvais lobbying[59], en écho aux théories du bon et du mauvais patronage qui ont eu cours au début des années 1960! Ainsi, il est impossible d'avoir la connaissance d'importants pans d'une pratique qui n'est plus réservée aux seules organisations touchées par la loi québécoise. En font foi les compilations effectuées par le *CPI* qui relate, par exemple, qu'entre 1998 et juin 2004, plus de 300 universités américaines ont dépensé près de

---

59. D'un autre point de vue, elle postule implicitement la toute-puissance des forces de l'argent, idée qui, selon Peter Clancy (2008), appelle plus de discernement : le pouvoir des milieux d'affaires ne s'exerce pas également dans toutes les sphères d'activité et n'est pas forcément adverse aux intérêts qui ne sont pas les siens.

132 M $ en lobbying auprès d'instances fédérales alors que plus de 1 400 gouvernements locaux avaient pour leur part investi plus de 357 M $ dans des activités semblables pour obtenir le financement de divers projets.

La loi québécoise crée l'impression que la pratique du lobbying est le lot d'un type particulier de groupes, ceux que nous identifions à la première génération des groupes d'intérêt et que nous pourrions aussi désigner comme les groupes d'intérêt économiques (GIE) par opposition aux groupes d'intérêt citoyens (GIC). Par contre, la description des activités de lobbying qui est faite dans les lois existantes laisse difficilement penser que cette pratique est exclusive à ce sous-ensemble de groupes. Citons, pour illustrer, le texte de la loi québécoise (article 2) :

Constituent des activités de lobbyisme au sens de la présente loi toutes les communications orales ou écrites avec un titulaire d'une charge publique en vue d'influencer ou pouvant raisonnablement être considérées, par la personne qui les initie, comme étant susceptibles d'influencer la prise de décisions relativement :

1° à l'élaboration, à la présentation, à la modification ou au rejet d'une proposition législative ou réglementaire, d'une résolution, d'une orientation, d'un programme ou d'un plan d'action ;

2° à l'attribution d'un permis, d'une licence, d'un certificat ou d'une autre autorisation ;

3° à l'attribution d'un contrat, autrement que dans le cadre d'un appel d'offres public, d'une subvention ou d'un autre avantage pécuniaire, ou à l'attribution d'une autre forme de prestation déterminée par règlement du gouvernement ;

4° à la nomination d'un administrateur public au sens de la *Loi sur le ministère du Conseil exécutif* (chapitre M-30) ou à celle d'un sous-ministre ou d'un autre titulaire d'un emploi visé à l'article 55 de la

Loi sur la fonction publique (chapitre F-3.1.1) ou d'un emploi visé à l'article 57 de cette loi.

Le fait, pour un lobbyiste, de convenir pour un tiers, d'une entrevue avec le titulaire d'une charge publique est assimilé à une activité de lobbyisme.

Dans une phraséologie quelque peu différente, la loi fédérale [article 5 (1)] véhicule une conception équivalente, en omettant toutefois d'inclure les nominations parmi les objets de lobbying. En réalité, en ne soumettant à la loi que les relations et les communications directes avec un titulaire d'une charge publique[60], les lois consacrent une conception tronquée des pratiques du lobbying. Cette conception juridique, et pratique, ne rend en effet compte que partiellement des activités visant à infléchir les décisions publiques dans le sens de ses intérêts (ou contrer celles qui auraient un effet adverse). Le lobbying correspond plus largement à un système de relations qui cadrent un échange entre un lobby et un titulaire de charge publique, ce dernier étant typiquement campé dans une des situations suivantes[61] (article 4 de la loi québécoise) :

Sont considérés titulaires d'une charge publique aux fins de la présente loi :

1° les ministres et les députés ainsi que les membres de leur personnel ;

2° les membres du personnel du gouvernement ;

---

60. Aux États-Unis, la loi fédérale fait la distinction entre *lobbying contact* et *lobbying activity*, cette dernière notion étant beaucoup plus globale en incluant les activités de recherche et toute autre tâche qui contribue à la réalisation d'une communication avec des TCP.

61. Cette description est assez représentative des descriptions trouvées dans d'autres lois, en tenant évidemment compte des particularités de chaque gouvernement ou de chaque niveau de gouvernement. Ainsi, la loi québécoise a ceci de particulier que les responsables municipaux et intermunicipaux sont visés par la loi au titre de TCP.

3° les personnes nommées à des organismes ou entreprises du gouvernement au sens de la *Loi sur le vérificateur général* (chapitre V-5.01) ainsi que les membres du personnel de ces organismes ou entreprises;

4° les personnes nommées à des organismes à but non lucratif qui ont pour objet de gérer et de soutenir financièrement, avec des fonds provenant principalement du gouvernement, des activités de nature publique, sans offrir eux-mêmes des produits ou services au public, ainsi que les membres du personnel de ces organismes;

5° les maires, les conseillers municipaux ou d'arrondissements, les préfets, les présidents et autres membres du conseil d'une communauté métropolitaine, ainsi que les membres de leur personnel de cabinet ou du personnel des municipalités et des organismes visés aux articles 18 ou 19 de la *Loi sur le régime de retraite des élus municipaux* (chapitre R-9.3).

La schématisation d'une relation de lobbying (encadré 7.9) fait bien ressortir la nature de cette pratique. Dans un premier temps, cette relation met en présence au moins deux acteurs, un lobby et un titulaire de charge publique (TCP), qui, chacun, s'engagent dans un échange de moyens dont l'effet est de modifier leur pouvoir respectif, et réciproque. Dans un deuxième temps, la réalisation de cet échange a pour effet attendu de transformer le rapport de force du lobby avec ses concurrents-rivaux. Déjà, il est apparent que la pratique du lobbying ne se limite pas à exercer une influence sur un titulaire de charge publique en lien avec des décisions ou interventions de portée publique. De plus, sans qu'il ne soit absolument nécessaire que cette perspective soit clairement articulée dans l'esprit du lobbyiste, il peut arriver – et, de fait, cela n'est pas exceptionnel – que

l'action de lobbying soit menée, sans illusion sur la capacité d'infléchir le cours des décisions publiques, pour convaincre les membres ou donateurs d'un groupe que l'on a à cœur la promotion ou la défense de leurs intérêts ou positions. Dès lors peut-on concevoir la pratique du lobbying comme un élément de stratégie pour assurer la survie d'une organisation (voir l'encadré 7.10).

En somme, les lois relatives au lobbying ne rejoignent qu'une infime partie des activités qui le constituent. Le développement des deux premières sections de ce chapitre fait bien voir qu'il n'est plus approprié de voir le lobbying comme une pratique réservée à un nombre plus ou moins restreint d'intervenants. Les guides préparés pour cette pratique le laissent déjà bien entrevoir et notre examen de quelques groupes montre tout autant une plus grande diversité. Dans ces conditions, il est particulièrement pertinent de faire état du lobbying de l'Institute for Media, Policy and Civil Society[62] (IMPACS) qui voulait que l'on reconnaisse aux organismes de bienfaisance (*charities*) le droit de faire leur lobbying! Comme organisme sans but lucratif (OSBL) attaché à la promotion et à la défense des valeurs démocratiques, l'IMPACS concevait les organismes de bienfaisance comme essentiels à la société civile vue, elle, comme un espace tampon entre le

---

62. Les informations sur l'IMPACS et ses activités ont été tirées du site de l'organisme: http://www.impacs.org/ (consulté le 10 avril 2005). Cependant, l'IMPACS a cessé ses activités avec une déclaration de faillite effective le 21 mars 2007, à cause d'un financement insuffisant, entre autres, comme suite aux coupures du gouvernement fédéral, en 2006, dans les programmes de subventions destinées aux organisations sans but lucratif (OSBL), qui ne pouvaient plus payer les services offerts par l'IMPACS.

ENCADRÉ 7.9

Relation de lobbying – Théorie de l'échange

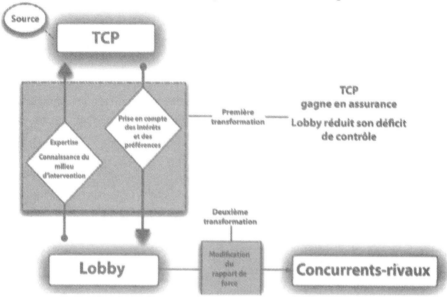

Source : Raymond Hudon et Stéphanie Yates, 2008 : 386.

ENCADRÉ 7.10

Relation de lobbying – Théorie de la survie organisationnelle

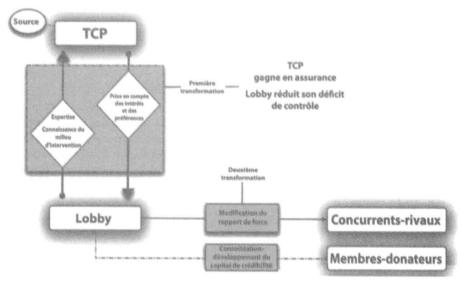

Source : Raymond Hudon et Stéphanie Yates, 2008 : 390.

marché et l'État. C'est cet espace que les organismes de bienfaisance vivifient du fait qu'ils
stimulent l'engagement citoyen, agissent dans
l'intérêt public, donnent une voix aux citoyens
marginalisés, appuient la liberté d'expression et
sont des sources d'innovation et de solutions
à de nombreux problèmes. Leur importance se
mesure déjà du seul fait de leur nombre. De fait,
selon les compilations du ministère des Finances
du Canada, on comptait en 2003 « quelque
80 000 organismes de bienfaisance enregistrés
aux termes de la *Loi de l'impôt sur le revenu*[63] ». Il
est justifié de parler d'un véritable phénomène :
en 2003, on pouvait en effet compter plus de
deux milliards d'heures d'engagement bénévole
au sein de la société canadienne ! Sur des bases
similaires, l'IMPACS (2002) réclamait que soit
révisée la *Loi de l'impôt sur le revenu* qui limitait
à 10 % la part de leurs ressources que les organismes de bienfaisance pouvaient consacrer à des
activités plaidantes (*advocacy*), pour ne pas dire à
du lobbying[64]. En fin de compte, il est sans doute
temps d'en finir avec certaines conceptions réduc-
trices du lobbying qui ramènent le phénomène

à une activité occulte et douteuse de quelques
puissances financières et économiques[65] !

Finalement, la définition légale du lobbying
a un résultat réducteur qui, à son tour, peut être
à la source de perceptions déformatrices. Des
observations sommaires touchant les pratiques
destinées à influencer les décisions publiques
suggèrent un éventail de recours beaucoup plus
large que la communication directe, orale ou
écrite, avec un titulaire de charge publique tel
que conçu par le plus grand nombre des lois
existantes. Se trouvent ainsi écartés le lobbying
judiciaire dont l'importance est maintenant largement reconnue de même que les « communications » indirectes au moyen de campagnes de

---

63. Donnée tirée de l'annexe 9 du plan budgétaire rattaché au budget fédéral de 2004 ; on peut le consulter
à l'adresse suivante : http://www.fin.gc.ca/budget04/
bp/bpa9af.htm (consulté le 10 avril 2005). Selon
l'Agence du revenu, le nombre d'organismes de bienfaisance enregistrés au Canada s'élève à 86 104 : http://
www.cra-arc.gc.ca/ebci/haip/srch/basicsearchresult-
fra.action?k=&s=registered&=Recherche&p=1&b=
true& (consulté le 1er décembre 2012).

64. Dans cette même optique, il a été subséquemment
suggéré de s'inspirer des orientations et des projets de
réforme présentés en mai 2004 au Royaume-Uni.

65. Dans l'opération d'évaluation quinquennale de la *Loi sur
la transparence et l'éthique en matière de lobbyisme*, la Commission des finances publiques de l'Assemblée nationale
a reçu une série de propositions d'amendements à la loi.
Voir notamment Raymond Hudon (2008b). Le déclenchement d'élections provinciales au début de novembre
2008 devait retarder l'aboutissement de ce processus
d'évaluation et l'adoption de modifications souhaitables.
Compte tenu du climat délétère qui a prévalu au Québec,
il paraît étonnant qu'il ait fallu attendre aussi tard que
le 26 janvier 2013 (« Bernard Drainville veut renforcer
les pouvoirs du commissaire au lobbyisme », *Le Devoir*)
pour voir cette opération passer au rang des priorités :
« Il y a des échappatoires actuellement, dans la loi, qui
l'affaiblissent. Il y a des groupes, des entreprises, des
lobbys, qui devraient s'inscrire à la loi, qui ne s'inscrivent
pas ou qui ne s'inscrivent pas correctement. » Ce vice de
transparence sélective avait été signalé dès le débat qui
avait entouré l'adoption de la loi en 2002 ! Il est encore
opportun de souligner qu'un resserrement des règles
parvient rarement à refréner tous les comportements
délinquants. Par ailleurs, l'intention du ministre trahit
la confusion couramment entretenue entre lobbying et
patronage ; à ce sujet, voir Hudon et Yates (2008).

presse ou d'appels à l'opinion publique souvent privilégiés, quoique non exclusivement, par les GIC. La prise en compte de ces autres manifestations du lobbying rendrait la tâche d'encadrement extrêmement complexe, trop compliquée même. Dans le milieu des années 1990, les parlementaires qui évaluaient la *LEL* se sont tout de même posé la question à savoir s'il ne fallait pas étendre l'application de la loi à ce qu'ils ont alors appelé le « lobbying populaire ».

De plus, et dans le cas particulier de la loi québécoise qui écarte de son champ d'application une multitude d'organisations et associe très étroitement le lobbying à des activités lucratives, on consolide une conception bien ancrée dans l'entendement populaire qui y voit une pratique réservée aux forces occultes et au pouvoir de l'argent. Il est assez difficile d'échapper à ces atavismes qui masquent l'émergence de groupes d'intérêt citoyens extrêmement actifs mobilisés autour d'enjeux qui ont gagné en légitimité au point d'être devenus à peu près impossibles à contester ou même à discuter. Et peut-on taire l'exemption dont jouissent les coalitions au Québec, alors que cette forme d'action occupe une place de plus en plus importante dans les répertoires d'interventions des groupes[66] ? Finalement, soustraire le lobbying intergouvernemental à l'autorité des lois détourne potentiellement l'attention d'interventions comme celle de la

Fédération canadienne des municipalités (FCM) pour la remise aux administrations locales d'une partie des taxes sur l'essence.

En bout de course, il convient peut-être de se demander si les lois et les règlements en vigueur sont d'une quelconque efficacité. Les résultats d'une telle évaluation se révéleraient extrêmement difficiles à valider. En effet, il faut bien noter que la pratique du lobbying n'est pas réservée à un groupe exclusif de personnes spécifiquement qualifiées et, de ce fait, n'est pas objet de contrôle à l'entrée (Hudon, 2003d). Un des problèmes des agences de supervision du phénomène est justement l'impossibilité sur laquelle elles butent de recenser la population totale des lobbyistes. En ce sens, force est de s'en remettre à la bonne foi de ces derniers, et de concevoir un encadrement qui tienne compte de ces conditions précises (Hudon, 2002c). L'examen des rapports relatifs à l'enregistrement des lobbyistes peut fournir une mesure approximative, mais très partielle, de l'ampleur du phénomène. Voyons d'abord l'état des lieux, tels que délimités par la loi fédérale (voir l'encadré 7.11). Les données compilées pour le Québec, quant à elles, montrent des différences significatives qui tiennent notamment à l'exemption d'inscription accordée aux OSBL et aux coalitions. Ainsi, en date du 30 novembre 2012, le nombre de lobbyistes actifs[67] recensés dans le registre s'établit comme suit : lobbyistes-conseils, 249 ; lobbyistes d'entreprise, 1795 ; lobbyistes d'organisation, 1102.

---

66. Pour un premier aperçu, voir Raymond Hudon, Christian Poirier et Stéphanie Yates (2008b). Les *think tanks*, dont nous avons déjà examiné les spécificités (Hudon et Roseberry, 2008), mériteraient sans doute un examen plus poussé ; comment expliquer en effet que plusieurs juridictions exigent la déclaration de leurs activités de recherche ou de propagande (influence) alors que le Québec ne juge pas pertinent de le faire ?

---

67. Source : http://www.commissairelobby.qc.ca/registre (consulté le 2 décembre 2012). Un lobbyiste actif est un lobbyiste qui a au moins un mandat déclaré actif à une date ou à une période donnée.

ENCADRÉ 7.11

Lobbyistes et enregistrements actifs (fédéral)

LOBBYISTES INDIVIDUELS ACTIFS AU 31 MARS 2012	2011-2012
Lobbyistes-conseils	814
Lobbyistes salariés travaillant pour une personne morale (entreprise)	1 786
Lobbyistes salariés travaillant pour le compte d'un organisme	2 582
Total des lobbyistes enregistrés, toutes catégories	**5 182**
ENREGISTREMENTS ACTIFS AU 31 MARS 2012	**2011-2012**
Lobbyistes-conseils (un enregistrement par client)	2 123
Personnes morales (entreprises)	310
Organismes	492
Total des enregistrements actifs, toutes catégories	**2 925**

Source: Commissariat au lobbying, *Rapport annuel 2011-2012*: 3.

CONCLUSION

Concluons brièvement. Avec les partis, les groupes constituent probablement l'archétype de l'activité politique, au point d'avoir amené Arthur Bentley à poser que la description de leurs activités en société disait tout ce qu'il y avait à dire sur les sociétés. Par ailleurs, les partis politiques ont vu s'effriter le monopole dont ils ont un temps joui dans l'exercice de la médiation-relais entre la société civile et le politique institué. Dans les développements qui précèdent, nous avons justement retracé deux grands moments de transformations qui, à un siècle d'intervalle, viennent bouleverser la réalisation de cette médiation. De manière complémentaire, et en partie à la source de ces recompositions de l'univers des acteurs politiques, les groupes ont commencé à s'approprier – notamment par la constitution de plus en plus fréquente de coalitions – la réalisation d'un autre volet de la fonction de médiation, soit celui de la médiation-compromis qui était théoriquement dévolue aux partis par leur action d'agrégation des intérêts. En bref, partis et groupes sont ainsi en compétition pour occuper ces terrains, mais les occasions de «rencontres» et de collaboration sont en réalité trop nombreuses et importantes pour laisser croire que l'un ou l'autre des camps, des groupes ou des partis, pourrait s'approprier exclusivement la fonction de représentation (Heaney, 2012).

Dans le contexte de ces évolutions, nous devons aussi noter l'élargissement et à la diversification de l'univers des groupes qui nous amènent à distinguer deux grandes générations de groupes qui, dégagées d'une conception strictement chronologique, renvoient à deux grandes catégories, les groupes d'intérêt économiques et les groupes d'intérêt citoyens. Justement, la reconfiguration actuelle de l'action politique est en partie liée à l'institutionnalisation de ces acteurs que sont les groupes d'intérêt citoyens, que l'on appelait il n'y a pas longtemps les nouveaux mouvements sociaux[68]. Leur intégration n'étant pas totalement achevée, ils ont contribué à renouveler les répertoires des interventions auprès des institutions politiques. Dans ces conditions, les règles sont appelées à s'adapter. Les politiciens s'y résignent avec quelque réticence[69], quand ils n'opposent pas tout simplement une résistance aux changements qu'ils ne peuvent pas vraiment empêcher. D'ailleurs, en étendant leur propre empire, les organisations partisanes contribuent à stimuler la croissance de l'industrie du lobbying elle-même (Andres, 2009).

Le répertoire des questions pertinentes n'est évidemment pas épuisé[70]. En bout de course, cependant, le problème que posait Madison demeure quasi entier : les groupes sont indissociables du fonctionnement des démocraties contemporaines, mais ils peuvent être aussi source de déséquilibres compte tenu de leur poids respectif. Une fois que l'on a pris bien soin de distinguer leurs pratiques d'autres formes improprement apparentées (Hudon et Yates, 2008), il s'impose encore de ne pas s'arrêter à des observations impressionnistes pour évaluer la portée réelle des démarches d'influence. Tout d'abord, la réalité est généralement beaucoup plus complexe que donnent à croire des présupposés érigés en systèmes analytiques (Hudon, 2010). Par exemple, n'y a-t-il pas lieu de voir une distinction entre la protection d'intérêts dominants et la sauvegarde du statu quo (Baumgartner *et al.*, 2009), cette dernière coïncidant couramment avec les réserves qu'inspirent les projets de changement ?

---

68. Cet usage a d'ailleurs donné lieu à quelques abus de langage. Jacquetta Newman et A. Brian Tanguay (2002) avaient très pertinemment signalé qu'il serait peut-être plus approprié de parler des mouvements sociaux agissant dans de nouvelles conditions, dans un nouveau contexte.

69. La multiplication récente des interventions législatives et l'expansion des règles déontologiques en témoignent éloquemment.

70. Par exemple, évoquons une réflexion lancée il y a plus de vingt ans (Seidle, 1991) sur les restrictions imposées

à l'action des groupes en périodes électorales. Il est difficile d'avoir un indice plus probant d'une conception en renouvellement de la médiation nécessaire entre la société civile et les institutions politiques et l'exercice de la fonction de représentation.

SITES WEB

Associations Canada

Recueil d'associations dûment constituées au Canada	http://circ.greyhouse.ca

Courrier parlementaire (Le)

Bulletin quotidien publié quand l'Assemblée nationale siège à Québec

http://www.courrierparlementaire.com

Lobby Monitor (The)

Bulletin bihebdomadaire relatant les activités sur la colline parlementaire fédérale

http://arcpub.com/lm.htm

Registraire des entreprises du Québec

Comment constituer une personne morale sans but lucratif

http://www.registreentreprises.gouv.qc.ca/fr/demarrer/constituer-pmsbl.aspx

Association québécoise des lobbyistes	http://lobbyquebec.com/index.php
Bénévoles Canada	http://benevoles.ca/content/enjeux-et-politiques-publiques
Démocratie en surveillance	http://www.dwatch.ca/
National Citizens Coalition (groupe conservateur)	http://nationalcitizens.ca/
	http://benevoles.ca/content/enjeux-et-politiques-publiques

LECTURES SUGGÉRÉES

BAUMGARTNER, Frank R., Jeffrey M. BERRY, Marie HOJNACKI, David C. KIMBALL et Beth L. LEECH (2009), *Lobbying and Policy Change: Who Wins, Who Loses, and Why*, Chicago (IL), The University of Chicago Press.

BAUMGARTNER, Frank R. et Beth L. LEECH (1998), *Basic Interests. The Importance of Groups in Politics and in Political Science*, Princeton (N.J.), Princeton University Press.

COLEMAN, William D. (1988), *Business and Politics. A Study of Collective Action*, Montréal et Kingston, McGill-Queen's University Press.

DION, Léon (1967), *Le bill 60 et la société québécoise*, Montréal, Éditions HMH, Coll. « Aujourd'hui ».

HEANEY, Michael T. (2012), « Bridging the Gap between Political Parties and Interest Groups », dans Allen C. Cigler et Burdett A. Loomis (dir.), *Interest Group Politics*, Los Angeles (CA), Sage, 8e éd., p. 194-218.

HÉBERT, Martine (2003), *Les secrets du lobbying. Ou l'art de bien se faire comprendre du gouvernement*, Montréal, Les Éditions Varia, Coll. « Savoir faire ».

HUDON, Raymond (2007), « Aux frontières de diverses légitimités. L'encadrement de l'activité de lobbying », *Éthique publique* [*Les gardiens de l'éthique*], vol. 9, n° 2, p. 105-120.

HUDON, Raymond et Stéphanie YATES (2008), « Lobbying et patronage : modes de médiation en contexte démocratique », *Revue canadienne de science politique*, vol. 41, n° 2, p. 375-409.

HUDON, Raymond et Philippe ROSEBERRY (2008), « Think tanks, opinion publique et le débat public-privé en santé. La dynamique de l'influence », dans François Béland, André P. Contandriopoulos, Amélie Quesnel-Valée et Lionel Robert (dir.), *Le privé dans la santé ? Les discours et les faits*, Montréal, Presses de l'Université de Montréal, p. 237-259.

YOUNG, Lisa et Joanna EVERITT (2004), *Advocacy Groups*, Vancouver, University of British Columbia Press, The Canadian Democratic Audit.

BIBLIOGRAPHIE

ANDRES, Gary J. (2009), *Lobbying Reconsidered. Under the Influence*, New York, Pearson Education, Coll. Real Politics in America.

BAGGOTT, Rob (1995), *Pressure Groups Today*, Manchester, Manchester University Press, Coll. « Politics today ».

BARBER, Benjamin R. (2003), *Strong Democracy. Participatory Politics in a New Age*, Berkeley (Calif.), University of California Press, Twentieth Anniversary Edition.

BARTHÉLEMY, Martine (2000), *Associations : un nouvel âge de la participation ?*, Paris, Presses de la Fondation nationale des sciences politiques.

BAUMGARTNER, Frank R. et Beth L. LEECH (1998), *Basic Interests. The Importance of Groups in Politics and in Political Science*, Princeton (N.J.), Princeton University Press.

BAUMGARTNER, Frank R., Jeffrey M. BERRY, Marie HOJNACKI, David C. KIMBALL et Beth L. LEECH (2009), *Lobbying and Policy Change : Who Wins, Who Loses, and Why*, Chicago (IL), The University of Chicago Press.

BENTLEY, Arthur F. (1995) [1908], *The Process of Government. A Study of Social Pressures*, New Brunswick (N.J.), Transaction Publishers.

BERNY, Nathalie, Raymond HUDON et Maxime OUELLET (2009), « Regulating farm pollution in Quebec : environmentalists and the Union des producteurs agricoles contest the meaning of sustainable development », dans Laurie E. Adkin (dir.), *Environmental Conflict and Democracy in Canada*, Vancouver (C.-B.), University of British Columbia Press, p. 33-50.

BERRY, Jeffrey M. (1999), *The New Liberalism. The Rising Power of Citizen Groups*, Washington, Brookings Institution Press.

BERRY, Jeffrey M. avec David F. ARONS (2005), *A Voice for Nonprofits*, Washington (D.C.), Brookings Institution Press.

BRODIE, Ian (2002), *Friends of the Court. The Privileging of Interest Group Litigants in Canada*, Albany (N.Y.), State University of New York Press.

CAMPBELL, Colin (1978), *The Canadian Senate : A Lobby from Within*, Toronto, Macmillan of Canada, Canadian Controversies Series.

CANADA – Chambre des communes, Comité permanent de la consommation et des affaires commerciales et de l'administration gouvernementale (1993), *Sur la voie de la transparence : révision de la Loi sur l'enregistrement des lobbyistes* (rapport Holtmann), Ottawa, juin.

CANADA – Chambre des communes, Comité permanent de l'industrie (sous-comité sur le projet de loi C-43, Loi modifiant la Loi sur l'enregistrement des lobbyistes et d'autres lois en conséquence) (1995), *Rebâtir la confiance* (rapport Zed), mars.

CANADA – Chambre des communes, Comité permanent de l'industrie, des sciences et de la technologie (2001), *La transparence à l'ère de l'information : la Loi sur l'enregistrement des lobbyistes au XXIᵉ siècle* (rapport Whelan), Ottawa, juin.

CANADA – Chambre des communes, Comité permanent des élections, des privilèges et de la procédure (1987), *Le lobbying et l'enregistrement des lobbyistes payés* (rapport Cooper), fascicule n° 2, deuxième session de la trente-troisième législature, janvier.

CARDINAL, Linda (2000), « Le pouvoir exécutif et la judiciarisation de la politique au Canada. Une étude du programme de contestation judiciaire », *Politique et Sociétés*, vol. 19, nᵒˢ 2-3, p. 43-64.

CHARI, Raj, John HOGAN et Gary Murphy (2010), *Regulating Lobbying : a global comparison*, Manchester, Manchester University Press, Coll. European Policy Research Unit.

CHIVERS, Sally (2008), « Barrier to Barrier : The Canadian Disability Movement and the Fight for Equal Rights », dans Miriam Smith (dir.), *Group Politics and Social Movements in Canada*, Peterborough (Ont.), Broadview Press, p. 307-328.

CIGLER, Beverly A. (2012), « Not Just Another Special Interest. The Intergovernmental Lobby Revisited », dans Allen C. Cigler et Burdett A. Loomis (dir.), *Interest Group Politics*, Los Angeles (CA), Sage, 8ᵉ éd., p. 264-296.

CLANCY, Peter (2008), « Business Interests and Civil Society in Canada », dans Miriam Smith (dir.), *Group Politics and Social Movements in Canada*, Peterborough (Ont.), Broadview Press, p. 35-60.

CLEMENS, Elisabeth S. (1997), *The People's Lobby. Organizational Innovation, and the Rise of Interest Group Politics in the United States, 1890-1925*, Chicago (IL), University of Chicago Press.

COHEN, David, Rosa de la VEGA et Gabrielle WATSON (2001), *Advocacy for Social Justice. A Global Action and Reflection Guide*, Oxfam America et The Advocacy Institute, Bloomfield (Conn.), Kumarian Press.

COLEMAN, William D. (1988), *Business and Politics. A Study of Collective Action*, Montréal et Kingston, McGill-Queen's University Press.

CONTANDRIOPOULOS, Damien, Raymond HUDON, Élisabeth MARTIN et Daniel THOMPSON (2007), « Tensions entre rationalité technique et intérêts politiques : l'exemple de la mise en œuvre de la *Loi sur les agences de développement de réseaux locaux de services de santé et de services sociaux* au Québec », *Administration publique du Canada*, vol. 50, n° 2, p. 193-217.

CRENSON, Matthew A. et Benjamin GINSBERG (2004) [2000], *Downsizing Democracy. How America Sidelined Its Citizens and Privatized Its Public*, Baltimore (Md.), Johns Hopkins University Press.

CUNNINGHAM, Rob (1996), *La guerre du tabac : l'expérience canadienne*, Ottawa, Centre de recherches pour le développement international.

DeGREGORIO, Christine A. (1997), *Networks of Champions. Leadership, Access, and Advocacy in the U.S. House of Representatives*, Ann Arbor (Mich.), University of Michigan Press.

DION, Léon (1971), *Société et politique : la vie des groupes*, tome premier : *Fondements de la société libérale*, Québec, Les Presses de l'Université Laval, 1971.

DION, Léon (1967), *Le bill 60 et la société québécoise*, Montréal, Éditions HMH, Coll. « Aujourd'hui ».

FALCONER, Tim (2001), *Watchdogs and Gadflies. Activism from Marginal to Mainstream*, Toronto, Viking Penguin Books.

FOSTER, Ben (1986), *A Conjunction of Interests : Business, Politics, and Tariffs, 1825-1979*, Toronto, University of Toronto Press, The State and Economic Life Series.

FOURNIER, Pierre (1979) [1976], *Le patronat québécois au pouvoir : 1970-1976*, Montréal, Éditions Hurtubise HMH, Coll. « Science politique », Cahiers du Québec.

FRANÇOIS, Charles (1899), *La représentation des intérêts dans les corps élus*, Paris, Librairie Arthur Rousseau.

GARSON, G. David (1978), *Group Theories of Politics*, Beverly Hills (Calif.), Sage Publications, Sage Library of Social Research.

GONEN, Julianna S. (2003), *Litigation as Lobbying. Reproductive Hazards and Interest Aggregation*, Columbus (Ohio), Ohio State University Press.

GREENE, Jonathan (2008), « Boardrooms and Barricades : Anti-Poverty Organizing in Canada », dans Miriam Smith (dir.), *Group Politics and Social Movements in Canada*, Peterborough (Ont.), Broadview Press, p. 107-127.

GROSSMANN, Matt (2012), *The Not-So-Special Interests. Interest Groups, Public Representation, and American Governance*, Stanford (CA), Stanford University Press.

HALPIN, Darren (2010), *Groups, Representation and Democracy*, Manchester, Manchester University Press.

HALPIN, Darren R, et Anthony J. NOWNES (2012), « Reappraisng the Survival Question : Why We Should Focus on Interest Groups Organizational Form and Careers », dans Allen C. Cigler et Burdett A. Loomis (dir.), *Interest Group Politics*, Los Angeles (CA), Sage, 8e éd., p. 52-73.

HEANEY, Michael T. (2012), « Bridging the Gap between Political Parties and Interest Groups », dans Allen C. Cigler et Burdett A. Loomis (dir.), *Interest Group Politics*, Los Angeles (CA), Sage, 8e éd., p. 194-218.

HÉBERT, Martine (2003), *Les secrets du lobbying. Ou l'art de bien se faire comprendre du gouvernement*, Montréal, Les Éditions Varia, Coll. « Savoir faire ».

HERBST, Susan (1998), *Reading Public Opinion. How Political Actors View the Democratic Process*, Chicago, University of Chicago Press, Coll. « Studies in Communication, Media, and Public Opinion ».

HIRST, Paul Q. (1994), *Associative Democracy : New Forms of Economic and Social Governance*, Amherst (Mass.), University of Massachusetts Press.

HUDON, Raymond (2010), « Lobbying et politiques publiques », dans Stéphane Paquin, Luc Bernier et Guy Lachapelle (dir.), *L'analyse des politiques publiques*, Montréal, Les Presses de l'Université de Montréal, coll. Paramètres, p.193-228.

HUDON, Raymond (2009), « Les groupes d'intérêt : réalité en mutation et interprétations renouvelées », dans Réjean Pelletier et Manon Tremblay (dir.), *Le parlementarisme canadien et québécois*, Québec, Les Presses de l'Université Laval, 4e édition revue et augmentée, 2009, p. 253-303.

HUDON, Raymond (2008a), « Les groupes d'intérêt », dans Edmond Orban et Michel Fortmann (dir.), *Le système politique américain*, 4e éd., Montréal, Presses de l'Université de Montréal, Coll. « Paramètres », p. 101-132.

HUDON, Raymond (2008b), *Pour une transparence accrue... sans suspicion systématique*, Mémoire préparé pour présentation devant la Commission des finances publiques chargée d'étudier la mise en œuvre de la *Loi sur la transparence et l'éthique en matière de lobbyisme*, Assemblée nationale du Québec, mai, 26 p.

HUDON, Raymond (2007a), Dura lex sed lex *et* Rules Are Made to Be Broken. *Éclairages sur la Loi sur la transparence et l'éthique en matière de lobbyisme*, Rapport préparé pour le Commissaire au lobbyisme du Québec, 75 p.

HUDON, Raymond (2007b), « Aux frontières de diverses légitimités. L'encadrement de l'activité de lobbying », *Éthique publique [Les gardiens de l'éthique]*, vol. 9, n° 2, p. 105-120.

HUDON, Raymond (2003a), « Politics by other means. The Internet and the promise of enhanced democracy », dans Gaëtan Tremblay (dir.), *Panam. Cultural Industries and Dialogue between Civilizations in the Americas*, Québec, Les Presses de l'Université Laval, Coll. « Éthique et philosophie de la communication », p. 166-195.

HUDON, Raymond (2003b), « Médiation, représentation et démocratie. Changements d'itinéraires entre la société civile et les institutions politiques», dans Jean Crête (dir.), *La science politique au Québec. Le dernier des maîtres fondateurs. Hommage à Vincent Lemieux*, Québec, Les Presses de l'Université Laval, p. 219-245.

HUDON, Raymond (2003c), *Éthique et politique : conditions et contexte*, Présentation lors de l'étude du projet de *Code de déontologie des sénateurs*, Comité permanent du Règlement, de la procédure et des droits du Parlement, Sénat du Canada, Ottawa, 10 juin (http://www.parl.gc.ca/37/2/parlbus/commbus/senate/com-f/Rul2-f/witn-f/hudon-f.htm).

HUDON, Raymond (2003d), *Un code de déontologie pour les lobbyistes*, Commentaire préparé sur le *Projet de Code de déontologie des lobbyistes* soumis par le Commissaire au lobbyisme, Commission des finances publiques, Assemblée nationale du Québec, Québec, septembre.

HUDON, Raymond (2002a), *Entre le droit démocratique et l'obligation de transparence. L'encadrement législatif et réglementaire du lobbying*, Présentation au colloque organisé par la Chaire Stephen-Jarilowski (Université Laval), «Lobbying d'affaires : nouvelles tendances et stratégies», Québec, 13 mars.

HUDON, Raymond (2002b), *Encadrement du lobbying et reconnaissance de l'engagement citoyen*, Mémoire soumis à la Commission des finances publiques chargée de la consultation générale sur le projet de loi n° 80, *Loi sur la transparence et l'éthique en matière de lobbyisme*, Assemblée nationale du Québec, mai.

HUDON, Raymond (2002c), *Règles éthiques comparées : fondements et applications*, Communication au colloque organisé par le Conseil du patronat du Québec, «Le lobbyisme. L'exercer selon les règles», Montréal, 20 novembre.

HUDON, Raymond (1998), «Lobbying et éthique démocratique : l'expérience canadienne», dans Paul H. Claeys, Corinne Gobin, Isabelle Smets et Pascaline Winand (dir.), *Lobbyisme, pluralisme et intégration européenne / Lobbying, pluralism and European Integration*, Bruxelles, Presses interuniversitaires européennes / European Interuniversity Press, Coll. «La Cité européenne», p. 184-207.

HUDON, Raymond (1987), «Le patronage politique : rationalités et moralité», *Revue d'études canadiennes / Journal of Canadian Studies (Le patronage/Patronage)*, vol. 22, n° 2, été, p. 111-134.

HUDON, Raymond (1980), «Les groupes et l'État», dans Gérard Bergeron et Réjean Pelletier (dir.), *L'État du Québec en devenir*, Montréal, Les Éditions du Boréal Express, p. 263-284.

HUDON, Raymond, Christian POIRIER et Stéphanie YATES (2008a), «When Ecology Collide with Economy in Infrastructure Projects», *Network Industries Quarterly*, vol. 10, n° 1, p. 4-6.

HUDON, Raymond, Christian POIRIER et Stéphanie YATES (2008b), «Participation politique, expressions de la citoyenneté, et formes organisées d'engagement. La contribution des coalitions à un renouvellement des conceptions et des pratiques», *Politique et Sociétés*, vol. 27, n° 3, p. 165-185.

HUDON, Raymond et Philippe ROSEBERRY (2008), «Think tanks, opinion publique et le débat public-privé en santé. La dynamique de l'influence», dans François Béland, André P. Contandriopoulos, Amélie Quesnel-Valée et Lionel Robert (dir.), *Le privé dans la santé ? Les discours et les faits*, Montréal, Presses de l'Université de Montréal, p. 237-259.

HUDON, Raymond et Stéphanie YATES (2008), «Lobbying et patronage : modes de médiation en contexte démocratique», *Revue canadienne de science politique*, vol. 41, n° 2, p. 375-409.

HWANG, Monica, Robert ANDERSEN et Edward GRABB (2007), «Voluntary Associations Activity in Quebec and English Canada : Assessing the Effects of Region and Language», *Canadian Journal of Political Science*, vol. 40, n° 1, p. 209-232.

INSTITUTE for MEDIA, POLICY and CIVIL SOCIETY (en association avec le Centre canadien de philanthropie) (2002), *Les organismes prennent la parole. Résultats du dialogue sur l'action sociale des organismes de bienfaisance*, Vancouver, IMPACS, mars (http://www.impacs.org).

KOBAYASHI, Audrey (2008), «Ethnocultural Political Mobilization, Multiculturalism, and Human Rights in Canada», dans Miriam Smith (dir.), *Group Poli-*

tics and Social Movements in Canada, Peterborough (Ont.), Broadview Press, p. 131-157.

KWAVNICK, David (1972), *Organized Labour and Pressure Politics. The Canadian Labour Congress, 1956-1968*, Montréal, McGill-Queen's University Press.

LAFOREST, Rachel et Michael ORSINI (2005), « Evidence-based Engagement in the Voluntary Sector : Lessons from Canada », *Social Policy and Administration*, vol. 39, n° 5, p. 481-497.

LAWSON, Philippa, *Consumer Advocacy Manuel. A Guide for Citizen Activists*, Ottawa, The Public Interest Advocacy Sector, 2ᵉ éd. (http://www.piac.ca/).

LOWERY, David (2007), « Why Do Organized Interests Lobby ? A Multi-Goal, Multi-Context Theory of Lobbying », *Polity*, vol. 30, n° 1, p. 29-54.

McKENZIE, Judith I. (2008), « The Environmental Movement in Canada : Retreat or Resurgence ? », dans Miriam Smith (dir.), *Group Politics and Social Movements in Canada*, Peterborough (Ont.), Broadview Press, p. 279-306.

MONTPETIT, Éric (2002), « Pour en finir avec le lobbying : comment les institutions canadiennes influencent l'action des groupes d'intérêts », *Politique et Sociétés* (*Le néo-institutionnalisme en science politique*), vol. 21, n° 3, p. 91-112.

MORTON, F.L. et Avril ALLEN (2001), « Feminists and the Courts : Measuring Success in Interest Group Litigation in Canada », *Canadian Journal of Political Science*, vol. 34, n° 1, mars, p. 55-84.

NEWMAN, Jacquetta et A. Brian TANGUAY (2002), « Crashing the Party : The Politics of Interest Groups and Social Movements », dans Joanna Everitt et Brenda O'Neill (dir.), *Citizen Politics. Research and Theory in Canadian Political Behaviour*, Toronto, Oxford University Press, p. 387-412.

NOWNES, Anthony J. et Allan J. CIGLER (1995), « Public Interest Groups and the Road to Survival », *Polity*, vol. XXVII, n° 3, p. 379-404.

OLSON, Mancur (1978) [1966], *Logique de l'action collective*, Paris, Presses universitaires de France, Coll. « Sociologies ».

OUESLATI, Salah (2005), « Les groupes d'intérêt public : de la contestation au lobbying conventionnel », *Annales du CRAA*, n° 29, p. 77-96.

PAL, Leslie A. (1993), *Interests of State. The Politics of Language, Multiculturalism, and Feminism in Canada*, Montréal et Kingston, McGill-Queen's University Press.

PIERCE, John C., Mary Ann E. STEGER, Brent S. STEEL et Nicholas P. LOVRICH (1992), *Citizens, Political Communication, and Interest Groups. Environmental Organizations in Canada and the United States*, Westport (Conn.), Praeger, Praeger Series in Political Communication.

POIRIER, Christian (2005), « Politiques cinématographiques et groupes d'intérêt : de la relation ambivalente du cinéma québécois avec ses institutions », *Nouvelles « vues » sur le cinéma québécois*, n° 3, printemps (http://www.cinema-quebecois.net/politique_cp.htm).

POSNER, Richard A. (2003), *Law, Pragmatism, and Democracy*, Cambridge (MA), Harvard University Press.

PRATT, Henry J. (1993), *Gray Agendas. Interest Groups and Public Pensions in Canada, Britain, and the United States*, Ann Arbor (Mich.), University of Michigan Press.

PRICE BOASE, Joan (1994), *Government-Group Relationships in the Health Care Sector*, Montréal et Kingston, McGill-Queen's University Press, Coll. « Administration publique du Canada ».

PROSS, A. Paul (1986), *Group Politics and Public Policy*, Toronto, Oxford University Press.

QUÉBEC – Registraire des entreprises (2004), *Propositions pour un nouveau droit des associations personnifiées*, Document de consultation, Québec, Gouvernement du Québec, septembre.

ROSANVALLON, Pierre (2006), *La contre-démocratie. La politique à l'âge de la défiance*, Paris, Éditions du Seuil.

ROY, Jean-Louis (1976), *La marche des Québécois. Le temps des ruptures (1945-1960)*, Ottawa, Les Éditions Leméac.

RYDEN, David K. (1996), *Representation in Crisis. The Constitution, Interest Groups, and Political Parties*, Albany (N.Y.), State University of New York Press.

SAINT-PIERRE, Diane (2004), « La Politique culturelle du Québec de 1992 et l'Advocacy Coalition Framework (ACF) : une étude de cas dans le domaine de la culture », *Revue canadienne de science politique*, vol. 37, n° 3, septembre, p. 561-580.

SALISBURY, Robert H. (1969), « An Exchange Theory of Interest Groups », *Midwest Journal of Political Science*, vol. XIII, n° 1, p. 1-32.

SAWARD, Michael (2010), *The Representative Claim*, Oxford, Oxford University Press.

SCAMMEL, Margaret (2003), « Citizen Consumers. Towards a New Marketing of Politics ? », dans John Corner et Dick Pels (dir.), *Media and the Restyling of Politics. Consumerism, Celebrity and Cynicism*, Thousand Oaks (Calif.), Sage Publications, 2003, p. 117-136.

SCHIER, Steven E. (2000), *By Invitation Only. The Rise of Exclusive Politics in the United States*, Pittsburgh (PA), University of Pittsburgh Press.

SCHUDSON, Michael (1998), *The Good Citizen. A History of American Civic Life*, Cambridge (Mass.), Harvard University Press.

SEIDLE, F. Leslie (dir.) (1991), *Les groupes d'intérêt et les élections au Canada*, Collection d'études de la Commission royale sur la réforme électorale et le financement des partis (commission Lortie), vol. 2, Approvisionnements et Services Canada, Toronto/Montréal, Dundurn Press/Wilson & Lafleur.

SMITH, Miriam (2008a), « Theories of Group and Movement Organizing », dans Miriam Smith (dir.), *Group Politics and Social Movements in Canada*, Peterborough (Ont.), Broadview Press, p. 15-32.

SMITH, Miriam (2008b), « Identity and Opportunity : The Lesbian and Gay Rights Movement », dans Miriam Smith (dir.), *Group Politics and Social Movements in Canada*, Peterborough (Ont.), Broadview Press, p. 181-202.

STANBURY, W.T. (1977), *Business Interests and the Reform of Canadian Competition Policy, 1971-1975*, Toronto, Carswell/Methuen, Canadian Politics and Government.

SUE, Roger (2001), *Renouer le lien social. Liberté, égalité, association*, Paris, Éditions Odile Jacob.

THORBURN, Hugh G. (1991), « Les groupes d'intérêt et la politique aujourd'hui : de la pression à la concertation », dans Raymond Hudon et Réjean Pelletier (dir.), *L'engagement intellectuel. Mélanges en l'honneur de Léon Dion*, Québec, Les Presses de l'Université Laval, p. 255-272.

TOCQUEVILLE, Alexis de (1963) [1835-1840], *De la démocratie en Amérique*, Paris, Union générale d'éditions, Coll. « 10-18 ».

TRUMAN, David B. (1971) [1951], *The Governmental Process. Political Interests and Public Opinion*, 2ᵉ éd., New York, Alfred A. Knopf.

TURCOTTE, Denis (dir.) (2012), *Associations Québec*, Québec, Québec dans le monde.

VOLUNTARY SECTOR KNOWLEDGE NETWORK, *Community and Government Relations : Influencing Government* (http://www.vskn.ca).

WOOD, Louis Aubrey (1975) [1924], *A History of Farmers' Movements in Canada. The Origins and Development of Agrarian Protest, 1872-1924*, introduction de Foster J.K. Griezic, Toronto, University of Toronto Press.

YOUNG, Lisa et Joanna EVERITT (2004), *Advocacy Groups*, Vancouver, University of British Columbia Press, The Canadian Democratic Audit.

CHAPITRE 8

La communication politique dans la démocratie parlementaire

Anne-Marie Gingras
Département de science politique
Université du Québec à Montréal

- EXPLIQUER LE RÔLE DE LA COMMUNICATION DANS LES DÉBUTS DE LA DÉMOCRATIE PARLEMENTAIRE ;

- COMPRENDRE LES RESPONSABILITÉS DE L'ÉTAT FACE À LA COMMUNICATION ;

- ÉVALUER L'IMPACT DES MÉDIAS DANS LA VIE POLITIQUE, Y COMPRIS CELUI DES MÉDIAS SOCIAUX ;

- ÉTUDIER COMMENT LES FEMMES ET LES HOMMES POLITIQUES INTERAGISSENT AVEC LES MÉDIAS ;

- SAISIR LE RÔLE DES SONDAGES DANS LA VIE POLITIQUE.

Le rôle des médias et de la communication dans la vie politique et dans l'histoire du parlementarisme est inextricablement lié à la naissance de la démocratie libérale. La période des Lumières aux XVIIe et XVIIIe siècles marque le passage de l'autorité royale à la légitimité populaire, le peuple s'imposant comme l'ultime arbitre dans la compétition parlementaire de type Westminster qui s'instaurera d'abord en Grande-Bretagne et dont les règles se mettront peu à peu en place. Le « sujet du roi » devient « citoyen », acquiert – en théorie – autonomie et liberté et est appelé à se prononcer rationnellement sur les affaires de la Cité. La légitimité du vote se fonde sur l'idée que l'opinion du peuple est informée et éclairée ; le vote n'a de sens, en effet, que si les citoyennes et les citoyens débattent d'enjeux de société et choisissent de manière judicieuse les meilleures personnes pouvant assumer la fonction d'élu. Pour débattre, il faut des lieux de discussion, d'où l'intérêt pour le débat et la communication.

Le passage du féodalisme à la démocratie libérale s'accompagne donc de la naissance de lieux de débats – des cafés, des salons, des revues, entre autres – prélude à « l'espace public », un espace intermédiaire entre la sphère privée et la sphère publique qui permet que se constitue une « opinion publique », thèse défendue par Jürgen Habermas dans *L'espace public. Archéologie de la publicité comme dimension constitutive de la société bourgeoise*[1]. Le philosophe décrit la naissance d'un espace public d'abord dans le milieu culturel, puis dans la sphère économique, les marchands et les commerçants étant amenés à discuter des matières sur lesquelles l'État entend dorénavant agir (comme les prix et les droits de douane). La discussion publique permet aux bourgeois de se constituer collectivement en acteurs capables de s'opposer à l'État, selon Habermas. L'opinion publique pourra ensuite légitimement affronter l'État en utilisant de manière implicite le principe de la souveraineté populaire, même à l'encontre des institutions représentatives. Deux instances compétitives de représentation des citoyens, le Parlement et l'opinion publique, vont donc en principe devoir coexister.

La thèse de Habermas sur l'espace public a été âprement discutée pour des raisons tant historiques que normatives. La discussion menant à la création de l'opinion publique en Grande-Bretagne, en France et en Allemagne aux XVIIe et XVIIIe siècles aurait été, selon Habermas, marquée par la rationalité, la transparence et l'égalité ; seule la validité des arguments, et non l'importance sociale de ceux et celles qui s'expriment, aurait pesé sur le débat public pour créer une opinion publique informée. Cette thèse donne à penser que les considérations liées au prestige, au statut

_____

1. Version originale 1962, traduction française 1978.

ou à la fortune auraient été «suspendues» pour faire place à un débat égalitaire, ce qui est fort peu réaliste. Malgré cela, au moins deux raisons expliquent que la thèse habermassienne ait tant attiré l'attention et ait suscité une admiration si grande qu'elle soit devenue l'un des principaux paradigmes – au sens de Kuhn – ayant cours dans les études en communication politique. Premièrement, le modèle de débat rationnel suppose des citoyennes et des citoyens informés capables de délibérer pour se constituer en une sorte d'«autogouvernement», ce qui correspond en tous points à l'idéal des Lumières et à la pensée libérale qui valorise l'autonomie individuelle; ce modèle est fort attrayant sur le plan intellectuel. Deuxièmement, la seconde partie de la thèse de Habermas, qui porte sur la dégradation de l'espace public marquée par la commercialisation et la marchandisation, correspond à l'essentiel des propos faits à l'égard des médias tant par des chercheurs critiques que par une grande quantité d'observateurs du monde médiatique (voir l'encadré 8.1).

Aujourd'hui, on peut définir l'espace public comme un lieu matériel ou immatériel de discussion permettant aux citoyens et aux citoyennes de se faire une opinion éclairée des affaires de la Cité et de choisir de manière judicieuse les meilleures personnes pour occuper la fonction d'élu. Voilà pourquoi les attentes envers les médias, quand elles sont pensées en fonction de la démocratie et de l'espace public, sont si élevées. La référence à l'espace public s'inscrit dans une volonté de faire des médias un lieu utile à la démocratie, un lieu qui permette aux individus d'acquérir des connaissances, de comprendre l'éventail des positions politiques sur un enjeu, d'évaluer les programmes présentés et de saisir les idéologies

qui s'affrontent dans l'arène politique. On reconnaît que c'est en partie grâce aux médias que se forment les opinions sur les candidats et les candidates lors d'une élection. Donc, même si l'espace public n'est ni aussi transparent, rationnel ou égalitaire que le laisse supposer le modèle habermassien des XVIIᵉ et XVIIIᵉ siècles, il représente un horizon, une utopie plaçant les médias au cœur du processus politique grâce à leur mandat d'éducation citoyenne et de formation éclairée des opinions.

Cette brève introduction laisse voir que la communication «joue un rôle» en démocratie, en ce sens qu'elle contribue à ce que se forment les opinions des citoyennes et des citoyens. Quant aux médias, ils ne sont ni des acteurs politiques ni au contraire de simples «courroies de transmission». On peut les définir comme des médiateurs, c'est-à-dire des «agents individuels ou collectifs par qui transitent des messages explicites ou implicites: ces agents ajoutent une couche de sens par diverses méthodes dont la sélection des nouvelles, la hiérarchisation des sujets ou le cadrage de personnes ou d'événements» (Gingras, 2012a: 690). Les journalistes sont rarement des «acteurs autonomes»; ils s'inscrivent plutôt dans de grands courants de pensée et d'action et les médias constituent des terrains où se déploient les luttes sociopolitiques et économiques.

Dans le but d'étudier divers aspects du rapport entre la communication et le politique, ce chapitre comporte quatre sections. La première porte sur les responsabilités de l'État envers la communication; on y explique la *Politique de communication du gouvernement du Canada* et sa mise en œuvre plutôt difficile, tant pour la députation que pour la fonction publique. La deuxième section

ENCADRÉ 8.1

Perspectives théoriques : libérale et critique

Les perspectives libérale et critique sont des manières différentes d'appréhender le monde, de concevoir le pouvoir et le changement, de saisir le rôle des médias. Le libéralisme est une philosophie qui comporte de nombreuses variantes, mais on peut le caractériser par sa défense de la liberté, de la propriété privée et de l'individualisme et sa promotion de la compétitivité et de l'entrepreneuriat. Les critiques, au contraire, mettent l'accent sur l'égalité, la redistribution des richesses, la défense du bien public et l'humanisme ; les intérêts de la collectivité peuvent restreindre la liberté des individus. Les libéraux promeuvent la charité tandis que les critiques lui préfèrent la justice.

Les médias, dans la perspective libérale, constituent des agents de socialisation et on y réfère comme à un « quatrième pouvoir », ce qui signifie qu'à côté des pouvoirs exécutif, législatif et judiciaire, ils sont une force dont les dirigeants doivent tenir compte. Dans la perspective critique, on conçoit les médias comme insérés dans une structure corporative et dans une structure juridique, ce qui fait d'eux non pas des acteurs autonomes mais des instruments aux mains de certains intérêts, bref des « appareils idéologiques » qui participent à l'évolution des rapports dans une société. Par ailleurs, on les considère aussi comme des « terrains de lutte » dans lesquels certaines idées, non conformes à l'idéologie dominante, peuvent apparaître à l'occasion, ce qui fait d'eux un objet d'intérêt pour la recherche critique (Gingras 2003).

discute des « effets des médias », de leur impact dans les rapports de force en société ainsi que du rôle des médias sociaux. Dans la troisième section, on s'interroge sur la manière dont les femmes et les hommes politiques interagissent avec les médias ; l'interdépendance mutuelle entre les politiques et les journalistes est expliquée de même que les concepts de politique spectacle et de personnalisation dans la vie publique. La quatrième section porte sur la fabrique de l'opinion ; le rôle du sondage dans les dynamiques politiques est mis en valeur, de même que quelques éléments techniques trop souvent passés sous silence.

LES RESPONSABILITÉS DE L'ÉTAT FACE À LA COMMUNICATION

La *Politique de communication du gouvernement du Canada*[2] (2006) explique la mission de l'État face à la communication avec le public. Son premier article en résume l'esprit : « Dans le système canadien de démocratie parlementaire et de gouvernement responsable, le gouvernement a l'obligation d'expliquer ses politiques et ses décisions

---

2. http://www.tbs-sct.gc.ca/pol/doc-fra.aspx?id= 12316, page consultée le 6 janvier 2008.

et d'informer le public des priorités qu'il établit pour le pays. Les Canadiens ont besoin de renseignements pour leur permettre – à titre individuel ou par le truchement des groupes qui les représentent ou de leurs députés – de participer activement et utilement au processus démocratique. » La Politique établit l'obligation pour les élus de consulter la population au sujet des priorités à poursuivre, des programmes à mettre en œuvre et des services à offrir. Elle oblige le gouvernement à être à l'écoute du public, à définir et à évaluer les besoins des citoyens et des citoyennes et à y répondre. Pour ce faire, le gouvernement doit obtenir le plus d'informations possible sur les besoins et les attentes du public (article 6).

En précisant que la population canadienne doit pouvoir prendre connaissance du processus d'élaboration des politiques publiques, y réagir et exercer une influence sur cette élaboration (article 4), la Politique fait implicitement référence aux « comités parlementaires » – appelés « commissions parlementaires » à Québec –, des lieux où sont discutés les projets de loi article par article et où sont entendus des témoins, entre autres. L'information fournie au public doit donc directement servir à ce que celui-ci participe activement et s'implique dans l'élaboration des politiques publiques. On reconnaîtra qu'il s'agit là d'un pas de plus dans la fonction démocratique de la communication, qui ne sert plus seulement à débattre dans l'espace public et à juger des meilleures personnes pouvant occuper la fonction d'élu, mais aussi à intervenir dans les processus parlementaires et administratifs. Le rôle des citoyennes et des citoyens dans la démocratie concerne, on le constate, bien plus que le vote ou la discussion dans l'espace public. À l'article 5, la Politique fait état d'un « partenariat efficace »

entre les Canadiens et leur gouvernement et à l'article 6, on peut y lire : « Le dialogue entre les citoyens et leur gouvernement doit être continu, ouvert, inclusif, pertinent, clair, sûr et fiable. La communication est un processus bidirectionnel. »

La *Politique de communication du gouvernement du Canada* détaille également la communication de la fonction publique. Trois articles (8 à 10) insistent sur l'importance d'encourager ses gestionnaires à discuter ouvertement avec le public des programmes, des services, des politiques et des initiatives dont ils ont la responsabilité et de le faire avec cohérence et efficacité, cela pour préserver la confiance en l'intégrité et en l'impartialité de la fonction publique. L'accessibilité et l'obligation de rendre des comptes sont posées comme principes au fondement de la politique, des principes que doivent respecter les élus, mais qui ne sont possibles que si la fonction publique communique facilement, avec diligence et efficacité.

La démocratie parlementaire exige donc à la fois de la part des députées, députés et ministres, des gestionnaires et des membres de la fonction publique à tous les niveaux, un travail complémentaire de communication visant la prise en compte des besoins du public et la discussion avec celui-ci. La fonction publique poursuit des mandats administratifs clairs auquel s'ajoutent des mandats « plus politiques », dictés par le gouvernement en place ; dans la politique de communication, les gestionnaires et la fonction publique ne sont pas assujettis aux volontés partisanes de l'exécutif, mais ils « servent au mieux l'intérêt du public en communiquant ouvertement, en étant réceptifs aux besoins et en fournissant des renseignements au sujet des politiques, programmes, services et initiatives qu'ils aident à administrer, tout en usant de la circonspection voulue dans le cas des renseignements de nature délicate» (article 8). Ils exercent leur rôle «avec objectivité et conformément aux principes de la démocratie parlementaire et de la responsabilité ministérielle» (article 9). Cela signifie que la communication d'informations de nature politique ou sensible est réservée aux ministres et que la communication de renseignements techniques ou factuels relève de la fonction publique.

La *Loi sur l'accès à l'information*, promulguée en 1983, stipule l'existence d'un droit des citoyennes et des citoyens à l'information gouvernementale et la possibilité de recours indépendant du pouvoir exécutif (article 2) en la personne du commissaire à l'information[3]. Ce haut fonctionnaire, qui répond de ses actes directement devant le Parlement, produit des rapports et des analyses qui constituent des «bilans de santé» du système d'accès à l'information; il y précise la nature et la fréquence des manquements à la Loi.

Il existe toute une architecture institutionnelle favorisant la transparence; certains de ses éléments remplissent adéquatement leur fonction, d'autres moins[4]. Par exemple, la *Loi fédérale sur la responsabilité*, adoptée en 2006, renforce les pouvoirs du Commissaire à l'éthique, modifie le financement des partis politiques, crée un poste

de Directeur des poursuites judiciaires, renforce la Loi sur le lobbying, modifie les règles d'attribution des contrats de publicité et de sondages, protège les sonneurs d'alarme (aussi appelés «lanceurs d'alerte» ou «*whistleblower*») et crée un poste de Commissaire à l'intégrité de la fonction publique, entre autres. En matière d'accès à l'information, elle élargit la portée de la Loi en soumettant plus d'organismes à l'accès à l'information, comme les agents du Parlement et la Société Radio-Canada. Dorénavant, les fonctionnaires chargés de l'application de la *Loi sur l'accès à l'information* ont l'obligation de prêter assistance aux demandeurs d'informations, quels qu'ils soient.

Les agents du Parlement – Directeur général des élections, Vérificateur général, Commissaire aux langues officielles, Commissaire à la protection des renseignements personnels, Commissaire à l'information – ont le mandat d'étudier les politiques et les pratiques gouvernementales, d'en évaluer la conformité avec les normes officielles et de faire rapport au Parlement et par ricochet à la population. Les débats publics peuvent donc être enrichis grâce à l'expertise de ces organismes.

Malgré ses trente années d'existence, le système d'accès à l'information ne remplit pas les promesses qu'il avait suscitées. En effet, les longs délais de réponse aux demandes d'accès constituent un problème récurrent, identifié par tous les commissaires à l'information qui ont occupé la fonction depuis 1983. Il est permis de penser que la médiatisation des appels répétés des commissaires successifs à respecter la *Loi sur l'accès à l'information* ainsi que la popularité des politiques de transparence dans les démocraties occidentales (comme l'*open government*) ont pu exercer un certain effet sur le rendement de la

---

3. http://www.infocom.gc.ca/menu-f.asp, Consulté le 6 janvier 2009.

4. Comme l'illustre l'exemple de la Commissaire à l'intégrité de la fonction publique nommée en 2007 n'ayant trouvé aucune faute d'intégrité en trois ans malgré 228 plaintes. Selon la Vérificatrice générale du moment, Sheila Fraser, la Commissaire à l'intégrité n'aurait pas établi de procédures pour traiter les divulgations d'actes répréhensibles et les plaintes en matière de représailles reçues en vertu de la loi. http://www.oag-bvg.gc.ca/internet/Francais/parl_oag_201012_f_34448.html. Consulté le 6 novembre 2012.

fonction publique en matière d'accès à l'information. En effet, dans son rapport *Être à la hauteur. Améliorations et préoccupations continues en accès à l'information de 2008-2009 à 2010-2011*[5] publié au printemps 2012, la Commissaire à l'information note des améliorations dans les délais de traitement des demandes, mais les performances sont très variées d'un ministère à l'autre. Seulement 57 % des plaintes reçoivent une réponse dans les délais prescrits par la loi, selon les statistiques du Secrétariat du Conseil du Trésor, alors qu'on répond à 30 % des demandes plus de deux mois après la prorogation du délai de 30 jours (donc après 90 jours). Le Bureau du Conseil privé, qui est le ministère du Premier ministre, avait dans le passé une cote de rendement très peu enviable ; de 2003 à 2007, elle était de F, en 2008-2009 de D et pour 2010-2011, elle est passée à B. Le délai moyen de traitement des demandes d'accès au Bureau du Conseil privé est de 132 jours alors que la loi exige qu'on réponde aux demandes dans les trente jours.

À ce problème de délai dans les réponses s'ajoutent trois questions délicates aux yeux de la Commissaire à l'information. Premièrement, bien que plusieurs ministères aient augmenté leurs ressources aux bureaux d'accès à l'information, et ainsi amélioré leurs performances, les fonctionnaires chargés du dossier s'inquiètent de l'effet des compressions budgétaires annoncées en avril 2012. La question de la « pénurie de personnel » en matière d'accès, un problème récurrent, fait l'objet d'une attention spéciale dans le rapport *Être à la hauteur*.

Deuxièmement, la Commissaire fait état de pratiques contraires à l'esprit et la lettre de la loi dans certains ministères, comme fermer des dossiers avant que les résultats d'une consultation interministérielle ne soient connus, ou encore décréter que l'ensemble d'un document peut être soustrait à la loi parce qu'une partie seulement est en fait l'objet d'une exception, c'est-à-dire soustraite à la loi pour des raisons de sécurité nationale, de protection des données personnelles, etc.

Troisièmement, un désaccord au sujet de la délégation de pouvoir pour la prise de décision en matière d'accès à l'information subsiste depuis plusieurs années entre la Commissaire et les plus hauts échelons de la hiérarchie politico-administrative, le Bureau du Conseil privé. Autrement dit, sont-ce les fonctionnaires spécialistes de la question qui doivent traiter les demandes, conformément à la loi, ou d'autres personnes qui prennent des décisions en fonction de critères autres que ceux édictés par la loi ? Les échanges entre le Commissariat et le Bureau du Conseil privé font voir que dans cet organisme, la source du pouvoir en matière d'accès à l'information ne réside pas nécessairement entre les mains des fonctionnaires spécialistes de l'accès. De plus, les institutions fédérales soumises à la loi qui doivent consulter le Bureau du Conseil privé pour répondre aux demandes d'accès affirment que ceci allonge les délais de réponse. À une certaine période, ce système filtrait toutes les communications des ministères, même celles sans incidence politique, ce qui a suscité les protestations de journalistes et d'observateurs (Campion-Smith, 2008a et 2008b ; Castonguay, 2008 ; Cornellier, 2008 ; Pugliese, 2007 Gingras, 2012b). La mission de communication de la fonction publique

5. http://www.oic-ci.gc.ca/fra/rp-pr_spe-rep_rap-spe_rep-car_fic-ren_measuring-up-etre-a-la-hauteur.aspx. Consulté le 31 octobre 2012.

s'est ainsi trouvée assujettie aux volontés du ministère du premier ministre, ce qui a nui à l'indépendance de la fonction publique et brouillé la frontière entre l'administratif et le politique.

Cette question nous mène naturellement au problème d'ingérence politique dans le traitement des demandes d'accès à l'information, illustré par l'intervention d'un attaché politique (le directeur des affaires parlementaires) au cabinet du ministre de Travaux publics et Services gouvernementaux Canada dans le traitement d'une demande en 2009. Après que le responsable de l'accès – un fonctionnaire – eut divulgué un rapport sur les biens immobiliers du ministère, l'attaché politique a ordonné au fonctionnaire de ne pas le faire et de retourner dans la salle du courrier pour reprendre le document déjà envoyé. Après avoir enquêté sur cette affaire, la Commissaire rappelle que le système d'accès à l'information relève exclusivement du travail de la fonction publique et que l'ingérence politique contrevient à la loi. Elle blâme le fonctionnaire chargé de l'accès à l'information d'avoir obéi à un attaché politique et explique que ses pouvoirs ne lui permettent pas de demander à la GRC d'enquêter au sujet des gestes posés par le personnel politique, ce qui est un frein pour faire respecter la Loi[6].

C'est dans ce contexte particulier qu'en avril 2012, le gouvernement fédéral lançait un plan d'action sur l'*open government*[7], un projet qui en est à ses premiers balbutiements et qui répond à un besoin largement exprimé dans les démocraties occidentales, comme l'illustrent les initiatives lancées aux États-Unis, en Australie et au Royaume-Uni, entre autres. L'*open government* canadien devra être étudié de près pour qu'il ne serve pas uniquement à légitimer le système politique, mais qu'il contribue véritablement à instaurer plus de transparence[8].

QUEL EST L'IMPACT DES MÉDIAS SUR LA VIE POLITIQUE? ET QU'EN EST-IL DES MÉDIAS SOCIAUX?

La question de l'impact des médias sur la vie politique et parlementaire nécessite qu'on s'intéresse à la manière dont les médias peuvent influencer les choix de l'électorat. Voilà une lancinante interrogation qui se pose depuis les années 1940. Avec la multiplication des technologies médiatiques, et avec un cycle de nouvelles de 24 heures, il est aussi naturel de s'interroger sur le rôle d'Internet et des médias sociaux dans la vie politique. L'impact des médias peut être résumé en deux temps, d'abord en posant la question des effets à court terme et ensuite en expliquant le rôle des médias dans les rapports de force en société.

Premièrement, dans la catégorie des effets à court terme et dans une perspective positiviste, on note les effets stratégiques sur le vote tels l'effet *underdog* (privilégier le perdant parce qu'il attire la sympathie), l'effet *bandwagon* (privilégier le gagnant pour paraître soi-même du bon côté de l'histoire) et les effets mobilisateurs (on s'active) ou démobilisateurs (on se décourage et s'immobilise). D'autres concepts plus récents

6. http://www.oic-ci.gc.ca/fra/rp-pr_spe-rep_rap-spe_rep-car_fic-ren_2010-2011_interference-with-ati-interference-avec-ati.aspx. Consulté le 31 octobre 2012

7. http://www.open.gc.ca/index-eng.asp.

8. http://www.open.gc.ca/index-eng.asp

cristallisent l'idée d'influence des médias dans le jeu politique : l'*agenda setting*, l'effet d'amorçage et le cadrage.

L'*agenda setting*, ou mise sur agenda, réfère à la capacité de dicter « l'ordre du jour politique », c'est-à-dire les priorités, tant des personnages politiques que des médias ou de la population. À l'origine, la mise sur agenda était le phénomène selon lequel les médias établissaient les priorités politiques de la population par le seul fait qu'ils portaient attention à certaines réalités et événements ; on n'indiquait pas quoi penser comme tel, mais on dictait les sujets pour lesquels il importait de se faire une opinion. Expression créée en 1972 par Maxwell McCombs et Donald Shaw, elle signifie que les membres d'un auditoire en viennent à accepter personnellement l'importance accordée aux sujets traités par les médias. Par ricochet, puisque ces sujets deviennent importants pour la population, ils seraient considérés prioritaires pour le gouvernement.

Le concept de mise sur agenda a pris une certaine expansion pour signifier la capacité de n'importe quel acteur ou institution de dicter les priorités médiatiques, gouvernementales ou populaires. Comme les partis et les personnages politiques excellent dans certains domaines et pas dans d'autres, ils cherchent à cristalliser l'attention médiatique ou populaire sur les premiers et à faire oublier les seconds. Durant la campagne électorale québécoise de l'été 2012, par exemple, le Parti québécois a cessé de traiter de corruption le jour où Jacques Duchesneau, un ancien policier et un champion de la lutte contre la corruption, s'est présenté pour la Coalition Avenir Québec (CAQ). Mettre de l'avant la priorité de la lutte contre la corruption revenait, pour le Parti québécois, à pousser l'électorat dans les bras de la CAQ,

et inversement, la CAQ avait tout intérêt à traiter le plus souvent de corruption, puisqu'elle était perçue comme le parti ayant les coudées les plus franches pour lutter efficacement contre ce fléau. Les partis ont intérêt à mettre à l'agenda un sujet qui leur attirera les faveurs de l'électorat et à éviter les sujets qui leur nuisent ; cette constatation peut évidemment poser problème sur le plan du débat démocratique, car le choix des priorités devrait être fonction des besoins réels d'une société et non de l'effet tactique qu'il produira sur le succès ou l'échec électoral d'un parti.

Un concept apparenté à la mise sur agenda est l'effet d'amorçage (effet *priming*) (Iyengar et Kinder, 1987) : un sujet important devient le critère de référence à l'aune duquel l'électorat se prononce sur le rendement d'un gouvernement ou de celui d'une personnalité publique. Il est question ici de l'influence prépondérante d'un sujet qui modèle l'opinion dans un sens positif ou négatif. Cela pourrait être par exemple la souveraineté pour le Parti québécois ou le redressement des finances publiques pour le Parti libéral québécois. Sur la scène fédérale, cela pourrait être l'abolition du registre des armes d'épaule pour le Parti conservateur, la défense de l'environnement pour le Parti vert ou le maintien des programmes sociaux pour le NPD.

Par extension, la mise sur agenda – dans l'acception première du concept – et l'effet d'amorçage laissent croire que les médias influencent les priorités gouvernementales en déterminant les questions dont le gouvernement doit s'occuper et celles dont il peut raisonnablement ne pas tenir compte, puisqu'il s'agit de celles dont la population se préoccupe et de celles qu'elle ignore (Iyengar et Kinder, 1987 : 120-121). Ces deux effets donnent aussi à penser que la couverture des campagnes électorales, parce qu'elle fournit les critères d'évaluation du rendement des gouvernements et des personnes politiques, transforme les médias en véritables acteurs politiques.

Mais dans la vie parlementaire et partisane, les influences ne s'exercent pas comme le supposent la mise sur agenda et l'effet d'amorçage. Un examen rapide des rapports entre le milieu politique et les médias montre premièrement que l'influence prépondérante sur l'ordre du jour varie en fonction des circonstances (tantôt c'est la presse qui l'établit, tantôt ce sont les personnes politiques, tantôt c'est un autre acteur social); deuxièmement que l'ordre du jour se construit petit à petit à la suite d'échanges non seulement entre le milieu politique et les médias, mais avec d'autres acteurs (les organisations non gouvernementales, les gens d'affaires, les experts, les syndicats, etc.), le tout avec une influence variée, souvent faible, de la population. Il est parfois difficile de vérifier qui est à l'origine des influences sur l'établissement des priorités politiques, car les interventions auprès des gouvernements ou à l'intérieur de ceux-ci se font souvent de manière discrète.

La mise sur agenda et l'effet d'amorçage font voir que les médias jouent un rôle dans la construction des priorités politiques, mais ils sont loin d'être des « acteurs sociaux autonomes », car ils réagissent aux événements en rapportant les paroles et les gestes d'acteurs politiques, sociaux et économiques. Leur « choix » de priorités correspond soit aux réactions de ces acteurs (ils réagissent en écho à ceux-ci), soit aux exigences de leur idéologie professionnelle (dimension spectaculaire, intérêt humain, valorisation de l'insolite, scandales, etc.).

Enfin, le cadrage constitue aussi une manière d'organiser l'information qui vise à inclure une interprétation des faits ou des phénomènes tout en transmettant l'information sur ceux-ci. Il s'agit d'une perspective ou d'un angle qui agit comme un moule grâce auquel les événements peuvent être rapportés. De manière plus précise, on dira avec Todd Gitlin (2003 : 6-7) que ce concept renvoie à des modèles persistants de cognition, d'interprétation, de présentation, de sélection, d'accentuation et d'exclusion à l'aide desquels les acteurs sociaux qui manient des symboles peuvent construire des discours publics. Les cadrages, qu'on peut assimiler à des angles journalistiques ou à des perspectives sociologiques, apparaissent inévitables parce qu'une question politique peut rarement être traitée sans que ne soit imposé un angle quelconque qui a pour effet d'en faciliter la lecture et d'en sur-simplifier la compréhension. La recherche démontre que les cadrages stratégiques prévalent dans la médiatisation de la vie politique et parlementaire (Taras, 1999 : 48-53 ; Mendelsohn, 1996 ; Trimble et Sampert, 2004), particulièrement lors des élections qu'on assimile bien davantage à des courses, des concours et des compétitions qu'à des moments où le peuple réfléchit aux programmes qui lui sont présentés.

Le cadrage stratégique a aussi prévalu dans la couverture de la Commission Gomery, soit dans 52,4 % des articles de l'échantillon de quatre journaux étudié dans une recherche publiée en 2010, alors que le cadrage éthique a été utilisé dans 30,3 % et le cadrage thématique dans 17,3 % des articles. Ces chiffres cachent cependant une distinction importante par appartenance linguistique. En effet, *Le Devoir* et *La Presse* ont utilisé le cadrage stratégique dans des proportions respectives de 43,5 % et 39, 6 %, alors que le *Globe and*

Mail et le *National Post* l'ont fait dans des proportions respectives de 62,1 % et 71,4 % (Gingras, Sampert et Gagnon-Pelletier, 2010). Le cadrage stratégique correspond à l'idée assez répandue que toute question politique peut être appréhendée en fonction de sa capacité à « faire gagner ou perdre des points » à un parti ou un personnage politique. Pour la Commission Gomery, cela s'est traduit par des commentaires sur la popularité du PLC et de celle de ses concurrents : le PC, le Bloc Québécois et le NPD. Une partie des audiences de la Commission Gomery s'étant déroulée en français, la compréhension que certains éditorialistes du *Globe and Mail* et du *National Post* en avaient était limitée, et l'usage du cadrage stratégique a servi à se concentrer sur la rivalité entre partis au lieu de traiter des questions de fond. La connaissance de la langue n'est cependant pas souvent le principal handicap auquel les journalistes font face pour traiter de politique. Par manque de formation, d'intérêt ou de temps, certains journalistes contournent l'essence des dossiers pour s'intéresser aux « points » qu'un gouvernement ou un parti gagne ou perd en adoptant une politique publique ou une orientation particulière. Cette manière de faire permet une économie de temps et d'énergie parce que les questions de fond ne sont pas étudiées, mais elle n'enrichit assurément pas les débats.

Deuxièmement, dans une perspective constructiviste, il faut plutôt situer les médias – la plupart d'entre eux – dans une structure corporative, ce qui place les journalistes en situation de dépendance relative face aux propriétaires. Les médias sont alors conçus comme des organisations en lien étroit avec les élites et promouvant une certaine vision du monde. La recherche critique a historiquement accordé ce genre d'influence aux médias ; dès les années 1930, l'École de Francfort[9] et, par la suite, des auteurs comme Gramsci, Althusser et Kellner ont conçu les médias comme des « outils » au service des élites politiques et économiques et non comme des acteurs sociaux indépendants des centres de pouvoir (Gingras, 2003 : 36-37, 60-61). Ces outils, baptisés « appareils idéologiques d'État » (AIE), doivent cependant être considérés de manière complexe et multidimensionnelle, car s'ils contribuent au maintien de l'hégémonie, c'est-à-dire au processus par lequel un groupe social dominant économiquement transforme cette domination en leadership culturel, social et politique, ils sont aussi des terrains de lutte (Hall, 1987 : 35-36).

Internet et les médias sociaux sont effectivement utilisés comme un terrain de lutte, un lieu où s'expriment des opinions variées, contradictoires, et quelquefois à la limite de la légalité. Comme les technologies médiatiques sont omniprésentes dans de nombreux milieux (travail, études, vie sociale) et comme la technique porte souvent en elle un espoir d'amélioration sociale ou politique, il n'est pas étonnant que nous ayons été portés à

---

9. À l'encontre de l'hypothèse marxiste orthodoxe voulant que les contradictions de la société capitaliste allaient nécessairement radicaliser la classe des travailleurs et des travailleuses, faisant ainsi émerger la conscience de classe, les principaux chefs de file de l'École de Francfort, Adorno et Horkheimer, prétendaient que les industries de la culture et les médias empêchaient le développement de cette conscience en étant de puissants instruments de contrôle social. On mobilise l'appui des gens en faveur des institutions capitalistes, de ses valeurs et de ses pratiques « par en bas », par les films, la radio, les publications de toutes sortes.

associer l'usage des médias sociaux à une participation politique accrue.

Dès la généralisation de l'Internet en 1993-1994, le vice-président américain Al Gore liait ce réseau mondial à l'*empowerment* des citoyennes et des citoyens[10]. À en croire Gore, les promoteurs des réseaux et même des organisations militantes, la société civile allait pouvoir exercer un rôle accru dans les décisions politiques grâce à l'extraordinaire potentiel technologique des réseaux électroniques : l'accès à l'information allait permettre une meilleure connaissance des politiques et des programmes publics, l'interactivité allait encourager la délibération sur les questions d'intérêt public et la transmission à haut débit ainsi que la vitesse des communications allaient faciliter l'auto-organisation de la société civile. Cette hypothèse ne s'est pas avérée, les internautes utilisant surtout la communication électronique à des fins ludiques, commerciales et personnelles et les gouvernements utilisant les technologies médiatiques principalement pour offrir des services directs aux citoyennes et aux citoyens ainsi que pour économiser des ressources.

Aujourd'hui, tant les aspects positifs que négatifs de l'usage des technologies médiatiques dans la vie politique et parlementaire existent. Si les technologies permettent une plus grande proximité entre citoyens et citoyennes d'une part, et personnages politiques d'autre part, elles accélèrent aussi considérablement la vitesse des échanges avec les médias, rendant dans les faits ce monde politico-médiatique qui fonctionne à

très grande vitesse peu accessible aux individus occupés à autre chose qu'à surfer sur la toile durant des heures (Waddell, 2012 : 125-127). De plus, les technologies médiatiques peuvent être utilisées à des fins de répression par les régimes autoritaires, comme le montre Evgeny Morozov (2011) dans son livre *The Net Delusion*, ou encore faciliter les fraudes, comme l'illustre l'affaire des appels robotisés lors de la campagne électorale de 2011 (voir l'encadré 8.2).

Ceci dit, il semble bien que l'usage des réseaux électroniques au Canada et au Québec ait peu modifié les rapports entre la société civile et l'État ; le « pouvoir citoyen » n'est pas apparu grâce à la technologie. Deux types de pratiques politiques sont tout de même facilités. Premièrement, des médias sociaux comme facebook ou twitter rendent l'organisation d'activités multiples (manifestations, pétitions, etc.) plus aisée, le premier pour les réseaux de contacts spécifiques de chaque internaute et le second pour une plus large portion d'internautes et de manière instantanée. Par exemple, lors des manifestations liées au conflit étudiant québécois du printemps de 2012, les jeunes se servaient de twitter pour s'aviser mutuellement des lieux où se trouvaient les policiers. Le service de police de la Ville de Montréal utilisait aussi twitter pour aviser (entre autres) les étudiantes, les étudiants et les médias du caractère illégal des manifestations. Deuxièmement, les médias sociaux réduisent les coûts d'organisation et de coordination de manière considérable, allégeant en quelque sorte l'action militante.

La multiplication des canaux et des formes de communication dans les médias sociaux (mots, vidéos, images) rendent une question

---

10. Voir le discours de Al Gore à l'Union internationale des télécommunications, le 21 mars 1994, reproduit dans Alain His (1996 : 77-87).

Robocall : l'histoire d'une fraude facilitée par les technologies médiatiques

L'usage des technologies médiatiques peut améliorer ou détériorer l'atmosphère politique. Il peut faciliter le rapport entre l'électorat et la députation, ou encore rendre plus aisée l'organisation des fraudes.... Le « robocall » est le diminutif donné à une affaire mettant en vedette des appels téléphoniques automatisés frauduleux et l'utilisation d'une base de données sur les affiliations partisanes d'électeurs et d'électrices. Il semble bien que durant la campagne électorale menant aux élections du 2 mai 2011, on ait tenté de perturber le vote ! Deux types d'appels sont en cause, bien que le premier soit le plus important : d'abord les appels provenant prétendument et faussement d'Élections Canada rapportant une information inventée de toute pièce au sujet d'un changement de lieu du bureau de scrutin de certaines circonscriptions, et ensuite des appels agressifs ou xénophobes, quelquefois effectués en pleine nuit, prétendant provenir du candidat libéral local. C'est la circonscription de Guelph qui a, la première, été l'objet de plaintes déposées chez le Directeur général des élections, mis au courant d'au moins 7600 appels dans cette seule circonscription, d'où ont émané 68 plaintes formelles. En août 2012, après plusieurs mois d'enquête, Élections Canada avait reçu près de 1400 plaintes provenant de 234 comtés.

Selon des documents d'Élections Canada déposés en cour, les appels ont pu être reliés à celui d'un ordinateur du bureau du candidat conservateur de Guelph. C'est la compagnie Rack Nine qui aurait fourni l'adresse IP de l'ordinateur en cause. Cette compagnie spécialiste en technologies médiatiques aurait été utilisée par une personne se cachant sous le pseudonyme de « Pierre Poutine » ou « Pierre Jones » et ayant tenté d'effacer les traces de ses gestes en utilisant un téléphone cellulaire facturé à l'utilisation, une fausse adresse et un serveur proxy. Malgré ces tentatives de camouflage, un employé du Parti conservateur a été identifié parmi ceux et celles qui avaient accès à la base de données du Parti conservateur sur les affiliations partisanes des citoyens et citoyennes. Une situation spécifique est évoquée par plusieurs plaignants dans cette affaire : ils ont d'abord été sondés par des personnes se réclamant du Parti conservateur et leur ont indiqué ne pas vouloir voter pour ce parti. Ils auraient ensuite reçu des appels leur indiquant le faux changement de lieu du bureau de scrutin. On aurait ainsi détourné quelques centaines ou quelques milliers d'électeurs de leur lieu de vote. Dans les circonscriptions où la majorité est mince, les résultats sont contestés en Cour fédérale : Ile de Vancouver nord, Yukon, Elmwood-Transcona, Winnipeg-centre-sud, Saskatoon-Rosetown-Biggar – tous gagnés par des conservateurs. C'est la circonscription de Nipissing-Timiskaming, où des appels frauduleux ont aussi été faits, qui retient le plus l'attention parce qu'elle a été remportée par le conservateur Jay Aspin par seulement 18 voix. La Cour fédérale a pris la cause en délibéré en décembre 2012.

Le document d'Élections Canada intitulé « Enjeux découlant des communications téléphoniques inappropriées reçues par des électeurs » (novembre 2012) résume la question et explique les aspects juridiques et les difficultés liées à l'enquête sur les appels téléphoniques frauduleux. Au moment de mettre sous presse, le Directeur général des élections étudiait la question de l'usage des technologies médiatiques par les partis politiques dans le but d'émettre des recommandations visant un usage approprié des technologies médiatiques.

plus compréhensible par un plus large éventail d'individus, et souvent de manière spectaculaire, ludique, cynique ou humoristique. L'expression politique s'en trouve accrue, mais pas nécessairement le dialogue ou l'argumentaire rationnel. Les travaux effectués depuis une quinzaine d'années sur les discussions en ligne montrent que des effets d'homogénéisation s'exercent dans les médias sociaux, les internautes fréquentant des personnes qui leur ressemblent, s'aventurant peu en terrain hostile et monologuant davantage que dialoguant (Wilhelm, 2000). On n'ose peu confronter ses « amis », nous apprend le Pew Research Center dans l'une de ses recherches récentes ; aux États-Unis, seulement 28 % des internautes interrogés affirment répondre aux opinions qui les confrontent[11]. Les usages politiques des médias sociaux augmentent au fur et à mesure que les modes de socialisation empruntent la voie électronique[12], mais le facteur déclencheur des comportements politiques des internautes ne saurait être attribué à la seule technologie. En fait, ce sont probablement les individus politisés qui fréquentent des sites politiques et expriment leurs opinions politiques dans les médias sociaux, et non la technologie qui induit des comportements plus politisés.

COMMENT LES FEMMES ET LES HOMMES POLITIQUES INTERAGISSENT-ILS AVEC LES MÉDIAS ?

Le lien entre les médias et les élus peut être le plus justement décrit comme un rapport d'interdépendance entre des acteurs qui disposent d'un registre d'actions partiellement conjoint et dont les pouvoirs sont directement fonction de la position occupée dans leur domaine respectif. Ce registre d'actions que partagent médias et élus inclut la personnalisation et la dramatisation, deux composantes de la politique spectacle, qu'on peut définir comme le mélange des genres entre la politique et les loisirs de toutes sortes (sport, théâtre, jeux, etc.). Dans ce cas, l'image prévaut sur le travail proprement politique ; on dit alors que « la forme mange le fond » (Blumler *et al.*, 1978) et les deux parties, les élus et les médias, partagent la responsabilité de cet état des choses.

À partir des années 1970, les tendances à la *starisation* des personnages politiques se font sentir

11. http://www.pewinternet.org/Reports/2012/Politics-on-SNS.aspx.Consulté le 5 novembre 2012

12. http://www.pewinternet.org/Reports/2012/Political-engagement.aspx. Consulté le 5 novembre 2012.

dans plusieurs démocraties libérales. Les apparitions de personnalités publiques dans les émissions de variétés (comme *Tout le monde en parle*) ou les émissions de jeux, l'usage de la phrase-choc et les congrès planifiés comme de vastes fêtes illustrent le phénomène de politique spectacle. L'impression existe que, pour susciter et maintenir l'attention – voire l'adhésion – des citoyennes et des citoyens, on doive pratiquer la politique et la rapporter en fonction de la performance, l'amusement et l'exaltation.

La personnalisation renvoie à l'accent mis sur la personnalité aux dépens des causes et des enjeux, réduisant ainsi en bonne partie les questions de fond à des considérations personnelles. Les causes s'incarnent souvent dans des individus ; pensons à René Lévesque et la souveraineté du Québec ou, encore, à Martin Luther King et la défense des droits civiques aux États-Unis. Une forme de personnalisation s'avère donc souvent inévitable, mais l'essentiel est de garder l'équilibre entre la valorisation de la personnalité et les enjeux. Quant à la dramatisation, elle consiste à exagérer le caractère exaltant des événements au-delà de leur signification proprement politique. La personnalisation et la dramatisation constituent dans une certaine mesure des clés de communication, c'est-à-dire des moyens d'attirer l'attention de l'électorat et de susciter son intérêt, et elles sont largement utilisées lors des débats des leaders (voir l'encadré 8.3).

Le fait que la personnalisation et la politique spectacle soit largement répandues dans le monde ne doit pas donner à penser que ces phénomènes sont identiques partout et dans toutes les circonstances. Il y a diverses manières de se créer un personnage politique et d'en « jouer », que ce soit une image fondée sur l'efficacité (Angela Merkel),

sur la rationalité (Stephen Harper), une image de défenseur de la veuve et de l'orphelin (Hugo Chavez au Venezuela), une image d'homme du peuple (Jean Chrétien) ou de champion du changement (Obama en 2008). La création d'une image politique, quand elle est principalement contrôlée par ses adversaires, peut contribuer à l'échec politique (mais pas l'entraîner automatiquement). Les exemples des chefs libéraux Stéphane Dion et Michael Ignatieff illustrent les mésaventures d'hommes politiques caricaturés bien avant le déclenchement des campagnes électorales auxquels ils ont participé, ce qui a pris de court leur parti. L'incapacité de ce dernier d'organiser une riposte stratégique capable de casser l'image négative qu'on avait accolée au chef a contribué au succès du parti conservateur.

L'usage des phénomènes de personnalisation et de dramatisation, cependant, s'avère fort limitatif pour la compréhension des enjeux sociopolitiques ; en effet, les luttes entre les individus, l'accent mis sur le côté humain, l'importance de l'image, au sens de réputation, l'intérêt pour l'apparence physique (caractéristiques de la personnalisation), l'utilisation des crises, l'exploitation des émotions et la mise en scène (caractéristiques de la dramatisation) occultent les structures (sociales, économiques et politiques), voilent les intérêts particuliers qui animent les acteurs sociaux et créent l'impasse sur l'histoire des institutions, des idées, des projets politiques. La personnalisation et la dramatisation des pratiques politiques limitent donc considérablement la compréhension des relations de pouvoir à l'œuvre dans la société (Schwartzenberg, 1977 : 196-197 ; Bennett, 1988 : 26-44 ; Cayrol, 1986 : 150-151).

Les tendances à la personnalisation et à la dramatisation se sont cristallisées et renforcées

ENCADRÉ 8.3

Les débats des leaders

Les débats des chefs font aujourd'hui partie de notre rituel électoral. Le premier à être télévisé a eu lieu aux États-Unis et il opposait John F. Kennedy à Richard Nixon. Au Canada, le premier débat s'est tenu au Québec en 1962 alors qu'il a fallu attendre jusqu'en 1968 pour qu'un tel événement se produise sur la scène fédérale. Depuis 1979, il y en a eu un lors de chaque élection au fédéral, et ce, dans les langues de Shakespeare et de Molière.

L'organisation des débats télévisés fait l'objet de nombreuses tractations entre les partis et les médias. On y discute de sa forme (échanges entre leaders ou, au contraire, monologues des leaders en réponse aux questions des journalistes), des thèmes abordés, de la position des leaders sur le plateau de télévision, du partage du temps de parole, des journalistes interviewers, de la présence du public, etc.

Bien que de tels débats aient rarement modifié le cours des campagnes électorales, l'impression subsiste qu'ils constituent un point tournant, voire un événement marquant des campagnes. On peut s'interroger sur la part de « politique spectacle » de ces événements et sur la part d'informations qui y est transmise. Le nom du vainqueur de même que les phrases-chocs prononcées en ces occasions (reprises dans les nouvelles et les émissions d'affaires publiques) constituent souvent l'essentiel de ce qu'on retient des débats télévisés.

à cause de l'usage croissant des médias et des technologies de communication et de marketing par les élites politiques à partir des années 1970, pratiques qui ont profondément modifié le rôle des partis politiques. Les chefs de parti et leur entourage ont centralisé des fonctions auparavant destinées aux sections locales ; en effet, avant les années 1970, les militants et militantes constituaient une sorte de baromètre des différentes régions, alors qu'aujourd'hui, les *leaders* politiques tiennent bien davantage compte des informations dans les médias traditionnels et les médias sociaux ainsi que des données que leur fournissent les sondeurs et les experts en images (Taras, 1990 : 238 ; Vedel, 2007 : 168-180 ; 2005 : 165-195).

Une interprétation de cette évolution veut que les médias et les technologies médiatiques aient remplacé les partis comme canaux de communication privilégiés entre les élites politiques et la population. L'histoire de la montée en popularité du Parti conservateur dans les années 2000 confirme cette interprétation. En effet, selon Tom Flanagan, professeur de science politique à l'Université de Calgary et ancien directeur de campagne de Stephen Harper, les dix commandements d'une campagne conservatrice réussie font une large place à l'importance de l'image, du rapport aux médias et de la technologie. Flanagan explique que l'organisation du parti conservateur étant peu développée ou inexistante dans un très grand nombre de comtés à partir de 2003, il a fallu utiliser les technologies médiatiques. Il en vante l'usage pour contacter des sympathisants, recruter et gérer des bénévoles et collecter des fonds. La base de données sur les affiliations partisanes des électeurs et électrices CISM, mise en cause dans le « robocall », existait déjà à l'Alliance canadienne, l'un des partis fusionné pour créer le nouveau parti conservateur de Stephen Harper. Pour Flanagan, le « travail de terrain » d'un parti doit être résolument médiatique et technologique (Flanagan, 2007 : 278-290).

Il est permis de croire que la politique spectacle contribue aux phénomènes de désaffection de la politique institutionnelle et de critique croissante, voire de cynisme, à l'égard de la classe politique. On assiste ainsi à un paradoxe : certains des hommes et femmes politiques qui jouent peu la carte de la politique spectacle arrivent moins souvent à percer et à briller dans les médias et voient leur succès plafonner, alors que bon nombre de celles et ceux qui jouent à plein cette carte réussissent et se font élire tout en suscitant du cynisme. L'Italien Silvio Berlusconi, magnat de la presse qui se distingue par sa richesse et ses multiples entreprises (Lane 2004), illustre ce phénomène à merveille, lui qui a été élu et réélu à plusieurs reprises et détient le record de longévité comme Premier ministre en Italie depuis la fin de la Deuxième Guerre mondiale (1994-1996, 2001-2006 et 2008-2011). En 2011, il a quitté la vie politique dans une atmosphère de déliquescence où se mêlaient scandales sexuels, poursuites judiciaires liées à ses activités d'affaires et clowneries diplomatiques. Bref, la politique spectacle constitue un phénomène paradoxal, car elle est à la fois une méthode qui attire l'électorat et l'un des moteurs de la désaffection populaire envers les élites politiques.

La politique spectacle, cependant, ne fait pas qu'attirer le public… séduire sert aussi à contrôler. En matière de contrôle d'informations, les deux voies – la séduction et la restriction – sont quelquefois utilisées de manière concomitante. En effet, au Canada depuis janvier 2006, la multiplication des méthodes de marketing politique est allée de pair avec la mise en place de restrictions d'informations. Soulignons que les rapports entre la Tribune de la presse et le Bureau du Premier ministre ont rarement été aussi tendus. Durant son premier mandat, Stephen Harper a cherché à instaurer un contact direct avec la population en utilisant des blogues et en évitant le plus possible les journalistes de la Tribune de la presse[13]. La réticence du premier ministre à interagir fréquemment et directement avec les journalistes basés à Ottawa s'est concrétisée dès l'hiver 2006 par le refus d'utiliser le Théâtre de la presse, l'auditorium officiel de la Tribune de la presse dans lequel se font les conférences de presse sous l'égide d'un membre de la Tribune qui fait office de maître de cérémonie neutre. Les conservateurs ont réduit le nombre de conférences de presse et les contacts entre ministres et journalistes, tant à Ottawa que

---

13. La Tribune de la presse est un organisme de mise en commun des ressources et ses membres sont les journalistes et le personnel technique des médias basés à Ottawa et affectés à la couverture des affaires parlementaires. En 1949, la Tribune comprenait une cinquantaine de membres alors qu'au début de 2009, selon sa vice-présidente Hélène Buzzetti, elle en comprenait 380, dont 229 journalistes (75 femmes et 154 hommes).

lors des voyages du premier ministre à l'étranger[14], ce qui a suscité des protestations et a modifié une partie du travail des journalistes. En situation de gouvernement majoritaire depuis mai 2011, les conservateurs poursuivent leur politique de restriction en matière d'informations ; le Premier ministre ne répond souvent qu'à 4 ou 5 questions des journalistes en conférences de presse, et moins encore s'il est à l'étranger.

Les méthodes de restriction en matière d'informations ont rendu plus difficile la compréhension de l'orientation générale de l'action gouvernementale. On a fait usage de lois omnibus pour modifier des politiques publiques en limitant autant que faire se peut les débats publics, comme l'illustrent le projet de loi C-38 (printemps 2012) et le projet C-45 (automne 2012), les deux faisant plus de 400 pages chacun. Ces projets de mise en œuvre du budget contenaient de nombreuses mesures qui ne concernaient pas la mise en œuvre du budget, mais d'autres types de politiques publiques pour lesquels peu de débats ont pu être tenus. Les journalistes qui suivent les dossiers de politiques publiques et qui les évaluent à l'aune des grandes orientations ont vu leur travail singulièrement compliqué depuis plusieurs années, car l'argumentation liée à l'action gouvernementale est le moins possible exposée.

---

14. Les voyages à l'étranger sont une occasion privilégiée de contacts entre les journalistes et les membres du Bureau du premier ministre qui expliquent l'évolution du travail du chef du gouvernement à l'extérieur du Canada lors de breffages fréquents. Sous les conservateurs, les journalistes n'ont pas obtenu les informations habituelles, la « version canadienne » des événements étant peu ou pas présentée alors que celle du pays hôte l'est abondamment (Gingras et Côté, 2008).

Les restrictions en matière d'information scientifique dans la fonction publique ont aussi fait leur œuvre ; dans certains domaines, il semble difficile d'établir des liens entre les politiques publiques et les données probantes fournies par la science (en environnement, ou dans le domaine de la justice pour les mineurs, par exemple). Dans le but de pallier le manque d'informations liées à la science que produisent les fonctionnaires fédéraux, l'Institut professionnel de la fonction publique canadienne tient un site mettant en valeur le travail scientifique de ses membres[15].

LES SONDAGES ET LA FABRIQUE DE L'OPINION

L'étude des effets des médias ne saurait être complète sans un regard critique sur l'opinion publique et sur les sondages. L'opinion publique renvoie à deux définitions : la première, positiviste ; la seconde, constructiviste. L'acception positiviste et le sens commun identifient l'opinion publique à l'agrégation des opinions individuelles (Yeric et Todd, 1989 : 30 ; G. Tremblay, 1991 : 160-161) et la fortune des sondages est venue conforter cette acception depuis les années 1970 (voir l'encadré 8.4). L'examen du concept laisse voir qu'il cristallise une croyance fondamentale de la démocratie libérale (Padioleau, 1981 : 27) : l'idée qu'au-delà des divergences inhérentes à toute société, des consensus peuvent émerger et l'intérêt général peut prévaloir ; bref, l'opinion

---

15. http://www.pipsc.ca/portal/page/portal/science/views/C547BED652391E54E04400144FEEFF10. Consulté le 5 novembre 2012.

La législation canadienne en matière de publication de sondages préélectoraux

Entre 1993 et 1998, il était interdit d'annoncer, de publier ou de diffuser les résultats d'un sondage sur les intentions de vote de l'électorat entre minuit le vendredi qui précède le jour du scrutin et l'heure de la fermeture de tous les bureaux de scrutin. Cette disposition de la *Loi électorale du Canada* a été jugée inconstitutionnelle par la Cour suprême dans l'arrêt Thomson, le 29 mai 1998. Dans un jugement partagé, la Cour a conclu que l'interdiction des sondages portait atteinte au droit à la liberté d'expression et que cela ne se justifiait pas dans une société libre et démocratique. Depuis l'an 2000, cette interdiction se limite à la journée même du scrutin. Pendant la campagne électorale, la première personne à diffuser les résultats d'un sondage doit fournir une série de renseignements, dont le nom de l'organisme qui commande le sondage, celui du sondeur, la période au cours de laquelle le sondage a été effectué, la population de référence, le nombre de personnes contactées et la marge d'erreur. L'accès aux résultats doit également être facilité et la maison de sondage a l'obligation de fournir à quiconque (moyennement une somme maximale de 0,25 $ par page) les informations pertinentes à leur compréhension. Parmi ces informations, on note le libellé des questions, les facteurs de pondération et la méthode de répartition des personnes indécises.

Depuis la réforme électorale de 2003, les dépenses liées aux sondages préélectoraux sont incluses dans les dépenses électorales des partis politiques et des candidats et candidates.

publique « repose sur une vision consensuelle de la société » (G. Tremblay, 1991 : 171).

L'acception constructiviste de l'opinion publique fait plutôt valoir le rôle stratégique de « l'opinion censée être celle de la population » dans le jeu politique, rôle de légitimation et de mobilisation. L'opinion publique, dans cette perspective, constitue une arme symbolique dans les luttes politiques, autrement dit, un « référent imaginaire, idéal et utopique qui sert essentiellement de principe légitimateur des discours et des actions politiques » (Champagne, 1990 : 42). Cette perspective se fonde sur la critique des sondages et sur l'idée que le contrôle de l'opinion publique – la soi-disant opinion majoritaire – permet de promouvoir certains enjeux politiques, économiques et sociaux. Ainsi, toutes les étapes d'un sondage, de la conception du questionnaire à la publication des résultats en passant par son administration et l'analyse des données, sont dans cette perspective colorées par la défense de certains intérêts.

Une série d'éléments de la fabrication des sondages influencent les résultats : les questions peuvent favoriser une expression plutôt qu'une autre (la « souveraineté-association » attirant plus de sympathie que le « séparatisme », les fédéralistes utiliseront cette dernière expression) ; l'ordre des questions et les effets de halo (ou l'influence que l'agencement des questions peut exercer sur les réponses) sont rarement examinés ; la personne qui interview attire de la sympathie ou non. Les commanditaires d'un sondage « interprètent » ou « lisent » l'opinion publique selon leurs intérêts et la publication d'un sondage sert dans bien des circonstances à appuyer une position politique (Bourdieu, 1973). Il y a ainsi des acteurs sociaux en compétition qui cherchent à imposer leur définition, généralement intéressée, de l'opinion publique. Les maisons de sondage défendent des intérêts économiques, les politologues voient leur prestige augmenter en commentant savamment ce que dit le peuple (Bourdieu, 1985), les médias prétendent dire aux gens ce qu'ils pensent sur une question – ou, de façon minimale, indiquer les sujets sur lesquels il faut se former une opinion – et les parlementaires interprètent aussi l'opinion publique en leur faveur.

Il faut bien voir qu'en régime libéral, la source ultime de légitimité étant le peuple, les sondages, associés à l'opinion publique comprise comme étant ce que pense le peuple, ont acquis une indéniable valeur démocratique ; on se serait doté d'un outil pouvant presque remplacer, de façon ponctuelle et légitime, les élections. Or, coexistant avec la perception de l'opinion publique révélée par les sondages, l'idée qu'il s'agit de quelque chose de malléable et de manipulé a survécu à travers les époques… et les données chiffrées. Il en est ainsi parce que trois problèmes importants surgissent lorsqu'on associe sondages et opinion majoritaire du peuple.

Premièrement, il existe une kyrielle de difficultés méthodologiques reliées aux sondages qui peuvent en invalider les résultats. De façon pratique, maisons de sondage et journalistes ne tiennent généralement pas compte de ces « détails » quand il s'agit d'interpréter les sondages pour produire une manchette : par exemple, on fera état d'une marge d'erreur pour l'ensemble des données en spécifiant que celles des sous-groupes est plus grande, sans dire de combien. On oublie aussi facilement les intervalles de confiance qui rappellent le caractère probabiliste des sondages. C'est cependant la distribution des personnes indécises qui semble le plus fausser les résultats, si on tient compte des débats post-électoraux tenus entre experts et expertes des sondages. À partir des années 1980, plusieurs sondeurs ont utilisé la méthode Drouilly (du nom du sociologue de l'UQAM Pierre Drouilly) qui consistait, pour l'électorat québécois, à distribuer les deux tiers des personnes indécises au parti libéral ou au camp fédéraliste. Cette méthode a été remplacée par une distribution proportionnelle dans certaines maisons de sondage dans les années 2000. L'élection québécoise de 2012 semble bien avoir remis à l'honneur la distribution non proportionnelle des voix. Selon la sociologue de l'Université de Montréal Claire Durand, pour ces élections il aurait fallu distribuer 50 % des personnes indécises au Parti libéral du Québec, 25 % au Parti québécois et 25 % à la Coalition Avenir Québec (Baril, 2012). La sociologue explique que les personnes indécises dans un sondage sont souvent plutôt discrètes que vraiment indécises, et collaborent moins aux sondages qui « sous-estiment toujours le vote pour un parti qui est présenté négativement dans les médias et cela se voit partout dans le monde » (Baril, 2012). Certaines maisons de sondage prétendent posséder une sorte de « recette secrète » leur permettant de distribuer plus adéquatement les personnes indécises dans des sondages ; cette recette ferait partie de leur stratégie de succès, et ne serait en conséquence partagée avec personne. Enfin, un autre biais dans les sondages qu'il faudrait étudier plus attentivement au Québec est celui du paradoxe de l'anglo-péquiste, la version québécoise de la « mémé communiste » française. « L'idée ici est que, lorsqu'un groupe a tendance à moins collaborer aux sondages [comme les anglophones au Québec ou les personnes âgées en France], les membres du groupe qui collaborent ont un profil différent de l'ensemble du groupe [composé des anglophones non péquistes ou des personnes âgées non communistes] » (Durand, 2012). Les anglophones qui collaborent aux sondages au Québec, comme les personnes âgées en France, ne seraient donc pas vraiment représentatifs de leur groupe, ce qui contribuerait à fausser les résultats. Avec toutes ces difficultés méthodologiques qui font la joie des experts et des expertes, il est loin d'être sûr que l'électorat puisse s'y retrouver et comprendre l'état réel des forces en présence grâce aux sondages.

Deuxièmement, tous les sondages ne se valent pas. Un sondage portant sur les choix de l'électorat à la veille des élections a certainement plus de valeur qu'un autre sur les politiques publiques, comme les solutions pour réduire le déficit. Le premier correspond à une situation réelle où les gens ont dû, théoriquement à tout le moins, s'interroger et en venir à une conclusion quant au meilleur parti politique et aux meilleures candidatures à privilégier. Les choix proposés dans ce type de sondages correspondent également à un éventail réel de réponses ; un certain nombre de partis et d'individus s'affrontent, parmi lesquels un choix devra effectivement être fait. Par ailleurs, le deuxième sondage, portant sur les politiques publiques, constitue une enquête en situation

artificielle ; celles et ceux qui sont sollicités n'ont pas nécessairement les moyens ni le temps de se forger une opinion, leur choix est exempt de conséquences réelles et l'éventail des solutions présentées par la maison de sondage limite et oriente leurs réponses.

Un type particulier de sondages en situation artificielle doit également être critiqué ; il s'agit de celui qui porte sur des questions délicates mettant en cause des préjugés ou des peurs ataviques. Les sondages sur les relations interculturelles, sur l'immigration, sur les relations hommes-femmes et sur les liens entre autochtones et non-autochtones, par exemple, sont peu susceptibles de produire des réponses véridiques. On admet difficilement, devant des personnes inconnues, sa xénophobie, son racisme ou son machisme. Les sondages constituent des outils fort peu commodes pour faire lever les barrières psychologiques qui empêchent de déclarer préjugés ou peurs ataviques. Le problème de la franchise des répondantes et des répondants[16] nous rappelle que les sondages recueillent des déclarations qui peuvent fort bien ne pas correspondre aux opinions sincères.

Dans la pratique, l'exactitude des sondages en situation réelle a souvent rejailli sur ceux qui étaient réalisés en situation artificielle (Champagne, 1990 : 92-95), faisant des sondages, tous genres confondus, des outils soi-disant démocratiques, puisqu'ils permettraient en tout temps de savoir ce que pense le peuple, source ultime de légitimité en régime libéral.

---

16. André Tremblay fait état à ce sujet des questions de sondages qui portent sur des comportements indésirables (1991 : 129-131).

Troisièmement, tenter de comprendre ce que pensent les gens grâce aux sondages, c'est faire fi des modes particuliers d'appréhension des problèmes politiques propres à chaque groupe social (Laurentin et Retel, 1985 : 2156 et 2159). Les questions d'un sondage correspondent à certaines préoccupations des élites qui imposent leur schème conceptuel, c'est-à-dire leur façon de concevoir la vie politique, à l'ensemble des groupes sociaux qui possèdent des intérêts divergents (Bourdieu, 1973). Le sondage prétend présenter la « perspective universelle » du « citoyen universel » ; or, tant l'importance accordée à certains sujets que la façon de les aborder peuvent différer selon les intérêts en jeu, et ne pas tenir compte de ces intérêts pour invoquer l'universel revient à s'aligner sur les perspectives des groupes dominants. On construit les questions d'un sondage comme un jeu dans lequel tous et toutes peuvent participer, nonobstant le degré d'intérêt ou de connaissances possédé, ce qui en fait des artefacts sans grande valeur scientifique. En effet, dans un sondage, toutes les réponses se valent ; le hasard pour les uns est confondu avec la défense de principes chers pour les autres[17] et les significations différentes d'une même réponse ne sont pas prises en considération (Laurentin et Retel, 1985 : 2174). Ainsi, on ignore les inégalités culturelles qui constituent des facteurs structurant des opinions et qui pourraient faire voir les disparités dans les modes d'appréhension d'une question.

---

17. L'étude de Philip E. Converse (1981) démontre « qu'un fort pourcentage de sujets ayant exprimé une opinion n'avait de toute évidence jamais réfléchi à la question, mais s'était contenté de choisir, au hasard, l'une des réponses possibles pour satisfaire l'enquêteur ou pour s'épargner le désagrément d'avouer une ignorance » (Padioleau, 1981 : 44).

L'aspect « construit » de l'opinion publique fait ressortir sa fonction politique : les acteurs sociaux l'évoquent et l'invoquent pour mieux justifier et légitimer leurs positions, leurs politiques ou encore leurs désirs (Gingras, 2009 : 170-199). Patrick Champagne (1990 : 42-43) écrit :

> Tout donne à penser que l'« opinion publique » n'est que le produit de la rencontre entre un fantasme politique traditionnel – faire parler « le peuple » dans les régimes où celui-ci est censé être la source de la légitimité du pouvoir – et une technologie sociale moderne – le sondage, le questionnaire fermé et le dépouillement presque instantané par ordinateurs.

Bien autre chose que l'agrégat des opinions individuelles, l'opinion publique renvoie donc au produit d'une communication et d'une influence, à un « nouvel espace social dominé par un ensemble d'agents » sociaux (sondeurs, conseillers et conseillères en communication et en marketing, journalistes, politologues, etc.) « qui utilisent des technologies modernes […] et donnent par là une existence politique autonome à une "opinion publique" qu'ils ont eux-mêmes "fabriquée", prétendant simplement l'analyser alors qu'ils cherchent à exercer une influence dans le jeu politique » (Champagne, 1990 : 30). Cette fabrication n'est, bien sûr, pas totale ; elle s'appuie sur l'imaginaire social, sur les préjugés et sur les croyances d'une bonne partie de la population, qu'on représente à tort comme étant très rationnelle. Mais les techniques de sondage sont suffisamment sophistiquées pour convaincre une proportion de la population de se prononcer dans un sens ou dans l'autre sur un projet ; et cette proportion, dans certains cas, sera telle qu'il sera possible de parler de « fabrication de l'opinion publique ». Dans les projets délicats où la population se divise en deux camps presque égaux, par exemple, seule une infime minorité changeant d'idée peut faire pencher la balance dans un sens ou dans l'autre. La fabrique de l'opinion, au sens d'artefact, n'est donc pas une vue de l'esprit, comme l'explique Patrick Lehingue (2007 : 29) avec sa définition du sondage – une définition « de travail » au sens de « destinée à engager la recherche » : « [une] mesure plus ou moins précise d'un objet qu'on ne sait pas précisément identifier mais dont on soupçonne qu'il réagit fortement à la mesure, au point, "dans une certaine mesure", de ne pas toujours préexister à celle-ci [...] ».

CONCLUSION

Le rapport entre communication et politique est complexe et multidimensionnel ; au cours du XXᵉ siècle, l'arrivée de chaque nouveau média a donné lieu à des changements de plusieurs ordres. La radio, la télévision et le satellite, par exemple, ont transformé le rapport de l'électorat avec l'élite politique, plus marqué en termes de familiarité et de rapidité. L'arrivée d'Internet, l'apparition des blogues au début des années 2000 et ensuite la popularité des médias sociaux ont aussi entraîné des changements dans les modes de socialisation politique, dans les méthodes de recrutement et de collecte de fonds (Flanagan, 2007 : 288), dans le type de proximité attendu entre l'électorat et les personnages politiques, dans le rapport entre les partis et les médias (Waddell, 2012 : 121-127). À la question « Quel rôle jouent les médias en démocratie ? », il faut constater que l'appréciation de leur influence dépend des perspectives variées qui coexistent dans le monde politique

et universitaire. Pour les positivistes, les médias ont des effets qu'on tente d'évaluer de manière quantitative. Pour les constructivistes, l'impact de la communication s'inscrit dans les rapports de force en société et les médias accompagnent bien davantage qu'ils ne sont à l'origine des influences. Quant au concept d'opinion publique, il fait l'objet de lectures variées ; pour certains, il s'agit de l'agrégation des opinions individuelles et pour d'autres, du résultat d'un travail idéologique visant la légitimation de points de vue politiques.

La communication, toujours symboliquement liée à un espoir d'amélioration politique et sociale, suscite cependant aussi du cynisme. L'usage des médias et des technologies médiatiques doit donc se faire de manière judicieuse. Les parlementaires ont certainement intérêt à utiliser les médias de manière à faire saisir par la population la complexité du travail administratif de l'État et des lois adoptées. L'électorat doit, pour sa part, tenter de percer le voile des médias pour comprendre que ce qui est donné à voir dans l'espace public ne constitue qu'une parcelle (souvent peu représentative) du travail de l'État et des tractations politiciennes. L'exercice de la citoyenneté exige que les informations qui forment le socle du bagage politique d'un individu ne proviennent pas exclusivement des médias, mais aussi de la délibération et de la recherche personnelle. Les médias peuvent s'avérer fort utiles pour l'acquisition de connaissances, à la condition expresse que les citoyennes et citoyens soient dotés de grilles d'explication des réalités politiques. Sans de telles grilles, l'individu se trouve au milieu d'un tourbillon de nouvelles dont les subtilités et le sens lui échappent et il est incapable de distinguer l'information spectacle de celle qui peut avoir de profondes répercussions sur sa vie.

Quant aux universitaires, leur défi est d'intégrer la communication à leurs systèmes et modèles explicatifs. À l'heure où les médias sont omniprésents dans la vie parlementaire et où les phénomènes de persuasion et de propagande pèsent de tout leur poids dans les rapports entre la société civile et l'État, les analyses politologiques doivent impérativement inclure les médias, faute de quoi c'est un grand pan de la réalité des parlementaires et de la société civile qui restera ignoré.

SITES WEB

Chaîne d'affaires publiques par câble (CPAC)	www.cpac.ca
Tribune de la presse	http://www.gallery-tribune.ca/index.html
Radio-Canada	www. radio-canada.ca
Agence La presse canadienne	http://www.thecanadianpress.com/
Agence France Presse	http://www.afp.com/afpcom/fr/
Agence Reuters	http://www.reuters.com/
Agence UPI	http://www.upi.com/

JOURNAUX

Globe and Mail	www.theglobeandmail.com
Le Devoir	www.ledevoir.com
La Presse	http://www.cyberpresse.ca/
Le Soleil	http://www.cyberpresse.ca/soleil/
National Post	www.nationalpost.com
Hill Times	www.thehilltimes.ca
Gazette (Montréal)	http://www.montrealgazette.com/
Toronto Star	http://www.thestar.com/
Ottawa Citizen	http://www.ottawacitizen.com/

MÉDIAS ALTERNATIFS

Centre des médias alternatifs du Québec	www.cmaq.net
Magazine Mother Jones	www.motherjones.com
Projet « Censuré »	www.projectcensored.org
Réseau Indymedia	www.indymedia.org
Z Communications	www.zmag.org

LECTURES SUGGÉRÉES

BLONDIAUX, Loïc (1998), *La fabrique de l'opinion. Une histoire sociale des sondages*, Paris, Éditions du Seuil, 1998.

BRETON, Philippe et Serge PROULX (2002), *L'explosion de la communication à l'aube du XXIᵉ siècle*, Montréal, Boréal.

CHAMPAGNE, Patrick (1990), *Faire l'opinion. Le nouveau jeu politique*, Paris, Éditions de Minuit.

GINGRAS, Anne-Marie (2009), *Médias et démocratie. Le grand malentendu*, 3ᵉ éd. revue et augmentée, Québec, Presses de l'Université du Québec.

SAMPERT, Shannon et Linda TRIMBLE (2010), *Mediating Canadian Politics*, Toronto, Pearson.

TARAS, David et Christopher WADDELL (2012), *How Canadians communicate IV. Media and Politics*, Edmonton, AU Press.

BIBLIOGRAPHIE

BARIL, Daniel (2102), « Claire Durand avait vu venir le vote libéral », *Journal Forum*, http://www.nouvelles.umontreal.ca/recherche/sciences-sociales-psychologie/20120910-claire-durand-avait-vu-venir-le-vote-liberal.html. Page consultée le 11 décembre 2012.

BENNETT, Lance W. (1988), *News. The Politics of Illusion*, New York, Longman.

BLUMLER, Jay G. *et al.* (1978), *La télévision fait-elle l'élection?*, Paris, Presses de la Fondation des sciences politiques.

BOURDIEU, Pierre (1987), « Les usages du peuple », dans *Choses dites*, Paris, Éditions de Minuit, p. 178-184.

BOURDIEU, Pierre (1985), « Remarques à propos de la valeur scientifique et des effets politiques des enquêtes d'opinion », dans « Les sondages », *Pouvoirs*, n° 33, p. 131-139.

BOURDIEU, Pierre (1973), « L'opinion publique n'existe pas », *Les Temps modernes*, n° 318, p. 1292-1309.

CAMPION-SMITH, Bruce (2008a), « Zeal to manage message sees journalists shunned, bureaucrats, cabinet ministers routinely muzzled », *Toronto Star*, 26 mai.

CAMPION-SMITH, Bruce (2008b), « Mum's the word till message vetted. Privy Council Office plays key role in screening response to even the most routine information request », *Toronto Star*, 26 mai.

CANADA, Commissaire à l'information (2007) : http://www.infocom.gc.ca/reports/2006-2007t-f.asp, page consultée le 14 février 2009.

CANADA, Commissaire à l'information (2011), *Ingérence dans l'accès à l'information*. Un rapport spécial au Parlement de Suzanne Legault, Commissaire à l'information. http://www.oic-ci.gc.ca/fra/rp-pr_spe-rep_rap-spe_rep-car_fic-ren_2010-2011_interference-with-ati-interference-avec-ati.aspx. Consulté le 31 octobre 2012.

CANADA, Commissaire à l'information (2012), *Être à la hauteur. Améliorations et préoccupations* continues en accès à l'information de 2008-2009 à 2010-2011. *http://www.oic-ci.gc.ca/fra/rp-pr_spe-rep_rap-spe_rep-car_fic-ren_measuring-up-etre-a-la-hauteur.aspx. Consulté le 31 octobre 2012.*

CANADA, Directeur général des élections, Enjeux découlant des communications téléphoniques inappropriées reçues par des électeurs. http://www.elections.ca/content.aspx?section=res&dir=cons/tele&document=index&lang=f. Page consultée le 11 décembre 2012

CASTONGUAY, Alec, (2008), « Stephen Harper ou l'art de cultiver le secret », *Le Devoir*, 12 juillet.

CAYROL, Roland (1986), *La nouvelle communication politique*, Paris, Larousse.

CHAMPAGNE, Patrick (1990), *Faire l'opinion. Le nouveau jeu politique*, Paris, Éditions de Minuit.

CORNELLIER, Manon (2008), « Pouvoir absolu », *Le Devoir*, 7 mai.

DURAND, Claire (2012), « Le paradoxe de l'anglo-péquiste », http://ahlessondages.blogspot.ca/2012/08/le-paradoxe-de-langlo-pequistecaquiste.html. Page consulté le 11 décembre 2012.

FLANAGAN, Tom (2007), *Harper's Team. Behind the Scenes in the Conservative Rise to Power*, Montréal et Kingston, Presses de McGill-Queen's University.

GINGRAS, Anne-Marie (2012a). « Enquête sur le rapport des journalistes à la démocratie : le rôle de médiateur en question », *Revue canadienne de science politique*, vol.45, no. 3, p. 685-710.

GINGRAS, Anne-Marie (2012b). « Access to Information : an asset for democracy or ammunition for political conflict, or both ? *Canadian Public Administration*, vol. 55, no.2, p. 221-246.

GINGRAS, Anne-Marie (2009), *Médias et démocratie. Le grand malentendu*, 3ᵉ éd. revue et augmentée, Québec, Presses de l'Université du Québec.

GINGRAS, Anne-Marie (2003), « Les théories en communication politique », dans Anne-Marie Gingras, *La communication politique : état des savoirs, enjeux et perspectives*, Québec, Presses de l'Université du Québec, p. 11-66.

GINGRAS, Anne-Marie et Catherine CÔTÉ (2008), « Harper et le contrôle de l'information », *Relations*, Spécial « Médias sous observation », p. 19-22.

GINGRAS, Anne-Marie, Shannon SAMPERT et Dave Gagnon-PELLETIER (2010), « Framing Gomery in English and French Newspapers : The Use of Strategic and Ethical Frames » dans Shannon Sampert et Linda Trimble, *Mediating Canadian Politics*, Toronto, Pearson, p. 277-293.

GITLIN, Todd (2003), *The Whole World Is Watching*, Berkeley, University of California Press.

HABERMAS, Jurgën (1978), *L'espace public. Archéologie de la publicité comme dimension constitutive de la société bourgeoise*, Paris, Payot.

HALL, Stuart (1987), « Cultural Studies and the Centre : Some Problematics and Problems », dans Stuart Hall, Dorothy Hobson, Andrew Lowe et Paul Willis, *Culture, Media, Language*, Londres, Hutchison et Centre for Contemporary Cultural Studies, p. 15-47.

HIS, Alain (sous la direction de) (1996). *Multimédia et communication à visage humain.* Paris : Transversales science/culture.

IYENGAR, Shanto et Donald R. KINDER (1987), *News That Matters. Television and American Opinion*, Chicago, University of Chicago Press.

KELLNER, Douglas (1990), *Television and the Crisis of Democracy*, Boulder, Westview Press.

LANE, David (2004), *Berlusconi's Shadow. Crime, Justice and the Pursuit of Power*, Londres, Penguin.

LAURENTIN, André et Jacques RETEL (1985), « Que nous apprennent les sondages d'opinion ? », *Les Temps modernes*, nᵒ 467, p. 2149-2207.

LEHINGUE, Patrick (2007), *Subunda. Coups de sonde dans l'univers des sondages*, Broisseux, Éditions du croquant.

McCOMBS Maxwell E. et Donald SHAW (1972), « The Agenda Setting Function of Mass Media », *Public Opinion Quarterly*, vol. 36, nᵒ 2, p. 176-187.

MENDELSOHN, Matthew (1996), « Television News Frames in the 1993 Canadian Elections », dans Helen Holmes et David Taras, *Seeing Ourselves : Media Power and Policy in Canada*, 2ᵉ édition, Toronto, Harcourt Brace.

MOROZOV, Evgeny (2011), *The Net Delusion. The Dark Side of Internet Freedom*, New York, Public Affairs.

PADIOLEAU, Jean-G. (1981) « De l'opinion publique à la communication politique », dans Jean-G. Padioleau, *L'opinion publique. Examen critique, nouvelles directions*, Paris, Mouton éditeur, p. 13-60.

PEW RESEARCH CENTER et Lee RAINIE *et al.* (2012), *Social Media and Political Engagement,* Pew Research Center's Internet and American Life Project, http://pewinternet.org/Reports/2012/Political-Engagement.aspx. Consulté le 5 novembre 2012.

PEW RESEARCH CENTER, Lee RAINIE et Aaron SMITH (2012), *Social networking sites and politics,* Pew Research Center's Internet and American Life Project, http://pewinternet.org/Reports/2012/Social-networking-and-politics.aspx. Consulté le 5 novembre 2012.

PUGLIESE, David (2007), « Harper muzzle will hurt DND retired general. Inquiries must be cleared by "the centre" », *The Ottawa Citizen*, 12 décembre.

RIEFFEL, Rémy (2005), *Que sont les médias ?*, Paris, Éditions Gallimard.

SCHWARTZENBERG, Roger-Gérard (1977), *L'État spectacle. Le Star System en politique*, Paris, Flammarion.

TARAS, David (1999), *Power and Betrayal in the Canadian Media*, Peterborough, Broadview Press, 1999.

TARRAS, David (1990), *The Newsmakers. The Media's Influence on Canadian Politics*, Scarborough, Nelson Canada.

TREMBLAY, André (1991), *Sondages. Histoire, pratique et analyse*, Boucherville, Gaëtan Morin éditeur.

TREMBLAY, Gaëtan (1991), « L'opinion publique », dans Michel Beauchamp, *Communication publique et sociétés. Repères pour la réflexion et l'action*, Boucherville, Gaëtan Morin éditeur.

TRIMBLE, Linda et Shannon SAMPERT (2004), « Who's in the game ? The Framing of the Canadian Election 2000 by *The Globe and Mail* and *The National Post*», *Canadian Journal of Political Science*, vol. 37, n° 1, mars, p. 51-71.

VEDEL, Thierry (2007), *Comment devient-on président de la République ? Les stratégies des candidats*, Paris, Robert Laffont.

YERIC, Jerry L. et John R. TODD (1989), *Public Opinion. The Visible Politics*, Itasca (Ill.), F.E. Peacock Inc.

WADDELL, Christopher (2012), « Berry'd Alive : The Media, Technology, and the Death of Political Coverage » dans David Taras et Christopher Waddell, *How Canadians Communicate IV. Media and Politics*, Edmonton, AU Press, p. 109-128.

WILHELM, Anthony G. (2000), *Democracy in the Digital Age.* Challenges to Political Life in Cyberspace. New York et Londres, Routledge.

CHAPITRE 9

Le pouvoir législatif : le Sénat et la Chambre des communes

Éric Montigny et Réjean Pelletier
Département de science politique
Université Laval

- EXPLIQUER LE FONCTIONNEMENT DU POUVOIR LÉGISLATIF AU CANADA ;

- DISTINGUER LES CARACTÉRISTIQUES DE LA COURONNE, DU SÉNAT ET DE LA CHAMBRE DES COMMUNES ;

- COMPRENDRE LES DIFFÉRENTES ÉTAPES LIÉES A UN PROJET DE LOI ;

- DIFFÉRENCIER LES RÔLES ET LES FONCTIONS DES MEMBRES DE LA CHAMBRE ;

- ANALYSER LES ENJEUX D'UNE RÉFORME DU PARLEMENTARISME.

Dans le monde occidental, les assemblées législatives sont nées d'une double lutte dont les fondements sont interreliés. Lutte tout d'abord pour la mise en place d'institutions «représentatives» de la population, ce qui se fera progressivement par l'extension du droit de vote et une série de réformes électorales. Ces institutions représentatives, symboles de la démocratie libérale, vont s'affirmer de plus en plus en menant aussi la lutte contre les pouvoirs du monarque qu'elles cherchaient à restreindre constamment. En Grande-Bretagne, comme dans d'autres pays occidentaux, les parlements naissants ont réussi à obtenir plus de pouvoirs et d'autorité en dépouillant le monarque de l'essentiel de ses prérogatives.

Le Canada, dans son cheminement politique, a suivi la trajectoire britannique. Après la Conquête, c'est d'abord le gouverneur, nommé par Londres et assisté d'un Conseil, qui détient tous les pouvoirs exécutifs et législatifs. L'Acte constitutionnel de 1791 met en place une Assemblée élue sur la base d'un suffrage censitaire et un Conseil législatif dont les membres sont nommés. Dès lors, le pouvoir exécutif et le pouvoir législatif sont plus nettement séparés, bien que le gouverneur soit appelé à accorder ou à refuser sa sanction aux lois dûment adoptées par le législatif.

Quelques décennies de luttes de plus en plus vives entre le législatif et l'exécutif, particulièrement entre le gouverneur et l'Assemblée élue, vont conduire à la reconnaissance de la responsabilité ministérielle en 1848, fondement même

du parlementarisme démocratique. Ici comme en Grande-Bretagne, on va restreindre progressivement les pouvoirs du monarque ou du gouverneur au profit du législatif ou, plus exactement, de l'Assemblée élue qui s'affirme davantage.

Ces conflits politiques, est-il nécessaire de le rappeler, sont centrés sur l'idée d'un gouvernement responsable (Pelletier, 1999 : 53). En d'autres termes, l'Assemblée élue demandait au gouverneur de choisir ses conseillers, soit les membres de son Conseil exécutif, parmi les gens et, de plus en plus, parmi les députés qui avaient la confiance de la Chambre. Cela permettait à l'Assemblée élue d'exercer un contrôle sur l'administration de la colonie de même que sur les revenus et sur les dépenses du gouverneur.

Ce transfert des pouvoirs du gouverneur vers l'Assemblée élue et l'avènement d'un gouvernement responsable marquent la naissance d'un véritable parlementarisme. Cette période se définit aussi comme «l'âge d'or» du parlementarisme en ce sens que les députés présentent et adoptent des projets de loi et exercent un véritable contrôle sur le gouvernement. Ce double rôle des députés comme législateurs et contrôleurs va s'atténuer progressivement, déjà vers la fin du XIXe siècle à Ottawa et au début du XXe siècle à Québec. L'âge d'or du parlementarisme aura donc été de courte durée.

Le député, concepteur de projets de loi, deviendra une espèce en voie de disparition, si bien qu'à l'heure actuelle, la quasi-totalité des projets de loi d'intérêt public émanent du gouvernement. Le député contrôleur qui pouvait faire et défaire les gouvernements après l'avènement de la responsabilité ministérielle deviendra de plus en plus soumis à la discipline de parti, si bien que depuis la Confédération, aucun gouvernement majoritaire n'a officiellement perdu la confiance de la Chambre des communes. Jusqu'à ce jour (février 2013), seuls six gouvernements minoritaires à Ottawa (sur un total de douze) ont été contraints de démissionner ou de déclencher des élections à la suite d'un vote de non-confiance (Pelletier, 1999 : 61).

En somme, ce déclin du rôle du député se traduit par la domination du gouvernement tant sur la législation présentée en Chambre que sur le parti ministériel majoritaire qui lui est acquis grâce à la discipline de parti et qui, ainsi, le soutient constamment. Ce qui ne veut pas dire pour autant que le Parlement est devenu inutile. Au contraire, c'est toujours le lieu où l'on débat publiquement des projets de loi ; c'est le lieu où l'on adopte et modifie au besoin ces projets ; c'est le lieu où continue de s'exercer une forme de contrôle (par exemple, lors de la période de questions) sur le gouvernement en place ; c'est surtout le lieu qui confère, par son vote, une *légitimité* à l'action gouvernementale, légitimité issue de l'élection des députés par la population, population qui est elle-même la source de la souveraineté politique.

Si la suprématie du Parlement est une caractéristique importante du système de Westminster, il faut bien voir, cependant, que cette suprématie est soumise à une double contrainte au Canada, d'abord par l'existence d'un système fédéral dans lequel la souveraineté étatique est partagée,

ensuite par la présence d'une Charte des droits et libertés qui se situe au-dessus des lois ordinaires. La suprématie du Parlement, aussi bien à Ottawa qu'à Québec, ne peut donc s'exercer que dans les limites attribuées par la Constitution (sur les sujets qui ressortent de sa compétence) et qu'en conformité avec la Charte canadienne des droits et libertés.

Bref, comme le rappelait avec pertinence Gérard Bergeron (1977 : 50), « [i]l faut parler de *primauté* dans l'exercice du processus gouvernemental, tandis que c'est de *supériorité* qu'il s'agit dans l'expression du processus législatif […]. Les gouverneurs (c.-à-d. les membres du gouvernement) traduisent cette primauté par un caractère d'indispensabilité ; les législateurs, cette supériorité par un caractère de légitimité supérieure. » C'est pourquoi il importe d'analyser en premier lieu ce « pouvoir législatif » qui jouit, selon les mots de Bergeron, d'une « légitimité supérieure ».

LA COURONNE

On peut s'étonner de commencer l'analyse par la Couronne qui ne symbolise pas, de nos jours, cette légitimité supérieure du législatif, puisqu'elle ne repose nullement sur la souveraineté du peuple ni sur la suprématie du Parlement. Pourtant, à la lecture de la *Loi constitutionnelle de 1867*, on pourrait croire que la Couronne occupe une place importante dans la conduite des affaires du pays. En effet, c'est à la reine que sont attribués « le gouvernement et le pouvoir exécutif du Canada » (art. 9). On y spécifie également qu'il y aura pour le Canada « un parlement qui sera composé de la Reine, d'une chambre haute appelée Sénat, et de la Chambre des communes » (art. 17). C'est donc dire que la Couronne est partie intégrante du pouvoir législatif.

De nos jours, l'essentiel des pouvoirs exécutifs de la Couronne est assumé par le gouvernement ou le cabinet dans lequel le premier ministre joue un rôle prépondérant (voir le chapitre 10). Quant aux pouvoirs législatifs, ils sont détenus essentiellement par le Parlement, dont la Couronne constitue cependant une partie intégrante. Certes, il n'appartient pas à la reine d'élaborer des projets de loi ni de les adopter. Elle se trouve toutefois au terme du processus législatif, puisqu'elle est appelée à donner sa sanction à tous les projets de loi dûment adoptés par les deux chambres du Parlement canadien. Sans cette sanction royale, aucune loi ne peut prendre effet. Si la Couronne a eu, dans le passé, le pouvoir de refuser de sanctionner un projet de loi, on considère que ce pouvoir est aujourd'hui tombé en désuétude et que, par convention constitutionnelle, il ne s'applique plus.

Par contre, il appartient toujours à la reine (plus exactement à son représentant, le gouverneur général) de convoquer, de proroger et de dissoudre le Parlement, de nommer les sénateurs et sénatrices et de recommander les mesures financières à la Chambre des communes. Mais ces pouvoirs ne sont exercés que sur l'avis de ses « conseillers » (les membres du Cabinet) et, surtout, du plus important d'entre eux, le premier ministre. On peut dire que celui-ci est devenu le nouveau « monarque » des temps modernes, choisi toutefois par élection et non par voie héréditaire.

Ce qui est écrit précédemment sur le rôle du gouverneur général s'applique aussi au lieutenant-gouverneur de chaque province, à l'exception évidemment de la nomination des sénateurs et sénatrices puisque la deuxième chambre (appelée Conseil législatif) a été abolie dans les provinces, là où il y en avait une. Le Québec a aboli son Conseil législatif en 1968.

Bref, si le monarque a détenu des pouvoirs importants dans le passé, la plupart se sont estompés avec le temps, si bien que son rôle – rempli de nos jours par le gouverneur général du Canada qui est le représentant de la reine – est devenu largement protocolaire, y compris dans son rôle premier de chef de l'État canadien. En ce sens, le Canada est toujours une monarchie, mais une monarchie dite constitutionnelle.

LE SÉNAT

Un grand nombre de Parlements dans le monde sont bicaméraux, c'est-à-dire qu'ils comportent deux chambres législatives : une chambre haute habituellement appelée Sénat et une chambre basse appelée, au Canada, Chambre des communes. Par ailleurs, la plupart des fédérations ont incorporé le principe du bicaméralisme dans leurs législatures fédérales. Parmi les vingt-cinq fédérations recensées dans Ronald L. Watts (2008 : 147), seules cinq n'ont pas une législature fédérale bicamérale, trois d'entre elles regroupant de petites îles. La fédération canadienne, instaurée en 1867, se conforme au modèle général du bicaméralisme.

Historique

Il est surprenant de constater que lors du débat sur les *Résolutions de Québec*, le Parlement du Canada-Uni a consacré beaucoup plus de temps à discuter de la chambre haute que de la chambre basse. Dans ce dernier cas, les acteurs politiques se sont entendus assez rapidement sur deux principes fondamentaux : l'élection des députés par la population (avec un électorat conçu encore d'une façon restrictive en excluant les femmes) et le principe d'une représentation proportionnelle à la population de chaque province. Un troisième principe fait également consensus, soit celui de la responsabilité du gouvernement devant la Chambre élue.

Par contre, sur le Sénat (appelé aussi à l'époque Conseil législatif), les débats ont été nettement plus longs et les opinions, plus divisées. Environ la moitié des séances de discussion (six jours sur treize) ont été consacrées à l'étude des propositions qui lui étaient relatives (Bernard, 1995 : 27). Les sujets abordés traduisent bien les débats de l'époque autour de quelques grandes questions : élection ou nomination des sénateurs, rôle de cette deuxième chambre en ce qui a trait à la responsabilité ministérielle, rôle de cette chambre comme lieu de réflexion sur la législation adoptée par l'Assemblée élue, division du nouvel État fédéral en régions égales qui seraient représentées au Sénat (Ajzenstat *et al.*, 2004 : surtout 87-101 et 104-113).

Pour guider leur réflexion, les députés ont évoqué le modèle américain, surtout pour le critiquer, et ils ont fait appel au modèle britannique de la Chambre des lords qui a finalement prévalu (Pelletier, 2008 : 171-193) : un Sénat, dont les membres sont nommés par la Couronne (pratiquement, aujourd'hui, par le premier ministre), qui analyse d'une façon sereine et réfléchie la législation et qui agit comme modérateur de la Chambre des communes (*second sober thought*), devant lequel le gouvernement n'est pas responsable, et qui sera divisé en régions égales pour respecter l'esprit du fédéralisme. Comme

le soulignait John A. Macdonald en février 1865, « nous avons décidé que la chambre haute suivrait le modèle britannique autant que les circonstances pourraient le permettre » (Ajzenstat *et al.*, 2004 : 88). Ce compromis hybride, inspiré d'un État unitaire et non fédéral, ne sera pas totalement satisfaisant et suscitera de nombreuses propositions de réforme, comme on le verra plus loin.

La composition du Sénat

Le Sénat canadien compte maintenant 105 membres depuis l'amendement constitutionnel adopté en 1999 pour assurer la représentation du Nunavut au Sénat et à la Chambre des communes (voir le tableau 9.1). Lors des discussions tenues à Québec en octobre 1864 sur le projet de fédération des colonies britanniques de l'époque, il fut convenu – et c'est là le seul trait véritablement fédéral de cette chambre haute – qu'on y représenterait les entités fédérées (alors regroupées en trois grandes régions, Ontario, Québec et Maritimes), sur une base égalitaire, soit 24 membres par région. Au fur et à mesure que de nouvelles provinces entraient dans la fédération canadienne, il fallut modifier la Constitution pour leur assurer une représentation au Sénat (et à la Chambre des communes). Ainsi, lorsque l'Île-du-Prince-Édouard adhéra à la fédération en 1873, on répartit les 24 sièges accordés aux Maritimes entre la Nouvelle-Écosse (10 au lieu de 12), le Nouveau-Brunswick (10 au lieu de 12) et l'Île-du-Prince-Édouard (4). De même, après l'entrée de l'Alberta et de la Saskatchewan dans la fédération en 1905, on décida, dix ans plus tard, d'accorder 24 sièges à l'Ouest canadien en les répartissant sur une base égalitaire entre les quatre provinces de cette région.

TABLEAU 9.1

Répartition des sièges au Sénat selon certaines années (1867-2013)

PROVINCES ET TERRITOIRES	1867	1873	1915	1949	1975	1999
Ontario	24	24	24	24	24	24
Québec	24	24	24	24	24	24
Nouvelle-Écosse	12	10	10	10	10	10
Nouveau-Brunswick	12	10	10	10	10	10
Île-du-Prince-Édouard		4	4	4	4	4
Manitoba		2	6	6	6	6
Colombie-Britannique		3	6	6	6	6
Saskatchewan			6	6	6	6
Alberta			6	6	6	6
Terre-Neuve-et-Labrador				6	6	6
Yukon et Territoires du Nord-Ouest					2	2
Nunavut						1
Total	**72**	**77**	**96**	**102**	**104**	**105**

Source : Tableau adapté de André Bernard (1995 : 31).

Par contre, avec l'entrée tardive de Terre-Neuve dans la fédération en 1949, on préféra ne pas modifier la répartition existante dans cette région, mais on décida plutôt d'ajouter six sièges au Sénat en conformité avec l'amendement de 1915 (voir le chapitre 2), ce qui fait que l'Atlantique y est surreprésentée par rapport aux autres régions du Canada (voir le tableau 9.1).

Même si le Sénat compte actuellement 105 membres, la Constitution permet, dans des circonstances spéciales dont le premier ministre est le seul juge, d'augmenter provisoirement de quatre ou de huit le nombre de sénateurs. Cependant, le nombre total ne peut excéder 113 à l'heure actuelle (art. 26 et 28 de la *Loi constitutionnelle de 1867*). Cette procédure exceptionnelle n'a

été utilisée qu'une fois, en 1990, par le premier ministre Brian Mulroney qui a fait nommer huit nouveaux sénateurs (deux par région) de façon à obtenir une majorité de sièges pour son parti et de contrer ainsi la majorité libérale qui bloquait un projet de loi très controversé à l'époque sur l'imposition d'une taxe sur les produits et services (la TPS). Le projet de loi a été adopté par le Sénat grâce à l'utilisation de ce mécanisme tout à fait constitutionnel. Par la suite, il a fallu attendre que la Chambre haute revienne au nombre normal de 24 sénateurs par région avant de pouvoir en nommer de nouveaux. Cet article spécial, selon André Bernard (1995 : 29), a été inscrit dans la *Loi constitutionnelle de 1867* à la demande des autorités britanniques afin d'éviter que le Sénat ne s'oppose, de façon persistante, à l'adoption d'une mesure jugée importante appuyée par une majorité de députés à la Chambre des communes.

Il importe également de souligner que, contrairement au découpage qui prévaut à la Chambre des communes, les sénateurs ne représentent pas une circonscription donnée, mais l'ensemble de la province pour laquelle ils ont été nommés. Le Québec constitue une exception à cette règle. En effet, ses sénateurs sont nommés pour représenter l'un des 24 « collèges électoraux » (ou régions) qui existaient dans le Bas-Canada avant son entrée dans la fédération (art. 21.4 de la *Loi constitutionnelle de 1867*).

Pour être nommé au Sénat, il fallait remplir certaines conditions qui traduisaient bien l'esprit des constituants d'avoir une deuxième chambre pour freiner les ardeurs de la Chambre des communes dont les membres étaient élus par la population. Une fois de plus, c'était le modèle britannique de la Chambre des lords qui prévalait. Mais en l'absence de lords issus de la noblesse (ducs, marquis, comtes, vicomtes ou barons), on imposera des conditions importantes à l'époque pour recréer artificiellement un tel groupe absent du paysage canadien.

Encore aujourd'hui, pour être nommé au Sénat, il faut avoir trente ans révolus, être citoyen canadien par naissance ou naturalisation, posséder des biens d'une valeur de quatre mille dollars en sus de toutes dettes ou obligations et résider dans la province pour laquelle on est nommé (art. 23 de la Loi de 1867). Pour le Québec, on impose une condition supplémentaire, soit celle d'être domicilié ou de posséder sa qualification foncière dans le « collège électoral » pour lequel on est nommé. Cette disposition visait, entre autres, à assurer une représentation et une protection à la

minorité anglophone du Québec (Pelletier, 2008 : 139-141).

Les membres du Sénat sont nommés par la Couronne, soit, à l'heure actuelle, par le gouverneur général au nom de la reine, qui agit selon les instructions reçues du premier ministre. En pratique, c'est donc ce dernier qui nomme les sénateurs, ce qui contrevient clairement au principe fédéral selon lequel la deuxième chambre dans une fédération représente les entités fédérées. Il apparaît dès lors inconcevable que le premier ministre de la fédération nomme seul tous les membres du Sénat canadien. Au minimum, les provinces et les territoires devraient participer au processus de nomination pour ainsi respecter l'esprit du fédéralisme. Encore une fois, les constituants se sont inspirés du modèle britannique plutôt que de ceux des États-Unis ou de la Suisse, deux fédérations qui existaient pourtant à l'époque.

Citons de nouveau John A. Macdonald qui s'inscrit dans cette voie tout à fait britannique lorsqu'il affirme en février 1865 : « La seule façon d'appliquer le système anglais à la chambre haute consiste à conférer à la couronne le pouvoir d'en nommer les membres (tout comme les pairs d'Angleterre), avec cette nuance que les nominations seront à vie » (Ajzenstat *et al.*, 2004 : 88). De fait, les sénateurs étaient nommés à vie jusqu'à ce que soit adoptée, en 1965, une modification à la Constitution décrétant que ceux nommés après cette date ne pourraient plus occuper leur poste après l'âge de 75 ans, alors que ceux nommés antérieurement pourraient continuer à siéger jusqu'à leur mort.

La très grande majorité des nominations effectuées par le premier ministre le sont sur une base partisane. C'était le cas dans le passé et c'est encore le cas maintenant. Ces nominations apparaissent dès lors comme des récompenses politiques à des gens qui ont œuvré dans le parti ou qui en sont des sympathisants reconnus. À l'occasion, le premier ministre peut faire appel à un « indépendant » non affilié à un parti ou même à une personne dont les orientations politiques sont reliées à un tiers parti, comme le Nouveau Parti démocratique (NPD). De plus, certains considèrent que le Sénat sert de *lobby* aux intérêts privés importants du pays ou à l'élite canadienne (Campbell, 1978), ce qui se vérifie effectivement à certaines époques.

Depuis sa première élection en 2006 et jusqu'en décembre 2008, le premier ministre Stephen Harper a refusé de nommer à un poste de sénateur des personnes qui n'avaient pas été préalablement « élues » dans leur province. Durant cette période, seuls 2 individus ont accédé au Sénat : Bert Brown, qui avait déjà été élu en Alberta, et Michael Fortier, non élu, afin d'avoir un représentant de la région de Montréal au sein du cabinet conservateur (il a démissionné à la suite de sa défaite aux élections d'octobre 2008). Toutefois, le premier ministre a décidé, le 22 décembre 2008, au moment où la Chambre était prorogée et dans la crainte d'un vote de non-confiance au retour des députés à la fin de janvier 2009, de nommer 18 sénateurs pour combler tous les postes laissés vacants depuis 2006. Aucun de ces nouveaux sénateurs n'avait été préalablement « élu » dans sa province, mais tous étaient affiliés au Parti conservateur du Canada. En février 2013, le Sénat était composé de 64 conservateurs, 36 libéraux, 3 indépendants et 1 progressiste-conservateur, et 1 siège était vacant. Au total, le Sénat apparaît nettement comme une chambre partisane au même titre que la Chambre des communes, à une différence près : sauf à de très rares exceptions, seuls les deux partis qui ont formé le gouvernement à Ottawa depuis 1867 y sont représentés, alors que la représentation a été et est encore beaucoup plus diversifiée à la Chambre des communes.

Il aura fallu attendre jusqu'en février 1930 avant qu'une femme ne soit nommée au Sénat. C'est à la demande d'un groupe de femmes de l'Alberta qui voulait savoir si le mot « personne » employé à l'article 24 de la *Loi constitutionnelle de 1867* désignait aussi les femmes et si, de ce fait, celles-ci pouvaient être nommées au Sénat. À la suite d'une pétition de ce groupe auprès du gouverneur général en conseil (en pratique, le Cabinet fédéral), ce dernier demanda un avis à la Cour suprême du Canada qui, en 1928, répondit à la question d'une façon négative ! En appel de cette décision devant le Comité judiciaire du Conseil privé à Londres, dernier tribunal d'appel pour le Canada jusqu'en 1949, celui-ci renversa la décision en 1929. Désormais, les femmes pouvaient accéder au Sénat canadien, puisqu'elles

ENCADRÉ 9.1

Texte de l'article 24 de la Loi de 1867

24. Le gouverneur-général mandera de temps à autre au Sénat, au nom de la Reine et par instrument sous le grand sceau du Canada, des personnes ayant les qualifications voulues ; et, sujettes aux dispositions de la présente loi, les personnes ainsi mandées deviendront et seront membres du Sénat et sénateurs.

étaient des « personnes » au sens de la loi ! En février 2013, le Sénat comptait 38 femmes sur 104 (1 vacance).

Les pouvoirs du Sénat

Comme chambre haute du Parlement canadien, le Sénat jouit de tous les pouvoirs législatifs conférés à la chambre basse, à une exception près qui est importante. En effet, aucun projet de loi à caractère financier ne peut prendre naissance au Sénat. Seule la Chambre des communes, élue directement par la population, a le pouvoir de présenter des projets de loi de nature fiscale ou de crédits budgétaires qui y sont d'abord adoptés avant d'aboutir au Sénat. Pour tous les autres projets de loi, le Sénat jouit des mêmes pouvoirs législatifs que la Chambre des communes.

Un tel pouvoir comporte une double dimension. En premier lieu, tout projet de loi – autre que le cas mentionné précédemment – peut prendre naissance à la Chambre des communes (projet C suivi d'un numéro, par exemple, C-10), ou au Sénat (projet S suivi d'un numéro, par exemple, S-32). Si la majorité des projets sont d'abord présentés à la Chambre des communes, un certain nombre peuvent émaner du Sénat, selon ce que souhaite le gouvernement en place (un sénateur peut évidemment présenter son propre projet). C'est pourquoi le Sénat est plutôt réduit à attendre passivement que la Chambre des communes se prononce d'abord et qu'ainsi, un bon nombre de ces projets lui soient transmis en vrac vers la fin des sessions, ce qui réduit d'autant son travail législatif.

En second lieu, tout projet de loi, y compris les amendements qu'on y apporte, doit être approuvé dans les mêmes termes par l'une et l'autre chambre avant d'obtenir la sanction royale. C'est donc dire que le Sénat dispose de pouvoirs législatifs importants, contrairement à la Chambre des lords qui, en 1911 et 1949, a vu ses pouvoirs restreints. Cette dernière chambre, dont s'inspirait le Sénat canadien, ne peut plus s'opposer à un projet de loi de nature financière et ne peut que retarder d'un an l'adoption des autres projets de loi d'intérêt public.

Le Sénat est ainsi appelé à jouer le rôle d'une chambre qui porte un examen attentif, réfléchi et serein sur la législation, pouvant calmer à l'occasion les ardeurs de la chambre basse. C'est donc une vision temporisatrice et plutôt conservatrice qui a présidé à la naissance du Sénat canadien, vision qui a encore cours aujourd'hui, même si l'on doit maintenant nuancer davantage cette assertion.

Si, en théorie, le Sénat dispose de pouvoirs législatifs importants, en pratique, il va les exercer avec prudence. C'est pourquoi les sénateurs ont de temps à autre apporté des modifications aux projets de loi en clarifiant certains aspects, surtout techniques, ou en éliminant ce qui semblait être des ambiguïtés. De tels amendements sont habituellement adoptés sans problème par la Chambre des communes. Selon André Bernard (1995 : 33), de 1867 à 1992, le Sénat canadien a entériné près de 99 % des projets de loi et, dans 95 % des cas environ, sans y avoir apporté de modifications.

À l'occasion, le Sénat a pu soulever des objections plus importantes à l'égard de certains projets gouvernementaux, ce qui a conduit à des impasses entre les deux chambres. Devant une Chambre des communes et un gouvernement résolus, le Sénat a habituellement cédé : il lui était difficile de s'opposer à la volonté majoritaire des élus du peuple. C'est là tout le problème qui se pose au Sénat. S'il adopte les mêmes projets que la Chambre des communes sans s'y objecter, on dit alors qu'il est inutile, puisqu'une seule chambre peut faire ce travail. S'il s'oppose à un projet de loi adopté par la Chambre des communes, on soutient alors qu'il ne peut le faire parce qu'il n'a pas la légitimité conférée par l'élection.

De telles impasses entre les deux chambres sont évidemment assez rares, ce qui fait que le Sénat continue de jouer son rôle d'examen réfléchi des projets de loi et d'y apporter, au besoin, des amendements. Les conflits entre les deux chambres peuvent surgir davantage lorsque le parti au pouvoir à la Chambre des communes ne dispose pas d'une majorité au Sénat, comme ce fut le cas durant plusieurs années (de 1984 à 1990) avec l'arrivée au pouvoir des conservateurs dirigés par Brian Mulroney.

Outre ce pouvoir d'examen et de modifications des projets de loi, le Sénat a exercé une autre fonction essentielle, soit celle de mener des enquêtes sur de nombreux sujets de nature économique, sociale, juridique, etc. C'est probablement ce rôle qui a valorisé davantage le Sénat. Des rapports d'enquête sur les médias, sur la pauvreté et sur d'autres sujets d'importance ont souvent été bien accueillis par les députés et par la population en général et ont permis des discussions publiques de grande qualité sur ces questions diverses.

On peut aussi ajouter que le gouvernement n'est responsable que devant la Chambre des communes, d'autant plus qu'on ne trouve le plus souvent au Sénat qu'un seul membre du Cabinet – le leader du gouvernement au Sénat – et qu'il ne peut à lui seul expliquer toutes les politiques gouvernementales et en répondre au nom du gouvernement.

Finalement, il importe de souligner qu'en matière d'amendement constitutionnel, le Sénat ne dispose que d'un *veto* suspensif de 180 jours (art. 47 de la *Loi constitutionnelle de 1982*). Cette disposition s'applique aussi bien à ses pouvoirs qu'au mode de sélection et au nombre de sénateurs par province. On peut donc se passer de son consentement pour le modifier en profondeur.

La réforme du Sénat

Compte tenu de ce qui précède, on pourrait croire qu'il est facile de réformer le Sénat puisqu'on peut se passer de son consentement pour ce faire. Mais tel n'est pas le cas étant donné que les nombreuses propositions de réforme ont toutes échoué dans le passé.

Analysant les débats sur l'établissement de la Confédération canadienne, plusieurs s'accordent à dire qu'il aurait été impossible de fédérer les colonies de l'époque sans la garantie d'un Sénat représentant les différentes régions du pays. On concevait qu'il devait exister une chambre haute qui agirait comme chambre à la fois de révision de la législation et de protection des intérêts provinciaux et régionaux (Campbell, 1978 : 3-9). Très rapidement, le Sénat s'est contenté de jouer uniquement son rôle de révision de la législation, surtout dans le sens de la défense des intérêts dominants, pour abandonner son second rôle à d'autres institutions telles qu'une forme de « fédéralisation » du Cabinet dès 1867 (voir le chapitre 10) et, plus tard, l'instauration des conférences fédérales-provinciales, ce qui a donné naissance au « fédéralisme exécutif » (voir le chapitre 4).

Dans ce contexte, on comprend mieux les réclamations de certains qui proposent soit d'abolir cette seconde chambre, comme l'a demandé régulièrement le NPD, soit de la modifier profondément afin qu'elle soit plus conforme au « modèle » d'une deuxième chambre dans un système fédéral. Ce modèle suppose que le Sénat puisse remplir, d'une part, une fonction de révision de la législation adoptée par la chambre basse et, d'autre part, une fonction de représentation des intérêts provinciaux et de participation des entités fédérées à l'exercice des compétences fédérales à l'intérieur des institutions centrales. C'est précisément ce deuxième rôle que le Sénat canadien n'a pas vraiment rempli depuis sa création.

Au cours des années 1970, c'est le modèle allemand du Bundesrat qui a le plus souvent servi de point de référence aux projets de réforme du Sénat. Durant les années 1980, la voie allemande a été abandonnée au profit du modèle australien. Les propositions émanant du gouvernement albertain et de la Canada West Foundation ont pris la forme d'un Sénat triple-E, soit élu, égal et efficace. Les sénateurs seraient élus par la population de chaque province, chacune étant représentée par le même nombre de sénateurs. Ce Sénat jouirait également d'une grande efficacité quant aux pouvoirs qui lui seraient conférés.

On peut tirer des enseignements importants de l'expérience australienne (Pelletier, 1987 ; Pelletier, 2010). D'une part, le Sénat de ce pays ne s'est pas comporté véritablement comme une chambre représentant les États australiens, il a plutôt été dominé par la politique partisane à l'exemple de la Chambre des représentants. En effet, l'élection des sénateurs risque de reproduire le modèle partisan de la chambre basse, ce qui pose alors clairement le problème d'avoir une deuxième chambre qui reproduit la première. D'autre part,

dans le contexte d'une fédération multinationale comme le Canada, comment accepter, au nom de l'égalité, que la majorité francophone soit réduite à la représentation d'une seule province sur dix ? Finalement, il est difficile, au nom de l'efficacité, d'ajouter des pouvoirs législatifs à ceux que le Sénat possède déjà, puisque sa seule limitation a trait à la présentation des projets de loi à caractère financier. D'ailleurs, les différentes propositions de réforme encadraient plutôt ce pouvoir législatif en accordant un *veto* absolu ou suspensif en fonction des catégories de projets de loi.

Quoi qu'il en soit, la réforme du Sénat canadien a été reléguée aux oubliettes après l'échec de l'Accord du lac Meech (en 1990) et de celui de Charlottetown (en 1992) et par suite de l'arrivée au pouvoir des libéraux fédéraux en 1993. Par contre, l'élection d'un gouvernement conservateur minoritaire en 2006 et 2008, puis majoritaire en 2011, a ravivé l'intérêt du gouvernement pour le Sénat. En effet, le gouvernement Harper a présenté le projet C-7 portant sur la réforme du Sénat qui a été déposé à la Chambre des communes en juin 2011. Il prévoit la limitation de la durée du mandat des sénateurs à un seul mandat de neuf ans. En outre, les sénateurs nommés pour représenter une province ou un territoire devraient être choisis (le texte n'indique pas clairement si c'est une obligation ou non) à partir de la liste de candidats sénatoriaux, liste établie par voie d'une élection tenue dans la province ou le territoire. Ce projet est actuellement contesté devant les tribunaux par certaines provinces, dont le Québec, selon le principe que celles-ci devraient être consultées à ce sujet en faisant appel à la procédure d'amendement à la Constitution au lieu de procéder par simple voie législative. Qui plus est, le gouvernement fédéral a annoncé le 31 janvier 2013 qu'il a demandé à la Cour suprême de se prononcer, sous forme d'un renvoi, sur cette question.

Somme toute, on peut affirmer que le Canada se contente encore d'un Sénat anachronique, inspiré de la Chambre des lords britannique, dont tous les membres sont nommés par le seul premier ministre canadien, habituellement sur une base partisane. Si ce Sénat a rempli assez adéquatement sa fonction de révision de la législation, il n'a jamais vraiment joué son rôle de représentation des entités fédérées au niveau central, ce qui est pourtant le rôle fondamental d'une deuxième chambre dans une fédération.

LA CHAMBRE DES COMMUNES

En raison du caractère électif de ses membres, la Chambre des communes constitue pour plusieurs le foyer le plus important de la vie démocratique canadienne, même si un autre mode de scrutin que celui qui est actuellement utilisé pourrait assurer une meilleure représentation des différentes forces politiques du pays dans cette chambre. De par ses députés, elle permet en principe la représentation constitutionnelle des citoyens. Même si en pratique elle laisse une place importante aux partis et à la dynamique fédérale dans la composition régionale du cabinet, elle est la seule institution qui peut prétendre s'exprimer pour l'ensemble des Canadiens (Smith, 2007 : 3-4). Au Québec, l'Assemblée nationale joue également ce rôle, cette fois pour l'ensemble des Québécois.

Selon la tradition britannique, le vert qu'on y retrouve représente le pouvoir des sujets, contrairement au rouge présent au Sénat qui illustre le pouvoir monarchique. D'un point de vue théorique, la Chambre des communes est également le principal lieu de débats relatifs aux enjeux qui marquent l'évolution du pays. Pour illustrer ce propos, notons que l'intensité du débat politique est souvent tributaire du calendrier parlementaire, à tout le moins entre les élections. Il importe également de souligner le caractère représentatif de la Chambre des communes. Puisque chacune des composantes du pays y est représentée en fonction de sa population, et ce, malgré certaines distorsions, elle est sans doute l'institution qui respecte le plus une certaine évolution démographique. Ce n'est manifestement pas le cas du Sénat.

La Chambre des communes se trouvant au centre des institutions politiques canadiennes, il importe de bien en comprendre l'origine ainsi que les principaux rouages. Après avoir étudié rapidement certaines réalités historiques, nous distinguerons ses principales fonctions institutionnelles ainsi que les acteurs nécessaires à son fonctionnement. Nous effectuerons ensuite un survol des principales caractéristiques qui la distinguent de l'Assemblée nationale québécoise.

Un peu d'histoire

Bien que reposant sur la tradition parlementaire britannique, le fonctionnement actuel de la Chambre des communes est également le fruit de l'évolution du droit parlementaire, du contexte historique et de coutumes proprement canadiennes. Pour illustrer cette évolution, nous retenons quatre événements structurants. Il s'agit de la création de chambres électives au Canada, de l'obtention du principe du gouvernement responsable, de l'adoption d'un cadre fédéral en

1867 et de l'enchâssement de la *Charte canadienne des droits et libertés* dans la Constitution de 1982.

L'existence des premières assemblées représentatives électives remonte au XVIIIe siècle, en 1758 pour la Nouvelle-Écosse qui a inclu le Nouveau-Brunswick jusqu'en 1784 (à la suite de cette scission, le Nouveau-Brunswick a adopté ses propres institutions représentatives), en 1773 pour l'Île-du-Prince-Édouard et en 1791 au Bas-Canada ainsi qu'au Haut-Canada (Bernard, 1996: 443). Alors que les premiers parlementaires élus au Bas-Canada se réunissent pour la première fois à Québec le 17 décembre 1792 dans le but d'élire un orateur (ou président de la Chambre), John Hare souligne que dès les premiers jours, le caractère britannique des institutions parlementaires s'est clairement imposé.

La journée du 20 décembre, écrit-il, marque véritablement la consécration du parlementarisme britannique au Québec. Le rituel archaïque mais majestueux aurait dû impressionner les premiers députés canadiens, rituel qui se déroule en trois actes: le premier, la démarche lente du gentilhomme de la verge noire, appelant les représentants du peuple auprès du gouverneur assis sur la « chaise d'État » dans l'enceinte du Conseil législatif, puisque déjà depuis plus d'un siècle le roi ou son représentant ne devait pas entrer à la chambre basse où siègent les députés; le deuxième acte, les requêtes rituelles de l'orateur demandant le renouvellement des privilèges acquis au prix de

Tableau 9.2

Représentation des provinces et des territoires au sein du Parlement canadien (janvier 2013)

PROVINCES ET TERRITOIRES	POPULATION PAR PROVINCE OU TERRITOIRE	SIÈGES PAR PROVINCE OU TERRITOIRE AU SÉNAT	SIÈGES PAR PROVINCE OU TERRITOIRE AUX COMMUNES
Terre-Neuve-et-Labrador	1,5%	5,7%	2,3%
Île-du-Prince-Édouard	0,4%	3,8%	1,3%
Nouvelle-Écosse	2,8%	9,5%	3,6%
Nouveau-Brunswick	2,2%	9,5%	3,2%
Québec	23,2%	22,9%	24,4%
Ontario	38,8%	22,9%	34,4%
Manitoba	3,6%	5,7%	4,5%
Saskatchewan	3,1%	5,7%	4,5%
Alberta	10,8%	5,7%	9,1%
Colombie-Britannique	13,2%	5,7%	11,7%
Yukon	0,1%	1,0%	0,3%
Territoires du Nord-Ouest	0,1%	1,0%	0,3%
Nunavut	0,1%	1,0%	0,3%

tant de sacrifices par les députés ; le troisième acte, l'adresse du roi ou son représentant, « le discours du Trône », devant les deux branches de la législature réunies (Hare, 1993 : 65-66).

Le Canada dispose donc de l'une des plus anciennes traditions démocratiques. À l'époque, les pouvoirs de ces chambres basses s'avéraient cependant fort limités. Le pouvoir exécutif relevait de Londres, tout comme l'essentiel des questions budgétaires. Néanmoins, ces chambres basses devinrent le lieu premier de l'expression politique pour les représentants des habitants des colonies de l'époque, dont ceux à majorité francophone dans le cas du Bas-Canada.

Il fallut peu de temps pour que certains d'entre eux, tant dans le Bas-Canada que dans le Haut-Canada, revendiquent une plus grande autonomie. On l'oublie trop souvent, les rébellions de 1837-1838 face à la Couronne britannique s'appuyaient sur la quête de l'obtention du gouvernement responsable, où celui-ci doit recevoir le soutien de la Chambre basse pour survivre. Même si l'armée britannique écrasa les contestataires, Lord Durham, chargé par Londres de faire le point sur ces événements, proposa, en 1839, l'application du principe du gouvernement responsable. Il lui associa cependant la création d'un nouveau régime, celui du Canada-Uni, où les anglophones disposeraient à terme d'un poids politique prépondérant. Quelques années plus tard, en 1848, le principe du gouvernement responsable fut reconnu par le gouverneur du Canada-Uni.

Tout en s'appuyant sur la tradition parlementaire britannique, la légitimité institutionnelle de la Chambre des communes canadienne actuelle repose sur la *Loi constitutionnelle de 1867* (voir le tableau 9.3). On y a, bien sûr, renforcé le principe

du gouvernement responsable, tout en balisant la durée de chaque législature (la composition d'une chambre basse pour une période maximale de cinq ans). De façon plus fondamentale, en appliquant le caractère fédéral du régime, ce document fondateur définit les compétences de la Chambre des communes, tout comme celles qui sont dévolues aux Assemblées législatives des provinces. Dans la même veine, le caractère fédéral du système fit de la Chambre des communes le lieu par excellence des débats portant sur les intérêts proprement canadiens, en opposition aux intérêts régionaux et aux enjeux liés aux services de proximité présents dans les Assemblées provinciales.

L'Acte de 1867 étant une loi de la Chambre des communes britannique, le rapatriement de la Constitution au Canada en 1982 rompit ce lien juridique avec la Grande-Bretagne. Mais il fit bien plus. De façon institutionnelle, l'enchâssement de la *Charte canadienne des droits et libertés* en 1982 vint restreindre la capacité législative de la Chambre des communes. Sur cette base, la Cour suprême peut, depuis, invalider une loi adoptée par des élus (voir le chapitre 3).

De ces quatre éléments structurants, certains constats s'imposent. Ainsi, dès son origine, le parlementarisme canadien fut marqué par une polarisation, principalement sur le plan linguistique. Elle s'est d'abord exprimée dans des chambres électives distinctes pour le Bas-Canada majoritairement francophone et pour le Haut-Canada anglophone, puis au Canada-Uni où l'on développa une gestion bicéphale sur le plan linguistique, ce qui donna naissance au double ministère, par exemple le ministère Baldwin-LaFontaine. Cette polarisation laisse encore aujourd'hui des traces sur le plan institutionnel. Elle serait d'ailleurs l'une des causes lointaines de la rigueur de la

TABLEAU 9.3

Nature des privilèges, immunités et pouvoirs du Sénat et de la Chambre des communes

4. Les privilèges, immunités et pouvoirs du Sénat et de la Chambre des communes, ainsi que de leurs membres, sont les suivants :

   a) d'une part, ceux que possédaient, à l'adoption de la Loi constitutionnelle de 1867, la Chambre des communes du Parlement du Royaume-Uni ainsi que ses membres, dans la mesure de leur compatibilité avec cette loi ;

   b) d'autre part, ceux que définissent les lois du Parlement du Canada, sous réserve qu'ils n'excèdent pas ceux que possédaient, à l'adoption de ces lois, la Chambre des communes du Parlement du Royaume-Uni et de ses membres.

Source : *Loi sur le Parlement du Canada*, partie 1, Sénat et Chambre des communes, à jour le 17 février 2005.

discipline de parti présente au Canada (Pelletier, 1999). Dans le même esprit, plusieurs parlementaires du Québec entretiennent un rapport distinct face à cette institution. Ils s'y rendent dans l'esprit premier d'y représenter leur collectivité nationale.

Deuxièmement, la Chambre des communes a évolué avec le temps sous la force de deux courants contradictoires : une quête d'autonomie et l'imposition de nouvelles contraintes institutionnelles. Si son autonomie fut acquise graduellement face à la Grande-Bretagne, le caractère fédéral du régime ainsi que le fait de constitutionnaliser la Charte des droits et libertés, en 1982, ont permis de baliser ses pouvoirs. Tout en intégrant à l'origine le droit parlementaire britannique, la Chambre des communes canadienne a évolué selon des réalités propres au Canada.

Les principales fonctions

Avec ses règles et la présence des principaux acteurs politiques œuvrant sur la scène politique fédérale, la Chambre des communes contribue à institutionnaliser et à codifier le conflit politique au Canada. De même, en vertu du principe du gouvernement responsable, la confiance d'une majorité de ses députés est nécessaire à la survie du gouvernement. Il existe d'ailleurs plusieurs mécanismes parlementaires qui permettent de mesurer périodiquement cette confiance. Cette institutionnalisation du conflit politique ainsi que la mesure de la confiance envers le gouvernement constituent des fonctions de portée générale. Des travaux parlementaires quotidiens nous dégageons plutôt quatre fonctions précises : de représentation, législative, budgétaire et d'imputabilité administrative.

Une fonction de représentation

Dans le système politique canadien, il appartient aux membres de la Chambre des communes de représenter les citoyens de leurs circonscriptions sur la scène fédérale (Blidook, 2013). Les députés peuvent intervenir en Chambre (votes, questions, motions et discours) ou directement auprès du gouvernement pour tenter de répondre à des problèmes particuliers. Ils appellent cette dernière partie de leur travail « faire du bureau de comté ». Ils essaient alors de régler des problèmes vécus par des citoyens de leurs circonscriptions auprès de l'administration gouvernementale. La Chambre joue donc un rôle intermédiaire entre les demandes formulées par la population et les politiques gouvernementales. Pour illustrer le caractère représentatif de la Chambre des communes, soulignons enfin que, lorsque des groupes ou des citoyens veulent exprimer leur insatisfaction envers des politiques gouvernementales, leurs manifestations se déroulent généralement devant le parlement et non devant l'édifice abritant le Bureau du Conseil privé.

Une fonction législative

Avec le Sénat, la Chambre des communes détient la responsabilité d'étudier, puis d'adopter les lois fédérales. Le processus législatif, tel qu'il sera décrit plus loin, se déroule en Chambre ainsi qu'en comités parlementaires. Ces derniers peuvent bonifier leurs travaux en permettant la comparution de groupes, d'experts ou de citoyens. Rappelons également que les projets de loi ayant une incidence financière ne peuvent être proposés que par un ministre à la Chambre des communes.

Une fonction budgétaire

En vertu du principe du gouvernement responsable, le gouvernement canadien doit faire adopter sa politique budgétaire par une majorité des membres de la Chambre des communes. Le discours sur le budget présenté par le ministre des Finances, généralement en février, constitue d'ailleurs un moment fort de la vie de la Chambre. Cette dernière doit approuver deux types de mesures budgétaires : 1) le discours du budget, où l'on trouve les mesures fiscales et les principales politiques économiques et sociales que mettra en avant le gouvernement pour l'année engagée ; et 2) le plan des dépenses gouvernementales, soit les crédits devant être consacrés à chacun des ministères et organismes afin d'assurer la prestation de services gouvernementaux.

Une fonction d'imputabilité administrative

La Chambre des communes exerce également un rôle certain quant à l'évaluation de l'administration gouvernementale. À cette fin, les députés disposent de différents moyens permettant de favoriser la reddition des comptes de la part du gouvernement. Sur le plan parlementaire, la période des questions permet à l'opposition d'exercer une pression constante sur le gouvernement. Le comité des comptes publics dispose également de moyens importants. Sur le plan institutionnel, certains organismes relèvent directement du Parlement. Dans le jargon administratif fédéral, les agents du Parlement sont au nombre de cinq :

1) le Bureau du vérificateur général est chargé de faire rapport au Parlement quant aux problèmes de gestion du gouvernement ;

2) le Commissariat à la protection de la vie privée veille au respect des règles relatives à la protection des renseignements personnels ;

3) le Commissariat à l'information du Canada veille à l'application des règles relatives au droit d'accès à l'information ;

4) le Commissariat aux langues officielles est chargé de faire rapport au Parlement de l'évolution des langues officielles au pays

ainsi qu'au sein de l'administration publique fédérale ;

5) Élections Canada, en plus d'organiser les élections, veille au respect des lois électorales canadiennes ;

En remplacement du Bureau du commissaire à l'éthique, le Commissariat aux conflits d'intérêts et à l'éthique a été mis sur pied en 2007 à la suite de l'adoption de la *Loi fédérale sur la responsabilité*. Chargé d'assister la Chambre des communes quant à la conduite des députés, le commissaire est responsable d'appliquer le *Code régissant les conflits d'intérêts des députés* et la *Loi sur les conflits d'intérêts* auprès des titulaires d'un poste public. Il doit être considéré au même titre que les greffiers de la Chambre des communes et du Sénat, dont le rôle consiste à aider le Parlement à régler les problèmes de nature procédurale et administrative. En 2008, on procéda à la nomination d'un directeur parlementaire du budget. Ce dernier est un fonctionnaire indépendant de la Bibliothèque du Parlement qui relève du président de la Chambre des communes et du Sénat. Il a pour mandat de rendre compte de l'évolution de la situation des finances publiques.

Un membre de la Chambre des communes sera donc appelé à jouer plusieurs rôles. Il sera tour à tour représentant, législateur ou contrôleur de la gestion gouvernementale. Le simple député dispose pourtant d'une capacité d'influence fort restreinte. Dans les faits, la nature du travail des membres de la Chambre repose sur une hiérarchie bien précise.

Les principaux acteurs

Les 308 députés (ils seront 338 lors du prochain scrutin en 2015) de la Chambre des communes, tout en disposant individuellement d'un seul vote, n'ont évidemment pas le même statut ni le même niveau d'influence. Président de la Chambre, premier ministre, ministres, chef de l'opposition officielle et de partis reconnus, whips et leaders parlementaires occupent des fonctions de premier plan.

Avant d'analyser l'influence et le rôle des principaux acteurs présents à la Chambre des communes, il importe de rappeler certaines caractéristiques du parlementarisme canadien qui encadrent le travail des élus. Ce sont :

1) la **collaboration** (ou la **confusion**) **des pouvoirs** exécutif et législatif où les membres du pouvoir exécutif sont ceux qui, en plus d'être traditionnellement membres du pouvoir législatif, en déterminent les travaux dans le respect du principe du gouvernement responsable ;

2) l'existence d'un **droit parlementaire spécifique** reposant d'abord sur le règlement de la Chambre où l'on a défini des règles de procédures précises, reposant ensuite sur des précédents découlant de décisions passées et de coutumes s'appuyant accessoirement sur les règles d'autres chambres basses évoluant dans la tradition parlementaire britannique ;

3) l'**immunité parlementaire** qui offre une garantie théorique de liberté de parole, puisqu'en vertu de ce principe, tout député ne peut être poursuivi pour des accusations ou des propos tenus à l'intérieur de la Chambre des communes. En théorie, il est vrai que ce principe permet aux élus, ainsi à l'abri de poursuite judiciaire, de mieux jouer leur rôle de contrôleur. En pratique, lorsque l'on veut mesurer la liberté de parole des députés, il faut plutôt tenir compte de la discipline de parti présente à la Chambre des communes.

Ces précisions apportées, nous retenons trois éléments pour évaluer le rôle ainsi que le degré d'influence d'un député. Il s'agit de son affiliation politique, de sa fonction parlementaire et de la composition de la Chambre.

L'appartenance politique

Le rôle d'un député, comme son degré d'influence, est d'abord tributaire de son appartenance politique. Puisqu'il n'existe pas au Canada de tradition de gouvernement de coalition, les distinctions sont relativement simples. On y trouve ainsi le groupe parlementaire le plus nombreux qui, la plupart du temps, est appelé à former le gouvernement. Quant au deuxième groupe en importance, il composera l'opposition officielle, laquelle se veut une solution de rechange au gouvernement. Pour être reconnue officiellement et pour obtenir les avantages parlementaires liés à ce statut, une formation devra compter un minimum de douze députés. À défaut de satisfaire à ce critère, des députés seront considérés comme étant indépendants. Leurs droits seront alors reconnus sur une base individuelle et ils disposeront d'un temps de parole ainsi que d'un budget de recherche limités.

Les fonctions parlementaires

Le rôle d'un élu est également tributaire de la fonction parlementaire qu'il occupe. En effet, les règles constitutionnelles, comme les règles de procédures, en précisent un certain nombre. Il convient de définir celles qui s'avèrent les plus fondamentales.

Le premier ministre et les ministres

Tout comme les autres députés, les membres du gouvernement représentent généralement une circonscription électorale. Sur le plan parlementaire, ils doivent cependant rendre des comptes quant à la gestion gouvernementale ainsi qu'au regard des politiques poursuivies. Ils sont également les seuls à disposer du pouvoir de présenter des initiatives législatives ayant des incidences financières. Le premier ministre, de par son pouvoir de nomination et sa capacité de déterminer l'agenda législatif, joue un rôle central dans le fonctionnement de la Chambre. En plus de veiller à la composition du Conseil des ministres, il détermine les fonctions parlementaires dont hériteront les membres de sa formation. Il indique également, par la voix de son leader en Chambre, les priorités législatives du gouvernement. Dans le système canadien, en raison notamment de la discipline de parti, il lui appartient de juger du moment de la dissolution de la Chambre. Dans le cas d'un gouvernement minoritaire, ce pouvoir n'est cependant plus l'apanage exclusif du premier ministre, puisque les députés peuvent adopter à la majorité une motion de non-confiance à l'égard du gouvernement, ce qui conduit habituellement à la dissolution de la Chambre.

Le président

Généralement issu des rangs du parti au pouvoir, le président de la Chambre des communes est élu, depuis 1985, par ses pairs, par vote secret, la première élection ayant cependant eu lieu en 1986. À la suite de la première victoire du gouvernement conservateur minoritaire de Stephen

Harper en janvier 2006, cette procédure a permis l'élection d'un président issu des rangs de l'opposition, ce qui s'est également produit en 2008 sous le deuxième gouvernement conservateur minoritaire. En plus de veiller à l'administration quotidienne des services liés au bon fonctionnement de la Chambre, le président dirige les travaux parlementaires. Ce faisant, il est responsable du respect des règles en vigueur ainsi que des droits des parlementaires et, lors de situations conflictuelles, il doit trancher. De décisions en décisions, il fait donc évoluer le droit parlementaire. Par ailleurs, puisque sa légitimité repose sur son apparente neutralité, il s'impose un devoir de réserve, il se retire de son groupe parlementaire, il s'abstient de participer à toute activité partisane et il ne vote que lorsqu'une situation d'égalité des voix se présente. C'est ce que fit le libéral Peter Milliken, le 19 mai 2005. Son vote prépondérant a alors rompu une égalité de 152 voix favorables et de 152 voix opposées au projet de loi C-48 qui amendait le budget fédéral et engageait ainsi la confiance du gouvernement. Sa voix a donc permis au gouvernement libéral minoritaire de Paul Martin de se maintenir en poste.

Afin d'assurer la bonne marche des travaux, le président est assisté de vice-présidents. Tant sur le plan de la gestion qu'en matière de procédure parlementaire, il est conseillé par le greffier de la Chambre, un fonctionnaire nommé par le gouverneur en conseil et dont le rang est celui de sous-ministre.

Le chef de l'opposition officielle et ceux des autres partis d'opposition

Le chef de l'opposition officielle dispose de certains privilèges. À titre d'exemple, il donne généralement le ton à la période de questions en intervenant le premier. Les chefs des partis d'opposition déterminent également les fonctions parlementaires des membres de leurs formations politiques respectives. En nommant un porte-parole pour chaque dossier sectoriel, ils forment leur « cabinet fantôme ». Cela a pour effet de distribuer le pouvoir au sein de leur groupe parlementaire. De même, en établissant les stratégies parlementaires de leur formation, ils contribuent à façonner l'agenda politico-médiatique de la colline parlementaire.

Les leaders parlementaires

Assis près de leur chef, les leaders parlementaires veillent au bon déroulement des travaux de la Chambre en fonction des intérêts partisans de leur formation. Adresser au président les questions de règlement, coordonner les interventions des députés, voilà ce qui caractérise l'essentiel du travail des leaders. Dans le cas du leader du gouvernement, celui-ci doit également s'assurer de l'adoption de l'agenda législatif gouvernemental en jouant un rôle d'intermédiaire entre le gouvernement et l'opposition. Il organise aussi les travaux de la Chambre en conformité avec le règlement.

Les whips

La prise de décisions quant à l'organisation des travaux parlementaires s'effectue en majeure partie à l'extérieur de la Chambre. Sur la colline parlementaire, les députés et les sénateurs membres d'un parti politique sont regroupés en caucus. Comme les caucus se tiennent à huis clos, c'est alors l'occasion par excellence pour les députés (et les sénateurs, selon le cas) d'exprimer sans détour leurs points de vue sur certains projets de loi ou sur des orientations privilégiées par leur parti. Selon le style de leadership exercé par leur chef, les caucus peuvent être aussi bien un lieu réel de décisions qu'un simple mécanisme partisan de coordination. Ils permettent d'établir en privé les lignes directrices qui guideront les parlementaires de chacune des formations politiques : la ligne de parti. Les whips sont ensuite responsables de veiller à son respect, et ce, tout en demeurant attentifs aux besoins exprimés par leurs collègues. Dans le cas précis du whip du gouvernement, il lui incombe de s'assurer d'une présence suffisante de ses collègues en Chambre afin de garantir au gouvernement une majorité lors des différents votes.

Ces fonctions parlementaires ne sont certes pas exhaustives. Des députés membres du parti ministériel, comme certains de l'opposition, détiennent des responsabilités au sein des comités de la Chambre. De même, certains assistent les ministres en leur qualité de secrétaire parlementaire. Quoi qu'il en soit, la fonction parlementaire des élus est souvent représentative du degré d'influence qu'ils ont au sein de l'aile parlementaire de leur formation politique.

La composition de la Chambre des communes

Dans le même esprit, la composition de la Chambre peut avoir une influence significative sur la répartition du pouvoir, et ce, selon que le groupe parlementaire formant le gouvernement détienne ou non une majorité de sièges. De façon historique, le gouvernement canadien est habituellement issu de groupes parlementaires regroupant une majorité de députés (Dobell, 2000 : 6-7). En effet, le gouvernement a été placé dans une situation minoritaire à seulement 12 occasions sur 41 législatures (voir le tableau 9.4).

Lorsqu'une telle situation se produit, les membres de l'opposition peuvent limiter la capacité législative et budgétaire du gouvernement. Pour survivre, celui-ci, en plus de s'assurer de l'appui des députés de sa formation politique, doit collaborer avec des députés de l'opposition afin de préserver la confiance de la Chambre. Un parti d'opposition peut donc disposer d'un pouvoir qui ne correspond pas à sa taille réelle. C'est ce qu'il convient d'appeler « détenir la balance du pouvoir ».

N'en déplaise au président, le premier ministre demeure l'acteur central de la Chambre des communes. Comme chef de l'exécutif, il fixe les priorités gouvernementales. Comme chef du groupe parlementaire disposant du plus grand nombre de sièges, il détermine l'agenda législatif, orchestre la réponse gouvernementale lors de la période des questions et répartit les fonctions parlementaires parmi les députés de sa formation politique. Cet ascendant se trouvera cependant limité selon la force des membres de l'opposition, de même que par sa capacité d'assurer la cohésion interne de son équipe.

Les particularités de l'Assemblée nationale du Québec

À plusieurs égards, le fonctionnement de l'Assemblée nationale du Québec est similaire à celui de la Chambre des communes fédérale. Bien entendu, certaines dispositions de leurs règlements diffèrent. C'est notamment le cas du calendrier parlementaire et de l'existence à l'Assemblée nationale d'un poste de troisième vice-président, lequel est choisi parmi les députés

TABLEAU 9.4

Historique des gouvernements minoritaires à Ottawa

ANNÉES	PREMIERS MINISTRES	ÉCART ENTRE LE NOMBRE DE DÉPUTÉS DU GROUPE MINISTÉRIEL ET CELUI DE TOUS LES DÉPUTÉS DE L'OPPOSITION LORS DE L'ENTRÉE EN FONCTION	LONGÉVITÉ DU GOUVERNEMENT	DURÉE DES TRAVAUX PARLEMENTAIRES
2008-2011	Stephen Harper	−22	31 mois	30 mois
2006-2008	Stephen Harper	−60	32 mois	29 mois
2004-2006	Paul Martin	−38	19 mois	14 mois
1979-1980	Joe Clark	−10	9 mois	3 mois
1972-1974	Pierre Elliott Trudeau	−46	20 mois	16 mois
1965-1968	Lester B. Pearson	−3	31 mois	27 mois
1963-1965	Lester B. Pearson	−7	31 mois	28 mois
1962-1963	John Diefenbaker	−33	9 mois	4 mois
1957-1958	John Diefenbaker	−41	9 mois	4 mois
1926	Arthur Meighen	−13	3 mois	3 jours
1925-1926	William L. Mackenzie King	−47	9 mois	7 mois
1921-1925	William L. Mackenzie King	−3	48 mois	42 mois

de l'opposition officielle. D'un point de vue terminologique, différents mots expriment une même réalité. À Québec, par exemple, le greffier devient le secrétaire général. Le discours du Trône se nomme discours d'ouverture. Les comités de la Chambre des communes deviennent des commissions parlementaires. Il convient cependant de relever deux types de distinctions plus fondamentales. La première est d'ordre institutionnel et la deuxième est de nature culturelle.

Des distinctions institutionnelles

D'abord, le Parlement de Québec n'est composé que d'une seule chambre: l'Assemblée nationale du Québec. Le processus législatif y est donc plus simple et, surtout, plus rapide. Le Conseil législatif, dont la fonction était relativement similaire à celle du Sénat, a été aboli en 1968. L'appui d'une majorité de députés de l'Assemblée nationale, familièrement appelée le Salon bleu puisque celui-ci passa du vert au bleu lors de l'introduction de la télédiffusion des débats, suffit pour assurer l'adoption du menu législatif gouvernemental. Le Salon rouge, qui abritait autrefois le Conseil législatif, est maintenant utilisé lors des travaux de grandes commissions parlementaires ainsi que pour la tenue d'événements à caractère protocolaire.

Ensuite, sur le plan historique, le système partisan québécois est davantage caractérisé par un bipartisme institutionnel. D'ailleurs, pour devenir un groupe parlementaire reconnu officiellement à l'Assemblée nationale, un parti doit compter 12 députés ou avoir obtenu au moins 20 % des suffrages. Toutes proportions gardées, cette exigence est deux fois plus élevée que celle de la Chambre des communes. Un parti, pour être reconnu à Ottawa, doit obtenir à peine 4 % des sièges, alors que pour avoir le même statut à Québec, il lui faut près de 10 % des sièges.

Depuis la fin du XIXe siècle, les gouvernements québécois ont toujours été issus d'une majorité parlementaire à l'exception de deux occasions récentes. À la suite de l'élection du 26 mars 2007, le parti dont était issu le gouvernement ne disposait pas d'une majorité à l'Assemblée. Ainsi, le Parti libéral du Québec est demeuré au pouvoir avec 48 sièges, l'opposition officielle a été confiée à l'Action démocratique du Québec, qui disposait de 41 sièges, et le Parti québécois a formé le groupe parlementaire du deuxième parti d'opposition avec 36 sièges Le premier ministre ayant choisi de demander la dissolution de la chambre, la 38e législature n'a duré que 19 mois, soit du 8 mai 2007 au 5 novembre 2008. L'élection du 4 septembre 2012 a également produit un gouvernement minoritaire, cette fois dirigé par le Parti québécois. Ce dernier a obtenu 54 sièges comparativement à 50 sièges pour le Parti libéral du Québec et 19 sièges pour la Coalition avenir Québec.

Le bipartisme historique vécu au Québec a certes façonné les règles et les coutumes encadrant le déroulement des travaux parlementaires. Cependant, la composition plus diversifiée de l'Assemblée nationale vécue lors de la 38e législature a permis d'illustrer la capacité de l'institution parlementaire québécoise de s'adapter à une réalité politique tripartite, et ce, sans en modifier le règlement. Des ajustements ont été apportés au fonctionnement de la période des questions pour l'encadrer davantage, l'opposition officielle ayant à partager son temps avec un autre groupe parlementaire. De même, rompant avec une coutume solidement établie à la fin de chaque session parlementaire, le gouvernement a dû renoncer à la suspension des étapes régulières pour procéder à l'adoption de sa législation. Enfin, pour la première fois depuis Arthur Turcotte en 1878, un député n'étant pas issu du parti ministériel, François Gendron du Parti québécois, a été appelé à occuper la présidence de l'Assemblée en octobre 2008. Il en fut de même en octobre 2012 alors que Jacques Chagnon, élu sous la bannière libérale, fut reconduit dans ses fonctions.

Des distinctions culturelles

Comme la Chambre des communes fédérale, l'Assemblée nationale du Québec a évolué en fonction de caractéristiques propres à la société qu'elle prétend représenter. De façon symbolique, on ne peut ignorer que, pour une majorité de Québécoises et de Québécois, elle représente le lieu premier de leur expression comme communauté nationale. Pour les autres Canadiens et Canadiennes, ce lieu se trouve plutôt à Ottawa.

Sur le plan culturel, deux éléments contribuent à assurer une plus grande collégialité entre les parlementaires de l'Assemblée nationale :
1) leur nombre plus restreint, 125 plutôt que 308 (nombre qui passera à 338 lors du prochain scrutin fédéral en 2015, dont 78 du Québec) ;

2) une seule langue d'usage pour les travaux, puisque ceux-ci s'y déroulent presque exclusivement en français, et ce, malgré le caractère bilingue de l'institution.

Il y a donc une relative proximité entre les parlementaires québécois, laquelle peut, bien sûr, favoriser une certaine camaraderie. En revanche, elle peut également accroître l'intensité des débats.

Par ailleurs, l'attachement envers la Couronne étant moins présent au Québec qu'ailleurs au Canada, certaines traditions britanniques y sont moins rigoureusement appliquées. Par exemple, contrairement au gouverneur général à Ottawa, c'est le premier ministre qui livre son propre discours d'ouverture devant les membres de l'Assemblée nationale et celui qui agit à titre de sergent d'armes est dans les faits un policier de la Sûreté du Québec, alors qu'en vertu de la tradition britannique, le sergent d'armes est un officier du Parlement responsable de la sécurité de la Chambre. À ce titre, il est le dépositaire de la masse royale, symbole de l'autorité royale, qui doit être placée en Chambre pour que des débats s'y tiennent.

Tout comme c'est le cas à Ottawa, le partage des compétences prévu par la *Loi constitutionnelle de 1867* ainsi que la tradition parlementaire britannique conditionnent toujours le fonctionnement de l'Assemblée ainsi que la nature des enjeux qui y sont débattus. Plutôt que d'y voir une rupture, les distinctions procédurales, institutionnelles et culturelles que l'on y observe reflètent simplement l'évolution du système parlementaire britannique dans un contexte propre au Québec.

LES TRAVAUX PARLEMENTAIRES

L'image retransmise du travail parlementaire se résume souvent à la foire d'empoigne ou aux débats de la période des questions. En dépit de son caractère spectaculaire, cette dernière n'occupe pourtant que bien peu d'heures dans la journée type d'un parlementaire. Une part importante de son temps est plutôt consacrée à l'étude puis à l'adoption des lois qui nous régissent.

En théorie, le Parlement détient le dernier mot quant à l'adoption des lois, alors que l'exécutif veille à leur application. En pratique, le gouvernement détermine en grande partie le programme législatif et il bénéficie, s'il est issu d'une majorité de députés à la Chambre des communes et qu'il dispose de l'appui d'une majorité des membres du Sénat, d'une grande marge de manœuvre pour imposer ses priorités. Le travail législatif obéit cependant à des règles qui permettent aux membres du Parlement de se faire entendre et d'accorder une légitimité démocratique aux lois qui nous régissent.

Le droit parlementaire détermine avec précision les modalités guidant les débats. Des règles permettent donc d'encadrer ceux qui peuvent être durs et chargés d'émotivité. Elles établissent des rituels et des mécanismes précis afin de permettre un certain contrôle de l'exécutif et l'adoption des lois. Nous verrons comment cela se traduit de façon concrète dans l'organisation des travaux de la Chambre des communes. Nous expliquerons également en détail le processus législatif. Enfin, même si l'essentiel de notre propos traite du Parlement canadien, nous signalerons quelques particularités québécoises.

L'organisation des travaux

La durée de vie de chaque Parlement, entre la tenue d'élections générales, est associée à une législature, par exemple, les élections fédérales de 2011 ont permis la formation de la 41e législature. Dès l'ouverture de la Chambre, les députés doivent élire un nouveau président afin de guider leurs travaux. Une législature peut être divisée en plus d'une session. Le début de chaque session parlementaire constitue un moment fort où le gouvernement indique ses priorités législatives. Un discours du Trône est prononcé à cette fin par le gouverneur général devant les membres des deux Chambres et les juges de la Cour suprême réunis dans l'enceinte du Sénat. Lorsque le gouvernement le juge favorable, il a la possibilité de demander au gouverneur général de proroger la session. Le cas échéant, un nouveau discours du Trône lui permet de mettre l'accent sur de nouvelles priorités gouvernementales. Les projets de loi qui n'ont pas franchi les étapes nécessaires à leur adoption sont alors, à moins d'ententes particulières, condamnés à mourir au feuilleton. Il importe cependant de ne pas confondre prorogation et dissolution, cette dernière appelant à la tenue de nouvelles élections générales. L'ajournement des travaux signifie que le Parlement fait relâche durant une même session.

La *Loi constitutionnelle de 1982* stipule que le Parlement fédéral doit se réunir au moins une fois par année. Dans les faits, sauf urgence, les travaux parlementaires se déroulent sur plusieurs mois, à l'intérieur d'un calendrier précis. Chaque journée y est divisée en séances. Une fois le quorum constaté, l'ouverture des travaux quotidiens de la Chambre des communes est marquée par certains rituels, dont le dépôt de la masse royale, symbole de l'autorité et de la légitimité des travaux, sur la table située devant le président. Lors d'une séance, il est possible de regrouper les travaux parlementaires sous cinq rubriques : 1) les affaires courantes ordinaires, 2) les déclarations des députés, 3) les questions orales, 4) les affaires émanant des députés et 5) les ordres émanant du gouvernement. Le feuilleton, document publié à chaque séance, précise les affaires inscrites par les députés et le gouvernement et il indique le menu parlementaire à partir duquel s'organisera chaque séance.

Les affaires courantes ordinaires

La rubrique des affaires courantes ordinaires prévoit des procédures précises et récurrentes. Le gouvernement peut y rendre publics des documents ou énoncer de nouvelles politiques par des déclarations ministérielles. Les députés ont la possibilité de déposer des pétitions et de présenter des rapports de délégations interparlementaires et de comités. Sur le plan législatif, cette rubrique permet de déposer les projets de loi émanant du gouvernement ou des députés et d'effectuer la première lecture de projets de loi d'intérêt public émanant du Sénat. De même, elle prévoit le traitement de motions de nature procédurale, telles que l'adoption de rapports de comités parlementaires.

Les déclarations des députés et les questions orales

La période réservée aux déclarations des députés, d'une durée de quinze minutes avant la période des questions orales, permet aux élus de mettre en lumière des enjeux particuliers. À ce moment, ils ont la possibilité d'effectuer une brève déclaration portant sur un sujet qu'ils considèrent prioritaire.

Suit la période des questions orales d'une durée de 45 minutes. Les députés, principalement ceux de l'opposition, y questionnent les membres du gouvernement sur des sujets liés à l'actualité ou à l'activité gouvernementale. Puisque cette rubrique constitue le moment le plus médiatisé d'une séance parlementaire, il convient d'approfondir certains principes qui caractérisent son déroulement. Nous le ferons sous trois angles : l'attribution des questions, leur formulation et leur spontanéité.

Il appartient à celui ou à celle qui occupe le siège du président d'attribuer les droits de parole aux autres élus. Lorsque le président est debout, aucun autre parlementaire ne peut se faire entendre. En théorie, durant la période des questions, le président doit autoriser celle du député qu'il aura vu se lever le premier. En pratique, il fait cela plutôt en tenant compte de traditions et de précédents associés à la composition de la Chambre, ce qui a pour effet d'accorder à l'opposition officielle et à son chef certains privilèges. À titre d'exemple, ce dernier se voit octroyer la première question, ce qui lui permet de donner le ton au débat. Dans le même esprit, la répartition du nombre et la détermination de l'ordre des questions s'effectuent en lien avec le nombre de députés d'un groupe parlementaire. Plus un groupe de l'opposition est nombreux, plus il accapare le temps de la période des questions. Conséquemment, le temps réservé aux députés indépendants est réduit. Il faut noter que, même si la période des questions orales est réservée

principalement à celles des députés de l'opposition, le président peut également autoriser celles des députés de la formation dont est issu le gouvernement, ce qui se produit rarement. Le cas échéant, il s'agit d'une question visant à mettre en valeur une action gouvernementale (une question « plantée », dans le jargon parlementaire) ou d'une question contrevenant à la discipline de parti, ce qui embarrassera le gouvernement.

Par ailleurs, la formulation des questions doit obéir à un cadre précis. Sur la forme, elles doivent être adressées au président plutôt qu'à leur destinataire. Il en est de même pour les réponses. Cela a pour but d'éviter une certaine personnalisation des débats dans un contexte souvent émotif. Notons qu'il appartient au gouvernement de déterminer quel ministre doit répondre, et ce, peu importe le destinataire visé par un député. Toujours sur la forme, les questions et les réponses doivent être brèves. Seules les questions dites principales peuvent être précédées d'un court préambule. Celles dites complémentaires doivent débuter sous une forme interrogative et s'inscrire dans la foulée d'une question principale. Sur le fond, aucune question ne peut traiter d'une cause pendante devant les tribunaux ni prêter des intentions malveillantes à un collègue ou contenir des propos non parlementaires. Dans le premier cas, le président invite à la prudence. Dans les deux autres cas, il demande au député de retirer ses propos, à défaut de quoi le fautif peut être expulsé de la Chambre.

Enfin, la spontanéité apparente de la période des questions tient au fait que chaque groupe parlementaire s'y prépare dans le plus grand secret (Landes, 2002 : 172). En se basant sur l'actualité ou sur son propre agenda stratégique, chaque parti d'opposition détermine les questions à poser quant à leur capacité de placer le gouvernement sur la défensive. De son côté, ce dernier s'y prépare en les anticipant et en élaborant ses réponses. Concrètement, chaque ministre se présente à la période des questions avec un dossier préparé par ses conseillers et ses fonctionnaires qui est généralement suffisamment étoffé pour lui permettre de répondre sur le fond aux questions soulevées par l'opposition. Dans le cas contraire, il prendra avis de la question ou choisira de répondre à sa manière. Le fait que les ministres ne connaissent pas les questions qui leur seront posées, ce qui n'est pas le cas en Grande-Bretagne (Docherty, 2004 : 172), contribue à la fébrilité observée en Chambre à cette étape des travaux parlementaires. Cela permet de mieux comprendre le stress de certains et les rires des autres. Notons qu'en définitive seul le public peut juger de la pertinence d'une réponse.

Les affaires émanant des députés

Lors de chaque séance, une heure est réservée aux affaires émanant des députés. La Chambre est alors appelée à étudier des motions et des projets de loi d'intérêt public ou privé présentés par des députés. L'ordre de priorité est établi par tirage au sort au début de chaque session, puis mis à jour au fur et à mesure que la Chambre dispose des affaires inscrites. Sur cette base, le Comité permanent de la procédure et des affaires de la Chambre détermine ce qui fera l'objet d'un débat.

Les ordres émanant du gouvernement

La rubrique des ordres émanant du gouvernement accapare la majeure partie des débats en Chambre. Il appartient au leader du gouvernement

d'appeler certains articles du feuilleton auxquels sont associés des motions de fond ou des projets de loi. À titre d'exemple, une motion de fond peut porter sur l'adoption du budget ou sur l'adoption du discours du Trône. Des débats sur de tels sujets seront considérés prioritaires. Le processus parlementaire menant à l'adoption des lois est entamé par le leader du gouvernement. Celui-ci détermine, en accord avec le Bureau du premier ministre, l'ordre selon lequel seront étudiés les différents projets de loi.

De projet de loi à loi

Dans leur rôle de législateur, les parlementaires se conforment aux étapes prévues au règlement, lesquelles rendent possible l'atteinte d'une certaine maturité législative. Ce processus, s'étalant généralement sur une certaine période de temps, permet d'intégrer des modifications et d'entendre les opinions d'individus et de groupes. Lorsqu'un projet de loi se heurte à des résistances importantes, le gouvernement peut même choisir de ne plus l'appeler. La suspension des règles normales visant à accélérer une adoption demeure, en théorie, une situation d'exception. Ci-après, nous examinerons les types de projets de loi ainsi que les étapes qui conduisent à leur adoption.

Les types de projets de loi

Il existe deux grandes familles de projets de loi : ceux d'intérêt privé et ceux d'intérêt public (voir la figure 9.1). Ils sont dits d'intérêt privé dans la mesure où ils traitent d'enjeux particuliers liés au droit, au pouvoir et aux exemptions accordées à des particuliers, à des associations ou à des groupes ainsi qu'à des entreprises (Archer *et al.*, 1995 : 184). Par exemple, relevons le projet

FIGURE 9.1

Types de projets de loi

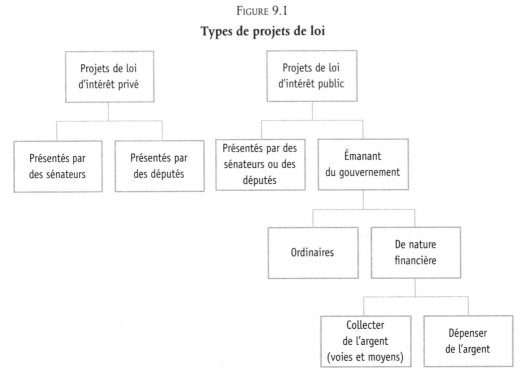

Source : Marcel R. Pelletier (2000 : 250).

de loi S-25, *Loi modifiant la Loi constituant en cor-poration « The General Synod of the Anglican Church of Canada »*, déposé au Sénat en février 2005. Ce type de projets de loi est présenté par un député ou un sénateur à titre personnel et il ne provient pas du Cabinet.

Les projets de loi d'intérêt public ont une portée plus générale. Tout comme ceux d'intérêt privé, ceux qui sont présentés par des députés ou des sénateurs ne sont pas issus du Cabinet et ne doivent comporter aucune conséquence financière. À titre d'exemple, mentionnons le projet de loi C-261, déposé par un député lors de la 1re session de la 38e législature, qui vise à accorder le droit de vote dès l'âge de 16 ans. En réalité,

plusieurs parlementaires se servent de cet outil pour susciter un débat.

Les projets de loi d'intérêt public présentés par les députés ou les sénateurs ont peu de chance de franchir avec succès l'ensemble des étapes législatives. Ce n'est pas le cas des projets de loi d'intérêt public déposés par un membre du gouvernement. Ces derniers meublent l'essentiel du menu législatif et visent à mettre en place les priorités politiques gouvernementales. Par exemple, à l'Assemblée nationale du Québec, sur une période de dix ans (1985-1994), le gouvernement a déposé 848 projets de loi d'intérêt public contre 30 de la part de députés. De ces derniers, 13 ont été *adoptés* contre 748 projets gouvernementaux (Pelletier, 1999 : 65-66). C'est donc dire que durant cette période, plus de 98 % de la législation adoptée par l'Assemblée nationale provenait du gouvernement. Il reste ainsi peu de place au député législateur.

Deux types de projets de loi émanent du gouvernement : ceux qui sont considérés comme ordinaires et ceux qui sont de nature financière. Dans le premier cas, il s'agit de projets de loi visant à implanter ou à modifier des politiques sectorielles, telle une modification au Code criminel. Dans le deuxième cas, il s'agit de projets de lois visant à percevoir des revenus ou à engager des dépenses. C'est le cas du projet de loi C-43 de la 1re session de la 38e législature, *Loi portant exécution de certaines dispositions du budget déposé au Parlement le 23 février 2005*. L'incapacité d'un gouvernement de faire adopter un projet de loi de nature financière signifie habituellement qu'il a perdu la confiance nécessaire de la Chambre pour gouverner. Dans pareilles situations, il pourra être appelé à démissionner (voir le chapitre 10).

Une phase d'élaboration (du ministère au Cabinet)

Les projets de loi d'intérêt privé, comme ceux d'intérêt public présentés par un député ou un sénateur, sont dispensés des étapes liées à l'approbation du Cabinet. Les députés ou les sénateurs disposent cependant de l'appui et de l'expertise de juristes du Parlement. En revanche, les projets de loi qui émanent du gouvernement sont issus d'un processus administratif plus complexe, lequel permet l'obtention des approbations gouvernementales nécessaires à leur présentation au Parlement. Il convient de s'y attarder.

La volonté de légiférer dans un domaine particulier doit d'abord provenir, sous la forme d'un mémoire, d'un ou de plusieurs ministres au Cabinet. Ce projet législatif est ensuite transmis à un comité compétent du Cabinet pour examen. Une nouvelle proposition est alors formulée au Cabinet qui statue à son tour. Dans le cas d'une décision positive, des fonctionnaires du ministère d'origine transmettent des instructions à la Section de la législation du ministère de la Justice qui veille à la rédaction d'un projet de loi dans les deux langues officielles et s'assure de l'appui du ministre qui en sera responsable devant le Parlement. Le projet de loi est ensuite étudié par le comité du Cabinet chargé de la législation et de la planification parlementaire puis discuté au Cabinet. S'il est approuvé, le leader du gouvernement fera en sorte qu'il soit inscrit au feuilleton du Parlement.

Le processus législatif (en Chambre)

Pour être inscrit au feuilleton, un projet de loi doit être expédié au greffier. La signature du député, du sénateur ou du ministre responsable doit y être apposée. Un préavis de 48 heures est cependant nécessaire avant que le projet de loi ne puisse être présenté en Chambre. La présentation marque une première étape législative. La *première lecture* permet au responsable du projet de loi d'en faire connaître la teneur et par motion, sans débat, la Chambre statue sur sa recevabilité. Cette formalité remplie, le projet de loi devient un document public. Notons que, lorsqu'il s'agit d'un projet de loi de nature financière, il doit être accompagné d'une recommandation du gouverneur général. En pratique, cela signifie que ce dernier est informé de la présentation d'un tel projet et qu'il en recommande son approbation par les parlementaires. Cette coutume illustre toujours le rôle, devenu maintenant symbolique, de la Couronne quant à la gestion des fonds publics.

L'étape de la *deuxième lecture* permet aux parlementaires de se prononcer sur le principe du projet de loi. Il s'agit, spécialement pour les députés de l'opposition, de formuler leur point de vue quant à la pertinence générale du projet. Une fois le débat terminé, les membres de la Chambre sont appelés à voter sur le principe du projet de loi. Un vote positif se traduit par la poursuite de l'*étude du projet de loi en comité*, cette fois article par article. Si le projet de loi nécessite une étude plus approfondie ou la tenue de consultations, notons que le règlement permet également de l'envoyer en comité avant un vote en deuxième lecture.

Les parlementaires membres du comité sectoriel responsable effectuent une étude détaillée, article par article, du projet de loi. Chacun peut alors proposer des amendements. Le comité est libre de convoquer des témoins, dont le ministre responsable appelé à expliquer les tenants et les aboutissants de son projet de loi, et de demander les documents qu'il juge utiles à ses travaux. Les amendements adoptés sont ensuite intégrés au rapport du comité qui sera déposé en Chambre. Une nouvelle étape, celle du *rapport du comité*, permet aux parlementaires, notamment ceux qui ne sont pas membres du comité ayant procédé à l'étude détaillée du projet de loi, de proposer de nouveaux amendements qui seront ensuite mis aux voix selon des règles précises. Lorsque le rapport est adopté et que les amendements retenus sont intégrés, le projet de loi est appelé à franchir une dernière étape en Chambre : celle de la *troisième lecture*. Quoique recevable à cette étape, la présentation d'une motion visant à renvoyer

le projet de loi devant un comité demeure une procédure rarissime. Le débat prend fin par un vote final des parlementaires (voir la figure 9.2).

De façon générale, les projets de loi émanant du gouvernement sont d'abord présentés à la Chambre des communes. Une fois les différentes étapes parlementaires décrites précédemment complétées, le même processus est repris par le Sénat. Ce dernier a le pouvoir de rejeter le projet de loi ou d'y proposer des amendements. Le cas échéant, la Chambre des communes pourra les accepter, les modifier (ce qui comporte un nouveau renvoi au Sénat) ou les refuser. Lorsqu'il y a une impasse, les règlements du Sénat et de la Chambre des communes prévoient un mécanisme de « conférence libre » où des représentants de la chambre haute et de la chambre basse tentent de s'entendre. Dans les faits, ce procédé est rarement nécessaire, puisque le Sénat, composé de non-élus, cède rapidement face à une Chambre des communes composée de représentants de la population.

À la suite de son adoption par les deux chambres, le projet de loi doit être sanctionné par le gouverneur général ou son représentant. Cette cérémonie a un caractère symbolique étant donné que la sanction royale est automatique. Le projet de loi aura alors force de loi (s'il est prévu qu'il prend effet dès sa sanction, ce qui est habituellement le cas).

La législation financière

Comme nous l'avons vu, il existe deux types de projets de loi de nature financière : l'un porte sur les revenus et l'autre sur les dépenses. Le processus législatif menant à leur adoption diffère légèrement de celui qui s'applique pour les

FIGURE 9.2

Étapes du processus législatif

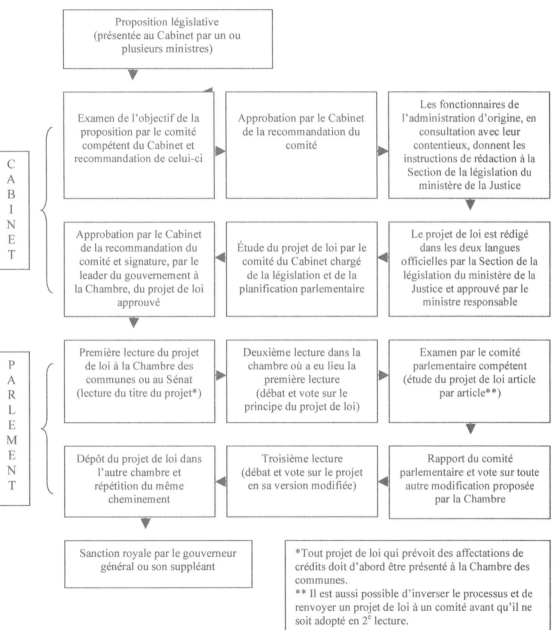

Source : Gouvernement du Canada (1987), *La réalisation des lois fédérales*, Ministère de la Justice, Ottawa, p. 19.

projets de loi ordinaires. Aucune mesure visant à percevoir des taxes et des impôts ne peut être modifiée sans l'adoption d'un projet de loi en ce sens. Le dépôt d'un tel projet de loi sera précédé d'un débat portant sur une motion de voies et de moyens qui découle de la présentation du discours sur le budget. Le ministre des Finances y énonce les orientations économiques fiscales et sociales du gouvernement. L'usage prévoit que le discours sur le budget ait lieu avant le 1er mars.

De la même manière, aucune dépense ne peut être engagée sans l'adoption par le Parlement d'un projet de loi. Ces crédits couvrent une période d'un an, soit l'année financière qui débute le 1er avril et se termine le 31 mars. Les documents expliquant les crédits proposés par le gouvernement sont déposés à la Chambre des communes avant le 1er mars pour y être débattus. Parallèlement, les comités sectoriels étudient en détail les crédits associés à leur champ de compétence. S'ils jouissent du pouvoir de les adopter, de les réduire ou de les rejeter, ils n'ont cependant pas le pouvoir de les augmenter. Ils ont l'obligation de faire rapport à la Chambre pour le 31 mai de l'année en cours. Le gouvernement propose ensuite l'adoption des prévisions de dépenses à la Chambre, en effectuant, s'il y a lieu, les modifications nécessaires. Puisque le projet de loi portant sur les crédits ne sera pas adopté avant le 1er avril, le gouvernement demandera l'adoption de crédits provisoires, ce qui assurera la prestation de services et le paiement de ses obligations jusqu'à son adoption. Pour parer à des situations imprévues nécessitant l'engagement de crédits supplémentaires, le gouvernement doit, le cas échéant, déposer un budget supplémentaire des dépenses en cours d'exercice (voir la figure 9.3).

Les comités de la Chambre des communes et du Sénat

Une grande part des travaux des parlementaires s'effectue en groupes restreints au sein de comités parlementaires. De façon détaillée, le règlement de la Chambre des communes détermine sept types de comités. Ce sont :

1) **le comité plénier**, composé des membres de la Chambre, étudie les projets de loi portant sur les crédits ainsi que toute question transmise par la Chambre, ce qui permet, entre autres, d'accélérer l'étude de certains projets de loi d'intérêt public ;

2) **les comités permanents**, au nombre de 25 lors de la première session de la 41e législature, disposent de pouvoirs d'enquête, de convocation et de contrôle quant à l'administration des ministères et des organismes publics qui relèvent de leur compétence ; cela comprend l'étude des programmes, des plans de dépenses ainsi que l'efficacité de leur mise en œuvre ; tout en disposant d'un pouvoir d'initiative, ils peuvent également être mandatés par la Chambre, notamment en ce qui a trait à l'étude détaillée des projets de loi ;

3) **les sous-comités** sont créés par un comité, selon les dispositions du règlement, qui y délègue quelques-uns de ses membres et certains de ses pouvoirs ;

4) **les comités législatifs** sont formés sur une base temporaire sur ordre de la Chambre afin d'effectuer l'étude détaillée d'un projet de loi. Sauf exceptions, depuis la 35e législature, les projets de loi sont transmis aux comités permanents ou aux sous-comités ;

5) **le comité de liaison**, composé des présidents des comités permanents et des présidents ou

FIGURE 9.3

Le cycle financier

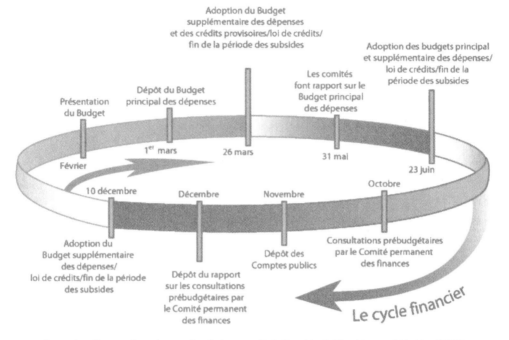

Source : http://www.parl.gc.ca/compendium/web-content/C_D_financialcycle-F.htm (site consulté le 21 mai 2009).

vice-présidents des comités mixtes, détient un rôle administratif, dont l'attribution des budgets réservés au fonctionnement des comités permanents ;

6) **le comité spécial**, composé de députés ou de députés et de sénateurs, est formé sur ordre de la Chambre pour traiter d'une question précise et il est dissout lorsque son mandat est terminé ;

7) **les comités mixtes**, composés de députés et de sénateurs de façon proportionnelle à leur nombre à la Chambre et au Sénat, peuvent avoir un caractère permanent ou spécial.

La distribution des sièges au sein de ces comités doit refléter la composition de la Chambre. Notons également qu'en pratique, les comités permanents jouent un rôle prépondérant (voir le tableau 9.5).

Le Sénat dispose de ses propres comités (voir le tableau 9.6). Alors que le comité de sélection est chargé d'attribuer les postes de vice-président du Sénat et de membres des comités, les comités permanents sectoriels du Sénat ont pour mandat de faire l'étude des projets de loi, des messages (communications officielles entre les deux chambres), des pétitions et de tout autre document lié à leurs domaines de compétence. Enfin, comme à la Chambre des communes, le règlement du Sénat lui permet de se transformer en comité plénier.

TABLEAU 9.5

Liste des comités permanents de la Chambre des communes

CHAMBRE DES COMMUNES, 41ᴱ LÉGISLATURE, 1ᴱ SESSION

Comité permanent des affaires autochtones et du développement du Grand Nord

Comité permanent de l'accès à l'information, de la protection des renseignements personnels et de l'éthique

Comité permanent des affaires étrangères et du développement international

Comité permanent de l'agriculture et de l'agroalimentaire

Comité permanent des anciens combattants

Comité permanent de la citoyenneté et de l'immigration

Comité spécial sur les coopératives

Comité permanent du commerce international

Comité permanent des comptes publics

Comité permanent de la condition féminine

Comité permanent de la défense nationale

Comité permanent de l'environnement et du développement durable

Comité permanent des finances

Comité permanent de l'industrie, des sciences et de la technologie

Comité permanent de la justice et des droits de la personne

Comité permanent des langues officielles

Comité permanent des opérations gouvernementales et des prévisions budgétaires

Comité permanent du patrimoine canadien

Comité permanent des pêches et des océans

Comité permanent de la procédure et des affaires de la Chambre

Comité permanent des ressources humaines, du développement des compétences, du développement social et de la condition des personnes handicapées

Comité permanent des ressources naturelles

Comité permanent de la santé

Comité permanent de la sécurité publique et nationale

Comité permanent des transports, de l'infrastructure et des collectivités

---

Le bon fonctionnement du Parlement

Un gouvernement soucieux de voir adopter son programme législatif doit s'assurer d'un minimum de collaboration de la part des parlementaires de l'opposition. De même, lorsqu'il ne peut s'appuyer sur une majorité de sénateurs appartenant à la même formation politique, il

TABLEAU 9.6

Liste des comités permanents du Sénat

SÉNAT, 41ᴱ LÉGISLATURE, 1ᴱ SESSION

Affaires étrangères et commerce international

Affaires juridiques et constitutionnelles

Affaires sociales, sciences et technologie

Agriculture et forêts

Antiterrorisme (Comité spécial)

Banques et commerce

Comité de sélection

Conflits d'intérêts des sénateurs

Droits de la personne

Énergie, environnement et ressources naturelles

Finances nationales

Langues officielles

Pêches et océans

Peuples autochtones

Régie interne, budgets et administration

Règlement, procédure et droits du Parlement

Sécurité nationale et de la défense

Transports et communications

des mesures dilatoires, a pour effet de retarder une décision de la Chambre. En contrepartie, la majorité ministérielle dispose de certains outils pour accélérer les travaux. Ainsi, un ministre peut mettre fin au débat en ayant demandé la *clôture* lors d'une séance précédente. Un parlementaire peut également invoquer la *question préalable* et alors forcer la tenue d'un vote sur la motion principale. Dans le cas de l'Assemblée nationale du Québec, le leader de la majorité procède généralement par la présentation d'une motion de suspension de certaines règles.

Pour éviter ce type de crises, la gestion quotidienne des travaux parlementaires comporte normalement des discussions continues entre les leaders des partis ou entre les membres de leur personnel. Les buts visés sont de mieux planifier la durée des travaux et de coordonner les interventions en tentant d'encadrer les temps de parole. Si ce dialogue contribue à faciliter le fonctionnement du Parlement, il n'élimine cependant pas les risques de mésententes. La politique demeure toujours porteuse de conflits.

QUELQUES DISTINCTIONS AVEC L'ASSEMBLÉE NATIONALE DU QUÉBEC

À plusieurs égards, tant sur le plan de l'organisation des travaux que sur le plan du processus législatif, la procédure parlementaire de l'Assemblée nationale est similaire à celle de la Chambre des communes. Il convient toutefois de préciser quelques distinctions quant au calendrier parlementaire, au déroulement d'une séance, à la place accordée aux députés de l'opposition,

doit porter une attention particulière au Sénat. En effet, la procédure parlementaire offre aux députés de l'opposition différentes possibilités de se faire entendre, notamment s'ils souhaitent éviter qu'un projet de loi émanant du gouvernement ne soit adopté rapidement. La multiplication des motions et des amendements et l'emploi de l'ensemble des temps de parole disponibles en Chambre comme en comité constituent autant de mesures pour freiner l'adoption d'une loi. D'ailleurs, lorsque ces procédés sont employés de façon orchestrée et systématique, on peut parler de « filibuster ». Cette stratégie parlementaire, reposant sur le recours à à la configuration des commissions parlementaires et au processus législatif.

En vertu de la *Loi constitutionnelle de 1982*, tout comme le Parlement fédéral, l'Assemblée nationale du Québec doit se réunir au moins une fois l'an. Le nouveau règlement de l'Assemblée nationale, adopté en avril 2009, précise néanmoins qu'une année parlementaire est divisée en deux semestres, l'un à l'automne et l'autre au printemps. Ce dernier débute le deuxième mardi de février pour seize semaines suivies de deux semaines réservées aux travaux intensifs, alors que celui de l'automne commence le troisième mardi de septembre, et ce, pendant dix semaines suivies de deux semaines réservées aux travaux intensifs. En comparaison, la Chambre des communes siège généralement de la fin de janvier à la mi-juin et de la mi-septembre à la mi-décembre. Cet horaire comprend cependant plusieurs ajournements (habituellement d'une semaine chacun).

Par ailleurs, chaque séance de l'Assemblée nationale est divisée en deux parties : la période des affaires courantes et celle des affaires du jour (Côté, 2003 : 165). La période des affaires courantes regroupe des rubriques d'information qui reviennent à chaque séance. En ordre, il s'agit : 1) de déclarations des députés ; 2) de déclarations ministérielles ; 3) de présentations de projets de loi ; 4) de dépôts (de documents pour des ministres, de rapports de commissions par leur président ou vice-président et de pétitions par des députés) ; 5) de réponses orales aux pétitions lorsque le gouvernement n'y a pas répondu par écrit dans les délais prescrits ; 6) d'interventions portant sur la violation d'un droit ou d'un privilège ou sur un fait personnel ; 7) de questions et de réponses orales ; 8) de la tenue de votes reportés, 9) de motions sans préavis nécessitant l'unanimité

de l'Assemblée pour être débattues ; 10) d'avis touchant les travaux des commissions et 11) de renseignements sur les travaux de l'Assemblée. À l'opposé, selon ce que détermine le leader du gouvernement, le contenu des affaires du jour varie d'une séance à l'autre. Il doit cependant respecter un ordre précis : 1) les affaires prioritaires, telles que les discours d'ouverture et du budget et les débats qui en découlent ; 2) les débats d'urgence accordés par le président ; 3) les débats sur les rapports des commissions ; 4) les autres affaires inscrites au feuilleton liées principalement aux étapes du processus législatif et 5) les affaires inscrites par les députés de l'opposition.

Sur ce dernier point, en comparaison avec le règlement de la Chambre des communes, celui de l'Assemblée nationale accorde moins de place aux députés de l'opposition et à ceux de l'arrière-ban. Rappelons qu'à Ottawa, le règlement de la Chambre des communes prévoit, en plus de certaines journées réservées à l'opposition, une intervention de la part de ces députés lors de chaque séance (quinze minutes pour la période des déclarations des députés et une heure pour les affaires émanant des députés). La récente réforme parlementaire québécoise (avril 2009) a instauré une nouvelle rubrique, celle des déclarations des députés. Cette dernière ne peut durer cependant plus de dix minutes. Hors de la période des travaux intensifs, le règlement de l'Assemblée nationale du Québec prévoit plutôt l'intervention de ces députés sur une base hebdomadaire, et ce, de deux manières. Il stipule d'abord qu'un débat portant sur une motion inscrite au feuilleton par un député de l'opposition a lieu chaque mercredi matin. Il prévoit également la tenue, le vendredi, d'une *interpellation* où une commission parlementaire compétente est chargée d'étudier, à l'Assemblée, une question inscrite par un député de l'opposition. En fonction des affaires inscrites au feuilleton, il appartient au président de l'Assemblée nationale de déterminer quels sujets seront abordés lors de la motion du mercredi et lors de l'interpellation du vendredi.

Tout comme les comités de la Chambre des communes, les commissions parlementaires sectorielles étudient les projets de loi et les crédits et ils peuvent se doter de mandats d'initiative. Le mandat de la commission de l'administration publique est différent. Il est axé sur l'étude des engagements financiers des ministères et des organismes publics de même que sur l'imputabilité des hauts fonctionnaires en lien avec les rapports du vérificateur général et du protecteur du citoyen. En ce qui a trait aux convocations de groupes ou de particuliers, il appartient à l'Assemblée nationale de déterminer la tenue de consultations particulières (sur invitation) ou générales (ouvertes par avis publics publiés). En excluant la commission de l'Assemblée nationale qui coordonne leurs travaux, on dénombre onze commissions parlementaires permanentes, chacune composée d'une dizaine de membres (voir le tableau 9.7). Contrairement à Ottawa, il est de coutume à Québec que le ministre soit nommé membre de la commission qui étudie le projet dont il est responsable.

Enfin, si d'un point de vue terminologique, les étapes législatives diffèrent, elles s'avèrent largement similaires sur le fond. Bien entendu, il faut tenir compte du fait que l'Assemblée nationale n'est composée que d'une seule chambre législative (voir le tableau 9.8). De la même manière, le processus budgétaire s'avère plus tardif, dans la mesure où le discours sur le budget est

habituellement présenté après celui du gouvernement fédéral, notamment pour tenir compte des paiements de transfert.

CONCLUSION : DES ENJEUX CONTEMPORAINS

Depuis une quarantaine d'années est évoquée la thèse du déclin du parlementarisme. À l'appui de cette thèse, on a fait appel à différents facteurs : la montée en puissance des gouvernements appelés à intervenir davantage avec le développement de l'État providence ; l'avènement des technocrates et des experts au service de l'exécutif et non des députés ; le faible rôle de représentation joué par un Parlement nettement concurrencé par des gouvernements en lien direct avec les citoyens

TABLEAU 9.7

Liste des commissions parlementaires permanentes de l'Assemblée nationale du Québec

ASSEMBLÉE NATIONALE, 40ᴱ LÉGISLATURE, 1ᴿᴱ SESSION
Commission de l'Assemblée nationale
Commission de l'administration publique
Commission des institutions
Commission des finances publiques
Commission de la santé et des services sociaux
Commission de l'économie et du travail
Commission de l'agriculture, des pêcheries, de l'énergie et des ressources naturelles
Commission de l'aménagement du territoire
Commission des relations avec les citoyens
Commission de la culture et de l'éducation
Commission des transports et de l'environnement

Tableau 9.8

Étapes législatives à l'Assemblée nationale et à la Chambre des communes

ASSEMBLÉE NATIONALE	CHAMBRE DES COMMUNES
La présentation	Présentation et première lecture
La consultation générale ou les consultations particulières (étape facultative)	Étape de l'étude en comité (étape facultative)
L'adoption du principe	Deuxième lecture
L'étude détaillée en commission	Étape de l'étude en comité (consultations facultatives)
La prise en considération du rapport de la commission	Étape du rapport
L'adoption	Troisième lecture
La sanction par le lieutenant-gouverneur	La sanction royale par le gouverneur général après la répétition du même cheminement au Sénat

et les citoyennes par l'entremise des médias et par l'utilisation des sondages et d'Internet ; l'influence des partis politiques dans la compétition électorale qui fait du député le représentant d'un parti avant d'être celui d'une circonscription.

Tous ces facteurs contribuent sans aucun doute au déclin du parlementarisme. Mais de quel déclin s'agit-il ? Pour répondre à cette question, il importe de s'interroger sur l'évolution du système parlementaire de type britannique qui est le nôtre. Ce système a été marqué, à une époque, par la domination du monarque et, plus récemment, par la domination du gouvernement sous la direction du premier ministre. En réalité, cette évolution du parlementarisme de type britannique, comme nous l'avons souligné au début, traduit le passage de la domination d'un ancien monarque, qu'on a cherché à dépouiller de ses pouvoirs, à un nouveau « monarque », certes élu par la population et non plus choisi par voie héréditaire, qui

est devenu le dépositaire des anciens pouvoirs monarchiques.

Entre les deux s'inscrit la période faste, ou l'« âge d'or », du parlementarisme à un moment où les députés exerçaient davantage leurs rôles de législateurs en présentant un grand nombre de projets de loi, de contrôleurs en accordant ou en refusant leur confiance au gouvernement, ce qui conduisait alors à sa démission, d'intermédiaires capables d'agir davantage à titre de porte-parole de leurs circonscriptions alors que les communications étaient moins développées qu'aujourd'hui. Cet « âge d'or » du parlementarisme, qui a pris son essor avec la reconnaissance du gouvernement responsable en 1848, s'étend sur moins d'un demi-siècle au niveau fédéral et sur une ou deux décennies plus tard au niveau provincial. Cette période un peu mythique a donc été de courte durée.

Dans un tel contexte, il devient difficile de réformer véritablement le système parlementaire en accordant plus de pouvoirs au député et moins au gouvernement, comme si l'on voulait retourner à l'âge d'or du parlementarisme. Comment s'étonner, dès lors, que les citoyens et les citoyennes se désintéressent de plus en plus du Parlement, comme ce fut le cas lors des élections fédérales d'octobre 2008 où le taux de participation (59,1 %) a atteint le seuil historique le plus bas depuis 1867 ? Il en est de même pour le taux de participation historiquement bas de 57 % enregistré lors des élections québécoises du 8 décembre 2008. S'agit-il d'un désenchantement conjoncturel ou structurel ? Même si les taux de participation aux élections fédérales de 2011 (61,1 %) et québécoises de 2012 (74,6 %) ont connu une hausse, certains indicateurs ne trompent pas. Le degré de confiance envers les élus, la perception de leur compétence ainsi que le niveau de proximité perçu entre les élus et les citoyens paraissent en net déclin (Young, 1999). Cette crise de confiance (Pelletier, 2007 ; Pelletier, 2012) soulève des questions sur l'efficacité et sur la représentativité de la Chambre des communes. Certains acteurs politiques, de même que certains chercheurs, évoquent l'existence d'un déficit démocratique au Canada, comme c'est aussi le cas dans un grand nombre de démocraties (Norris, 2011). Pour Peter Aucoin et Lori Turnbull (2003 : 435), le concept de déficit démocratique signifie « l'écart entre les attentes des Canadiens face à leurs institutions politiques, en termes de gouvernance démocratique, et ce qu'ils perçoivent comme étant la réalité » (traduction libre).

Afin de réduire cet écart, certains proposent une révision du fonctionnement de la Chambre des communes dans le but d'accroître l'influence des députés. Tous les projets de réforme passés (pour les projets fédéraux, voir Massicotte, 1999)

– et ils ont été nombreux – se sont heurtés à trois obstacles importants : les pouvoirs énormes du premier ministre, ce nouveau « monarque » des temps modernes, et de son conseil des ministres, la discipline de parti, héritage du gouvernement responsable, et la notion même de gouvernement responsable reliée au vote « libre » des parlementaires. Ces projets poursuivaient tous un même objectif central, soit la revalorisation du rôle du député afin de contrer le « déficit démocratique » évoqué plus haut.

C'est le sens de la grande réforme amorcée sous un gouvernement péquiste, en 1984, à l'Assemblée nationale du Québec, réforme qui n'a pas produit tous les résultats escomptés, en particulier pour les commissions parlementaires (Secrétariat des commissions, 1995 ; voir aussi Lachapelle *et al.*, 1993). C'est également le sens d'une réforme d'envergure annoncée en février

TABLEAU 9.9

Principales causes du glissement progressif vers la discipline de parti au Canada

- Polarisation entre les élus anglophones et francophones antérieure à 1848.
- Rôle central de l'exécutif dès 1848 dû à son pouvoir de nomination et de patronage ainsi qu'à son contrôle de la machine électorale du parti au pouvoir.
- Stabilité gouvernementale, puisque seulement 12* gouvernements furent minoritaires depuis 1867.
- Accroissement du pouvoir de l'exécutif à la suite de la multiplication des interventions gouvernementales.

* Mais 9 seulement au moment de la publication de l'article en 1999.

Source : Tableau adapté de Réjean Pelletier (1999).

2004 par le gouvernement libéral de Paul Martin qui visait à provoquer une véritable « révolution culturelle » à Ottawa (Gouvernement du Canada, 2004). Ce projet, qui ne s'est pas entièrement concrétisé, s'articulait autour de deux grands axes. Le premier souhaitait atténuer la discipline de parti en établissant un système de vote à trois niveaux s'échelonnant du vote de confiance régi par la stricte discipline de parti à un vote entièrement libre sur certaines questions. La mise en œuvre d'un tel projet, partiellement réalisée à l'époque, se serait traduite par un changement institutionnel marquant qui aurait comporté une diminution du pouvoir du premier ministre. Cela aurait aussi engendré un processus consultatif plus ardu pour des ministres en quête d'appuis pour leurs projets de loi. Cela aurait, finalement, favorisé le développement de la pratique du lobbying, comme c'est le cas aux États-Unis (Montpetit, 2002).

Le second axe s'attaquait au fonctionnement des comités parlementaires qui seraient appelés à étudier la grande majorité des projets de loi *avant* leur adoption en deuxième lecture (soit avant l'adoption des principes et des objectifs) et à examiner les nominations émanant du gouvernement, y compris celles à la Cour suprême. À la suite de l'élection d'un gouvernement libéral minoritaire en 2004 et du scandale des commandites, ce projet de réforme n'a pas totalement pris son envol. Certains volets ont été partiellement mis en œuvre, comme ce fut le cas des votes libres à l'occasion de l'examen de certaines nominations et de la révision du travail des comités parlementaires. Mais c'est plutôt le respect de la volonté du Parlement par le gouvernement qui continue de poser un problème (Cornellier, 2005 : A3).

Les réformes du parlementarisme canadien, comme de celui du Québec, ont visé avant tout à « revaloriser » le rôle du député face à la toute-puissance des gouvernements. Mais ces projets ne touchent pas vraiment (sauf celui plus ambitieux de l'Accord de Charlottetown qui a été rejeté) deux autres institutions qui sont des rouages du pouvoir législatif. Plus de 140 ans plus tard, le Sénat n'a jamais subi une véritable cure de rajeunissement. Hier anachronique, il l'est encore plus aujourd'hui. Il en est de même de la monarchie qui souffre, elle aussi, d'un « déficit démocratique » chronique. Sous ce double aspect, le Canada fait figure de démocratie attardée, alors qu'il se targue d'être une démocratie avancée.

SITES WEB

Chambre des communes et Sénat	http://www.parl.gc.ca
Assemblée nationale du Québec	http://www.assnat.qc.ca
Affaires et publications parlementaires	http://www.parl.gc.ca/francais/fbus.html
Leader du gouvernement à la Chambre des communes	http://www.pco-bcp.gc.ca/lgc/
Les travaux de la Chambre	http://www.pco-bcp.gc.ca/lgc/
Commonwealth Parliamentary Association	http://www.cpahq.org/
Assemblée parlementaire de la Francophonie	http://www.francophonie.org/acteurs/apf
Union interparlementaire	http://www.ipu.org

LECTURES SUGGÉRÉES

BLIDOOK, Kelly (2013), *Constituency Influence in Parliament. Countering the Centre*, Vancouver, UBC Press.

DOCHERTY, David C. (2004), *Legislatures*, Vancouver, UBC Press, The Canadian Democratic Audit.

DOCHERTY, David C. (1997), *Mr Smith Goes to Ottawa. Life in the House of Commons*, Vancouver, UBC Press.

JACKSON, Robert J. et Doreen JACKSON (2006), *Politics in Canada : Culture, Institutions, Behaviour and Public Policy*, 6ᵉ éd., Toronto, Pearson Prentice Hall.

JOYAL, Serge (dir.) (2003), *Protéger la démocratie canadienne : le Sénat, en vérité…*, Montréal, Centre canadien de gestion et McGill-Queen's University Press.

MASSICOTTE, Louis (2009), *Le Parlement du Québec de 1867 à aujourd'hui*, Québec, Les Presses de l'Université Laval.

PELLETIER, Réjean (2013), « Le parlementarisme québécois : une copie (trop ?) fidèle du modèle de Westminster » dans Éric Montigny et François Gélineau (dir.), *Le parlementarisme francophone*, Québec, Les Presses de l'Université Laval.

SEIDLE, F. Leslie et David C. DOCHERTY (dir.) (2003), *Reforming Parliamentary Democracy*, Montréal et Kingston, McGill-Queen's University Press.

SMITH, David E. (2007), *The People's House of Commons. Theories of Democracy in Contention*, Toronto, University of Toronto Press.

BIBLIOGRAPHIE

AJZENSTAT, Janet, Paul ROMNEY, Ian GENTLES et William D. GAIRDNER (2004), *Débats sur la fondation du Canada*, édition française préparée par Stéphane Kelly et Guy Laforest, Québec, Les Presses de l'Université Laval.

ARCHER, Keith *et al.* (1995), *Parameters of Power : Canada's Political Institutions*, Toronto, ITP Nelson, p. 165-209.

AUCOIN, Peter et Lori TURNBULL (2003), « The Democracy Deficit : Paul Martin and the Parliamentary Reform », *Administration publique du Canada*, vol. 46, n° 4, p. 427-447.

BERGERON, Gérard (1977), *La gouverne politique*, Paris, Mouton et Québec, Les Presses de l'Université Laval.

BERNARD, André (1996), *La vie politique au Québec et au Canada*, Québec, Presses de l'Université du Québec.

BERNARD, André (1995), *Les institutions politiques au Québec et au Canada*, Montréal, Boréal.

BLIDOOK, Kelly (2013), *Constituency Influence in Parliament. Countering the Centre*, Vancouver, UBC Press.

CAMPBELL, Colin (1978), *The Canadian Senate : A Lobby from Within*, Toronto, Macmillan.

CORNELLIER, Manon (2005), « Un Parlement bancal », *Le Devoir*, p. A3.

CÔTÉ, François (dir.) (2003), *La procédure parlementaire du Québec*, Québec, Assemblée nationale.

DOBELL, Peter (2000), « À quoi les Canadiens peuvent-ils s'attendre advenant un gouvernement minoritaire?», *Enjeux publics*, vol. 1, n° 6 (novembre), Montréal, Institut de recherche en politiques publiques.

DOCHERTY, David C. (2004), «Parliament: Making the Case for Relevance», dans James Bickerton et Alain-G. Gagnon (dir.), *Canadian Politics*, 4ᵉ éd., Peterborough, Broadview Press, p. 163-183.

GOUVERNEMENT DU CANADA (2004), *Éthique, responsabilité, imputabilité. Plan d'action pour la réforme démocratique*, Ottawa: www.pco-bcp.gc.ca/default.asp?/Language=F&Page=Publications.

HARE, John (1993), *Aux origines du parlementarisme québécois*, Sillery, Septentrion.

LACHAPELLE, Guy *et al.* (1993), *The Quebec Democracy: Structures, Processes and Policies*, Toronto, McGraw-Hill.

LANDES, Ronald G. (2002), *The Canadian Policy: A Comparative Introduction*, Scarborough, Prentice-Hall.

MASSICOTTE, Louis (1999), «Parliament in the 90s», dans James Bickerton et Alain-G. Gagnon (dir.), *Canadian Politics*, 3ᵉ éd., Peterborough, Broadview Press, p. 109-127.

MONTPETIT, Éric (2002), «Pour en finir avec le lobbying: comment les institutions canadiennes influencent l'action des groupes d'intérêt», *Politique et Sociétés*, vol. 21, n° 3, p. 91-112.

NORRIS, Pippa (2011), *Democratic Deficit. Critical Citizens Revisited*, New York, Cambridge University Press.

PELLETIER, Marcel R. (2000), «Le pouvoir législatif: le Sénat et la Chambre des communes», dans Manon Tremblay, Réjean Pelletier et Marcel R. Pelletier (dir.), *Le parlementarisme canadien*, Québec, Les Presses de l'Université Laval, p. 219-264.

PELLETIER, Réjean (2012), «Identité et confiance politique dans les démocraties plurinationales: les cas du Québec et de la Catalogne», dans Dimitrios Karmis et François Rocher (dir.), *La dynamique confiance/méfiance dans les démocraties multinationales. Le Canada sous l'angle comparatif*, Québec, Les Presses de l'Université Laval.

PELLETIER, Réjean (2010), «Le principe fédératif et les institutions fédérales: le Sénat canadien

correspond-il au «modèle» d'une Chambre haute dans une fédération?», *Revue québécoise de droit constitutionnel*, vol. 3, p. 1-17 (en ligne).

PELLETIER, Réjean (2008), *Le Québec et le fédéralisme canadien. Un regard critique*, Québec, Les Presses de l'Université Laval.

PELLETIER, Réjean (2007), «Political Trust in the Canadian Federation», dans Ian Peach (dir.), *Constructing Tomorrow's Federalism. New Perspectives on Canadian Governance*, Winnipeg, University of Manitoba Press, p. 13-29.

PELLETIER, Réjean (1999), «Le gouvernement responsable: une conquête ou une défaite pour le Parlement?», dans Louis Massicotte et F. Leslie Seidle (dir.), *Le point sur 150 ans de gouvernement responsable au Canada*, Ottawa, Groupe canadien d'étude des questions parlementaires, p. 53-72.

PELLETIER, Réjean (1987), «Fédéralisme et deuxième chambre: l'exemple canadien à la lumière d'expériences étrangères», dans Dominique Colas et Claude Émeri (dir.), *Droit, institutions et systèmes politiques. Mélanges en hommage à Maurice Duverger*, Paris, Presses universitaires de France, p. 177-188.

SECRÉTARIAT DES COMMISSIONS (1995), *La réforme parlementaire 10 ans après. Les impacts de la réforme de 1984 sur les commissions parlementaires*, Québec, Assemblée nationale.

SMITH, David E. (2007), *The People's House of Commons. Theories of Democracy in Contention*, Toronto, University of Toronto Press.

WATTS, Ronald L. (2008), *Comparing Federal Systems*, 3ᵉ éd., Montréal et Kingston, McGill-Queen's University Press.

YOUNG, Lisa (1999), «Le choc des valeurs: le Parlement et les citoyens après 150 ans de gouvernement responsable», dans Louis Massicotte et F. Leslie Seidle (dir.), *Le point sur 150 ans de gouvernement responsable au Canada*, Ottawa, Groupe canadien d'étude des questions parlementaires, p. 109-144.

CHAPITRE 10

Le pouvoir exécutif : la monarchie, le premier ministre et les ministres

LOUIS MASSICOTTE
UNIVERSITÉ LAVAL

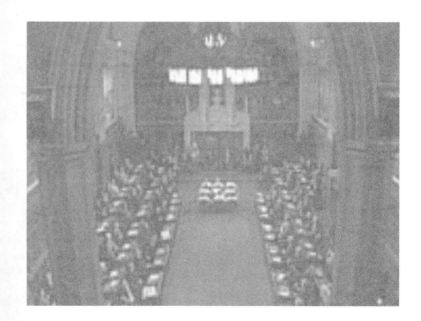

- CERNER LE RÔLE ACTUEL DE LA COURONNE DANS LE POUVOIR EXÉCUTIF ;

- MIEUX CONNAÎTRE LES COMPOSANTES DU CONSEIL DES MINISTRES ET LEURS RÔLES RESPECTIFS ;

- MIEUX CONNAÎTRE LE MODE DE FONCTIONNEMENT ET D'ORGANISATION DU CABINET.

Parmi les institutions politiques des États, l'exécutif occupe une place prépondérante. Quelques nations sont dépourvues d'institutions parlementaires et, dans nombre d'États, le judiciaire est plus une fonction qu'un véritable pouvoir. Mais l'exécutif se rencontre universellement, et sa conquête suscite les convoitises les plus ardentes au sein de la classe politique.

Monarque, gouverneur général, premier ministre, Cabinet au niveau fédéral, lieutenants-gouverneurs, premiers ministres et conseils exécutifs dans chaque province : les détenteurs du pouvoir exécutif tissent entre eux des relations complexes. Et la compréhension de la nature exacte de ces relations n'est guère facilitée par la coexistence d'au moins deux versions à leur sujet.

Le droit public, inspiré par une lecture littérale de la *Loi constitutionnelle de 1867*, enseignait traditionnellement que le pouvoir exécutif est détenu par la souveraine, représentée au Canada par le gouverneur général, lequel gouverne sur la base des « avis » que lui transmettent respectueusement ses « conseillers constitutionnels », c'est-à-dire ses ministres et le premier d'entre eux, qu'il a désignés et qu'il peut démettre. Si cette version prête à sourire, retenons tout de même qu'elle a correspondu à la réalité dans un passé lointain et qu'encore aujourd'hui, la Constitution du pays et les documents officiels, tout comme certaines pratiques exceptionnelles, en portent toujours l'empreinte.

Selon une version plus contemporaine, le premier ministre, aussi bien à Ottawa que dans chaque province, est un véritable monarque en dépit du fait que la Constitution en ignore l'existence. Assuré de la ratification de ses décisions par le Cabinet et le Parlement, il décide souverainement de la composition de son équipe ministérielle, du haut mandarinat et de la magistrature, il fixe les grandes orientations de l'action gouvernementale sur la scène nationale comme dans les relations extérieures et il choisit la date des élections, sous réserve des contraintes imposées depuis 2006 à l'exercice de ce pouvoir. L'attention privilégiée que les médias réservent durant les campagnes électorales aux activités des chefs de parti contribue à cette prééminence (voir le chapitre 8). Cette version exagère quelque peu l'ascendant du premier ministre sur ses collègues, comme on le verra, mais elle est bien plus proche de la réalité contemporaine que la précédente, à condition bien sûr que le parti gouvernemental détienne une majorité aux Communes.

Plusieurs facteurs rendent difficile l'étude du pouvoir exécutif au Canada. Malgré la *Loi sur l'accès à l'information*, le fonctionnement de l'exécutif baigne toujours dans la confidentialité, voire le secret, contrairement au Parlement dont les délibérations sont publiques. On doit s'en remettre en ce domaine aux témoignages, parfois subjectifs et même contradictoires, des anciens gouverneurs généraux, premiers ministres, membres du Cabinet et hauts fonctionnaires. Ces témoignages se sont multipliés au cours des dernières décennies. Bien qu'ils visent principalement à donner une image favorable de leurs auteurs, ils sont devenus une mine d'informations dont la recherche universitaire doit tenir compte. L'ancien premier ministre Pierre Marc Johnson disait un jour que, même après quinze ans, il ne se sentait pas habilité à évoquer les discussions du Cabinet auquel il avait participé. De toute évidence, nombre de ses homologues ne partagent pas ce point de vue et on dispose maintenant de témoignages circonstanciés sur les discussions qui ont entouré au Cabinet, par exemple, la *Loi sur la clarté référendaire* de 2000.

Les règles régissant la conduite des divers acteurs sont, dans notre régime constitutionnel, formulées sous la forme de conventions[1] qui, très souvent, contredisent des stipulations précises contenues dans la loi constitutionnelle du pays. Notre régime politique a une longue histoire comportant d'innombrables précédents dont la validité contemporaine n'est pas toujours évidente. Certaines conduites parfaitement acceptables au XIXe siècle ne sont vraisemblablement plus de mise aujourd'hui, ce qui contraint l'analyste à réfléchir avec soin aux précédents à invoquer. Pour ne donner qu'un exemple, il était parfaitement constitutionnel jusqu'à la Première Guerre mondiale pour un lieutenant-gouverneur provincial de démettre de ses fonctions un premier

ministre soupçonné de corruption, alors que des conditions tout à fait extraordinaires devraient être réunies pour que le même geste soit jugé acceptable aujourd'hui.

Ce chapitre met en lumière le rôle essentiellement symbolique joué par la Couronne ainsi que la concentration du pouvoir exécutif réel entre les mains d'une équipe de ministres appelée le Cabinet. Au sein de cette équipe, le premier ministre joue un rôle capital, puisqu'il désigne et qu'il révoque ses collègues tout en arrêtant les grandes lignes de l'action gouvernementale. Le caractère démocratique de ce système découle essentiellement de la responsabilité politique du gouvernement envers la Chambre des communes, et de la sélection des députés par l'électorat. Le même modèle est reproduit au niveau provincial.

LA DISTINCTION ENTRE LE CHEF DE L'ÉTAT ET LE CHEF DE GOUVERNEMENT

Au Canada prévaut le régime parlementaire, tant au niveau fédéral que dans chaque province. Un tel régime comporte, presque partout où il existe, la distinction entre le «chef de l'État» et le «chef de gouvernement», mais nombre de journalistes, pour ne rien dire du grand public, ignorent cette distinction et décrivent le premier ministre comme le chef de l'État. Président ou monarque, le chef de l'État se situe au rang le plus élevé de la pyramide et dispose du pouvoir d'officialiser les décisions de l'État, mais il est convenu, explicitement ou par convention, que ces décisions sont plutôt prises collectivement par le gouvernement, dont le chef détermine

---

1. Le préambule de la *Loi constitutionnelle de 1867* fait état de la volonté des constituants de se doter d'«une constitution semblable dans son principe à celle du Royaume-Uni», ce qui rend applicables au Canada la plupart des conventions régissant le fonctionnement du Cabinet britannique.

la composition et l'orientation, sous réserve du consentement de l'assemblée élue, et détient donc le pouvoir effectif. Dans notre régime monarchique, la reine du Canada joue le rôle de chef de l'État et le premier ministre, celui de chef du gouvernement.

LA COURONNE

Le Canada est officiellement une monarchie[2], c'est-à-dire un État dont le chef accède à ce poste par voie héréditaire, selon des règles de succession ne faisant pas appel à la sanction populaire, et l'occupe sa vie durant à moins qu'il ou elle ne choisisse d'abdiquer.

Une telle formule est souvent jugée contradictoire avec la mentalité qui prévaut aujourd'hui dans les pays démocratiques. Celle-ci ne tient pour légitimes que les gouvernants issus du suffrage populaire librement exprimé. Elle ne leur concède qu'un mandat d'une durée limitée, renouvelable à certaines conditions. L'idée qu'un

---

2. Les Pères de la Confédération avaient voulu appeler « Kingdom of Canada » le nouvel État qu'ils se proposaient de créer. Toutefois, lors de la rédaction à Londres du projet de loi sur l'Amérique du Nord britannique, les politiciens britanniques exprimèrent la crainte que cette désignation ne paraisse provocatrice aux yeux de nos voisins américains. La tradition veut que Leonard Tilley, du Nouveau-Brunswick, inspiré par un extrait du psaume 72 (« He shall have dominion from sea to sea » – « il régnera d'une mer à l'autre »), ait alors suggéré l'appellation plus inoffensive de « Dominion of Canada », qui fut adoptée (Forsey, 1974 : 8). Ironiquement, le mot *Dominion*, ultérieurement chargé de connotations coloniales et difficilement traduisible en français, tomba ensuite en défaveur, si bien que la désignation officielle du pays est aujourd'hui simplement « Canada ».

individu puisse prendre à lui seul sa vie durant des décisions engageant la collectivité dans son ensemble, sans émaner d'elle ni devoir lui rendre compte, cadre fort mal avec la vulgate démocratique contemporaine.

Le principe démocratique est sauf en pratique (mais non sur le plan symbolique) lorsque le monarque est privé de tout pouvoir effectif et se borne à symboliser l'unité de la nation, tout en laissant la gouverne effective du pays entre les mains de ministres émanant d'un Parlement lui-même issu du suffrage universel. Dans un tel cas, qui est celui qui existe dans notre pays, on parle de monarchie « constitutionnelle ». Cette formule doit fort peu à la réflexion théorique. Elle est née en Grande-Bretagne d'un compromis historique auquel en sont venus, au terme de luttes dont l'âpreté est trop souvent oubliée, les monarques britanniques et les membres du Parlement et, au Canada, les gouverneurs nommés par Londres et les parlementaires élus par la population.

Cette formule nous a été léguée par l'histoire et si tout notre régime constitutionnel devait être demain rebâti en entier, on peut douter qu'un pays souverain choisisse de placer à sa tête une reine à temps partiel qui réside dans un pays étranger. Quoi qu'on pense de ses mérites intrinsèques, sa subsistance au Canada n'a rien de si insolite. Trois des huit principales puissances industrielles de la planète (le Japon, le Royaume-Uni et le Canada) connaissent actuellement un tel régime, en compagnie de démocraties plutôt bien cotées telles que la Suède, la Norvège, le Danemark, la Belgique, les Pays-Bas et le Luxembourg. Et un bilan équitable de la monarchie doit certainement tenir compte du rôle bénéfique joué par le roi Juan Carlos d'Espagne dans le rétablissement et la défense active de la démocratie parlementaire dans son pays[3]. Chose certaine, les organisations internationales qui cherchent à déterminer dans quelle mesure un pays est démocratique ne font pas de différence entre une monarchie constitutionnelle ou une république parlementaire, pourvu que le monarque soit cantonné dans un rôle figuratif.

Par rapport aux monarchies citées plus haut, celle du Canada se singularise par un trait qui, lui, la rend beaucoup plus vulnérable à la critique et entraînera probablement sa mise au rancart à long terme. C'est une monarchie « non résidente » ou « non autochtone », c'est-à-dire que le titre de reine ou de roi du Canada est porté par une personne qui ne réside pas au pays et n'y séjourne que fort occasionnellement. Ce titre lui échoit en sa qualité de souverain d'un autre pays, le Royaume-Uni. Ici, les Canadiens se trouvent aux côtés de quatorze autres États souverains, tous anciennes possessions britanniques, qui acceptent, eux aussi, de voir leur souveraineté nationale ébréchée – ne fût-ce que symboliquement – par la présence à la tête de leur appareil institutionnel de la reine de Grande-Bretagne[4].

Bien que la souveraine porte – depuis 1953 – le titre de reine du Canada en vertu de la *Loi sur les titres royaux*[5], elle n'en est pas moins avant tout reine de Grande-Bretagne et d'Irlande du Nord, et sa présence à la tête de l'État canadien découle de cette fonction. La succession au trône britannique est réglée par une loi de 1701, l'*Act of Settlement*, dont certaines dispositions sont maintenant reconnues comme sexistes et sectaires. C'est le cas notamment de la primauté accordée aux mâles dans la succession au trône et de l'exclusion des personnes autrement qualifiées qui auraient épousé des catholiques. Aussi les premiers ministres des seize royaumes de Sa Majesté se sont-ils entendus, lors d'une conférence tenue à Perth (Australie) en octobre 2011, pour endosser les propositions du premier ministre britannique à l'effet d'éliminer ces deux vestiges du passé.[6] ?

(Antigua-et-Barbuda, les Bahamas, la Barbade, Belize, la Grenade, Saint-Kitts-et-Nevis, Sainte-Lucie, Saint-Vincent-et-les-Grenadines, les îles Salomon et Tuvalu). Voir Butler et Low (1991). La transformation du pays en république a été rejetée par référendum en Australie (1999), à Tuvalu (2008) et à St-Vincent (2009), et abandonnée en Barbade suite à la défaite du gouvernement qui la proposait (2008).

5.   Lois révisées du Canada 1985, c. R-12.

6.   En décembre 2012, le gouvernement britannique a déposé aux Communes le *Succession to the Crown Bill*, dont l'adoption donnera force de loi au consensus intervenu à Perth l'année précédente. Une telle mesure doit obtenir l'appui des 16 royaumes (*Realms*) concernés, qui doit être exprimé sous forme de loi dans 14 d'entre eux, dont le Canada. Un projet de loi donnant assentiment à ce texte a été présenté aux Communes canadiennes par le gouvernement le 31 janvier 2013. Le gouvernement rejette l'opinion selon laquelle ce changement requerrait une modification constitutionnelle en bonne et due forme, au motif que l'*Act of Settlement* ne fait pas partie de la Constitution du Canada au sens formel, et n'affecte

---

3.   Voir, sur ces questions, Bendix (1978) et le numéro 78 de la revue *Pouvoirs* (1996), « Les monarchies ». Sur quelque 190 États souverains dans le monde, on compte une quarantaine de monarchies. Dans les pays en développement, les monarques disposent souvent de pouvoirs considérables.

4.   Selon le site Internet du palais de Buckingham (http:/www.royal.gov.uk), outre le Royaume-Uni, quinze États souverains (y compris le Canada) avaient en 2013 pour chef d'État la reine Élisabeth II, représentée localement par un gouverneur général. En plus du Canada, de l'Australie, de la Nouvelle-Zélande, de la Papouasie-Nouvelle-Guinée et de la Jamaïque, la liste incluait de petits États insulaires situés dans les Antilles ou le Pacifique, dont la population était inférieure à 400 000 habitants

Normalement absente du pays, la reine y est représentée par un gouverneur général, auquel on réfère à l'occasion, mais de façon incorrecte, comme le chef de l'État canadien[7]. Des lettres patentes de 1947 permettent à ce dignitaire d'exercer les prérogatives royales et la *Loi sur le gouverneur général*[8] en fait une personne morale dont elle fixe le traitement[9]. De rares prérogatives sont encore aujourd'hui exercées sur avis du premier ministre par la reine en personne, comme la nomination du gouverneur général et, éventuellement, l'approbation de celle de sénateurs surnuméraires pour renverser une majorité hostile au Sénat. Lors de sa visite au Canada en 1977, la reine ouvrit personnellement la nouvelle session parlementaire et donna lecture du discours du Trône.

Il est légitime de voir dans le gouverneur général le descendant institutionnel des hauts fonctionnaires français puis britanniques qui depuis Champlain gouvernèrent le Canada (voir le tableau 10.1). Depuis 1952 seulement, cette fonction est occupée non plus par un aristocrate britannique, mais par un Canadien ou une Canadienne, et une tradition bien ancrée prévoit l'alternance à ce poste d'anglophones et de francophones. Cette alternance, qu'aucun texte n'impose, a résulté entièrement du choix personnel du premier ministre du jour, puisque c'est à ce dernier, depuis le *Statut de Westminster* de 1931, que revient le privilège de recommander à la reine la nomination du gouverneur général. La durée du mandat du gouverneur général relève aussi de la discrétion du premier ministre canadien, encore qu'un minimum de cinq ans ait toujours été accordé jusqu'ici.

Les quatre premiers gouverneurs généraux canadiens (Massey, Vanier, Michener et Léger) furent recrutés dans la diplomatie. Par la suite, le choix du premier ministre s'est porté sur des politiciens actifs : un ex-premier ministre provincial néo-démocrate (Edward Schreyer) et d'anciens ministres fédéraux libéraux (Jeanne Sauvé, Roméo LeBlanc) ou progressistes-conservateurs (Ray Hnatyshyn). En juin 1999, Jean Chrétien soutenait que la nature de la fonction exigeait qu'elle soit occupée par un politicien (Aimers, 2004). Pourtant, quelques mois plus tard, il rompait avec la tradition en nommant l'ancienne journaliste de la CBC, Adrienne Clarkson. Paul Martin a effectué un choix du même type en nommant, en 2005, la journaliste Michaëlle Jean. Respectivement d'origine chinoise et haïtienne,

---

pas la «charge» de Reine. Le préambule du Statut de Westminster de 1931 statue que les modifications aux lois régissant la succession au trône requièrent l'assentiment des Parlements des Dominions, procédure suivie en 1936 lors de l'abdication du roi Édouard VIII et en 1952 lors de l'avènement de la Reine Élizabeth II.

7. Par exemple, c'est bel et bien la reine qui est investie du pouvoir exécutif et du commandement des forces armées par les articles 9 et 15 de la *Loi constitutionnelle de 1867* et le Parlement se compose, en plus des deux chambres, de la souveraine (art. 17). Les parlementaires et les fonctionnaires fédéraux prêtent serment d'allégeance à la reine.

8. Lois révisées du Canada 1985, c. G-9, telles que modifiées par L.R.C. 1985 (1er suppl.) c. 50 et par L.C. 1990, c. 5.

9. Depuis le 1er janvier 2013, le salaire annuel du gouverneur général, désormais imposable, s'élève à 270 602 $. Initialement fixé à 10 000 livres sterling, son traitement demeura figé à ce niveau pendant plus d'un siècle. Une loi de 1985 le fixa à 70 000 $ et depuis 1990, il fait l'objet d'un rajustement périodique et automatique. En janvier 2012, il s'élevait à 137 500 $, montant non imposable.

TABLEAU 10.1

Les gouverneurs généraux du Canada depuis 1867 et la durée de leur mandat

Le vicomte Monck	1867-1868
Le baron Lisgar	1868-1872
Le comte de Dufferin	1872-1878
Le marquis de Lorne	1878-1883
Le marquis de Lansdowne	1883-1888
Le baron Stanley de Preston	1888-1893
Le comte d'Aberdeen	1893-1898
Le comte de Minto	1898-1904
Le comte Grey	1904-1911
Le prince Arthur, duc de Connaught	1911-1916
Le duc de Devonshire	1916-1921
Le général baron Byng de Vimy	1921-1926
Le vicomte Willingdon	1926-1931
Le comte de Bessborough	1931-1935
Le baron Tweedsmuir	1935-1940
Le comte d'Athlone	1940-1946
Le maréchal vicomte Alexander de Tunis	1946-1952
Charles Vincent Massey	1952-1959
Le général Georges Philéas Vanier	1959-1967
Daniel Roland Michener	1968-1974
Jules Léger	1974-1979
Edward Richard Schreyer	1979-1984
Jeanne Benoît Sauvé	1984-1990
Ramon John Hnatyshyn	1990-1995
Roméo Adrien LeBlanc	1995-1999
Adrienne Clarkson	1999-2005
Michaëlle JeanDavid	2005-2010
Lloyd Johnston	2010-

mais parfaitement bilingues, les deux dernières titulaires de la fonction réconcilient à leur façon le bilinguisme et le multiculturalisme. En 2010, le choix du premier ministre Harper s'est porté sur David Johnston, un ex-professeur de droit et recteur d'université, dont le nom avait été suggéré pour la première fois par un comité d'universitaires et de hauts fonctionnaires chargé par le premier ministre d'effectuer un tri parmi les candidats possibles.

Bien que protocolairement la souveraine prenne le pas sur le gouverneur général et que ce dernier prenne à son tour le pas sur le premier ministre, l'influence politique des deux premiers dignitaires est aujourd'hui extrêmement faible, puisque, comme il a été mentionné auparavant, ils agissent sur l'avis du premier ministre et du Cabinet. L'une et l'autre acquièrent une visibilité plus grande lors des visites de la reine au pays et lors des cérémonies solennelles marquant l'ouverture ou la prorogation, par le gouverneur général, d'une session du Parlement. Leurs prestations publiques, lorsqu'elles traitent d'une grande question d'actualité, se font alors sur la base de textes rédigés ou visés par le bureau du chef du gouvernement[10]. La sanction des lois,

---

10. Bien que les premiers ministres récents aient fait preuve de déférence en public à l'égard du représentant de la reine, ils ont parfois eu peine en privé à respecter l'ordre protocolaire. Pour un incident impliquant Pierre Trudeau et le gouverneur Schreyer en 1980, voir Sheppard et Valpy (1982 : 2-4). Trudeau (1993 : 313) vouait toutefois grand respect à la reine en tant que personne. En 1985, la gouverneure générale Sauvé fut tenue à l'écart du sommet historique dit du Trèfle que Brian Mulroney tint à Québec avec le président Reagan tout en utilisant la résidence vice-royale de la Citadelle. Madame Sauvé ne dit mot en public. Un mois plus tard, lors du dîner informel organisé par la presse parlementaire, où la

jamais refusée depuis 1867, relève également du gouverneur général, mais l'habitude s'est prise de déléguer un juge de niveau élevé pour s'acquitter de cette tâche.

Beaucoup concluent de cet état de choses que le gouverneur général ne peut qu'acquiescer aux demandes qui lui sont adressées par le premier ministre. Au rebours de cette vision, qu'il appelait la *rubber stamp theory of the constitution*, Eugene Forsey (1968, 1974) a soutenu avec vigueur et érudition l'existence d'un pouvoir dit « de réserve » qui permettrait au monarque ou à son représentant de ne pas suivre l'avis d'un premier ministre qui chercherait à abuser du pouvoir de dissolution. La réaction négative du public lors du plus récent usage de ce pouvoir, en 1926, suggère que son maniement est hautement délicat, mais on peut imaginer des circonstances où son exercice obtiendrait l'assentiment du plus grand nombre. Si, par exemple, un premier ministre clairement défait lors d'élections générales exigeait la tenue immédiate de nouvelles élections sans

---

tradition veut que les dignitaires et politiciens présents, protégés en principe par la confidentialité régissant l'événement, parlent beaucoup plus librement qu'en public, madame Sauvé mit les rieurs de son côté. Après avoir remercié avec ironie le premier ministre de « l'avoir admise à figurer sur la même tribune que lui », elle se lança selon son biographe autorisé (Woods, 1986 : 252-253), et au grand plaisir des journalistes présents, dans la lecture d'une lettre – bien sûr fictive – à Sa Majesté la reine, rédigée sous forme d'alexandrins approximatifs. À la suite d'une indiscrétion, le petit morceau d'humour vice-royal suivant fait maintenant partie du domaine public :

« Trèfles des deux pays arrivent au rendez-vous.
La Citadelle est leur, et grand est mon courroux.
Reagan et Mulroney font comme chez eux chez moi :
Ils travaillent, disent-ils, et n'ont besoin de moi. »

même laisser au nouveau Parlement le temps de se réunir, le gouverneur général serait certainement justifié de refuser une demande aussi saugrenue. Avec bon sens, Mme Jeanne Sauvé disait de ces pouvoirs latents : « Le fin du fin, pour le gouverneur général, c'est de ne jamais les utiliser » (Woods, 1986 : 226). Tout gouverneur général devrait en effet prier le Ciel de ne jamais avoir à le faire.

Lors de la crise parlementaire de décembre 2008, la possibilité fut évoquée que la gouverneure générale refuse la dissolution du Parlement afin de permettre à une coalition des trois partis d'opposition de prendre le pouvoir. Un tel refus aurait été fondé sur le fait que des élections venaient tout juste d'avoir lieu et qu'un autre gouvernement était possible dans le cadre de cette législature. Violemment récusé par le premier ministre Harper, ce scénario était jugé constitutionnellement correct par la plupart des experts (Russell et Sossin 2009). Dans les faits, le gouvernement réussit à éviter son renversement en prorogeant la session et en présentant par la suite un budget plus favorable aux vues des partis d'opposition.

Le gouverneur général est de droit chancelier de l'Ordre du Canada, créé en 1967, et investit personnellement les membres, officiers et compagnons de l'Ordre, tout en décernant les décorations pour acte de bravoure et pour service méritoire. La nomination controversée du Dr Henry Morgentaler à l'Ordre en 2008 a mis en lumière l'effacement du gouverneur général – et du premier ministre – dans le processus de nomination. De fait, les nominations à l'Ordre du Canada sont effectuées sur la recommandation d'un conseil présidé par le juge en chef du Canada et composé du greffier du Conseil privé, du sous-ministre du Patrimoine canadien, du président du Conseil des Arts du Canada, du président de la Société royale du Canada, du président de l'Association des universités et collèges du Canada et de deux membres de l'Ordre nommés pour trois ans. Les décorations pour acte de bravoure sont également accordées sur recommandation d'un comité consultatif indépendant après enquête de la police ou des forces armées, selon la nature de l'acte de bravoure souligné. Les prix du gouverneur général sont décernés pour la plupart par le Conseil des Arts. Des cérémonies à Rideau Hall, à l'occasion de la remise de certaines décorations importantes, permettent au gouverneur général de rencontrer des Canadiens et Canadiennes de marque.

L'institution monarchique a longtemps fait consensus au Canada. Francophones comme anglophones, les Pères de la Confédération professaient une ardente loyauté au trône britannique et voyaient dans la monarchie constitutionnelle la forme de gouvernement la plus apte à réconcilier les aspirations démocratiques et la nécessité présumée d'une gouverne plus élitiste. Cette institution symbolisait aussi la *British Connection*, l'appartenance à l'Empire britannique, elle-même garantie contre une nouvelle invasion américaine tant redoutée au XIXᵉ siècle. Avant la Conquête, les francophones n'avaient pas connu d'autre régime politique que monarchique. Les partisans de Papineau contestaient cette vision des choses, et leur républicanisme ardent les conduisit même un temps à prôner l'annexion du Canada aux États-Unis, mais leur influence pâlit après l'écrasement des rébellions de 1837-1838. L'Église catholique, maîtresse du champ idéologique après 1840, présenta longtemps à ses fidèles, ici comme

ailleurs, la royauté comme la forme idéale de gouvernement, et l'attitude tolérante en matière religieuse adoptée par le conquérant britannique (au moins à compter de l'Acte de Québec de 1774) la conforta dans cette opinion. Nombre de Canadiens anglais y voyaient par ailleurs le symbole de leur prépondérance au sein de l'État canadien.

L'attitude des francophones changea graduellement au XXᵉ siècle. L'impérialisme[11] suscita en réaction chez les nationalistes à la Henri Bourassa une remise en question des avantages que le Canada tirait de son appartenance à l'Empire. L'hostilité du Québec francophone à la conscription lors des deux guerres mondiales contribua à éroder le respect voué à la Couronne. Inégalé au XIXᵉ siècle, le prestige de l'Empire chuta après la Deuxième Guerre mondiale. Avec la Révolution tranquille, la remise en question des doctrines traditionnelles enseignées par l'Église et la montée d'un nationalisme plus radical paraissent avoir porté le coup de grâce au sentiment monarchique des Québécois francophones, comme le révéla la réception hostile réservée à la reine Élisabeth lors de sa visite à Québec, en 1964. Depuis, la monarchie est devenue un de ces sujets sur lesquels les Canadiens s'entendent pour différer d'avis, l'opposition des francophones coexistant avec le loyalisme déclinant des anglophones. N'eût été de l'attitude pragmatique adoptée par la plupart des politiciens québécois sur cette question, un débat public aurait mis en lumière les

---

11. Le mouvement impérialiste, qui fut actif au Royaume-Uni et au Canada entre les années 1890 et la fin de la Première Guerre mondiale, cherchait à raffermir les liens entre les diverses colonies membres de l'Empire britannique. Il amena le Canada à participer militairement à la guerre des Boers (1899) et à la Première Guerre mondiale.

carences de la monarchie en tant que symbole d'unité nationale.

D'après les sondages menés sur la question depuis les années 1990, les Canadiens à l'extérieur du Québec font preuve d'un scepticisme inédit à l'égard de la Couronne. Le même phénomène s'est manifesté avec encore plus de vigueur en Australie et reflète une transformation profonde de l'identité collective de la nation. Néanmoins, lors d'un référendum tenu en 1999, les Australiens ont rejeté une modification constitutionnelle remplaçant la reine et le gouverneur général par un président élu par les deux Chambres du Parlement (Massicotte, 1999a, b et c).

Après avoir conquis une majorité aux Communes en 2011, le gouvernement Harper en a surpris plusieurs en posant une série de gestes symboliques visant à renforcer le prestige de la monarchie. Le portrait de la souveraine a été mis en évidence dans les lieux officiels, quitte à éclipser à l'occasion des tableaux de maître. L'aviation et la marine canadiennes sont redevenues « royales ». Le Jubilé de Diamant de la reine Élizabeth a été souligné avec faste. Ces mesures ont été perçues comme autant de pas dans la redéfinition de l'identité canadienne dans un sens plus conservateur.

Les titulaires canadiens des fonctions vice-royales en ont facilité la survie par la dignité de leur comportement personnel et par leur grande prudence dans l'usage des prérogatives de leur charge[12]. Pour le moment, l'immobilisme

constitutionnel constitue encore le meilleur garant de la pérennité de la Couronne au pays, l'unanimité des corps législatifs élus du pays régissant tout changement fondamental en ce domaine.

LA RESPONSABILITÉ DU CABINET ENVERS LE PARLEMENT

Formellement parlant, le premier ministre et ses collègues sont désignés par le gouverneur général, à qui ils remettront, le cas échéant, leur démission. Jusque vers le milieu du XIXe siècle, les ministres étaient réellement les agents de la Couronne et ils ne devaient rendre de comptes qu'au gouverneur. La reconnaissance du principe du gouvernement responsable en 1848 en Nouvelle-Écosse, dans la province du Canada-Uni et au Nouveau-Brunswick, a complètement modifié le rapport de force et engagé le pays dans la voie de la démocratie parlementaire.

---

12. La dernière, et à vrai dire la seule, crise sérieuse entre la Couronne et le Cabinet remonte à 1926 lorsque Lord Byng de Vimy refusa à Mackenzie King de dissoudre le Parlement élu quelque neuf mois plus tôt. Outré, King démissionna. Le chef de l'opposition conservatrice fut alors invité à former un gouvernement que la

Chambre renversa quelques jours plus tard. Ce gouvernement obtint la dissolution qui avait été refusée à son prédécesseur. King ayant publiquement dénoncé les décisions du gouverneur, sa victoire aux élections de 1926 fut généralement interprétée comme une rebuffade publique à l'endroit de Byng, ce qui incita les successeurs de celui-ci à la prudence. Beaucoup de spécialistes croient cependant que l'attitude du gouverneur était constitutionnellement justifiée. En janvier 1982, le gouverneur général Schreyer suscita l'ébahissement général en révélant qu'il avait envisagé, quelques mois plus tôt, de dissoudre les chambres de sa propre autorité pour mettre fin à l'impasse provoquée par l'entêtement du premier ministre Trudeau à rapatrier la Constitution malgré l'opposition de huit provinces et le jugement de la Cour suprême du Canada (Sheppard et Valpy, 1982 : 315).

On parle de « gouvernement responsable » pour désigner l'obligation pour le premier ministre et ses collègues de jouir de la confiance d'une majorité des élus du peuple, et de céder leur place si cette confiance leur est retirée. L'harmonie exigée entre la représentation parlementaire et la composition du Cabinet garantit le caractère démocratique du régime, mais aussi l'unité du pouvoir d'État. Si la majorité parlementaire change, le plus souvent à la suite d'élections générales, le Cabinet sera remplacé en conséquence.

Observons au passage que ce principe, l'une des assises capitales de notre parlementarisme, n'a jamais reçu de consécration constitutionnelle formelle : on en chercherait en vain l'énoncé dans la *Loi constitutionnelle de 1867* et dans la *Loi constitutionnelle de 1982*. Aux yeux du juriste, ce principe a le statut d'une « convention ». Pour en saisir les contours exacts, il faut donc se reporter à des précédents parfois anciens, tels que ceux qui ont été répertoriés et analysés par les spécialistes, et à l'attitude des acteurs politiques. À l'heure actuelle, ces précédents et la doctrine suggèrent les cinq principes suivants :

Premièrement, *la responsabilité politique du Cabinet joue devant la Chambre des communes seulement*. L'existence au Sénat d'une majorité opposé peut gêner la ratification rapide des mesures législatives du gouvernement à la chambre haute, mais une défaite au Sénat, ou même l'adoption hypothétique d'une motion de censure par celui-ci, n'affecte en rien son droit de demeurer au pouvoir.

Deuxièmement, dans notre régime, *le gouvernement est présumé jouir de la confiance des députés, et cette présomption ne disparaît que dans des circonstances bien particulières*. L'entrée en fonction du premier ministre et de ses collègues n'est pas conditionnelle à un vote formel de confiance (une « investiture ») de la Chambre des communes, comme dans certains pays européens. Elle découle uniquement d'un décret du gouverneur général au nom de la reine. Des décisions importantes peuvent ainsi être prises sans que n'ait été exprimée formellement la confiance de la Chambre à l'endroit des gouvernants. Il va de soi que l'existence de partis disciplinés et le souci de la Couronne de respecter la majorité parlementaire dans ses nominations minimisent fortement les risques de déformation du vœu populaire. La conclusion, en 2008, d'un accord de coalition entre les trois partis d'opposition jetait un doute sérieux quant à l'existence d'un lien de confiance entre la Chambre et le gouvernement, mais ce dernier avait le droit de gouverner tant qu'il n'avait pas été officiellement renversé.

Troisièmement, *pour qu'un gouvernement perde la confiance de la Chambre, il faut que celle-ci le lui déclare par son vote*. Mais la survie du gouvernement n'est pas remise en cause chaque fois qu'il perd un vote en Chambre. Au tournant du millénaire, on pouvait retracer dans les procès-verbaux des Communes depuis 1867 une bonne centaine de cas où les ministres présents ont été mis en minorité lors de votes dûment enregistrés (Massicotte, 1998a). Depuis, le gouvernement minoritaire de Paul Martin subit à lui seul pas moins de 40 défaites en Chambre durant son existence (Heard, 2007 : 396) et à l'été 2008, celui de Stephen Harper en avait essuyé 120 depuis sa formation 30 mois plus tôt (Massicotte, 2008). Pourtant, seulement six gouvernements depuis la Confédération, le dernier en date étant celui de Stephen Harper en 2011, ont subi des défaites suffisamment sérieuses pour justifier la dissolution du Parlement. La règle d'or de notre régime parlementaire, en effet, est que, sous réserve des exceptions précises dont on discutera plus loin, *il revient au gouvernement, et à lui seul, de juger si une défaite qu'il vient de subir équivaut ou non à un retrait de confiance.* Un premier ministre victime de cette infortune a trois options devant lui. Il peut remettre sa démission, auquel cas le gouverneur général chargera le chef de l'opposition de former un nouveau gouvernement. Il peut aussi demander le déclenchement d'élections générales qui lui permettront de demeurer temporairement en fonction et d'en appeler au peuple du revers qu'il vient de subir. Et il lui est loisible, surtout si l'objet de la défaite est jugé peu important, d'encaisser ce revers et de demeurer à son poste.

Cette règle explique pourquoi, contrairement à un mythe populaire heureusement de moins en moins répandu, l'existence du gouvernement n'est *pas nécessairement* remise en cause par une défaite portant sur des « questions financières ». Par exemple, Trudeau survécut sans difficulté en décembre 1983 au rejet en comité plénier d'une disposition d'un projet de loi fiscal. Pearson avait connu une mésaventure plus sérieuse en février 1968 lorsqu'un projet de loi de même nature fut rejeté dans sa totalité par les Communes à la troisième lecture : il demeura néanmoins en fonction après avoir demandé et obtenu un vote explicite de confiance de la Chambre quelques jours plus tard (Beaudoin, 1975 ; Sharp, 1994 : 159-161). Le rejet de projets de lois fiscales n'est pas jugé fatal parce que ceux-ci ne constituent normalement que des modifications à une loi d'application permanente, comme la *Loi de l'impôt sur le revenu*, qui continuera dans un tel cas de s'appliquer comme auparavant, assurant à l'État les ressources nécessaires à son fonctionnement.

Une défaite portant sur les crédits budgétaires est en principe plus sérieuse. En effet, les crédits budgétaires non statutaires sont votés par le Parlement pour une période d'un an expirant le 31 mars et, en leur absence, le gouvernement perd l'autorité législative qui lui permet d'engager des dépenses publiques. Mais le rejet de crédits *supplémentaires* ou d'un crédit budgétaire isolé ne remet pas en cause la survie du ministère. On le vit clairement en décembre 2004 lorsque les Communes rejetèrent deux crédits ayant trait respectivement au budget de la gouverneure générale et à celui du Conseil privé, sans que le cabinet n'envisage la démission ou la dissolution[13]. On peut se demander ce qu'il adviendrait si les crédits provisoires étaient rejetés en bloc. Bien que nous ne connaissions aucun précédent à cet égard, le rejet des crédits provisoires devrait à notre avis revêtir la même gravité que celui des crédits annuels, pour deux raisons : les crédits provisoires constituent un échantillon représentatif de l'ensemble de la politique budgétaire du gouvernement, et leur absence ne permet pas au gouvernement de financer les dépenses courantes autrement que par le recours aux mandats spéciaux.

Quatrièmement, *le premier ministre n'est pas juge souverain de **toute** défaite qu'il pourrait subir.* Si tel était le cas, le gouvernement ne serait responsable que de nom, puisqu'il pourrait déclarer toute défaite sans importance. Aussi la Chambre dispose-t-elle de trois moyens pour lui signifier sa défiance de façon non équivoque. Premièrement, elle peut rejeter en bloc l'ensemble des crédits budgétaires, paralysant ainsi la machine

---

13. Ce précédent récent est à rapprocher d'un autre, survenu lui aussi en contexte de gouvernement minoritaire, soit le rejet en mars 1973 d'un crédit supplémentaire de 19 000 $ destiné à Information Canada.

gouvernementale. Deuxièmement, elle peut rejeter toute motion sur laquelle le premier ministre a *préalablement et publiquement* posé la question de confiance[14]. Troisièmement, elle peut adopter une motion de censure explicite à l'endroit du gouvernement. Une telle motion, en substance, « blâme » le Cabinet, « regrette » ou « condamne » ses politiques ou déclare tout simplement que le Cabinet n'a plus sa confiance. Le débat sur l'adresse en réponse au discours du Trône et le débat sur le budget constituent deux occasions privilégiées pour la présentation de telles motions, mais ce ne sont pas les seules. *L'adoption de telles motions rompt de façon irrémédiable le lien de confiance jusque-là présumé exister entre le gouvernement et la majorité parlementaire*, et ne laisse plus au gouvernement le choix qu'entre la démission immédiate et l'appel au peuple.

L'identification d'une motion de censure ne fait pas toujours l'unanimité parmi les politiciens et les experts. Le 10 mai 2005, la Chambre adopta par 153 voix contre 150 une motion demandant au comité des comptes publics de « recommander que le gouvernement [de Paul Martin] démissionne pour ne pas avoir corrigé

les défaillances dans la gouvernance de la fonction publique traitées dans le rapport ». Les partis d'opposition voyaient cette motion comme une expression de non-confiance, mais le gouvernement Martin y voyait une motion purement procédurale ne l'obligeant pas à démissionner. Encore aujourd'hui, les experts demeurent divisés sur ce point (Heard, 2007). Tous s'entendirent cependant pour considérer que le vote à venir peu après, portant sur la deuxième lecture du projet de loi qui concrétisait les concessions faites par le gouvernement libéral au NPD dans l'espoir d'éviter le pire, constituerait le vrai test de confiance. Tenu dans une atmosphère dramatique le 19 mai, ce vote donna lieu à une égalité, que le président de la Chambre rompit au profit du gouvernement, comme le veut la tradition. Par la suite, la position du gouvernement se détériora davantage et le 28 novembre 2005, l'adoption par 171 voix contre 133 d'une motion déclarant simplement que la Chambre avait perdu confiance envers lui signa son arrêt de mort. Paul Martin dut demander la dissolution et déclencher des élections générales, qu'il perdit. Le 25 mars 2011, la Chambre adopta par 156 voix contre 145 une motion du chef de l'opposition officielle ainsi conçue : « Que la Chambre est d'accord avec le constat du Comité permanent de la procédure et des affaires de la Chambre que le gouvernement s'est rendu coupable d'outrage au Parlement, ce qui est sans précédent dans l'histoire parlementaire canadienne, et en conséquence, la Chambre a perdu confiance dans le gouvernement ». La dissolution du Parlement suivit le lendemain.

Il n'est pas sans intérêt de relever que les six premiers ministres dont les gouvernements ont été explicitement censurés par la Chambre depuis la Confédération (Meighen en 1926, Diefenbaker

---

14. Un cas de ce type s'est présenté en avril 1998. Le chef de l'opposition présenta une motion réclamant du gouvernement l'indemnisation complète des victimes de l'hépatite C. La motion ne comportait aucune censure directe à l'égard du Cabinet. Certains députés de son propre parti s'apprêtant pour des raisons de conscience à l'appuyer, le premier ministre posa personnellement la question de confiance sur cette motion six jours avant sa mise aux voix, ce qui en assura le rejet par 155 voix contre 140, aucun député du parti gouvernemental ne l'appuyant. La même tactique fut utilisée relativement à l'Accord de Kyoto, le registre des armes à feu et la réforme du financement des partis politiques en 2002-2003. Stephen Harper y a eu recours fréquemment.

en 1963, Trudeau en 1974, Clark en 1979, Martin en 2005 et Harper en 2011) ont tous préféré le déclenchement d'élections à la démission immédiate[15]. En effet, l'appel au peuple laisse au premier ministre défait l'espoir de retourner la situation en sa faveur, d'autant plus qu'il demeure alors en fonction pour la durée de la campagne électorale, alors que la démission immédiate aurait pour effet de transférer à l'adversaire la plénitude du pouvoir et le droit de décider de la date du prochain rendez-vous électoral.

Si un gouvernement devenu minoritaire à la suite d'élections générales choisissait néanmoins d'affronter la Chambre et qu'il était censuré dès le vote sur l'adresse en réponse au discours du Trône, il est probable qu'il choisirait la démission au lieu de demander la tenue d'un nouveau scrutin quelques semaines ou quelques mois seulement après des élections générales. S'il choisissait la seconde option, le gouverneur général pourrait bien lui refuser la dissolution demandée. Dans ses mémoires, la gouverneure générale Clarkson (2006 : 260) a révélé qu'elle aurait refusé une demande de dissolution présentée moins de six mois après les élections de 2004, qui avaient produit un gouvernement minoritaire.

Cinquièmement, au rebours d'une idée malheureusement assez répandue dans la classe politique et dans les médias, *le parti qui obtient le plus de sièges aux élections n'a pas un droit absolu au pouvoir*. Il est, certes, en droit d'y prétendre (et, en pratique, tel est le scénario le plus courant), mais s'il détient une simple pluralité, tout dépend

de l'attitude des autres partis. Si tous annoncent leur intention de faire front commun contre lui en dépit de la pluralité qu'il détient, son maintien ou son accession au pouvoir est hypothétique. Le gouvernement doit jouir de la confiance de la majorité de la Chambre, et cette confiance peut fort bien aller à un parti qui, bien qu'il soit arrivé au second rang en termes de sièges, réussit à obtenir l'appui du parti qui tient le fléau de la balance, ou encore à une coalition en bonne et due forme des autres partis. On le vit très clairement à la suite des élections fédérales de 1925 : bien que ne détenant plus que 101 sièges contre 116 aux conservateurs (la majorité absolue était alors de 123), le gouvernement libéral sortant de Mackenzie King demeura au pouvoir pendant plusieurs mois grâce au soutien des députés du Parti progressiste[16].

Les problèmes évoqués plus haut se posent lorsque le parti gouvernemental ne dispose pas de la majorité des sièges aux Communes. Inconnues avant la fin de la Première Guerre mondiale, de telles situations se sont présentées fréquemment depuis, puisque 11 des 28 élections tenues depuis 1921, dont trois des plus récentes, n'ont pas dégagé de majorité absolue, encore qu'on n'en ait rarement été très éloigné[17]. La fréquence de telles

---

15. Seuls Trudeau et Harper sont sortis vainqueurs des élections qui ont suivi. Deux autres premiers ministres ont démissionné peu avant de subir des défaites à peu près certaines : Sir John A. Macdonald en 1873 et Mackenzie King en juin 1926.

16. Une situation analogue s'est présentée en Ontario, en 1985, lorsque David Peterson forma un gouvernement minoritaire libéral alors que son parti avait fait élire seulement 48 députés, contre 52 au Parti conservateur : le Nouveau Parti démocratique avait conclu un pacte d'alliance avec le Parti libéral.

17. Dans les provinces, on a eu recours le plus souvent dans de telles situations à des gouvernements homogènes minoritaires. Tel fut le cas en Ontario (1943-1945, 1975-1981, 1985-1987), en Colombie-Britannique (1952-1953), au Manitoba (1920-1922, 1958-1959, 1969-1973, 1988-1990) et en Nouvelle-Écosse

situations aurait pu conduire la classe politique canadienne à opter pour la formation de gouvernements de coalition réunissant plusieurs partis politiques, de façon à dégager une majorité[18]. Au contraire, on a toujours préféré, jusqu'ici, la formation d'un gouvernement homogène minoritaire, qui survit au jour le jour dans l'attente d'une conjoncture favorable qui lui permettra de décrocher une majorité à la faveur de nouvelles élections, à moins que les partis d'opposition ne s'allient pour le renverser en Chambre au moment

qu'ils jugent opportun[19]. Bien que le bilan des gouvernements minoritaires soit jugé favorablement par certains commentateurs et une partie de l'opinion, les premiers ministres placés dans une telle position l'acceptent de mauvaise grâce et tentent de s'en extraire le plus tôt possible. Pendant longtemps, on a présumé, sur la foi de sondages, que les Canadiens préféraient des gouvernements majoritaires[20]. Cependant, l'absence de majorité en faveur du gouvernement réélu en 2004 et de celui qui lui succéda en 2006 fut plutôt bien accueillie du public. Selon une étude menée durant la campagne électorale de 2006, 40 % des répondants pensaient que les gouvernements minoritaires étaient une bonne chose, 24 % une mauvaise chose et 36 % se déclaraient sans opinion (Blais *et al.*, 2007 : 3). En 2008, 45,6 % y voyaient une bonne chose et 19,5 % une mauvaise, mais en 2011 l'écart s'était rétréci (36,2 % contre 29,6 %) (Wherry 2012).

En mai 2007, le Parlement a adopté une loi prévoyant que les prochaines élections auraient

---

(1998-1999 et 2003-2009). Moins souvent, on a préféré une coalition réunissant plusieurs partis, comme en Ontario (1919-1923), en Colombie-Britannique (1941-1952), au Manitoba (1940-1951) et en Saskatchewan (1929-1934 et 1999-2003). Les législatures sans majorité sont plus rares dans les provinces (une élection sur 12 depuis la fin de la Première Guerre mondiale) qu'au niveau fédéral (environ une élection sur trois) (calculs de l'auteur).

18. N'ont dégagé aucune majorité de sièges les élections fédérales suivantes : 1921, 1925, 1957, 1962, 1963, 1965, 1972, 1979, 2004, 2006 et 2008. Il n'y a eu qu'une seule coalition – arithmétiquement non indispensable – au niveau fédéral au cours du XXe siècle : à la veille des élections de 1917, pour assurer l'adoption de la conscription, Sir Robert Borden transforma son Cabinet conservateur en une coalition englobant la plupart des libéraux anglophones. L'expérience dura trois ans, aliéna les francophones et divisa profondément le pays. En 1921, Mackenzie King proposa au chef progressiste Crerar la formation d'une coalition pour assurer au Parti libéral la majorité qui lui manquait de peu, mais Crerar refusa (Allen, 1961 : 235). Plus près de nous, Pierre Elliott Trudeau fit une offre semblable au Nouveau Parti démocratique en 1980, mais le chef néo-démocrate Ed Broadbent refusa, estimant que son parti ne pourrait jouer un rôle important au sein du Cabinet, les libéraux disposant déjà d'une majorité parlementaire (Steed, 1988 : 239 ; Trudeau, 1993 : 272-273).

---

19. Depuis 1867, les législatures sans majorité ont duré en moyenne moins de 20 mois, contre plus de 50 pour celles avec majorité.

20. Au printemps 1993, selon un sondage, 52 % des Canadiens souhaitaient que le prochain gouvernement soit majoritaire, et 39 % préféraient qu'il soit minoritaire. En novembre de la même année, 64 % des répondants se disaient satisfaits d'avoir un gouvernement majoritaire à l'issue des élections qui venaient de se dérouler, alors que 28 % auraient préféré qu'il soit minoritaire. Voir « Canadians prefer majority government, but expect Liberal minority », *The Gallup Report*, 5 avril 1993 et « Les Canadiens modifieraient le système électoral », *La Presse*, 22 novembre 1993. En 1997, 56 % se disaient satisfaits que le gouvernement soit majoritaire, 29 % auraient préféré qu'il soit minoritaire et 15 % se disaient indécis (Edwards et Hughes, 1997).

lieu le lundi 19 octobre 2009 et, par la suite, le premier lundi d'octobre de la quatrième année civile suivant la date du scrutin[21]. Ce texte spécifie cependant que « le présent article n'a pas pour effet de porter atteinte aux pouvoirs du gouverneur général, notamment celui de dissoudre le Parlement lorsqu'il le juge opportun ». Les élections auront donc lieu à dates fixes, mais possiblement à d'autres dates.

L'impact de cette mesure est incertain. Il est clair qu'un gouvernement renversé aux Communes conserve le droit de demander la dissolution du Parlement avant l'échéance normalement prévue. En droit pur, rien n'empêche un premier ministre de faire de même sans avoir été renversé, mais le risque est alors grand pour lui ou elle, soit de se voir refuser la dissolution, soit de l'obtenir, mais de devoir passer une bonne partie de la campagne électorale qui suivra à se défendre de l'accusation d'avoir violé la loi constitutionnelle du pays à des fins purement partisanes. Le nouveau régime réduit donc le risque d'une utilisation opportuniste du pouvoir de dissolution, sans l'éliminer. En obtenant, en 2008, la tenue de nouvelles élections sans avoir été renversé, sans que l'opinion ne s'émeuve, le premier ministre Harper démontra le peu d'importance qu'il attachait à la loi qu'il avait fait adopter. C'est pourquoi l'adoption d'un dispositif semblable pour le Québec, proposée par le gouvernement Marois en 2012, n'établirait pas nécessairement des élections à dates fixes.

De telles réformes ne bouleversent pas le jeu parlementaire tel qu'il se pratique au Canada. La prépondérance de l'exécutif dans notre régime politique repose non pas sur le droit de dissolution, mais sur la conjonction de trois variables essentielles. À la règle du **gouvernement responsable** s'ajoutent un **mode de scrutin majoritaire à un tour** qui accroît la probabilité qu'un parti obtienne une majorité absolue de sièges même avec une simple pluralité du suffrage populaire[22], et la **discipline de parti** qui permet au parti majoritaire de compter sur l'appui de ses députés lors des votes pris en Chambre. La disparition d'une seule de ces variables produirait un parlementarisme moins nettement dominé par l'exécutif que celui que nous connaissons, comme la Nouvelle-Zélande en fait l'expérience depuis l'instauration d'un mode de scrutin plus proportionnel.

LE CONSEIL DES MINISTRES : SA COMPOSITION

La discussion à laquelle on vient de procéder met en lumière à quel point notre système politique diffère du système américain. Alors que le président américain dispose à titre personnel de la plénitude du pouvoir exécutif et qu'il n'est nullement obligé de tenir compte de l'avis des secrétaires dont il est entouré, notre exécutif est collégial et le maintien au pouvoir du premier ministre dépend de l'appui constant de ses collègues du Cabinet, des parlementaires de son parti ainsi que de la confiance de la Chambre.

---

21. Statuts du Canada 2007, c. 10.

22. Depuis 1921, les seules élections ayant donné à un parti la majorité absolue du suffrage populaire sont celles de 1940, de 1958 et de 1984. On pourrait ajouter à cette liste les élections de 1949 et de 1953, à la condition – contestable – d'ajouter au suffrage libéral proprement dit (environ 49 %) les voix exprimées en faveur de candidats libéraux indépendants.

Le pouvoir exécutif au niveau fédéral est entre les mains du Conseil des ministres (en anglais : *Ministry*) auquel appartiennent le premier ministre, les ministres et les ministres d'État. Cet ensemble est également appelé le Cabinet et, en pratique, les deux termes sont normalement interchangeables[23].

Ni le premier ministre, ni le Cabinet, ni le Conseil des ministres ne sont mentionnés dans la Constitution[24]. L'article 11 de la *Loi constitutionnelle de 1867* prévoit simplement l'existence d'un organe appelé le *Conseil privé de la Reine pour le Canada*, dont les membres sont nommés et éventuellement destitués par le gouverneur général, et cet organe est « chargé d'assister Sa Majesté dans le gouvernement du Canada et de lui donner des avis à cet égard[25] ». Le Conseil privé se compose des ministres actuels et de leurs prédécesseurs encore vivants, auxquels s'ajoutent quelques personnalités choisies par le premier ministre du jour. En tant que tel, il ne se réunit

pratiquement jamais[26]. Le Cabinet est techniquement un comité du Conseil privé et il en exerce les prérogatives. L'appartenance au Conseil comporte deux conséquences de nature plus protocolaire que pratique. En premier lieu, elle confère à vie le titre d'« honorable[27] » ainsi que le droit de faire suivre son nom des lettres « c.p. » (pour : « Conseil privé ») ou, en anglais, « P.C. » (pour : « Privy Council »)[28] La seconde conséquence pratique est d'établir entre les membres du Conseil une préséance qui découle de l'ordre chronologique dans lequel ils y ont été assermentés. C'est cet ordre qui sera suivi dans la liste officielle des membres du Cabinet (sauf pour le premier ministre, toujours en tête de liste).

Le premier ministre

À titre de chef du gouvernement, le premier ministre occupe une position centrale. De toutes les métaphores concoctées pour illustrer cette

23. Tel ne fut toutefois pas le cas sous Jean Chrétien entre 1993 et 2003 : le Cabinet était alors composé du premier ministre et des ministres et il n'y avait pas de ministres d'État. Les secrétaires d'État nommés à cette époque faisaient partie du Conseil des ministres, mais non du Cabinet. Paul Martin est revenu à la pratique antérieure en 2003, rétablissant l'homologie entre le Cabinet et le Conseil des ministres.
24. Le premier ministre du Canada était toutefois mentionné à l'article 37 de la *Loi constitutionnelle de 1982* (abrogé un an après son entrée en vigueur) et l'est toujours à l'article 35.1 de la même loi, lequel est édicté par la *Proclamation de 1983 modifiant la Constitution*.
25. La traduction citée ici provient de la version de la *Loi constitutionnelle de 1867* établie par le comité de rédaction constitutionnelle française établi en vertu de l'article 55 de la *Loi constitutionnelle de 1982*.

26. Un rapport de presse de 1986 faisait état de trois réunions plénières du Conseil privé depuis ses origines : en 1867 pour la proclamation de la nouvelle fédération, en 1952 pour l'accession au trône de la nouvelle souveraine et en 1982 à l'occasion du rapatriement de la Constitution. Voir John Warren, « PC doesn't always mean party's name », *The Citizen* (Ottawa), 17 février 1986, p. A18.
27. Le *Tableau des titres à employer au Canada* confère à vie au premier ministre (tout comme au gouverneur général et au juge en chef de la Cour suprême) le titre de « Très Honorable », qui autrefois lui revenait en sa seule qualité de membre du Conseil privé du Royaume-Uni.
28. Paul Martin a choisi de nommer systématiquement les secrétaires parlementaires au Conseil privé, bien que ces derniers ne fassent pas partie du Conseil des ministres, mais Stephen Harper n'a pas suivi cette entorse à la pratique habituelle, visiblement destinée à consoler les exclus du Cabinet.

position, la meilleure demeure encore celle de Sir Ivor Jennings (1959 : 200) qui comparait le premier ministre à un soleil autour duquel gravitent des planètes. Comme toutes les fonctions de direction, elle est dans une certaine mesure ce que son titulaire en fait. Chaque premier ministre développe un style de relations avec les autres membres du Cabinet qui reflète sa personnalité propre et l'ascendant qu'il exerce sur eux et elles.

L'essentiel des prérogatives du premier ministre découle non pas de textes légaux, mais plutôt de conventions qu'on a parfois tenté de formuler[29]. L'opacité qui entoure les délibérations du Cabinet a engendré bien des spéculations quant à l'ascendant réellement exercé par le chef du gouvernement. La vision traditionnelle fait du premier ministre un simple *primus inter pares*, procédant à un tour de table en s'abstenant d'indiquer sa position propre, ne dégageant qu'en toute fin la position prédominante. D'autres voient en lui un patron indélogeable distribuant des consignes à des exécutants (Smith, 1979). Plusieurs croient que la vérité se situe quelque part entre le modèle collégial et le modèle autocratique, en fonction de la personnalité du premier ministre (Kyba, 1989 : 201-206 ; Sharp, 1994 : 107-109 et 167-169 ; Smith, 1995). L'ascendant exercé par Jean Chrétien a amené certains auteurs à réaffirmer

la vision autocratique (Simpson, 2001). Selon Donald Savoie (1999), les premiers ministres ont tendance à gouverner de façon personnelle, en consultant le Cabinet de façon minimale. Le lancement du projet des Bourses du millénaire en 1998 fut une initiative personnelle du premier ministre. Le dépôt du projet de loi sur la clarté référendaire résultait d'une conviction personnelle du premier ministre, alors que la plupart des ministres étaient réticents (Chrétien, 2007 : 143-192 ; Goldenberg, 2006 : 244-255). Malgré cela, l'annonce par Jean Chrétien, en 2002, de son départ prochain sous la pression de son parti a illustré que, comme tout pouvoir, celui du premier ministre est consenti. L'ascendant très fort exercé par Stephen Harper sur son Cabinet paraît se situer dans le prolongement de tendances bien établies.

Il existe deux voies d'accès au poste de premier ministre. La première est l'élection. L'aspirant s'impose d'abord comme le chef d'un parti politique. Une fois choisi chef, il lui faut remporter la majorité absolue des sièges aux Communes lors des élections suivantes pour exercer le pouvoir sans partage, sinon tout dépendra des alliances qu'il saura nouer, tel qu'expliqué plus haut. Il lui faut aussi conserver l'appui des militants du parti, de son caucus et de son Cabinet. Le soutien des deux premières composantes n'est pas toujours facile à maintenir lorsque le parti est confiné à l'opposition, comme John Turner et Stéphane Dion en ont fait l'expérience. Parvenu au pouvoir, en revanche, le chef dispose de nombreuses ressources qui, utilisées avec adresse, lui garantiront la loyauté de ses partisans même lors des heures les plus difficiles de sa carrière, comme on l'a vu sous Brian Mulroney. Qu'on ne s'y méprenne pas cependant : son maintien

---

29. On cite en particulier un extrait du procès-verbal du Cabinet daté de 1896, réaffirmé en 1935, énumérant les prérogatives du premier ministre. Y figurent la convocation des réunions du Cabinet et les recommandations au gouverneur général relatives à la convocation du Parlement, à la nomination des conseillers privés, des lieutenants-gouverneurs, du juge en chef, des sénateurs et autres titulaires de hautes charges. Voir la publication officielle *Le Bureau du Conseil privé*, Ottawa, septembre 1991, p. 3n.

au pouvoir dépend ultimement de sa capacité de conserver la confiance de ses collègues du Cabinet et du caucus[30]. En août 2002, Jean Chrétien, devant la perspective d'un vote de non-confiance de la part des militants de son parti lors d'un congrès prévu pour l'automne, annonça sa retraite pour février 2004 (elle eut lieu en décembre 2003). Il s'agissait là d'un événement très rare, qui se révéla en définitive une décision judicieuse lui permettant de conserver son poste pendant près d'un an et demi (Massicotte, 2002).

La seconde voie d'accès à la direction du gouvernement est la succession (Massicotte, 1998b): un individu peut devenir premier ministre en succédant à un premier ministre du même parti après la démission ou le décès de celui-ci entre deux élections. Cette voie est plus fréquemment suivie qu'on ne le croit: depuis 1945, Louis Saint-Laurent, Pierre Trudeau, John Turner, Kim

Campbell et Paul Martin sont devenus premiers ministres de cette façon. Dans ce cas de figure, l'aspirant doit être choisi chef du parti dans les mois qui suivent l'annonce de la démission ou le décès du premier ministre en fonction et il lui succède peu après sa désignation. L'autorité du chef du gouvernement n'est pas affectée par les circonstances de son accession au pouvoir. Un premier ministre choisi par voie de succession dispose des mêmes prérogatives que son prédécesseur, même s'il n'a pas encore subi le test d'une campagne électorale et même s'il n'est pas encore député. Rien, hormis la fin très prochaine d'une législature, ne l'oblige à déclencher immédiatement des élections générales pour jouir de la plénitude des pouvoirs rattachés à sa charge.

La longévité des premiers ministres canadiens est exceptionnellement élevée dans le monde démocratique, et ce, même parmi les pays qui suivent le modèle de Westminster (voir le tableau 10.2). Depuis 1867, le pays a connu 28 gouvernements dirigés par seulement 22 individus[31].

Aucune règle, légale ou conventionnelle, ne prévoit une quelconque alternance des groupes linguistiques ou des sexes à la tête du gouvernement. Depuis 1867, le Canada a compté six premiers ministres issus du Québec, dont quatre

---

30. Faute d'avoir pu conserver cette confiance, la première ministre britannique Margaret Thatcher a perdu son poste à la fin de 1990. Trois premiers ministres australiens, MM. Menzies en 1941, Gorton en 1971 et Hawke en 1991, ont été dépouillés du pouvoir dans des circonstances comparables, tout comme deux de leurs homologues néo-zélandais depuis 1990. Au Québec, on cite le cas du premier ministre Parent en 1905. En 1963, dans les heures qui suivirent la défaite de son gouvernement en Chambre, le premier ministre Diefenbaker faillit être évincé de la direction du parti et du gouvernement par une conjuration de membres de son Cabinet: ayant eu vent du complot, il réussit à le déjouer en faisant précéder la réunion fatidique du Cabinet par une réunion du caucus lors de laquelle les députés de l'arrière-ban lui renouvelèrent leur soutien sans équivoque. Le fait que les chefs de partis au Canada soient désignés non par le caucus comme en Australie et en Nouvelle-Zélande, mais par une convention plus large des militants du parti, contribue à expliquer leur relative immunité.

---

31. Sir Wilfrid Laurier détient le record du plus long mandat ininterrompu (15 ans), les deux mandats de Pierre Elliott Trudeau totalisent plus de 15 ans, ceux de Sir John A. Macdonald, 19 ans, alors que les trois mandats de W.L. Mackenzie King couvrent 21 ans. Contrairement à la situation aux États-Unis, il n'existe aucune limite quant au nombre de mandats qu'un premier ministre canadien puisse remplir.

TABLEAU 10.2

Les premiers ministres du Canada depuis 1867, leur affiliation politique et la durée de leur mandat

Sir John Alexander Macdonald (Cons.)	1867-1873
Alexander Mackenzie (Lib.)	1873-1878
Sir John Alexander Macdonald (Cons.)	1878-1891
Sir John Joseph Caldwell Abbott (Cons.)	1891-1892
Sir John Sparrow David Thompson (Cons.)	1892-1894
Sir Mackenzie Bowell (Cons.)	1894-1896
Sir Charles Tupper (Cons.)	Mai-juillet 1896
Sir Wilfrid Laurier (Lib.)	1896-1911
Sir Robert Laird Borden (Cons.)	1911-1917
Sir Robert Laird Borden (Unioniste)	1917-1920
Arthur Meighen (Unioniste)	1920-1921
William Lyon Mackenzie King (Lib.)	1921-1926
Arthur Meighen (Cons.)	Juin-sept. 1926
William Lyon Mackenzie King (Lib.)	1926-1930
Richard Bedford Bennett* (Cons.)	1930-1935
William Lyon Mackenzie King (Lib.)	1935-1948
Louis Stephen Saint-Laurent (Lib.)	1948-1957
John George Diefenbaker (P.C.)	1957-1963
Lester Bowles Pearson (Lib.)	1963-1968
Pierre Elliott Trudeau (Lib.)	1968-1979
Charles Joseph Clark (P.C.)	1979-1980
Pierre Elliott Trudeau (Lib.)	1980-1984
John Napier Turner (Lib.)	Juin-sept. 1984
Martin Brian Mulroney (P.C.)	1984-1993
Kim Campbell (P.C.)	Juin-nov. 1993
Jean Chrétien (Lib.)	1993-2003
Paul Martin (Lib.)	2003-2006
Stephen Joseph Harper (Cons.)	2006-

* Devenu en 1941 le vicomte Bennett de Calgary, Mickleham et Hopewell.

Lib. = Parti libéral

Cons. = Parti conservateur (appelé officiellement « libéral-conservateur » jusqu'en 1942, rebaptisé progressiste-conservateur depuis cette date jusqu'à sa fusion avec l'Alliance canadienne en 2004 pour former le Parti conservateur du Canada).

P.C. = Parti progressiste-conservateur.

Unioniste = Coalition des conservateurs et de libéraux anglophones

francophones[32], mais leur accession au pouvoir découlait de leurs qualités personnelles et du soutien qui leur était accordé et non d'une règle imposant leur désignation du seul fait qu'ils étaient francophones ou Québécois. La présence presque continue de Québécois au 24, rue Sussex (résidence officielle du premier ministre) de 1968 à 2006 tenait à des facteurs politiques plutôt que constitutionnels.

Les autres membres du Conseil des ministres

Il appartient au premier ministre non seulement de désigner les autres membres du Conseil des ministres et de répartir les portefeuilles, mais aussi de décider de la structure du conseil lui-même. La *Loi sur les traitements* limite la marge de manœuvre du chef du gouvernement en énumérant les titres des ministres, qui découlent dans chaque cas d'une loi établissant un ministère. Par contre, le premier ministre a toute latitude en ce qui a trait aux attributions des divers ministres d'État et secrétaires d'État, incluant la faculté de n'en point nommer du tout.

Avec le premier ministre, les ministres et les ministres d'État forment le Cabinet. Les ministres sont les chefs politiques des divers départements ministériels de l'État. Leurs fonctions s'exercent dans un cadre collégial. Ils n'ont pas le pouvoir de prendre à titre individuel les grandes décisions dans leur champ d'activité : celles-ci doivent

32. Les quatre francophones sont Wilfrid Laurier, Louis Saint-Laurent, Pierre Elliott Trudeau et Jean Chrétien, et les deux anglophones sont Sir John Abbott et Brian Mulroney.

d'abord être discutées et approuvées au Cabinet[33]. Chaque ministre est titulaire d'un portefeuille correspondant à un département ministériel distinct, bien que les circonstances entraînent parfois le cumul par un ministre de deux portefeuilles, sans que son traitement n'en soit affecté.

Les titres des ministres (ministre des Affaires étrangères, des Finances, de la Justice, etc.) sont le plus souvent explicites par eux-mêmes, mais certains requièrent quelques explications. Au « président du Conseil du trésor » revient la préparation des prévisions de dépenses publiques. La « présidence du Conseil privé » est en soi une sinécure attribuée au cours des ans, par exemple, au ministre chargé de la planification des travaux de la Chambre ou au responsable des relations fédérales-provinciales[34].

En 2006, Stephen Harper a rompu avec la pratique datant des années 1970 de conférer à l'un des ministres le titre de vice-premier ministre (Sharp, 1994 : 158-159). Cette fonction n'était pas mentionnée dans la *Loi sur les traitements* et son titulaire n'a été rémunéré qu'à titre de détenteur d'un portefeuille ministériel[35]. Elle n'avait rien en commun avec la vice-présidence des États-Unis et elle ne comprenait aucun droit automatique à

la succession du premier ministre, bien qu'elle comportait la suppléance du premier ministre lorsque celui-ci était absent de la capitale ou dans l'impossibilité d'exercer les fonctions de sa charge. Généralement occupée par des ministres influents, la fonction avait acquis, de ce fait, une visibilité supérieure (Nielsen, 1989 : 247).

Hormis le premier ministre, tous les ministres sont en principe égaux. Toutefois, les ministres du Commerce international et de la Coopération internationale sont, aux termes de la loi constitutive du ministère des Affaires étrangères et du Commerce international[36], chargés d'« assister » le ministre des Affaires étrangères dans l'exercice de ses attributions en ces deux domaines. Surtout, il existe entre les portefeuilles une hiérarchie informelle. Les Finances, les Affaires étrangères et la Justice sont les portefeuilles les plus recherchés. Un ministre ayant occupé les deux premiers les qualifie respectivement de « the most challenging » et « the most attractive » (Sharp, 1994 : 128 et 225). L'Industrie, la Santé, la présidence du Conseil du trésor, les Transports et le Commerce international sont importants. Le Revenu, le Travail et les Anciens combattants suscitent des convoitises moindres. L'importance d'un portefeuille comme la Défense varie selon la conjoncture.

Tout au long des années 1980, l'effectif du Cabinet a oscillé autour de 40 membres, soit beaucoup plus que dans les autres grandes puissances industrielles. Une telle inflation résultait de la volonté d'inclure un représentant de chaque province (et de chaque sous-région importante au sein des grandes provinces), de représenter les femmes et les minorités linguistiques et ethniques,

---

33. Parfois, l'urgence de la situation amène un ministre à prendre des décisions de sa propre initiative. Le jour de l'attentat du 11 septembre 2001, le ministre Collenette accepta, sans en référer au premier ministre, que les avions subitement interdits d'atterrissage sur le territoire américain puissent atterrir en sol canadien. Jean Chrétien écrivit plus tard qu'il était du même avis (Chrétien, 2007 : 325).

34. Jusqu'à l'abolition du poste en 2003, le « solliciteur général » était un ministre responsable de la Gendarmerie royale et de l'administration des pénitenciers.

35. La même remarque vaut pour le leader du gouvernement à la Chambre des communes.

36. Statuts du Canada 1995, c. 5.

d'assurer à certaines clientèles cibles (groupes ethniques, petites entreprises) l'impression d'avoir « leur » ministre. En 1993, alors que le déficit et la dette nationale devenaient un enjeu important du débat politique, la nouvelle première ministre Kim Campbell réduisit d'un coup de 35 à 25 membres la taille du Cabinet. Au fil des ans, cependant, le Cabinet a fini par retrouver sa taille d'antan, jusqu'à ce que Stephen Harper le réduise à 27 membres. Deux ans plus tard, il avait grimpé à 32. En janvier 2013, le Cabinet comptait 38 membres.

Les ministres demeurent en fonction tant et aussi longtemps qu'ils conservent la confiance du premier ministre. Les carrières ministérielles d'aujourd'hui ont tendance à être plus brèves que par le passé et les changements d'affectation plus fréquents. Six des 16 membres du ministère formé par Laurier en 1896 en faisaient encore partie, avec les mêmes portefeuilles, 15 ans plus tard. Sous le long règne libéral de Mackenzie King et de Louis Saint-Laurent, Jimmy Gardiner et C.D. Howe ont siégé au Cabinet 22 ans d'affilée. Par contraste, seulement 9 des 31 membres nommés au Conseil des ministres par Chrétien en 1993 en faisaient encore partie lors de sa retraite 10 ans plus tard. Le ministère le plus stable est celui des Finances, alors que les portefeuilles moins importants changent plus souvent de titulaires.

LA DÉSIGNATION DES MEMBRES DU CONSEIL DES MINISTRES

L'une des principales prérogatives d'un nouveau premier ministre consiste à désigner les autres membres du Conseil des ministres et du Cabinet et à déterminer leurs attributions.

En apparence illimitée, la marge de manœuvre du chef du gouvernement est restreinte par de nombreux facteurs[37] (Mulroney, 2007 : 381-386 ; Chrétien, 2007 : 31-36 ; Goldenberg, 2006 : 57-69 ; Martin, 2008 : 251-255).

Au premier rang figure, en application de la règle du gouvernement responsable, la nécessité de choisir les ministres parmi les députés. Cependant, un sénateur sera presque invariablement appelé à siéger au Cabinet à titre de leader du gouvernement au Sénat pour piloter les projets de loi d'origine gouvernementale à la chambre haute et l'absence de députés ministériels dans certaines régions du pays peut exiger la nomination de ministres sénateurs en provenance de ces régions[38]. Le premier cas est pratique courante, le second est exceptionnel.

La nécessité pour les ministres de siéger aux Communes souffre quelques exceptions qui révèlent la souplesse du système. Aucun texte ne pose formellement cette exigence, qui découle plutôt d'une convention aux contours imprécis que l'on peut formuler ainsi : pour siéger au Cabinet, il faut être député et, sinon, le devenir le plus tôt possible. On a eu la prudence de ne spécifier aucun délai. C'est cette souplesse qui a permis à John Turner d'être nommé premier ministre en

---

37. La formation du Cabinet Chrétien en 1993 est décrite en détail dans Greenspon et Wilson-Smith (1996 : 33-52).

38. On eut recours à cet expédient sous les ministères Clark et Trudeau. Ce dernier comptait en son sein des sénateurs représentant la Colombie-Britannique, l'Alberta et la Saskatchewan. De l'avis de Jean-Luc Pépin, qui fut ministre à l'époque, cette formule n'eut guère de succès, les sénateurs ministres se permettant des entorses à la solidarité ministérielle dans le but de plaire à leur région d'origine, sans pour autant peser du même poids qu'un ministre dûment élu.

1984, de procéder à un remaniement ministériel et de déclencher des élections générales, le tout sans pour autant être député[39]. Des personnes ont été nommées ministres avant d'avoir subi l'épreuve électorale, comme le furent Lucien Bouchard en 1988 ainsi que Stéphane Dion et Pierre Pettigrew en 1996. De tels exemples témoignent de l'exceptionnel crédit que le premier ministre accorde au récipiendaire de cette faveur, bien que l'électorat n'ait pas toujours partagé subséquemment cet avis[40].

Les chances d'un député d'accéder au Cabinet sont évidemment fonction, comme dans toute organisation hiérarchique, de la qualité de ses relations avec le premier ministre. Celles-ci dépendent à leur tour de multiples facteurs tels que l'attitude prise par le député lors de la course au leadership, la loyauté dont il a fait preuve à l'égard du chef et le respect qu'inspirent ses qualités personnelles, son jugement politique et sa formation.

Finalement, la marge de manœuvre du premier ministre est réduite par des considérations d'ordre régional. Le Canada est la seule des grandes fédérations où des impératifs de cette nature pèsent aussi lourdement sur le choix des ministres[41]. Attribuée souvent aux carences représentatives du Sénat, cette règle assure dans toute la mesure du possible au moins un ministre à chaque province et la nomination pour les principales provinces d'un nombre de ministres correspondant sommairement à l'importance relative de leur population (voir le tableau 10.3).

La nécessité de respecter les équilibres régionaux relève du casse-tête lorsque le caucus du parti gouvernemental n'inclut que peu ou pas de députés issus de certaines régions. Ce problème revêtit une grande acuité entre 1979 et 1984. Le Parti progressiste-conservateur du premier ministre Clark n'avait fait élire que deux députés au Québec sur une possibilité de 75. Le Parti libéral sous Trudeau n'eut guère plus de succès dans l'Ouest aux élections de 1980, avec seulement deux sièges sur les 80 à pourvoir. Dans chaque cas, on eut recours à la nomination de sénateurs issus de telles régions. La solution demeurait boiteuse, dans la mesure où ces ministres étaient placés en position de faiblesse vis-à-vis de leurs collègues députés. Des solutions plus permanentes furent envisagées, comme l'introduction d'un mode de scrutin plus proportionnel pour les élections à la Chambre des communes ou l'élection des sénateurs au suffrage

---

39. Cette souplesse permet aussi à un premier ministre, battu dans sa circonscription alors que son gouvernement est réélu, de conserver ses fonctions, à charge, bien sûr, de trouver un siège rapidement. Mackenzie King en bénéficia après ses défaites personnelles dans York Nord (1925) et dans Prince Albert (1945).

40. Par exemple, Pierre Juneau, nommé ministre des Communications en 1975, fut défait dans Hochelaga lors de l'élection partielle qui suivit sa nomination. Il abandonna aussitôt ses fonctions ministérielles. Défait dans les mêmes circonstances en février 1945, le général McNaughton, ministre de la Défense, avait attendu une deuxième défaite, en juin de la même année, pour faire de même.

41. Par exemple, le cabinet fédéral australien ne comptait en mars 2005 aucun membre en provenance du petit État de Tasmanie ou des deux territoires, alors que l'Australie méridionale avait deux fois plus de représentants que le Queensland, avec une population inférieure de moitié, et quatre fois plus que l'Australie occidentale, avec une population légèrement inférieure. La fédération belge impose toutefois la distribution des portefeuilles ministériels sur une base paritaire entre les deux groupes linguistiques, le premier ministre excepté.

TABLEAU 10.3

**La représentation des provinces, des territoires et des femmes au sein
du Conseil des ministres fédéral depuis 1980**

P. MINISTRE	TRUDEAU	MULRONEY		CHRÉTIEN		MARTIN	HARPER	
Prov./terr.	1980	1984	1993	Juin 1997	Janv. 2002	2003	2006	Nov. 2011
T.-N.	1	1	1	1	1	1	1	1
Î.-P.-É.	1	1	1	1	1	1	0	1
N.-É.	2	2	1	1	1	1	1	1
N.-B.	1	1	2	1	1	2	1	2
Québec	12	11	6	8	9	9	5	4
Ontario	12	11	12	14	17	17	9	14
Man.	1	4	2	2	2	2	1	2
Sask.	1	2	1	1	1	1	1	2
Alberta	1	3	2	2	2	1	4	6
C.-B.	1	3	2	4	3	3	4	4
Territoires	0	1	1	1	1	1	0	1
Total	33	40	31	36	39	39	27	38
Femmes	2	6	7	8	9	11	6	9

universel direct selon le système de la représentation proportionnelle. L'une ou l'autre formule aurait permis aux partis de faire élire quelques députés ou sénateurs même dans leurs « terres de mission » respectives, mais aucune n'a abouti. En 1997, la nomination d'un sénateur s'avéra nécessaire pour pallier l'absence de député de la Nouvelle-Écosse au sein du caucus libéral. Stephen Harper nomma pareillement le sénateur Fortier ministre des Travaux publics. Parfois, le débauchage pur et simple permet de résoudre le problème. En nommant David Emerson au Cabinet en 2006, Stephen Harper prit tout le monde par surprise, y compris les électeurs qui venaient de réélire comme libéral ce ministre de Paul Martin, mais cette manœuvre lui permit de représenter la région de Vancouver dans un cabinet qui autrement n'aurait inclus aucun député élu dans les trois principales régions métropolitaines du pays.

À l'équilibre des régions s'ajoute depuis toujours celui des groupes linguistiques. On y trouve généralement des représentants des minorités de langue officielle. Depuis les années 1970, des francophones ont fait leur marque au sein de ministères à vocation économique comme les Finances, le Commerce international, l'Énergie et la présidence du Conseil du trésor.

Une représentation plus équitable des sexes constitue une exigence plus récente, mais désormais impérative. Ellen Fairclough fut la première femme à accéder au Cabinet fédéral en 1957. Elle y fut suivie par Judy LaMarsh (1963-1968) puis, après un intervalle de quatre ans lors duquel le Cabinet redevint un club d'hommes, par Jeanne Sauvé, Monique Bégin et Iona Campagnolo. Depuis, les nominations de femmes sont devenues routinières. Le Cabinet Mulroney a compté entre 5 et 7 femmes sur une quarantaine de membres. L'une d'entre elles, Kim Campbell, a été première ministre durant quelques mois en 1993. Des femmes commencent à faire leur marque au sein des grands ministères à vocation économique, encore qu'aucune ne se soit vue donner jusqu'ici, contrairement à plusieurs provinces, l'occasion de démontrer ses capacités au ministère des Finances. Le Cabinet Martin comptait en juillet 2004 9 femmes sur 39 membres, et le Cabinet Harper 9 sur 38 en janvier 2013.

Finalement, bien que de telles nominations n'aient pas nécessairement procédé d'une volonté de représenter des catégories particulières, on a vu siéger au Cabinet des Juifs, des Amérindiens, un Noir, en plus de nombreux Canadiens d'origine ethnique autre qu'anglaise ou française.

Le pouvoir de désigner les ministres emporte celui de les muter et de les révoquer. À tout moment, un premier ministre peut procéder à un remaniement ministériel (Rivest, 2002). Quelques ministres quittent le Cabinet[42], des députés y

entrent pour la première fois et certains ministres sont affectés à un autre portefeuille. La démission inopinée d'un ministre, comme celle de Maxime Bernier en 2008, suscite un léger remaniement. La réélection d'un gouvernement est toujours suivie d'un important remaniement ministériel.

LES RÈGLES DE FONCTIONNEMENT DU CABINET

À la responsabilité collective du Cabinet devant le Parlement, décrite plus haut, s'ajoute la *responsabilité individuelle des ministres* devant la Chambre: chaque ministre doit répondre en Chambre de la gestion du ministère dont il est le titulaire (cet aspect de la responsabilité individuelle des ministres est développé plus en profondeur dans le chapitre sur l'appareil administratif). Une interprétation rigoureuse du principe voulait autrefois que le ministre soit responsable de toute faute commise par ses fonctionnaires, même s'il n'en avait à l'évidence eu aucune connaissance préalable. On tend aujourd'hui vers une application plus souple de ce dogme.

La *solidarité ministérielle* est un autre principe fondamental de fonctionnement du Cabinet. Elle exige que les ministres soient individuellement solidaires des décisions du Cabinet, une fois celles-ci prises, même s'ils s'y étaient opposés lors de leur discussion. Ceux et celles qui ne peuvent

---

42. Une tradition ancienne promettait aux exclus un poste au Sénat, dans la magistrature, la diplomatie ou la haute

fonction publique. Il est arrivé ces dernières années que d'anciens ministres soient purement et simplement relégués à l'arrière-ban. La possibilité pour un ministre exclu du Cabinet d'y revenir ultérieurement existe, mais elle se concrétise rarement. Le retour de Stéphane Dion en juillet 2004 constituait un événement plutôt rare.

se soumettre à la décision collective, telle qu'elle a été dégagée par le premier ministre à l'issue du débat, seront invités à se démettre ou le feront de leur propre chef, comme Lucien Bouchard le fit en 1990 pour protester contre la stratégie nouvelle du gouvernement visant à assurer la ratification de l'Accord du lac Meech (voir, cependant, Mulroney, 2007 : 869-893). Ce fut aussi le cas de Joe Comuzzi en 2005, en désaccord avec la politique du gouvernement sur la reconnaissance des mariages entre conjoints du même sexe, et de Michael Chong en 2006, sur la motion reconnaissant que les Québécois forment une nation au sein d'un Canada uni.

Cette règle oblige un ministre à défendre avec ardeur une mesure dont il a pu combattre l'adoption. À ce titre, elle est parfois dénoncée comme une source d'hypocrisie ou d'autoritarisme, mais il faut bien comprendre que l'autorité du Cabinet en tant qu'organe de décision politique serait fatalement ébranlée si une de ses décisions était, sitôt prise, dénoncée dans les médias par le tiers de ses membres! Ce principe entraîne la *nécessité du secret* des délibérations du Cabinet. Chaque ministre doit, en effet, y être en mesure d'exprimer sa position en toute franchise (son serment d'office le lui impose d'ailleurs[43]). Un ministre prudent évitera d'exposer son opinion

de façon trop publique avant que le Cabinet ait statué sur la question.

LES COMITÉS DU CABINET

La prolifération des maroquins et des demi-maroquins a entraîné le développement depuis les années 1960 du système des *comités du Cabinet*. Ce développement a été facilité par la souplesse du cadre législatif relatif au Cabinet, dont le mutisme confère au premier ministre toute latitude désirable dans l'organisation structurelle de son équipe gouvernementale. La pratique traditionnelle de plusieurs réunions hebdomadaires du Cabinet tout entier convenait à un organe de 15 ou 20 membres et elle prévalut jusqu'au début des années 1960. Passé ce seuil, le Cabinet devenait pléthorique, d'où la nécessité de créer en son sein des comités restreints chargés de traiter certains dossiers, sous réserve d'un examen ultérieur du dossier par le Cabinet dans son ensemble si la décision du comité suscitait de sérieuses objections chez les autres ministres. Cette pratique a été systématisée sous le règne de Pierre Trudeau (1993 : 107-113) et conservée par ses successeurs, chacun ou chacune apportant les correctifs jugés nécessaires.

L'utilisation de comités au sein du Cabinet s'est généralisée à une époque où l'on réactivait les comités parlementaires. Elle visait à gagner un temps précieux en confiant à des organes plus restreints et plus spécialisés, susceptibles à l'occasion de siéger simultanément, le soin de traiter les divers dossiers, sous le contrôle général du Cabinet dans son ensemble. On cherchait aussi à garantir une gouverne plus rationnelle par la présentation de dossiers étoffés. Il est permis de

---

43. Ce détail est révélé par l'ex-ministre Gérard Pelletier (1986 : 376). La teneur des discussions du Cabinet, consignée dans un procès-verbal tenu par des fonctionnaires, n'est accessible au public que vingt ans *post facto*. La règle du secret n'est pas immanquablement respectée. La multiplication des «fuites» (en anglais : *leak*) durant les années 1960 inspira au journaliste Peter Newman ce commentaire célèbre : « The Canadian government is the only ship of state whick leaks from the top. »

croire que l'institution des comités du Cabinet peut réduire l'emprise du premier ministre sur ses collègues, dans la mesure où il lui est physiquement impossible de prendre part à toutes les réunions des comités du Cabinet. Dans les faits, le premier ministre conserve la haute main sur le processus, car c'est lui ou elle qui détermine la structure, les attributions et, surtout, la composition (y compris la présidence) de chacun des comités, tout en étant tenu au courant de la teneur de leurs délibérations.

Le nombre de comités du Cabinet a grandement varié dans le temps. Tel qu'il fut réorganisé en 1989, il en comptait pas moins de quinze. Ce nombre chuta à quatre en novembre 1993 avec l'assermentation du Cabinet Chrétien. À l'automne 2004, le Cabinet Martin comptait sept comités permanents et un comité spécial. En janvier 2013, le Cabinet Harper comptait sept comités (Priorités et planification ; Opérations ; Conseil du trésor ; Affaires sociales ; Prospérité économique et croissance durable ; Affaires étrangères et défense ; Sécurité nationale).

Les comités ont pour rôle de disposer des *mémoires* soumis par les ministres. Préparés par le ministre et ses principaux collaborateurs, distribués aux ministres avant la réunion du comité compétent du Cabinet, ces documents confidentiels et fort détaillés proposent une action concrète relativement à un enjeu public. Ils sont rédigés de façon à ce que la décision soit prise en pleine connaissance des conséquences administratives et politiques qu'elle comporte. L'ancien ministre Gérard Pelletier soutient avoir dû leur consacrer en moyenne treize heures de lecture par semaine (Pelletier, 1992:56-58). Les décisions des comités sont ensuite sujettes à une possible révision par le Cabinet dans son ensemble. En

pratique, cette révision ne sera pas nécessaire si un débat exhaustif a eu lieu au sein du comité sectoriel. Par conséquent, les séances du Cabinet ont lieu sur une base hebdomadaire, sauf quand le Parlement ne siège pas (il y en eut 34 en 1998), et elles durent quelques heures (deux sous Jean Chrétien, davantage sous Paul Martin). S'il est membre de plus d'un comité, un ministre peut passer jusqu'à quatre fois plus de temps en comité qu'au Cabinet proprement dit.

LES SOUTIENS ADMINISTRATIFS ET POLITIQUES DU CABINET

Le Cabinet et ses différents comités sont assistés dans leurs travaux par les fonctionnaires du *Bureau du Conseil privé*. Le *greffier du Conseil privé* et secrétaire du Cabinet est le premier grand commis de l'État. Comme tous les autres hauts fonctionnaires, il est nommé et révoqué par le premier ministre.

Le Bureau du Conseil privé assiste le premier ministre en sa qualité de chef du gouvernement et joue un rôle prépondérant dans la coordination des activités de l'État fédéral. Il sert de secrétariat auprès du Cabinet. En plus d'apporter au premier ministre le soutien de la fonction publique pour tout ce qui touche les politiques gouvernementales et les questions d'ordre opérationnel, il assure le soutien requis par les leaders parlementaires des deux Chambres et le président du Conseil privé. C'est un autre organe, le *Cabinet du premier ministre*, qui assiste le premier ministre en sa qualité de chef de parti. Il est communément reconnu parmi les observateurs de la scène outaouaise que le chef de cabinet du premier ministre et ses collaborateurs, bien qu'ils n'aient pas la qualité de fonctionnaires et qu'ils ne doivent leur poste qu'à la confiance du premier ministre, exercent dans l'ombre une influence supérieure à celle de bien des ministres sur la formulation des politiques. Leur influence se fait sentir en particulier au chapitre des nominations.

LE POUVOIR EXÉCUTIF AU QUÉBEC

Dans chaque province, l'organisation du pouvoir exécutif reproduit de façon simplifiée le schéma du niveau fédéral. Notons qu'en anglais, un premier ministre provincial est appelé en principe « Premier », alors que son homologue fédéral (ainsi que le premier ministre du Québec dans la version anglaise des lois) sont désignés « Prime Minister » et que la conférence réunissant les premiers ministres fédéral et provinciaux est une « First Ministers Conference ».

La Couronne est représentée dans chaque province par un lieutenant-gouverneur (voir le tableau 10.4). Bien qu'il soit désigné par le gouverneur général sur la recommandation du premier ministre du Canada, et ce, sans aucune consultation obligatoire auprès du gouvernement provincial concerné, ce dignitaire représente la reine et exerce les prérogatives royales au sein du gouvernement de la province. Au XIXe siècle, le lieutenant-gouverneur, logé dans la somptueuse résidence de Spencer Wood (devenue en 1950 le Bois de Coulonge) faisait grande figure, intervenant à l'occasion de façon effective dans la désignation du premier ministre, refusant la dissolution de l'Assemblée (1879) et même destituant le premier ministre (1878, 1891). L'apparat entourant la personne du lieutenant-gouverneur a été réduit au minimum au fil des décennies. C'est

notamment le premier ministre qui lit le discours d'ouverture de la session. Au Québec, vu l'impopularité de la monarchie en tant qu'institution, le rôle du lieutenant-gouverneur est plus délicat qu'ailleurs. La nomination de Jean-Louis Roux en 1996 fut interprétée par les souverainistes comme une provocation et une révélation imprudente sur son passé lui coûta rapidement son poste. Lise Thibault connut un plus grand succès, mais elle termina sa carrière dans la disgrâce après qu'il eut été révélé qu'elle avait réclamé le remboursement de certaines dépenses aux deux gouvernements. Contrairement à l'Ordre du Canada, l'Ordre national du Québec est décerné par le premier ministre et non par le représentant de la Couronne.

Le pouvoir exécutif proprement dit est exercé dans chaque province par un Conseil exécutif composé du premier ministre et des ministres. Au Québec, le Conseil exécutif, appelé fréquemment Conseil des ministres, comprend des ministres et des ministres délégués. Ces derniers correspondent aux ministres d'État en fonction au niveau fédéral[44]. La taille et la structure du Conseil ont varié dans le temps. Dans un contexte de fin de régime, Bernard Landry crut nécessaire de la porter à 38 lors du remaniement de 2002, ce qui en fit rire beaucoup. Jean Charest réduisit ce nombre à 25 puis à 20 à la suite des élections de 2007. À cette occasion, le Québec devint la première juridiction canadienne à connaître la

---

44. La fonction de ministre d'État a également existé au Québec. Avant 1976, elle correspondait exactement à celle des ministres d'État fédéraux. Sous les gouvernements formés par le Parti québécois, le titre de ministre d'État désignait plutôt un ministre exerçant une autorité directe sur d'autres ministres. Le gouvernement de Pauline Marois ne compte aucun ministre d'État.

TABLEAU 10.4

Les lieutenants-gouverneurs du Québec depuis 1867 et la durée de leur mandat

Sir Narcisse-Fortunat Belleau	1867-1873
René-Édouard Caron	1873-1876
Luc Letellier de Saint-Just	1876-1879
Théodore Robitaille	1879-1884
Louis François Rodrigue Masson	1884-1887
Sir Auguste-Réal Angers	1887-1892
Sir Joseph Adolphe Chapleau	1892-1898
Sir Louis-Amable Jetté	1898-1908
Sir Charles Alphonse Pantaléon Pelletier	1908-1911
Sir François Langelier	1911-1915
Sir Pierre Évariste Leblanc	1915-1918
Sir Charles Fitzpatrick	1918-1923
Louis-Philippe Brodeur	1923-1924
Narcisse Pérodeau	1924-1929
Sir Lomer Gouin	Janvier-mars 1929
Henry George Carroll	1929-1934
Ésioff-Léon Patenaude	1934-1940
Sir Eugène Fiset	1940-1950
Gaspard Fauteux	1950-1958
Onésime Gagnon	1958-1961
Paul Comtois	1961-1966
Hugues Lapointe	1966-1978
Jean-Pierre Côté	1978-1984
Gilles Lamontagne	1984-1990
Martial Asselin	1990-1996
Jean-Louis Roux	1996-1997
Lise Thibault	1997-2007
Pierre Duchesne	2007-

parité des sexes au Cabinet (l'entrée d'une première femme au Conseil remonte à 1962). Cette pratique a été maintenue après la réélection du gouvernement en 2008, mais abandonnée par Pauline Marois en 2012. Une chroniqueuse a jugé qu'elle était plus que compensée par la nomination d'une femme comme première ministre (Gagnon, 2012).

Les gouvernements québécois, surtout au XXᵉ siècle, se sont avérés à peine moins stables que ceux d'Ottawa. Depuis la Confédération, le Québec a connu 36 gouvernements, dirigés par 31 premiers ministres (voir le tableau 10.5). Les plus durables ont été ceux de Duplessis (deux ministères totalisant 18 ans), Taschereau (16 ans), Gouin (15 ans) et Bourassa dont les deux ministères totalisent 14 ans. Un premier ministre du Québec n'est certainement pas moins prépondérant que son homologue fédéral. Sans excès de diplomatie, Bernard Landry disait en mars 2001 : « Je compte laisser de la corde à mes ministres, et vous savez ce que l'on peut faire avec une corde. »

Autrefois impérative, la représentation de la minorité anglophone au Conseil des ministres est devenue facultative depuis trente ans. Un cabinet péquiste ne compte aucun anglophone, un cabinet libéral en comptait davantage jusqu'à la démission en bloc des ministres de souche anglophone en 1988, mais depuis, les anglophones ne jouissent que d'une représentation faible au sein d'un cabinet libéral. Bien plus important à Québec paraît l'impératif de représenter les régions.

La structure des comités ministériels a été fréquemment remaniée d'un premier ministre à l'autre. Aux côtés de valeurs stables comme le Conseil du trésor et le comité de Législation, on comptait, en janvier 2013, cinq comités ministériels permanents chargés respectivement de

la Prospérité et du développement régional, de l'Identité, de la Solidarité, de la Région métropolitaine et de la Région de la Gaspésie – Iles de la Madeleine.

Le greffier du Conseil privé a pour homologue à Québec le secrétaire général du Conseil exécutif, alors que le soutien plus politique est fourni par le directeur de cabinet du premier ministre et ses collaborateurs.

Les relations entre le premier ministre et les ministres, au Québec comme ailleurs au pays, sont régies par les conventions qui existent au niveau fédéral. Le vivier à l'intérieur duquel le premier ministre recrute ses collègues étant plus exigu qu'à Ottawa, il arrive souvent que soit nommée ministre, ou même premier ministre, une personne qui n'est pas membre de l'Assemblée, quitte à ce que celle-ci obtienne subséquemment un siège, comme Robert Bourassa (1985-1986), Lucien Bouchard (1996), François Legault (1998), Richard Legendre (2002) et Yves Bolduc (2008). Si le ministre ainsi nommé échoue aux élections suivantes, comme Francine Lalonde (1985) ou David Levine (2002), il doit quitter la politique. Rarissimes jusqu'en 2007, les gouvernements minoritaires sont devenus plus fréquents. Lorsque l'élection de 2007 réduisit le gouvernement Charest à un statut minoritaire, on s'avisa que le dernier cas du genre au Québec remontait à 1878 ! Malgré ce manque d'expérience et les prophètes de malheur qui annonçaient la fin de l'autonomie provinciale, on s'entendait généralement pour dire, après un an, que le Québec avait géré avec beaucoup d'adresse la première expérience du genre de son histoire moderne (Pétry et Massicotte, 2008). Jean Charest réclama néanmoins une majorité solide pour affronter la tourmente économique, et l'électorat lui donna raison en

TABLEAU 10.5

Les premiers ministres du Québec depuis 1867, leur affiliation politique et la durée de leur mandat

Pierre-Joseph-Olivier Chauveau (Cons.)	1867-1873
Gédéon Ouimet (Cons.)	1873-1874
Sir Charles-Eugène Boucher de Boucherville (Cons.)	1874-1878
Sir Henri-Gustave Joly de Lotbinière (Lib.)	1878-1879
Sir Joseph-Adolphe Chapleau (Cons.)	1879-1882
Joseph-Alfred Mousseau (Cons.)	1882-1884
John Jones Ross (Cons.)	1884-1887
Sir Louis-Olivier Taillon (Cons.)	Janvier 1887
Honoré Mercier (Lib.)	1887-1891
Sir Charles-Eugène Boucher de Boucherville (Cons.)	1891-1892
Sir Louis-Olivier Taillon (Cons.)	1892-1896
Edmund James Flynn (Cons.)	1896-1897
Félix-Gabriel Marchand (Lib.)	1897-1900
Simon-Napoléon Parent (Lib.)	1900-1905
Sir Lomer Gouin (Lib.)	1905-1920
Louis-Alexandre Taschereau (Lib.)	1920-1936
Joseph-Adélard Godbout (Lib.)	Juin-août 1936
Maurice LeNoblet Duplessis (UN)	1936-1939
Joseph-Adélard Godbout (Lib.)	1939-1944
Maurice LeNoblet Duplessis (UN)	1944-1959
Paul Sauvé (UN)	1959-1960
Antonio Barrette (UN)	Janv.-juin 1960
Jean Lesage (Lib.)	1960-1966
Daniel Johnson (père) (UN)	1966-1968
Jean-Jacques Bertrand (UN)	1968-1970
Robert Bourassa (Lib.)	1970-1976
René Lévesque (PQ)	1976-1985
Pierre Marc Johnson (PQ)	Oct.-déc. 1985
Robert Bourassa (Lib.)	1985-1994
Daniel Johnson (fils) (Lib.)	Janv.-sept. 1994
Jacques Parizeau (PQ)	1994-1996
Lucien Bouchard (PQ)	1996-2001
Bernard Landry (PQ)	2001-2003
Jean Charest (Lib.)	2003-2012
Pauline Marois (PQ)	2012-

décembre 2008. Les élections de septembre 2012 ont produit un autre gouvernement minoritaire.

CONCLUSION

À l'image de notre société et de son système politique, l'exécutif au Canada est une réalité changeante, encore que plusieurs lui reprochent de ne pas changer assez rapidement. Bien que le cadre constitutionnel formel régissant le Cabinet ait finalement très peu évolué durant le XXᵉ siècle, la réalité institutionnelle a subi des transformations importantes.

L'affirmation de la souveraineté canadienne et la progression des idées démocratiques ont affaibli les prérogatives de la Couronne et de son représentant, au point où plusieurs descriptions du régime politique canadien les ignorent totalement. Le resserrement graduel de la discipline parlementaire tout au long du siècle a raffermi l'ascendant du Cabinet sur la Chambre des communes, ébranlé à l'occasion par l'élection de législatures sans majorité. Comme partout ailleurs dans les grands pays industrialisés, l'État est devenu plus interventionniste et le Cabinet a vu sa taille augmenter et sa composition se modifier. Hormis les grands ministères traditionnels que sont les Finances, la Justice et les Affaires étrangères, il n'en est guère dont la structure n'ait été fréquemment remodelée pour faire face à de nouveaux défis. Les ministres et le premier ministre disposent maintenant d'une pléiade d'adjoints, contrairement à leurs prédécesseurs au début du siècle. Les méthodes de travail du Cabinet sont devenues plus formelles et plus rationnelles. L'autorité du premier ministre s'est raffermie et

celui-ci dispose d'un pouvoir qui, toutes proportions gardées, ferait l'envie du locataire de la Maison-Blanche. Ce pouvoir se heurte depuis l'adoption de la *Charte canadienne des droits et libertés* à un contrepoids nouveau constitué du pouvoir judiciaire. Finalement, notons l'affaiblissement relatif de l'autorité du gouvernement central au sein de la fédération depuis 1945 et l'émergence dans les provinces de centres décisionnels rivaux dont les ambitions pourraient emporter la fédération elle-même.

Le principal défi du pouvoir exécutif au cours des prochaines décennies sera de maintenir son ascendant sur le Parlement en dépit des importantes transformations culturelles des mentalités collectives depuis les quinze dernières années. De ses origines britanniques, notre régime politique a conservé la dévotion pour un pouvoir exécutif fort. Cette préférence découlait en dernière analyse d'une mentalité très déférente à l'égard des pouvoirs établis. Contrairement à leurs voisins américains, les Canadiens avaient traditionnellement tendance à faire confiance à leurs gouvernants. Tel n'est plus le cas aujourd'hui. Beaucoup réclament un mode de scrutin plus proportionnel, un assouplissement marqué de la discipline de parti, un recours plus fréquent aux référendums, des élections à date fixe, voire la possibilité de révoquer un député en cours de mandat. Toutes mesures dont la concrétisation devrait se solder par un affaiblissement du pouvoir du premier ministre, fréquemment dénoncé comme quasi monarchique.

Un tel programme n'est guère nouveau. À bien des égards, il rappelle la tradition progressiste des années 1920 dans l'Ouest canadien. Il reflète cependant un sentiment plus largement répandu que le précédent. Plus que jamais dans leur histoire, les Canadiens, particulièrement à l'extérieur du Québec, sont exposés à l'influence de la culture politique américaine, tout empreinte de méfiance à l'égard du pouvoir politique et de ceux et celles qui le détiennent. Inspirés par des médias plus agressifs, ils sont beaucoup mieux informés que leurs ancêtres des abus et des injustices qu'une gouverne forte peut commettre avec impunité ainsi que des failles des princes et des princesses qui les gouvernent, sans toujours réaliser qu'une gouverne forte, avec tous ses défauts, a facilité au cours du siècle la réalisation de réformes sociales que nos voisins immédiats, dont le régime gouvernemental est souvent générateur d'immobilisme, pourraient nous envier. Le défi consistera à dégager un équilibre satisfaisant entre l'attachement aveugle à la tradition et une « vente de feu » des institutions existantes qui nous amènerait à adopter sans trop d'examen des formules qui se révéleraient à l'expérience moins magiques que ne le soutiennent leurs promoteurs.

SITES WEB

Monarchie britannique	http://www.royal.gov.uk
Gouverneur général	http://www.gg.ca
Premier ministre du Canada	http://www.pm.gc.ca
Bureau du Conseil privé	http://www.pco-bcp.gc.ca
Parlement du Canada	http://www.parl.gc.ca
Bibliothèque du Parlement	http://www.parl.gc.ca/common/Library.asp?Language=F
Premier ministre du Québec	http://www.premier.gouv.qc.ca
Conseil exécutif du Québec	http://www.mce.gouv.qc.ca
Assemblée nationale du Québec	http://www.assnat.qc.ca

LECTURES SUGGÉRÉES

BAKVIS, Herman (2000) « Prime Minister and Cabinet in Canada : An Autocracy in Need of Reform », *Revue d'Études canadiennes*, vol. 35 n° 4, p. 60-79.

GOLDENBERG, Eddie (2007), *Comment ça marche à Ottawa*, Montréal, Fides.

MARTIN, Lawrence (2010), *Harperland : The Politics of Control*, Toronto, Viking Canada.

MASSICOTTE, Louis et F. Leslie SEIDLE (dir.) (1999), *Le point sur 150 ans de gouvernement responsable au Canada*, Ottawa, Groupe canadien d'étude des questions parlementaires.

SAVOIE, Donald J. (2008), *Court Government and the Collapse of Accountability in Canada and the United Kingdom*, Toronto, University of Toronto Press.

SAVOIE, Donald J. (1999), *Governing from the Centre*, Toronto, University of Toronto Press.

SMITH, David E. (1995), *The Invisible Crown. The First Principle of Canadian Government*, Toronto, University of Toronto Press.

TREMBLAY, Martine (2006), *Derrière les portes closes. René Lévesque et l'exercice du pouvoir (1976-1985)*, Montréal, Québec Amérique.

WHITE, Graham (2005), *Cabinets and First Ministers*, Vancouver, UBC Press, Coll. « The Canadian Democratic Audit ».

BIBLIOGRAPHIE

AIMERS, John (2004), « It's going to be tough to replace Adrienne Clarkson », *The Globe and Mail*, 11 août 2004.

ALLEN, Ralph (1961), *Ordeal by Fire. Canada, 1910-1945*, Garden City (N.Y.), Doubleday.

BEAUDOIN, Gérald A. (1975), « La crise parlementaire du 19 février 1968 et ses conséquences en droit constitutionnel », *Revue générale de droit*, vol. 6, p. 283-304.

BENDIX, Reinhard (1978), *Kings or People. Power and the Mandate to Rule*, Berkeley, University of California Press.

BLAIS, André *et al.* (2007), « Do Views about Minority Government Matter ? », Communication présentée au congrès de l'American Political Science Association, Chicago.

BUTLER, David et Donald A. LOW (dir.) (1991), *Sovereigns and Surrogates. Constitutional Heads of State in the Commonwealth*, Houndmills, Macmillan.

CHRÉTIEN, Jean (2007), *Passion politique*, Montréal, Boréal.

CLARKSON, Adrienne (2006), *Le Cœur au poing. Mémoires*, Montréal, Boréal.

EDWARDS, Gary et Jon HUGHES (1997), « Canadians Reflect on Election Campaign », *The Gallup Poll*, vol. 57, n° 38 (17 juillet).

FORSEY, Eugene A. (1974), *Freedom and Order. Collected Essays*, Toronto, McClelland & Stewart.

FORSEY, Eugene A. (1968), *The Royal Power of Dissolution of Parliament in the British Commonwealth*, Toronto, Oxford University Press.

GAGNON, Lysiane (2012). « La parité, un symbole creux », *La Presse*, 13 septembre.

GOLDENBERG, Eddie (2006), *The Way It Works Inside Ottawa*, Toronto, McClelland & Stewart.

GREENSPON, Edward et Anthony WILSON-SMITH (1996), *Double Vision. The Inside Story of the Liberals in Power*, Toronto, Doubleday.

HEARD, Andrew (2007), « Just What Is a Vote of Confidence ? The Curious Case of May 10, 2005 », *Revue canadienne de science politique*, vol. 40 n° 2, p. 395-416.

JENNINGS, Sir Ivor (1959), *Cabinet Government*, 3ᵉ éd., Cambridge, Cambridge University Press.

KYBA, Patrick (1989), *Alvin. A Biography of the Honourable Alvin Hamilton, P.C.*, Regina, Canadian Plains Research Centre.

MARTIN, Paul (2008), *Hell or High Water. My Life in and out of Politics*, Toronto, McClelland & Stewart.

MASSICOTTE, Louis (2008), « Le gouvernement Harper contrôle-t-il les Communes ? », *Le Devoir*, août 2008, p. A7.

MASSICOTTE, Louis (2002), « La démission forcée d'un premier ministre : les précédents », *Le Devoir*, 26 août, p.eA7.

MASSICOTTE, Louis (1999a), « L'Australie, une république ? Pourquoi les Australiens sont devenus républicains », *Le Devoir*, 22 octobre, p. A11.

MASSICOTTE, Louis (1999b), « Pourquoi la république risque d'échouer », *Le Devoir*, 25 octobre, p. A7.

MASSICOTTE, Louis (1999c), « Référendum australien. L'échec de la république », *Le Devoir*, 8 novembre, p. A7.

MASSICOTTE, Louis (1998a), « The Rise of Party Cohesion in the Canadian House of Commons 1867-1945 : A Descriptive and Comparative Overview », Communication présentée au Third Workshop of Parliamentary Scholars and Parliamentarians, Wroxton College, Oxfordshire, R.-U., août 1998, 33 p.

MASSICOTTE, Louis (1998b), « Can Successors Succeed ? Assessing the Odds for Prime Ministerial Re-Election in Old Commonwealth Countries since 1945 », *Commonwealth & Comparative Politics*, vol. 36, n° 3, p. 96-109.

MULRONEY, Brian (2007), *Mémoires*, Montréal, Éditions de l'Homme.

NIELSEN, Erik H. (1989), *The House Is not a Home*, Toronto, Macmillan of Canada.

PELLETIER, Gérard (1992), *Souvenirs*, tome 3, *L'Aventure du pouvoir, 1968-1975*, Montréal, Stanké.

PELLETIER, Gérard (1986), *Souvenirs*, tome 2, *Le Temps des choix, 1960-1968*, Montréal, Stanké.

PÉTRY, François et Louis MASSICOTTE (2008), « Quelles leçons tirer ? La première année du gouvernement minoritaire de Jean Charest a permis de constater qu'il est possible de gouverner le Québec en l'absence de majorité », *La Presse*, 27 mars, p. A26.

Pouvoirs (Revue) (1996), « Les monarchies », n° 78.

RIVEST, Jean-Claude (2002), « Un exercice toujours périlleux », *La Presse*, 16 janvier, p. A15.

RUSSELL, Peter H. et Lorne SOSSIN (2009), *Parliamentary Democracy In Crisis*, Toronto, University of Toronto Press.

SAVOIE, Donald J. (1999), *Governing from the Centre*, Toronto, University of Toronto Press.

SHARP, Mitchell W. (1994), *Which Reminds me… A Memoir*, Toronto, University of Toronto Press.

SHEPPARD, Robert et Michael VALPY (1982), *The National Deal. The Fight for a Canadian Constitution*, Toronto, Fleet Books.

SIMPSON, Jeffrey (2001), *The Friendly Dictatorship : Reflections on Canadian Democracy*, Toronto, McClelland & Stewart.

SMITH, Denis (1995), *Rogue Tory. The Life and Legend of John G. Diefenbaker*, Toronto, Macfarlane Walter & Ross.

SMITH, Denis (1979), « President and Parliament : The Transformation of Party Government in Canada », dans Richard Schultz, Orest M. Kruhlak et John C. Terry (dir.), *The Canadian Political Process*, Toronto, Holt, Rinehart & Winston Canada, p. 302-313.

STEED, Judy (1988), *Ed Broadbent. The Pursuit of Power*, Markham, Viking.

TRUDEAU, Pierre Elliott (1993), *Political Memoirs*, Toronto, McClelland & Stewart.

WHERRY, Aaron (2012), « Election 2011 : How we like our democracy », *Maclean's Magazine*, 4 juillet.

WOODS, Shirley E. (1986), *Une Femme au sommet. Son Excellence Jeanne Sauvé*, Montréal, Les Éditions de l'Homme.

CHAPITRE 11

Les relations entre l'administration publique et le Parlement

JACQUES BOURGAULT
DÉPARTEMENT DE SCIENCE POLITIQUE DE L'UQAM ET ENAP

- Présenter les rôles des parlementaires et les obligations des fonctionnaires au Canada et au Québec ;

- Mettre au jour les trois zones d'interfaces entre les parlementaires et les fonctionnaires ;

- Examiner quelques-uns des développements récents et quelques perspectives d'avenir.

Parlement et fonctionnaires vivent en complémentarité : le premier fournit la légitimité et la légalité du pouvoir tandis que les seconds amènent l'expertise et la mise en œuvre des orientations programmatiques de la société. Pourtant, l'arrimage des deux univers à travers le personnel gouvernemental n'est pas toujours simple. Certains déplorent l'absence de contrôle des élus du peuple sur le pouvoir exécutif, dont la fonction publique constitue le socle[1]. Le conseil des ministres constitue ce « gouvernement du jour », à qui obéissent les fonctionnaires et en qui les députés placent leur confiance. Il voit à l'initiative de la législation, à son application ainsi qu'à la reddition de comptes. Les fonctionnaires remplissent plusieurs rôles importants qui leur vaudront d'entrer en communication avec les parlementaires. Ces relations doivent satisfaire des exigences parfois contradictoires lorsque les fonctionnaires collaborent avec les élus, sans toutefois renier leurs obligations envers les ministres.

Ce chapitre explorera ces zones de contacts entre parlementaires et fonctionnaires, leurs règles et leurs répercussions sur la propension des uns et des autres à assumer leur rôle. Il présentera les cinq rôles des parlementaires et examinera à la fois leurs effets sur le travail des fonctionnaires et la contribution de la fonction publique à leur exercice. Il décrira ensuite les principes de la

gestion et de la fonction publique qui encadrent cette relation bidirectionnelle entre parlementaires et fonctionnaires. Pour conclure, il décrira les perspectives d'évolution de ces rapports.

L'INFLUENCE DES RÔLES DES PARLEMENTAIRES SUR LA VIE DE LA FONCTION PUBLIQUE

Les parlementaires canadiens, dans l'usage du modèle de Westminster, jouent divers rôles : représentant, législateur, contrôleur, intercesseur et fiduciaire de l'intérêt public national. On pourrait avancer l'hypothèse que la pratique des rôles est, dans certains cas, modulée par la culture du parti d'attachement des députés (Atkinson et Mancuso, 1985 : 480 ; Lyon, 1984 : 702). Les partis traditionnels (et les créditistes, autrefois) valorisent davantage la tâche de représentant tandis que les partis aux *credo* mieux affirmés voient leurs députés consacrer plus d'attention à certains débats reliés aux idées centrales de leur plate-forme (Bernard, 1996 : 199-207). Ces deux dimensions se chevauchent quelquefois : par exemple, le budget Goodale de 2005, en situation de gouvernement libéral minoritaire, subit une forte influence conservatrice avec ses dépenses militaires et ses réductions d'impôts, alors que l'opposition bloquiste se concentra principalement sur les deux revendications québécoises : le

---

1. Remerciements à Stéphanie Viola-Plante qui a assisté l'auteur dans la recherche.

déséquilibre fiscal et la révision significative du régime de l'assurance-emploi. Celui de Flaherty en 2012 insère des orientations conservatrices dans une foule de dispositions budgétaires pour faire l'économie de multiples débats de fond au Parlement. Les politiciens contribuent ainsi à la programmation politique de la société. De leur côté, les fonctionnaires sont chargés de conseiller le ministre (transmettre des avis et des recommandations sur les lois, les politiques, les règlements, les programmes, existants et à venir, et sur toute situation le concernant ainsi que son ministère), d'appliquer la loi et de gérer les politiques et les programmes. La façon dont les rôles parlementaires se pratiquent influence la tâche des fonctionnaires qui contribuent à l'élaboration des politiques, répondent aux diverses interventions des députés et rendent des comptes.

Les parlementaires québécois et fédéraux exercent des rôles analogues. Toutefois, certains processus de travail reflètent l'absence d'une deuxième chambre législative au Québec (ex. nomination des agents du Parlement).

Les cinq rôles des parlementaires

Représentants	(députés)
Législateurs	(députés et sénateurs)
Contrôleurs	(députés et sénateurs)
Intercesseurs	(députés)
Fiduciaires	(députés et sénateurs)

Les représentants

Les députés, soient-ils membres de la Chambre des communes ou de l'Assemblée nationale du fait de leur élection, agissent comme représentants au Parlement d'une partie du pays, définie par les frontières de leur circonscription et caractérisée par la composition de sa population et les propriétés particulières de ses activités sociales et économiques. Le terme « représentant » comporte deux acceptions simultanées : celle de mandataire et celle d'échantillon d'un groupe. Comme mandataire des citoyens de la circonscription, le représentant défend les intérêts particuliers de celle-ci, tandis que comme échantillon, il contribue au débat public qu'il enrichit de sa spécificité. La contribution des fonctionnaires à l'élaboration et à la gestion des politiques et programmes tiendra compte des tendances que reflètent les choix démocratiques et des rapports de force au Parlement, ceci afin de favoriser la performance politique de leurs ministres.

Dans les situations de gouvernement minoritaire, la marge de manœuvre des députés rétrécit : ceux du parti ministériel ne veulent pas contribuer à la chute de leur gouvernement, tandis que ceux des partis d'opposition hésitent à perturber la stratégie de leur parti (Dobell, 2000 : 10). Les députés sont peu enclins à étudier les rapports dans un contexte de gouvernement majoritaire, car ils sentent qu'ils ont peu d'influence (BVG, 1997 : 5.132). Le contrôle de l'exécution des lois et des programmes de dépenses donne lieu à des interventions de députés, sous forme de demandes d'informations pour lesquelles les fonctionnaires préparent des dossiers. Au nom de leurs commettants ou de groupes d'influence, les députés ont toujours exercé des pressions officieuses auprès des fonctionnaires (Gélinas, 1969). Leur participation à des manifestations populaires, officiellement dirigées contre le gouvernement, sert également à sensibiliser les « concepteurs de solutions sectorielles ou régionales» que sont les fonctionnaires.

Les législateurs

À titre de législateurs, les députés de la Chambre des communes et les sénateurs à Ottawa, ainsi que les députés de l'Assemblée nationale au Québec, adoptent des textes de lois qui instituent des politiques et des programmes. Ils servent d'instrument habilitant ministres et fonctionnaires à poser des actes, à faire des dépenses, à prendre des décisions et à adopter des directives et ils permettent au Conseil des ministres d'édicter des règlements et de décider ou d'adopter des directives. La loi constitue le fondement de toute action des fonctionnaires et la source de la légitimité démocratique de celle des serviteurs publics.

Les fonctionnaires, à titre de spécialistes et de détenteurs de bases de données et de la mémoire organisationnelle, contribuent de manière très active à la préparation des textes de loi et à l'évaluation de leurs répercussions.

La législation budgétaire revêt une importance toute particulière pour les fonctionnaires en ce qu'elle énonce la politique gouvernementale et en ce qu'elle engage les fonds pour des programmes particuliers de dépenses auxquelles procéderont les fonctionnaires dans l'année qui vient; de plus, ce discours du budget qui en introduit la législation donne au monde de l'administration publique un certain nombre de signaux fondamentaux quant aux intentions, aux orientations et aux priorités d'actions du gouvernement.

Les contrôleurs et les mirages de l'imputabilité

C'est à travers le rôle de contrôleur qu'exercent les députés et les sénateurs qu'on entend le plus souvent parler des relations parlementaires-fonctionnaires. Pour se maintenir en poste, le gouvernement doit préserver la confiance des députés, laquelle porte sur sa capacité de voter des lois appropriées, de les mettre à exécution et de prendre, dans le cadre de son rôle et de ses pouvoirs exécutifs, des décisions dans l'intérêt général et dans celui de l'État.

Types de contrôles

Les divers votes de non confiance

Les questions en Chambre

La législation

Les comités parlementaires

Les agents du Parlement

Les contrôles sur l'exécutif mènent notamment à un certain nombre de votes qui prennent différentes formes: le vote de blâme, le refus d'appuyer une motion de confiance au gouvernement, le refus d'une loi budgétaire ou fiscale, le rejet d'une pièce législative sur laquelle le gouvernement a engagé sa confiance de manière explicite ou implicite comme ce fut le cas lors de l'adoption du traité de libre-échange soumis par le gouvernement Mulroney. Les mêmes règles s'appliquent au Québec. Le discours d'ouverture d'une session parlementaire (discours du Trône à Ottawa) et le discours du budget constituent des moments vitaux où le gouvernement doit défendre ses politiques devant l'Assemblée nationale. Aussi, au moins une fois par année financière, le ministre des Finances prononce un discours dans lequel il décrit le plan financier général pour l'année et il termine son allocution avec la proposition à l'Assemblée d'approuver la politique budgétaire du gouvernement.

Ce rôle de contrôle importe au point où il pourrait conduire à la démission du gouvernement (voir le chapitre 10 et Jauvin, 1997 : 49-50) et il s'exerce au moyen de plusieurs mécanismes complémentaires : pendant la session, la *période quotidienne de questions* à la Chambre des communes (ou à l'Assemblée nationale) permet d'interroger le premier ministre et les chefs de ministères que sont les ministres ; à l'occasion des affaires des députés ou des affaires du jour ou, encore, de questions orales ou écrites, les députés obtiennent de brèves périodes de temps pour interroger un ministre ou le premier ministre sur une affaire relevant de sa compétence ou d'intérêt national. Le ministre doit fournir une réponse ou s'engager à le faire dans un délai raisonnable après avoir obtenu l'information auprès de ses fonctionnaires.

Une question orale prend toute son importance en ce qu'elle incite le ministre à se commettre officiellement sur un sujet donné. Les fonctionnaires peuvent en apprendre beaucoup sur les intentions de leur ministre du fait que la période de questions est l'objet d'un verbatim dans le *Journal des débats* et qu'elle est diffusée à la télévision. Les fonctionnaires qui observent la session notent que tel député a démontré à ses commettants ou aux groupes de pression son engagement au nom de ceux-ci. Ils notent aussi les arguments invoqués lors des débats.

Pendant la session parlementaire, la période de questions mobilise énormément la haute direction de la plupart des ministères alors qu'il faut bien préparer le ministre à toutes les questions que l'opposition pourrait poser. Aux aurores, dès la livraison des journaux, un attaché politique constitue un cahier de presse pour ensuite le lui acheminer ainsi qu'aux autres membres de son cabinet et, quelquefois, au sous-ministre ; au début de la journée, une réunion a lieu pour répertorier les sujets susceptibles de soulever des questions et les besoins d'une mise à jour du cahier du ministre ; on décide de ce qui pourra être dit et de l'angle tactique que le ministre adoptera pour répondre ; il s'ensuit un ensemble de demandes à la fois aux membres du cabinet ministériel et aux adjoints du sous-ministre touchant des questions factuelles techniques, juridiques ou historiques ; les fonctionnaires transmettent en toute urgence ces requêtes dans l'ensemble du ministère et les réponses sont validées à chacun des niveaux hiérarchiques concernés, ce qui entraîne ainsi nombre de réunions au cours de la matinée. En fin d'avant-midi, une rencontre entre un adjoint sous-ministériel et un membre du cabinet du ministre permet la transmission des informations administratives, auxquelles s'ajoute le travail réalisé du côté du cabinet pour modifier le cahier du ministre.

Les fiches d'informations constituées par les fonctionnaires font souvent l'objet d'une réécriture par les membres du cabinet du ministre afin de les imprégner de l'orientation gouvernementale et de les synthétiser. La fiche type préparée pour la période de questions débute par la question anticipée et doit être développée sur une seule page. Certains ministres se privent de déjeuner substantiellement pour «apprendre» leur cahier avant la période de questions, tandis que d'autres affichent une attitude plus désinvolte,

ENCADRÉ 11.1

Information pour la période de questions

Dans une étude sur la qualité des cahiers d'information, Rod Quiney, cadre supérieur du gouvernement du Canada, formulait les recommandations suivantes aux fonctionnaires pour les aider à préparer la période de questions à laquelle est soumis quotidiennement un ministre (Quiney, février 1991).

(extraits)

Même si les cahiers d'information utilisés pendant la période de questions perturbent le bon déroulement d'un organisme, il s'agit de documents de première importance pour les ministres :

- […] les ministres répondent à toutes les questions qui leur sont posées d'une façon ou d'une autre.
- Les cahiers d'information doivent être livrés à temps. La période débute chaque jour à l'heure fixée, que le ministre ait été informé ou non […].
- Les cahiers doivent être clairs et exacts. Il vaut mieux ne donner aucune information que de donner une information incorrecte. Une fois que le ministre a utilisé les informations, il n'est plus possible de changer les archives publiques. Les erreurs peuvent être très embarrassantes pour le ministre et le gouvernement et elles ont même entraîné la démission de ministres et de fonctionnaires.
- Le cahier doit être mis à jour chaque fois qu'il se produit un changement ou tous les quelques jours, tant et aussi longtemps qu'il

se trouve inscrit à l'agenda du ministre. Si des personnes d'un autre ministère sont concernées, l'auteur du cahier doit communiquer avec elles […].

- La partie principale du cahier doit pouvoir se lire en 15 secondes. Lorsqu'une question est posée en Chambre, le ministre n'a que quelques secondes pour choisir le bon onglet parmi une quarantaine et relire le point principal.
- Les cahiers d'information sont composés essentiellement d'info capsules. Il ne faut pas y placer d'informations détaillées. Les personnes chargées du cahier, habituellement l'adjoint législatif du ministre ou un agent d'information du ministère, doivent comprendre la situation afin de pouvoir répondre aux questions du ministre. L'auteur doit être disponible à l'heure du déjeuner pour répondre à des questions par téléphone.
- Le rôle des fonctionnaires doit être orienté vers l'organisme ; ceux-ci doivent aussi faire preuve de sensibilité sur le plan politique. Ils doivent tenir compte de la perception du public ainsi que des faits, mais ils doivent laisser la politique partisane au personnel politique.
- Les membres du Parlement qui cherchent à obtenir une réponse à une question technique ou détaillée font habituellement une demande par écrit. Ces demandes doivent recevoir autant d'attention que

ENCADRÉ 11.1 (SUITE)

les questions orales et être préparées dans les délais.

- **Questions qu'il faut se poser :**
  La réponse proposée tient-elle compte de la perception du public aussi bien que des faits ? La réponse serait-elle acceptable si elle était lue de vive voix dans la Chambre ?

Quelle est la source citée pour la note ?

Est-ce que toutes les données et surtout tous les chiffres ont été vérifiés et revérifiés ?

Pouvons-nous livrer la note dans les délais prescrits ?

Les autres ministères en cause ont-ils été consultés ?

à moins que l'actualité brûlante ne les mette sur la sellette (voir l'encadré 11.1).

Pendant la période de questions, les membres du cabinet du ministre entendent, en phonie, les réponses des ministres et les questions supplémentaires de l'opposition ; dès ce moment ou lors de la réunion de *débreffage* de la fin de la journée, ils commandent, selon la directive hiérarchique ou l'entente entre le cabinet du ministre et le bureau du sous-ministre, les études ou les suppléments d'information nécessaires.

L'acceptation ou le refus de la législation constitue un autre mécanisme de contrôle parlementaire. L'administration a largement concouru à sa préparation par sa banque d'informations, son expertise et ses relations compte tenu du peu de temps et de ressources dont disposent le ministre et son cabinet politique. Les fonctionnaires préparent aussi les notes d'information qu'utilisent les ministres pour expliquer les législations aux parlementaires, aux groupes de pression, aux médias et à la population.

Dans tous les cas, le ministre a dû signer la proposition de projet de loi, la soumettre pour approbation au Cabinet (Conseil des ministres) sur la recommandation des comités ministériels

concernés, condition *sine qua non* de la solidarité ministérielle, et ce, préalablement à son dépôt en Chambre. L'acte de contrôle du législateur est effectué par le travail en Chambre, en comité plénier et en comité parlementaire.

Quelques ministres se targuent d'avoir, « en bras de chemise et après les heures de bureau », passé beaucoup de temps en compagnie des fonctionnaires, pendant plusieurs mois, à rédiger et à valider les détails d'un projet de loi ; des sessions de travail les ont réunis pour réfléchir sur les enjeux et sur les objectifs, pour évaluer les pistes de solutions et pour, enfin, rédiger des propositions. Jusqu'à l'arrivée du gouvernement majoritaire de M. Harper, les fonctionnaires jouaient un rôle prédominant pour convaincre le ministre d'une stratégie de législation et pour concevoir les avant-projets de loi qu'il examine. Ils doivent toujours préparer leur ministre aux questions qui pourront être posées quant à la justification et aux conséquences de chacune des expressions de chaque article du projet de loi. De plus, ils assistent aux délibérations des comités parlementaires, assis derrière le ministre, pour l'aider concernant toute question technique ou juridique.

Du côté provincial, lors des affaires courantes des sessions de l'Assemblée nationale, la période de questions donne l'occasion aux députés d'interroger les ministres. Les représentants de l'opposition accordent évidemment beaucoup d'importance à cette période quotidienne qui leur permet d'attirer l'attention du public sur divers problèmes de même que sur certaines décisions contestées du gouvernement. Les questions dont les réponses exigent des recherches plus approfondies (que mèneront les fonctionnaires sous la coordination du cabinet ministériel) doivent être posées par écrit et inscrites au *Feuilleton et préavis*. Tout député peut aussi demander la tenue d'un débat d'urgence sur un sujet qui n'aurait pu être discuté autrement. Les informations concernant la période de questions préparées par les fonctionnaires ne font pas toujours l'objet d'un « cahier des questions ».

La reddition de comptes aux comités (aux commissions parlementaires dans le cas du Québec) constitue aussi une forme de contrôle des parlementaires ; elle s'effectue, à Ottawa, aux *comités de députés, aux comités sénatoriaux ou aux comités mixtes*. En janvier 2013, la Chambre des communes comptait 25 comités permanents[2] plus certains comités spéciaux et *ad hoc*, tandis que le Sénat comptait 18 comités. Deux comités mixtes réunissent députés et sénateurs : bibliothèque et affaires règlementaires. Ces comités étudient les projets de lois, les crédits budgétaires, les rapports des ministères et toute question d'intérêt public

qui relève de leur mandat ou que leur confie la Chambre des communes ou le Sénat.

Ces comités, qu'il faut distinguer des comités du Cabinet (voir la figure 11.1), peuvent requérir la présence des ministres pour répondre à leurs questions ou pour présenter la politique gouvernementale. Les fonctionnaires doivent alors préparer l'essence de la présentation du ministre concerné et les éléments centraux de sa réponse aux questions anticipées. Ils peuvent, de plus, requérir le témoignage de dirigeants d'organismes, de sous-ministres et de certains hauts fonctionnaires, ce qui obligera un travail préparatoire de la part de l'administration afin que les dirigeants puissent transmettre toutes les informations nécessaires et pertinentes et fournir des réponses complètes aux députés. Voilà une des principales réformes qu'a recommandée, en 1985, le comité McGrath pour revaloriser le rôle des députés et du Parlement.

FIGURE 11.1

Les comités du Cabinet du gouvernement du Canada en janvier 2013

- Priorités et planification
  - Sous-comité sur l'administration publique
- Opérations
- Conseil du Trésor
- Affaires sociales
- Prospérité économique et croissance durable
- Affaires étrangères et défense
- Sécurité nationale

Source : Bureau du Conseil privé, janvier 2013.
http://www.pm.gc.ca/fra/feature.asp?pageId=53 consultée le 8 janvier 2013

---

2. http://www.parl.gc.ca/CommitteeBusiness/ CommitteeList.aspx?Language=F&Mode=1&Parl=41 &Ses=1 (page consultée en mars 2013).

FIGURE 11.2

Participation des parlementaires au budget des dépenses et à l'attribution des crédits au gouvernement du Canada : un cycle annuel

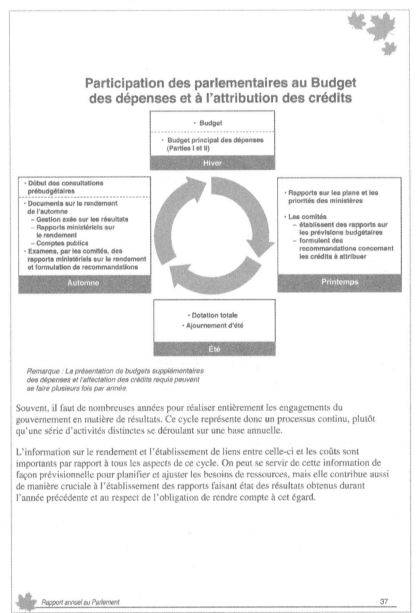

Souvent, il faut de nombreuses années pour réaliser entièrement les engagements du gouvernement en matière de résultats. Ce cycle représente donc un processus continu, plutôt qu'une série d'activités distinctes se déroulant sur une base annuelle.

L'information sur le rendement et l'établissement de liens entre celle-ci et les coûts sont importants par rapport à tous les aspects de ce cycle. On peut se servir de cette information de façon prévisionnelle pour planifier et ajuster les besoins de ressources, mais elle contribue aussi de manière cruciale à l'établissement des rapports faisant état des résultats obtenus durant l'année précédente et au respect de l'obligation de rendre compte à cet égard.

Figure constituée d'après : Conseil du Trésor (1999), *Une gestion axée sur les résultats 1999 : rapport annuel*, vol. 1, p. 37*.

* http://collection.nlc-bnc.ca/100/201/301/ra_gestion/1999/mfr99_vol1_f.pdf. Voir aussi *Projet d'amélioration des rapports au Parlement* : http://www.tbs-sct.gc.ca/rma/eppi-ibdrp/irp-arp/irp-arp_f.asp, page consultée en mars 2009.

Cette évolution n'a pas été sans secouer la conscience des ministres et des fonctionnaires : comment un fonctionnaire peut-il répondre aux questions sans trahir le secret d'office, sans être déloyal à son ministre, sans lui porter ombrage, sans entrer dans l'arène politique, sans manquer au devoir de réserve, sans dévoiler des informations protégées par la *Loi sur l'accès à l'information* ou des informations nominatives, sans briser la règle de l'anonymat, etc. ? Les *Osmotherly Rules*[3], dérivées des traditions et de la *Common Law*, établissent que les fonctionnaires agissent, lorsqu'ils répondent aux députés, au nom du ministre et non en leur nom propre. Elles stipulent qu'ils doivent refuser de répondre aux demandes controversées des comités et plutôt diriger celles-ci vers les ministres concernés ; ils ne doivent jamais révéler le conseil donné à un ministre, ni les options présentées ni l'opinion de leur ministère sur un enjeu de politique publique (Polidano, 1999 : 23). Ces règles, préconisant la réserve des fonctionnaires, préservent ainsi l'anonymat et l'intégralité de la responsabilité ministérielle collective.

Les comités de la Chambre et du Sénat exécutant un mandat de vérification de l'administration des agences gouvernementales tiendront responsable le ministre de tutelle : « Les ministres sont en bout de ligne responsables devant le Parlement de l'efficience globale des sociétés d'État faisant partie de leur portefeuille, en plus de devoir pouvoir expliquer toutes les activités de ces organisations, incluant leurs opérations quotidiennes. Le

conseil d'administration est responsable devant le ministre de tutelle pour la gérance de la société. Le premier dirigeant rend compte au conseil d'administration » (Conseil du Trésor, 2005).

Les règles conventionnelles voudraient que le ministre soit responsable des orientations générales des politiques tandis que les dirigeants d'agences seraient responsables de leur exécution. Le dirigeant devra répondre des résultats obtenus devant les comités, et ce, en fonction de l'atteinte des objectifs fixés par le ministre et le Cabinet. Ni le dirigeant ni le ministre ne voudront répondre aux comités sur des résultats obtenus en rapport avec des objectifs déterminés par un autre. Cela ne diminue en rien la responsabilité de supervision à distance qui échoit au ministre. Selon Polidano (1999 : 220), afin d'offrir une solution de rechange, les comités devraient faire fi de la règle Osmotherly et permettre aux fonctionnaires de parler en leur nom en tant que gestionnaires responsables et non pas se contenter d'agir comme boucs émissaires pour leur ministre.

Les ministres déposent, selon la législation prévue, les rapports des organismes sous leur responsabilité ou celle de leur ministère à la Chambre des communes. La Chambre peut choisir d'en débattre, mais, le plus souvent, elle les envoie au comité parlementaire approprié. Jusqu'en 1997, ces rapports décrivaient le mandat, l'organisation et les principales réalisations du ministère durant l'année écoulée. Depuis l'avènement d'une culture plus centrée sur le *management public*, les ministères ont produit des plans pluriannuels de dépenses et se sont progressivement vu imposer des obligations intragouvernementales de contrôle sur la base de la gestion axée sur les résultats (Bourgault, 1997 : 113). En 1997, inspirée par le modèle britannique (Clark, 1994 : 217 ; Aucoin, 1995 :

---

3. M. Osmotherly, un haut fonctionnaire britannique, a rédigé des règles qui guident le comportement des hauts fonctionnaires devant les comités parlementaires : « The Duties of Civil Servants ; Departmental Evidence and Responses to Select Committee » (Office of Public Service 1980 ; amendement en 1997).

219) et suivant un projet pilote instauré en 1995, la Chambre des communes a créé l'obligation pour les ministres de lui déposer deux rapports annuels préparés par le ministère (Chambre des communes, 1997) : un premier, comme partie III du budget des dépenses, le *Rapport sur les plans et priorités* (RPP) décrivant les extrants désirés (produits, services, activités, résultats) ainsi que les intrants projetés (par exemple, des ressources humaines et financières) ; le second, appelé *Rapport ministériel sur le rendement* (RMR), dresse un bilan des accomplissements et des principales activités du ministère qu'il met en relation avec les priorités et les objectifs du *Rapport sur les plans et priorités*. Les objectifs sont assortis d'indicateurs et de cibles qui permettent l'analyse du rendement du ministère. Ce processus se déroule selon un cycle annuel (voir l'encadré 11.2 et la figure 11.2).

Plusieurs se sont montrés déçus du peu d'attention que portèrent les comités à ces rapports (Bourgault et Guindon, 2006) et ont déploré le peu d'améliorations obtenues malgré une série de colloques (réunissant politiciens, fonctionnaires et gens des médias) organisés par l'Institut d'administration publique du Canada (en 1998 et 1999) et les observations critiques du Bureau du vérificateur général de 1997 à 2003. En 1998, le Conseil du Trésor avait publié un état d'avancement de la présentation de ces rapports qui relevait la variation très sensible des formats du reportage dans les ministères ou les organismes. Il émit aussi un guide pour la préparation des rapports sur le rendement (voir le tableau 11.1).

Le guide de 2003-2004 (Conseil du Trésor, 2003 : 15-30) énonce six principes régissant la présentation des rapports efficaces sur le rendement :

TABLEAU 11.1

Gabarit des rapports annuels à la Chambre

RAPPORT SUR LE RENDEMENT

1) Message du ministre
2) Déclaration de la direction
3) Sommaire du rendement du ministère pour chaque résultat stratégique et engagement du RPP (fiche de rendement)
4) Contexte
5) Modèle logique de haut niveau ou chaîne de résultats, par résultat stratégique
6) Explication du rendement par résultat stratégique
7) Gabarits financiers présentés dans un format compréhensible qui renvoient au budget principal des dépenses et aux comptes publics et qui donnent des explications pertinentes de tous les écarts
8) Exigences de la politique (dans les annexes)

Source : Conseil du Trésor, *Guide de préparation – Rapports ministériels sur le rendement 2003-2004.*

1) Brosser un tableau cohérent et équilibré du rendement ministériel qui soit bref et direct.
2) Mettre l'accent sur les résultats et expliquer la façon dont les extrants y contribuent.
3) Associer le rendement aux engagements antérieurs et expliquer toute modification apportée.
4) Présenter le rendement dans son contexte.
5) Lier les ressources aux résultats.
6) Expliquer pourquoi le public peut faire confiance à la méthodologie et aux données utilisées pour prouver le bien-fondé du rendement.

Des lignes directrices furent émises dans le but de satisfaire à la fois la légitime soif d'information

Notes sur les responsabilités des fonctionnaires à l'égard des comités parlementaires*
(Bureau du Conseil privé, janvier 2009 : extraits)

A) Sommation des fonctionnaires

La Chambre des communes et le Sénat, ainsi que leurs comités, ont le pouvoir de sommer quiconque à comparaître et ils pourraient convoquer des fonctionnaires, même si le ministre s'y oppose [...]. Pour observer le principe de la responsabilité ministérielle, les comités [laissent] au ministre le soin de déterminer quel fonctionnaire parlera en son nom au comité. Il appartient au ministre de décider à quelles questions il souhaite répondre et quelles sont celles qui peuvent être posées à ses fonctionnaires.

Réponses aux questions des comités

On s'attend à ce que les personnes qui témoignent devant un comité parlementaire répondent à toutes les questions du comité [...].

Les fonctionnaires ont [...] l'obligation légale de tenir confidentiels les renseignements dont ils peuvent avoir connaissance dans l'exercice de leurs fonctions [...].

De façon générale, et compte tenu des lois, les fonctionnaires ont l'obligation de se comporter de manière à ce que les ministres puissent toujours avoir pleinement confiance en la loyauté et la fidélité de ceux qui les servent [...]. [Sinon] ils minent le principe fondamental de la responsabilité gouvernementale à savoir que ce sont les ministres, et non les fonctionnaires, qui sont comptables envers la Chambre des communes pour les actes du gouvernement.

Les fonctionnaires comparaissent [...] au nom de leur ministre pour fournir des renseignements que le ministre ne pourrait raisonnablement fournir lui-même [...] les fonctionnaires ne sont pas directement comptables au Parlement de leurs actions, ni des politiques et programmes du gouvernement.

Les questions de stratégie et de politique qui risquent de soulever une controverse sont essentiellement réservées aux ministres [...].

Assermentation des fonctionnaires

Les fonctionnaires ont l'obligation fondamentale de renseigner fidèlement leur ministre et aussi de transmettre fidèlement, au nom de leur ministre, les renseignements qu'ils sont autorisés à divulguer au Parlement [...].

Il est clair, cependant, que les comités parlementaires sont habilités à interroger les témoins sous serment [...]. Les fonctionnaires ont le devoir de ne pas divulguer, sans autorisation expresse, des renseignements que seul le ministre [ou le gouvernement] a la compétence de divulguer.

Outre cela, le fonctionnaire qui est invité à prêter serment peut se trouver dans une situation qui va à l'encontre du serment de discrétion qu'il a prêté [...] dans ce contexte, ils ont [les sous-ministres en particulier] l'obligation fondamentale de renseigner leur ministre avec franchise sur toute question concernant leur ministère et les politiques qui relèvent de leur compétence.

ENCADRÉ 11.2 (SUITE)

Seuls les ministres sont en mesure de décider quand et dans quelle mesure des renseignements confidentiels peuvent ou doivent être divulgués. Obliger un fonctionnaire à témoigner sous serment pourrait le forcer à prendre des décisions qu'il n'est pas habilité à prendre […].

Directives aux fonctionnaires

Un fonctionnaire est habilité à donner des explications en réponse aux questions relatives à des aspects complexes de stratégie mais il ne doit pas chercher à défendre une stratégie ni participer à un débat sur les options du gouvernement. Pour les autres questions, surtout en ce qui a trait à l'administration du ministère et des programmes, le fonctionnaire répond directement au nom de son ministre. Ici encore, le fonctionnaire doit se limiter à des explications […].

Les fonctionnaires doivent […] s'abstenir de divulguer des renseignements cotés ou de transmettre des documents confidentiels à toute personne qui n'est pas autorisée à en prendre

connaissance. Pour leur part, les comités reconnaissent généralement que la divulgation aux comités de renseignements qui ne sont pas habituellement accessibles au public doit être une décision qui relève des ministres.

B) Assermentation
1) C'est au nom de son ministre que le fonctionnaire comparaît afin de fournir des renseignements que le ministre ne pourrait fournir lui-même;
2) […] si le comité a des inquiétudes […] peut-être alors préférerait-il poser les questions au ministre lui-même.
3) Le fonctionnaire […] devrait également solliciter la compréhension du président et des membres du comité afin qu'ils évitent de lui poser des questions qui pourraient le mettre dans une position contraire à l'obligation qu'il a envers son ministre…

* http://www.pcobcp.gc.ca/index.asp?lang=fra&page=information&sub=publications&doc=notes/notes-fra.htm.

des parlementaires et la nécessité de respecter les devoirs fondamentaux de la charge publique de «fonctionnaires de l'État au service du gouvernement du jour» (voir l'encadré 11.2).

Ces lignes directrices appelleraient maints commentaires; par exemple, on y note, outre une interprétation très stricte et limitative de la responsabilité ministérielle, une perspective assez favorable à la stabilité du pouvoir exécutif. En Grande-Bretagne, un des dirigeants des services

secrets, Clive Ponting, fut innocenté de trahison par le plus haut tribunal qui jugeait qu'il avait agi dans l'intérêt de l'État en divulguant des informations sur l'origine de la guerre des Malouines après que son ministre eut menti au Parlement (Charlot, 1985: 1064). Aussi, le témoignage du fonctionnaire est ramené à la seule expression explicative, au nom du ministre et après le consentement de celui-ci, des seuls faits auxquels le public pourrait avoir accès et que le ministre ne pourrait lui-même fournir pour des raisons techniques. Ces limitations très sérieuses ont suivi des dérapages notoires où les députés de l'opposition ont utilisé des témoignages de sous-ministres (cas de l'immigration) pour tenter d'attaquer la position gouvernementale. Le balancier n'est-il pas allé trop loin et inutilement, puisque dans l'affaire Al-Mashat[4], contrairement à une convention tacite, les ministres ont fait porter publiquement le blâme d'une décision politique aux hauts fonctionnaires (Sutherland, 1991 : 602) ?

En 2006, la *Loi sur la responsabilité*, consolide le rôle du Parlement. Elle renforce le rôle de certains agents du Parlement, par exemple le Commissariat à l'éthique qui surveillera l'interdiction aux ministres de voter sur des questions liées à leurs intérêts commerciaux et instaure des institutions telles que la Commission sur le lobbyisme, la Commission des nominations publiques chargée de surveiller la nomination des membres des organismes, conseils et commissions, laquelle ne s'est jamais mise en œuvre sept ans plus tard. Cette loi uniformise le processus de nomination des mandataires du Parlement, favorisant ainsi un rôle déterminant pour le Parlement. Elle crée les comités ministériels de vérification, formés en majorité de membres extérieurs à la fonction

publique, etc. De plus, la loi élimine le droit de priorité de nomination des adjoints ministériels (non régis par la fonction publique) qui postulent des postes de la fonction publique.

Au Québec, l'Assemblée nationale compte onze commissions parlementaires : commission de l'Assemblée nationale, commission de l'administration publique, commission des institutions, commission des finances publiques, commission de la santé et des services sociaux, commission de l'économie et du travail, commission de l'agriculture, des pêcheries, de l'énergie et des ressources naturelles, commission de l'aménagement du territoire, commission de la culture et de l'éducation, commission des relations avec les citoyens et commission des transports et de l'environnement (en date de janvier 2013). Les commissions parlementaires réunissent des députés tandis que les comités ministériels regroupent des membres du Conseil des ministres et siègent à huis clos. Outre le Conseil du trésor, la Première ministre Pauline Marois a créé, en octobre 2012, six comités ministériels dits « permanents » : Comité ministériel de la prospérité et du développement régional ; Comité ministériel de l'identité ; Comité ministériel de la solidarité ; Comité de législation ; Comité ministériel de la région métropolitaine ; Comité ministériel de la région de la Gaspésie–Iles-de-la-Madeleine.

La *Loi sur la réduction du personnel dans les organismes publics et l'imputabilité des sous-ministres et des dirigeants d'organismes publics*, adoptée en 1993, permet de convoquer les hauts fonctionnaires afin d'examiner leur gestion des affaires lorsque le rapport du vérificateur général en traite. La *Loi sur l'administration publique*, adoptée en 2000, a consacré ce principe de reddition de comptes, en

---

4. Des interventions politiques et administratives particulières ont fait bénéficier, de manière très accélérée, d'un programme d'immigration un diplomate irakien pendant la guerre du Golfe. Des politiciens canadiens en ont fait porter le blâme, en comité parlementaire, à des hauts fonctionnaires et à un attaché politique, cela en contravention de la convention constitutionnelle qui veut qu'il appartienne au ministre de prendre la responsabilité politique dans ce type d'affaires et de protéger l'anonymat de ses conseillers.

a précisé l'objet et étendu la portée. En commission parlementaire, les discussions peuvent porter sur la déclaration de services aux citoyens, sur les résultats obtenus par rapport aux aspects administratifs du plan stratégique ou du plan annuel de gestion des dépenses ainsi que sur toute autre matière de nature administrative signalée dans un rapport du vérificateur général ou du protecteur du citoyen (Gilbert, 2009). La Loi prévoit une audition de l'ensemble des sous-ministres et des dirigeants d'organismes au moins une fois par année.

Les commissions parlementaires québécoises, moins nombreuses qu'au fédéral, disposent de mandats plus vastes. À la différence du fédéral, la Commission de l'administration publique exerce un mandat horizontal d'examen de la gestion gouvernementale (contrôle des résultats et des décisions de gestion). Elle peut entendre le vérificateur général sur son rapport annuel, en présence des hauts fonctionnaires concernés.

La Commission de l'administration publique remplit trois fonctions principales.

1) La vérification des engagements financiers des ministères : la Commission tient une séance de travail pour étudier les engagements récents. Elle transmet ensuite ses demandes de renseignements supplémentaires par écrit aux ministères concernés. Elle ne peut recourir aux explications du ministre que si les renseignements obtenus s'avèrent incomplets ou difficilement compréhensibles.

2) L'audition du vérificateur général sur son rapport annuel à l'Assemblée nationale : la Commission examine ce rapport ainsi que les engagements financiers. Cette procédure permet de discuter de la manière dont le vérificateur général, agent de l'Assemblée nationale, gère son mandat.

3) L'audition des sous-ministres et des dirigeants d'organismes publics : la Loi prévoit que la commission parlementaire compétente de l'Assemblée nationale doit les entendre au moins une fois par année afin de discuter de leur gestion et de toute autre matière signalée dans le rapport du vérificateur général et du protecteur du citoyen.

La Commission de l'administration publique adopte un comportement non partisan pour traiter les questions administratives. D'ailleurs, par statut, c'est un membre de l'opposition qui la préside. Ainsi, ses travaux portent sur l'examen de la gestion des ministères plutôt que sur les choix politiques de ceux qui gouvernent.

Selon le *Guide sur le rapport annuel de gestion* (Secrétariat du Conseil du trésor, 2002), la reddition de comptes découle de l'obligation de répondre de l'exercice d'une responsabilité. Elle démontre l'adéquation entre la mission, le plan stratégique, les obligations législatives, les capacités organisationnelles et les résultats atteints. Ces résultats doivent être accompagnés d'explications qui mettent en contexte ce qui a permis de les atteindre ou non ou de les dépasser.

Le rapport annuel porte sur les résultats atteints en fonction des objectifs préalablement définis dans le plan stratégique ainsi que dans le plan annuel de gestion des dépenses.

La fiabilité des données présentées doit être attestée par le ou la sous-ministre ou le dirigeant de l'organisme. Le rapport est déposé à l'Assemblée nationale par le ou la ministre responsable et, par la suite, il est utilisé par la commission parlementaire compétente pour entendre le ou la sous-ministre ou dirigeant d'organisme sur sa gestion administrative.

Quelques lignes directrices inspirées des principes mis en avant par la Fondation canadienne pour une vérification intégrée sont énoncées dans ce même guide :

- Focaliser l'attention sur les aspects critiques.
- Établir un lien entre les objectifs et les résultats.
- Présenter les résultats dans le bon contexte.
- Établir un lien entre les ressources et les résultats.
- Présenter une information comparative.
- Aborder la question de la fiabilité de l'information.

Les *agents du Parlement* enquêtent en son nom sur l'exécutif, notamment sur le terrain de l'administration, pour l'obliger à ouvrir ses portes, à laisser consulter ses documents et à répondre aux questions posées. Leur rapport doit être déposé au Parlement par un membre du gouvernement : celui-ci peut choisir le moment du dépôt du rapport. L'histoire des conflits entre ces agents et le gouvernement témoigne de l'indépendance de plusieurs d'entre eux : le vérificateur général du Canada réclamait l'accès à des documents « protégés » du Cabinet pour faire l'examen de la douteuse transaction qui a fait acquérir l'actif de Petrofina par Petro Canada ; personne ne considéra que le Bureau du vérificateur général fut complaisant dans son rapport spécial sur l'affaire des commandites alors que madame Sheila Fraser, la vérificatrice, déclarait que « toutes les règles ont été outrepassées ! »

Les agents sont nommés le plus souvent à titre inamovible, ce qui évite que l'on puisse les changer de fonction, et pour une durée déterminée qui excède un mandat électoral (voir le tableau 11.2). Leur statut est aujourd'hui mieux standardisé (Thomas, 2003 : 300) : durée du mandat, mode de proposition des candidats et mode de révocation. La réforme du processus prévoit mieux la participation des partis de l'opposition[5].

Les rapports des agents du Parlement sont déposés à la Chambre et peuvent donner lieu à des examens approfondis en comités parlementaires ainsi qu'à des questions en Chambre. C'est le cas, par exemple, du vérificateur général du Canada (qui vérifie l'exactitude des comptes, des états financiers et de leurs imputations, le caractère approprié des dépenses du point de vue de l'optimisation de la gestion et l'effet des décisions en matière d'environnement et de développement durable). La Commission de la fonction publique a maintenant pour principaux mandats de faire nommer les employés conformément à la loi (incluant divers pouvoirs de révocation d'actes de nominations ou de gestion d'examens et de concours), d'aider à l'élaboration de programmes de perfectionnement et de faire rapport au Conseil des ministres sur l'application de la loi.

Certains agents du Parlement, comme le directeur d'Élections Canada, n'ont peu ou pas d'influence directe sur la vie des fonctionnaires. Par ailleurs, le commissaire à la protection de la vie privée doit protéger les droits des citoyens conférés par la *Loi sur la protection des renseignements personnels* ; à ce titre, il observe les pratiques gouvernementales, fait enquête sur les plaintes et, de son propre chef, il mène des recherches

---

5. En vertu de la modification d'octobre 2001 au *Règlement de la Chambre des communes* (art. 111.1), les parlementaires de l'opposition, membres du comité permanent concerné, participent à un avis de motion destiné à ratifier la nomination d'un haut fonctionnaire.

TABLEAU 11.2

Les agents du Parlement à Ottawa

FONCTIONS	NOMINATIONS	RÉVOCATIONS	DURÉE	RAPPORTS DÉPOSÉS
Vérificateur général	Gouverneur en conseil après consultation des chefs de partis reconnus des deux Chambres	Conseil des ministres sur adresse des deux Chambres	10 ans	Chambre des communes
Commissaire à l'environnement et au développement durable	Vérificateur général selon la Loi sur l'emploi dans la fonction publique	Vérificateur général	Selon la Loi sur l'emploi dans la fonction publique	Chambre des communes
Commission de la fonction publique : président (temps plein) et deux commissaires à la fonction publique	Président : Gouverneur en conseil sur résolution des deux Chambres Commissaires : Gouverneur en conseil	Gouverneur en conseil sur adresse des deux Chambres	Inamovible 7 ans Renouvelable	Chambre des communes
Commissaire aux langues officielles	Gouverneur en conseil sur résolution des deux Chambres	Gouverneur en conseil sur adresse des deux Chambres	7 ans Renouvelable	Chambre des communes
Commissaire à l'information du Canada	Gouverneur en conseil sur résolution des deux Chambres	Gouverneur en conseil sur adresse des deux Chambres	7 ans Renouvelable	Chambre des communes
Commissaire à la protection de la vie privée du Canada	Gouverneur en conseil après consultation des chefs de partis reconnus des deux Chambres sur résolution des deux Chambres	Conseil des ministres sur motion des deux Chambres	7 ans Renouvelable	Chambre des communes
Commissaire aux conflits d'intérêts et à l'éthique	Gouverneur en conseil après consultation des chefs de partis des deux Chambres et sur résolution de la Chambre des communes	Chambre des communes	À titre inamovible 7 ans Renouvelable	Chambre des communes
Commissaire au lobbying	Après consultation du chef de chacun des partis reconnus au Sénat et à la Chambre des communes et approbation sur résolution du Sénat et de la Chambre des communes	Sur adresse des deux Chambres	7 ans	Chambre des communes

Commissaire à l'intégrité du secteur public	Après consultation du chef de chacun des partis reconnus au Sénat et à la Chambre des communes et approbation sur résolution des deux Chambres	Sur adresse des deux Chambres	Inamovible pour 7 ans (renouvelable une fois)	Chambre des communes
Directeur général des élections	Chambre des communes	Sur adresse des deux Chambres	À vie (Doit se retirer à 65 ans)	Chambre des communes

et conseille le Parlement, à qui il fait rapport au moins annuellement. Le commissaire à l'accès à l'information remplit des fonctions similaires pour la mise en application de la *Loi sur l'accès à l'information*. Le commissaire aux langues officielles voit à la surveillance de l'application de la *Loi sur les langues officielles* au Canada ; il enquête, mène des recherches et fait rapport au Parlement. Le commissaire aux conflits d'intérêt et à l'éthique, selon la *Loi sur les conflits d'intérêts* adoptée dans le cadre de la Loi fédérale sur la responsabilité, régit la conduite des titulaires de charge publique durant et après leur mandat en matière de conflits d'intérêt et d'éthique. En vertu de la *Loi sur le lobbying*, le commissaire au lobbying est responsable de l'établissement et de la tenue à jour du registre des lobbyistes. Il dirige l'élaboration du *Code de déontologie des lobbyistes* et il possède le pouvoir de mener les enquêtes jugées nécessaires pour garantir le respect de la Loi et du Code. Le mandat du commissaire à l'intégrité du secteur public est énoncé dans la *Loi sur la protection des fonctionnaires divulgateurs d'actes répréhensibles*. Le commissaire propose un mécanisme aux fonctionnaires pour qu'ils puissent divulguer des actes répréhensibles potentiels survenus dans leur milieu de travail et demeurer protégés contre des mesures de représailles à la suite de telles divulgations. Le premier commissaire a connu un mandat difficile, accusé d'inefficacité chronique. Son successeur a

entrepris de rétablir la crédibilité du mécanisme. Le Secrétariat de la commission des nominations politiques n'est pas un agent du Parlement, mais doit faire rapport à celui-ci. Il fut aussi créé dans le cadre de la *Loi sur la responsabilité* mais, bien que nécessitant un budget de plus d'un million de dollars l'an, et à l'heure d'écrire ces lignes, il n'a pu encore débuter ses travaux. Il doit voir à l'établissement « de processus équitables et axés sur les compétences pour le recrutement et la sélection d'individus compétents en ce qui concerne les nominations faites par le gouverneur en conseil au sein des organismes, des commissions et des conseils, ainsi que des sociétés d'État[6]. »

Les médias, sous le titre habituel d'« histoires d'horreur », répercutent avec fracas les trouvailles des rapports du vérificateur général (rapport annuel, jusqu'à trois rapports supplémentaires par an et rapports spéciaux d'enquêtes et d'examens). Du fait du caractère spectaculaire de la médiatisation, ils contribuent ainsi à accréditer auprès du public l'idée, même si cela n'est pas l'intention des agents, de la médiocrité de la gestion publique. Le scandale des commandites en a produit un exemple percutant qui a mené à la constitution de la commission d'enquête Gomery, à des enquêtes administratives de tous ordres et à des mises en

---

6. Dans son mandat de surveillance et non pas dans ses fonctions juridictionnelles.

TABLEAU 11.3

Gabarit des rapports annuels de gestion remis à l'Assemblée nationale

RAPPORT ANNUEL DE GESTION

1) Déclaration du ou de la sous-ministre ou du dirigeant de l'organisme

2) Présentation du ministère ou de l'organisme : les faits saillants et le contexte

3) Rappel de la déclaration de services aux citoyens, du plan stratégique et du plan annuel de gestion des dépenses

4) Présentation des résultats

5) Résultats au regard de la déclaration de services aux citoyens, du plan stratégique et du plan annuel de gestion des dépenses

6) Utilisation des ressources

7) Autres exigences

Source : Secrétariat du Conseil du trésor, *Guide sur le rapport annuel de gestion (2002)*.

accusation. Quelquefois, ces « scandales » influent sur la cote d'un gouvernement dans l'opinion publique ou sur celle d'un ministre face à ses pairs ou aux yeux des députés. Ils provoquent en tout cas de sérieux remous dans l'administration, puisque des réformes sont effectuées et des dirigeants sont éventuellement remplacés.

Le processus a pris une telle importance qu'aujourd'hui, plusieurs agents envoient aux administrations qui font l'objet de son rapport des extraits de celui-ci afin qu'elles soient informées des « trouvailles » et des commentaires qui seront émis publiquement et qu'elles aient la possibilité de faire corriger avant sa publication toute erreur de fait ou d'appréciation qu'aurait commise le vérificateur. Le comité des comptes publics porte une attention toute particulière au rapport du vérificateur ; cependant, il s'en trouve plusieurs pour déplorer ses manques de moyens, la trop grande mobilité de ses membres et leur préparation imparfaite. Ainsi privé d'expertise et de mémoire organisationnelle, ce comité ne jouit pas, contrairement au modèle britannique d'origine, de responsabilité claire dans l'engagement des dépenses particulières (Franks, 1997 : 630).

Institution ayant débuté en 2008, le directeur parlementaire du budget est nommé par le gouverneur en conseil. Il occupe son poste à titre amovible pour un mandat renouvelable d'au plus cinq ans. Il présente au Parlement des analyses indépendantes sur l'état des finances, le budget des dépenses du gouvernement, ainsi que les tendances de l'économie. De plus, il soumet des estimations de coûts à la demande de tout comité parlementaire ou de tout parlementaire, comme il l'a fait pour le programme d'achat d'avions militaires. Fonctionnaire indépendant relevant de la Bibliothèque du Parlement, il n'a pas le statut d'agent du Parlement comme le vérificateur général, mais il jouit de l'indépendance nécessaire pour recruter et engager des dépenses. Ses interventions vigoureuses depuis 2008 ont soulevé l'ire du parti au pouvoir, notamment lorsqu'il a estimé que des ministres ont induit le Parlement en erreur (Jeffrey, 2010). À l'heure d'écrire ces lignes (janvier 2013), il a introduit une demande en justice pour forcer le gouvernement à lui dévoiler le détail des compressions budgétaires de 2012.

Au Québec, l'Assemblée nationale compte six agents dont cinq enquêtent sur le gouvernement, ses ministères et sur la plupart de ses organismes ; ils la renseignent et lui sont imputables. Hormis le directeur général des élections, il y a le vérificateur général, le protecteur du citoyen, le commissaire au lobbyisme, la commission d'accès à l'information et le commissaire à l'éthique et à la déontologie qui surveille à ces égards les acteurs du monde politique. Relevant de l'Assemblée nationale, tous préservent leur indépendance dans l'exercice de leurs fonctions de surveillance et d'enquête. Bien que les président et vice-présidents de la Commission des droits de la personne et de la jeunesse soient nommés par l'Assemblée nationale, le rôle de la Commission ne se limite pas à la surveillance du pouvoir exécutif.

Le protecteur du citoyen prévient et corrige les erreurs ou les injustices commises à l'égard de toute personne ou groupe de personnes en contact avec un ministère, un organisme du gouvernement du Québec ou un établissement du réseau de la santé et des services sociaux. Nommé par l'Assemblée nationale, sur la proposition du premier ministre, avec l'approbation des deux tiers des membres de l'Assemblée, son mandat de cinq ans est renouvelable. L'apparition récente de nombreux commissaires sectoriels aux plaintes pourrait réduire son importance.

Nommé par l'adoption d'une motion présentée par le premier ministre et adoptée par au moins les deux tiers des membres de l'Assemblée nationale, le vérificateur général jouit d'un mandat de dix ans. Sa mission favorise, par des vérifications et des enquêtes, le contrôle parlementaire sur les fonds et autres biens publics. Il informe les parlementaires quant à la façon dont le gouvernement, ses organismes et ses entreprises gèrent les fonds publics : notamment, il vérifie les livres comptables et certifie les états financiers ; il vérifie la conformité des opérations avec les lois ; utilisant des critères d'efficacité, d'efficience et d'économie, il vérifie l'optimisation des ressources ; il vérifie l'application de la loi sur le développement durable.

Le commissaire au lobbyisme assure la surveillance et le contrôle des activités de lobbyisme exercées auprès des titulaires de charges publiques. Il élabore le Code de déontologie régissant la conduite des lobbyistes et il mène des enquêtes et des inspections relativement à toute contravention aux dispositions de la *Loi sur la transparence et l'éthique en matière de lobbyisme* ou du Code de déontologie. Nommé pour cinq ans, sur la proposition du premier ministre, à la suite d'un vote des deux tiers des membres de l'Assemblée nationale, son mandat est renouvelable.

Les intercesseurs en faveur de leurs électeurs

Dans le passé assez récent du système parlementaire, on peut imaginer l'importance du rôle d'intercesseur que jouaient les députés pour leurs commettants. Souvent moins informés des programmes gouvernementaux, moins instruits, moins reconnus socialement, moins capables de communiquer et éloignés des centres décisionnels de l'administration centrale, les citoyens recouraient à cet « ombudsman », une fonction que John A. Fraser considérait la plus importante parmi toutes celles que remplit le député (Fraser, 1993 : 65). Les députés interviennent fréquemment auprès de l'administration (Gélinas, 1969 : 200), cela à bon droit lorsque les interventions se font dans le respect de la loi et des règles d'éthique. La perception de l'importance de ce rôle semblait, en 1976, varier selon l'appartenance partisane, puisqu'elle y trouvait plus facilement son compte chez les libéraux et les néodémocrates que chez les conservateurs (Kornberg et Mishler, 1976 : 100-101). L'étude de 1975 auprès de 247 députés de toutes les provinces montre que 40 % de ceux-ci estiment consacrer la majorité de leur temps « aux problèmes de la circonscription », en fonction de l'étendue de la province, du caractère rural du comté, de la qualité de l'organisation du bureau (Docherty, 1997 : 177-200) et de l'ampleur de la députation du parti : le petit nombre de représentants alourdit la charge individuelle consacrée aux travaux de la Chambre (Clarke *et al.*, 1975 : 530-531). La situation a peu changé depuis ce temps. Une récente étude d'Éric Montigny et de Rébecca Morency auprès de 89 députés du Québec (dont 58 à l'Assemblée nationale) confirme ces données : ils passent 30 heures / semaine aux affaires du comté et les citoyens les contactent pour obtenir des informations ou faire corriger une erreur administrative (Montigny et Morency, 2012). Pendant la session, le député fédéral passe, en principe, une journée par semaine à « faire du bureau » dans son comté ; il reçoit ses concitoyens, entend leurs demandes, étudie leurs projets, répond à leurs questions et s'engage, quelquefois, à s'informer auprès de l'administration des possibilités de réalisation d'un projet ou de l'état d'avancement d'un dossier ou, encore, à contacter un fonctionnaire pour lui présenter un cas qui lui semble incorrectement traité. Le député transmet au ministre concerné sa demande écrite et une copie de celle-ci au commettant dans le but de le tenir informé des démarches entreprises. Le secrétaire de comté communiquera ultérieurement avec un attaché politique du ministre afin de faire le suivi et de recevoir une réponse dans les meilleurs délais. De fait, c'est souvent le secrétaire de comté qui, au nom du député, fera les démarches auprès de la fonction publique. Il reçoit également une

importante correspondance reliée au rôle qu'il joue dans son caucus ou, encore, à titre de porte-parole d'un dossier comme membre du *Cabinet fantôme* (le groupe des critiques sectoriels de l'opposition officielle). Souvent les groupes de pression informeront le député d'un projet à l'étude dans le ministère dont il est le critique. À la période de questions, il pourra questionner le ministre au sujet de certaines initiatives.

Plusieurs députés consacrent la majeure partie de leur week-end aux activités sociales du comté, ce qui leur permet de se renseigner sur les dossiers régionaux. Ainsi, le député, ou son bureau de circonscription, prend contact avec les représentants régionaux des ministères ou, encore, avec les directions sectorielles dans la capitale lorsqu'il ne s'adresse pas directement au fonctionnaire spécifiquement à l'origine d'une décision particulière. Ces interventions des députés portent surtout sur l'exécution des politiques et des programmes. Elles peuvent aussi influencer l'élaboration ou l'évaluation des politiques, des programmes et des décisions : par exemple, une demande spéciale d'un citoyen à la suite d'un problème d'application d'un programme peut mener à la réévaluation de celui-ci.

Le fonctionnaire répondra de façon plus technique à un citoyen qu'il ne le fera à un membre du personnel politique. L'intervention de ce dernier est d'un ordre différent, souvent plus systémique lorsqu'il peut démontrer un problème avec l'appui de plusieurs cas de citoyens. Le fonctionnaire modulera sa réponse en fonction des répercussions politiques possibles (au sens partisan du terme) découlant d'un éventuel refus.

L'intervention partisane au sujet d'un dossier administratif pose d'autant plus un problème que celui qui l'exerce est membre du gouvernement ;

le fonctionnaire se demande alors si le signataire de la demande n'est qu'un député comme tout autre ou un pair de son patron qui contourne son autorité. Dans l'affaire du « Shawinigate », un haut dirigeant a affirmé s'être fait congédier pour n'avoir pas donné suite à une demande du premier ministre et de son entourage au sujet d'une requête pour un prêt à un commettant et relation d'affaires du premier ministre[7]. La situation s'aggrave encore lorsqu'un ministre utilise son papier à en-tête de ministre pour intervenir, au lieu de celui de député. On a semblé pardonner à des ministres inexpérimentés, comme le ministre Michel Dupuy, qui est intervenu pour un de ses commettants auprès du CRTC qui relevait de son portefeuille. Néanmoins, même après avoir présenté des excuses et des explications jugées sincères, il a perdu son ministère lors d'un remaniement. D'autres ont dû démissionner sur le champ comme ce fut le cas du ministre David Collenette qui a démissionné en 1996 pour être intervenu auprès de la Commission de l'immigration et du statut de réfugié en faveur d'un de ses commettants. Il a rompu la ligne qui doit séparer les pouvoirs judiciaire et exécutif.

Les fiduciaires de l'intérêt national

En plus de représenter, de légiférer, de contrôler et d'intercéder, les députés sont les fiduciaires de l'intérêt national comme les grandes questions d'ordre moral ou encore des questions stratégiques comme l'engagement du Canada en Afghanistan. Ils participent donc à de grands débats de société sur l'avenir du pays et sur des thématiques générales qui dépassent le champ d'action d'un seul comité. Cela signifie qu'ils peuvent soulever toute question d'intérêt à cet égard et adopter des motions et des décisions appropriées. Les débats affectent les politiques existantes et celles en devenir et les fonctionnaires qui choisissent d'y assister en tiennent compte dans leur rôle de conseiller.

Des fonctionnaires se trouvent souvent aux côtés des ministres convoqués (ou représentant ceux-ci) par les comités sénatoriaux thématiques alors qu'ils viennent présenter des études et des expertises, les commenter ou, encore, répondre à des questions factuelles. On a aussi vu des fonctionnaires assister aux délibérations de tels comités ou commissions thématiques afin de mieux saisir et d'étudier les positions et les arguments de groupes de la société civile et d'experts dans le but de mener à bien les politiques ministérielles en développement. Voilà une autre situation où le travail parlementaire contribue à celui de l'administration.

LES PRINCIPES GUIDANT L'INTERVENTION DES FONCTIONNAIRES

Les fonctionnaires contribuent au travail parlementaire parce qu'ils sont soumis à la fois au droit (émanant notamment des lois du Parlement) et à l'autorité hiérarchique (aidant et représentant leur patron, c'est-à-dire le ministre ou le gouvernement). Certains principes, progressivement

---

7. Le président de la Banque de développement du Canada a affirmé avoir été l'objet de « pressions » indirectes du premier ministre Chrétien et directes de son entourage pour ne pas avoir rappelé un prêt et même augmenté celui-ci à une entreprise dont un des propriétaires devait encore de l'argent au premier ministre. Il a même gagné une cause de congédiement illégal et injustifié. Monsieur Chrétien s'est défendu en disant qu'il était normal pour un député d'intervenir en faveur des citoyens de sa circonscription.

développés depuis la fin du Moyen Âge, se trouveront repris en Angleterre dans le rapport Northcote-Travelyan (1854) puis au début du XXᵉ siècle dans le modèle idéal de domination (le bureaucratique ou le rationnel-légal) de Max Weber (voir l'encadré 11.3), qui l'estime plus légitime que les deux autres modèles de domination, la tradition (monarchie ou religion) et le charisme (qualités personnelles et pouvoir de conviction du leader). De nos jours, des principes de nouvelle gestion publique visant plus de souplesse, d'efficacité, d'efficience et un meilleur service aux usagers mettent en cause la manière d'appliquer certains principes traditionnels.

La contribution des fonctionnaires à la vie parlementaire se trouve à la fois nourrie et limitée par deux séries complémentaires de principes qui guident leur conduite : les principes de gestion publique et les principes de fonction publique.

Le terme « fonctionnaire », hors de son acception légale à portée très limitée, a un sens populaire fort étendu qui réfère à plus ou moins toute personne payée à même les deniers publics, sauf les membres du Parlement et les contractants du privé. La loi distingue pourtant les employés qui sont soumis à la *Loi concernant l'emploi dans la fonction publique* de ceux de différents types d'organismes fédéraux (agences, sociétés d'État, etc.) qui sont soumis à des degrés moindres aux contrôles des organismes centraux, tels que la Commission de la fonction publique (CFP), le Conseil du Trésor, le Bureau du Conseil privé sur qui l'autorité du ministre se trouve remplacée par celle d'une personne (p.-d.g., commissaire, etc.) ou d'un conseil d'administration (Kernaghan et Siegel, 1991 : 182 ; Bourgault et Thomas, 2003).

Au Québec, la *Loi sur la fonction publique* préconise un mode d'organisation des ressources humaines favorisant :

1° l'efficience de l'administration ainsi que l'utilisation et le développement des ressources humaines d'une façon optimale ; 2° l'exercice des pouvoirs de gestion des ressources humaines le plus près possible des personnes intéressées et l'application d'un régime selon lequel le fonctionnaire investi de ces pouvoirs de gestion doit en rendre compte, compte tenu des moyens mis à sa disposition ; 3° l'égalité d'accès de tous les citoyens à la fonction publique ; 4° l'impartialité et l'équité des décisions affectant les fonctionnaires ; 5° la contribution optimale, au sein de la fonction publique, des diverses composantes de la société québécoise (article 3).

Elle détermine les conditions du service (normes d'éthique et discipline), les mesures disciplinaires et administratives qui peuvent être prises ainsi que les recours à leur encontre, les conditions de l'exercice du droit à des activités politiques (se présenter à des élections, appuyer un candidat, être député, devenir membre d'un cabinet ministériel), la protection offerte, les règles de la gestion des ressources humaines, le statut des catégories d'agents, le régime syndical et de négociations, les rôles du Conseil du trésor et de la Commission de la fonction publique.

Ainsi, les diverses lois, les nombreux règlements et directives affectant les conditions de travail des fonctionnaires (permanence, avancement, arbitrages, etc.) et les normes selon lesquelles ils doivent se comporter (éthique, conflits d'intérêts, discipline, etc.) s'appliqueront différemment dans chaque catégorie de cas, allant même jusqu'à faire créer par certains organismes assez décentralisés (ex. : Société Radio-Canada, Société canadienne des postes) des régimes particuliers de conditions pour leurs employés (classification, salaires,

ENCADRÉ 11.3

ENCADRÉ 11.3

Les principes wébériens de domination rationnelle-légale appliqués à la bureaucratie

1) Le fonctionnaire a des statuts, des rôles, des pouvoirs précis et limités ainsi que des obligations.

2) Son champ de compétence est régi par des règles fixes, des activités régulières et des fonctions officielles. Il jouit de l'autorité, des pouvoirs et de la protection nécessaires à son travail.

3) Pour contrôler l'exercice du pouvoir, il existe une hiérarchie formelle, des fonctions et des niveaux d'autorité.

4) La gestion de l'organisation et des affaires se fait selon des documents écrits, publics et publiés.

5) Comme fonctionnaire, il jouit d'une formation professionnelle spécialisée et suffisante.

6) L'expertise spécialisée est reconnue comme un facteur décisionnel : les décisions sont prises selon le mérite du dossier plutôt qu'à la tête du client.

7) Le fonctionnaire a le devoir d'exclusivité de fonctions.

8) Il fait carrière dans la bureaucratie : d'une part, cette carrière lui confère des avantages de permanence et d'avancement ; d'autre part, il consacre sa vie professionnelle à l'État en se soumettant aux obligations plus exigeantes de ce statut.

9) L'administration est impersonnelle (du fait de l'égalité des citoyens devant la loi et son application, les règles sont impersonnelles, universelles et d'application stricte).

10) Le directeur fait l'objet d'une considération particulière : il a une vocation, il jouit d'une position sociale bien reconnue ; le fait qu'il soit nommé plutôt qu'élu assoit mieux sa compétence et son indépendance.

11) Le statut des fonctionnaires fait aussi l'objet de règles formelles : écrites, publiques et publiées. Il s'agit de réduire ainsi les possibilités de chantage pour infléchir ses décisions.

Source : Max Weber (1995), *Économie et société*, Paris, Presses Pocket, vol. 1, p. 285-302 (adaptation de l'auteur).

etc.). Par exemple, la nouvelle «agence» qu'est devenue Revenu Canada peut maintenant arrêter ses propres politiques de gestion des ressources humaines, à l'abri du contrôle de la CFP, mais à certaines conditions, dont celle de respecter les principes fondamentaux de la CFP ou ceux du Conseil du trésor.

Le texte qui suit présente les principes généraux qui s'appliquent à toutes ces catégories d'employés publics, mais dont le régime particulier pourra varier selon la façon dont les lois les rattachent à l'autorité centrale. Ces principes se trouvent codifiés dans le droit positif, telles certaines parties de la Constitution (ex. : la Charte), dans les lois (*Loi concernant l'emploi dans la fonction publique*, *Loi sur la fonction publique au Québec*), dans les règlements (règles d'éthique), dans le Code de valeurs et d'éthique de la fonction publique[8] et dans des directives ministérielles (service aux citoyens, comportement en commissions parlementaires). Ils se fondent aussi sur des éléments de droit coutumier et conventionnel qui réfèrent à des pratiques sociales, tenues pour certaines et moralement contraignantes pour créer, dans l'esprit des autorités ou des citoyens, des attentes de comportements particuliers de la part des fonctionnaires.

Les listes qui suivent n'épuisent pas tous les principes de conduite (voir notamment « la culture du service public » dans Dwivedi et Gow, 1999 : 80-81) ou d'organisation des fonctionnaires ; par exemple, le mérite et la permanence n'y sont pas directement traités, encore qu'ils jouent un rôle instrumental dans l'indépendance et le professionnalisme. Elles ne présentent que les principes mis en action directement dans l'échange que les fonctionnaires ont avec les parlementaires. Il faut distinguer les concepts de gestion publique et de fonction publique. La fonction publique, dans son sens commun, représente l'ensemble du groupe des employés au sein de l'appareil gouvernemental tandis que la gestion publique réfère à l'ensemble des processus de l'action gouvernementale effectuée par la fonction publique ou les autres intervenants engagés par ou contrôlés par le gouvernement.

La première liste de principes porte sur la gestion publique tandis que la seconde encadre le statut d'employé public (fonctionnaire).

LES RÈGLES TOUCHANT LA GESTION PUBLIQUE

La règle de droit (*rule of law*)

L'ordre social se trouve garanti par la primauté du droit et non par celle de la force, de la puissance du feu, de la richesse, du rang social ou du poste détenu. Cela signifie que l'autorité des fonctionnaires ou celle du gouvernement ou de l'État prend sa source dans les règles de droit qui furent adoptées ou convenues, et y est soumise ; en conséquence, aucun employé public ne peut se réclamer de ce statut pour agir en contravention d'une règle de droit ou se situer au-dessus de la loi. Au nom de ce principe, les fonctionnaires doivent témoigner lorsqu'ils sont appelés à le faire par le Parlement ; mais toujours à cause de ce principe, ils ne peuvent dévoiler des renseignements considérés confidentiels ou personnels (Dwivedi et Gow, 1999 : 64). Ils se trouvent souvent au point de convergence de plusieurs sources d'exigences légales qui peuvent sembler conflictuelles. C'est le cas, par exemple, en matière de protection des renseignements déclarés confidentiels ou secrets, des renseignements personnels, des renseignements privés qui concernent des tiers qui n'ont pas donné leur accord, etc.

Le respect de l'autorité démocratique

Les seuls pouvoirs que détient l'administration lui ont été conférés par la Constitution et par

---

8. Conseil du trésor, *Code de valeurs et d'éthique de la fonction publique* : http://www.tbs-sct.gc.ca/pubs_pol/hrpubs/TB_851/vec-cve_f.asp, page consultée en mars 2009.

la loi. Celles-ci émanent du pouvoir démocratique, c'est-à-dire des représentants du peuple, encore que doivent y concourir le Sénat (au niveau fédéral) et la reine. Les fonctionnaires sont requis de se soumettre à la législation, d'y donner pleine application, de ne pas étendre indûment la portée de celle-ci et de limiter l'exercice de leur autorité aux pouvoirs qui leur furent légalement octroyés. Par exemple, en toute matière, le ministre demeure le responsable ultime, et le décideur ultime, même à l'encontre de l'avis des fonctionnaires.

La responsabilité ministérielle

Les lois confèrent ultimement tous les pouvoirs de décision au gouvernement ou aux ministres, lesquels peuvent déléguer ou subdéléguer cette autorité à des instances administratives. Cela s'entend d'autant plus facilement lorsqu'on considère l'ampleur du pays, le nombre de cas à traiter, leur complexité technique et le peu de temps dont disposent les ministres.

Cependant, le gouvernement (au sens de l'exécutif et du Conseil des ministres) ainsi que chacun des ministres comme « chef de ministère » sont redevables collectivement et individuellement devant la Chambre des communes des actes et des décisions de l'administration qu'ils dirigent ou dont ils sont responsables. Cela les amène à répondre à des questions, à donner des explications, à donner à la Chambre l'assurance que les correctifs demandés ont été mis en place et à fournir, au besoin, des excuses pour des actes commis par leur administration. Ils peuvent même, en théorie, devoir démissionner comme ministres, mais ils ne démissionnent jamais pour des actes

commis par des fonctionnaires sans qu'ils n'en aient eu une connaissance personnelle (Sutherland, 1995 : 410). Ils démissionnent lorsqu'ils ont commis personnellement des actes fautifs (ex. : les cas de favoritisme avec Sinclair Stevens et Michel Bissonnette ou les allégations de favoritisme avec Judy Sgro), ont été négligents dans l'exécution de leur devoir de ministre (comme errer en renversant l'opinion de l'administration dans le traitement d'un cas : John Fraser démissionne en septembre 1985 pour avoir autorisé la mise en marché du thon Starkist), ont posé des actes nuisibles à la confiance des Canadiens en la bonne administration (relation du ministre de la Défense Sévigny avec une espionne, indiscrétion involontaire d'Andy Scott, ex-solliciteur général du Canada, possibilité d'indiscrétion du ministre de la Défense Bob Coates), ont toléré ou semblé tolérer des manquements graves portés à leur connaissance (Alphonso Gagliano dans les commandites, bien qu'il s'en soit toujours défendu !) ou ont manqué à leurs devoirs envers la Chambre (mensonges, information tronquée, etc. : Fraser contredit son premier ministre en Chambre, cela pose la question de qui dit la vérité ? John Fraser démissionne pour cette raison aussi). Ils démissionnent enfin pour des actes commis à titre personnel (inconduites, fautes pénales ou criminelles).

Bien que la théorie veuille que le ministre doive tout savoir, l'enquête sur l'intervention canadienne en Somalie a mis en lumière un des problèmes moraux que vivent les hauts fonctionnaires : des dirigeants ont avoué avoir retenu de l'information dont aurait pu bénéficier le ministre ; ils ont avoué au commissaire qu'en posant ce geste, ils avaient voulu éviter de placer le ministre dans l'embarras face à d'éventuelles interrogations du Parlement. Dans certains cas, la question se pose : que doit savoir le ministre ? À quel moment ? Sous quel format ? Le budget fédéral prévoit des dépenses de près de 275 milliards de dollars en 2012, ce qui suppose un grand nombre d'actes de collecte de revenus et d'exécution de dépenses et il y a près de 225 000 fonctionnaires, sans compter les agents publics, qui travaillent dans les sociétés d'État. À l'échelle d'un très vaste pays, des millions de décisions se prennent et des actions sont exercées chaque jour « au nom du ministre », qui lui, comme député, parlementaire, membre du Cabinet, vedette et responsable régional du parti, fait bien d'autres choses qu'administrer le ministère et ne peut tout savoir en tout temps ! Les réponses à ces questions relèvent du bon jugement et du sens éthique des hauts fonctionnaires et le critère principal doit être celui du professionnalisme dont on traitera plus loin.

Selon la loi, le ministre demeure « le décideur officiel » du ministère. Dans les faits, les fonctionnaires le font pour lui, car ils jouissent du mandat pour ce faire. Le ministre décide généralement selon les recommandations que formulent les fonctionnaires spécialistes des politiques et programmes. C'est encore au nom du ministre qu'ils s'occupent des cas particuliers que portent à leur attention les députés qui interviennent de la part des citoyens.

Ainsi, en situation de gouvernement minoritaire, sujet à un possible renversement, un sous-ministre du Revenu écrivait que la vie de la haute fonction publique devient tout à fait changée : leadership politique hésitant et opportuniste, délais, vacuum décisionnel, incertitude quant au développement des politiques, méfiance quant aux conseils fournis et interventionnisme politique dans les dossiers de gestion ; la survie parlementaire et la prochaine réélection seraient à ce prix (Hodgson, 1976 : 234-237). Plusieurs témoignages à cet effet ont été entendus ces dernières années (Bourgault, 2007).

L'égalité de tous devant la loi

La loi s'applique à toutes les personnes dans la société, sans distinction autre que celles qui sont prescrites en toute légalité constitutionnelle. Ce principe exige que les fonctionnaires la respectent telle qu'elle est énoncée, de la même manière envers tous les citoyens et contribuables. Bien sûr, la loi comporte des particularités pour atteindre ses fins : ici, on favorise les personnes âgées tandis que là, on cible les entreprises ou les jeunes, etc., mais toujours, ces particularités doivent s'avérer constitutionnellement acceptables. Les fonctionnaires doivent les respecter de manière identique à l'égard de tous, sans chercher à favoriser ou à nuire à des personnes ou à des groupes donnés. Les rapports qu'ils entretiennent avec les parlementaires doivent être empreints de cet égalitarisme : ne pas donner de traitement spécial à quiconque ou à une cause dont ils épousent personnellement les objectifs, ou sous la pression indue de groupes ou de politiciens, ou afin de nourrir la période de questions des députés (Inwood, 1999 : 125-126).

Le traitement équitable

Il est cependant des situations où l'application stricte et rigoureuse des règles légales aurait pour conséquence de créer des effets non conformes à la législation ou à ses buts. Dans ces cas, les fonctionnaires sont requis de trouver un fondement légal pour traiter le dossier ou la demande de façon « satisfaisante », de sorte que la législation atteigne alors sa pleine application. Donc, l'équité ne signifie ni traitement rigoureusement uniforme ni rigoureusement conforme à la lettre de certains articles de la loi s'il y a d'autres dispositions législatives qui sont disponibles ; elle comporte plutôt d'atteindre les buts de la loi et d'éviter de créer des situations qui leur seraient contraires. Ainsi, plusieurs interventions de députés à titre d'intercesseurs tendent à convaincre les fonctionnaires que la spécificité d'un cas exige que lui soit donné un traitement équitable pour que les droits du citoyen soient respectés. Le traitement en « équité » ne manque jamais d'ouvrir la porte aux craintes de décisions arbitraires, illégales ou partiales de la bureaucratie et aux soupçons de corruption.

La régularité procédurale

Ce principe engage les fonctionnaires à appliquer les procédures de travail ou de traitement des dossiers des citoyens, contribuables, employés ou contractants selon la règle, c'est-à-dire selon la procédure prévue. Les interventions des députés et des agents du Parlement fédéral (commissaire à l'information) ou de l'Assemblée nationale du Québec (protecteur du citoyen) auprès de l'administration servent souvent soit à s'enquérir de l'existence de telles procédures, soit à vérifier la régularité de leur application dans le cas d'un citoyen qui s'est adressé à son député ou à un commissaire ou, encore, d'un employé fédéral qui s'est plaint à la commission.

LES RÈGLES TOUCHANT LA FONCTION PUBLIQUE

Le statut d'employé public

Le statut de fonctionnaire ou d'employé public comporte, selon les juridictions et les degrés d'éloignement du contrôle des organismes centraux, un certain nombre de devoirs et d'obligations qui lui sont propres et qui sont décrits dans des textes (lois, règlements, directives) ou, encore, dans des conventions qui ont tissé la culture organisationnelle des secteurs publics au Canada et au Québec. Codifiés ou pas, ils font partie des principes et des valeurs des employés publics. L'Institut d'administration publique du Canada, sous Ken Kernaghan, a adopté de tels énoncés de valeurs et de codes d'éthique en 1975 et un groupe de travail de hauts fonctionnaires fédéraux, sous la direction du regretté John Tait, a rédigé un rapport sur leur importance en 1997 (Tait, 1997 : 8). Le Secrétariat du Conseil du Trésor du Canada a publié un guide sur les règles d'éthique en 2003 qui fut suivi en 2012 d'un *Code de valeurs et d'éthique du secteur public*[9]. Il y propose à la fois des règles précises et des valeurs qui aident à adopter une conduite adéquate lorsque les situations se font complexes. Le Secrétariat du Conseil du trésor québécois a, pour sa part, émis le Règlement sur l'éthique et la discipline dans la fonction publique. L'inobservation par les

---

9. http://www.tbs-sct.gc.ca/pol/doc-fra.aspx?id=25049 &section=text (page consultée en mars 2013).

fonctionnaires des règles des codes d'éthique peut faire l'objet de sanctions disciplinaires.

L'impartialité politique

L'impartialité politique se fonde sur la neutralité souhaitée de l'État : les rapports des fonctionnaires avec les citoyens et les contribuables doivent être exempts de toute discrimination ou distinction en fonction de leurs opinions politiques et de celles de leurs vis-à-vis.

Les fonctionnaires ont un statut de serviteurs de l'État, ce qui signifie pour eux se mettre au service du gouvernement du jour, dans le respect de la légalité et non au service des formations politiques ou des personnages politiques qui forment le gouvernement. Une distinction s'établit entre les tâches politiques d'un ministre, pour lesquelles il compte sur un personnel politique (partisan) appelé cabinet, bureau ou secrétariat (voir les études de Micheline Plasse), et ses tâches d'autorité administrative comme ultime responsable de la bonne marche d'une administration et des lois dont l'application lui est confiée (Dwivedi et Gow, 1999 : 71). Les fonctionnaires doivent, de manière apolitique, mener les études et faire les recommandations au ministre, lequel prend ultimement les décisions.

La législation reconnaît de plus en plus les droits qu'ont les fonctionnaires en tant que citoyens et contribuables. Certaines réserves servent à maintenir la confiance que le public et le ministre doivent avoir en leur volonté et leur capacité de mener à bien leurs fonctions. Néanmoins, les fonctionnaires jouissent désormais de droits politiques qui leur avaient été niés jusqu'à tout récemment, lesquels semblent par ailleurs plus restreints dans l'administration

fédérale que dans celles des provinces[10] (voir les arrêts Lavigne, Osborne, Fraser et Re Ontario Public Service Employees Union). S'ils peuvent maintenant militer, contribuer financièrement et se porter candidats aux élections, la loi fédérale les considère comme ayant démissionné du fait de leur élection comme député. Dans certains cas, ils doivent solliciter et obtenir la permission de l'employeur avant de se porter candidat ou d'agir comme représentant officiel d'un candidat.. Au Québec, la *Loi sur la fonction publique* stipule qu'un fonctionnaire se faisant élire à une élection conserve le classement qu'il possédait le jour de son élection aussi longtemps qu'il exerce sa charge publique pour lequel il a été élu.

La discrétion et la confidentialité

Les fonctionnaires ne doivent révéler aucune information dont ils ont pris connaissance dans l'exercice de leur fonction, à moins d'y avoir été autorisés ou que cette information ne soit du domaine public. Le serment d'office les y engage de même que certaines lois particulières touchant les renseignements confidentiels et les renseignements personnels ou nominatifs. Cette obligation couvre à la fois le domaine privé du fonctionnaire (dans sa vie personnelle ou à l'occasion de son éventuel engagement social, commercial ou politique : par exemple, ne pas révéler que M. X

---

10. Par exemple, se présenter ou agir comme agent officiel pour un candidat à des élections est un droit au Québec, mais un privilège pour les fonctionnaires fédéraux (permission à demander) ; de plus, le fonctionnaire fédéral élu lors d'élections fédérales ou provinciales est réputé avoir démissionné alors que, dans les provinces, le fonctionnaire élu à de telles élections se trouve en congé sans solde.

est sous enquête, que telle entreprise a eu des difficultés contractuelles avec tel ministère ou que tel programme de subventions se trouve en voie d'abolition) et l'exercice de ses fonctions (ne pas révéler à un citoyen ce qui est frappé du secret administratif) (Dwivedi et Gow, 1999 : 73).

La réserve

Le fonctionnaire ne peut, dans le cadre de ses fonctions, émettre des opinions de nature politique ou d'appréciation sur des politiques à moins d'y avoir été convié par l'autorité. Cela affecte notamment la nature de sa prestation lorsqu'il comparaît devant les comités parlementaires ou lorsqu'il discute avec les députés ou les groupes qui l'appellent.

Comme citoyen et contribuable, le fonctionnaire peut émettre publiquement des opinions sur les politiques gouvernementales sous certaines réserves que la Cour a établies (voir l'arrêt Fraser) ; il ne peut d'aucune manière commenter un domaine d'activité relevant de son ministère ou de son organisme. Certains pourraient-ils être commentés s'ils en étaient suffisamment éloignés ? Si la Cour n'a pas tranché cette question, elle a statué qu'il doit faire preuve de sagesse dans la façon de manifester ses opinions, même dans des domaines loin de son emploi : le choix des termes, le ton, la fréquence des interventions ne doivent pas laisser le public croire qu'il s'agit d'une campagne orchestrée pour discréditer un ministre ou un gouvernement ; le public doit demeurer confiant que ledit fonctionnaire, dans l'exercice de ses tâches, ne commet pas d'insubordination et applique les lois comme on est en droit de s'y attendre. Le fonctionnaire a le devoir de maintenir cette apparence aux yeux du public.

L'anonymat

La loi confère les pouvoirs de décision au gouvernement ou au ministre, lesquels sont responsables devant la Chambre. Les décisions sont prises au nom du ministre. Les études, analyses et recommandations sont faites au bénéfice du ministre, qui demeure libre d'y donner suite. Le modèle de Westminster ne permet pas l'identification devant le public de l'auteur des décisions, études et recommandations. Cet anonymat lui confère plus de liberté professionnelle. De plus, il ne craint pas (ni n'espère pas !) de voir sa vie personnelle affectée par l'effet de ses suggestions. L'anonymat lui garantit toute latitude pour préparer ses dossiers selon les règles de l'art, à l'abri de tentatives de corruption, de pression indue et de menaces présentes ou à venir envers lui-même, ses proches et leurs biens et sa carrière de fonctionnaire. L'application de lois diverses sur l'accès à l'information met de plus en plus à mal ce principe.

À quelques occasions, les interventions des parlementaires, par leurs questions et leurs demandes de documents, peuvent ébranler ce principe. Aussi, le fonctionnaire répond-il toujours au nom du ministre en vertu des autorisations qui lui ont été données et tente-t-il d'éviter d'avoir à répondre à certaines interrogations dont les réponses soulèveraient des controverses.

Le professionnalisme : compétence, indépendance, impartialité

Le professionnalisme suppose d'exercer et de pouvoir exercer son métier selon les règles de l'art. Les fonctionnaires mènent des études, appliquent des règlements et programmes, posent des actes et formulent des recommandations de manière autonome, guidés seulement par les règles de leur métier et du droit en vigueur, leurs seules contraintes étant intellectuelles. Ils doivent être en mesure de remplir ces tâches sans crainte de subir des sanctions ou des menaces touchant leur carrière, leurs droits ou leur traitement. L'indépendance contribue aux conditions pour que la loi soit appliquée comme prévu et pour que le travail soit effectué de manière professionnelle et désintéressée.

Le professionnalisme implique que les fonctionnaires agissent sur la base d'une compétence vérifiée (règle du mérite, voir Dwivedi et Gow, 1999 : 627 ; Juillet et Rasmussen, 2008). Ils décident avec connaissance et de manière indépendante et non pas en fonction des attentes de leur patron politique ou administratif. Ils ne doivent pas chercher à protéger le pouvoir ni à lui plaire. Ken Kernaghan (1984 : 584) y fait référence en parlant de la capacité de « to speak thruth to power », c'est-à-dire de dire les faits avec exactitude et de donner des opinions franches et complètes aux décideurs politiques sans désir de complaisance ni crainte de déception.

Pour favoriser leur indépendance, des garanties statutaires et fonctionnelles sont accordées aux fonctionnaires, telles que la permanence (sécurité d'emploi ou contrat à long terme), la garantie de pension, la garantie de rang ou de classement, la garantie de niveau salarial, la garantie de mécanismes d'avancement salarial, la protection contre les poursuites judiciaires en responsabilité, etc. En principe, politiciens, groupes de pression, citoyens ou directeurs ne peuvent utiliser le chantage et l'intimidation au sujet du salaire, de l'emploi ou du statut d'un fonctionnaire pour infléchir sa conduite. Il ne

faut pas conclure pour autant que les fonctionnaires sont à l'abri du congédiement pour juste cause ou incompétence ou que, à l'occasion d'un manque de travail, ils ne puissent être mis à pied. Ces dispositions ne sont pas absolues, elles ne font qu'encadrer l'arbitraire des décisions qui pourraient servir à faire chanter un fonctionnaire.

L'affaire des commandites et l'affaire Radwanski constituent des exceptions à la règle[11]. Un des rôles du commissaire à l'intégrité du secteur public (un agent du Parlement) est justement de permettre aux fonctionnaires de dénoncer les actes répréhensibles dans leur milieu de travail et d'être protégés contre des mesures de représailles à leur endroit à la suite de telles divulgations.

Les maîtres politiques les plus sages comprennent qu'ils ont, à moyen et à long terme, davantage besoin de vérité et d'exactitude que d'un avis complaisant destiné à les rassurer et à paver la voie à des projets périlleux qui leur tiennent à cœur. Pour ce faire, il faut des fonctionnaires dont la sécurité d'emploi est garantie, qui ont la préparation professionnelle nécessaire, c'est-à-dire qui viennent de la carrière, qui mettent à jour leurs compétences et que l'on met à l'aise pour qu'ils fassent bénéficier leur entourage de leurs connaissances.

Le professionnalisme implique aussi l'absence de partialité quant au fond d'un dossier. Le fonctionnaire ne peut, en raison de son idéologie, de

---

11. Dans l'affaire des commandites, un fonctionnaire a témoigné à l'enquête Gomery du fait qu'il avait subi des menaces et des revers dans sa carrière (perte d'affectation, rétrogradation) parce qu'il a refusé de collaborer à des opérations qu'il jugeait illégales. Dans l'affaire Radwanski, des employés se sont plaints de devoir passer sous silence des irrégularités à cause de menaces faites au sujet de leur statut.

ses préjugés, de ses opinions personnelles, de ses préférences et de ses pratiques et attaches sociales, favoriser une cause ou un groupe ou, encore, leur nuire en «orientant» un dossier. Ce serait le cas s'il retenait des informations ou des analyses ou s'il évitait de proposer au ministre des options raisonnables.

Le fait pour un fonctionnaire de fournir des avis biaisés, incomplets ou intellectuellement malhonnêtes afin de favoriser une cause ou un groupe, de répondre de manière tendancieuse aux questions des comités parlementaires ou de conférer des avantages ou des privilèges dans l'application de la loi sans autorisation légalement valable (ex. : dans le cadre d'un programme particulier) constituerait un manquement au devoir d'impartialité.

La loyauté

Le devoir de loyauté oblige le fonctionnaire, par ses comportements, à mériter la confiance du gouvernement, du ministre et de ses supérieurs. La loyauté se définit plus souvent négativement que positivement : par exemple, le fonctionnaire ne doit pas laisser fuir des informations ou collaborer avec des tiers pour mettre ses chefs dans l'embarras ou pour affaiblir la position de négociation du ministère ; il ne doit pas, devant des tiers, blâmer ses patrons, ce qui projetterait une image de division, d'incompétence ou de comportement erratique à la direction. Selon ce devoir, il ne doit pas émettre de recommandations tronquées ou piégées ou, encore, réaliser des études dont les résultats seraient d'amener malicieusement les dirigeants à choisir une option qui ne serait pas la meilleure. Ces impératifs couvrent le vaste domaine des actes des actes reliés à ce

que l'autorité doit savoir, et ceux négatifs, impossibles à codifier avec exhaustivité, tels l'omission, la négligence, la tolérance. Ils colorent le comportement du fonctionnaire lorsqu'il formule des opinions au ministre, répond à des questions en comités parlementaires ou converse avec des collègues, des députés, des groupes de pression ou des citoyens.

L'absence de conflits d'intérêts

Les fonctionnaires, comme les autres citoyens, peuvent avoir des intérêts d'affaires, des allégeances politiques, des opinions personnelles, des pratiques sociales ou religieuses, etc. Comme employés de l'État, ils sont susceptibles de participer à des décisions pouvant toucher ces sujets. Pour éviter le détournement du pouvoir légal au profit de la bureaucratie, un ensemble de règles cherchent à éviter les conflits d'intérêts. On y pourvoit par des lois, des règlements ou des directives qui mettent en place des systèmes d'information, de consultation (commissaire à l'éthique), d'alerte (dénonciation) et de sanctions.

Les conflits d'intérêts peuvent exister à divers degrés. Ils amènent généralement un fonctionnaire à utiliser les ressources de son poste (budget, autorité, pouvoir, relations, influence, informations) pour se favoriser lui-même, sa famille, ses amis ou ses relations politiques, sociales ou d'affaires. Ils peuvent se manifester durant l'exercice des fonctions, à la fin ou après celles-ci alors que sont utilisées les ressources de l'ancien poste pour faire avancer les affaires du nouvel employeur (le syndrome des portes tournantes). Des lignes de conduite ont été émises pour chaque type de cas et la *Loi sur la responsabilité* a raffermi les règles ; par exemple, au-delà d'une certaine valeur, les cadeaux officiels, les marques d'hospitalité et autres avantages doivent être remis au Trésor national, au ministère ou à l'organisme ou à une œuvre de charité ; elles concernent aussi l'obligation de dénoncer son intérêt, de s'abstenir de participer à certaines discussions et décisions et de transiger avec son ancien employeur pendant une année après avoir quitté ses fonctions.

Les devoirs et les obligations des fonctionnaires paraissent nombreux et contraignants pour protéger l'intégrité de l'État, donc, sa légitimité aux yeux des citoyens. Il est de nombreuses zones grises, du fait de la nouvelle gestion publique, où les fonctionnaires se trouvent coincés entre deux devoirs difficilement compatibles (ex. : servir les citoyens et fournir des informations leur donnant un avantage indu ou, encore, réduire les coûts, mais risquer de paraître en conflit d'intérêts ; adopter des processus plus efficients, mais qui réduisent le formalisme des processus, etc.). C'est là que la culture organisationnelle devrait aider à interpréter les situations pour mieux trouver des solutions satisfaisantes aux obligations qui contraignent le serviteur de l'État : respect de l'autorité démocratique et obéissance à l'autorité hiérarchique.

LES PERSPECTIVES

Parlementaires et fonctionnaires jouent des rôles à la fois distincts et complémentaires. Chacun a besoin de l'autre pour en remplir certains d'entre eux. Pour intercéder et pour contrôler, les parlementaires s'adressent notamment aux fonctionnaires, lesquels reçoivent leur légitimité, leurs pouvoirs et leur budget du Parlement. La collaboration revêt, suivant les circonstances, divers degrés d'enthousiasme allant de l'obligation de répondre à la dissimulation de faits (Langford, 1984 : 519), événements dont la fréquence s'apprécie difficilement.

Ces dernières années, des développements, telle la comparution parlementaire, ont rendu plus délicate la position des fonctionnaires (affaire du transfert des prisonniers en Afghanistan). D'autres changements sociétaux, tels la diffusion d'informations sur les médias sociaux, redéfiniront les règles du jeu sur l'échiquier des rapports complexes entre administration et politique : tout va plus vite et les demandes des politiciens se font urgentes et continues.

Plusieurs défis se posent au Parlement d'aujourd'hui et ils mettent en cause la nature de ses rapports avec les fonctionnaires : comment mieux contrôler la réglementation issue de la législation (législation déléguée) ? Comment comprendre et utiliser les rapports de performance des ministères centrés sur les résultats ? Comment accroître l'efficacité des comités et des commissions parlementaires dans leur contrôle de l'administration ? Comment adapter les analyses à la présentation pluriannuelle des engagements financiers ? Comment redéfinir la responsabilité ministérielle et fonctionner de manière moins partisane pour libérer les fonctionnaires de certaines des limites qui restreignent leurs témoignages ?

La multiplication d'organismes et d'agences à statuts hybrides témoigne d'un effort pragmatique de s'adapter de manière efficiente à des situations concrètes de gestion. Elle crée des défis croissants pour le maintien d'un réel contrôle parlementaire, de l'imputabilité, de la transparence et de la légitimité. L'avènement des aéroports de

Montréal, de Navcan, de l'Agence d'inspection des aliments, de l'Agence du revenu, des fondations et des fonds en fiducie, des organismes publics dits de *régie partagée*, pour ne citer que quelques exemples, témoigne bien de la créativité de l'ingénierie organisationnelle, tant sont variés les systèmes de propriété, de composition des conseils d'administration, de rattachements des personnels, d'affectations budgétaires et de rapports à l'autorité gouvernementale, aux organismes centraux, au Parlement et à ses agents. Il faudra mieux concilier, d'une part, les nécessités commandées par la gestion efficiente et, d'autre part, les impératifs de la démocratie et l'objectif de la gestion de tous les aspects du bien public à long terme. Le Parlement a perdu le *pouvoir de surveillance* sur plusieurs dimensions de la gestion publique et cela accentue le « déficit démocratique ».

Enfin, il faudra concilier les pratiques de la *nouvelle gestion publique* (culture de résultats, moins de règles, moins d'écrits, plus de décisions à la pièce) avec la grille classique de contrôle et de surveillance qu'appliquent les parlementaires (rapports, justifications préalables, respect de règles rigides, etc.). Puisque la décentralisation, la souplesse de la gestion et l'habilitation des fonctionnaires de première ligne sont de mise, comment alors les parlementaires pourront-ils porter des jugements de conformité à des normes qui n'existent plus ou, encore, des jugements d'opportunité sur des décisions qui varient selon le référentiel personnel du décideur du moment ? Se dirigerait-on vers une culture d'adéquation où toute décision peut être qualifiée d'acceptable à condition que, sous au moins un aspect, elle soit « adéquate » par rapport à une situation donnée ?

Le cas du soi-disant scandale des contributions au ministère du Développement des ressources humaines du Canada[12] a plutôt montré que les examens de conformité prennent le dessus lorsque les impératifs de la politique partisane tendent à l'emporter. En conséquence, les règles de gestion furent sévèrement resserrées aux dépens de la souplesse, de l'équité et de l'habilitation préconisées par la nouvelle gestion publique (NGP) (Good, 2003).

---

12. Allégations de gaspillage de 2 milliards de dollars qui furent ramenées après enquête à une perte de moins de 100 000 $.

SITES WEB

Bureau du vérificateur général du Canada	http://www.oag-bvg.gc.ca/
Commission de la fonction publique du Canada	http://www.psc-cfp.gc.ca
École de la fonction publique du Canada	http://www.csps-efpc.gc.ca
Institut d'administration publique du Canada	http://www.iapc.ca
Parlement du Canada	http://www.parl.gc.ca
Secrétariat du Conseil du Trésor	http://www.tbs-sct.gc.ca
Assemblée nationale du Québec	http://www.assnat.qc.ca
Ministère du Conseil exécutif	http://www.mce.gouv.qc.ca
Premier ministre du Québec	http://www.premier-ministre.gouv.qc.ca
Secrétariat du Conseil du trésor	http://www.tresor.gouv.qc.ca
Vérificateur général du Québec	http://www.vgq.gouv.qc.ca

LECTURES SUGGÉRÉES

ADMINISTRATION PUBLIQUE DU CANADA (1984), *Administration publique du Canada*, vol. 27, n° 4, numéro spécial sur «le haut fonctionnaire et la responsabilité», hiver, p. 509-676, à la suite du 17ᵉ colloque national de l'IAPC, tenu à Victoria en avril 1984.

AUCOIN, Peter, Jennifer SMITH et Geoff DINSDALE (2004), *Le gouvernement responsable: éclaircir l'essentiel, éliminer les mythes et explorer le changement*, Ottawa, Centre canadien de gestion, 105 p.

BOURGAULT, Jacques et Stéphanie GUINDON (2006), *L'examen parlementaire des rapports de performance des ministères fédéraux: une étude empirique*, Ottawa, CCAF-FCVI, 50 p.

DWIVEDI, O.P. et James Iain GOW (1999), *From Bureaucracy to Public Management. The Administrative Culture of the Government of Canada*, Toronto, Broadview Press.

MALLOY, Jonathan (2003), *To better serve Canadians: how technology is changing the relationniship between members of Parliament and public servants: a «Purple Zone» project*, Toronto, IPAC, 63 p.

SAVOIE, Donald (2003), *Breaking the Bargain: Public Servants, Ministers, and Parliament*, Toronto, University of Toronto Press, 337 p.

TARDI, Gregory (2004), *Law of Democratic Governance*, Toronto, Carswell, 1221 p.

BIBLIOGRAPHIE

ASSEMBLÉE NATIONALE DU QUÉBEC (2003), *La procédure parlementaire au Québec*, sous la direction de François Côté, 715 pages

ATKINSON, Michael M. et Maureen MANCUSO (1985), «Do We Need a Code of Conduct for Politician? The Search for an Elite Political Culture of Corruption in Canada», *Revue canadienne de science politique*, vol. 18, n° 3, p. 459-480.

AUCOIN, Peter (1995), *The New Public Management, Canada in Comparative Perspective*, Montréal, IRPP, 274 p.

BERNARD, André (1996), *La vie politique au Québec et au Canada*, 2ᵉ éd., Québec, Presses de l'Université du Québec, 616 p.

BOURGAULT, Jacques (2007), «L'évolution du rôle de sous-ministre au sein de l'État canadien», Conférence commémorative Joseph Galimberti de l'IAPC, Congrès annuel de l'IAPC 2007, Winnipeg, 18 p.

BOURGAULT, Jacques (1997), «Modernisation de l'administration fédérale canadienne: 1980-1995», dans Joan Corkery, *Les politiques de modernisation administrative: constats et projets*, Bruxelles, IISA, p. 102-128.

BOURGAULT, Jacques, Maurice DEMERS et Cynthia WILLIAMS (1997), *Administration publique et management public: expériences canadiennes*, Québec, Les Publications du Québec.

BOURGAULT, Jacques et Stéphanie GUINDON (2006), *L'examen parlementaire des rapports de performance des ministères fédéraux: une étude empirique*, Ottawa, CCAF-FCVI, 50 p.

BOURGAULT, Jacques et Paul THOMAS (2003), *Gouvernance à l'Administration canadienne de la sûreté du transport aérien (ACSTA) / Governance at the Canadian Air Transport Security Authority (CATSA)*, mars, 26 p.

BUREAU DU CONSEIL PRIVÉ (2008), *Notes sur les responsabilités des fonctionnaires à l'égard des comités parlementaires*, Ottawa, 3 p.

BUREAU DU VÉRIFICATEUR GÉNÉRAL (2003), *Rapport Le Point 2003*, chapitre 1.

BUREAU DU VÉRIFICATEUR GÉNÉRAL (1997), *Rapport*.

CHAMBRE DES COMMUNES (1985), *Rapport du comité spécial sur la réforme de la Chambre des communes* (comité McGrath du nom de son président James A. McGrath), juin.

CHAMBRE DES COMMUNES (1997), Motion d'initiative ministérielle 10172 concernant le projet d'amélioration des rapports au Parlement, 24 avril 1997.

CHARIH, Mohamed *et al.* (1997), *Nouveau management public et administration publique au Canada*, Toronto, IPAC, 328 p.

CHARLOT, Claire (1985), «Hauts fonctionnaires et fuites en Grande-Bretagne: l'affaire Ponting», *Revue française de science politique*, vol. 35, n° 6, décembre, p. 1064-1079.

CLARK, Ian (1994), «Restraint, Renewal and Treasury Board Secretariat», *Administration publique du Canada*, vol. 37, n° 2, p. 209-248.

CLARKE, Harold D., Richard G. PRICE et Robert KRAUSE (1975), «Constituency Service among Canadian Provincial Legislators. Basic Finding and a Test of Three Hypotheses», *Revue canadienne de science politique*, vol. 8, n° 4, p. 520-542.

CONSEIL DU TRÉSOR (2005), *Renforcer la gouvernance des sociétés d'État*, Ottawa, février.

CONSEIL DU TRÉSOR (2004), *Rapport ministériel sur le rendement 2003-2004. Guide de préparation*, Ottawa, 35 p.

CONSEIL DU TRÉSOR (1999), *Une gestion axée sur les résultats 1999: rapport annuel*, Ottawa, vol. 1, 71 p.

CONSEIL DU TRÉSOR (1998), *Une gestion axée sur les résultats 1998*, Ottawa, 178 p.

CONSEIL DU TRÉSOR (1997), *Rapport sur le rendement*, Ottawa, mars.

CONSEIL DU TRÉSOR (1997), *Rendre compte des résultats*, Ottawa, 112 p.

DESJARDINS, Joëlle (2000) *Le rôle de député: 1991-2000*, Bibliothèque de l'Assemblée nationale, 27 p.

DOBELL, Peter (2000), «À quoi les Canadiens peuvent-ils s'attendre advenant un gouvernement minoritaire?», *Enjeux publics*, vol. 1, n° 6.

DOCHERTY, David C. (1997), *Mr Smith Goes to Ottawa. Life in the House of Commons*, Vancouver, UBC Press, 295 p.

DWIVEDI, O.P. et James Iain GOW (1999), *From Bureaucracy to Public Management. The Administrative Culture ofthe Government of Canada*, Toronto, Broadview Press, 191 p.

FRANKS, C.E.S. (1997), «Not Anonymous Ministerial Responsibility in the British Accounting Officers», *Administration publique du Canada*, vol. 40, n° 4, hiver, p. 626-652.

FRASER, John A. (1993), *La Chambre des communes en action*, Montréal, Les Éditions de la Chenelière inc., 208 p.

GÉLINAS, André (1969), *Les Parlementaires et l'administration*, Québec, Les Presses de l'Université Laval.

GILBERT, Marie-Christine (2009), *L'impact de la Loi sur l'administration publique sur le contrôle parlementaire*, Québec, Université Laval, Faculé des études supérieures (mémoire de maîtrise), 141 p.

GOOD, David (2003), *The Politics of Public Management*, Toronto, University of Toronto Press, 240 p.

HODGSON, J.S. (1976), «The Impact of Minority Government on the Senior Civil Servant», *Administration publique du Canada*, vol. 19, n° 2, p. 227-237.

IANNO, Tony (1999), *Speaking Notes*, Colloque de l'IAPC, 31 mai, 4 p.

INSTITUT D'ADMINISTRATION PUBLIQUE DU CANADA (1975), *Déclaration de principes concernant les employés du secteur public*, Toronto, mise à jour 1994, 5 p.

INWOOD, Gregory (1999), *Understanding Canadian Public Administration: An Introduction to Theory and Pratice*, Scaborough, Prentice Hall, 419 p.

JAUVIN, Nicole (1997), «Gouvernement, ministres, macro-organigramme et réseaux», dans Jacques Bourgault *et al.*, *Administration publique et management public, expériences canadiennes*, Québec, Les Publications du Québec, p. 43-57.

JEFFREY, Brooke (2010), «Le directeur parlementaire du budget, deux ans plus tard: rapport d'étape», *La Revue parlementaire canadienne*, vol. 33, n° 4, p. 38-46.

JUILLET, Luc et Ken RASMUSSEN (2008), *À la défense d'un idéal contesté: le principe de mérite et la Commission de la fonction publique, 1908-2008*, Ottawa, Presses de l'Université d'Ottawa, 294 p.

KERNAGHAN, Ken (1984), «The conscience of the bureaucrat: accomplice or constraint?», *Administration publique du Canada*, vol. 27, n° 4, p. 576-591.

KERNAGHAN, Ken et John LANGFORD (1990), *The Responsible Public Servant*, Toronto et Halifax, IPAC et IRPP.

KERNAGHAN, Ken et David SIEGEL (1991), *Public Administration in Canada*, 2e éd., Scarborough, Nelson Canada, 660 p.

KORNBERG, Allan et William MISHLER (1976), *Influence in Parliament: Canada*, Durham (N.C.), Duke University Press, 403 p.

LANGFORD, John (1984), «Responsibility in the Senior Civil Service: Marching to Several Drummers», *Administration publique du Canada*, vol. 27, n° 4, p. 513-521.

LECOMTE, Patrick et Bernard DENNI (1990), *Sociologie du politique*, Grenoble, Presses universitaires de Grenoble.

LYON, Vaughan (1984), «Minority Government in Ontario, 1975-1981: An Assessment», *Revue canadienne de science politique*, vol. 17, n° 4, p. 685-705.

MONTIGNY, Éric et Rébecca MORENCY (2012), «Le député québécois en circonscription: rôle et réalités», communication présentée au Congrès de la Société québécoise de science politique, 25 mai.

PLASSE, Micheline (1992), «Les chefs de cabinets ministériels du gouvernement fédéral canadien: rôle et relation avec la haute fonction publique», *Administration publique du Canada*, vol. 35, n° 3, p. 317-338.

POLIDANO, Charles (1999), «The Bureaucrat Who Fell Under a Bus: Ministerial Responsibility, Executive Agencies and the Derek Lewis Affair in Britain», *Governance: An International Journal of Policy and Administrations*, vol. 12, n° 2, avril, p. 201-229.

PURVES, Grant et Jack STILBORN (1996), *Le député fédéral: ses fonctions*, Approvisionnements et

Services Canada, Ottawa, Coll. « Bibliothèque du Parlement », 14 p.

QUINEY, Roderick G. (1991), *Comment préparer et présenter des séances et des cahiers d'information de qualité supérieure*, Ottawa, Centre canadien de gestion, février, 17 p.

SAVOIE, Donald J. (1999), *Governing from the Centre*, Toronto, University of Toronto Press, 440 p.

SAVOIE, Donald J. (1994), *Thatcher, Reagan, Mulroney in Search of New Democracy*, Toronto, University of Toronto Press, 414 p.

SECRÉTARIAT DU CONSEIL DU TRÉSOR du Gouvernement du Québec (2008), *Document de soutien à la préparation du rapport annuel de gestion 2007-2008*, Québec.

SECRÉTARIAT DU CONSEIL DU TRÉSOR du Gouvernement du Québec (2002), *Guide sur le rapport annuel de gestion*, Québec.

SUTHERLAND, Sharon L. (1995), « Responsible Government and Ministerial Responsibility : "Every Reform Is It's Own Problem" », *Canadian Journal of Political Science*, vol. 28, n° 3, septembre, p. 409-507.

SUTHERLAND, Sharon L. (1991), « The Al-Mashat Affair : administrative accountability in parliamentary institutions », *Administration publique du Canada*, vol. 34, n° 4, p. 573-603.

TAIT, John (1997), *De solides assises. Rapport du groupe de travail sur les valeurs et l'éthique dans la fonction publique. Résumé*, Ottawa, Centre canadien de gestion, 24 p.

THOMAS, Paul, G. (2003), « The past, present and future of officers of Parliament », *Administration publique du Canada*, vol. 46, n° 3, p. 287-314.

WEBER, Max (1995), *Économie et société*, Paris, Presses Pocket, vol. 1, 410 p.

ARRÊTS

(À partir de notes du professeur Karim Benyakief, Faculté de droit, Université de Montréal)

Re Fraser and Attorney General of Nova Scotia, [1986] 24 C.R.R. 193.

Lavigne c. O.P.S.E.U., [1989] 67 O.R. (2nd) 536.

Osborne c. La Reine, [1988] 52 D.L.R. (4th) 241.

Re Ontario Public Service Employees Union and Attorney General of Ontario, [1988] 65 O.R. (2nd) 689.

CHAPITRE 12

Le pouvoir judiciaire et sa nécessaire indépendance

Guy Tremblay
Université Laval

OBJECTIFS

- Présenter la nature de la fonction judiciaire, l'organisation hiérarchique des tribunaux au Canada ainsi que le mode de nomination des juges ;

- Expliquer la portée contemporaine du principe de l'indépendance judiciaire ;

- Discuter du rôle politique joué par les tribunaux ;

- Relever les décisions judiciaires célèbres de l'histoire du Canada.

Dans un État comme le Canada et dans les pays occidentaux d'une manière générale, l'identification classique de trois pouvoirs distincts conserve son utilité. En effet, le pouvoir exécutif (ou gouvernemental) a été assujetti au droit d'une manière effective aux XVIIᵉ et XVIIIᵉ siècles. Cet assujettissement constitue la principale facette du principe de légalité, que le préambule de la *Charte canadienne des droits et libertés* appelle «primauté du droit» ou *rule of law*. Comme ce sont les tribunaux qui disent le droit, le pouvoir exécutif ou gouvernemental doit se soumettre au pouvoir judiciaire.

Les cours de justice et les juges, pour leur part, doivent accepter le principe de la souveraineté parlementaire que le Royaume-Uni nous a légué. En d'autres termes, le pouvoir législatif prévaut sur le pouvoir judiciaire. C'est cette situation qui explique, par exemple, qu'une loi provinciale ou fédérale peut changer le droit jurisprudentiel ordinaire. Contrairement au Royaume-Uni, cependant, le Canada est doté d'une constitution formelle à laquelle le législateur doit se conformer: lorsqu'il l'interprète et qu'il l'applique, le pouvoir judiciaire se trouve à dominer les Parlements eux-mêmes.

La division classique des trois pouvoirs étatiques ne permet pas seulement de les hiérarchiser aux fins du système juridique, elle sert aussi à confier à chacun une mission particulière, que les théoriciens exposent à propos des «fonctions de l'État». À cet égard, des auteurs ont remis

en question la distinction traditionnelle. Gérard Bergeron (1968), entre autres, parle plutôt de quatre fonctions: gouvernementale, législative, administrative et judiciaire. Il reste que le judiciaire n'est jamais considéré comme un pouvoir «politique» au même titre que le législateur et le gouvernement. De fait, le rôle des cours de justice dans un État de droit est assez singulier. Certaines caractéristiques de base le font ressortir, et c'est ce que nous exposerons dans un premier temps.

Par la suite, nous ferons une présentation de la hiérarchie judiciaire canadienne ainsi que du mode de nomination des juges. Aussi, une des exigences que pose l'exercice du pouvoir judiciaire mérite un développement particulier: c'est celle qui consiste à mettre les tribunaux à l'abri des pressions de toutes sortes, à garantir leur indépendance. Il reste qu'ils ont toujours joué un certain rôle politique, dont nous soulignerons les manifestations principales. Avec l'édiction, en 1982, de la *Charte canadienne des droits et libertés*, cette dimension de la fonction judiciaire a pris un essor considérable.

LA NATURE PARTICULIÈRE DE L'INTERVENTION JUDICIAIRE

Les juges et les cours de justice ne prennent pas l'initiative de s'occuper d'un problème donné: ils attendent d'en être saisis par un justiciable. Peuvent ester en justice les personnes physiques, les personnes morales (comme les compagnies) et les groupements habilités par la loi (comme les syndicats).

De plus, c'est un litige proprement dit qu'on peut soumettre au tribunal. Cette caractéristique explique la portée relativement restreinte de la plupart des décisions de justice : la cour ne peut régler que le conflit effectivement soumis et non les problèmes connexes ou l'ensemble de la problématique sociale sous-jacente ; elle ne peut non plus accorder ce qui n'a pas été demandé. Souvent, le litige disparaît parce qu'il y a un règlement amiable – et le tribunal se trouve dessaisi.

Par ailleurs, les procès se déroulent suivant des règles de procédure qui mettent en œuvre un modèle contradictoire voulant que les parties agissent comme des adversaires (*adversary system*).

Dans un processus inquisitoire, le juge est appelé à prendre des initiatives vers la recherche de la vérité. Il décide lui-même des mesures à adopter, des témoins à convoquer, des questions à poser, etc. Une commission d'enquête fonctionne largement selon ce principe.

Par contre, dans le système d'adversaires qui existe dans les cours de justice, on présume qu'en laissant les parties au litige se combattre, la vérité sortira d'elle-même. Pendant le combat, le juge agit surtout comme un arbitre. Il s'abstient, par exemple, d'intervenir dans la stratégie d'une partie, de peur de l'avantager ou de la désavantager.

Les gouvernements de tous les niveaux, les organismes publics, les entreprises commerciales privées, les groupes et les riches n'ont habituellement pas de difficulté à revendiquer leurs droits devant les tribunaux. L'accès à la justice pour la personne ordinaire peut, par contre, s'avérer difficile : elle devra assumer les honoraires de son avocat ou avocate, sans la garantie d'avoir gain de cause. Pour corriger cette situation, diverses mesures ont été adoptées au Canada et aux États-Unis, comme l'établissement d'une procédure souple et peu coûteuse de recouvrement des petites créances, l'aide juridique et le recours collectif. Après l'entrée en vigueur de la Charte canadienne de 1982, le gouvernement fédéral a établi un programme de contestation judiciaire pour financer les recours portant sur les droits à l'égalité et sur les droits linguistiques. Ce programme a été aboli par le gouvernement conservateur en 2006, mais il a été rétabli partiellement en 2008 par suite du règlement amiable d'une contestation qu'avaient amorcée les francophones hors du Québec. La capacité inégale d'accéder à la justice a aussi donné lieu à des poursuites intentées par des entreprises afin d'intimider les personnes qui critiquaient leurs activités ; ces « poursuites-bâillons » sont maintenant réglementées au Québec (Lemonde et Bélair, 2011), en Colombie-Britannique et dans plusieurs États américains.

La relative passivité prétorienne qui résulte des principes que nous venons de mentionner distingue fortement le judiciaire des deux autres pouvoirs de l'État. Au surplus, les tribunaux ne peuvent appliquer eux-mêmes leurs jugements. Comme l'ont souligné dans les *Federalist Papers* les penseurs de la Constitution américaine de 1787, le pouvoir judiciaire est le plus faible des trois parce qu'il ne dispose ni de l'épée ni de la bourse. On dit souvent, aussi, qu'il s'agit de la branche de l'État « la moins dangereuse ».

Tout de même, l'acte décisionnel qui clôt un recours en justice possède une force exécutoire redoutable. Un jugement final (qui n'est plus susceptible d'appel) possède, en effet, l'« autorité de la chose jugée», c'est-à-dire qu'il jouit d'une valeur incontestable. Cette autorité ne vaut toutefois qu'à l'égard des parties au litige. Pour ce qui est de la population en général, le même jugement ne constitue qu'un «précédent», qui pourra influencer dans une mesure plus ou moins grande les litiges semblables dans le futur.

L'exercice du pouvoir judiciaire dans une société comme la nôtre restera toujours fort particulier. En définitive, l'intervention d'un tribunal est aléatoire et ponctuelle. Des problèmes cruciaux peuvent subsister pendant des décennies avant d'être soumis à la justice. (Le Manitoba a légiféré en anglais pendant près d'un siècle avant qu'on apprenne de la Cour suprême qu'il devait le faire dans les deux langues officielles.) Et une fois la décision judiciaire rendue, le tribunal n'a pas les moyens d'en superviser l'application par-delà les parties au litige.

Un dernier paramètre qui circonscrit l'exercice du pouvoir judiciaire mérite d'être souligné. Il s'agit du fait que les juges appliquent le droit strict, c'est-à-dire les normes générées ou avalisées par l'État, les sources formelles du droit (voir le tableau 12.1). Les principes et les règles en fonction desquels les juges se gouvernent sont donc largement prédéterminés. La discrétion judiciaire, la marge de manœuvre résiduelle, qui subsistera toujours, se trouve en quelque sorte harnachée. Les pouvoirs gouvernemental et législatif dans l'État évoluent dans des horizons beaucoup moins bornés.

Très largement dominant, le processus voulant que les tribunaux tranchent des litiges entre adversaires connaît tout de même des exceptions. Ainsi, le législateur peut confier aux cours de justice le soin de disposer de matières non contentieuses ou non litigieuses, comme la vérification

TABLEAU 12.1

Les sources du droit appliquées par les tribunaux au Canada

A) Sources hiérarchisées	1. La Constitution (y compris la jurisprudence constitution-nelle)
	2. Les lois fédérales et les lois provinciales
	3. La jurisprudence ordinaire (y compris la common law)
	4. Les règlements et les autres décisions des gouvernements et administrations
B) Sources subsidiaires	– La coutume
	– La doctrine
	– Les conventions constitution-nelles

des testaments. Mais l'exception qui nous intéresse plus particulièrement est la procédure de renvoi par laquelle le gouvernement pose des questions à la cour de dernière instance de sa juridiction. Avant d'élaborer sur cette portion davantage politique de la jurisprudence, il convient de présenter l'organisation des tribunaux qui a cours au Canada.

L'ORGANISATION DES TRIBUNAUX

Le Canada, à la différence des États-Unis, ne possède pas deux hiérarchies judiciaires parallèles correspondant aux deux ordres fédératifs de gouvernement. Nos voisins du Sud, en effet, disposent de tribunaux fédéraux pour l'application des lois fédérales, de la Constitution américaine et du *Bill of Rights* qu'elle contient: 94 cours de district agissent en première instance, une cour d'appel agit dans chacun des 12 « circuits » ainsi que dans le District de Columbia et la Cour suprême les chapeaute. Il existe, par ailleurs, dans chaque État, des tribunaux de première instance et d'appel chargés de trancher les litiges relevant du droit de cet État, mais en vertu du principe de la suprématie de la Constitution, ils doivent aussi appliquer régulièrement des règles de droit fédéral ou constitutionnel. On ne peut contester devant la Cour suprême des États-Unis la décision des cours suprêmes d'État, sauf dans les cas où se pose une question de droit fédéral ou constitutionnel.

Au Canada, les Pères de la Confédération ont voulu que les tribunaux provinciaux appliquent tant les lois fédérales que provinciales. La Loi de 1867 a donc prescrit que les juges des principaux tribunaux provinciaux soient choisis par le gouvernement fédéral. En définitive, il appartient aux provinces de créer et d'organiser les cours de justice ainsi que de préciser l'étendue de leur juridiction et il appartient au fédéral de nommer et de rémunérer les juges des plus importantes de ces cours.

De fait, les cours des provinces appliquent non seulement le droit provincial, mais aussi le droit criminel fédéral, qu'il résulte du *Code criminel* ou des lois régissant par exemple les drogues ou la justice pénale pour les adolescents. Les litiges civils découlant de la législation fédérale sur le divorce ou sur la faillite, par exemple, relèvent aussi des tribunaux provinciaux.

L'organisation judiciaire intégrée dont s'est doté le Canada souffre toutefois d'exceptions. L'article 101 de la *Loi constitutionnelle de 1867* permet au Parlement fédéral de créer des cours pour la meilleure administration des « lois du Canada ». Cette dernière expression a été interprétée restrictivement, comme ne visant que du droit spécifiquement fédéral. Aujourd'hui, la Cour fédérale, la Cour d'appel fédérale, la Cour d'appel de la cour martiale et la Cour canadienne de l'impôt sont chargées de l'application de diverses lois fédérales dans des domaines spécialisés.

L'article 101 de la *Loi constitutionnelle de 1867* permet aussi au Parlement fédéral d'établir une « cour générale d'appel pour le Canada ». C'est à ce titre que dès 1875 fut créée la Cour suprême du Canada. Cette cour est devenue le tribunal de dernier ressort au Canada en 1949, lorsque furent abolis les appels au Comité judiciaire du Conseil privé de Londres. Le statut de « cour générale d'appel » couronne l'intégration du système judiciaire canadien.

Normalement, un procès est susceptible de passer par trois niveaux d'organisation judiciaire : la première instance, l'appel et le dernier ressort.

C'est en première instance que les parties présentent leur preuve. Le soin qu'elles y mettent conditionne souvent l'issue d'un procès. Les niveaux supérieurs ne jugent qu'en fonction du dossier constitué en première instance. Il existe une cour d'appel dans chaque province. La décision de première instance, normalement, est rendue par un juge seul et la décision en appel par un banc de trois juges.

Quant au tribunal de dernier ressort au Canada, la Cour suprême, il est plus une cour de supervision du droit qu'une cour d'appel. C'est que, sauf en de rares cas, le justiciable doit demander à la Cour suprême la permission d'appeler avant de pouvoir s'y rendre. Parmi les diverses causes pour lesquelles on lui demande cette permission, la Cour suprême va choisir celles dans lesquelles elle juge utile de se prononcer, compte tenu de l'état du droit et de l'intérêt public. Une demande de permission d'appeler à la Cour suprême est soumise à un banc de trois juges, qui en dispose sans donner de motifs. Les affaires criminelles, constitutionnelles et de droits fondamentaux recueillent une large part des autorisations de pourvoi. Une cause pour laquelle la permission d'appeler aura été accordée sera soumise à un banc de cinq juges ou plus. La Cour suprême est composée de neuf juges, dont trois proviennent du Québec. Ces juges sont nommés par le gouvernement fédéral. Depuis l'époque du juge en chef Laskin, une bonne proportion des affaires dont dispose la Cour suprême ont été entendues par un banc composé des neuf juges.

Comme nous l'avons souligné, la Constitution confie aussi au gouvernement fédéral le soin de nommer les juges des principales cours provinciales, c'est-à-dire « les juges des cours supérieures, de district et de comté dans chaque province » (article 96 de la *Loi constitutionnelle de 1867*). Cette disposition ne vise plus que les cours supérieures, auxquelles les cours de district et de comté ont été fusionnées. Une cour supérieure se distingue des autres cours sur deux points cruciaux. En premier lieu, elle possède une juridiction de principe : pour être compétente relativement à un litige donné, elle n'a pas besoin qu'une loi le précise. En second lieu, elle a un pouvoir de contrôle à l'égard des décisions des cours inférieures et des tribunaux administratifs : lorsque ces cours et tribunaux commettent un excès de juridiction, elle peut faire casser leur décision. Il existe une cour supérieure de première instance dans chaque province et la cour d'appel de chacune est elle-même une cour supérieure (voir la figure 12.1 et le tableau 12.2).

L'intégration de l'organisation judiciaire est garantie par la Constitution du Canada. D'une part, la juridiction générale de la Cour suprême y est enchâssée. D'autre part, ni les législatures provinciales ni le Parlement central ne peuvent miner l'essentiel de la juridiction des cours supérieures provinciales en tentant d'accroître la juridiction des tribunaux provinciaux inférieurs ou des cours fédérales. Cela n'empêche cependant pas toute évolution. Le Québec, par exemple, a fait passer en trente ans la juridiction civile de la Cour provinciale (devenue Cour du Québec), selon le montant maximal en cause, de 3 000 $ à 6 000 $ à 15 000 $ à 30 000 $ puis à 70 000 $, sans que la réduction correspondante de la juridiction de la Cour supérieure ne soit contestée.

LE MODE DE NOMINATION DES JUGES

Les juges, au Canada, sont nommés à leur poste par le gouvernement (fédéral ou provincial, selon le cas). Au Québec, par exemple, le gouvernement fédéral nomme les juges de la Cour d'appel et ceux de la Cour supérieure et le gouvernement provincial nomme ceux de la Cour du Québec et ceux des cours municipales. Longtemps, les états de service du candidat ou de la candidate au profit du parti politique au pouvoir ont joué un rôle non négligeable. Si la proportion des nominations de personnages politiques a décru par rapport au début du XXe siècle (Bouthillier, 1977), le patronage et le favoritisme politique ont continué d'influer sur le choix des juges au Canada (Baar, 1986 ; Russell et Ziegel, 1991). Toutefois, les qualifications et les qualités personnelles des candidats et candidates

FIGURE 12.1

Organigramme général du système judiciaire québécois

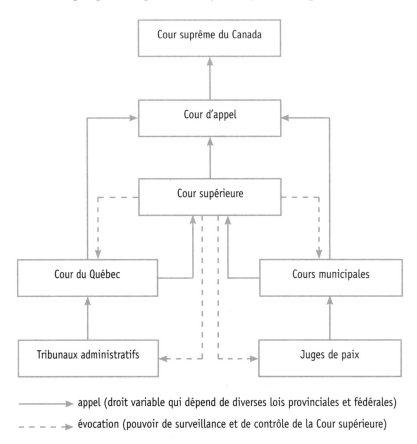

ont gagné en importance. Concomitamment, le pouvoir discrétionnaire absolu détenu par les gouvernements à l'égard de la nomination des juges a été quelque peu encadré.

Pour ce qui est des juges des cours supérieures provinciales et des juges des cours fédérales, la seule exigence explicite consiste à être membre du Barreau d'une province depuis au moins dix ans ou déjà juge. Le ministre fédéral de la Justice, depuis Pierre Elliott Trudeau en 1967, a consulté le milieu juridique avant de procéder aux nominations. À compter de 1988, un comité indépendant de sélection judiciaire a été établi pour chaque province. Ces comités évaluent les aptitudes des personnes qui ont manifesté leur intérêt pour la magistrature ou qui ont été proposées par d'autres. Comme les comités ne travaillent pas en fonction de dégager une courte liste des meilleurs candidats et candidates, leurs recommandations sont assez nombreuses pour

TABLEAU 12.2

L'organisation judiciaire au Canada

DERNIER RESSORT	COUR SUPRÊME DU CANADA			
Appel	Cour d'appel du Nouveau-Brunswick	Cour d'appel de l'Ontario	Cour d'appel du Québec	(Cour d'appel de chaque autre province, Cour d'appel fédérale et
		Cour divisionnaire de l'Ontario		Cour d'appel de la cour martiale)
Première instance	Cour du Banc de la Reine du Nouveau-Brunswick	Cour supérieure de justice de l'Ontario et Cour des petites créances	Cour supérieure du Québec	(Cours de première instance de chaque autre province, Cour fédérale et Cour canadienne de l'impôt)
	Cour provinciale du Nouveau-Brunswick	Cour de justice de l'Ontario	Cour du Québec :	
			• chambre civile (et petites créances)	
	Cour des petites créances		• chambre criminelle et pénale	
			• chambre de la jeunesse	
	Juges de paix	Juges de paix	Juges de paix	
			Cours municipales	

laisser un choix au ministre de la Justice. En fait, l'institution de tels comités est peu susceptible d'empêcher les liens politiques de continuer à jouer un rôle dans la nomination des juges. Ainsi, près du tiers des personnes qui ont été nommées depuis 1989 ont versé des contributions au parti au pouvoir durant les cinq années qui ont précédé leur nomination (Riddell, Hausegger et Hennigar, 2008, 2009). Pour ce qui est des personnes qui sont déjà juges, leur promotion à un tribunal plus élevé dans la hiérarchie relève de la discrétion d'une partie intéressée (le gouvernement fédéral), ce qui est malsain.

Pour leur part, les provinces ont mis en place divers mécanismes de consultation ou d'évaluation pour le choix des juges des cours provinciales inférieures. Certaines provinces conservent, comme au fédéral, une banque de noms de personnes qualifiées. Mais la plupart, dont le Québec, procèdent par voie de concours lorsque des postes de juge doivent être pourvus. La Commission Bastarache a conclu en 2011 que le processus québécois de nomination des juges pouvait être perméable aux influences partisanes ; le gouvernement a donné suite au rapport en assurant le caractère apolitique du comité de sélection et la confidentialité des candidatures.

Le premier ministre du Canada garde la main haute sur le choix des juges de la Cour suprême. Jusqu'à récemment, le ministre de la Justice procédait seulement à des consultations confidentielles auprès de l'élite judiciaire et professionnelle du pays. Ici, le maintien d'une discrétion absolue au profit du gouvernement fédéral pose un problème. La Cour suprême, en effet, agit comme un arbitre ultime des conflits de compétence dans le fédéralisme canadien entre les provinces et le pouvoir central. Qu'une des deux parties à ces conflits nomme seule tous les juges chargés de les résoudre paraît anormal. Les personnes choisies ont beau être d'une compétence et d'une qualité exemplaires, le respect que mérite l'institution judiciaire ultime s'en trouve ombragé. La nécessité d'un mode de nomination plus ouvert s'est accrue depuis 1982, parce que la *Charte canadienne des droits et libertés* amène la Cour suprême à se prononcer sur tous les aspects de la vie canadienne (Ziegel, 1999).

Aux États-Unis, les juges de la Cour suprême sont désignés par le président, mais leur nomination doit être ratifiée par le Sénat, qui est une véritable chambre fédérale. Ce procédé est souvent critiqué au Canada parce qu'il faut que le candidat ou la candidate à la magistrature réponde aux questions du Sénat lors d'auditions publiques. Presque inévitablement, ces échanges prennent une coloration politique ou idéologique qui, pour certains, est incompatible avec la mission judiciaire (Ratushny, 2002). Il faut toutefois comprendre que le choix initial du président est lui-même inspiré par des considérations politiques. Et si les questions portent sur des sujets dont la Cour est susceptible d'être saisie, le candidat ou la candidate n'a pas à y répondre.

Un mécanisme à l'américaine a été suggéré dans un rapport préparé pour le Conseil canadien de la magistrature : le candidat ou la candidate à la Cour suprême du Canada aurait comparu devant un comité mixte du Sénat et des Communes (Friedland, 1995 : 284). Cependant, une telle audience de confirmation, que plusieurs trouvent « disgracieuse », ne se serait tenue que lorsque le gouvernement aurait choisi le candidat ou la candidate en dehors de la courte liste établie par un comité spécial.

Depuis 2004, le gouvernement fédéral soumet une liste de candidats qualifiés à un comité comprenant des députés de l'opposition, lequel retient trois noms. La personne choisie par le premier ministre se présente ensuite devant un comité parlementaire pour répondre à des questions. En 2006 et 2011, malgré les critiques, des juges unilingues anglophones ont été nommés à la Cour suprême.

Depuis la Charte de Victoria, en 1970, le gouvernement fédéral a appuyé divers projets, qui n'ont toutefois pas abouti. Ainsi, dans l'Accord du lac Meech (1987-1990) et dans l'Accord de Charlottetown (1992), le gouvernement fédéral devait choisir les juges de la Cour suprême parmi les personnes proposées par les provinces. Une réforme de cette nature pourrait toutefois être mise en œuvre sans qu'il soit nécessaire de modifier la Constitution.

D'autres voies d'accès à la magistrature existent dans les pays occidentaux, mais personne ne les a vraiment recommandées au Canada. Dans les États américains, une méfiance envers le gouvernement a fait croire que les choix du peuple seraient toujours meilleurs et l'élection des juges s'est généralisée au XIXe siècle. Mais des magistrats partisans et sujets à une réélection ont eu tendance à juger de façon à plaire au peuple plutôt qu'en fonction du droit strict. Depuis, les modalités et les pratiques ont évolué. Ainsi, plusieurs États ont adopté un mode électoral non partisan dans lequel les candidates et candidats ne sont pas associés à un parti politique. D'autres ont tempéré le mode électoral par le « Missouri Plan » en vertu duquel la candidate ou le candidat est recommandé par un comité indépendant et nommé à l'essai pour un an avant d'être soumis au verdict populaire. Souvent, l'élection ou la réélection d'un juge aux États-Unis n'est plus qu'une formalité. Cependant, il subsiste encore plusieurs cas où les candidats et candidates doivent faire une vraie campagne et recueillir des appuis et des fonds. L'indépendance et l'impartialité judiciaires en pareil contexte deviennent problématiques. Étant donné que ces principes, au Canada, sont garantis par la Constitution et qu'ils comportent, comme nous le verrons, une séparation du judiciaire et du politique, la validité d'un mode électif de désignation des juges canadiens, même tempéré, serait douteuse.

Par ailleurs, les standards internationaux tendent « à l'élimination de toute influence de la part du pouvoir exécutif sur la nomination des juges » (Oberto, 2003 : 14). Dans la plupart des pays de l'Europe occidentale, les postes de juge sont comblés par voie de concours et les candidats et candidates doivent suivre une formation spécialisée. En France, la magistrature est, en règle générale, une carrière que l'on choisit au départ. Les magistrats de la juridiction administrative sont issus de l'École nationale d'administration ;

la plupart des autres juges, ainsi que les éventuels poursuivants (le parquet), sont formés à l'École nationale de la magistrature. Les membres du Barreau n'ont pas la possibilité d'accéder à la magistrature. La carrière du juge français est marquée de plusieurs échelons à gravir. Depuis 1993, le pouvoir politique ne peut plus accorder de promotion à un juge sans l'avis favorable du Conseil supérieur de la magistrature. La carrière judiciaire à la française s'oppose à la tradition qui existe au Canada et dans le monde britannique où l'accès à la magistrature couronne la carrière d'un avocat ou d'une avocate d'expérience.

LES RENVOIS

La procédure de renvoi permet au gouvernement fédéral de poser une question directement à la Cour suprême du Canada. Un gouvernement provincial peut aussi poser une question à la Cour d'appel de la province, ce qui permettra l'appel de plein droit à la Cour suprême.

En utilisant le renvoi, le gouvernement fédéral n'a pas à attendre qu'un problème soit passé par la première instance et par l'appel avant d'être soumis à la Cour suprême. De plus, dans un procès véritable, la Cour ne se prononce normalement que dans la mesure nécessaire pour solutionner la dispute. Le renvoi, par contre, peut amener les juges à se prononcer sur des questions plus théoriques ou globales qui ne font pas l'objet de litiges nés et actuels. Plutôt que des parties à un litige, ce sont des intervenants qui font valoir leur point de vue, selon un processus qui demeure fondamentalement contradictoire.

Lorsqu'elle répond à une question à l'intérieur d'un renvoi, la Cour suprême du Canada n'émet formellement qu'un «avis», une opinion, par opposition à un jugement exécutoire. En pratique, cependant, un tel avis est traité par les juristes de la même façon que les motifs d'un arrêt: l'avis fera jurisprudence et on peut s'attendre à ce que la Cour se sente liée par lui de la même manière qu'elle s'estime liée par ses jugements (voir le tableau 12.3).

La procédure de renvoi a beaucoup servi à des fins politiques. En fait, elle a presque toujours été utilisée pour poser des questions de nature constitutionnelle. Lorsqu'un gouvernement se débarrasse d'une «patate chaude» en la refilant aux tribunaux, ceux-ci ne sont pas nécessairement impliqués dans les dimensions politiques du problème. Cependant, en étant maître du libellé de la question et du moment de la poser, le gouvernement dispose d'une arme stratégique qui lui permet, d'une certaine façon, de mettre le pouvoir judiciaire à son service. Ainsi, avant de négocier avec les provinces limitrophes, le fédéral a obtenu de la Cour suprême un avis selon lequel il était seul titulaire des droits dans le plateau continental et la mer territoriale et qu'il avait la compétence législative exclusive à cet égard[1]. À l'occasion du Renvoi sur la sécession du Québec, amorcé en 1996 et décidé en août 1998, un expert international a trouvé les questions tendancieuses et a invité la Cour suprême à ne pas se prêter à cette tentative de «manipulation politicienne[2]». Dans cette affaire, la Cour a réaffirmé la validité

---

1. *Renvoi sur les droits miniers sous-marins*, [1967] R.C.S. 792.
2. Page 52 de l'avis juridique du professeur Alain Pellet, président de la Commission du droit international des Nations Unies, reproduit dans le dossier que l'*amicus curiae* a déposé à la Cour. C'est parce que le gouvernement du Québec a refusé d'être représenté à l'occasion de ce renvoi que la Cour suprême a jugé bon de nommer

TABLEAU 12.3

Principaux types de décisions judiciaires

EN MATIÈRES PÉNALE ET CRIMINELLE:

– déclaration de culpabilité ou acquittement

– détermination de la peine (amende, emprisonnement, etc.)

EN MATIÈRE CIVILE:

– jugement déclaratoire sur un point de droit

– déclaration de nullité ou invalidité (d'un contrat, d'un règlement, d'une loi, etc.)

– condamnation à payer une somme d'argent; octroi de dommages-intérêts; ordonnance de faire ou de ne pas faire (mandamus, injonction, etc.)

– avis consultatif à l'occasion d'un renvoi

---

de la procédure de renvoi, précisant qu'elle était compatible avec son statut de «cour générale d'appel».

En Australie, la Haute Cour n'accepte pas d'émettre des avis consultatifs parce qu'il ne s'agit pas, à ses yeux, d'une fonction judiciaire. De même, dès le XVIIIe siècle, la Cour suprême des États-Unis a refusé d'émettre des avis consultatifs au président (Holland, 1990). La Cour trouvait qu'une tâche de cette nature ne pouvait se concilier avec la séparation des pouvoirs établie par la Constitution américaine. Il faut dire que cette Constitution restreint la compétence du pouvoir judiciaire fédéral aux *cases* ou *controversies*, c'est-à-dire aux litiges concrets. Les avis consultatifs sont par contre possibles dans certains États américains.

En fait, les juges sont naturellement jaloux de leur indépendance et il n'est pas garanti qu'un

---

un «ami de la cour» pour faire valoir un point de vue différent de celui du gouvernement du Canada.

gouvernement obtiendra d'eux la réponse qu'il désire. D'abord, la Cour suprême se reconnaît un pouvoir discrétionnaire, celui de refuser de répondre à une question, pouvoir qu'elle est susceptible d'exercer si elle en trouve une qui revêt un « caractère purement politique » ou qui est trop imprécise ou si la Cour n'a pas reçu suffisamment d'information pour y répondre correctement. En décembre 2004, la Cour suprême a confirmé, lors d'un renvoi, la constitutionnalité du projet fédéral de permettre le mariage de personnes du même sexe[3]. Toutefois, parce que le gouvernement s'était engagé à mettre en œuvre une telle réforme et afin de ne pas créer de confusion sur le plan juridique, elle a refusé de répondre à la question de savoir si l'exigence selon laquelle les personnes devaient être de sexe opposé pour se marier était conforme à la *Charte canadienne des droits et libertés*.

Par ailleurs, la Cour se réserve le droit d'interpréter une question. Elle peut se lancer dans des développements qui dépassent sa portée ou elle peut y répondre en partie seulement. Dans le Renvoi sur la sécession du Québec[4], la Cour suprême a débordé de la première question qui lui était posée : elle a bien dit que la Constitution du Canada ne permettait pas la sécession unilatérale du Québec, mais elle a ajouté qu'une volonté démocratique claire de faire sécession donnerait lieu à un projet légitime et entraînerait l'obligation de négocier chez tous les participants à la Confédération. Cela dit, la Cour a pris soin de préciser qu'elle n'aurait « aucun rôle de surveillance à jouer sur les aspects politiques des négociations constitutionnelles », comme il ne lui

reviendrait pas de faire l'« évaluation d'ordre politique » qui consiste à savoir s'il existe une majorité claire en faveur de la sécession en réponse à une question claire. Une telle réserve a amené le fédéral à préciser ses propres exigences dans la loi C-20 sur la « clarté », à laquelle le Québec a répondu par une loi de son cru[5].

Jusqu'au milieu du siècle, les avis émis par la Cour suprême à l'occasion d'un renvoi pouvaient faire l'objet d'un appel au tribunal impérial, le Comité judiciaire du Conseil privé de Londres. Cette possibilité fut la bienvenue après que la Cour suprême eut décidé, en 1928, que les femmes ne pouvaient être nommées au Sénat. La question du renvoi demandait si le mot « personnes » à l'article 24 de la Loi de 1867 comprenait les personnes de sexe féminin[6] et, en appel, le Conseil privé répondit que oui. À cette occasion, le Conseil privé a émis un principe d'interprétation constitutionnelle fondamental : il a écrit que l'Acte de l'Amérique du Nord britannique avait planté au Canada un arbre vivant, capable de croître et de se développer à l'intérieur de ses limites naturelles[7]. Cette règle de l'interprétation évolutive, qui permet d'adapter les textes anciens aux nouveaux contextes, a été invoquée

---

3. *Renvoi relatif au mariage entre personnes du même sexe*, [2004] 3 R.C.S. 698.

4. *Renvoi relatif à la sécession du Québec*, [1998] 2 R.C.S. 217.

5. *Loi donnant effet à l'exigence de clarté formulée par la Cour suprême du Canada dans son avis sur le Renvoi sur la sécession du Québec*, L.C. 2000, c. 26 ; *Loi sur l'exercice des droits fondamentaux et des prérogatives du peuple québécois et de l'État du Québec*, L.Q. 2000, c. 46.

6. « Le gouverneur général mandera de temps à autre au Sénat, au nom de la Reine et par instrument sous le grand sceau du Canada, des personnes ayant les qualifications voulues ; et, sujettes aux dispositions de la présente loi, les personnes ainsi mandées deviendront et seront membres du Sénat et sénateurs. »

7. *Edwards c. Attorney-General for Canada*, [1930] A.C. 124, 136.

d'innombrables fois par la suite et a conservé aujourd'hui sa pleine valeur.

À la même époque, comme le confirme la Déclaration Balfour de 1926, le Canada devenait un État souverain. Et le gouvernement fédéral, à l'occasion de renvois, en se basant notamment sur ses obligations résultant de traités internationaux, a réussi à se faire reconnaître par le Conseil privé une compétence exclusive à l'égard de l'aviation et des radiocommunications[8]. Mais, peu après, le Conseil privé a émis ce qui est peut-être l'opinion la plus célèbre qu'il a rendue à l'occasion d'un renvoi, l'*Avis sur les conventions du travail de 1937*. Il y a été décidé que la compétence pour donner effet en droit interne aux engagements internationaux contractés par le fédéral dans des domaines relevant des provinces appartenait aux législatures provinciales et non au Parlement central. Le Conseil privé a comparé le Canada à un navire qui, «maintenant qu'il vogue dans des eaux internationales, conserve les "compartiments étanches" faisant partie de sa structure première[9]». Cette décision a immédiatement suscité de l'antagonisme au Canada anglais (Bonenfant, 1977). La même année, le Conseil privé avait invalidé d'autres mesures du *New Deal* du premier ministre Bennett, dont la *Loi sur l'assurance-chômage10*. Dès 1939, le projet de loi visant à abolir les appels à Londres a été déposé au Parlement fédéral; il fut jugé constitutionnel par la Cour suprême puis par le Conseil privé, à l'occasion d'un autre renvoi, et l'abolition prit effet en 1949.

Parmi les renvois décidés en dernier ressort par la Cour suprême du Canada, l'*Avis sur la Loi anti-inflation* (1976) a contenu un certain temps l'expansion du pouvoir central. La *Loi anti-inflation*, qui envahissait plusieurs domaines relevant des provinces, a été jugée valide à titre de mesure d'urgence, donc temporaire. Mais une majorité de la Cour, par la voix du juge Beetz, a circonscrit judicieusement le pouvoir fédéral d'intervenir à titre permanent sous couvert de «la paix, l'ordre et le bon gouvernement du Canada» (introduction de l'article 91 de la *Loi constitutionnelle de 1867*). Selon cette opinion, la compétence générale du fédéral ne peut porter que sur des matières nouvelles et circonscrites ayant des dimensions nationales (comme l'aviation et la capitale nationale) et non sur des agrégats de matières tant provinciales que fédérales (comme l'inflation et l'environnement[11]). Plus récemment, la Cour suprême a émis deux opinions favorables aux pouvoirs provinciaux dans des renvois concernant la procréation assistée et les valeurs mobilières[12].

C'est à l'occasion du rapatriement de la Constitution que le rôle politique du judiciaire trouva son point culminant. Alors que le gouvernement Trudeau n'avait l'appui que de deux provinces, trois cours d'appel furent saisies de questions portant sur la constitutionnalité du rapatriement envisagé, en droit strict et en vertu des conventions constitutionnelles. En appel des trois avis, la Cour suprême statua en septembre 1981

---

8. *Avis sur l'aéronautique*, [1932] A.C. 54 ; *Avis sur les radio-communications*, [1932] A.C. 304.

9. *Avis sur les conventions du travail*, [1937] A.C. 326.

10. *Renvoi relatif à l'assurance-chômage*, [1937] A.C. 355. En 1940, une modification de la Constitution est venue transférer l'assurance-chômage au fédéral.

11. *Avis sur la Loi anti-inflation*, [1976] 2 R.C.S. 373. Dans *R. c. Crown Zellerbach Canada Ltd.*, [1988] 1 R.C.S. 401, la Cour suprême se montre sur ce point plus centralisatrice.

12. *Renvoi relatif à la Loi sur la procréation assistée*, 2010 CSC 61 ; *Renvoi relatif à la Loi sur les valeurs mobilières*, 2011 CSC 66.

qu'en droit strict le gouvernement fédéral pouvait procéder, mais qu'en vertu des conventions constitutionnelles, il devait obtenir un « degré appréciable de consentement provincial[13] ». Le gouvernement fédéral convoqua alors la conférence constitutionnelle de novembre 1981 où il obtint l'appui de neuf provinces à son projet. La pression politique résultant de l'avis de la Cour suprême lors de ce premier renvoi sur le rapatriement explique l'acceptation par le fédéral de la procédure de modification constitutionnelle que prônaient les provinces ainsi que de la clause dérogatoire contenue dans la *Charte canadienne des droits et libertés*. Le deuxième renvoi sur le rapatriement fut entrepris par le Québec à la suite de son isolement lors de la conférence en question. Après la Cour d'appel, la Cour suprême statua, en 1982, que le Québec ne disposait pas d'un droit de veto en vertu des conventions constitutionnelles[14].

L'INDÉPENDANCE JUDICIAIRE

L'Acte de l'Amérique du Nord britannique, aujourd'hui appelé *Loi constitutionnelle de 1867*, a établi fort peu de protections explicites des tribunaux à l'encontre des interventions législatives et gouvernementales. Seules quelques dispositions garantissent l'autorité des cours supérieures ainsi que l'inamovibilité et la sécurité financière de leurs juges. Des protections nouvelles se sont ajoutées en 1982, en vertu de la *Charte canadienne des droits et libertés*. Mais là aussi, les tribunaux

judiciaires ne sont couverts qu'en partie. Par exemple, l'article 11 de la Charte garantit qu'un « inculpé » sera jugé par un « tribunal indépendant », mais ce droit ne vise que la justice pénale – et le législateur pourrait y déroger en recourant à la « clause nonobstant » de l'article 33.

La Cour suprême du Canada a remédié à cette protection parcellaire grâce à une interprétation innovatrice de la Constitution. Selon la Cour, certaines caractéristiques du régime constitutionnel canadien exigent que l'indépendance de toutes les cours de justice soit garantie. Et cette protection générale est ancrée dans le préambule de la Loi de 1867, qui a doté le Canada d'« une constitution reposant sur les mêmes principes que celle du Royaume-Uni ».

L'indépendance judiciaire a une dimension individuelle, c'est-à-dire qu'elle bénéficie à chaque juge en particulier, et une dimension institutionnelle, concernant la cour dans son ensemble[15]. Les tribunaux peuvent ainsi agir dans des conditions qui permettent de rendre la justice avec toute l'impartialité et la sérénité requises. Par exemple, les juges jouissent d'une immunité à l'égard des poursuites civiles résultant de l'exercice de leurs fonctions et ils ont des moyens pour se défendre, dont l'outrage au tribunal. Mais l'indépendance judiciaire vise aussi, et plus particulièrement, à mettre les tribunaux à l'abri des ingérences du pouvoir exécutif et du pouvoir législatif. Les cours de justice n'ont pas à posséder toutes les mêmes caractéristiques, mais selon la Cour suprême, il faut qu'un tribunal puisse être raisonnablement perçu, par une personne

13. *Renvoi: résolution pour modifier la Constitution*, [1981] 1 R.C.S. 753, 905.

14. *Re: opposition à une résolution pour modifier la Constitution*, [1982] 2 R.C.S. 793.

15. Les diverses facettes de l'indépendance judiciaire sont exposées dans Henri Brun, Guy Tremblay et Eugénie Brouillet, 2008.

bien informée, comme étant indépendant. À cet égard, trois volets de l'indépendance judiciaire intéressent spécialement le rapport entre les fonctions de l'État.

Un premier volet concerne l'inamovibilité des juges. Ceux-ci, une fois nommés, peuvent rester en fonction jusqu'au terme de leur mandat ou jusqu'à l'âge de la retraite, qui est de 75 ans, en principe. Les mécanismes de réprimande ou de destitution d'un juge pour cause de mauvaise conduite sont complexes. De nos jours, ils incluent toujours le Conseil de la magistrature provincial ou fédéral, selon le cas. En définitive, ce sont les juges eux-mêmes qui décident des normes de comportement appropriées à leurs fonctions et de leur sanction dans des cas particuliers. La lourdeur de la procédure de destitution a permis à des juges qui se sont trouvés dans l'eau chaude de démissionner avant son aboutissement. C'est ce qu'a fait, en 1999, un juge de la Cour supérieure du Québec après avoir été reconnu coupable de blanchiment d'argent lorsqu'il était avocat.

En fait, depuis sa création en 1971, le Conseil canadien de la magistrature n'a constitué que neuf comités d'enquête et il n'a recommandé la destitution d'un juge qu'une seule fois, en 1996 (Jean Bienvenue, de la Cour supérieure du Québec, qui a démissionné). Pour sa part, un juge de la Cour du Québec a été destitué parce qu'il n'avait pas révélé, avant sa nomination en 1996, qu'il avait été condamné à un an de prison en 1970 pour avoir porté assistance à des membres du Front de libération du Québec; même s'il avait obtenu un pardon en 1987, la Cour suprême a maintenu sa révocation[16]. Aussi, une juge de la Cour provinciale du Nouveau-Brunswick a été destituée

en avril 1999 pour avoir tenu des propos malveillants à l'endroit des Acadiens : le Conseil de la magistrature de la province a trouvé que ces commentaires avaient miné la confiance du public envers la juge et la destitution a été confirmée par la Cour suprême[17]

Un deuxième volet de l'indépendance judiciaire concerne la sécurité financière des juges. Leur rémunération et autres avantages ne doivent pas dépendre de l'appréciation que font de leurs décisions les gouvernants et les législateurs. Dans une de ses interventions les plus activistes, la Cour suprême du Canada a rendu obligatoire un mécanisme qui existait déjà au niveau fédéral et dans certaines provinces, l'institution d'une commission indépendante chargée d'examiner la rémunération des juges. Un gouvernement qui ne donne pas suite aux recommandations de la commission s'expose à devoir se justifier devant les tribunaux[18]. Plusieurs causes ont d'ailleurs abouti en Cour suprême. Celle-ci a validé, en 2005, la décision de trois provinces de s'écarter des recommandations de commissions de rémunération, mais dans le cas du Québec, elle lui a renvoyé le dossier pour réexamen[19]. Par la suite, des décisions de la Cour supérieure et de la Cour d'appel rendues en 2007 ont contraint le Québec à mettre en œuvre des recommandations qui avaient été faites pour les années 2001-2004, puis 2004-2007, et qui accordaient des hausses

---

16. *Therrien (Re)*, [2001] 2 R.C.S. 3.

17. *Moreau-Bérubé c. Nouveau-Brunswick (Conseil de la magistrature)* [2002] 1 R.C.S. 249.

18. *Renvoi relatif à la rémunération des juges de la Cour provinciale de l'Île-du-Prince-Édouard*, [1997] 3 R.C.S. 3.

19. *Affaires sur la rémunération des juges*, [2005] 2 R.C.S. 286 et 3 R.C.S. 41.

de salaire substantielles aux juges de la Cour du Québec et de certaines cours municipales.

Enfin, un troisième volet porte sur l'indépendance administrative des cours de justice. Certes, ce sont les choix budgétaires des gouvernements en place qui conditionnent largement l'état des ressources humaines et matérielles mises à la disposition des tribunaux. Et ce sont les ministères de la Justice qui supervisent l'administration de la justice au Canada. Toutefois, les décisions qui sont liées à l'acte même de juger doivent être prises par la magistrature seule. C'est le cas de l'assignation des juges aux causes qui doivent être entendues et de la fixation des dates d'audition. Le juge en chef d'une cour en dirige l'administration (voir l'encadré 12.1 en ce qui a trait à la Cour suprême).

En contrepartie de la protection dont il jouit à l'égard des pouvoirs politiques, le juge s'investit d'un devoir de réserve. Il cherche à ne pas s'impliquer dans les débats qui prêtent à la controverse. Cela maintient la politique à l'écart et raffermit la crédibilité de la magistrature dans l'esprit du justiciable.

De ce point de vue, on peut se demander si les juges devraient accepter les mandats spéciaux que

ENCADRÉ 12.1

Les juges en chef de la Cour suprême

L'honorable Sir William Buell Richards (Ontario)	1875-1879
L'honorable Sir William Johnston Ritchie (Nouveau-Brunswick)	1879-1892
Le très honorable Sir Samuel Henry Strong (Ontario)	1892-1902
Le très honorable Sir Henri Elzéar Taschereau (Québec)	1902-1906
Le très honorable Sir Charles Fitzpatrick (Québec)	1906-1918
Le très honorable Sir Louis Henry Davies (Île-du-Prince-Édouard)	1918-1924
Le très honorable Francis Alexander Anglin (Ontario)	1924-1933
Le très honorable Sir Lyman Poore Duff (Colombie-Britannique)	1933-1944
Le très honorable Thibodeau Rinfret (Québec)	1944-1954
L'honorable Patrick Kerwin (Ontario)	1954-1963
Le très honorable Robert Taschereau (Québec)	1963-1967
Le très honorable J.R. Cartwright (Ontario)	1967-1970
Le très honorable Joseph Honoré Gérald Fauteux (Québec)	1970-1973
Le très honorable Bora Laskin (Ontario)	1973-1984
Le très honorable Brian Dickson (Manitoba)	1984-1990
Le très honorable Antonio Lamer (Québec)	1990-2000
La très honorable Beverley McLachlin (Colombie-Britannique)	2000-

leur propose le gouvernement. Le plus souvent, ils se voient confier la présidence d'une commission d'enquête délicate, le public ayant confiance en leur intégrité. C'est le cas de la Commission d'enquête sur le programme des commandites, présidée par le juge John Gomery, qui a été instituée en 2004 par suite d'un rapport dévastateur de la vérificatrice générale du Canada. Une difficulté ici provient du fait que le juge entre dans un processus où il dépend du gouvernement : celui-ci décide de la nature, de l'étendue et de la durée du mandat ainsi que des ressources pour le réaliser. Le juge Gilles Létourneau de la Cour fédérale s'est plaint du fait que le gouvernement ait mis fin, en 1997, à l'enquête qu'il menait sur la conduite des militaires canadiens en Somalie. Aussi, la Commission d'enquête sur l'expulsion en Syrie du citoyen canadien Maher Arar, présidée par le juge Dennis O'Connor, a eu maille à partir avec le gouvernement fédéral à compter de 2004 parce que celui-ci voulait garder secrets des témoignages rendus à huis clos. À l'automne 2011, à la suite des critiques formulées notamment par le Barreau, le gouvernement québécois a consenti à accorder les pleins pouvoirs à la commission d'enquête, présidée par la juge France Charbonneau, sur les contrats publics dans l'industrie de la construction.

Par ailleurs, le rapport d'une enquête est plus susceptible de soulever la controverse qu'un jugement ordinaire. Aussi, en acceptant de présider une commission d'enquête, un juge risque de se prêter, dans une certaine mesure, à la manipulation politique ou d'entretenir une confusion des rôles dans l'esprit du public. Il reste qu'au sens strict, l'exécution du mandat ne peut porter atteinte à l'indépendance judiciaire, justement

parce que le juge exerce alors une fonction extra-judiciaire, ayant renoncé pour un temps à son rôle de magistrat.

Sur un plan plus pratique, l'indépendance judiciaire impose aux personnages politiques de garder leurs distances par rapport aux juges et aux affaires pendantes devant eux. Toute intervention auprès de la magistrature ou du système judiciaire à propos d'une affaire en cours est susceptible de faire scandale. Jean Charest a dû démissionner du cabinet fédéral en janvier 1990 après avoir téléphoné à un juge de la Cour supérieure du Québec (qui a refusé de lui parler) pour tenter de clarifier le sens d'une lettre qui avait été déposée en preuve dans une cause civile. Des incidents analogues s'étaient produits sous les gouvernements précédents.

Dans le système politique canadien, il existe donc une authentique « séparation des pouvoirs », mais elle ne vise que la situation du pouvoir judiciaire par rapport aux pouvoirs législatif et exécutif. Pour leur part, ces deux derniers ne sont pas ici aussi indépendants l'un de l'autre qu'ils le sont aux États-Unis. C'est pourquoi l'expression « séparation des pouvoirs » désigne plus particulièrement le système américain.

LE RÔLE POLITIQUE DES TRIBUNAUX

L'indépendance judiciaire permet de « dépolitiser » l'action des tribunaux (Valois, 2011, 349-380). Ceux-ci ne jouent pas moins au Canada, depuis l'établissement de la fédération en 1867, un rôle politique important, rôle qu'ils n'ont jamais été appelés à jouer dans la métropole britannique. Il leur revient, en effet, de donner suite aux paramètres fédératifs consignés dans la *Loi constitutionnelle de 1867*. Les juges se sont vu confier le soin de contrôler la constitutionnalité des lois fédérales et provinciales, de déclarer invalides celles qui régissaient des matières que le pacte fédératif avait réservées à l'autre ordre de gouvernement. Pendant plus d'un siècle, le partage des compétences entre le fédéral et les provinces constituait la seule base à partir de laquelle les tribunaux pouvaient invalider des lois. La jurisprudence à cet égard n'en a pas moins été considérable. La relative centralisation (ou la relative décentralisation) du fédéralisme canadien, à chacune des grandes périodes de son histoire, a résulté pour une bonne part de la conception que se sont faite les tribunaux des intentions des Pères de la Confédération. Comme on a pu le voir dans un chapitre précédent, la jurisprudence du Conseil privé a instauré au Canada un fédéralisme décentralisé et, depuis le milieu du XXe siècle, à titre de tribunal de dernier ressort, la Cour suprême a tendance à favoriser la centralisation.

Avec l'édiction de la *Charte canadienne des droits et libertés* en 1982, le rôle politique des tribunaux a pris une expansion considérable. Contrairement aux chartes antérieures, qui étaient de simples lois, la Charte canadienne manifeste clairement son statut supralégislatif, constitutionnel. Elle précise, à l'article 32, qu'elle s'applique aux gouvernements et aux Parlements fédéral et provinciaux. Elle donne donc aux tribunaux de nouveaux outils pour contrôler la constitutionnalité des actions gouvernementales ainsi que celle des lois mêmes. Certes, la « clause nonobstant » à l'article 33 peut permettre au législateur d'avoir le dernier mot : en déclarant expressément s'appliquer malgré

certains droits de la Charte[20], une loi fédérale ou provinciale peut prévaloir pour une période de cinq ans renouvelable. Durant les trois années qui ont suivi l'entrée en vigueur de la Charte canadienne en 1982, le gouvernement péquiste du Québec a utilisé systématiquement ce pouvoir de dérogation pour protester contre le rapatriement de la Constitution réalisé sans son consentement. Mis à part cet épisode, le recours à la dérogation expresse au Canada s'est avéré rarissime : les élus se résignent mal à révéler en termes explicites qu'ils désirent qu'une loi s'applique malgré qu'elle viole un droit fondamental et, s'ils s'y résignaient, la population pourrait ne pas l'apprécier. Pour imposer l'affichage unilingue français à l'extérieur des commerces, le Québec a dérogé à la Charte canadienne de 1988 à 1993, ce qui selon certains a contribué à l'échec de l'Accord du lac Meech (Hogg, 2011, 39-40).

Paradoxalement, la présence d'une clause dérogatoire dans la Charte canadienne a nourri l'activisme judiciaire. Sachant que le législateur, s'il y tenait vraiment, pourrait avoir le dernier mot, les tribunaux ont eu moins de scrupules à déclarer des lois inconstitutionnelles. La Cour suprême, en particulier, n'a pas fait preuve de retenue et elle a rendu des décisions importantes au nom de la Charte. Elle a, par exemple, invalidé les dispositions du Code criminel relatives à l'avortement, elle a ajouté dans la Charte des

---

20. L'article 33 permet de déroger aux articles 2 et 7 à 15, c'est-à-dire aux libertés fondamentales, aux garanties juridiques et aux droits à l'égalité. Il ne permet pas de déroger aux droits démocratiques, à la liberté de circulation et d'établissement, aux droits concernant les langues officielles du Canada ni aux droits à l'instruction dans la langue de la minorité.

droits de l'Alberta une protection contre la discrimination envers les personnes homosexuelles, elle a invalidé la prohibition de s'assurer pour obtenir du secteur privé des services de santé déjà dispensés par le régime de santé public québécois et elle supervise maintenant les relations de travail au nom de la liberté d'association[21]. La conférence constitutionnelle qui a proposé, en février 1998, l'abolition de la monarchie en Australie a refusé de recommander l'insertion d'une charte des droits dans la Constitution de ce pays afin d'éviter le « gouvernement des juges » qu'elle percevait au Canada.

L'ampleur de la discrétion judiciaire en matière de charte transparaît sur deux plans cruciaux. Premièrement, la plupart des droits garantis par la Charte canadienne sont libellés dans des termes fort généraux. Pour la Cour suprême, décréter ce qu'un droit particulier recouvre revient à faire de véritables choix de société. On peut donner un exemple à partir de la liberté « d'expression » garantie par l'article 2 b). Au départ, la Cour suprême avait la possibilité de statuer que cette liberté visait à protéger l'expression politique et l'expression artistique. Cependant, elle a vite pris le parti de l'interprétation large, libérale et généreuse des droits de la Charte et elle a décidé que même l'expression commerciale était protégée. Ce choix a permis de rendre invalide l'affichage commercial unilingue alors imposé au Québec par la *Charte de la langue française*[22]. Mais il a, par la suite, donné lieu à d'autres attaques

dont il est difficile de percevoir la pertinence du point de vue des droits fondamentaux. Ainsi, la prohibition québécoise de faire de la publicité destinée aux enfants, édictée en vue de la protection des consommateurs, n'a été sauvée que de justesse dans une décision de 1989[23]. Et la prohibition fédérale de la publicité du tabac a été jugée inconstitutionnelle en 1995[24] ; réédictée en 1997 sous une forme moins rigoureuse, cette prohibition a été contestée de nouveau, cette fois sans succès[25].

Deuxièmement, l'article 1 de la Charte canadienne permet que le législateur restreigne un droit « dans des limites qui soient raisonnables et dont la justification puisse se démontrer dans le cadre d'une société libre et démocratique ». Contrairement à la générosité de l'interprétation de principe des droits eux-mêmes, la Cour suprême a donné une interprétation restrictive à cette autorisation de limiter les droits. Concevant les limites comme devant être exceptionnelles, elle a statué que le législateur devait poursuivre un objectif important et qu'il devait s'en tenir à des moyens proportionnés ; l'un des éléments inclus dans ce dernier critère axé sur les moyens prescrit qu'une limite à un droit de la Charte, pour être valable, doit porter « le moins possible » atteinte à ce droit[26]. Dans diverses causes, les exigences posées par la Cour ont équivalu à ne permettre que des limites « nécessaires »

21. *R. c. Morgentaler*, [1988] 1 R.C.S. 30 ; *Vriend c. Alberta*, [1998] 1 R.C.S. 493 ; *Chaoulli c. Québec (Procureur général)*, [2005] 1 R.C.S. 791 : *Ontario (Procureur général) c. Fraser*, 2011 CSC 20.

22. *Ford c. Québec (Procureur général)*, [1988] 2 R.C.S. 712.

23. *Irwin Toy Ltd. c. Québec (Procureur général)*, [1989] 1 R.C.S. 927.

24. *RJR.-MacDonald Inc. c. Canada (Procureur général)*, [1995] 3 R.C.S. 199.

25. *Canada (Procureur général) c. JTI-MacDonald Corp.*, [2007] 2 R.C.S. 610.

26. *R. c. Oakes*, [1986] 1 R.C.S. 103.

(plutôt que « raisonnables ») aux droits protégés. On pourrait penser, par exemple, que prohiber la publication d'un nouveau sondage la fin de semaine qui précède immédiatement le jour des élections ou refuser le droit de vote aux prisonniers purgeant une peine de deux ans ou plus est une limite à la liberté d'expression ou au droit de vote tout à fait acceptable dans une société libre et démocratique – mais le tribunal suprême en a jugé autrement en 1998 et en 2002[27]. Par contre, dans un autre courant jurisprudentiel, on trouve des décisions qui laissent au législateur une marge d'appréciation dans le choix des limites raisonnables à imposer aux droits de la Charte.

En plus de la *Charte canadienne des droits et libertés*, la *Loi constitutionnelle de 1982* a enchâssé dans la Constitution les droits « ancestraux ou issus de traités » des peuples autochtones du Canada. Cette disposition laconique renvoie aux tribunaux un problème délicat[28] et elle a engendré une jurisprudence considérable. Comme elle l'a clairement laissé entendre, la Cour suprême préférerait toutefois que les litiges portant sur ces questions soient réglés par la négociation politique.

La dialectique qui est soulevée par l'application de la Charte canadienne met en cause l'essence de la fonction judiciaire. Elle pose la question de la mesure où le pouvoir judiciaire doit exercer un rôle politique et celle de savoir si, à partir d'un certain point, l'exercice d'un tel rôle cesse d'être légitime (Gosselin, 1991 ; Lajoie, 1997 ; Mossman et Otis, 2000). Certains mettent en

doute l'opportunité même d'enchâsser des droits ou la sagesse de l'usage que les tribunaux peuvent en faire. Les publications qui se penchent sur la « judiciarisation du politique » au Canada et sur la « politisation du judiciaire » sont innombrables (Cheffins et Johnson, 1986 ; Monahan, 1987 ; Knopff et Morton, 1992 ; Mandel, 1996 ; James *et al.*, 2002 ; Morton, 2002 ; Meehan, 2009). Elles ont pu bénéficier de la longue expérience américaine en la matière.

La souveraineté populaire constitue l'assise moderne de la légitimité du pouvoir. En démocratie, peut-on croire, on ne devrait pas permettre que les juges se substituent aux élus. Pourtant, depuis Tocqueville, le spectre de la « tyrannie de la majorité » représente une solide justification du contrôle judiciaire de la constitutionnalité des lois : une charte des droits que la constitution met à l'abri des législateurs et des gouvernants permet de protéger les personnes qui font partie des minorités ou des groupes vulnérables, à l'encontre des débordements possibles du système majoritaire.

Sur un autre plan, on peut constater que le forum judiciaire, avec son processus contradictoire, ses contraintes de preuve et de procédure et son aboutissement exécutoire, se prête mal à faire les choix de société. Au surplus, comme les convictions morales et politiques des juges interviennent nécessairement dans l'exercice de leur pouvoir discrétionnaire, leur rôle sous une charte peut donner lieu à l'arbitraire. Divers auteurs prétendent aussi que les droits fondamentaux, définis par l'élite juridique, sont destinés à servir les intérêts des groupes dominants, au détriment de la justice sociale et de la démocratie (Ison, 1986 ; Vandycke, 1989 ; Hutchinson, 1995 ; Mandel, 1996 ; Hirschl, 2004 ; Petter, 2010).

---

27. *Thomson Newspapers Co. c. Canada (Procureur général)*, [1998] 1 R.C.S. 877 ; *Sauvé c. Canada (Directeur général des élections)*, [2002] 3 R.C.S. 519.

28. Par exemple, les droits reconnus aux Micmacs dans *R. c. Marshall*, [1999] 3 R.C.S. 456 et 533 ont donné lieu aux troubles de Burnt Church au Nouveau-Brunswick.

Tout de même, les critiques de la Charte canadienne proviennent autant de la droite que de la gauche (Morton, 2002: 491-492).

Par ailleurs, on remarque que seuls les droits individuels se protègent efficacement par l'enchâssement constitutionnel. La sanction judiciaire peut, en effet, imposer l'abstention de l'État en invalidant les atteintes gouvernementales et législatives aux « droits-libertés ». Mais, pour leur part, les droits collectifs, en particulier les droits économiques, sociaux et culturels, sont des « droits-créances » qui ont besoin de l'intervention active des pouvoirs politiques; s'ils sont négligés, les tribunaux ne peuvent rien pour eux. De fait, la Charte constitutionnelle et les autres chartes des droits au Canada n'accordent pas de protection justiciable au droit au travail, à l'éducation, à la santé, etc. Par exemple, la Charte québécoise donne droit à toute personne dans le besoin « à des mesures d'assistance financière et à des mesures sociales, prévues par la loi, susceptibles de lui assurer un niveau de vie décent »; et, dans une affaire contestant une réduction de l'aide sociale, la Cour suprême a jugé qu'un tel libellé soustrait au contrôle des tribunaux la question de savoir si des mesures sont adéquates[29]. La retenue judiciaire est nécessaire à l'équilibrage des droits individuels et des droits collectifs. Incapables de mettre en œuvre des mesures de développement économique et social, les tribunaux doivent du moins prendre garde d'enrayer inutilement celles qu'adoptent les pouvoirs politiques. En agissant comme les partenaires des législatures plutôt que comme leurs rivales, les cours de justice peuvent protéger à la fois les libertés qui requièrent l'abstention de l'État et les droits qui requièrent de lui une action positive (Lederman, 1985). Pour ce faire, elles doivent se comporter en arbitres qui laissent les élus jouer eux-mêmes la partie.

Le mouvement de balancier entre l'activisme judiciaire et la retenue judiciaire, qu'on décèle dans l'histoire américaine, semble destiné à se perpétuer. Le même équilibre à long terme devrait s'installer au Canada, où un certain activisme s'est manifesté jusqu'à maintenant. Et ce comportement, qu'a inspiré la *Charte canadienne des droits et libertés*, se manifeste depuis dans d'autres portions de la Constitution. La jurisprudence de la Cour suprême, en particulier, déborde régulièrement du texte constitutionnel pour en extirper des « impératifs structurels » ou des « principes sous-jacents », « implicites ». Fort difficile à amender par des voies directes, la Constitution canadienne évolue ainsi par l'action des juges. Mais elle n'en devient pas nécessairement plus souple: tout ce que les tribunaux décident d'y inclure devient hors de portée des pouvoirs politiques ordinaires. Il reste que la possibilité de modifier la Constitution fait en sorte que les juges n'ont pas vraiment « le dernier mot », ce qui aux yeux de certains assure la légitimité du contrôle de constitutionnalité des lois (Favoreu *et al.*, 2011).

CONCLUSION

Deux temps forts ont marqué le développement du pouvoir judiciaire canadien au cours du XXᵉ siècle.

D'abord, l'abolition en 1949 des appels au Conseil privé de Londres a permis de canadianiser peu à peu la conception de l'ordonnancement du pays. La vision londonienne des pouvoirs

---

29. *Gosselin c. Québec (Procureur général)*, [2002] 4 R.C.S. 429.

fédéraux et provinciaux comme étant des compartiments étanches, bien qu'elle ait été fondée sur le texte de 1867, qui confia des compétences mutuellement « exclusives », avait le désavantage aux yeux de plusieurs d'empêcher le gouvernement central d'adopter les politiques adaptées aux besoins du pays. Surtout depuis les décennies 1980 et 1990, la jurisprudence de la Cour suprême a réduit l'étanchéité et conçu comme normaux les chevauchements ou la concurrence des pouvoirs fédéraux et provinciaux dans certains secteurs. Cela a permis de laisser au gouvernement fédéral les coudées franches, sans trop affecter directement les compétences provinciales.

Ensuite, l'épisode du rapatriement de la Constitution a lui-même donné lieu à deux innovations jurisprudentielles fondamentales. D'une part, en 1981 et en 1982, la Cour suprême a accepté de se prononcer sur la légalité et sur la légitimité d'un rapatriement qui n'aurait pas l'aval d'un nombre substantiel de provinces, puis du Québec. Dans le premier de ces deux renvois, l'opinion que la Cour a émise à propos d'une convention constitutionnelle qu'elle admettait ne pas pouvoir appliquer a eu des répercussions politiques considérables, débouchant sur l'entente de novembre 1981. La créativité dont la Cour a fait preuve à cette occasion et l'influence qu'elle a exercée sur le cours des événements l'ont vraisemblablement confortée dans sa propension à extraire de la Constitution des principes structurels implicites. Pratiquement personne au Canada n'a pu prévoir la réponse qu'elle a donnée en 1998 à la question principale du Renvoi sur la sécession du Québec.

Par ailleurs, l'enchâssement constitutionnel de la *Charte canadienne des droits et libertés* en 1982 a eu pour effet d'élargir considérablement le rôle des tribunaux au Canada. Ceux-ci ont désormais le mandat de donner un contenu aux termes généraux, difficilement modifiables, de la Charte et de déclarer invalides les mesures gouvernementales et législatives qui les enfreignent. Sur ce plan également, le pouvoir judiciaire s'est beaucoup rapproché de la politique.

Les défis auxquels fera face la justice au Canada pendant les prochaines années seront nombreux. Une réforme qui accroîtrait rapidement la crédibilité du pouvoir judiciaire au Canada consisterait à améliorer le mode de désignation des juges du tribunal suprême. Il n'est pas nécessaire d'attendre qu'une modification constitutionnelle formelle soit édictée. Le gouvernement du Canada peut de sa propre initiative adopter un mécanisme de sélection ou de ratification mettant à contribution les institutions fédératives ou parlementaires du pays. Depuis 2004, des progrès modestes ont été faits dans cette direction.

Il reste que le défi le plus important consiste à rendre la justice plus accessible. Même dans l'ordre des choses qui fait sa spécialité, le règlement ordonné des conflits dans la société, le judiciaire est soumis à une concurrence grandissante. Le coût élevé du recours aux tribunaux, en temps, en argent et souvent sur le plan humain, en décourage plusieurs. Ces dernières années, les modes non contentieux de solution des conflits ont connu une expansion notable. La conciliation, la médiation et l'arbitrage permettent de plus en plus souvent de régler des litiges sur une base consensuelle, sans recourir au droit strict. Ces mécanismes de règlement amiable des conflits sont maintenant offerts par toutes les cours au Québec. En cherchant à les régir, le *Code de procédure civile* doit prendre garde de leur enlever une part de souplesse (Guillemard, 2012).

SITES WEB

Bureau du commissaire à la magistrature fédérale	http://www.fja.gc.ca/fr/index.html
Conseil canadien de la magistrature	http://www.cjc-ccm.gc.ca
Cour suprême du Canada	http://www.scc-csc.gc.ca
Institut canadien d'information juridique	http://www.canlii.ca.fr.index.php
Service du recueil des arrêts de la Cour fédérale du Canada	http://www.fja.gc.ca/fr/cf/index.html
Système des tribunaux au Canada	http://canada.justice.gc.ca/fr/min/pub/trib/index.html
Système juridique canadien	http://www.infocan.gc.ca/facts/juri_f.html
Lois du Canada	http://canada.justice.gc.ca/Loireg/index_fr.html
Lois du Québec	http://www.publications du quebec.gouv.qc.ca/accueil/fr.html
Arrêts de la Cour suprême	http://www.droit.umontreal.ca/doc/csc-scc/fr/index.html
Jugements de la Cour suprême	http://collection.nlcbnc.ca/100/201/301/jugement/index.html
Ministère de la Justice du Canada	http://canada.justice.gc.ca

LECTURES SUGGÉRÉES

BERNIER, Pierre, et autres (2011), « Débat : La nomination des juges », *Éthique publique*, vol. 13, n° 1, p. 139-232.

BRUN, Henri, Guy TREMBLAY et Eugénie BROUILLET (2008), *Droit constitutionnel*, 5ᵉ éd., Cowansville, Éditions Yvon Blais, chap. X : (Le statut juridique des tribunaux : la séparation des pouvoirs) et chap. XII, section 1 : (La notion de droit de la personne ; les fondements juridiques des droits).

GRAMMOND, Sébastien (2006), « Transparence et imputabilité dans le processus de nomination des juges de la Cour suprême », *Revue générale de droit*, vol. 36, n° 4, p. 736-763.

HOWE, Paul et Peter H. RUSSELL (dir.) (2001), *Judicial Power and Canadian Democracy*, Montréal, McGill-Queen's University Press.

MACFARLANE, Emmett (2012), *Governing from the Bench. The Supreme Court of Canada and the Judicial Role*, Vancouver, UBC Press.

MANDEL, Michael (1996), *La Charte des droits et la judiciarisation du politique au Canada*, Montréal, Boréal.

MOSSMAN, Mary Jane et Ghislain OTIS (dir.) (2000), *La montée en puissance des juges : ses manifestations, sa contestation*, Montréal, Éditions Thémis.

BIBLIOGRAPHIE

BAAR, Carl (1986), « Judicial Appointments and the Quality of Adjudication: The American Experience in a Canadian Perspective », *Revue juridique Thémis*, vol. 20, n° 1, p. 1-26.

BERGERON, Gérard (1968), *Fonctionnement de l'État*, Paris, Librairie Dalloz.

BONENFANT, Jean-Charles (1977), « L'étanchéité de l'A.A.N.B. est-elle menacée? », *Cahiers de Droit*, vol. 18, n° 2, p. 383-396.

BOUTHILLIER, Guy (1977), « Profil du juge de la Cour supérieure du Québec », *Revue du Barreau canadien*, vol. 55, n° 3, p. 436-499.

CHEFFINS, Ronald I. et Patricia A. JOHNSON (1986), *The Revised Canadian Constitution: Politics as Law*, Toronto, McGraw-Hill Ryerson.

CHEVRETTE, François et Grégoire Charles N. WEBBER (2003), « L'utilisation de la procédure de l'avis consultatif devant la Cour suprême du Canada: essai de typologie », *Revue du Barreau canadien*, vol. 82, n° 3, p. 757-790.

DESCHÊNES, Jules (1978), « Le choix des juges », *Revue du Barreau*, vol. 38, n° 5, p. 545-567.

FAVOREU, Louis *et al.* (2011), *Droit constitutionnel*, 14ᵉ éd., Paris, Dalloz.

FRIEDLAND, Martin L. (1995), *Une place à part: l'indépendance et la responsabilité de la magistrature au Canada*, Rapport préparé pour le Conseil canadien de la magistrature, Ottawa.

GOSSELIN, Jacques (1991), *La légitimité du contrôle judiciaire sous le régime de la Charte*, Cowansville, Éditions Yvon Blais.

GRAMMOND, Sébastien (2006), « Transparence et imputabilité dans le processus de nomination des juges de la Cour suprême du Canada », *Revue générale de droit*, vol. 36, n° 4, p. 736-763.

GUILLEMARD, Sylvette (2012), « Médiation, justice et droit: un mélange hétéroclite », *Cahiers de Droit*, vol. 53, n° 2, p. 189-228.

HIRSCHL, Ran (2004), *Towards Juristocracy: The Origins and Consequences of the New Constitutionalism*, Cambridge (Mass.), Harvard University Press.

HOGG, Peter W. (2011), *Constitutional Law of Canada*, Student Edition, Toronto, Carswell.

HOLLAND, Kenneth M. (1990), « Judicial Activism and Judicial Independence: Implications of the Charter of Rights and Freedoms for the Reference Procedure and Judicial Service on Commissions of Inquiry », *Revue canadienne Droit et Société*, vol. 5, p. 95-109.

HUPPÉ, Luc (2007), *Histoire des institutions judiciaires du Canada*, Montréal, Wilson & Lafleur.

HUTCHINSON, Allan C. (1995), *Waiting for Coraf: A Critique of Law and Rights*, Toronto, University of Toronto Press.

ISON, Terence G. (1986), « The Sovereignty of the Judiciary », *Cahiers de Droit*, vol. 27, n° 3, p. 503-541.

JAMES, Patrick *et al.* (dir.) (2002), *The Myth of the Sacred: The Charter, the Courts and the Politics of the Constitution in Canada*, Montréal, McGill-Queen's University Press.

KNOPFF, Rainer et F.L. MORTON (1992), *Charter Politics*, Scarborough, Nelson Canada.

LAJOIE, Andrée (1997), *Jugements de valeurs: le discours judiciaire et le droit*, Paris, Presses universitaires de France.

LANDRY, Normand (2012), *SLAPP. Bâillonnement et répression judiciaire du discours politique*, Montréal, Écosociété.

LEDERMAN, W.R. (1985), « Democratic Parliaments, Independent Courts, and the Canadian Charter of Rights and Freedoms », *Queen's Law Journal*, vol. 11, n° 1, p. 1-25.

LEMONDE, Lucie et Marie-Claude P. BÉLAIR (2011), « Premières interprétations des nouvelles dispositions sur les poursuites abusives et les poursuites-bâillons: la confusion des genres », *Revue du Barreau*, vol. 70, n° 2, p. 271-321.

MALLESON, Kate et Peter H. RUSSELL (dir.) (2006), *Appointing Judges in an Age of Judicial Power: Critical Perspectives from Around the World*, Toronto, University of Toronto Press.

MANDEL, Michael (1996), *La Charte des droits et la judiciarisation du politique au Canada*, Montréal, Boréal.

MEEHAN, Eugene (2009), « Raw Judicial Power : Myth or Reality : Do Judges Interpret Law or Make Law ? », *Revue de droit parlementaire et politique*, vol. 2, n° 3, p. 457-495.

MONAHAN, Patrick (1987), *Politics and the Constitution : The Charter, Federalism and the Supreme Court of Canada*, Agincourt, Carswell.

MORTON, F.L. (dir.) (2002), *Law, Politics and the Judicial Process in Canada*, 3ᵉ éd., Calgary, University of Calgary Press.

MOSSMAN, Mary Jane et Ghislain OTIS (dir.) (2000), *La montée en puissance des juges : ses manifestations, sa contestation*, Montréal, Éditions Thémis.

NEUDORF, Lorne B. (2007), « Independence and the Public Process : Evolution or Erosion ? », *Saskatchewan Law Review*, vol. 70, n° 1, p. 53-92.

OBERTO, Giacomo (2003), *Recrutement et formation des magistrats en Europe. Étude comparative*, Strasbourg, Éditions du Conseil de l'Europe.

PETTER, Andrew (2010), *The Politics of the Charter : The Illusive Promise of Constitutional Rights*, Toronto, University of Toronto Press.

RATUSHNY, Edward (2002), « Confirmation Hearings for Supreme Court of Canada Appointments : Not a Good Idea ! », dans Pierre Thibault *et al.* (dir.), *Les mélanges Gérald-A. Beaudoin – Les défis du constitutionnalisme*, Cowansville, Éditions Yvon Blais, p. 395-423.

RIDDELL, Troy, Lory HAUSEGGER et Matthew M. HENNIGAR (2008), « Federal Judicial Appointments : A Look at Patronage in Federal Appointments since 1988 », *University of Toronto Law Journal*, vol. 58, n° 1, p. 39-74.

RIDDELL, Troy, Lori HAUSEGGER et Matthew HENNIGAR (2009), « Federal Judicial Selection : Examining the Harper Appointments and Reforms », *Revue de droit parlementaire et politique*, vol. 2, n° 3, p. 497-519.

RIENDEAU, André (dir.) (2005), *Dire le droit : pour qui et à quel prix ?*, Montréal, Wilson & Lafleur.

RUSSELL, Peter H. et Jacob S. ZIEGEL (1991), « Federal Judicial Appointments : An Appraisal of the First Mulroney Government's Appointments and the New Judicial Advisory Committees », *University of Toronto Law Journal*, vol. 41, n° 1, p. 4-37.

VALOIS, Martine (2011), *L'indépendance judiciaire. La justice entre droit et gouvernement*, Montréal, Éditions Thémis.

VANDYCKE, Robert (1989), « L'activisme judiciaire et les droits de la personne : émergence d'un nouveau savoir/pouvoir ? », *Cahiers de Droit*, vol. 30, n° 4, p. 927-951.

ZIEGEL, Jacob S. (1999), « Sélection au mérite et démocratisation des nominations à la Cour suprême du Canada », *Choix*, vol. 5, n° 2 (juin).

LOIS ET JUGEMENTS

Charte canadienne des droits et libertés, 1982

Loi constitutionnelle de 1867, L.R.C. (1985), app. II, n° 5

Loi constitutionnelle de 1982, L.R.C. (1985), app. II, n° 44

Loi donnant effet à l'exigence de clarté formulée par la Cour suprême du Canada dans son avis sur le Renvoi sur la sécession du Québec, L.C. 2000, c. 26

Loi sur l'exercice des droits fondamentaux et des prérogatives du peuple québécois et de l'État du Québec, L.Q. 2000, c. 46

Avis sur l'aéronautique, [1932] A.C. 54

Affaires sur la rémunération des juges, [2005] 2 R.C.S. 286 et 3 R.C.S. 41

Avis sur la Loi anti-inflation, [1976] 2 R.C.S. 373

Avis sur les conventions du travail, [1937] A.C. 326

Avis sur les radiocommunications, [1932] A.C. 304

Canada (Procureur général) c. *JTI-Macdonald Corp.,* [2007] 2 R.C.S. 610

Chaoulli c. *Québec (Procureur général),* [2005] 1 R.C.S. 791

Edwards c. *Attorney-General for Canada,* [1930] A.C. 124

Ford c. *Québec (Procureur général),* [1988] 2 R.C.S. 712

Gosselin c. *Québec (Procureur général),* [2002] 4 R.C.S. 429

Irwin Toy Ltd. c. *Québec (Procureur général),* [1989] 1 R.C.S. 927

Ontario (Procureur général) c. *Fraser, 2011 CSC 20*

R. c. *Crown Zellerbach Canada Ltd.,* [1988] 1 R.C.S. 401

R. c. *Marshall,* [1999] 3 R.C.S. 456 et 533

R. c. *Morgentaler,* [1988] 1 R.C.S. 30

R. c. *Oakes,* [1986] 1 R.C.S. 103

Re : opposition à une résolution pour modifier la Constitution, [1982] 2 R.C.S. 793

  Renvoi relatif à la Loi sur la procréation assistée, 2010 CSC 61

  Renvoi relatif à la Loi sur les valeurs mobilières, 2011 CSC 66

  Renvoi relatif à la rémunération des juges de la Cour provinciale de l'Île-du-Prince-Édouard, [1997] 3 R.C.S. 3

  Renvoi relatif à la sécession du Québec, [1998] 2 R.C.S. 217

  Renvoi relatif à l'assurance-chômage, [1937] A.C. 355

  Renvoi relatif au mariage entre personnes du même sexe, [2004] 3 R.C.S. 698

  Renvoi : résolution pour modifier la Constitution, [1981] 1 R.C.S. 753

  Renvoi sur les droits miniers sous-marins, [1967] R.C.S. 792

  RJR-MacDonald Inc. c. *Canada (Procureur général),* [1995] 3 R.C.S. 199

  Sauvé c. *Canada (Directeur général des élections),* [2002] 3 R.C.S. 519

  Thomson Newspapers Co. c. *Canada (Procureur général),* [1998] 1 R.C.S. 877

  Vriend c. *Alberta,* [1998] 1 R.C.S. 493

Loi constitutionnelle de 1867

30 & 31 Victoria, ch. 3 (R.-U.)

(Codifiée avec modifications)

Loi concernant l'Union et le gouvernement du Canada, de la Nouvelle-Écosse et du Nouveau-Brunswick, ainsi que les objets qui s'y rattachent.

[29 mars 1867]

Considérant que les provinces du Canada, de la Nouvelle-Écosse et du Nouveau-Brunswick ont exprimé le désir de contracter une Union Fédérale pour ne former qu'une seule et même Puissance (Dominion) sous la couronne du Royaume-Uni de la Grande-Bretagne et d'Irlande, avec une constitution reposant sur les mêmes principes que celle du Royaume-Uni:

Considérant de plus qu'une telle union aurait l'effet de développer la prospérité des provinces et de favoriser les intérêts de l'Empire Britannique:

Considérant de plus qu'il est opportun, concurremment avec l'établissement de l'union par autorité du parlement, non seulement de décréter la constitution du pouvoir législatif de la Puissance, mais aussi de définir la nature de son gouvernement exécutif:

Considérant de plus qu'il est nécessaire de pourvoir à l'admission éventuelle d'autres parties de l'Amérique du Nord britannique dans l'union: [1]

I. PRÉLIMINAIRES

Titre abrégé

1. Titre abrégé: Loi constitutionnelle de 1867. [2]
[Abrogé]
2. Abrogé. [3]

II. UNION

Établissement de l'union

3. Il sera loisible à la Reine, de l'avis du Très-Honorable Conseil Privé de Sa Majesté, de déclarer par proclamation qu'à compter du jour y désigné, mais pas plus tard que six mois après la passation de la présente loi, les provinces du Canada, de la Nouvelle-Écosse et du Nouveau-Brunswick ne formeront qu'une seule et même Puissance sous le nom de Canada; et dès ce jour, ces trois provinces ne formeront, en conséquence, qu'une seule et même Puissance sous ce nom. [4]

Interprétation des dispositions subséquentes de la loi

4. À moins que le contraire n'y apparaisse explicitement ou implicitement, le nom de Canada signifiera le Canada tel que constitué sous la présente loi. [5]

Quatre provinces

5. Le Canada sera divisé en quatre provinces, dénommées: Ontario, Québec, Nouvelle-Écosse et Nouveau-Brunswick. [6]

Province d'Ontario et Québec

6. Les parties de la province du Canada (telle qu'existant à la passation de la présente loi) qui constituaient autrefois les provinces respectives du Haut et du Bas-Canada, seront censées séparées et formeront deux provinces distinctes. La partie qui constituait autrefois la province du Haut-Canada formera la province d'Ontario; et la partie qui constituait la province du Bas-Canada formera la province de Québec.

7. Les provinces de la Nouvelle-Écosse et du Nouveau-Brunswick auront les mêmes délimitations qui leur étaient assignées à l'époque de la passation de la présente loi.

8. Dans le recensement général de la population du Canada qui, en vertu de la présente loi, devra se faire en mil huit cent soixante et onze, et tous les dix ans ensuite, il sera fait une énumération distincte des populations respectives des quatre provinces.

III. POUVOIR EXÉCUTIF

La Reine est investie du
pouvoir exécutif
Application des dispositions
relatives au gouverneur-
général

Constitution du conseil privé

Pouvoirs conférés au
gouverneur-général, en conseil
ou seul

Application des dispositions
relatives au gouverneur-général en conseil
Le gouverneur-général autorisé
à s'adjoindre des députés

Commandement des armées

Siège du gouvernement
du Canada

9. À la Reine continueront d'être et sont par la présente attribués le gouvernement et le pouvoir exécutifs du Canada.

10. Les dispositions de la présente loi relatives au gouverneur général s'étendent et s'appliquent au gouverneur général du Canada, ou à tout autre Chef Exécutif ou Administrateur pour le temps d'alors, administrant le gouvernement du Canada au nom de la Reine, quel que soit le titre sous lequel il puisse être désigné.

11. Il y aura, pour aider et aviser, dans l'administration du gouvernement du Canada, un conseil dénommé le Conseil Privé de la Reine pour le Canada ; les personnes qui formeront partie de ce conseil seront, de temps à autre, choisies et mandées par le Gouverneur-Général et assermentées comme Conseillers Privés ; les membres de ce conseil pourront, de temps à autre, être révoqués par le gouverneur-général.

12. Tous les pouvoirs, attributions et fonctions qui, par une loi du parlement de la Grande-Bretagne, ou du parlement du Royaume-Uni de la Grande-Bretagne et d'Irlande, ou de la législature du Haut-Canada, du Bas-Canada, du Canada, de la Nouvelle-Écosse ou du Nouveau-Brunswick, lors de l'union, sont ou lieutenants-gouverneurs respectifs de ces provinces ou peuvent être par eux exercés, de l'avis ou de l'avis et du consentement des conseils exécutifs de ces provinces, ou avec la coopération de ces conseils, ou d'aucun nombre de membres de ces conseils, ou par ces gouverneurs ou lieutenants-gouverneurs individuellement, seront, en tant qu'ils continueront d'exister et qu'ils pourront être exercés, après l'union, relativement au gouvernement du Canada, conférés au gouverneur-général et pourront être par lui exercés, de l'avis ou de l'avis et du consentement ou avec la coopération du Conseil Privé de la Reine pour le Canada ou d'aucun de ses membres, ou par le gouverneur-général individuellement, selon le cas ; mais ils pourront, néanmoins (sauf ceux existant en vertu de lois de la Grande-Bretagne ou du parlement du Royaume-Uni de la Grande-Bretagne et d'Irlande), être révoqués ou modifiés par le parlement du Canada. [7]

13. Les dispositions de la présente loi relatives au gouverneur-général en conseil seront interprétées de manière à s'appliquer au gouverneur-général agissant de l'avis du Conseil Privé de la Reine pour le Canada.

14. Il sera loisible à la Reine, si Sa Majesté le juge à propos, d'autoriser le gouverneur-général à nommer, de temps à autre, une ou plusieurs personnes, conjointement ou séparément, pour agir comme son ou ses députés dans aucune partie ou parties du Canada, pour, en cette capacité, exercer, durant le plaisir du gouverneur-général, les pouvoirs, attributions et fonctions du gouverneur-général, que le gouverneur-général jugera à propos ou nécessaire de lui ou leur assigner, sujet aux restrictions ou instructions formulées ou communiquées par la Reine ; mais la nomination de tel député ou députés ne pourra empêcher le gouverneur-général lui-même d'exercer les pouvoirs, attributions ou fonctions qui lui sont conférées.

15. À la Reine continuera d'être et est par la présente attribué le commandement en chef des milices de terre et de mer et de toutes les forces militaires et navales en Canada.

16. Jusqu'à ce qu'il plaise à la Reine d'en ordonner autrement, Ottawa sera le siège du gouvernement du Canada.

IV. POUVOIR LÉGISLATIF

Constitution du parlement
du Canada

17. Il y aura, pour le Canada, un parlement qui sera composé de la Reine, d'une chambre haute appelée le Sénat, et de la Chambre des Communes.

Privilèges, etc., des chambres

18. Les privilèges, immunités et pouvoirs que posséderont et exerceront le Sénat et la Chambre des Communes et les membres de ces corps respectifs, seront ceux prescrits de temps à autre par loi du Parlement du Canada; mais de manière à ce qu'aucune loi du Parlement du Canada définissant tels privilèges, immunités et pouvoirs ne donnera aucuns privilèges, immunités ou pouvoirs excédant ceux qui, lors de la passation de la présente loi, sont possédés et exercés par la Chambre des Communes du Parlement du Royaume-Uni de la Grande-Bretagne et d'Irlande et par les membres de cette Chambre. [8]

Première session du parlement

19. Le parlement du Canada sera convoqué dans un délai de pas plus de six mois après l'union. [9] [Abrogé]

20. Abrogé. [10]

Le Sénat

Nombre de sénateurs

21. Sujet aux dispositions de la présente loi, le Sénat se composera de cent cinq membres, qui seront appelés sénateurs. [11]

Représentation des provinces
au Sénat

22. En ce qui concerne la composition du Sénat, le Canada sera censé comprendre quatre divisions:

1. Ontario;

2. Québec;

3. les provinces Maritimes – la Nouvelle-Écosse et le Nouveau-Brunswick ainsi que l'Île-du-Prince-Édouard;

4. les provinces de l'Ouest: le Manitoba, la Colombie-Britannique, la Saskatchewan et l'Alberta;

les quatre divisions doivent (subordonnément aux révisions de la présente loi) être également représentées dans le Sénat, ainsi qu'il suit: Ontario par vingt-quatre sénateurs; Québec par vingt-quatre sénateurs; les Provinces maritimes et l'Île-du-Prince-Édouard par vingt-quatre sénateurs, dont dix représentent la Nouvelle-Écosse, dix le Nouveau-Brunswick, et quatre l'Île-du-Prince-Édouard; les Provinces de l'Ouest par vingt-quatre sénateurs, dont six représentent le Manitoba, six la Colombie-Britannique, six la Saskatchewan et six l'Alberta; la province de Terre-Neuve aura droit d'être représentée au Sénat par six sénateurs; le territoire du Yukon et les territoires du Nord-Ouest ont le droit d'être représentés au Sénat par un sénateur chacun.

En ce qui concerne la province de Québec, chacun des vingt-quatre sénateurs la représentant, sera nommé pour l'un des vingt-quatre collèges électoraux du Bas-Canada énumérés dans la cédule A, annexée au chapitre premier des statuts refondus du Canada. [12]

Qualités exigées des sénateurs

23. Les qualifications d'un sénateur seront comme suit:

1. Il devra être âgé de trente ans révolus;

2. Il devra être sujet-né de la Reine, ou sujet de la Reine naturalisé par loi du parlement de la Grande-Bretagne, ou du parlement du Royaume-Uni de la Grande-Bretagne et d'Irlande, ou de la législature de l'une des provinces du Haut-Canada, du Bas-Canada, du Canada, de la Nouvelle-Écosse, ou du Nouveau-Brunswick, avant l'union, ou du parlement du Canada, après l'union;

3. Il devra posséder, pour son propre usage et bénéfice, comme propriétaire en droit ou en équité, des terres ou tenements tenus en franc et commun socage, – ou être en bonne saisine ou possession, pour son propre usage et bénéfice, de terres ou tenements tenus en franc-alleu ou en roture dans la province pour laquelle il est nommé, de la valeur de quatre mille piastres en sus de toutes rentes, dettes, charges, hypothèques et redevances qui peuvent être attachées, dues et payables sur ces immeubles ou auxquelles ils peuvent être affectés;

4. Ses propriétés mobilières et immobilières devront valoir, somme toute, quatre mille piastres, en sus de toutes ses dettes et obligations;

5. Il devra être domicilié dans la province pour laquelle il est nommé;

6. En ce qui concerne la province de Québec, il devra être domicilié ou posséder sa qualification foncière dans le collège électoral dont la représentation lui est assignée. [13]

Nomination des sénateurs

24. Le gouverneur-général mandera de temps à autre au Sénat, au nom de la Reine et par instrument sous le grand sceau du Canada, des personnes ayant les qualifications voulues; et, sujettes aux dispositions de la présente loi, les personnes ainsi mandées deviendront et seront membres du Sénat et sénateurs. [Abrogé]

25. Abrogé. [14]

Nombre de sénateurs augmenté en certains cas

26. Si en aucun temps, sur la recommandation du gouverneur-général, la Reine juge à propos d'ordonner que quatre ou huit membres soient ajoutés au Sénat, le gouverneur-général pourra, par mandat adressé à quatre ou huit personnes (selon le cas) ayant les qualifications voulues, représentant également les quatre divisions du Canada, les ajouter au Sénat. [15]

Réduction du Sénat au nombre régulier

27. Dans le cas où le nombre des sénateurs serait ainsi en aucun temps augmenté, le gouverneur-général ne mandera aucune personne au Sénat, sauf sur pareil ordre de la Reine donné à la suite de la même recommandation, tant que la représentation de chacune des quatre divisions du Canada ne sera pas revenue au nombre fixe de vingt-quatre sénateurs. [16]

Maximum du nombre des sénateurs
Sénateurs nommés à vie

28. Le nombre des sénateurs ne devra en aucun temps excéder cent treize. [17]

29. (1) Sous réserve du paragraphe (2), un sénateur occupe sa place au Sénat sa vie durant, sauf les dispositions de la présente loi.

Retraite à l'âge de soixante-quinze ans

(2) Un sénateur qui est nommé au Sénat après l'entrée en vigueur du présent paragraphe occupe sa place au Sénat, sous réserve de la présente loi, jusqu'à ce qu'il atteigne l'âge de soixante-quinze ans. [18]

Les sénateurs peuvent se démettre de leurs fonctions
Cas dans lesquels les sièges des sénateurs deviendront vacants

30. Un sénateur pourra, par écrit revêtu de son seing et adressé au gouverneur-général, se démettre de ses fonctions au Sénat, après quoi son siège deviendra vacant.

31. Le siège d'un sénateur deviendra vacant dans chacun des cas suivants:

1. Si, durant deux sessions consécutives du parlement, il manque d'assister aux séances du Sénat;

2. S'il prête un serment, ou souscrit une déclaration ou reconnaissance d'allégeance, obéissance ou attachement à une puissance étrangère, ou s'il accomplit un acte qui le rend sujet ou citoyen, ou lui confère les droits et les privilèges d'un sujet ou citoyen d'une puissance étrangère;

3. S'il est déclaré en état de banqueroute ou de faillite, ou s'il a recours au bénéfice d'aucune loi concernant les faillis, ou s'il se rend coupable de concussion;

4. S'il est atteint de trahison ou convaincu de félonie, ou d'aucun crime infamant;

5. S'il cesse de posséder la qualification reposant sur la propriété ou le domicile; mais un sénateur ne sera pas réputé avoir perdu la qualification reposant sur le domicile par le seul fait de sa résidence au siège du gouvernement du Canada pendant qu'il occupe sous ce gouvernement une charge qui y exige sa présence.

Nomination en cas de vacance

32. Quand un siège deviendra vacant au Sénat par démission, décès ou toute autre cause, le gouverneur-général remplira la vacance en adressant un mandat à quelque personne capable et ayant les qualifications voulues.

Questions quant aux qualifications et vacances, etc.
Orateur du Sénat

33. S'il s'élève quelque question au sujet des qualifications d'un sénateur ou d'une vacance dans le Sénat, cette question sera entendue et décidée par le Sénat.

34. Le gouverneur-général pourra, de temps à autre, par instrument sous le grand sceau du Canada, nommer un sénateur comme orateur du Sénat, et le révoquer et en nommer un autre à sa place. [19]

Quorum du Sénat

35. Jusqu'à ce que le parlement du Canada en ordonne autrement, la présence d'au moins quinze sénateurs, y compris l'orateur, sera nécessaire pour constituer une assemblée du Sénat dans l'exercice de ses fonctions.

Votation dans le Sénat

36. Les questions soulevées dans le Sénat seront décidées à la majorité des voix, et dans tous les cas, l'orateur aura voix délibérative ; quand les voix seront également partagées, la décision sera considérée comme rendue dans la négative.

La Chambre des Communes

Constitution de la Chambre des Communes

37. La Chambre des Communes sera, sujette aux dispositions de la présente loi, composée de deux cent quatre-vingt-quinze membres, dont quatre-vingt-dix-neuf représenteront Ontario, soixante-quinze Québec, onze la Nouvelle-Écosse, dix le Nouveau-Brunswick, quatorze le Manitoba, trente-deux la Colombie-Britannique, quatre l'Île-du-Prince-Édouard, vingt-six l'Alberta, quatorze la Saskatchewan, sept Terre-Neuve, un le territoire du Yukon et deux les territoires du Nord-Ouest. [20]

Convocation de la Chambre des Communes

38. Le gouverneur-général convoquera, de temps à autre, la Chambre des Communes au nom de la Reine, par instrument sous le grand sceau du Canada.

Exclusion des sénateurs de la Chambre des Communes

39. Un sénateur ne pourra ni être élu, ni siéger, ni voter comme membre de la Chambre des Communes.

Districts électoraux des quatre provinces

40. Jusqu'à ce que le parlement du Canada en ordonne autrement, les provinces d'Ontario, de Québec, de la Nouvelle-Écosse et du Nouveau-Brunswick seront, en ce qui concerne l'élection des membres de la Chambre des Communes, divisées en districts électoraux comme suit :

1. ONTARIO

La province d'Ontario sera partagée en comtés, divisions de comtés (Ridings), cités, parties de cités et villes tels qu'énumérés dans la première annexe de la présente loi ; chacune de ces divisions formera un district électoral, et chaque district désigné dans cette annexe aura droit d'élire un membre.

2. QUÉBEC

La province de Québec sera partagée en soixante-cinq districts électoraux, comprenant les soixante-cinq divisions électorales en lesquelles le Bas-Canada est actuellement divisé en vertu du chapitre deuxième des Statuts Refondus du Canada, du chapitre soixante-quinze des Statuts Refondus pour le Bas-Canada, et de l'acte de la province du Canada de la vingt-troisième année du règne de Sa Majesté la Reine, chapitre premier, ou de toute autre loi les amendant et en force à l'époque de l'union, de telle manière que chaque division électorale constitue, pour les fins de la présente loi, un district électoral ayant droit d'élire un membre.

3. NOUVELLE-ÉCOSSE

Chacun des dix-huit comtés de la Nouvelle-Écosse formera un district électoral. Le comté d'Halifax aura droit d'élire deux membres, et chacun des autres comtés, un membre.

4. NOUVEAU-BRUNSWICK

Chacun des quatorze comtés dont se compose le Nouveau-Brunswick, y compris la cité et le comté de St. Jean, formera un district électoral. La cité de St. Jean constituera également un district électoral par elle-même. Chacun de ces quinze districts électoraux aura droit d'élire un membre. [21]

Continuation des lois actuelles d'élection

41. Jusqu'à ce que le parlement du Canada en ordonne autrement, toutes les lois en force dans les diverses provinces, à l'époque de l'union, concernant les questions suivantes ou aucune d'elles, savoir : l'éligibilité ou l'inéligibilité des candidats ou des membres de la chambre d'assemblée ou assemblée législative dans les diverses provinces, les votants aux élections de ces membres, les serments exigés des votants, les officiers-rapporteurs, leurs pouvoirs et leurs devoirs, le mode de procéder aux élections, le temps que celles-ci peuvent durer, la décision des élections contestées et les procédures y incidentes, les vacations des

sièges en parlement et l'exécution de nouveaux brefs dans les cas de vacations occasionnées par d'autres causes que la dissolution, s'appliqueront respectivement aux élections des membres envoyés à la Chambre des Communes par ces diverses provinces.

Mais, jusqu'à ce que le parlement du Canada en ordonne autrement, à chaque élection d'un membre de la Chambre des Communes pour le district d'Algoma, outre les personnes ayant droit de vote en vertu de la loi de la province du Canada, tout sujet anglais du sexe masculin, âgé de vingt-et-un ans ou plus et tenant feu et lieu, aura droit de vote. [22] [Abrogé]

42. Abrogé. [23] [Abrogé]

43. Abrogé. [24]

Orateur de la Chambre des Communes

44. La Chambre des Communes, à sa première réunion après une élection générale, procédera, avec toute la diligence possible, à l'élection de l'un de ses membres comme orateur.

Quand la charge d'orateur deviendra vacante

45. Survenant une vacance dans la charge d'orateur, par décès, démission ou autre cause, la Chambre des Communes procédera, avec toute la diligence possible, à l'élection d'un autre de ses membres comme orateur.

L'orateur exerce la présidence

46. L'orateur présidera à toutes les séances de la Chambre des Communes.

Pourvu au cas de l'absence de l'orateur

47. Jusqu'à ce que le parlement du Canada en ordonne autrement, si l'orateur, pour une raison quelconque, quitte le fauteuil de la Chambre des Communes pendant quarante-huit heures consécutives, la chambre pourra élire un autre de ses membres pour agir comme orateur; le membre ainsi élu aura et exercera, durant l'absence de l'orateur, tous les pouvoirs, privilèges et attributions de ce dernier. [25]

Quorum de la Chambre des Communes

48. La présence d'au moins vingt membres de la Chambre des Communes sera nécessaire pour constituer une assemblée de la chambre dans l'exercice de ses pouvoirs; à cette fin, l'orateur sera compté comme un membre.

Votation dans la Chambre des Communes

49. Les questions soulevées dans la Chambre des Communes seront décidées à la majorité des voix, sauf celle de l'orateur, mais lorsque les voix seront également partagées, et en ce cas seulement, l'orateur pourra voter.

Durée de la Chambre des Communes

50. La durée de la Chambre des Communes ne sera que de cinq ans, à compter du jour du rapport des brefs d'élection, à moins qu'elle ne soit plus tôt dissoute par le gouverneur-général. [26]

Révisions électorales

51. (1) À l'entrée en vigueur du présent paragraphe et, par la suite, à l'issue de chaque recensement décennal, il est procédé à la révision du nombre des députés et de la représentation des provinces à la Chambre des communes selon les pouvoirs conférés et les modalités de temps ou autres fixées en tant que de besoin par le Parlement du Canada, compte tenu des règles suivantes:

Règles

1. Il est attribué à chaque province le nombre de députés résultant de la division du chiffre de sa population par le quotient du chiffre total de la population des provinces et de deux cent soixante-dix-neuf, les résultats dont la partie décimale dépasse 0,50 étant arrondis à l'unité supérieure.

2. Le nombre total des députés d'une province demeure inchangé par rapport à la représentation qu'elle avait à la date d'entrée en vigueur du présent paragraphe si l'application de la règle 1 lui attribue un nombre inférieur à cette représentation. [27]

Yukon, Territoires du Nord-Ouest et Nunavut

(2) Le territoire du Yukon, les territoires du Nord-Ouest et le Nunavut, dans les limites et selon la description qu'en donnent respectivement l'annexe du chapitre Y-2 des Lois révisées du Canada (1985), l'article 2 du chapitre N-27 des Lois révisées du Canada (1985), dans sa version modifiée par l'article 77 du chapitre 28 des Lois du Canada de 1993, ainsi que l'article 3 du chapitre 28 des Lois du Canada de 1993, ont droit à un député chacun. [28]

Constitution de la Chambre des Communes

51A. Nonobstant quoi que ce soit en la présente loi, une province doit toujours avoir droit à un nombre de membres dans la Chambre des Communes non inférieur au nombre de sénateurs représentant cette province. [29]

Augmentation du nombre des membres de la Chambre des Communes

52. Le nombre des membres de la Chambre des Communes pourra de temps à autre être augmenté par le parlement du Canada, pourvu que la proportion établie par la présente loi dans la représentation des provinces reste intacte.

Législation financière; Sanction royale

Bill pour lever des crédits et des impôts
Recommandation des crédits

53. Tout bill ayant pour but l'appropriation d'une portion quelconque du revenu public, ou la création de taxes ou d'impôts, devra originer dans la Chambre des Communes.

54. Il ne sera pas loisible à la Chambre des Communes d'adopter aucune résolution, adresse ou bill pour l'appropriation d'une partie quelconque du revenu public, ou d'aucune taxe ou impôt, à un objet qui n'aura pas, au préalable, été recommandé à la chambre par un message du gouverneur-général durant la session pendant laquelle telle résolution, adresse ou bill est proposé.

Sanction royale aux bills, etc.

55. Lorsqu'un bill voté par les chambres du parlement sera présenté au gouverneur-général pour la sanction de la Reine, le gouverneur-général devra déclarer à sa discrétion, mais sujet aux dispositions de la présente loi et aux instructions de Sa Majesté, ou qu'il le sanctionne au nom de la Reine, ou qu'il refuse cette sanction, ou qu'il réserve le bill pour la signification du bon plaisir de la Reine.

Désaveu, par ordonnance rendue en conseil, des lois sanctionnées par le gouverneur-général

56. Lorsque le gouverneur-général aura donné sa sanction à un bill au nom de la Reine, il devra, à la première occasion favorable, transmettre une copie authentique de la loi à l'un des principaux secrétaires d'État de Sa Majesté; si la Reine en conseil, dans les deux ans après que le secrétaire d'État l'aura reçu, juge à propos de la désavouer, ce désaveu, – accompagné d'un certificat du secrétaire d'État, constatant le jour où il aura reçu la loi – étant signifié par le gouverneur-général, par discours ou message, à chacune des chambres du parlement, ou par proclamation, annulera la loi à compter du jour de telle signification.

Signification du bon plaisir de la Reine quant aux bills réservés

57. Un bill réservé à la signification du bon plaisir de la Reine n'aura ni force ni effet avant et à moins que dans les deux ans à compter du jour où il aura été présenté au gouverneur-général pour recevoir la sanction de la Reine, ce dernier ne signifie, par discours ou message, à chacune des deux chambres du parlement, ou par proclamation, qu'il a reçu la sanction de la Reine en conseil.

Ces discours, messages ou proclamations, seront consignés dans les journaux de chaque chambre, et un double dûment certifié en sera délivré à l'officier qu'il appartient pour qu'il le dépose parmi les archives du Canada.

V. CONSTITUTIONS PROVINCIALES

Pouvoir Exécutif

Lieutenants-gouverneurs des provinces

58. Il y aura, pour chaque province, un officier appelé lieutenant-gouverneur, lequel sera nommé par le gouverneur-général en conseil par instrument sous le grand sceau du Canada.

Durée des fonctions des lieutenants-gouverneurs

59. Le lieutenant-gouverneur restera en charge durant le bon plaisir du gouverneur-général; mais tout lieutenant-gouverneur nommé après le commencement de la première session du parlement du Canada, ne pourra être révoqué dans le cours des cinq ans qui suivront sa nomination, à moins qu'il n'y ait cause; et cette cause devra lui être communiquée par écrit dans le cours d'un mois après qu'aura été rendu l'ordre décrétant sa révocation, et l'être aussi par message au Sénat et à la Chambre des Communes dans le cours d'une semaine après cette révocation si le parlement est alors en session, sinon, dans le délai d'une semaine après le commencement de la session suivante du parlement.

Salaires des lieutenants-gouverneurs

60. Les salaires des lieutenants-gouverneurs seront fixés et payés par le parlement du Canada. [(30)]

Serments, etc., du lieutenant-gouverneur

61. Chaque lieutenant-gouverneur, avant d'entrer dans l'exercice de ses fonctions, prêtera et souscrira devant le gouverneur-général ou quelque personne à ce par lui autorisée, les serments d'allégeance et d'office prêtés par le gouverneur-général.

Application des dispositions relatives au lieutenant-gouverneur

62. Les dispositions de la présente loi relatives au lieutenant-gouverneur s'étendent et s'appliquent au lieutenant-gouverneur de chaque province ou à tout autre chef exécutif ou administrateur pour le temps d'alors administrant le gouvernement de la province, quel que soit le titre sous lequel il est désigné.

Conseils exécutifs d'Ontario et Québec

63. Le conseil exécutif d'Ontario et de Québec se composera des personnes que le lieutenant-gouverneur jugera, de temps à autre, à propos de nommer, et en premier lieu, des officiers suivants, savoir : le procureur-général, le secrétaire et registraire de la province, le trésorier de la province, le commissaire des terres de la couronne, et le commissaire d'agriculture et des travaux publics, et – dans la province de Québec – l'orateur du conseil législatif, et le solliciteur général. [31]

Gouvernement exécutif de la Nouvelle-Écosse et du Nouveau-Brunswick

64. La constitution de l'autorité exécutive dans chacune des provinces du Nouveau-Brunswick et de la Nouvelle-Écosse continuera, sujette aux dispositions de la présente loi, d'être celle en existence lors de l'union, jusqu'à ce qu'elle soit modifiée sous l'autorité de la présente loi. [32]

Pouvoirs conférés au lieutenant-gouverneur d'Ontario ou Québec, en conseil ou seul

65. Tous les pouvoirs, attributions et fonctions qui – par une loi du parlement de la Grande-Bretagne, ou du parlement du Royaume-Uni de la Grande-Bretagne et d'Irlande, ou de la législature du Haut-Canada, du Bas-Canada ou du Canada, avant ou lors de l'union – étaient conférés aux gouverneurs ou lieutenants-gouverneurs respectifs de ces provinces ou pouvaient être par eux exercés, de l'avis, ou de l'avis et du consentement des conseils exécutifs respectifs de ces provinces, ou avec la coopération de ces conseils ou d'aucun nombre de membres de ces conseils, ou par ces gouverneurs ou lieutenants-gouverneurs individuellement, seront en – tant qu'ils pourront être exercés après l'union, relativement au gouvernement d'Ontario et Québec respectivement – conférés au lieutenant-gouverneur d'Ontario et Québec, respectivement, et pourront être par lui exercés, de l'avis ou de l'avis et du consentement ou avec la coopération des conseils exécutifs respectifs ou d'aucun de leurs membres, ou par le lieutenant-gouverneur individuellement, selon le cas ; mais ils pourront, néanmoins (sauf ceux existant en vertu de lois de la Grande-Bretagne et d'Irlande), être révoqués ou modifiés par les législatures respectives d'Ontario et Québec. [33]

Application des dispositions relatives aux lieutenants-gouverneurs en conseil Administration en l'absence, etc., du lieutenant-gouverneur

66. Les dispositions de la présente loi relatives au lieutenant-gouverneur en conseil seront interprétées comme s'appliquant au lieutenant-gouverneur de la province agissant de l'avis de son conseil exécutif.

67. Le gouverneur-général en conseil pourra, au besoin, nommer un administrateur qui remplira les fonctions de lieutenant-gouverneur durant l'absence, la maladie ou autre incapacité de ce dernier.

Sièges des gouvernements provinciaux

68. Jusqu'à ce que le gouvernement exécutif d'une province en ordonne autrement, relativement à telle province, les sièges du gouvernement des provinces seront comme suit, savoir : pour Ontario, la cité de Toronto ; pour Québec, la cité de Québec ; pour la Nouvelle-Écosse, la cité d'Halifax ; et pour le Nouveau-Brunswick, la cité de Frédericton.

Pouvoir législatif

1. ONTARIO

Législature d'Ontario

69. Il y aura, pour Ontario, une législature composée du lieutenant-gouverneur et d'une seule chambre appelée l'assemblée législative d'Ontario.

Districts électoraux

70. L'assemblée législative d'Ontario sera composée de quatre-vingt-deux membres qui devront représenter les quatre-vingt-deux districts électoraux énumérés dans la première annexe de la présente loi. [34]

2. QUÉBEC

Législature de Québec

71. Il y aura, pour Québec, une législature composée du lieutenant-gouverneur et de deux chambres appelées le conseil législatif de Québec et l'assemblée législative de Québec. [35]

Constitution du conseil législatif

72. Le conseil législatif de Québec se composera de vingt-quatre membres, qui seront nommés par le lieutenant-gouverneur au nom de la Reine, par instrument sous le grand sceau de Québec, et devront, chacun, représenter l'un des vingt-quatre collèges électoraux du Bas-Canada mentionnés à la présente loi ; ils seront nommés à vie, à moins que la législature de Québec n'en ordonne autrement sous l'autorité de la présente loi.

Qualités exigées des conseillers législatifs

73. Les qualifications des conseillers législatifs de Québec seront les mêmes que celles des sénateurs pour Québec.

Cas dans lesquels les sièges des conseillers législatifs deviennent vacants

74. La charge de conseiller législatif de Québec deviendra vacante dans les cas, mutatis mutandis, où celle de sénateur peut le devenir.

Vacances

75. Survenant une vacance dans le conseil législatif de Québec, par démission, décès ou autre cause, le lieutenant-gouverneur, au nom de la Reine, nommera, par instrument sous le grand sceau de Québec, une personne capable et ayant les qualifications voulues pour la remplir.

Questions quant aux vacances, etc.

76. S'il s'élève quelque question au sujet des qualifications d'un conseiller législatif de Québec ou d'une vacance dans le conseil législatif de Québec, elle sera entendue et décidée par le conseil législatif.

Orateur du conseil législatif

77. Le lieutenant-gouverneur pourra, de temps à autre, par instrument sous le grand sceau de Québec, nommer un membre du conseil législatif de Québec comme orateur de ce corps, et également le révoquer et en nommer un autre à sa place.

Quorum du conseil législatif

78. Jusqu'à ce que la législature de Québec en ordonne autrement, la présence d'au moins dix membres du conseil législatif, y compris l'orateur, sera nécessaire pour constituer une assemblée du conseil dans l'exercice de ses fonctions.

Votation dans le conseil législatif de Québec

79. Les questions soulevées dans le conseil législatif de Québec seront décidées à la majorité des voix, et, dans tous les cas, l'orateur aura voix délibérative ; quand les voix seront également partagées, la décision sera considérée comme rendue dans la négative.

Constitution de l'assemblée législative de Québec

80. L'assemblée législative de Québec se composera de soixante-cinq membres, qui seront élus pour représenter les soixante-cinq divisions ou districts électoraux du Bas-Canada, mentionnés à la présente loi, sauf toute modification que pourra y apporter la législature de Québec ; mais il ne pourra être présenté au lieutenant-gouverneur de Québec, pour qu'il le sanctionne, aucun bill à l'effet de modifier les délimitations des divisions ou districts électoraux énumérés dans la deuxième annexe de la présente loi, à moins qu'il n'ait été passé à ses deuxième et troisième lectures dans l'assemblée législative avec le concours de la majorité des membres représentant toutes ces divisions ou districts électoraux ; et la sanction ne sera donnée à aucun bill de cette nature à moins qu'une adresse n'ait été présentée au lieutenant-gouverneur par l'assemblée législative déclarant que tel bill a été ainsi passé. [36]

3. ONTARIO ET QUÉBEC [ABROGÉ]

81. Abrogé. [37]

Convocation des assemblées législatives

82. Le lieutenant-gouverneur d'Ontario et de Québec devra, de temps à autre, au nom de la Reine, par instrument sous le grand sceau de la province, convoquer l'assemblée législative de la province.

Restriction quant à l'élection des personnes ayant des emplois

83. Jusqu'à ce que la législature d'Ontario ou de Québec en ordonne autrement, quiconque acceptera ou occupera dans la province d'Ontario ou dans celle de Québec, une charge, commission ou emploi, d'une nature permanente ou temporaire, à la nomination du lieutenant-gouverneur, auquel sera attaché un salaire annuel ou quelque honoraire, allocation, émolument ou profit d'un genre ou montant quelconque payé par la province,

ne sera pas éligible comme membre de l'assemblée législative de cette province, ni ne devra y siéger ou voter en cette qualité ; mais rien de contenu au présent article ne rendra inéligible aucune personne qui sera membre du conseil exécutif de chaque province respective ou qui remplira quelqu'une des charges suivantes, savoir : celles de procureur-général, secrétaire et régistraire de la province, trésorier de la province, commissaire des terres de la couronne, et commissaire d'agriculture et des travaux publics, et, dans la province de Québec, celle de solliciteur général, ni ne la rendra inhabile à siéger ou à voter dans la chambre pour laquelle elle est élue, pourvu qu'elle soit élue pendant qu'elle occupera cette charge. [38]

Continuation des lois actuelles d'élection

84. Jusqu'à ce que les législatures respectives de Québec et Ontario en ordonnent autrement, toutes les lois en force dans ces provinces respectives, à l'époque de l'union, concernant les questions suivantes ou aucune d'elles, savoir : l'éligibilité ou l'inéligibilité des candidats ou des membres de l'assemblée du Canada, les qualifications et l'absence des qualifications requises des votants, les serments exigés des votants, les officiers-rapporteurs, leurs pouvoirs et leurs devoirs, le mode de procéder aux élections, le temps que celles-ci peuvent durer, la décision des élections contestées et les procédures y incidentes, les vacations des sièges en parlement, et l'émission et l'exécution de nouveaux brefs dans les cas de vacations occasionnées par d'autres causes que la dissolution, s'appliqueront respectivement aux élections des membres élus pour les assemblées législatives d'Ontario et Québec respectivement.

Mais, jusqu'à ce que la législature d'Ontario en ordonne autrement, à chaque élection d'un membre de l'assemblée législative d'Ontario pour le district d'Algoma, outre les personnes ayant droit de vote en vertu de la loi de la province du Canada, tout sujet anglais du sexe masculin âgé de vingt-et-un ans ou plus, et tenant feu et lieu, aura droit de vote. [39]

Durée des assemblées législatives

85. La durée de l'assemblée législative d'Ontario et de l'assemblée législative de Québec ne sera que de quatre ans, à compter du jour du rapport des brefs d'élection, à moins qu'elle ne soit plus tôt dissoute par le lieutenant-gouverneur de la province. [40]

Session annuelle de la législature

86. Il y aura une session de la législature d'Ontario et de celle de Québec, une fois au moins chaque année, de manière qu'il ne s'écoule pas un intervalle de douze mois entre la dernière séance d'une session de la législature dans chaque province, et sa première séance dans la session suivante. [41]

Orateur, quorum, etc.

87. Les dispositions suivantes de la présente loi, concernant la Chambre des Communes du Canada, s'étendront et s'appliqueront aux assemblées législatives d'Ontario et de Québec, savoir : les dispositions relatives à l'élection d'un orateur en première instance et lorsqu'il surviendra des vacances, aux devoirs de l'orateur, à l'absence de ce dernier, au quorum et au mode de votation, tout comme si ces dispositions étaient ici décrétées et expressément rendues applicables à chaque assemblée législative.

4. NOUVELLE-ÉCOSSE ET NOUVEAU-BRUNSWICK

Constitution des législatures de la Nouvelle-Écosse et du Nouveau-Brunswick

88. La constitution de la législature de chacune des provinces de la Nouvelle-Écosse et du Nouveau-Brunswick continuera, sujette aux dispositions de la présente loi, d'être celle en existence à l'époque de l'union, jusqu'à ce qu'elle soit modifiée sous l'autorité de la présente loi. [42]

5. ONTARIO, QUÉBEC ET NOUVELLE-ÉCOSSE [ABROGÉ]

89. Abrogé. [43]

6. LES QUATRE PROVINCES

Application aux législatures des dispositions relatives aux crédits, etc.

90. Les dispositions suivantes de la présente loi, concernant le parlement du Canada, savoir : les dispositions relatives aux bills d'appropriation et d'impôts, à la recommandation de votes de deniers, à la sanction des bills, au désaveu des lois, et à la signification du bon plaisir quant aux bills réservés, – s'étendront et s'appliqueront aux législatures des différentes provinces, tout comme si elles étaient ici décrétées et rendues expressément applicables aux provinces respectives et à leurs législatures, en substituant toutefois le lieutenant-gouverneur de la province au gouverneur-général, le gouverneur-général à la Reine et au secrétaire d'État, un an à deux ans, et la province au Canada.

VI. DISTRIBUTION DES POUVOIRS LÉGISLATIFS

Pouvoirs du parlement

Autorité législative du parlement du Canada

91. Il sera loisible à la Reine, de l'avis et du consentement du Sénat et de la Chambre des Communes, de faire des lois pour la paix, l'ordre et le bon gouvernement du Canada, relativement à toutes les matières ne tombant pas dans les catégories de sujets par la présente loi exclusivement assignés aux législatures des provinces; mais, pour plus de garantie, sans toutefois restreindre la généralité des termes ci-haut employés dans le présent article, il est par la présente déclaré que (nonobstant toute disposition contraire énoncée dans la présente loi) l'autorité législative exclusive du parlement du Canada s'étend à toutes les matières tombant dans les catégories de sujets ci-dessous énumérés, savoir:

1. Abrogé. [44]
1A. La dette et la propriété publiques. [45]
2. La réglementation du trafic et du commerce.
2A. L'assurance-chômage. [46]
3. Le prélèvement de deniers par tous modes ou systèmes de taxation.
4. L'emprunt de deniers sur le crédit public.
5. Le service postal.
6. Le recensement et les statistiques.
7. La milice, le service militaire et le service naval, et la défense du pays.
8. La fixation et le paiement des salaires et honoraires des officiers civils et autres du gouvernement du Canada.
9. Les amarques, les bouées, les phares et l'île de Sable.
10. La navigation et les bâtiments ou navires (shipping).
11. La quarantaine et l'établissement et maintien des hôpitaux de marine.
12. Les pêcheries des côtes de la mer et de l'intérieur.
13. Les passages d'eau (ferries) entre une province et tout pays britannique ou étranger, ou entre deux provinces.
14. Le cours monétaire et le monnayage.
15. Les banques, l'incorporation des banques et l'émission du papier-monnaie.
16. Les caisses d'épargne.
17. Les poids et mesures.
18. Les lettres de change et les billets promissoires.
19. L'intérêt de l'argent.
20. Les offres légales.
21. La banqueroute et la faillite.
22. Les brevets d'invention et de découverte.
23. Les droits d'auteur.
24. Les Indiens et les terres réservées pour les Indiens.
25. La naturalisation et les aubains.
26. Le mariage et le divorce.
27. La loi criminelle, sauf la constitution des tribunaux de juridiction criminelle, mais y compris la procédure en matière criminelle.
28. L'établissement, le maintien, et l'administration des pénitenciers.
29. Les catégories de sujets expressément exceptés dans l'énumération des catégories de sujets exclusivement assignés par la présente loi aux législatures des provinces.

Et aucune des matières énoncées dans les catégories de sujets énumérés dans le présent article ne sera réputée tomber dans la catégorie des matières d'une nature locale ou privée comprises dans l'énumération des catégories de sujets exclusivement assignés par la présente loi aux législatures des provinces. [47]

Pouvoirs exclusifs des législatures provinciales

Sujets soumis au contrôle exclusif de la législation provinciale

92. Dans chaque province la législature pourra exclusivement faire des lois relatives aux matières tombant dans les catégories de sujets ci-dessous énumérés, savoir :

1. Abrogé. [48]

2. La taxation directe dans les limites de la province, dans le but de prélever un revenu pour des objets provinciaux ;

3. Les emprunts de deniers sur le seul crédit de la province ;

4. La création et la tenure des charges provinciales, et la nomination et le paiement des officiers provinciaux ;

5. L'administration et la vente des terres publiques appartenant à la province, et des bois et forêts qui s'y trouvent ;

6. L'établissement, l'entretien et l'administration des prisons publiques et des maisons de réforme dans la province ;

7. L'établissement, l'entretien et l'administration des hôpitaux, asiles, institutions et hospices de charité dans la province, autres que les hôpitaux de marine ;

8. Les institutions municipales dans la province ;

9. Les licences de boutiques, de cabarets, d'auberges, d'encanteurs et autres licences, dans le but de prélever un revenu pour des objets provinciaux, locaux, ou municipaux ;

10. Les travaux et entreprises d'une nature locale, autres que ceux énumérés dans les catégories suivantes :

a. Lignes de bateaux à vapeur ou autres bâtiments, chemins de fer, canaux, télégraphes et autres travaux et entreprises reliant la province à une autre ou à d'autres provinces, ou s'étendant au-delà des limites de la province ;

b. Lignes de bateaux à vapeur entre la province et tout pays dépendant de l'empire britannique ou tout pays étranger ;

c. Les travaux qui, bien qu'entièrement situés dans la province, seront avant ou après leur exécution déclarés par le parlement du Canada être pour l'avantage général du Canada, ou pour l'avantage de deux ou d'un plus grand nombre des provinces ;

11. L'incorporation des compagnies pour des objets provinciaux ;

12. La célébration du mariage dans la province ;

13. La propriété et les droits civils dans la province ;

14. L'administration de la justice dans la province, y compris la création, le maintien et l'organisation de tribunaux de justice pour la province, ayant juridiction civile et criminelle, y compris la procédure en matières civiles dans ces tribunaux ;

15. L'infliction de punitions par voie d'amende, pénalité, ou emprisonnement, dans le but de faire exécuter toute loi de la province décrétée au sujet des matières tombant dans aucune des catégories de sujets énumérés dans le présent article ;

16. Généralement toutes les matières d'une nature purement locale ou privée dans la province.

Ressources naturelles non renouvelables, ressources forestières et énergie électrique

Compétence provinciale

92A. (1) La législature de chaque province a compétence exclusive pour légiférer dans les domaines suivants :

a) prospection des ressources naturelles non renouvelables de la province ;

b) exploitation, conservation et gestion des ressources naturelles non renouvelables et des ressources forestières de la province, y compris leur rythme de production primaire ;

c) aménagement, conservation et gestion des emplacements et des installations de la province destinés à la production d'énergie électrique.

Exportation hors des provinces

(2) La législature de chaque province a compétence pour légiférer en ce qui concerne l'exportation, hors de la province, à destination d'une autre partie du Canada, de la production primaire tirée des ressources naturelles non renouvelables et des ressources forestières de la province, ainsi que de la production d'énergie électrique de la province, sous réserve de ne pas adopter de lois autorisant ou prévoyant des disparités de prix ou des disparités dans les exportations destinées à une autre partie du Canada.

Pouvoir du Parlement

(3) Le paragraphe (2) ne porte pas atteinte au pouvoir du Parlement de légiférer dans les domaines visés à ce paragraphe, les dispositions d'une loi du Parlement adoptée dans ces domaines l'emportant sur les dispositions incompatibles d'une loi provinciale.

Taxation des ressources

(4) La législature de chaque province a compétence pour prélever des sommes d'argent par tout mode ou système de taxation :

a) des ressources naturelles non renouvelables et des ressources forestières de la province, ainsi que de la production primaire qui en est tirée ;

b) des emplacements et des installations de la province destinés à la production d'énergie électrique, ainsi que de cette production même.

Cette compétence peut s'exercer indépendamment du fait que la production en cause soit ou non, en totalité ou en partie, exportée hors de la province, mais les lois adoptées dans ces domaines ne peuvent autoriser ou prévoir une taxation qui établisse une distinction entre la production exportée à destination d'une autre partie du Canada et la production non exportée hors de la province.

« Production primaire »

(5) L'expression « production primaire » a le sens qui lui est donné dans la sixième annexe.

Pouvoirs ou droits existants

(6) Les paragraphes (1) à (5) ne portent pas atteinte aux pouvoirs ou droits détenus par la législature ou le gouvernement d'une province lors de l'entrée en vigueur du présent article. [49]

Éducation

93. Dans chaque province, la législature pourra exclusivement décréter des lois relatives à l'éducation, sujettes et conformes aux dispositions suivantes :

Législation au sujet de l'éducation

(1) Rien dans ces lois ne devra préjudicier à aucun droit ou privilège conféré, lors de l'union, par la loi à aucune classe particulière de personnes dans la province, relativement aux écoles séparées (denominational) ;

(2) Tous les pouvoirs, privilèges et devoirs conférés et imposés par la loi dans le Haut-Canada, lors de l'union, aux écoles séparées et aux syndics d'écoles des sujets catholiques romains de Sa Majesté, seront et sont par la présente étendus aux écoles dissidentes des sujets protestants et catholiques romains de la Reine dans la province de Québec ;

(3) Dans toute province où un système d'écoles séparées ou dissidentes existera par la loi, lors de l'union, ou sera subséquemment établi par la législature de la province – il pourra être interjeté appel au gouverneur-général en conseil de toute loi ou décision d'aucune autorité provinciale affectant aucun des droits ou privilèges de la minorité protestante ou catholique romaine des sujets de Sa Majesté relativement à l'éducation ;

(4) Dans le cas où il ne serait pas décrété telle loi provinciale que, de temps à autre, le gouverneur-général en conseil jugera nécessaire pour donner suite et exécution aux dispositions du présent article, – ou dans le cas où quelque décision du gouverneur-général en conseil, sur appel interjeté en vertu du présent article, ne serait pas mise à exécution par l'autorité provinciale compétente – alors et en tout tel cas, et en tant seulement que les circonstances de chaque cas l'exigeront, le parlement du Canada pourra décréter des lois propres à y remédier pour donner suite et exécution aux dispositions du présent article, ainsi qu'à toute décision rendue par le gouverneur-général en conseil sous l'autorité de ce même article. [50]

Québec

93A. Les paragraphes (1) à (4) de l'article 93 ne s'appliquent pas au Québec. [51]

Uniformité des lois dans Ontario, la Nouvelle-Écosse et le Nouveau-Brunswick

Uniformité des lois dans trois provinces

94. Nonobstant toute disposition contraire énoncée dans la présente loi, le parlement du Canada pourra adopter des mesures à l'effet de pourvoir à l'uniformité de toutes les lois ou de parties des lois relatives à la propriété et aux droits civils dans Ontario, la Nouvelle-Écosse et le Nouveau-Brunswick, et de la procédure dans tous les tribunaux ou aucun des tribunaux de ces trois provinces ; et depuis et après la passation de toute loi à cet effet, le pouvoir du parlement du Canada de décréter des lois relatives aux sujets énoncés dans telles lois, sera illimité, nonobstant toute chose au contraire dans la présente loi ; mais toute loi du parlement du Canada pourvoyant à cette uniformité n'aura d'effet dans une province qu'après avoir été adoptée et décrétée par la législature de cette province.

Pensions de vieillesse

Législation concernant les pensions de vieillesse et les prestations additionnelles

94A. Le Parlement du Canada peut légiférer sur les pensions de vieillesse et prestations additionnelles, y compris des prestations aux survivants et aux invalides sans égard à leur âge, mais aucune loi ainsi édictée ne doit porter atteinte à l'application de quelque loi présente ou future d'une législature provinciale en ces matières. [52]

Agriculture et Immigration

Pouvoir concurrent de décréter des lois au sujet de l'agriculture, etc.

95. Dans chaque province, la législature pourra faire des lois relatives à l'agriculture et à l'immigration dans cette province ; et il est par la présente déclaré que le parlement du Canada pourra de temps à autre faire des lois relatives à l'agriculture et à l'immigration dans toutes les provinces ou aucune d'elles en particulier ; et toute loi de la législature d'une province relative à l'agriculture ou à l'immigration n'y aura d'effet qu'aussi longtemps et que tant qu'elle ne sera incompatible avec aucune des lois du parlement du Canada.

VII. JUDICATURE

Nomination des juges

96. Le gouverneur-général nommera les juges des cours supérieures, de district et de comté dans chaque province, sauf ceux des cours de vérification dans la Nouvelle-Écosse et le Nouveau-Brunswick.

Choix des juges dans Ontario, etc.

97. Jusqu'à ce que les lois relatives à la propriété et aux droits civils dans Ontario, la Nouvelle-Écosse et le Nouveau-Brunswick, et à la procédure dans les cours de ces provinces, soient rendues uniformes, les juges des cours de ces provinces qui seront nommés par le gouverneur-général devront être choisis parmi les membres des barreaux respectifs de ces provinces.

Choix des juges dans Québec

98. Les juges des cours de Québec seront choisis parmi les membres du barreau de cette province.

Durée des fonctions des juges

99. (1) Sous réserve du paragraphe (2) du présent article, les juges des cours supérieures resteront en fonction durant bonne conduite, mais ils pourront être révoqués par le gouverneur général sur une adresse du Sénat et de la Chambre des Communes.

Cessation des fonctions à l'âge de 75 ans

(2) Un juge d'une cour supérieure, nommé avant ou après l'entrée en vigueur du présent article, cessera d'occuper sa charge lorsqu'il aura atteint l'âge de soixante-quinze ans, ou à l'entrée en vigueur du présent article si, à cette époque, il a déjà atteint ledit âge. [53]

Salaires, etc., des juges

100. Les salaires, allocations et pensions des juges des cours supérieures, de district et de comté (sauf les cours de vérification dans la Nouvelle-Écosse et le Nouveau-Brunswick)

et des cours de l'Amirauté, lorsque les juges de ces dernières sont alors salariés, seront fixés et payés par le parlement du Canada. [(54)]

Cour générale d'appel, etc.

101. Le parlement du Canada pourra, nonobstant toute disposition contraire énoncée dans la présente loi, lorsque l'occasion le requerra, adopter des mesures à l'effet de créer, maintenir et organiser une cour générale d'appel pour le Canada, et établir des tribunaux additionnels pour la meilleure administration des lois du Canada. [(55)]

VIII. REVENUS ; DETTES ; ACTIFS ; TAXE

Création d'un fonds consolidé de revenu

102. Tous les droits et revenus que les législatures respectives du Canada, de la Nouvelle-Écosse et du Nouveau-Brunswick, avant et à l'époque de l'union, avaient le pouvoir d'approprier, sauf ceux réservés par la présente loi aux législatures respectives des provinces, ou qui seront perçus par elles conformément aux pouvoirs spéciaux qui leur sont conférés par la présente loi, formeront un fonds consolidé de revenu pour être approprié au service public du Canada de la manière et soumis aux charges prévues par la présente loi.

Frais de perception, etc.

103. Le fonds consolidé de revenu du Canada sera permanemment grevé des frais, charges et dépenses encourus pour le, administrer et recouvrer, lesquels constitueront la première charge sur ce fonds et pourront être soumis à telles révision et audition qui seront ordonnées par le gouverneur-général en conseil jusqu'à ce que le parlement y pourvoie autrement.

Intérêt des dettes publiques provinciales

104. L'intérêt annuel des dettes publiques des différentes provinces du Canada, de la Nouvelle-Écosse et du Nouveau-Brunswick, lors de l'union, constituera la seconde charge sur le fonds consolidé de revenu du Canada.

Traitement du gouverneur-général

105. Jusqu'à modification par le parlement du Canada, le salaire du gouverneur-général sera de dix mille louis, cours sterling du Royaume-Uni de la Grande-Bretagne et d'Irlande ; cette somme sera acquittée sur le fonds consolidé de revenu du Canada et constituera la troisième charge sur ce fonds. [(56)]

Emploi du fonds consolidé

106. Sujet aux différents paiements dont est grevé par la présente loi le fonds consolidé de revenu du Canada, ce fonds sera approprié par le parlement du Canada au service public.

Transfert des valeurs, etc.

107. Tous les fonds, argent en caisse, balances entre les mains des banquiers et valeurs appartenant à chaque province à l'époque de l'union, sauf les exceptions énoncées à la présente loi, deviendront la propriété du Canada et seront déduits du montant des dettes respectives des provinces lors de l'union.

Transfert des propriétés énumérées dans l'annexe
Propriété des terres, mines, etc.

108. Les travaux et propriétés publics de chaque province, énumérés dans la troisième annexe de la présente loi, appartiendront au Canada.

109. Toutes les terres, mines, minéraux et réserves royales appartenant aux différentes provinces du Canada, de la Nouvelle-Écosse et du Nouveau-Brunswick lors de l'union, et toutes les sommes d'argent alors dues ou payables pour ces terres, mines, minéraux et réserves royales, appartiendront aux différentes provinces d'Ontario, Québec, la Nouvelle-Écosse et le Nouveau-Brunswick, dans lesquelles ils sont sis et situés, ou exigibles, restant toujours soumis aux charges dont ils sont grevés, ainsi qu'à tous intérêts autres que ceux que peut y avoir la province. [(57)]

Actif et dettes provinciales

110. La totalité de l'actif inhérent aux portions de la dette publique assumées par chaque province, appartiendra à cette province.

Responsabilité des dettes provinciales
Responsabilité des dettes d'Ontario et Québec

111. Le Canada sera responsable des dettes et obligations de chaque province existantes lors de l'union.

112. Les provinces d'Ontario et Québec seront conjointement responsables envers le Canada de l'excédent (s'il en est) de la dette de la province du Canada, si, lors de l'union, elle dépasse soixante-deux millions cinq cent mille piastres, et tenues au paiement de l'intérêt de cet excédent au taux de cinq pour cent par année.

Actif d'Ontario et Québec

113. L'actif énuméré dans la quatrième annexe de la présente loi, appartenant, lors de l'union, à la province du Canada, sera la propriété d'Ontario et Québec conjointement.

Dette de la Nouvelle-Écosse

114. sera responsable envers le Canada de l'excédent (s'il en est) de sa dette publique si, lors de l'union, elle dépasse huit millions de piastres, et tenue au paiement de l'intérêt de cet excédent au taux de cinq pour cent par année. [58]

Dette du Nouveau-Brunswick

115. Le Nouveau-Brunswick sera responsable envers le Canada de l'excédent (s'il en est) de sa dette publique, si lors de l'union, elle dépasse sept millions de piastres, et tenu au paiement de l'intérêt de cet excédent au taux de cinq pour cent par année.

Paiement d'intérêt à la Nouvelle-Écosse et au Nouveau-Brunswick

116. Dans le cas où, lors de l'union, les dettes publiques de la Nouvelle-Écosse et du Nouveau-Brunswick seraient respectivement moindres que huit millions et sept millions de piastres, ces provinces auront droit de recevoir, chacune, du gouvernement du Canada, en paiements semi-annuels et d'avance, l'intérêt au taux de cinq pour cent par année sur la différence qui existera entre le chiffre réel de leurs dettes respectives et le montant ainsi arrêté.

Propriétés publiques provinciales

117. Les diverses provinces conserveront respectivement toutes leurs propriétés publiques dont il n'est pas autrement disposé dans la présente loi, sujettes au droit du Canada de prendre les terres ou les propriétés publiques dont il aura besoin pour les fortifications ou la défense du pays. [Abrogé]

118. Abrogé. [59]

Subvention additionnelle au Nouveau-Brunswick

119. Le Nouveau-Brunswick recevra du Canada, en paiements semi-annuels et d'avance, durant une période de dix ans à compter de l'union, une subvention supplémentaire de soixante-trois mille piastres par année ; mais tant que la dette publique de cette province restera au dessous de sept millions de piastres, il sera déduit sur cette somme de soixante-trois mille piastres, un montant égal à l'intérêt à cinq pour cent par année sur telle différence. [60]

Forme des paiements

120. Tous les paiements prescrits par la présente loi, ou destinés à éteindre les obligations contractées en vertu d'une loi des provinces du Canada, de la Nouvelle-Écosse et du Nouveau-Brunswick respectivement et assumé par le Canada, seront faits, jusqu'à ce que le parlement du Canada l'ordonne autrement, en la forme et manière que le gouverneur-général en conseil pourra prescrire de temps à autre.

Manufactures canadiennes, etc.

121. Tous articles du crû, de la provenance ou manufacture d'aucune des provinces seront, à dater de l'union, admis en franchise dans chacune des autres provinces.

Continuation des lois de douane et d'accise

122. Les lois de douane et d'accise de chaque province demeureront en force, sujettes aux dispositions de la présente loi, jusqu'à ce qu'elles soient modifiées par le parlement du Canada. [61]

Exportation et importation entre deux provinces

123. Dans le cas où des droits de douane seraient, à l'époque de l'union, imposables sur des articles, denrées ou marchandises, dans deux provinces, ces articles, denrées ou marchandises pourront, après l'union, être importés de l'une de ces deux provinces dans l'autre, sur preuve du paiement des droits de douane dont ils sont frappés dans la province d'où ils sont exportés, et sur paiement de tout surplus de droits de douane (s'il en est) dont ils peuvent être frappés dans la province où ils sont importés. [62]

Impôt sur les bois au Nouveau-Brunswick

124. Rien dans la présente loi ne préjudiciera au privilège garanti au Nouveau-Brunswick de prélever sur les bois de construction les droits établis par le chapitre quinze du titre trois des statuts revisés du Nouveau-Brunswick, ou par toute loi l'amendant avant ou après l'union, mais n'augmentant pas le chiffre de ces droits ; et les bois de construction des provinces autres que le Nouveau-Brunswick ne seront pas passibles de ces droits. [63]

Terres publiques, etc., exemptées des taxes

125. Nulle terre ou propriété appartenant au Canada ou à aucune province en particulier ne sera sujette à la taxation.

Fonds consolidé du revenu provincial

126. Les droits et revenus que les législatures respectives du Canada, de la Nouvelle-Écosse et du Nouveau-Brunswick avaient, avant l'union, le pouvoir d'approprier, et qui sont, par la présente loi, réservés aux gouvernements ou législatures des provinces respectives, et tous les droits et revenus perçus par elles conformément aux pouvoirs spéciaux qui leur sont

conférés par la présente loi, formeront dans chaque province un fonds consolidé de revenu qui sera approprié au service public de la province.

IX. DISPOSITIONS DIVERSES

Dispositions Générales [Abrogé]

127. Abrogé. [64]

Serment d'allégeance, etc.

128. Les membres du Sénat ou de la Chambre des Communes du Canada devront, avant d'entrer dans l'exercice de leurs fonctions, prêter et souscrire, devant le gouverneur-général ou quelque personne à ce par lui autorisée, et pareillement, les membres du conseil législatif ou de l'assemblée législative d'une province devront, avant d'entrer dans l'exercice de leurs fonctions, prêter et souscrire, devant le lieutenant-gouverneur de la province ou quelque personne à ce par lui autorisée, le serment d'allégeance énoncé dans la cinquième annexe de la présente loi ; et les membres du Sénat du Canada et du conseil législatif de Québec devront aussi, avant d'entrer dans l'exercice de leurs fonctions, prêter et souscrire, devant le gouverneur-général ou quelque personne à ce par lui autorisée, la déclaration des qualifications énoncée dans la même annexe.

Les lois, tribunaux et fonction-naires actuels continueront d'exister, etc.

129. Sauf toute disposition contraire prescrite par la présente loi, toutes les lois en force en Canada, dans la Nouvelle-Écosse ou le Nouveau-Brunswick, lors de l'union, tous les tribunaux de juridiction civile et criminelle, toutes les commissions, pouvoirs et autorités ayant force légale, et tous les officiers judiciaires, administratifs et ministériels, en existence dans ces provinces à l'époque de l'union, continueront d'exister dans les provinces d'Ontario, de Québec, de la Nouvelle-Écosse et du Nouveau-Brunswick respectivement, comme si l'union n'avait pas eu lieu ; mais ils pourront, néanmoins (sauf les cas prévus par des lois du parlement de la Grande-Bretagne ou du parlement du Royaume-Uni de la Grande-Bretagne et d'Irlande), être révoqués, abolis ou modifiés par le parlement du Canada, ou par la législature de la province respective, conformément à l'autorité du parlement ou de cette législature en vertu de la présente loi. [65]

Fonctionnaires transférés au service du Canada

130. Jusqu'à ce que le parlement du Canada en ordonne autrement, tous les officiers des diverses provinces ayant à remplir des devoirs relatifs à des matières autres que celles tombant dans les catégories de sujets assignés exclusivement par la présente loi aux législatures des provinces, seront officiers du Canada et continueront à remplir les devoirs de leurs charges respectives sous les mêmes obligations et pénalités que si l'union n'avait pas eu lieu. [66]

Nomination des nouveaux officiers

131. Jusqu'à ce que le parlement du Canada en ordonne autrement, le gouverneur-général en conseil pourra de temps à autre nommer les officiers qu'il croira nécessaires ou utiles à l'exécution efficace de la présente loi.

Obligations naissant des traités

132. Le parlement et le gouvernement du Canada auront tous les pouvoirs nécessaires pour remplir envers les pays étrangers, comme portion de l'empire Britannique, les obligations du Canada ou d'aucune de ses provinces, naissant de traités conclus entre l'empire et ces pays étrangers.

Usage facultatif et obligatoire des langues française et anglaise

133. Dans les chambres du parlement du Canada et les chambres de la législature de Québec, l'usage de la langue française ou de la langue anglaise, dans les débats, sera facultatif ; mais dans la rédaction des archives, procès-verbaux et journaux respectifs de ces chambres, l'usage de ces deux langues sera obligatoire ; et dans toute plaidoirie ou pièce de procédure par-devant les tribunaux ou émanant des tribunaux du Canada qui seront établis sous l'autorité de la présente loi, et par-devant tous les tribunaux ou émanant des tribunaux de Québec, il pourra être fait également usage, à faculté, de l'une ou de l'autre de ces langues.

Les lois du parlement du Canada et de la législature de Québec devront être imprimées et publiées dans ces deux langues. [67]

Ontario et Québec

Nomination des fonctionnaires exécutifs pour Ontario et Québec

134. Jusqu'à ce que la législature d'Ontario ou de Québec en ordonne autrement, les lieutenants-gouverneurs d'Ontario et de Québec pourront, chacun, nommer sous le grand sceau de la province, les fonctionnaires suivants qui resteront en charge durant bon plaisir, savoir : le procureur-général, le secrétaire et régistraire de la province, le trésorier de la province, le commissaire des terres de la couronne, et le commissaire d'agriculture et des travaux publics, et, en ce qui concerne Québec, le solliciteur-général ; ils pourront aussi, par ordonnance du lieutenant-gouverneur en conseil, prescrire de temps à autre les attributions de ces fonctionnaires et des divers départements placés sous leur contrôle ou dont ils relèvent, et des officiers et employés y attachés ; et ils pourront également nommer d'autres fonctionnaires qui resteront en charge durant bon plaisir, et prescrire, de temps à autre, leurs attributions et celles des divers départements placés sous leur contrôle ou dont ils relèvent, et des officiers et employés y attachés. [68])

Pouvoirs, devoirs, etc., des fonctionnaires exécutifs

135. Jusqu'à ce que la législature d'Ontario ou de Québec en ordonne autrement, tous les droits, pouvoirs, devoirs, fonctions, obligations ou attributions conférés ou imposés aux procureur-général, solliciteur-général, secrétaire et régistraire de la province du Canada, ministre des finances, commissaire des terres de la couronne, commissaire des travaux publics, et ministre de l'agriculture et receveur-général, lors de la passation de la présente loi, par toute loi, statut ou ordonnance du Haut-Canada, du Bas-Canada ou du Canada, n'étant pas d'ailleurs incompatibles avec la présente loi, seront conférés ou imposés à tout fonctionnaire qui sera nommé par le lieutenant-gouverneur pour l'exécution de ces fonctions ou d'aucune d'elles ; le commissaire d'agriculture et des travaux publics remplira les devoirs et les fonctions de ministre d'agriculture prescrits, lors de la passation de la présente loi, par la loi de la province du Canada, ainsi que ceux de commissaire des travaux publics. [69]

Grands sceaux

136. Jusqu'à modification par le lieutenant-gouverneur en conseil, les grands sceaux d'Ontario et de Québec respectivement seront les mêmes ou d'après le même modèle que ceux usités dans les provinces du Haut et du Bas-Canada respectivement avant leur union comme province du Canada.

Interprétation des lois temporaires

137. Les mots « et de là jusqu'à la fin de la prochaine session de la législature », ou autres mots de la même teneur, employés dans une loi temporaire de la province du Canada non-expirée avant l'union, seront censés signifier la prochaine session du parlement du Canada, si l'objet de la loi tombe dans la catégorie des pouvoirs attribués à ce parlement et définis dans la présente constitution, si non, aux prochaines sessions des législatures d'Ontario et de Québec respectivement, si l'objet de la loi tombe dans la catégorie des pouvoirs attribués à ces législatures et définis dans la présente loi.

Citations erronées

138. Depuis et après l'époque de l'union, l'insertion des mots « Haut-Canada » au lieu « d'Ontario », ou « Bas-Canada » au lieu de « Québec », dans tout acte, bref, procédure, plaidoirie, document, matière ou chose, n'aura pas l'effet de l'invalider.

Proclamations ne devant prendre effet qu'après l'union

139. Toute proclamation sous le grand sceau de la province du Canada, lancée antérieurement à l'époque de l'union, pour avoir effet à une date postérieure à l'union, qu'elle ait trait à cette province ou au Haut-Canada ou au Bas-Canada, et les diverses matières et choses y énoncées auront et continueront d'y avoir la même force et le même effet que si l'union n'avait pas eu lieu. [70]

Proclamations lancées après l'union

140. Toute proclamation dont l'émission sous le grand sceau de la province du Canada est autorisée par quelque loi de la législature de la province du Canada, qu'elle ait trait à cette province ou au Haut-Canada ou au Bas-Canada, et qui n'aura pas été lancée avant l'époque de l'union, pourra l'être par le lieutenant-gouverneur d'Ontario ou de Québec (selon le cas), sous le grand sceau de la province ; et, à compter de l'émission de cette proclamation, les diverses matières et choses y énoncées auront et continueront d'avoir la même force et le même effet dans Ontario ou Québec que si l'union n'avait pas eu lieu. [71]

Pénitencier

141. Le pénitencier de la province du Canada, jusqu'à ce que le parlement du Canada en ordonne autrement, sera et continuera d'être le pénitencier d'Ontario et de Québec. [72]

Dettes renvoyées à l'arbitrage

142. Le partage et la répartition des dettes, crédits, obligations, propriétés et de l'actif du Haut et du Bas-Canada seront renvoyés à la décision de trois arbitres, dont l'un sera choisi par le gouvernement d'Ontario, l'un par le gouvernement de Québec, et l'autre par le gouvernement du Canada ; le choix des arbitres n'aura lieu qu'après que le parlement du Canada et les législatures d'Ontario et de Québec auront été réunis ; l'arbitre choisi par le gouvernement du Canada ne devra être domicilié ni dans Ontario ni dans Québec. [73]

Partage des archives

143. Le gouverneur-général en conseil pourra de temps à autre ordonner que les archives, livres et documents de la province du Canada qu'il jugera à propos de désigner, soient remis et transférés à Ontario ou à Québec, et ils deviendront dès lors la propriété de cette province ; toute copie ou extrait de ces documents, dûment certifiée par l'officier ayant la garde des originaux, sera reçue comme preuve. [74]

Établissement de townships dans Québec

144. Le lieutenant-gouverneur de Québec pourra, de temps à autre, par proclamation sous le grand sceau de la province devant venir en force au jour y mentionné, établir des townships dans les parties de la province de Québec dans lesquelles il n'en a pas encore été établi, et en fixer les tenants et aboutissants.

X. CHEMIN DE FER INTERCOLONIAL [ABROGÉ]

145. Abrogé. [75]

XI. ADMISSION DES AUTRES COLONIES

Pouvoir d'admettre Terreneuve, etc.

146. Il sera loisible à la Reine, de l'avis du très-honorable Conseil Privé de Sa Majesté, sur la présentation d'adresses de la part des chambres du Parlement du Canada, et des chambres des législatures respectives des colonies ou provinces de Terreneuve, de l'Île du Prince Édouard et de la Colombie Britannique, d'admettre ces colonies ou provinces, ou aucune d'elles dans l'union, et, sur la présentation d'adresses de la part des chambres du parlement du Canada, d'admettre la Terre de Rupert et le Territoire du Nord-Ouest, ou l'une ou l'autre de ces possessions, dans l'union, aux termes et conditions, dans chaque cas, qui seront exprimés dans les adresses et que la Reine jugera convenable d'approuver, conformément à la présente ; les dispositions de tous ordres en conseil rendus à cet égard, auront le même effet que si elles avaient été décrétées par le parlement du Royaume-Uni de la Grande-Bretagne et d'Irlande. [76]

Représentation de Terreneuve et l'Île du Prince-Édouard au Sénat

147. Dans le cas de l'admission de Terreneuve et de l'Île du Prince Édouard, ou de l'une ou de l'autre de ces colonies, chacune aura droit d'être représentée par quatre membres dans le Sénat du Canada ; et (nonobstant toute disposition contraire énoncée dans la présente loi) dans le cas de l'admission de Terreneuve, le nombre normal des sénateurs sera de soixante-seize et son maximum de quatre-vingt-deux ; mais lorsque l'Île du Prince Édouard sera admise, elle sera censée comprise dans la troisième des trois divisions en lesquelles le Canada est, relativement à la composition du Sénat, partagé par la présente loi ; et, en conséquence, après l'admission de l'Île du Prince Édouard, que Terreneuve soit admise ou non, la représentation de la Nouvelle-Écosse et du Nouveau-Brunswick dans le Sénat, au fur et à mesure que des sièges deviendront vacants, sera réduite de douze à dix membres respectivement ; la représentation de chacune de ces provinces ne sera jamais augmentée au delà de dix membres, sauf sous l'autorité des dispositions de la présente loi relatives à la nomination de trois ou six sénateurs supplémentaires en conséquence d'un ordre de la Reine. [77]

Loi constitutionnelle de 1982[80]

Édictée comme l'annexe B de la Loi de 1982 sur le Canada, 1982, ch. 11 (R.-U.), entrée en vigueur le 17 avril 1982.

PARTIE I
Charte canadienne des droits et libertés

Attendu que le Canada est fondé sur des principes qui reconnaissent la suprématie de Dieu et la primauté du droit:

Garantie des droits et libertés

Droits et libertés au Canada

1. La Charte canadienne des droits et libertés garantit les droits et libertés qui y sont énoncés. Ils ne peuvent être restreints que par une règle de droit, dans des limites qui soient raisonnables et dont la justification puisse se démontrer dans le cadre d'une société libre et démocratique.

Libertés fondamentales

Libertés fondamentales

2. Chacun a les libertés fondamentales suivantes:
a) liberté de conscience et de religion;
b) liberté de pensée, de croyance, d'opinion et d'expression, y compris la liberté de la presse et des autres moyens de communication;
c) liberté de réunion pacifique;
d) liberté d'association.

Droits démocratiques

Droits démocratiques des citoyens

3. Tout citoyen canadien a le droit de vote et est éligible aux élections législatives fédérales ou provinciales.

Mandat maximal des assemblées

4. (1) Le mandat maximal de la Chambre des communes et des assemblées législatives est de cinq ans à compter de la date fixée pour le retour des brefs relatifs aux élections générales correspondantes. [81]

Prolongations spéciales

(2) Le mandat de la Chambre des communes ou celui d'une assemblée législative peut être prolongé respectivement par le Parlement ou par la législature en question au-delà de cinq ans en cas de guerre, d'invasion ou d'insurrection, réelles ou appréhendées, pourvu que cette prolongation ne fasse pas l'objet d'une opposition exprimée par les voix de plus du tiers des députés de la Chambre des communes ou de l'assemblée législative. [82]

Séance annuelle

5. Le Parlement et les législatures tiennent une séance au moins une fois tous les douze mois. [83]

Liberté de circulation et d'établissement

Liberté de circulation

6. (1) Tout citoyen canadien a le droit de demeurer au Canada, d'y entrer ou d'en sortir.

Liberté d'établissement

(2) Tout citoyen canadien et toute personne ayant le statut de résident permanent au Canada ont le droit :

a) de se déplacer dans tout le pays et d'établir leur résidence dans toute province ;

b) de gagner leur vie dans toute province.

Restriction

(3) Les droits mentionnés au paragraphe (2) sont subordonnés :

a) aux lois et usages d'application générale en vigueur dans une province donnée, s'ils n'établissent entre les personnes aucune distinction fondée principalement sur la province de résidence antérieure ou actuelle ;

b) aux lois prévoyant de justes conditions de résidence en vue de l'obtention des services sociaux publics.

Programmes de promotion sociale

(4) Les paragraphes (2) et (3) n'ont pas pour objet d'interdire les lois, programmes ou activités destinés à améliorer, dans une province, la situation d'individus défavorisés socialement ou économiquement, si le taux d'emploi dans la province est inférieur à la moyenne nationale.

Garanties juridiques

Vie, liberté et sécurité

7. Chacun a droit à la vie, à la liberté et à la sécurité de sa personne ; il ne peut être porté atteinte à ce droit qu'en conformité avec les principes de justice fondamentale.

Fouilles, perquisitions ou saisies

8. Chacun a droit à la protection contre les fouilles, les perquisitions ou les saisies abusives.

Détention ou emprisonnement

9. Chacun a droit à la protection contre la détention ou l'emprisonnement arbitraires.

Arrestation ou détention

10. Chacun a le droit, en cas d'arrestation ou de détention :

a) d'être informé dans les plus brefs délais des motifs de son arrestation ou de sa détention ;

b) d'avoir recours sans délai à l'assistance d'un avocat et d'être informé de ce droit ;

c) de faire contrôler, par habeas corpus, la légalité de sa détention et d'obtenir, le cas échéant, sa libération.

Affaires criminelles et pénales

11. Tout inculpé a le droit :

a) d'être informé sans délai anormal de l'infraction précise qu'on lui reproche ;

b) d'être jugé dans un délai raisonnable ;

c) de ne pas être contraint de témoigner contre lui-même dans toute poursuite intentée contre lui pour l'infraction qu'on lui reproche ;

d) d'être présumé innocent tant qu'il n'est pas déclaré coupable, conformément à la loi, par un tribunal indépendant et impartial à l'issue d'un procès public et équitable ;

e) de ne pas être privé sans juste cause d'une mise en liberté assortie d'un cautionnement raisonnable ;

f) sauf s'il s'agit d'une infraction relevant de la justice militaire, de bénéficier d'un procès avec jury lorsque la peine maximale prévue pour l'infraction dont il est accusé est un emprisonnement de cinq ans ou une peine plus grave ;

g) de ne pas être déclaré coupable en raison d'une action ou d'une omission qui, au moment où elle est survenue, ne constituait pas une infraction d'après le droit interne du Canada ou le droit international et n'avait pas de caractère criminel d'après les principes généraux de droit reconnus par l'ensemble des nations ;

h) d'une part de ne pas être jugé de nouveau pour une infraction dont il a été définitivement acquitté, d'autre part de ne pas être jugé ni puni de nouveau pour une infraction dont il a été définitivement déclaré coupable et puni ;

i) de bénéficier de la peine la moins sévère, lorsque la peine qui sanctionne l'infraction dont il est déclaré coupable est modifiée entre le moment de la perpétration de l'infraction et celui de la sentence.

Cruauté
12. Chacun a droit à la protection contre tous traitements ou peines cruels et inusités.

Témoignage incriminant
13. Chacun a droit à ce qu'aucun témoignage incriminant qu'il donne ne soit utilisé pour l'incriminer dans d'autres procédures, sauf lors de poursuites pour parjure ou pour témoignages contradictoires.

Interprète
14. La partie ou le témoin qui ne peuvent suivre les procédures, soit parce qu'ils ne comprennent pas ou ne parlent pas la langue employée, soit parce qu'ils sont atteints de surdité, ont droit à l'assistance d'un interprète.

Droits à l'égalité

Égalité devant la loi, égalité de bénéfice et protection égale de la Loi
15. (1) La loi ne fait acception de personne et s'applique également à tous, et tous ont droit à la même protection et au même bénéfice de la loi, indépendamment de toute discrimination, notamment des discriminations fondées sur la race, l'origine nationale ou ethnique, la couleur, la religion, le sexe, l'âge ou les déficiences mentales ou physiques.

Programmes de promotion sociale
(2) Le paragraphe (1) n'a pas pour effet d'interdire les lois, programmes ou activités destinés à améliorer la situation d'individus ou de groupes défavorisés, notamment du fait de leur race, de leur origine nationale ou ethnique, de leur couleur, de leur religion, de leur sexe, de leur âge ou de leurs déficiences mentales ou physiques. [84]

Langues officielles du Canada

Langues officielles du Canada
16. (1) Le français et l'anglais sont les langues officielles du Canada; ils ont un statut et des droits et privilèges égaux quant à leur usage dans les institutions du Parlement et du gouvernement du Canada.

Langues officielles du Nouveau-Brunswick
(2) Le français et l'anglais sont les langues officielles du Nouveau-Brunswick; ils ont un statut et des droits et privilèges égaux quant à leur usage dans les institutions de la Législature et du gouvernement du Nouveau-Brunswick.

Progression vers l'égalité
(3) La présente charte ne limite pas le pouvoir du Parlement et des législatures de favoriser la progression vers l'égalité de statut ou d'usage du français et de l'anglais.

Communautés linguistiques française et anglaise du Nouveau-Brunswick
16.1. (1) La communauté linguistique française et la communauté linguistique anglaise du Nouveau-Brunswick ont un statut et des droits et privilèges égaux, notamment le droit à des institutions d'enseignement distinctes et aux institutions culturelles distinctes nécessaires à leur protection et à leur promotion.

Rôle de la législature et du gouvernement du Nouveau-Brunswick
(2) Le rôle de la législature et du gouvernement du Nouveau-Brunswick de protéger et de promouvoir le statut, les droits et les privilèges visés au paragraph (1) est confirmé. [85]

Travaux du Parlement
17. (1) Chacun a le droit d'employer le français ou l'anglais dans les débats et travaux du Parlement. [86]

Travaux de la Législature du Nouveau-Brunswick
(2) Chacun a le droit d'employer le français ou l'anglais dans les débats et travaux de la Législature du Nouveau-Brunswick. [87]

Documents parlementaires
18. (1) Les lois, les archives, les comptes rendus et les procès-verbaux du Parlement sont imprimés et publiés en français et en anglais, les deux versions des lois ayant également force de loi et celles des autres documents ayant même valeur. [88]

Documents de la Législature du Nouveau-Brunswick
(2) Les lois, les archives, les comptes rendus et les procès-verbaux de la Législature du Nouveau-Brunswick sont imprimés et publiés en français et en anglais, les deux versions des lois ayant également force de loi et celles des autres documents ayant même valeur. [89]

19. (1) Chacun a le droit d'employer le français ou l'anglais dans toutes les affaires dont sont saisis les tribunaux établis par le Parlement et dans tous les actes de procédure qui en découlent. [90]

(2) Chacun a le droit d'employer le français ou l'anglais dans toutes les affaires dont sont saisis les tribunaux du Nouveau-Brunswick et dans tous les actes de procédure qui en découlent. [91]

20. (1) Le public a, au Canada, droit à l'emploi du français ou de l'anglais pour communiquer avec le siège ou l'administration centrale des institutions du Parlement ou du gouvernement du Canada ou pour en recevoir les services ; il a le même droit à l'égard de tout autre bureau de ces institutions là où, selon le cas :

a) l'emploi du français ou de l'anglais fait l'objet d'une demande importante ;

b) l'emploi du français et de l'anglais se justifie par la vocation du bureau.

(2) Le public a, au Nouveau-Brunswick, droit à l'emploi du français ou de l'anglais pour communiquer avec tout bureau des institutions de la législature ou du gouvernement ou pour en recevoir les services.

21. Les articles 16 à 20 n'ont pas pour effet, en ce qui a trait à la langue française ou anglaise ou à ces deux langues, de porter atteinte aux droits, privilèges ou obligations qui existent ou sont maintenus aux termes d'une autre disposition de la Constitution du Canada. [92]

22. Les articles 16 à 20 n'ont pas pour effet de porter atteinte aux droits et privilèges, antérieurs ou postérieurs à l'entrée en vigueur de la présente charte et découlant de la loi ou de la coutume, des langues autres que le français ou l'anglais.

Droits à l'instruction dans la langue de la minorité

23. (1) Les citoyens canadiens :

a) dont la première langue apprise et encore comprise est celle de la minorité francophone ou anglophone de la province où ils résident,

b) qui ont reçu leur instruction, au niveau primaire, en français ou en anglais au Canada et qui résident dans une province où la langue dans laquelle ils ont reçu cette instruction est celle de la minorité francophone ou anglophone de la province, ont, dans l'un ou l'autre cas, le droit d'y faire instruire leurs enfants, aux niveaux primaire et secondaire, dans cette langue. [93]

(2) Les citoyens canadiens dont un enfant a reçu ou reçoit son instruction, au niveau primaire ou secondaire, en français ou en anglais au Canada ont le droit de faire instruire tous leurs enfants, aux niveaux primaire et secondaire, dans la langue de cette instruction.

(3) Le droit reconnu aux citoyens canadiens par les paragraphes (1) et (2) de faire instruire leurs enfants, aux niveaux primaire et secondaire, dans la langue de la minorité francophone ou anglophone d'une province :

a) s'exerce partout dans la province où le nombre des enfants des citoyens qui ont ce droit est suffisant pour justifier à leur endroit la prestation, sur les fonds publics, de l'instruction dans la langue de la minorité ;

b) comprend, lorsque le nombre de ces enfants le justifie, le droit de les faire instruire dans des établissements d'enseignement de la minorité linguistique financés sur les fonds publics.

Recours

24. (1) Toute personne, victime de violation ou de négation des droits ou libertés qui lui sont garantis par la présente charte, peut s'adresser à un tribunal compétent pour obtenir la réparation que le tribunal estime convenable et juste eu égard aux circonstances.

Irrecevabilité d'éléments de preuve qui risqueraient de déconsidérer l'administration de la justice

(2) Lorsque, dans une instance visée au paragraphe (1), le tribunal a conclu que des éléments de preuve ont été obtenus dans des conditions qui portent atteinte aux droits ou libertés garantis par la présente charte, ces éléments de preuve sont écartés s'il est établi, eu égard aux circonstances, que leur utilisation est susceptible de déconsidérer l'administration de la justice.

Dispositions générales

Maintien des droits et libertés des autochtones

25. Le fait que la présente charte garantit certains droits et libertés ne porte pas atteinte aux droits ou libertés – ancestraux, issus de traités ou autres – des peuples autochtones du Canada, notamment :

a) aux droits ou libertés reconnus par la proclamation royale du 7 octobre 1763 ;

b) aux droits ou libertés existants issus d'accords sur des revendications territoriales ou ceux susceptibles d'être ainsi acquis. [94]

Maintien des autres droits et libertés

Maintien du patrimoine culturel

Égalité de garantie des droits pour les deux sexes

Maintien des droits relatifs à certaines écoles

26. Le fait que la présente charte garantit certains droits et libertés ne constitue pas une négation des autres droits ou libertés qui existent au Canada.

27. Toute interprétation de la présente charte doit concorder avec l'objectif de promouvoir le maintien et la valorisation du patrimoine multiculturel des Canadiens.

28. Indépendamment des autres dispositions de la présente charte, les droits et libertés qui y sont mentionnés sont garantis également aux personnes des deux sexes.

29. Les dispositions de la présente charte ne portent pas atteinte aux droits ou privilèges garantis en vertu de la Constitution du Canada concernant les écoles séparées et autres écoles confessionnelles. [95]

Application aux territoires

30. Dans la présente charte, les dispositions qui visent les provinces, leur législature ou leur assemblée législative visent également le territoire du Yukon, les territoires du Nord-Ouest ou leurs autorités législatives compétentes.

Non-élargissement des compétences législatives

31. La présente charte n'élargit pas les compétences législatives de quelque organisme ou autorité que ce soit.

Application de la charte

Application de la charte

32. (1) La présente charte s'applique :

a) au Parlement et au gouvernement du Canada, pour tous les domaines relevant du Parlement, y compris ceux qui concernent le territoire du Yukon et les territoires du Nord-Ouest ;

b) à la législature et au gouvernement de chaque province, pour tous les domaines relevant de cette législature.

Restriction

(2) Par dérogation au paragraphe (1), l'article 15 n'a d'effet que trois ans après l'entrée en vigueur du présent article.

Dérogation par déclaration expresse

33. (1) Le Parlement ou la législature d'une province peut adopter une loi où il est expressément déclaré que celle-ci ou une de ses dispositions a effet indépendamment d'une disposition donnée de l'article 2 ou des articles 7 à 15 de la présente charte.

Effet de la dérogation

(2) La loi ou la disposition qui fait l'objet d'une déclaration conforme au présent article et en vigueur a l'effet qu'elle aurait sauf la disposition en cause de la charte.

Durée de validité

(3) La déclaration visée au paragraphe (1) cesse d'avoir effet à la date qui y est précisée ou, au plus tard, cinq ans après son entrée en vigueur.

Nouvelle adoption

(4) Le Parlement ou une législature peut adopter de nouveau une déclaration visée au paragraphe (1).

Durée de validité

(5) Le paragraphe (3) s'applique à toute déclaration adoptée sous le régime du paragraphe (4).

Titre

34. Titre de la présente partie : Charte canadienne des droits et libertés.

PARTIE II
DROITS DES PEUPLES AUTOCHTONES DU CANADA

35. (1) Les droits existants – ancestraux ou issus de traités – des peuples autochtones du Canada sont reconnus et confirmés.

(2) Dans la présente loi, « peuples autochtones du Canada » s'entend notamment des Indiens, des Inuit et des Métis du Canada.

(3) Il est entendu que sont compris parmi les droits issus de traités, dont il est fait mention au paragraphe (1), les droits existants issus d'accords sur des revendications territoriales ou ceux susceptibles d'être ainsi acquis.

(4) Indépendamment de toute autre disposition de la présente loi, les droits – ancestraux ou issus de traités – visés au paragraphe (1) sont garantis également aux personnes des deux sexes. [96]

35.1 Les gouvernements fédéral et provinciaux sont liés par l'engagement de principe selon lequel le premier ministre du Canada, avant toute modification de la catégorie 24 de l'article 91 de la « Loi constitutionnelle de 1867 », de l'article 25 de la présente loi ou de la présente partie :

a) convoquera une conférence constitutionnelle réunissant les premiers ministres provinciaux et lui-même et comportant à son ordre du jour la question du projet de modification ;

b) invitera les représentants des peuples autochtones du Canada à participer aux travaux relatifs à cette question. [97]

PARTIE III
PÉRÉQUATION ET INÉGALITÉS RÉGIONALES

36. (1) Sous réserve des compétences législatives du Parlement et des législatures et de leur droit de les exercer, le Parlement et les législatures, ainsi que les gouvernements fédéral et provinciaux, s'engagent à :

a) promouvoir l'égalité des chances de tous les Canadiens dans la recherche de leur bien-être ;

b) favoriser le développement économique pour réduire l'inégalité des chances ;

c) fournir à tous les Canadiens, à un niveau de qualité acceptable, les services publics essentiels.

(2) Le Parlement et le gouvernement du Canada prennent l'engagement de principe de faire des paiements de péréquation propres à donner aux gouvernements provinciaux des revenus suffisants pour les mettre en mesure d'assurer les services publics à un niveau de qualité et de fiscalité sensiblement comparables. [98]

PARTIE IV
CONFÉRENCE CONSTITUTIONNELLE

[Abrogé]
37. Abrogé. [99]

PARTIE IV.1
CONFÉRENCES CONSTITUTIONNELLES

[Abrogé]
37.1 Abrogé. (100)

PARTIE V
PROCÉDURE DE MODIFICATION
DE LA CONSTITUTION DU CANADA (101)

Procédure normale de modification

38. (1) La Constitution du Canada peut être modifiée par proclamation du gouverneur général sous le grand sceau du Canada, autorisée à la fois :

a) par des résolutions du Sénat et de la Chambre des communes ;

b) par des résolutions des assemblées législatives d'au moins deux tiers des provinces dont la population confondue représente, selon le recensement général le plus récent à l'époque, au moins cinquante pour cent de la population de toutes les provinces.

Majorité simple

(2) Une modification faite conformément au paragraphe (1) mais dérogatoire à la compétence législative, aux droits de propriété ou à tous autres droits ou privilèges d'une législature ou d'un gouvernement provincial exige une résolution adoptée à la majorité des sénateurs, des députés fédéraux et des députés de chacune des assemblées législatives du nombre requis de provinces.

Désaccord

(3) La modification visée au paragraphe (2) est sans effet dans une province dont l'assemblée législative a, avant la prise de la proclamation, exprimé son désaccord par une résolution adoptée à la majorité des députés, sauf si cette assemblée, par résolution également adoptée à la majorité, revient sur son désaccord et autorise la modification.

Levée du désaccord

(4) La résolution de désaccord visée au paragraphe (3) peut être révoquée à tout moment, indépendamment de la date de la proclamation à laquelle elle se rapporte.

Restriction

39. (1) La proclamation visée au paragraphe 38(1) ne peut être prise dans l'année suivant l'adoption de la résolution à l'origine de la procédure de modification que si l'assemblée législative de chaque province a préalablement adopté une résolution d'agrément ou de désaccord.

Idem

(2) La proclamation visée au paragraphe 38(1) ne peut être prise que dans les trois ans suivant l'adoption de la résolution à l'origine de la procédure de modification.

Compensation

40. Le Canada fournit une juste compensation aux provinces auxquelles ne s'applique pas une modification faite conformément au paragraphe 38(1) et relative, en matière d'éducation ou dans d'autres domaines culturels, à un transfert de compétences législatives provinciales au Parlement.

Consentement unanime

41. Toute modification de la Constitution du Canada portant sur les questions suivantes se fait par proclamation du gouverneur général sous le grand sceau du Canada, autorisée par des résolutions du Sénat, de la Chambre des communes et de l'assemblée législative de chaque province :

a) la charge de Reine, celle de gouverneur général et celle de lieutenant-gouverneur ;

b) le droit d'une province d'avoir à la Chambre des communes un nombre de députés au moins égal à celui des sénateurs par lesquels elle est habilitée à être représentée lors de l'entrée en vigueur de la présente partie ;

c) sous réserve de l'article 43, l'usage du français ou de l'anglais ;

d) la composition de la Cour suprême du Canada ;

e) la modification de la présente partie.

Procédure normale de
modification

42. (1) Toute modification de la Constitution du Canada portant sur les questions suivantes se fait conformément au paragraphe 38(1) :

a) le principe de la représentation proportionnelle des provinces à la Chambre des communes prévu par la Constitution du Canada ;

b) les pouvoirs du Sénat et le mode de sélection des sénateurs ;

c) le nombre des sénateurs par lesquels une province est habilitée à être représentée et les conditions de résidence qu'ils doivent remplir ;

d) sous réserve de l'alinéa 41d), la Cour suprême du Canada ;

e) le rattachement aux provinces existantes de tout ou partie des territoires ;

f) par dérogation à toute autre loi ou usage, la création de provinces.

Exception

(2) Les paragraphes 38(2) à (4) ne s'appliquent pas aux questions mentionnées au paragraphe (1).

Modification à l'égard
de certaines provinces

43. Les dispositions de la Constitution du Canada applicables à certaines provinces seulement ne peuvent être modifiées que par proclamation du gouverneur général sous le grand sceau du Canada, autorisée par des résolutions du Sénat, de la Chambre des communes et de l'assemblée législative de chaque province concernée. Le présent article s'applique notamment :

a) aux changements du tracé des frontières interprovinciales ;

b) aux modifications des dispositions relatives à l'usage du français ou de l'anglais dans une province.

Modification par le Parlement

44. Sous réserve des articles 41 et 42, le Parlement a compétence exclusive pour modifier les dispositions de la Constitution du Canada relatives au pouvoir exécutif fédéral, au Sénat ou à la Chambre des communes.

Modification par les
législatures

45. Sous réserve de l'article 41, une législature a compétence exclusive pour modifier la constitution de sa province.

Initiative des procédures

46. (1) L'initiative des procédures de modification visées aux articles 38, 41, 42 et 43 appartient au Sénat, à la Chambre des communes ou à une assemblée législative.

Possibilité de révocation

(2) Une résolution d'agrément adoptée dans le cadre de la présente partie peut être révoquée à tout moment avant la date de la proclamation qu'elle autorise.

Modification sans résolution
du Sénat

47. (1) Dans les cas visés à l'article 38, 41, 42 ou 43, il peut être passé outre au défaut d'autorisation du Sénat si celui-ci n'a pas adopté de résolution dans un délai de cent quatre-vingts jours suivant l'adoption de celle de la Chambre des communes et si cette dernière, après l'expiration du délai, adopte une nouvelle résolution dans le même sens.

Computation du délai

(2) Dans la computation du délai visé au paragraphe (1), ne sont pas comptées les périodes pendant lesquelles le Parlement est prorogé ou dissous.

Demande de proclamation

48. Le Conseil privé de la Reine pour le Canada demande au gouverneur général de prendre, conformément à la présente partie, une proclamation dès l'adoption des résolutions prévues par cette partie pour une modification par proclamation.

Conférence constitutionnelle

49. Dans les quinze ans suivant l'entrée en vigueur de la présente partie, le premier ministre du Canada convoque une conférence constitutionnelle réunissant les premiers ministres provinciaux et lui-même, en vue du réexamen des dispositions de cette partie.

PARTIE VI
MODIFICATION DE LA LOI CONSTITUTIONNELLE DE 1867

50. [102]

51. [103]

PARTIE VII
DISPOSITIONS GÉNÉRALES

Primauté de la Constitution du Canada
Constitution du Canada

52. (1) La Constitution du Canada est la loi suprême du Canada ; elle rend inopérantes les dispositions incompatibles de toute autre règle de droit.

(2) La Constitution du Canada comprend :

a) la Loi de 1982 sur le Canada, y compris la présente loi ;

b) les textes législatifs et les décrets figurant à l'annexe ;

c) les modifications des textes législatifs et des décrets mentionnés aux alinéas a) ou b).

(3) La Constitution du Canada ne peut être modifiée que conformément aux pouvoirs conférés par elle.

Abrogation et nouveaux titres

53. (1) Les textes législatifs et les décrets énumérés à la colonne I de l'annexe sont abrogés ou modifiés dans la mesure indiquée à la colonne II. Sauf abrogation, ils restent en vigueur en tant que lois du Canada sous les titres mentionnés à la colonne III.

Modifications corrélatives

(2) Tout texte législatif ou réglementaire, sauf la Loi de 1982 sur le Canada, qui fait mention d'un texte législatif ou décret figurant à l'annexe par le titre indiqué à la colonne I est modifié par substitution à ce titre du titre correspondant mentionné à la colonne III ; tout Acte de l'Amérique du Nord britannique non mentionné à l'annexe peut être cité sous le titre de Loi constitutionnelle suivi de l'indication de l'année de son adoption et éventuellement de son numéro.

Abrogation et modifications qui en découlent

54. La partie IV est abrogée un an après l'entrée en vigueur de la présente partie et le gouverneur général peut, par proclamation sous le grand sceau du Canada, abroger le présent article et apporter en conséquence de cette double abrogation les aménagements qui s'imposent à la présente loi. [(104)]

[Abrogé]

54.1 Abrogé. [(105)]

Version française de certains textes constitutionnels

55. Le ministre de la Justice du Canada est chargé de rédiger, dans les meilleurs délais, la version française des parties de la Constitution du Canada qui figurent à l'annexe ; toute partie suffisamment importante est, dès qu'elle est prête, déposée pour adoption par proclamation du gouverneur général sous le grand sceau du Canada, conformément à la procédure applicable à l'époque à la modification des dispositions constitutionnelles qu'elle contient.

Versions française et anglaise de certains textes constitutionnels

56. Les versions française et anglaise des parties de la Constitution du Canada adoptées dans ces deux langues ont également force de loi. En outre, ont également force de loi, dès l'adoption, dans le cadre de l'article 55, d'une partie de la version française de la Constitution, cette partie et la version anglaise correspondante.

Versions française et anglaise de la présente loi
Entrée en vigueur

57. Les versions française et anglaise de la présente loi ont également force de loi.

58. Sous réserve de l'article 59, la présente loi entre en vigueur à la date fixée par proclamation de la Reine ou du gouverneur général sous le grand sceau du Canada. [(106)]

Entrée en vigueur de l'alinéa 23(1)a) pour le Québec
Autorisation du Québec

59. (1) L'alinéa 23(1)a) entre en vigueur pour le Québec à la date fixée par proclamation de la Reine ou du gouverneur général sous le grand sceau du Canada.

(2) La proclamation visée au paragraphe (1) ne peut être prise qu'après autorisation de l'assemblée législative ou du gouvernement du Québec. [(107)]

Abrogation du présent article

(3) Le présent article peut être abrogé à la date d'entrée en vigueur de l'alinéa 23(1)a) pour le Québec, et la présente loi faire l'objet, dès cette abrogation, des modifications et changements de numérotation qui en découlent, par proclamation de la Reine ou du gouverneur général sous le grand sceau du Canada.

Titres

60. Titre abrégé de la présente loi : Loi constitutionnelle de 1982 ; titre commun des lois constitutionnelles de 1867 à 1975 (n° 2) et de la présente loi : Lois constitutionnelles de 1867 à 1982.

Mentions

61. Toute mention des « Lois constitutionnelles de 1867 à 1982 » est réputée constituer également une mention de la « Proclamation de 1983 modifiant la Constitution ». (106)

{Note : **Ajouté par la** Proclamation de 1983 modifiant la Constitution.}

NOTES

(1) La *Loi de 1893 sur la revision du droit statutaire*, 56-57 Victoria, ch. 14 (R.-U.), a abrogé l'alinéa suivant, qui renfermait la formule d'édiction :

> À ces causes, Sa Très Excellente Majesté la Reine, de l'avis et du consentement des Lords Spirituels et Temporels et des Communes, en ce présent parlement assemblés, et par leur autorité, décrète et déclare ce qui suit :

(2) Tel qu'édicté par *la Loi constitutionnelle de 1982*, entrée en vigueur le 17 avril 1982. Texte de l'article original :

> **1.** Le présent acte pourra être cité sous le titre : « *L'Acte de l'Amérique du Nord britannique, 1867* ».

(3) Texte de l'article 2, abrogé par la *Loi de 1893 sur la revision du droit statutaire*, 56-57 Victoria, ch. 14 (R.-U.) :

> **2.** Les dispositions du présent acte relatives à Sa Majesté la Reine s'appliquent également aux héritiers et successeurs de Sa Majesté, Rois et Reines du Royaume-Uni de la Grande-Bretagne et d'Irlande.

(4) Le premier jour de juillet 1867 fut fixé par proclamation en date du 22 mai 1867.

(5) Partiellement abrogé par la *Loi de 1893 sur la revision du droit statutaire*, 56-57 Victoria, ch. 14 (R.-U.). Texte de l'article original :

> **4.** Les dispositions subséquentes du présent acte, à moins que le contraire n'y apparaisse explicitement ou implicitement, prendront leur pleine vigueur dès que l'union sera effectuée, c'est-à-dire le jour à compter duquel, aux termes de la proclamation de la Reine, l'union sera déclarée un fait accompli ; dans les mêmes dispositions, à moins que le contraire n'y apparaisse explicitement ou implicitement, le nom de Canada signifiera le Canada tel que constitué sous la présente loi.

(6) Le Canada se compose maintenant de dix provinces (l'Ontario, le Québec, la Nouvelle-Écosse, le Nouveau-Brunswick, le Manitoba, la Colombie-Britannique, l'Île-du-Prince-Édouard, l'Alberta, la Saskatchewan et Terre-Neuve) et de trois territoires (le territoire du Yukon, les Territoires du Nord-Ouest, et le territoire du Nunavut).

Les premiers territoires ajoutés à l'Union furent la Terre de Rupert et le territoire du Nord-Ouest (subséquemment appelés « les Territoires du Nord-Ouest »), admis selon l'article 146 de la *Loi constitutionnelle de 1867* et l'*Acte de la Terre de Rupert*, 1868, 31-32 Victoria, ch. 105 (R.-U.), par le Décret en conseil sur la *Terre de Rupert* et le territoire du Nord-Ouest du 23 juin 1870, applicable à partir du 15 juillet 1870. Avant l'admission de ces territoires, le Parlement du Canada avait édicté l'Acte concernant le gouvernement provisoire de la *Terre de Rupert et du territoire du Nord-Ouest* après que ces territoires auront été unis au Canada, 32-33 Victoria, ch. 3, et La Loi de 1870 sur le Manitoba, 33 Victoria, ch. 3, où l'on prévoyait la formation de la province du Manitoba.

La province de la Colombie-Britannique fut admise dans l'Union, conformément à l'article 146 de la *Loi constitutionnelle de 1867*, aux termes des *Conditions de l'adhésion de la Colombie-Britannique*, décret en conseil du 16 mai 1871, entré en vigueur le 20 juillet 1871.

L'Île-du-Prince-Édouard fut admise selon l'article 146 de la *Loi constitutionnelle de 1867*, aux termes des *Conditions de l'adhésion de l'Île-du-Prince-Édouard*, décret en conseil du 26 juin 1873, applicable à compter du 1er juillet 1873.

Le 29 juin 1871, le Parlement du Royaume-Uni édictait la *Loi constitutionnelle de 1871*, 34-35 Victoria, ch. 28, autorisant la création de provinces additionnelles sur des territoires non compris dans une province. En conformité avec cette loi, le Parlement du Canada a édicté La *Loi sur l'Alberta* (20 juillet 1905, 4-5 Édouard VII, ch. 3) et la *Loi sur la Saskatchewan* (20 juillet 1905, 4-5 Édouard VII, ch. 42), lesquelles prévoyaient la création des provinces d'Alberta et de la Saskatchewan, respectivement. Ces deux lois sont entrées en vigueur le 1er septembre 1905.

Entre-temps, tous les autres territoires et possessions britanniques en Amérique du Nord et les îles y adjacentes, sauf la colonie de Terre-Neuve et ses dépendances, furent admis dans la Confédération canadienne par le *Décret en conseil sur les territoires adjacents* du 31 juillet 1880.

Le Parlement du Canada a ajouté, en 1912, des parties des Territoires du Nord-Ouest aux provinces contiguës, par application de la *Loi de l'extension des frontières de l'Ontario*, 2 George V, ch. 40, de la *Loi de l'extension des frontières de Québec*, 1912, 2 George V, ch. 45, et de la *Loi de l'extension des frontières du Manitoba*, 1912, 2 George V, ch. 32. La *Loi du prolongement des frontières du Manitoba*, 1930, 20-21 George V, ch. 28, apporta de nouvelles additions au Manitoba.

Le territoire du Yukon fut détaché des Territoires du Nord-Ouest, en 1898, par l'*Acte du Territoire du Yukon,* 61 Victoria, ch. 6.

Le 31 mars 1949, Terre-Neuve était ajoutée en vertu de la *Loi sur Terre-Neuve*, 12-13 George VI, ch. 22 (R.-U.), qui ratifiait les Conditions de l'union de Terre-Neuve au Canada.

Le territoire du Nunavut fut détaché des territoires du Nord-Ouest, en 1999, par la *Loi sur le Nunavut*, L.C.1993, ch. 28.

(7) Voir la note relative à l'article 129, infra.

(8) Abrogé et remplacé par la *Loi de 1875 sur le Parlement du Canada*, 38-39 Victoria, ch. 38 (R.-U.). Texte de l'article original :

> **18.** Les privilèges, immunités et pouvoirs que posséderont et exerceront le Sénat, la Chambre des Communes et les membres de ces corps respectifs, seront ceux prescrits de temps à autre par acte du parlement du Canada ; ils ne devront cependant jamais excéder ceux possédés et exercés, lors de la passation du présent acte, par la chambre des communes du parlement du Royaume-Uni de la Grande-Bretagne et d'Irlande et par les membres de cette chambre.

(9) Périmé. La première session du premier Parlement débuta le 6 novembre 1867.

(10) Texte de l'article 20, abrogé par la *Loi constitutionnelle de 1982* :

> **20.** Il y aura une session du parlement du Canada une fois au moins chaque année, de manière qu'il ne s'écoule pas un intervalle de douze mois entre la dernière séance d'une session du parlement et sa première séance dans la session suivante.

L'article 20 a été remplacé par l'article 5 de la *Loi constitutionnelle de 1982* qui prévoit que le Parlement et les législatures tiennent une séance au moins une fois tous les douze mois.

(11) Modifié par la *Loi constitutionnelle de 1915*, 5-6 George V, ch. 45 (R.-U.), la *Loi sur Terre-Neuve*, 12-13 George VI, ch. 22 (R.-U.), la *Loi constitutionnelle n° 2 de 1975*, S.C. 1974-75-76, ch. 53 et la *Loi constitutionnelle de 1999 (Nunavut)*, L.C. 1998, ch. 15, partie 2. Texte de l'article original :

> **21.** Sujet aux dispositions de la présente loi, le Sénat se composera de soixante-douze membres, qui seront appelés sénateurs.

La *Loi de 1870 sur le Manitoba* en a ajouté deux pour cette province ; les Conditions de l'adhésion de la Colombie-Britannique en ont ajouté trois ; lors de l'admission de l'Île-du-Prince-Édouard, quatre autres postes de sénateurs furent ajoutés aux termes de l'article 147 de la *Loi constitutionnelle de 1867* ; la *Loi sur l'Alberta* et la *Loi sur la Saskatchewan* en ont chacune ajouté quatre. Le nombre des sénateurs fut porté à quatre-vingt-seize par la *Loi constitutionnelle de 1915*. L'Union avec Terre-Neuve en a ajouté six autres et la *Loi constitutionnelle n° 2 de 1975* a ajouté un sénateur pour le territoire du Yukon et un pour les Territoires du Nord-Ouest. La *Loi constitutionnelle de 1999 (Nunavut)* a ajouté un sénateur pour le territoire du Nunavut.

(12) Modifié par la *Loi constitutionnelle de 1915*, 5-6 George V, ch. 45 (R.-U.), la *Loi sur Terre-Neuve*, 12-13 George VI, ch. 22 (R.-U.) et la *Loi constitutionnelle n° 2 de 1975*, S.C. 1974-75-76, ch. 53. Texte de l'article original :

> **22.** En ce qui concerne la composition du Sénat, le Canada sera censé comprendre trois divisions :
> 1. Ontario ;
> 2. Québec ;

3. Les Provinces Maritimes, la Nouvelle-Écosse et le Nouveau-Brunswick.

Ces trois divisions seront, sujettes aux dispositions du présent acte, également représentées dans le Sénat, comme suit : Ontario par vingt-quatre sénateurs ; Québec par vingt-quatre sénateurs ; et les Provinces Maritimes par vingt-quatre sénateurs, douze desquels représenteront la Nouvelle-Écosse, et douze le Nouveau-Brunswick.

En ce qui concerne la province de Québec, chacun des vingt-quatre sénateurs la représentant sera nommé pour l'un des vingt-quatre collèges électoraux du Bas-Canada énumérés dans l'annexe A, au chapitre premier des Statuts revisés du Canada.

(13) L'article 44 de la *Loi constitutionnelle de 1999 (Nunavut)*, L.C. 1998, ch. 15, partie 2, déclare que pour l'application de la présente partie (qui ajoute un sénateur pour le territoire du (Nunavut), le terme « province » a, à l'article 23 de la *Loi constitutionnelle de 1867*, le même sens que dans l'article 35 de la *Loi d'interprétation*, L.R.C. (1985), ch. I-21, qui prévoit que le terme « province » signifie : « province du Canada, ainsi que le territoire du Yukon, les Territoires du Nord-Ouest et le territoire du Nunavut ».

L'article 2 de la *Loi constitutionnelle n° 2 de 1975*, S.C. 1974-75-76, ch. 53, déclare que pour l'application de cette loi (qui ajoute un sénateur chacun pour le territoire du Yukon et les Territoires du Nord-Ouest), le terme « province » a, à l'article 23 de la *Loi constitutionnelle de 1867*, le même sens que dans l'article 28 de la *Loi d'interprétation*, L.R.C. (1970), ch. I-23, qui prévoit que le terme « province » signifie : « province du Canada, ainsi que le territoire du Yukon et les Territoires du Nord-Ouest ».

(14) Abrogé par la *Loi de 1893 sur la revision du droit statutaire*, 56-57 Victoria, ch. 14 (R.-U.). Texte de l'article original :

  25. Les premières personnes appelées au Sénat seront celles que la Reine, par mandat sous le seing manuel de Sa Majesté, jugera à propos de désigner, et leurs noms seront insérés dans la proclamation de la Reine décrétant l'union.

(15) Tel que modifié par la *Loi constitutionnelle de 1915*, 5-6 George V, ch. 45 (R.-U.). Texte de l'article original :

  26. Si en aucun temps, sur la recommandation du gouverneur général, la Reine juge à propos d'ordonner que trois ou six membres soient ajoutés au Sénat, le gouverneur général pourra par mandat adressé à trois ou six personnes (selon le cas) ayant les qualifications voulues, représentant également les trois divisions du Canada les ajouter au Sénat.

(16) Tel que modifié par la *Loi constitutionnelle de 1915*, 5-6 George V, ch. 45 (R.-U.). Texte de l'article original :

  27. Dans le cas où le nombre des sénateurs serait ainsi en aucun temps augmenté, le gouverneur-général ne mandera aucune personne au Sénat, sauf sur pareil ordre de la Reine donné à la suite de la même recommandation, tant que la représentation de chacune des trois divisions du Canada ne sera pas revenue au nombre fixe de vingt-quatre sénateurs.

(17) Tel que modifié par la *Loi constitutionnelle de 1915*, 5-6 George V, ch. 45 (R.-U.) et la *Loi constitutionnelle n° 2 de 1975*, S.C. 1974-75-76, ch. 53 et la *Loi constitutionnelle de 1999 (Nunavut)*, L.C. 1998, ch. 15, partie 2. Texte de l'article original :

  28. Le nombre des sénateurs ne devra en aucun temps excéder soixante-dix-huit.

(18) Tel qu'édicté par la *Loi constitutionnelle de 1965*, S.C. 1965, ch. 4, entrée en vigueur le 1er juin 1965. Texte de l'article original :

  29. Sujet aux dispositions du présent acte, le sénateur occupera sa charge dans le Sénat, à vie.

(19) La *Loi sur le Parlement du Canada*, L.R.C. (1985), ch. P-1, partie II, pourvoit à l'exercice des fonctions du président du Sénat durant son absence (autrefois prévu dans la *Loi sur le président du Sénat*, S.R.C. 1970, ch. S-14). *L'Acte concernant l'Orateur canadien (nomination d'un suppléant) 1895*, 2e session, 59 Victoria, ch. 3 (R.-U.), qui a été abrogé par la *Loi constitutionnelle de 1982*, a dissipé les doutes qui existaient sur la compétence du Parlement pour édicter la *Loi sur le président du Sénat*.

(20) Cette répartition découle de l'application de l'article 51 édicté par la *Loi constitutionnelle de 1985 (représentation électorale)*, L.C. 1986, ch. 8, partie I, et de la *Loi sur la révision des limites des circonscriptions électorales*, L.R.C. (1985), ch. E-3. Texte de l'article original (modifié par suite de l'admission de nouvelles provinces et de changements démographiques):

> **37.** La Chambre des Communes sera, sujette aux dispositions de la présente loi, composée de cent quatre-vingt-un membres, dont quatre-vingt-deux représenteront Ontario, soixante-et-cinq Québec, dix-neuf la Nouvelle-Écosse et quinze le Nouveau-Brunswick.

(21) Périmé. Les circonscriptions électorales sont maintenant définies par proclamations prises en application de la *Loi sur la révision des limites des circonscriptions électorales*, L.R.C. (1985), ch. E-3, et ses modifications portant sur diverses circonscriptions (voir le dernier Tableau des lois d'intérêt public et des ministres responsables).

(22) Périmé. Les élections sont maintenant régies par la *Loi électorale du Canada*, L.R.C. (1985), ch. E-2; les élections contestées, par la *Loi sur les élections fédérales contestées*, L.R.C. (1985), ch. C-39; les conditions requises pour être député et sénateur, par la *Loi sur le Parlement du Canada*, L.R.C. (1985), ch. P-1. L'article 3 de la *Loi constitutionnelle de 1982* prévoit le droit pour les citoyens de voter et d'être élus.

(23) Abrogé par la *Loi de 1893 sur la révision du droit statutaire*, 56-57 Victoria, ch. 14 (R.-U.). Texte de l'article original:

> **42.** Pour la première élection des membres de la Chambre des Communes, le gouverneur-général fera émettre les brefs par telle personne et selon telle forme qu'il jugera à propos et les fera adresser aux officiers-rapporteurs qu'il désignera.
>
> La personne émettant les brefs, sous l'autorité du présent article, aura les mêmes pouvoirs que possédaient, à l'époque de l'union, les officiers chargés d'émettre des brefs pour l'élection des membres de la Chambre d'Assemblée ou Assemblée Législative de la province du Canada, de la Nouvelle-Écosse ou du Nouveau-Brunswick; et les officiers-rapporteurs auxquels ces brefs seront adressés en vertu du présent article, auront les mêmes pouvoirs que

possédaient, à l'époque de l'union, les officiers chargés de rapporter les brefs pour l'élection des membres de la Chambre d'Assemblée ou Assemblée Législative respectivement.

(24) Abrogé par la *Loi de 1893 sur la révision du droit statutaire*, 56-57 Victoria, ch. 14 (R.-U.). Texte de l'article original:

> **43.** Survenant une vacance dans la représentation d'un district électoral à la Chambre des Communes, antérieurement à la réunion du parlement, ou subséquemment à la réunion du parlement, mais avant que le parlement ait statué à cet égard, les dispositions de l'article précédent du présent acte s'étendront et s'appliqueront à l'émission et au rapport du bref relativement au district dont la représentation est ainsi vacante.

(25) La *Loi sur le Parlement du Canada*, L.R.C. (1985), ch. P-1, partie III, prévoit maintenant l'exercice des fonctions du président (ancien titre: orateur) durant son absence.

(26) Le mandat de la douzième législature a été prolongé par *L'Acte de l'Amérique du Nord britannique, 1916*, 6-7 George V, ch. 19 (R.-U.) qui a été abrogé par la *Loi de 1927 sur la révision du droit statutaire*, 17-18 George V, ch. 42 (R.-U.). Voir également le paragraphe 4(1) de la *Loi constitutionnelle de 1982* qui prévoit que le mandat maximal de la Chambre des communes est de cinq ans à compter de la date fixée pour le retour des brefs relatifs aux élections générales correspondantes, et le paragraphe 4(2) de cette loi qui prévoit que le mandat de la Chambre des communes peut être prolongé dans des circonstances spéciales.

(27) Tel qu'édicté par la *Loi constitutionnelle de 1985 (représentation électorale)*, L.C. 1986, ch. 8, partie I, entrée en vigueur le 6 mars 1986 (voir TR/86-49). Texte de l'article original:

> **51.** Immédiatement après le recensement de mil huit cent soixante-et-onze, et après chaque autre recensement décennal, la représentation des quatre provinces sera répartie de nouveau par telle autorité, de telle manière et à dater de telle époque que pourra, de temps à autre, prescrire le parlement du Canada, d'après les règles suivantes:
>
> 1. Québec aura le nombre fixe de soixante-cinq représentants;

2. Il sera assigné à chacune des autres provinces un nombre de représentants proportionné au chiffre de sa population (constaté par tel recensement) comme le nombre soixante-cinq le sera au chiffre de la population de Québec (ainsi constaté);

3. En supputant le nombre des représentants d'une province, il ne sera pas tenu compte d'une fraction n'excédant pas la moitié du nombre total nécessaire pour donner à la province droit à un représentant; mais toute fraction excédant la moitié de ce nombre équivaudra au nombre entier;

4. Lors de chaque nouvelle répartition, nulle réduction n'aura lieu dans le nombre des représentants d'une province, à moins qu'il ne soit constaté par le dernier recensement que le chiffre de la population de la province par rapport au chiffre de la population totale du Canada à l'époque de la dernière répartition du nombre des représentants de la province, n'ait décru dans la proportion d'un vingtième ou plus;

5. Les nouvelles répartitions n'auront d'effet qu'à compter de l'expiration du parlement alors existant.

La *Loi de 1893 sur la revision du droit statutaire*, **56-57 Victoria, ch. 14 (R.-U.)**, a modifié cet article en retranchant les mots qui suivent «après le recensement» jusqu'à «soixante et onze et», ainsi que le mot «autre».

En vertu de *L'Acte de l'Amérique du Nord britannique*, **1943, 6-7 George VI, ch. 30 (R.-U.)**, qui a été abrogé par la *Loi constitutionnelle de 1982*, le rajustement de la représentation consécutif au recensement de 1941 a été renvoyé à la première session du Parlement postérieure à la guerre. Dans *L'Acte de l'Amérique du Nord britannique*, **1946, 9-10 George VI, ch. 63 (R.-U.)**, qui a également été abrogé par la *Loi constitutionnelle de 1982*, l'article a été réédicté comme suit :

51. (1) Le nombre des membres de la Chambre des Communes est de deux cent cinquante-cinq et la représentation des provinces à ladite Chambre doit, dès l'entrée en vigueur du présent article et, par la suite, sur l'achèvement de chaque recensement décennal, être rajustée par l'autorité, de la

manière et à compter de l'époque que le Parlement du Canada prévoit à l'occasion, sous réserve et en conformité des règles suivantes :

1. Sous réserve des dispositions ci-après, il est attribué à chacune des provinces un nombre de députés calculé en divisant la population totale des provinces par deux cent cinquante-quatre et en divisant la population de chaque province par le quotient ainsi obtenu, abstraction faite, sauf ce qui est prévu ci-après au présent article, du reste (s'il en est) consécutif à ladite méthode de division.

2. Si le nombre total des députés attribué à toutes les provinces en vertu de la règle 1 est inférieur à deux cent cinquante-quatre, d'autres députés seront attribués (à raison d'un par province) aux provinces qui ont des quantités restantes dans le calcul visé par la règle 1, en commençant par la province possédant le reste le plus considérable et en continuant avec les autres provinces par ordre d'importance de leurs quantités restantes respectives jusqu'à ce que le nombre total de députés attribué atteigne deux cent cinquante-quatre.

3. Nonobstant toute disposition du présent article, si, une fois achevé le calcul prévu par les règles 1 et 2, le nombre de députés à attribuer à une province est inférieur au nombre de sénateurs représentant ladite province, les règles 1 et 2 cesseront de s'appliquer à l'égard de ladite province, et il lui sera attribué un nombre de députés égal audit nombre de sénateurs.

4. Si les règles 1 et 2 cessent de s'appliquer à l'égard d'une province, alors, pour le calcul du nombre de députés à attribuer aux provinces concernant lesquelles les règles 1 et 2 demeurent applicables, la population totale des provinces doit être réduite du chiffre de la population de la province à l'égard de laquelle les règles 1 et 2 ne s'appliquent plus, et le nombre deux cent cinquante-quatre doit être réduit du nombre de députés attribué à cette province sous le régime de la règle 3.

5. Ce rajustement n'entrera en vigueur qu'à la fin du Parlement alors existant.

(2) Le territoire du Yukon, tel qu'il a été constitué par le chapitre quarante et un du Statut du Canada

de 1901, avec toute partie du Canada non comprise dans une province qui peut, à l'occasion, y être incluse par le Parlement du Canada aux fins de représentation au Parlement, a droit à un député.

Dans *L'Acte de l'Amérique du Nord britannique*, 1952, S.C. 1952, ch. 15, qui a également été abrogé par la *Loi constitutionnelle de 1982*, cet article a été réédicté comme suit :

51. (1) Sous réserve des dispositions ci-après énoncées, le nombre des membres de la Chambre des Communes est de deux cent soixante-trois et la représentation des provinces à ladite Chambre doit, dès l'entrée en vigueur du présent article et, par la suite, sur l'achèvement de chaque recensement décennal, être rajustée par l'autorité, de la manière et à compter de l'époque que le Parlement du Canada prévoit à l'occasion, sous réserve et en conformité des règles suivantes :

1. Il est attribué à chacune des provinces un nombre de députés calculé en divisant la population totale des provinces par deux cent soixante et un et en divisant la population de chaque province par le quotient ainsi obtenu, abstraction faite du reste qui pourrait être consécutif à ladite méthode de division, sauf ce qui est prévu ci-après dans le présent article.

2. Si le nombre total de députés attribué à toutes les provinces en vertu de la règle 1 est inférieur à deux cent soixante et un, d'autres députés seront attribués (un par province) aux provinces qui ont des quantités restantes dans le calcul visé par la règle 1, en commençant par la province possédant le reste le plus considérable et en continuant avec les autres provinces par ordre d'importance de leurs quantités restantes jusqu'à ce que le nombre total de députés attribué atteigne deux cent soixante et un.

3. Nonobstant toute disposition du présent article, si, une fois achevé le calcul prévu par les règles 1 et 2, le nombre de députés à attribuer à une province est inférieur au nombre de sénateurs représentant ladite province, les règles 1 et 2 cesseront de s'appliquer à l'égard de ladite province, et il lui sera attribué un nombre de députés égal audit nombre de sénateurs.

4. Si les règles 1 et 2 cessent de s'appliquer à l'égard d'une province, alors, en vue du calcul du nombre de députés à attribuer aux provinces pour lesquelles les règles 1 et 2 demeurent applicables, la population totale des provinces doit être réduite du chiffre de la population de la province à l'égard de laquelle les règles 1 et 2 ne s'appliquent plus, et le nombre deux cent soixante et un doit être réduit du nombre de députés attribué à cette province en vertu de la règle 3.

5. À l'occasion d'un tel rajustement, le nombre des députés d'une province quelconque ne doit pas être réduit de plus de quinze pour cent au-dessous de la représentation à laquelle cette province avait droit, en vertu des règles 1 à 4 du présent paragraphe, lors du rajustement précédent de la représentation de ladite province, et la représentation d'une province ne doit subir aucune réduction qui pourrait lui assigner un plus faible nombre de députés que toute autre province dont la population n'était pas plus considérable d'après les résultats du dernier recensement décennal d'alors. Cependant, aux fins de tout rajustement subséquent de représentation prévu par le présent article, aucune augmentation du nombre de membres de la Chambre des Communes, consécutive à l'application de la présente règle, ne doit être comprise dans le diviseur mentionné aux règles 1 à 4 du présent paragraphe.

6. Ce rajustement ne prendra effet qu'à la fin du Parlement alors existant.

(2) Le territoire du Yukon, tel qu'il a été constitué par le chapitre 41 des Statuts du Canada de 1901, a droit à un député, et telle autre partie du Canada non comprise dans une province qui peut, à l'occasion, être définie par le Parlement du Canada, a droit à un député.

Dans la *Loi constitutionnelle de 1974*, S.C. 1974-75-76, ch. 13, le paragraphe 51(1) a été réédicté comme suit :

51. (1) Le nombre des députés et la représentation des provinces à la Chambre des communes sont rajustés, dès l'entrée en vigueur du présent paragraphe et, par la suite, après chaque recensement décennal, par l'autorité, selon les modalités et à la date prévues par le Parlement du Canada, sous réserve et en conformité des règles suivantes:

1. Par suite du rajustement consécutif au recensement décennal de 1971, sont attribués au Québec soixante-quinze députés, auxquels s'ajouteront quatre députés par rajustement.

2. Sous réserve des règles 5(2) et (3), le nombre des députés d'une province très peuplée s'obtient en divisant le chiffre de sa population par le quotient électoral du Québec.

3. Sous réserve des règles 5(2) et (3), le nombre des députés d'une province peu peuplée s'obtient en divisant

a) le chiffre total de la population, à l'avant-dernier recensement décennal, des provinces (à l'exclusion du Québec) de moins de un million et demi d'habitants, lors de ce recensement, par le nombre total des députés de ces provinces, rajusté après ce recensement; et

b) le chiffre de la population de la province par le quotient obtenu conformément à l'alinéa a).

4. Sous réserve des règles 5(1)a), (2) et (3), le nombre des députés d'une province moyennement peuplée s'obtient:

a) en divisant le chiffre total des populations des provinces (à l'exclusion du Québec) de moins de un million et demi d'habitants par le nombre total des députés de ces provinces calculé conformément aux règles 3, 5(1)(b), (2) et (3);

b) en divisant le chiffre de la population de la province moyennement peuplée par le quotient obtenu conformément à l'alinéa a); et

c) en ajoutant, au nombre des députés de la province moyennement peuplée, la moitié de la différence résultant de la soustraction de ce nombre, rajusté après l'avant-dernier recensement décennal, du quotient obtenu conformément à l'alinéa b).

5. (1) Lors d'un rajustement,

a) la règle 4 ne s'applique pas si aucune province (à l'exclusion du Québec) n'a moins de un million et demi d'habitants; sous réserve

des règles 5(2) et (3), le nombre des députés d'une province moyennement peuplée s'obtient alors en divisant

(i) le chiffre total de la population, à l'avant-dernier recensement décennal, des provinces (à l'exclusion du Québec) de un million et demi à deux millions et demi d'habitants, lors de ce recensement, par le nombre total des députés de ces provinces, rajusté après ce recensement, et

(ii) le chiffre de la population de la province par le quotient obtenu conformément au sous-alinéa (i);

b) le nombre des députés de la province (à l'exclusion du Québec)

(i) de moins d'un million et demi d'habitants, ou

(ii) de un million et demi à deux millions et demi d'habitants,

dont la population n'a pas augmenté depuis l'avant-dernier recensement décennal, demeure sous réserve des règles 5(2) et (3), le nombre rajusté après ce recensement.

(2) Lors d'un rajustement,

a) le nombre des députés d'une province ne peut se calculer selon les règles 2 à 5(1) si, par suite de leur application, il devient inférieur à celui d'une province n'ayant pas plus d'habitants; il est alors égal au nombre des députés le plus élevé que peut avoir une province n'ayant pas plus d'habitants;

b) le nombre des députés d'une province ne peut se calculer selon les règles 2 à 5(1) a) si, par suite de leur application, il devient inférieur à celui qu'elle avait après le rajustement consécutif à l'avant-dernier recensement décennal; il demeure alors inchangé;

c) le nombre des députés de la province à laquelle s'appliquent les alinéas a) et b) est égal au plus élevé des nombres calculés conformément à ces alinéas.

(3) Lors d'un rajustement,

a) le nombre des députés d'une province dont le quotient électoral, obtenu en divisant le chiffre de sa population par le nombre de ses députés calculé conformément aux règles 2 à 5(2), est supérieur à celui du Québec s'obtient, par dérogation à ces règles, en divisant le chiffre de sa population par le quotient électoral du Québec ;

b) l'alinéa a) cesse de s'appliquer à la province à laquelle, par suite de l'application de la règle 6(2)a), il attribue le même nombre de sièges que les règles 2 à 5(2).

6. (1) Dans les présentes règles,

« chiffre de la population » désigne le nombre d'habitants calculé d'après les résultats du dernier recensement décennal, sauf indication contraire ;

« province moyennement peuplée » désigne une province (à l'exclusion du Québec) de un million et demi à deux millions et demi d'habitants, dont la population a augmenté depuis l'avant-dernier recensement décennal ;

« province peu peuplée » désigne une province (à l'exclusion du Québec) de moins de un million et demi d'habitants, dont la population a augmenté depuis l'avant-dernier recensement décennal ;

« province très peuplée » désigne une province (à l'exclusion du Québec) de plus de deux millions et demi d'habitants ;

« quotient électoral » désigne le quotient d'une province obtenu en divisant le chiffre de sa population par le nombre de ses députés calculé conformément aux règles 1 à 5(3) et rajusté après le dernier recensement décennal.

(2) Pour l'application des présentes règles,

a) il n'y a pas lieu de tenir compte du reste lors du calcul définitif du nombre des sièges d'une province ;

b) le plus récent rajustement postérieur à un recensement décennal est réputé, dès son entrée en vigueur, être le seul rajustement consécutif à ce recensement ;

c) le rajustement ne peut prendre effet qu'à la fin du Parlement alors existant.

(28) **Tel qu'édicté par la** *Loi constitutionnelle de 1999 (Nunavut)*, **L.C. 1998, ch. 15, partie 2. Le paragraphe 51(2) a été modifié antérieurement par la** *Loi constitutionnelle n°1 de 1975*, **S.C. 1974-75-76, ch. 28, et était ainsi rédigé :**

(2) Le territoire du Yukon et les territoires du Nord-Ouest, dans les limites et selon la description qu'en donnent l'annexe du chapitre Y-2 et l'article 2 du chapitre N-22 des Statuts revisés du Canada de 1970, ont droit respectivement à un et à deux députés.

(29) **Tel qu'édicté par la** *Loi constitutionnelle de 1915*, **5-6 George V, ch. 45 (R.-U.).**

(30) **Prévu dans la** *Loi sur les traitements*, **L.R.C. (1985), ch. S-3.**

(31) **Maintenant prévu, en Ontario, dans la** *Loi sur le Conseil exécutif*, **L.R.O. 1990, ch. E.25, et, dans la province de Québec, par la** *Loi sur l'exécutif*, **L.R.Q. 1977, ch. E-18.**

(32) **Chacun des instruments admettant la Colombie-Britannique, l'Île-du-Prince-Édouard et Terre-Neuve renfermait une disposition de cette nature. Les autorités exécutives du Manitoba, de l'Alberta et de la Saskatchewan furent établies par les lois qui ont créé ces provinces. Voir la note relative à l'article 5,** *supra*.

(33) **Voir la note relative à l'article 129,** *infra*.

(34) **Périmé. Maintenant prévu dans la** *Loi sur la représentation électorale*, **L.R.O. 1990, ch. R.26.**

(35) **La** *Loi concernant le Conseil législatif*, **S.Q. 1968, ch. 9, déclare que la Législature du Québec est composée du lieutenant-gouverneur et de l'Assemblée nationale et abroge les dispositions de la** *Loi de la Législature*, **S.R.Q. 1964, ch. 6, relatives au Conseil législatif du Québec. Maintenant prévu dans la** *Loi sur la Législature*, **L.R.Q. 1977, ch. L-1. Les articles 72 à 79 sont donc périmés.**

(36) **La** *Loi concernant les districts électoraux*, **S.Q. 1970, ch. 7, prévoit la cessation d'effet de cet article.**

(37) **Abrogé par la** *Loi de 1893 sur la revision du droit statutaire*, **56-57 Victoria, ch. 14 (R.-U.). Texte de l'article original :**

81. Les législatures d'Ontario et de Québec, respectivement devront être convoquées dans le cours des six mois qui suivront l'union.

(38) **Probablement périmé. L'objet de cet article est maintenant visé, en Ontario, dans la *Loi sur l'Assemblée législative*, L.R.O. 1990, ch. L.10, et, dans la province de Québec, par la *Loi sur l'Assemblée nationale*, L.R.Q., ch. A-23.1.**

(39) **Probablement périmé. L'objet de cet article est maintenant visé, en Ontario, dans la Loi électorale, L.R.O. 1990, ch. E.6, et la *Loi sur l'Assemblée législative*, L.R.O. 1990, ch. L.10 ; dans la province de Québec, dans la Loi électorale, L.Q. 1979, ch. 56, et la *Loi sur l'Assemblée nationale*, L.R.Q., ch. A-23.1.**

(40) **Le mandat maximal de l'assemblée législative de l'Ontario et de celle du Québec a été porté à cinq ans. Dans la province d'Ontario, voir la *Loi sur l'Assemblée législative*, L.R.O. 1990, ch. L.10, et, dans la province de Québec, la *Loi sur l'Assemblée nationale*, L.R.Q., ch. A-23.1. Voir également l'article 4 de la *Loi constitutionnelle de 1982* qui prévoit un mandat maximal de cinq ans pour les assemblées législatives mais qui autorise également des prolongations dans des circonstances spéciales.**

(41) **Voir l'article 5 de la *Loi constitutionnelle de 1982* qui prévoit que chaque législature doit tenir une séance au moins une fois tous les douze mois.**

(42) **Partiellement abrogé par la *Loi de 1893 sur la revision du droit statutaire*, 56-57 Victoria, ch. 14 (R.-U.). On y a retranché le dernier membre de phrase de la disposition originale :**

et la chambre d'assemblée du Nouveau-Brunswick en existence lors de la passation de la présente loi devra, à moins qu'elle ne soit plus tôt dissoute, continuer d'exister pendant la période pour laquelle elle a été élue.

Chacun des instruments admettant la Colombie-Britannique, l'Île-du-Prince-Édouard et Terre-Neuve renfermait une disposition semblable. Les législatures du Manitoba, de l'Alberta et de la Saskatchewan furent établies par les lois qui ont créé ces provinces. Voir la note relative à l'article 5, *supra*.

Voir également les articles 3 à 5 de la *Loi constitutionnelle de 1982* qui prévoient les droits démocratiques s'appliquant à toutes les provinces et le paragraphe 2(2) de l'annexe de cette loi qui prévoit l'abrogation de l'article 20 de la *Loi de 1870 sur le Manitoba*. L'article 5 de la *Loi constitutionnelle de 1982* remplace l'article 20 de La *Loi de 1870 sur le Manitoba*. Texte de l'article 20 de la *Loi de 1870 sur le Manitoba* :

20. Il y aura une session de la législature, une fois au moins chaque année, de manière à ce qu'il ne s'écoule pas un intervalle de douze mois entre la dernière séance d'une session de la législature et sa première séance de la session suivante.

(43) **Abrogé par la *Loi de 1893 sur la revision du droit statutaire*, 56-57 Victoria, ch. 14 (R.-U.). Texte de l'article original :**

5. Ontario, Québec et Nouvelle-Écosse

89. Chacun des lieutenants-gouverneurs d'Ontario, de Québec et de la Nouvelle-Écosse devra faire émettre des brefs pour la première élection des membres de l'assemblée législative, selon telle forme et par telle personne qu'il jugera à propos, et à telle époque et adressés à tel officier-rapporteur que prescrira le gouverneur-général, de manière que la première élection d'un membre de l'assemblée pour un district électoral ou une subdivision de ce district puisse se faire aux mêmes temps et lieux que l'élection d'un membre de la Chambre des Communes du Canada pour ce district électoral.

(44) **La catégorie 1 a été ajoutée par *L'Acte de l'Amérique du Nord britannique* (n° 2), 1949, 13 George VI, ch. 81 (R.-U.). Cette loi et la catégorie 1 ont été abrogées par la *Loi constitutionnelle de 1982*. Le paragraphe 4(2) et la partie V de la *Loi constitutionnelle de 1982* prévoient les matières visées dans la catégorie 1. Texte de la catégorie 1 :**

1. La modification, de temps à autre, de la constitution du Canada, sauf en ce qui concerne les matières rentrant dans les catégories de sujets que la présente loi attribue exclusivement aux législatures des provinces, ou en ce qui concerne les droits ou privilèges accordés ou garantis, par la présente loi ou par toute autre loi constitutionnelle, à la législature ou au gouvernement d'une province, ou à quelque catégorie de personnes en

matière d'écoles, ou en ce qui regarde l'emploi de l'anglais ou du français, ou les prescriptions portant que le parlement du Canada tiendra au moins une session chaque année et que la durée de chaque chambre des communes sera limitée à cinq années, depuis le jour du rapport des brefs ordonnant l'élection de cette chambre; toutefois, le parlement du Canada peut prolonger la durée d'une chambre des communes en temps de guerre, d'invasion ou d'insurrection, réelles ou appréhendées, si cette prolongation n'est pas l'objet d'une opposition exprimée par les votes de plus du tiers des membres de ladite chambre.

(45) Renuméroté 1A par *L'Acte de l'Amérique du Nord britannique* (n° 2), 1949, 13, George VI, ch. 81 (R.-U.).

(46) Ajouté par la *Loi constitutionnelle de 1940*, 3-4 George VI, ch. 36 (R.-U.).

(47) Les autres lois suivantes ont conféré une autorité législative au Parlement:

1. La *Loi constitutionnelle de 1871*, 34-35 Victoria, ch. 28 (R.-U.):

2. Le parlement du Canada pourra de temps à autre établir de nouvelles provinces dans aucun des territoires faisant alors partie de la Puissance du Canada, mais non compris dans aucune province de cette Puissance, et il pourra, lors de cet établissement, décréter des dispositions pour la constitution et l'administration de toute telle province et pour la passation de lois concernant la paix, l'ordre et le bon gouvernement de telle province et pour sa représentation dans le dit Parlement.

3. Avec le consentement de toute province de la dite Puissance, le Parlement du Canada pourra de temps à autre augmenter, diminuer ou autrement modifier les limites de telle province, à tels termes et conditions qui pourront être acceptés par la dite législature, et il pourra de même avec son consentement établir les dispositions touchant l'effet et l'opération de cette augmentation, diminution ou modification de territoire de toute province qui devra la subir.

4. Le Parlement du Canada pourra de temps à autre établir des dispositions concernant la paix, l'ordre et le bon gouvernement de tout territoire ne formant pas alors partie d'une province.

5. Les textes suivants passés par le dit Parlement du Canada et respectivement intitulés: « Acte concernant le Gouvernement provisoire de la *Terre de Rupert* et du Territoire du Nord-Ouest, après que ces territoires auront été unis au Canada, » et « Loi de 1870 sur le Manitoba », seront et sont considérés avoir été valides à toutes fins à compter de la date où, au nom de la Reine, ils ont reçu la sanction du Gouverneur Général de la dite Puissance du Canada.

6. Excepté tel que prescrit par le troisième article de la présente loi, le Parlement du Canada n'aura pas compétence pour changer les dispositions de la loi en dernier lieu mentionné du dit Parlement en ce qui concerne la province de Manitoba, ni d'aucune autre loi établissant à l'avenir de nouvelles provinces dans la dite Puissance, sujet toujours au droit de la législature de la Province de Manitoba de changer de temps à autre les dispositions d'aucune loi concernant la qualification des électeurs et des députés à l'Assemblée Législative, et de décréter des lois relatives aux élections dans la dite province.

L'*Acte de Terre de Rupert*, 1868, 31-32 Victoria, ch. 105 (R.-U.), – abrogé par la Loi de 1893 sur la revision du droit statutaire, 56-57 Victoria, ch. 14 (R.-U.) –, avait antérieurement conféré une autorité semblable relativement à la Terre de Rupert et au Territoire du Nord-Ouest lors de l'admission de ces régions.

2. La *Loi constitutionnelle de 1886*, 49-50 Victoria, ch. 35 (R.-U.):

1. Le Parlement du Canada pourra, de temps à autre, pourvoir à la représentation au Sénat et à la Chambre des Communes du Canada ou à l'un ou l'autre, de tous territoires formant partie de la Puissance du Canada, mais non compris dans aucune de ses provinces.

3. Le *Statut de Westminster de 1931*, 22 George V, ch. 4 (R.-U.):

3. Il est déclaré et statué par les présentes que le Parlement d'un Dominion a le plein pouvoir d'adopter des lois d'une portée extra-territoriale.

4. En vertu de l'article 44 de la *Loi constitutionnelle de 1982*, le Parlement a compétence

exclusive pour modifier les dispositions de la Constitution du Canada relatives au pouvoir exécutif fédéral, au Sénat ou à la Chambre des communes. Les articles 38, 41, 42 et 43 de cette loi autorisent le Sénat et la Chambre des communes à approuver, par des résolutions, certaines autres modifications constitutionnelles.

(48) La catégorie 1 a été abrogée par la *Loi constitutionnelle de 1982*. Texte de la catégorie 1 :

1. L'amendement de temps à autre, nonobstant toute disposition contraire énoncée dans le présent acte, de la constitution de la province, sauf les dispositions relatives à la charge de lieutenant-gouverneur ;

L'article 45 de la *Loi constitutionnelle de 1982* autorise désormais une législature à adopter des lois pour modifier la constitution de sa province. Les articles 38, 41, 42 et 43 de cette loi autorisent les assemblées législatives à approuver, par des résolutions, certaines autres modifications de la Constitution du Canada.

(49) Ajouté aux termes de l'article 50 de la *Loi constitutionnelle de 1982*.

(50) Pour le Manitoba, l'article 22 de la *Loi de 1870 sur le Manitoba*, 33 Victoria, ch. 3, confirmée par la *Loi constitutionnelle de 1871*, 34-35 Victoria, ch. 28 (R.-U.), a constitué une solution de rechange, lequel article est ainsi rédigé :

22. Dans la province, la législature pourra exclusivement décréter des lois relatives à l'éducation, sujettes et conformes aux dispositions suivantes :

(1) Rien dans ces lois ne devra préjudicier à aucun droit ou privilège conféré, lors de l'Union, par la loi ou par la coutume à aucune classe particulière de personnes dans la province, relativement aux écoles séparées (denominational schools).

(2) Il pourra être interjeté appel au gouverneur général en conseil de tout acte ou décision de la législature de la province ou de toute autorité provinciale affectant quelqu'un des droits ou privilèges de la minorité protestante ou catholique romaine de sujets de Sa Majesté relativement à l'éducation.

(3) Dans le cas où il ne serait pas décrété telle loi provinciale que, de temps à autre, le gouverneur

général en conseil jugera nécessaire pour donner suite et exécution aux dispositions du présent article — ou dans le cas où quelque décision du gouverneur général en conseil, sur appel interjeté en vertu de cet article, ne serait pas dûment mise à exécution par l'autorité provinciale compétente, — alors et en tout tel cas, et en tant seulement que les circonstances de chaque cas l'exigeront, le Parlement du Canada pourra décréter des lois propres à y remédier pour donner suite et exécution aux dispositions du présent article, ainsi qu'à toute décision rendue par le gouverneur général en conseil pour l'autorité du même article.

Pour l'Alberta, l'article 17 de la *Loi sur l'Alberta*, 4-5 Édouard VII, ch. 3, a constitué une solution de rechange, lequel article est ainsi rédigé :

17. L'article 93 de la *Loi constitutionnelle de 1867* s'applique à la dite province sauf substitution de l'alinéa suivant à l'alinéa 1 du dit article 93 :

« (1) Rien dans ces lois ne préjudiciera à aucun droit ou privilège dont jouit aucune classe de personnes en matière d'écoles séparées à la date de la présente loi aux termes des chapitres 29 et 30 des ordonnances des territoires du Nord-Ouest rendues en l'année 1901, ou au sujet de l'instruction religieuse dans toute école publique ou séparée ainsi que prévu dans les dites ordonnances. »

(2) Dans la répartition par la législature ou la distribution par le gouvernement de la province, de tous deniers destinés au soutien des écoles organisées et conduites en conformité du dit chapitre 29 ou de toute loi le modifiant ou le remplaçant, il n'y aura aucune inégalité ou différence de traitement au détriment des écoles d'aucune classe visée au dit chapitre 29.

(3) Là où l'expression « par la loi » est employée au paragraphe 3 du dit article 93, elle sera interprétée comme signifiant la loi telle qu'énoncée aux dits chapitres 29 et 30, et là où l'expression « lors de l'union » est employée au dit paragraphe 3, elle sera tenue pour signifier la date à laquelle la présente loi entre en vigueur.

Pour la Saskatchewan, l'article 17 de la *Loi sur la Saskatchewan*, 4-5 Édouard VII, ch. 42, a constitué une solution de rechange, lequel article est ainsi rédigé :

17. L'article 93 de la *Loi constitutionnelle de 1867* s'applique à la dite province sauf substitution de l'alinéa suivant à l'alinéa 1 du dit article 93 :

« (1) Rien dans ces lois ne préjudiciera à aucun droit ou privilège dont jouit aucune classe de personnes en matière d'écoles séparées à la date de la présente loi aux termes des chapitres 29 et 30 des Ordonnances des territoires du Nord-Ouest rendues en l'année 1901, ou au sujet de l'instruction religieuse dans toute école publique ou séparée ainsi que prévu dans lesdites ordonnances. »

(2) Dans la répartition par la Législature ou la distribution par le gouvernement de la province, de tous deniers destinés au soutien des écoles organisées et conduites en conformité du dit chapitre 29, ou de toute loi le modifiant ou le remplaçant, il n'y aura aucune inégalité ou différence de traitement au détriment des écoles d'aucune classe visée au dit chapitre 29.

(3) Là où l'expression « par la loi » est employée à l'alinéa 3 du dit article 93, elle sera interprétée comme signifiant la loi telle qu'énoncée aux chapitres 29 et 30, et là où l'expression « lors de l'union » est employée au dit alinéa 3, elle sera tenue pour signifier la date à laquelle la présente loi entre en vigueur.

Pour Terre-Neuve, la clause 17 des Conditions de l'union de Terre-Neuve au Canada, qu'a ratifiées la *Loi sur Terre-Neuve*, 12-13 George VI, ch. 22 (R.-U.), a constitué une solution de rechange. La clause 17 des Conditions de l'union de Terre-Neuve au Canada, présentée dans l'avant-dernier paragraphe de cette note en bas de page, a été modifiée par la *Modification constitutionnelle de 1998 (Loi sur Terre-Neuve)* (voir TR/98-25) et se lit présentement comme suit :

17. (1) En ce qui concerne la province de Terre-Neuve, la présente clause s'applique au lieu de l'article quatre-vingt-treize de la *Loi constitutionnelle de 1867*.

(2) Dans la province de Terre-Neuve et pour cette province, la Législature a compétence exclusive pour légiférer en matière d'éducation, mais elle doit prévoir un enseignement religieux qui ne vise pas une religion en particulier.

(3) L'observance d'une religion doit être permise dans une école si les parents le demandent.

Avant la *Modification constitutionnelle de 1998 (Loi sur Terre-Neuve)*, la clause 17 des Conditions de l'union de Terre-Neuve au Canada avait été modifiée par la *Modification constitutionnelle de 1997 (Loi sur Terre-Neuve)* (voir TR/97-55) pour se lire comme suit :

17. En ce qui concerne la province de Terre-Neuve, le texte qui suit s'applique au lieu de l'article quatre-vingt-treize de la *Loi constitutionnelle de 1867*.

Dans la province de Terre-Neuve et pour ladite province, la Législature a le pouvoir exclusif d'édicter des lois sur l'enseignement, mais :

a) sauf dans la mesure prévue aux alinéas b) et c), sont confessionnelles les écoles dont la création, le maintien et le fonctionnement sont soutenus par les deniers publics ; toute catégorie de personnes jouissant des droits prévus par la présente clause, dans sa version au 1er janvier 1995, conserve le droit d'assurer aux enfants qui y appartiennent l'enseignement religieux, l'exercice d'activités religieuses et la pratique de la religion à l'école ; les droits des catégories de personnes qui se sont regroupées par un accord conclu en 1969 pour constituer un système scolaire unifié sont assimilés à ceux dont jouit une catégorie de personnes en application de la présente clause ;

b) sous réserve du droit provincial d'application générale prévoyant les conditions de la création ou du fonctionnement des écoles :

(i) toute catégorie de personnes visée à l'alinéa *a)* a le droit de créer, maintenir et faire fonctionner une école soutenue par les deniers publics,

(ii) la Législature peut approuver la création, le maintien et le fonctionnement d'une école soutenue par les deniers publics, qu'elle soit confessionnelle ou non ;

c) toute catégorie de personnes qui exerce le droit prévu au sous-alinéa *b)* (i) conserve le droit d'assurer l'enseignement religieux, l'exercice d'activités religieuses et la pratique de la religion à l'école ainsi que d'y régir les activités académiques touchant aux croyances religieuses, la politique d'admission des étudiants et l'affectation et le congédiement des professeurs ;

d) les écoles visées aux alinéas a) et b) reçoivent leur part des deniers publics conformément aux barèmes fixés par la Législature sur une base exempte de différenciation injuste ;

e) si elles le désirent, les catégories de personnes jouissant des droits prévus par la présente clause ont le droit d'élire une proportion d'au moins deux tiers des membres d'un conseil scolaire et une de ces catégories a le droit d'élire le nombre de membres de cette proportion qui correspond au pourcentage de la population qu'elle représente dans le territoire qui est du ressort du conseil.

Avant la *Modification constitutionnelle de 1997* **(***Loi sur Terre-Neuve***), la clause 17 des Conditions de l'union de Terre-Neuve au Canada avait été modifiée par la** *Modification constitutionnelle de 1987* **(***Loi sur Terre-Neuve***) (voir TR/88-11) pour se lire comme suit :**

17. (1) En ce qui concerne la province de Terre-Neuve, la clause suivante devra s'appliquer au lieu de l'article quatre-vingt-treize de la *Loi constitutionnelle de 1867* :

Dans la province de Terre-Neuve et pour ladite province, la Législature aura le pouvoir exclusif d'édicter des lois sur l'enseignement, mais la Législature n'aura pas le pouvoir d'adopter des lois portant atteinte aux droits ou privilèges que la loi, à la date de l'Union, conférait dans Terre-Neuve à une ou plusieurs catégories de personnes relativement aux écoles confessionnelles, aux écoles communes (fusionnées) ou aux collèges confessionnels et, à même les deniers publics de la province de Terre-Neuve affectés à l'enseignement,

(a) toutes semblables écoles recevront leur part desdits deniers conformément aux barèmes établis à l'occasion par la Législature, sur une base exempte de différenciation injuste, pour les écoles fonctionnant alors sous l'autorité de la Législature ; et

(b) tous semblables collèges recevront leur part de toute subvention votée à l'occasion pour les collèges fonctionnant alors sous l'autorité de la Législature, laquelle subvention devra être

distribuée sur une base exempte de différenciation injuste.

(2) Pour l'application du paragraphe un de la présente clause, les Pentecostal Assemblies of Newfoundland ont, à Terre-Neuve, tous les mêmes droits et privilèges à l'égard des écoles confessionnelles et des collèges confessionnels que ceux détenus de droit à Terre-Neuve lors de l'union par toute autre catégorie de personnes ; les expressions «toutes semblables écoles» et «tous semblables collèges», à l'alinéa a) et b) de la présente clause, visent dès lors respectivement les écoles et les collèges des Pentecostal Assemblies of Newfoundland.

La clause 17 des Conditions de l'union de Terre-Neuve au Canada, qu'a ratifiées la *Loi sur Terre-Neuve***, 12-13 George VI, ch. 22 (R.-U.), laquelle clause a constitué une solution de rechange pour Terre-Neuve, se lisait comme suit à l'origine :**

17. En ce qui concerne la province de Terre-Neuve, la clause suivante devra s'appliquer au lieu de l'article quatre-vingt-treize de la *Loi constitutionnelle de 1867* :

Dans la province de Terre-Neuve et pour ladite province, la Législature aura le pouvoir exclusif d'édicter des lois sur l'enseignement, mais la Législature n'aura pas le pouvoir d'adopter des lois portant atteinte aux droits ou privilèges que la loi, à la date de l'Union, conférait dans Terre-Neuve à une ou plusieurs catégories de personnes relativement aux écoles confessionnelles, aux écoles communes (fusionnées) ou aux collèges confessionnels et, à même les deniers publics de la province de Terre-Neuve affectés à l'enseignement,

(a) toutes semblables écoles recevront leur part desdits deniers conformément aux barèmes établis à l'occasion par la Législature, sur une base exempte de différenciation injuste, pour les écoles fonctionnant alors sous l'autorité de la Législature ; et

(b) tous semblables collèges recevront leur part de toute subvention votée à l'occasion pour les collèges fonctionnant alors sous l'autorité de la Législature, laquelle subvention devra être distribuée sur une base exempte de différenciation injuste.

Voir également les articles 23, 29 et 59 de la *Loi constitutionnelle de 1982*. L'article 23 prévoit des nouveaux droits à l'instruction dans la langue de la minorité et l'article 59 accorde un délai pour l'entrée en vigueur au Québec d'un aspect de ces droits. L'article 29 prévoit que les dispositions de la *Charte canadienne des droits et libertés* ne portent pas atteinte aux droits ou privilèges garantis en vertu de la Constitution du Canada concernant les écoles séparées et autres écoles confessionnelles.

(51) Ajouté par la *Modification constitutionnelle de 1997* (Québec). Voir TR/97-141.

(52) Ajouté par la *Loi constitutionnelle de 1964*, 12-13 Elizabeth II, ch. 73 (R.-U.). Originalement édicté par *L'Acte de l'Amérique du Nord britannique*, 1951, 14-15 George VI, ch. 32 (R.-U.), l'article 94A se lisait comme suit:

> **94A.** Il est déclaré, par les présentes, que le Parlement du Canada peut, à l'occasion, légiférer sur les pensions de vieillesse au Canada, mais aucune loi édictée par le Parlement du Canada à l'égard des pensions de vieillesse ne doit atteindre l'application de quelque loi présente ou future d'une législature provinciale relativement aux pensions de vieillesse.

(53) Abrogé et remplacé aux termes de la *Loi constitutionnelle de 1960*, 9 Elizabeth II, ch. 2 (R.-U.), en vigueur le 1er mars 1961. Texte de l'article original:

> **99.** Les juges des cours supérieures resteront en charge durant bonne conduite, mais ils pourront être démis de leurs fonctions par le gouverneur-général sur une adresse du Sénat et de la Chambre des Communes.

(54) Voir la *Loi sur les juges*, L.R.C. (1985), ch. J-1.

(55) Voir la *Loi sur la Cour suprême*, L.R.C. (1985), ch. S-26, la *Loi sur la Cour fédérale*, L.R.C. (1985), ch. F-7, et la *Loi sur la Cour canadienne de l'impôt*, L.R.C. (1985), ch. T-2.

(56) Maintenant visé par la *Loi sur le gouverneur général*, L.R.C. (1985), ch. G-9.

(57) La *Loi constitutionnelle de 1930*, 20-21 George V, ch. 26 (R.-U.), a placé le Manitoba, l'Alberta et la Saskatchewan dans la même situation que les provinces originaires. Pour la Colombie-Britannique, voir les *Conditions de l'adhésion de la Colombie-Britannique*, décret en conseil du 16 mai 1871, et la *Loi constitutionnelle de 1930*. Terre-Neuve a été placée dans la même situation par la *Loi sur Terre-Neuve*, 12-13 George VI, ch. 22 (R.-U.). Quant à l'Île-du-Prince-Édouard, voir l'annexe aux *Conditions de l'adhésion de l'Île-du-Prince-Édouard*, décret en conseil du 26 juin 1873.

(58) Les obligations imposées par le présent article et les articles 115 et 116, ainsi que les obligations du même genre prévues par les instruments créant ou admettant d'autres provinces, ont été insérées dans la législation du Parlement canadien et se trouvent actuellement dans la *Loi sur les subventions aux provinces*, L.R.C. (1985), ch. P-26.

(59) Abrogé par la *Loi de 1950 sur la revision du droit statutaire*, 14 George VI, ch. 6 (R.-U.). Texte de l'article original:

> **118.** Les sommes suivantes seront annuellement payées par le Canada aux diverses provinces pour le maintien de leurs gouvernements et législatures:

Ontario	$80,000
Québec	70,000
Nouvelle-Écosse	60,000
Nouveau-Brunswick	50,000
Total	$260,000

> Et chaque province aura droit à une subvention annuelle de quatre-vingts centins par chaque tête de la population, constatée par le recensement de mil huit cent soixante-et-un, et — en ce qui concerne la Nouvelle-Écosse et le Nouveau-Brunswick — par chaque recensement décennal subséquent, jusqu'à ce que la population de chacune de ces deux provinces s'élève à quatre cent mille âmes, chiffre auquel la subvention demeurera dès lors fixée. Ces subventions libéreront à toujours le Canada de toutes autres réclamations, et elles seront payées semi-annuellement et d'avance à chaque province; mais le gouvernement du Canada déduira de ces subventions, à l'égard de chaque province, toutes sommes d'argent exigibles comme intérêt sur la dette publique de cette province si elle excède les divers montants stipulés dans le présent acte.

L'article était devenu désuet en raison de la *Loi constitutionnelle de 1907*, **7 Édouard VII, ch. 11 (R.-U.), laquelle déclarait :**

1. (1) Les sommes ci-dessous mentionnées seront payées annuellement par le Canada à chaque province qui au commencement de la présente loi est une province du Dominion, pour ses fins locales, et pour le soutien de son gouvernement et de sa législature :

a) Un subside fixe

si la population de la province est de moins de cent cinquante mille, de cent mille dollars ;

si la population de la province est de cent cinquante mille, mais ne dépasse pas deux cent mille, de cent cinquante mille dollars ;

si la population de la province est de deux cent mille mais ne dépasse pas quatre cent mille, de cent quatre-vingt mille dollars ;

si la population de la province est de quatre cent mille mais ne dépasse pas huit cent mille, de cent quatre-vingt-dix mille dollars ;

si la population de la province est de huit cent mille, mais ne dépasse pas un million cinq cent mille, de deux cent vingt mille dollars ;

si la population de la province dépasse un million cinq cent mille, de deux cent quarante mille dollars ;

b) Subordonnément aux dispositions spéciales de la présente loi touchant les provinces de la Colombie-Britannique et de l'Île-du-Prince-Édouard, un subside au taux de quatre-vingts cents par tête de la population de la province jusqu'à deux millions cinq cent mille, et au taux de soixante cents par tête de la population qui dépasse ce nombre.

(2) Un subside additionnel de cent mille dollars sera payé annuellement à la province de la Colombie-Britannique durant dix ans à compter du commencement de la présente loi.

(3) La population d'une province sera constatée de temps à autre dans le cas des provinces du Manitoba, de la Saskatchewan et de l'Alberta respectivement, d'après le dernier recensement quinquennal ou estimation statutaire de la population faite en vertu des lois constitutives de ces provinces ou de toute autre loi du Parlement du Canada statuant à cet effet, et dans le cas de toute autre province par le dernier recensement décennal pour le temps d'alors.

(4) Les subsides payables en vertu de la présente loi seront versés semi-annuellement à l'avance à chaque province.

(5) Les subsides payables en vertu de la présente loi seront substitués aux subsides (désignés subsides actuels dans la présente loi) payables pour les mêmes fins lors de la mise en force de la présente loi aux diverses provinces du Dominion en vertu des dispositions de l'article cent dix-huit de la Loi constitutionnelle de 1867, ou de tout arrêté en conseil constituant une province ou de toute loi du Parlement du Canada, contenant des instructions pour le paiement de tout tel subside, et les susdites dispositions cesseront leur effet.

(6) Le gouvernement du Canada aura le même pouvoir de déduire de ces subsides les sommes imputées sur une province à compte de l'intérêt sur la dette publique dans le cas du subside payable en vertu de la présente loi à la province, qu'il a dans le cas du subside actuel.

(7) Rien de contenu dans la présente loi n'invalidera l'obligation du Canada de payer à une province tout subside qui est payable à cette province, autre que le subside actuel auquel est substitué le présent subside.

(8) Dans le cas des provinces de la Colombie-Britannique et de l'Île-du-Prince-Édouard, le montant payé à compte du subside payable par tête de la population aux provinces en vertu de la présente loi, ne sera jamais moindre que le montant du subside correspondant payable au commencement de la présente loi ; et s'il est constaté lors de tout recensement décennal que la population de la province a diminué depuis le dernier recensement décennal, le montant payé à compte du subside ne sera pas diminué au-dessous du montant alors payable, nonobstant la diminution de la population.

Voir la *Loi sur les subventions aux provinces*, **L.R.C. (1985), ch. P-26, et la** *Loi sur les arrangements fiscaux entre le gouvernement fédéral et les provinces et sur les contributions fédérales en matière d'enseignement postsecondaire et de santé*, **L.R.C. (1985), ch. F-8.**

Voir également la partie III de la *Loi constitutionnelle de 1982* qui énonce les engagements du Parlement et des législatures des provinces relatifs à l'égalité des chances, au développement économique et aux services publics essentiels ainsi que l'engagement de principe du Parlement et du gouvernement du Canada de faire des paiements de péréquation.

(60) Périmé.

(61) Périmé. Maintenant visé par la *Loi sur les douanes*, L.R.C. (1985), ch. 1 (2e suppl.), le *Tarif des douanes*, L.C. 1997, ch. 36, la *Loi sur l'accise*, L.R.C. (1985), ch. E-14, et la *Loi sur la taxe d'accise*, L.R.C. (1985), ch. E-15.

(62) Périmé.

(63) Ces droits ont été abrogés en 1873 par le ch. 16 de 36 Victoria (N.-B.). Consulter aussi l'*Acte concernant les droits d'exportation imposés sur les bois de construction par la Législature de la Province du Nouveau-Brunswick*, 36 Victoria, ch. 41, et l'article 2 de la *Loi sur les subventions aux provinces*, L.R.C. (1985), ch. P-26.

(64) Abrogé par la *Loi de 1893 sur la revision du droit statutaire*, 56-57 Victoria, ch. 14 (R.-U.). Texte de l'article original:

127. Quiconque étant, lors de la passation du présent acte, membre du conseil législatif du Canada, de la Nouvelle-Écosse ou du Nouveau-Brunswick, et auquel un siège dans le Sénat sera offert, ne l'acceptera pas dans les trente jours, par écrit revêtu de son seing et adressé au gouverneur-général de la province du Canada ou au lieutenant-gouverneur de la Nouvelle-Écosse ou du Nouveau-Brunswick (selon le cas), sera censé l'avoir refusé; et quiconque étant, lors de la passation du présent acte, membre du conseil législatif de la Nouvelle-Écosse ou du Nouveau-Brunswick, et acceptera un siège dans le Sénat, perdra par le fait même son siège à ce conseil législatif.

(65) Le *Statut de Westminster* de 1931, 22 George V, ch. 4 (R.-U.), a supprimé la restriction frappant la modification ou l'abrogation de lois édictées par le Royaume-Uni ou existant sous l'autorité des lois de celui-ci, sauf à l'égard de certains documents constitutionnels. La partie V de la *Loi constitutionnelle de 1982* prévoit la procédure de modification de la Constitution du Canada.

(66) Périmé.

(67) Une disposition semblable a été édictée pour le Manitoba par l'article 23 de la *Loi de 1870 sur le Manitoba*, 33 Victoria, ch. 3 (confirmée par la *Loi constitutionnelle de 1871*, 34-35 Victoria, ch. 28 (R.-U.)). Texte de l'article 23 de la *Loi de 1870 sur le Manitoba*:

23. L'usage de la langue française ou de la langue anglaise sera facultatif dans les débats des Chambres de la législature; mais dans la rédaction des archives, procès-verbaux et journaux respectifs de ces chambres, l'usage de ces deux langues sera obligatoire; et dans toute plaidoirie ou pièce de procédure par devant les tribunaux ou émanant des tribunaux du Canada, qui sont établis sous l'autorité de la *Loi constitutionnelle de 1867*, et par devant tous les tribunaux ou émanant des tribunaux de la province, il pourra être également fait usage à faculté, de l'une ou l'autre de ces langues. Les lois de la législature seront imprimées et publiées dans ces deux langues.

Les articles 17 à 19 de la *Loi constitutionnelle de 1982* énoncent de nouveau les droits linguistiques que prévoit l'article 133 à l'égard du Parlement et des tribunaux qui sont établis en vertu de la *Loi constitutionnelle de 1867* et garantissent également ces droits à l'égard de la législature du Nouveau-Brunswick et des tribunaux de cette province.

Les articles 16, 20, 21 et 23 de la *Loi constitutionnelle de 1982* reconnaissent des droits linguistiques additionnels concernant la langue française et la langue anglaise; l'article 22 préserve les droits linguistiques et les privilèges des langues autres que le français et l'anglais.

(68) Périmé. Ces dispositions sont maintenant prévues, en Ontario, par la *Loi sur le Conseil exécutif*, L.R.O. 1990, ch. E.25 et, au Québec, par la *Loi sur l'exécutif*, L.R.Q. 1977, ch. E-18.

(69) Probablement périmé.

(70) Probablement périmé.

(71) Probablement périmé.

(72) Périmé. *La Loi sur le système correctionnel et la mise en liberté sous condition*, L.C. 1992, ch. 20, est maintenant applicable.

(73) Périmé. Voir les pages (xi) et (xii) des Comptes publics de 1902-1903.

(74) Probablement périmé. Deux arrêtés prévus par cet article ont été pris le 24 janvier 1868.

(75) Abrogé par la *Loi de 1893 sur la revision du droit statutaire*, 56-57 Victoria, ch. 14 (R.-U.). L'article prévoyait ce qui suit:

> X. Chemin de fer intercolonial

> **145.** Considérant que les provinces du Canada, de la Nouvelle-Écosse et du Nouveau-Brunswick ont, par une commune déclaration, exposé que la construction du chemin de fer intercolonial était essentielle à la consolidation de l'union de l'Amérique du Nord britannique, et à son acceptation par la Nouvelle-Écosse et le Nouveau-Brunswick, et qu'elles ont en conséquence arrêté que le gouvernement du Canada devait l'entreprendre sans délai: à ces causes, pour donner suite à cette convention, le gouvernement et le parlement du Canada seront tenus de commencer, dans les six mois qui suivront l'union, les travaux de construction d'un chemin de fer reliant le fleuve St. Laurent à la cité d'Halifax dans la Nouvelle-Écosse et de les terminer sans interruption et avec toute la diligence possible.

(76) **Tous les territoires mentionnés à cet article font actuellement partie du Canada. Voir la note relative à l'article 5, *supra*.**

(77) **Périmé. Voir les notes relatives aux articles 21, 22, 26, 27 et 28, *supra*.**

(80) **Édictée comme l'annexe B de la Loi de 1982 sur le Canada, 1982, ch. 11 (R.-U.), entrée en vigueur le 17 avril 1982. Texte de la *Loi de 1982 sur le Canada*, à l'exception de l'annexe B:**

> ANNEXE A – SCHEDULE A

> Loi donnant suite à une demande du Sénat et de la Chambre des communes du Canada

> Sa Très Excellente Majesté la Reine, considérant:

> qu'à la demande et avec le consentement du Canada, le Parlement du Royaume-Uni est invité à adopter une loi visant à donner effet aux dispositions énoncées ci-après et que le Sénat et la Chambre des communes du Canada réunis en Parlement ont présenté une adresse demandant à Sa Très Gracieuse Majesté de bien vouloir faire déposer devant le Parlement du Royaume-Uni un projet de loi à cette fin,

> sur l'avis et du consentement des Lords spirituels et temporels et des Communes réunis en Parlement, et par l'autorité de celui-ci, édicte:

> **1.** La *Loi constitutionnelle de 1982*, énoncée à l'annexe B, est édictée pour le Canada et y a force de loi. Elle entre en vigueur conformément à ses dispositions.

> **2.** Les lois adoptées par le Parlement du Royaume-Uni après l'entrée en vigueur de la *Loi constitutionnelle de 1982* ne font pas partie du droit du Canada.

> **3.** La partie de la version française de la présente loi qui figure à l'annexe A a force de loi au Canada au même titre que la version anglaise correspondante.

> **4.** Titre abrégé de la présente loi: Loi de 1982 sur le Canada.

(81) **Voir l'article 50 de la *Loi constitutionnelle de 1867* et les notes relatives aux articles 85 et 88 de cette loi.**

(82) **Remplace en partie la catégorie 1 de l'article 91 de la *Loi constitutionnelle de 1867*, qui a été abrogée comme l'indique le paragraphe 1(3) de l'annexe de la présente loi.**

(83) **Voir les notes relatives aux articles 20, 86 et 88 de la *Loi constitutionnelle de 1867*.**

(84) **Le paragraphe 32(2) stipule que l'article 15 n'a d'effet que trois ans après l'entrée en vigueur de l'article 32. L'article 32 est en vigueur depuis le 17 avril 1982; par conséquent, l'article 15 a pris effet le 17 avril 1985.**

(85) **L'article 16.1 a été ajouté aux termes de la *Modification constitutionnelle de 1993 (Nouveau-Brunswick)* (TR/93-54).**

(86) **Voir l'article 133 de la *Loi constitutionnelle de 1867* et la note relative à cet article.**

(87) *Ibid.*

(88) *Ibid.*

(89) *Ibid.*

(90) *Ibid.*

(91) *Ibid.*

(92) **Voir par exemple l'article 133 de la *Loi constitutionnelle de 1867* et le renvoi à la *Loi de 1870 sur le Manitoba* dans la note relative à cet article.**

(93) **L'alinéa 23(1)a) n'est pas en vigueur pour le Québec. Voir l'article 59.**

(94) **L'alinéa 25b) a été abrogé et remplacé aux termes de la *Proclamation de 1983 modifiant la Constitution* (TR/84-102). Texte original de l'alinéa 25b):**

> *b)* aux droits ou libertés acquis par règlement de revendications territoriales.

(95) Voir l'article 93 de la *Loi constitutionnelle de 1867* et la note relative à cet article.

(96) Les paragraphes 35(3) et (4) ont été ajoutés aux termes de la *Proclamation de 1983 modifiant la Constitution* (TR/84-102).

(97) L'article 35.1 a été ajouté aux termes de la *Proclamation de 1983 modifiant la Constitution* (TR/84-102).

(98) Voir les notes relatives aux articles 114 et 118 de la *Loi constitutionnelle de 1867*.

(99) L'article 54 prévoyait l'abrogation de la partie IV un an après l'entrée en vigueur de la partie VII. La partie VII est entrée en vigueur le 17 avril 1982 abrogeant ainsi la partie IV le 17 avril 1983. Texte de la partie IV :

> 37. (1) Dans l'année suivant l'entrée en vigueur de la présente partie, le premier ministre du Canada convoque une conférence constitutionnelle réunissant les premiers ministres provinciaux et lui-même.
>
> (2) Sont placées à l'ordre du jour de la conférence visée au paragraphe (1) les questions constitutionnelles qui intéressent directement les peuples autochtones du Canada, notamment la détermination et la définition des droits de ces peuples à inscrire dans la Constitution du Canada. Le premier ministre du Canada invite leurs représentants à participer aux travaux relatifs à ces questions.
>
> (3) Le premier ministre du Canada invite des représentants élus des gouvernements du territoire du Yukon et des territoires du Nord-Ouest à participer aux travaux relatifs à toute question placée à l'ordre du jour de la conférence visée au paragraphe (1) et qui, selon lui, intéresse directement le territoire du Yukon et les territoires du Nord-Ouest.

(100) L'article 54.1 prévoyait l'abrogation de la partie IV.1 le 18 avril 1987. La partie IV.1 avait été ajoutée par la *Proclamation de 1983 modifiant la Constitution* (TR/84-102). Texte de la partie IV.1 :

> 37.1 (1) En sus de la conférence convoquée en mars 1983, le premier ministre du Canada convoque au moins deux conférences constitutionnelles réunissant les premiers ministres provinciaux et lui-même, la première dans les trois ans et la seconde dans les cinq ans suivant le 17 avril 1982.

> (2) Sont placées à l'ordre du jour de chacune des conférences visées au paragraphe (1) les questions constitutionnelles qui intéressent directement les peuples autochtones du Canada. Le premier ministre du Canada invite leurs représentants à participer aux travaux relatifs à ces questions.
>
> (3) Le premier ministre du Canada invite des représentants élus des gouvernements du territoire du Yukon et des territoires du Nord-Ouest à participer aux travaux relatifs à toute question placée à l'ordre du jour des conférences visées au paragraphe (1) et qui, selon lui, intéresse directement le territoire du Yukon et les territoires du Nord-Ouest.
>
> (4) Le présent article n'a pas pour effet de déroger au paragraphe 35(1).

(101) Avant l'adoption de la partie V, certaines dispositions de la Constitution du Canada et des constitutions des provinces pouvaient être modifiées en vertu de la *Loi constitutionnelle de 1867*. Voir la note relative à la catégorie 1 de l'article 91 et à la catégorie 1 de l'article 92 de cette loi. Seul le Parlement du Royaume-Uni pouvait apporter des modifications aux autres dispositions de la Constitution.

(102) Pour le texte de cette modification voir l'article 92A de la *Loi constitutionnelle de 1867*.

(103) Pour le texte de cette modification voir la sixième annexe de la *Loi constitutionnelle de 1867*.

(104) La partie VII est entrée en vigueur le 17 avril 1982. Voir TR/82-97.

(105) L'article 54.1 avait été ajouté par la *Proclamation de 1983 modifiant la Constitution* (TR/84-102). Texte de l'article 54.1 :

> 54.1 La partie IV.1 et le présent article sont abrogés le 18 avril 1987.

(106) La loi, à l'exception de l'alinéa 23(1)a) pour le Québec, est entrée en vigueur le 17 avril 1982 par proclamation de la Reine. Voir TR/82-97.

(107) Aucune proclamation n'a été prise en vertu de l'article 59.

(108) L'article 61 a été ajouté par la *Proclamation de 1983 modifiant la Constitution* (TR/84-102). Voir aussi l'article 3 de la *Loi constitutionnelle de 1985 (représentation électorale)*, L.C. 1986, ch. 8, partie I, et la *Modification constitutionnelle de 1987 (Loi sur Terre-Neuve)* (voir TR/88-11).

Chronologie 1492-2013

RÉGIME FRANÇAIS

1492	Arrivée de Christophe Colomb en Amérique.
1497	Jean Cabot découvre le littoral oriental de l'Amérique du Nord.
1534	Arrivée de Jacques Cartier à Gaspé où il prend officiellement possession du territoire au nom du roi de France.
1583	Humphrey Gilbert prend possession de l'île de Terre-Neuve au nom de la reine Élisabeth Ire.
1603	Arrivée de Samuel de Champlain à Québec. Il fonde la première colonie française en Amérique.
1605	Fondation de Port-Royal (Annapolis, N.-É.).
1608	Fondation de la ville de Québec par Samuel de Champlain.
1617	Arrivée à Québec d'une première famille de colons : Louis Hébert, Marie Rollet et leurs trois enfants.
1621	Promulgation des premières lois.
	On commence à tenir des registres d'état civil à Québec.
1623	Premier établissement anglais en Nouvelle-Écosse.
1627	La Nouvelle-France et l'Acadie sont concédées à la Compagnie des Cent Associés.
1628	Prise de Port-Royal par David Kirke (Angleterre).
1629	Prise de Québec ; Champlain doit céder la ville à David Kirke.
1632	Le traité de Saint-Germain-en-Laye permet la restitution du Canada et de l'Acadie à la France.
1634	Fondation de la ville de Trois-Rivières.
1642	Fondation de Ville-Marie (Montréal) par Maisonneuve.
1648	Création du conseil de la Nouvelle-France.
1654	Prise de l'Acadie par une expédition venue de la Nouvelle-Angleterre. L'année suivante, l'Acadie sera rendue à la France par le traité de Westminster.
1663	Dissolution de la Compagnie des Cent Associés, qui remet à Louis XIV la propriété et la gestion de la Nouvelle-France.
	La Nouvelle-France devient une colonie royale. Création du Conseil souverain de la Nouvelle-France (qui deviendra le Conseil supérieur en 1703), lequel instaure un gouvernement civil en Nouvelle-France.
1665	Jean Talon est nommé intendant.
1666	Premier recensement officiel en Nouvelle-France : 3 215 personnes.
1670	Fondation de la Compagnie de la baie d'Hudson, qui obtient le droit de faire le commerce des fourrures en Terre de Rupert.
1673	Fondation de Cataracoui (Kingston).
1685	Première émission de monnaie de cartes.
1709	Invasion du Canada par les Anglais.
1713	En vertu du traité d'Utrecht, le roi de France cède à l'Angleterre l'île de Terre-Neuve, l'Acadie tout entière et les territoires de la baie d'Hudson.
	Fondation de Louisbourg par les Français.
1720	Nomination du gouverneur et du conseil de la Nouvelle-Écosse.
1745	Prise de Louisbourg par les Anglais ; la forteresse sera rendue à la France en 1748.
1749	Fondation de la ville d'Halifax.
1752	Parution à Halifax du premier journal, *La Gazette*.

1755	• À la suite de leur refus de prêter serment d'allégeance à l'Angleterre, la déportation des Acadiens débute.
1758	• L'Angleterre s'empare définitivement de la forteresse de Louisbourg.
	• Première séance de la législature de la Nouvelle-Écosse.
1759	• Défaite des Français lors de la bataille des plaines d'Abraham et, ensuite, reddition de la ville de Québec.
1760	• Reddition de la ville de Montréal.
	• Le gouverneur général Amherst annonce les points saillants de la nouvelle administration. Le pays est placé sous un régime militaire et il est divisé en trois grandes régions.

RÉGIME ANGLAIS

1763	• En vertu du traité de Paris, le Canada devient une colonie britannique.
	• La Proclamation royale assure l'administration, par un gouvernement civil, des territoires conquis. Le nom « Province de Québec » remplace « Canada » et une vaste région voit le jour à l'Ouest.
	• La loi britannique remplace la Coutume de Paris et l'anglais s'impose comme seule langue officielle.
	• L'île du Cap-Breton et l'île Saint-Jean sont annexées à la Nouvelle-Écosse.
	• Refusant de prêter le serment du Test, les catholiques sont exclus de toute charge politique officielle.
	• Par la Proclamation royale, le roi George III reconnaît que les peuples autochtones détiennent la possession légale et originelle de leur terre. La Proclamation, considérée comme la *Magna Carta* des peuples autochtones, a été enchâssée dans la *Loi constitutionnelle de 1982*.
1764	• Établissement du gouvernement civil.
1768	• Fondation de la ville de Charlottetown.
1769	• L'île Saint-Jean devient une province distincte de la Nouvelle-Écosse, avec ses propres institutions politiques. La première assemblée sera convoquée en 1773. Et ce n'est qu'en 1798 que l'on parlera de l'Île-du-Prince-Édouard.
1774	• L'Acte de Québec est adopté par le Parlement britannique (et mis en vigueur en 1775). Cet acte constitue une première tentative du gouvernement londonien pour établir un gouvernement colonial. Les frontières retournent pratiquement à ce qu'elles étaient avant 1763. Un conseil législatif est constitué et on cherche à préserver les droits des Canadiens français : outre que deux droits cohabitent – le droit civil français et le droit criminel anglais (procès par jury) –, le libre exercice de la religion catholique est permis et une nouvelle formule de serment remplace le serment du Test.
1775	• À Québec, le Conseil législatif tient sa première session.
1780	• Arrivée des loyalistes au Canada (dans les Maritimes, en Ontario et au sud du Québec).
1784	• Division de la Nouvelle-Écosse en deux, donnant lieu à la création du Nouveau-Brunswick. Celui-ci a un conseil nommé et une assemblée élue.
	• L'île du Cap-Breton se sépare de la Nouvelle-Écosse pour devenir une colonie distincte, avec son propre conseil.
1786	• À Saint John, Nouveau-Brunswick, réunion de la première assemblée élue en 1785.
	• L'île-du-Prince-Édouard (ou île Saint-Jean) se sépare de nouveau de la Nouvelle-Écosse pour devenir une province.
1791	• L'Acte constitutionnel est adopté par le Parlement britannique. Il divise la province de Québec en deux provinces distinctes : le Haut-Canada (avec Newark comme capitale) et le Bas-Canada (Québec en devient la capitale). Dans cette dernière province continue de s'appliquer le droit civil français, alors qu'au Haut-Canada prévaut le droit commun anglais. Cet acte établit le principe du gouvernement représentatif au pays.
1792	• Le premier Parlement du Haut-Canada se réunit à Newark (Niagara), alors que la législature du Bas-Canada ouvre sa première session à Québec, au palais épiscopal. Une première décision des membres veut que les travaux de la Chambre se fassent dans les deux langues.
	• Premier découpage électoral au Bas-Canada (50 circonscriptions) et au Haut-Canada (16 districts électoraux).
1796	• Toronto (York) devient la nouvelle capitale du Haut-Canada, remplaçant Newark.
1806	• Un journal entièrement rédigé en français, *Le Canadien*, paraît pour la première fois.
1809	• Le Labrador, rendu au Canada en 1774 par l'Acte de Québec, est annexé de nouveau à Terre-Neuve.

1820 • L'île du Cap-Breton relève de nouveau de la Nouvelle-Écosse.

1826 • Fondation de la ville d'Ottawa (Bytown).

1832 • Le gouvernement représentatif est accordé à Terre-Neuve. L'année suivante, l'Assemblée se rencontre pour une première fois.

1834 • L'Assemblée du Bas-Canada adopte les *92 Résolutions*, où sont énoncés les griefs de la population.

• Fondation de la Société Saint-Jean-Baptiste.

1836 • Inauguration du premier chemin de fer canadien (de La Prairie à Saint-Jean, Québec).

1837 • Rapport des commissaires du Canada ; émeutes dans le Bas-Canada et dans le Haut-Canada.

-1838 • Suspension de la Constitution du Bas-Canada et création du Conseil spécial.

1839 • Le rapport Durham est déposé au Parlement britannique.

1840 • L'Acte d'Union est adopté par le Parlement britannique ; il a pour effet d'unir les deux Canada par suite des recommandations du rapport Durham. L'anglais devient la seule langue officielle.

1841 • Kingston devient la capitale de la Province du Canada, constituée de l'union du Bas-Canada et du Haut-Canada. Le Parlement tient une première séance sous le régime de l'Union.

1843 • Fondation de la ville de Victoria.

1844 • La capitale canadienne passe de Kingston à Montréal.

1846 • Inauguration de la première ligne télégraphique.

1848 • Établissement du gouvernement responsable au Canada.

1849 • Sanction de la loi relative aux pertes causées par la rébellion.

• Émeutes à Montréal, au cours desquelles le parlement du Canada est incendié. L'Assemblée se réunira alternativement à Toronto et à Québec.

1851 • L'administration des postes passe sous la responsabilité du gouvernement colonial du Canada.

• Émission de timbres-poste.

• Québec devient la capitale.

• Établissement du gouvernement responsable à l'Île-du-Prince-Édouard.

1855 • Établissement du gouvernement responsable à Terre-Neuve.

• Le siège du gouvernement est transféré à Toronto.

1856 • Le Conseil législatif du Canada devient électif.

• Première séance de la législature de l'Île-de-Vancouver.

• Québec devient le siège du gouvernement.

1857 • La reine Victoria désigne la ville d'Ottawa comme capitale du Canada.

1858 • Adoption du système décimal pour la monnaie.

1859 • Émission de monnaie d'argent canadienne.

1860 • Pose de la première pierre de l'édifice du Parlement à Ottawa.

1864 • Conférences constitutionnelles de Charlottetown et de Québec. Un projet de confédération de l'Amérique du Nord britannique est présenté par John A. Macdonald et George-Étienne Cartier.

1865 • La législature canadienne adopte une adresse priant la reine d'unir les provinces de l'Amérique du Nord britannique.

1866 • Des délégués du Canada-Uni, du Nouveau-Brunswick et de la Nouvelle Écosse se rencontrent à Londres pour élaborer l'Acte de l'Amérique du Nord britannique.

• Première séance des Chambres canadiennes à Ottawa.

LA FÉDÉRATION CANADIENNE

1867 • L'Acte de l'Amérique du Nord britannique reçoit la sanction royale et est mis en vigueur le 1er juillet.

• Le Canada résulte de l'union de quatre provinces : le Bas-Canada, le Haut-Canada, la Nouvelle-Écosse et le Nouveau-Brunswick.

• Élections fédérales : Parti conservateur, 101 ; Parti libéral, 80. John A. Macdonald devient le premier ministre canadien.

• Réunion du premier Parlement fédéral.

1868	•	Le Canada acquiert les Territoires du Nord-Ouest.
1869	•	Échec des premières discussions en vue d'unir Terre-Neuve au Canada.
	•	Rébellion de la rivière Rouge sous Louis Riel.
1870	•	Loi constituant la province du Manitoba, qui entre dans la Confédération.
	•	Les Territoires du Nord-Ouest entrent dans la Confédération.
	•	Répression de la rébellion de la rivière Rouge.
1871	•	Premier recensement au Canada : 3 689 257 personnes.
	•	Loi établissant un régime monétaire au Canada.
	•	La Colombie-Britannique entre dans la Confédération.
1872	•	Élections fédérales : Parti conservateur, 103 ; Parti libéral, 97. Premier ministre : John A. Macdonald.
	•	Le Parlement fédéral adopte une charte générale du chemin de fer Pacifique-Canadien et autorise la construction d'une ligne transcontinentale par une société privée.
1873	•	Loi constituant la Gendarmerie à cheval du Nord-Ouest qui deviendra la Gendarmerie royale du Canada en 1920.
	•	L'Île-du-Prince-Édouard entre dans la Confédération.
1874	•	Élections fédérales : Parti conservateur, 133 ; Parti libéral, 73. Premier ministre : Alexander Mackenzie.
	•	Sanction de la *Loi des élections fédérales*.
1875	•	Établissement de la Cour suprême du Canada, qui tiendra sa première séance l'année suivante.
1878	•	Élections fédérales : Parti conservateur, 137 ; Parti libéral, 69. Premier ministre : John A. Macdonald.
1879	•	Politique nationale de Macdonald.
1882	•	Élections fédérales : Parti conservateur, 139 ; Parti libéral, 71. Premier ministre : John A. Macdonald.
	•	Regina est désignée comme siège du gouvernement des Territoires du Nord-Ouest.
1883	•	Le jugement *Hodge* c. *The Queen* favorise le pouvoir des provinces en orientant le système fédéral vers une décentralisation.
1885	•	Seconde rébellion de Louis Riel, lequel sera exécuté plus tard dans l'année.
	•	Sanction de la *Loi du cens électoral*.
1887	•	Élections fédérales : Parti conservateur, 123 ; Parti libéral, 92. Premier ministre : John A. Macdonald.
	•	Première conférence coloniale à Londres.
1891	•	Élections fédérales : Parti conservateur, 123 ; Parti libéral, 92. Premier ministre : John Abbott.
1894	•	Deuxième conférence coloniale à Ottawa.
1896	•	Élections fédérales : Parti libéral, 117 ; Parti conservateur, 89 ; indépendants, 7. Premier ministre : Wilfrid Laurier, le premier francophone.
1897	•	Troisième conférence coloniale à Londres.
1898	•	Le district du Yukon devient un territoire distinct et entre dans la Confédération.
1899	•	L'opinion publique canadienne est divisée face à la participation du Canada à la guerre des Boers. Le premier ministre Laurier n'envoie que des volontaires.
1900	•	Élections fédérales : Parti libéral, 128 ; Parti conservateur, 78 ; autres, 8. Premier ministre : Wilfrid Laurier.
1901	•	Premier signal transatlantique sans fil reçu par Marconi à Saint John's (Terre-Neuve).
1902	•	Quatrième conférence coloniale à Londres.
1904	•	Élections fédérales : Parti libéral, 139 ; Parti conservateur, 75. Premier ministre : Wilfrid Laurier.
	•	Fondation de la ville d'Edmonton.
1905	•	Élections provinciales (Ontario) : victoire du Parti conservateur. Premier ministre : James Pliny Whitney.
	•	Création des provinces de la Saskatchewan et de l'Alberta, qui entrent dans la Confédération.
	•	Fondation de la ville de Peterborough (Ontario).
1907	•	Cinquième conférence coloniale à Londres.
	•	Établissement de la Cour suprême de l'Alberta.
	•	Établissement de la Cour suprême de la Saskatchewan.
1908	•	Élections fédérales : Parti libéral, 133 ; Parti conservateur, 85 ; indépendants, 3. Premier ministre : Wilfrid Laurier.

1909	•	Établissement de la Cour suprême de l'Ontario.
	•	Création du ministère des Affaires extérieures.
1910	•	Fondation de la ville de Prince Rupert (Colombie-Britannique).
	•	Établissement de la Marine royale canadienne.
	•	Fondation du quotidien *Le Devoir*.
1911	•	Élections fédérales: Parti conservateur, 133; Parti libéral, 86; indépendants, 2. Premier ministre: Robert Borden.
	•	Le territoire de l'Ungava devient un territoire québécois.
	•	Conférence impériale à Londres.
1912	•	Constitution de la Commission royale des dominions.
	•	Les frontières du Québec, de l'Ontario et du Manitoba sont étendues.
1913	•	L'usage du français est interdit dans les écoles ontariennes après la première année.
1914	•	Le Canada entre dans la Première Guerre mondiale.
	•	Premières manifestations des suffragettes à Winnipeg, dirigées par Nellie Letitia McClung.
1916	•	Les femmes du Manitoba et de la Saskatchewan obtiennent le droit de vote au provincial.
	•	Le parlement fédéral est lourdement endommagé par un incendie.
	•	Établissement du Conseil national de recherches du Canada, en vue de promouvoir la recherche scientifique.
1917	•	Élections fédérales: Parti unioniste, 153; Parti libéral, 82. Premier ministre: Robert Borden.
	•	Les femmes de la Colombie-Britannique et de l'Ontario obtiennent le droit de vote au provincial.
	•	Nomination d'une première femme juge, Helen Emma MacGill, à la Cour de la jeunesse de Vancouver.
	•	Élection d'une première femme à une législature provinciale, Louise McKinney, en Alberta.
1917 -1918	•	Les Canadiennes obtiennent le droit de vote aux élections fédérales. Le droit d'éligibilité leur sera reconnu deux années plus tard.
1919	•	Élections provinciales (Ontario): victoire des United Farmers (gouvernement de coalition). Premier ministre: Emest Charles Drury.
	•	Constitution des Chemins de fer nationaux du Canada.
	•	Inauguration du pont de Québec.
1920	•	Amendement de la *Loi sur les Indiens* en vue de reconnaître le droit de vote aux Amérindiens.
	•	Imposition d'une taxe de vente fédérale de 1%.
1921	•	Élections fédérales: Parti libéral, 117; Parti progressiste, 64; Parti conservateur, 50; Parti travailliste, 3; indépendant, 1. Premier ministre: Mackenzie King.
	•	Élections provinciales (Alberta): victoire des United Farmers. Premier ministre: Herbert Greenfield.
	•	Élection d'une première députée à la Chambre des communes, Agnes Campbell McPhail.
	•	Le Canada adopte ses armoiries.
	•	Fondation de la Confédération des travailleurs catholiques du Canada.
1922	•	Élections provinciales (Manitoba): victoire des United Farmers. Premier ministre: John Bracken.
1923	•	Élections provinciales (Ontario): victoire du Parti conservateur. Premier ministre: George Howard Ferguson.
	•	Élections provinciales (Île-du-Prince-Édouard): victoire du Parti conservateur. Premier ministre: James David Stewart.
	•	Signature du Traité du flétan, premier traité signé indépendamment par le Canada.
1924	•	Fondation de l'Union catholique des cultivateurs.
	•	Établissement de l'Aviation royale canadienne.
1925	•	Élections fédérales: Parti conservateur, 116; Parti libéral, 101; Parti progressiste, 24; Parti travailliste, 2; indépendants, 2. Premier ministre: Mackenzie King.
	•	Élections provinciales (Saskatchewan): victoire du Parti libéral. Premier ministre: Charles Avery Dunning.
	•	Élections provinciales (Nouvelle-Écosse): victoire du Parti conservateur. Premier ministre: Edgar Nelson Rhodes.
	•	Élections provinciales (Nouveau-Brunswick): victoire du Parti conservateur. Premier ministre: John B.M. Baxter.

1926 • Élections fédérales : Parti libéral, 116 ; Parti conservateur, 91 ; Parti progressiste, 13 ; United Farmers of Alberta, 11 ; Parti libéral-progressiste, 9 ; Parti travailliste, 3 ; indépendants, 2. Premier ministre : Mackenzie King.

    • Conférence impériale à Londres où est adopté le rapport Balfour.

    • Première nomination diplomatique, celle de Charles Vincent Massey.

1927 • Le Labrador est reconnu comme un territoire terre-neuvien par le Conseil privé de Londres.

    • Adoption par la Chambre des communes d'un programme de pension de vieillesse. Il s'agit d'un premier engagement du Canada dans la voie de l'État providence.

1928 • Élections provinciales (Colombie-Britannique) : victoire du Parti conservateur. Premier ministre : Simon Fraser Tolmie.

    • Élections provinciales (Terre-Neuve) : victoire du Parti libéral. Premier ministre : Richard A. Squires.

    • Le Conseil législatif est aboli en Nouvelle-Écosse. Le Québec demeure la seule province à conserver deux chambres.

    • La Cour suprême du Canada statue que les femmes ne sont pas des « personnes qualifiées » au sens de la loi pour devenir éligibles à une nomination au Sénat.

    • Entrée en vigueur du programme de pension de vieillesse au Manitoba.

1929 • Élections provinciales (Saskatchewan) : victoire du Parti conservateur. Premier ministre : J.T.M. Anderson.

    • En vertu d'une décision du Comité judiciaire du Conseil privé impérial de Londres, les femmes deviennent éligibles à siéger au Sénat canadien.

    • Transfert par le gouvernement fédéral des ressources naturelles au Manitoba et à l'Alberta.

1930 • Élections fédérales : Parti conservateur, 137 ; Parti libéral, 88 ; United Farmers, 10 ; Parti libéral-progressiste, 3 ; Parti progressiste, 2 ; Parti travailliste, 2 ; travailliste-indépendant, 1 ; indépendants, 2. Premier ministre : R.B. Bennett.

    • Élections provinciales (Alberta) : victoire des United Farmers. Premier ministre : John Edward Brownlee.

    • Transfert par le gouvernement fédéral des ressources naturelles à la Colombie-Britannique et à la Saskatchewan.

    • Nomination d'une première sénatrice, Cairine Reay Wilson.

    • Adoption aux Communes de la *Loi sur l'assurance-chômage*.

1931 • Élections provinciales (Île-du-Prince-Édouard) : victoire du Parti conservateur. Premier ministre : James David Stewart.

    • En vertu du Statut de Westminster, le Canada accède à sa souveraineté ; le Parlement anglais ne légiférera plus pour le Canada (à moins d'une demande en ce sens).

1932 • Formation de la Fédération du Commonwealth coopératif (CCF), ancêtre du Nouveau Parti démocratique.

    • Mise sur pied de la Commission canadienne de radiodiffusion. Elle doit assurer l'établissement d'un réseau radiophonique public diffusant en français et en anglais et superviser toutes les stations privées et publiques au Canada.

1933 • Élections provinciales (Nouvelle-Écosse) : victoire du Parti libéral. Premier ministre : Angus Lewis Macdonald.

    • Élections provinciales (Colombie-Britannique) : victoire du Parti libéral. Premier ministre : Thomas Dufferin Pattullo.

1934 • Élections provinciales (Saskatchewan) : victoire du Parti libéral. Premier ministre : James Garfield Gardiner.

    • Élections provinciales (Ontario) : victoire du Parti libéral. Premier ministre : Mitchell Frederick Hepburn.

    • Suspension de la Constitution de Terre-Neuve ; une commission de gouvernement entre en fonction en février.

1935 • Élections fédérales : Parti libéral, 171 ; Parti conservateur, 39 ; Crédit social, 17 ; Fédération du Commonwealth coopératif, 7 ; libéraux-indépendants, 5 ; libéraux-progressistes, 2 ; conservateur-indépendant, 1 ; Parti de la reconstruction, 1 ; indépendant, 1 ; United Farmers of Ontario-travailliste, 1. Premier ministre : Mackenzie King.

    • Élections provinciales (Nouveau-Brunswick) : victoire du Parti libéral. Premier ministre : A. Allison Dysart.

    • Élections provinciales (Île-du-Prince-Édouard) : victoire du Parti conservateur. Premier ministre : William J.P. MacMillan.

    • Élections provinciales (Alberta) : victoire du Crédit social. Premier ministre : William Aberhart.

    • La Banque du Canada commence ses opérations.

1936   •   Élections provinciales (Québec): victoire de l'Union nationale. Premier ministre: Maurice Duplessis.
       •   Élection d'une première conseillère municipale à Halifax, Mary Teresa Sullivan.
       •   Création de la Société Radio-Canada.
       •   Fondation du *Globe and Mail*.
1937   •   Commission royale sur les relations fédérales-provinciales (commission Rowell-Sirois).
       •   Le gouvernement du Québec adopte la *Loi du cadenas*. Elle sera annulée par la Cour suprême du Canada en 1957.
1938   •   Jugement unanime de la Cour suprême en faveur du gouvernement fédéral sur tous les points soulevés par l'Alberta.
1939   •   Élections provinciales (Québec): victoire du Parti libéral. Premier ministre: Joseph-Adélard Godbout.
       •   Le Canada entre dans la Deuxième Guerre mondiale.
       •   Création de l'Office national du film.
1940   •   Élections fédérales: Parti libéral, 178; Parti conservateur, 39; Crédit social, 10; Fédération du Commonwealth coopératif, 8; libéraux-progressistes, 3; libéraux-indépendants, 3; Union, 2; conservateur-indépendant, 1; indépendant, 1. Premier ministre: Mackenzie King.
       •   Le Parlement fédéral adopte une législation pour établir un programme national d'assurance-chômage, qui entrera en vigueur l'année suivante.
       •   Les Québécoises sont les dernières femmes au Canada à obtenir le droit de vote et l'éligibilité aux élections provinciales.
1941   •   Élections provinciales (Colombie-Britannique): gouvernement de coalition libéral-conservateur. Premier ministre: John Hart.
1942   •   Débarquement de Dieppe, dominé par les forces armées canadiennes.
1943   •   Élections provinciales (Ontario): victoire du Parti conservateur. Premier ministre: George Alexander Drew.
       •   Première Conférence de Québec, à laquelle assistent Churchill et Roosevelt.
1944   •   Élections provinciales (Saskatchewan): victoire du CCF. Premier ministre: Thomas C. Douglas. Il s'agit du premier gouvernement socialiste au Canada.
       •   Élections provinciales (Québec): victoire de l'Union nationale. Premier ministre: Maurice Duplessis.
       •   Deuxième Conférence de Québec, à laquelle assistent Churchill et Roosevelt.
1945   •   Élections fédérales: Parti libéral, 125; Parti progressiste-conservateur, 67; Fédération du Commonwealth coopératif, 28; Crédit social, 13; indépendants, 5; libéraux-indépendants, 2; Bloc populaire, 2; conservateur-indépendant, 1; Fédération du Commonwealth coopératif-indépendant, 1; Ouvrier-progressiste, 1. Premier ministre: Mackenzie King.
       •   Début du programme des allocations familiales.
1946   •   Tenue de la première assemblée générale de l'ONU. Le Canada est représenté à la Commission de l'énergie atomique, au Conseil économique et social et à la Cour internationale de justice.
       •   Adoption de la *Loi sur la citoyenneté canadienne*. Elle établit une citoyenneté canadienne distincte qui domine sur la citoyenneté britannique.
       •   Introduction d'un premier programme social en matière de santé en Saskatchewan.
       •   Élection d'une convention nationale à Terre-Neuve; on y discute notamment des bases de l'union fédérale de Terre-Neuve au Canada.
1947   •   Élection du Canada au Conseil de sécurité de l'ONU.
1948   •   Démission de Mackenzie King comme premier ministre. Il est remplacé par Louis Saint-Laurent.
       •   Les Canadiennes et Canadiens d'origine japonaise obtiennent le droit de vote au fédéral.
       •   Le Québec adopte le fleurdelisé pour son drapeau.
       •   Un référendum tenu à Terre-Neuve favorise l'union avec le Canada.
1949   •   Élections fédérales: Parti libéral, 190; Parti progressiste-conservateur, 41; Fédération du Commonwealth coopératif, 13; Crédit social, 10; indépendants, 5; libéraux-indépendants, 3. Premier ministre: Louis Saint-Laurent.
       •   Élections provinciales (Terre-Neuve): victoire du Parti libéral. Premier ministre: Joseph Roberts Smallwood.
       •   Terre-Neuve devient la 10e province canadienne. Joseph Roberts Smallwood est premier ministre.

- Le Canada signe le traité de l'Atlantique Nord.
- Abolition du droit d'appel au Conseil privé de Londres. La Cour suprême devient la cour de dernière instance au Canada.
- Le Parlement britannique amende l'Acte de l'Amérique du Nord britannique afin de conférer au Canada le pouvoir d'amender sa propre Constitution en certaines matières.
- Nomination d'une première femme à la présidence d'une législature dans le Commonwealth, Nancy Hodges, en Colombie-Britannique.
- Commission royale sur l'avancement des arts, des lettres et des sciences au Canada (commission Massey).

1950
- Conférence fédérale-provinciale où l'on discute des modifications à la Constitution.
- Début de la construction du pipeline interprovincial devant transporter le pétrole d'Edmonton à la tête du lac Supérieur.
- Importante grève nationale des chemins de fer.

1951
- La *Loi sur les Territoires du Nord-Ouest* est modifiée pour instituer un conseil partiellement élu. Une première élection et la première session du Conseil se tiendront plus tard dans l'année.
- Le Parlement fédéral approuve la constitution en corporation de la Trans-Canada Pipelines, qui doit transporter le gaz naturel de l'Alberta à Montréal.
- Une loi du Parlement fédéral établit l'administration de la Voie maritime du Saint-Laurent.

1952
- Élections provinciales (Colombie-Britannique): victoire du Crédit social (gouvernement minoritaire). Premier ministre: William Andrew Cecil Bennett.
- Élections provinciales (Nouveau-Brunswick): victoire du Parti conservateur. Premier ministre: Hugh John Flemming.
- Vincent Massey devient le premier Canadien de naissance à être nommé gouverneur général du Canada.
- Entrée en vigueur de la *Loi sur la sécurité de la vieillesse* et de la *Loi sur l'assistance-vieillesse*.
- Un incendie endommage la bibliothèque du parlement à Ottawa.
- CBFT (Montréal) devient la première station de télévision à diffuser au Canada.
- CBLT (Toronto) suivra de peu.
- Création d'Énergie atomique du Canada.
- On annonce l'établissement d'une bibliothèque nationale du Canada à Ottawa.

1953
- Élections fédérales: Parti libéral, 170; Parti progressiste-conservateur, 51; Fédération du Commonwealth coopératif, 23; Crédit social, 15; indépendants, 3; libéraux-indépendants, 2; libéral-travailleur, 1. Premier ministre: Louis Saint-Laurent.
- Parachèvement du pipeline à pétrole Trans-Mountain allant d'Edmonton à Vancouver.
- Sanction royale de la loi créant le ministère du Nord canadien et des Ressources nationales.

1954
- Le Québec adopte un impôt provincial sur le revenu.
- Mise en service du premier métro canadien, à Toronto.
- L'île du Cap-Breton est reliée à la terre ferme de la Nouvelle-Écosse par la chaussée de Canso.

1955
- Télédiffusion pour la première fois des cérémonies d'ouverture du Parlement à Ottawa.
- On annonce un plan pour la construction de la première usine canadienne d'énergie atomique.
- Conférence fédérale-provinciale au cours de laquelle on discute d'assistance en cas de chômage puis de questions financières.
- Pose du premier câble téléphonique transatlantique.
- La Cour suprême rejette la contestation de la légalité du Code fédéral du travail.

1956
- Élections provinciales (Nouvelle-Écosse): victoire du Parti conservateur. Premier ministre: Robert Lorne Stanfield.
- Affaire du gazoduc transcanadien au cours de laquelle, pour la première fois, un gouvernement a subi la guillotine à toutes les étapes du débat en Chambre.
- Fin de la grève à la General Motors.
- Conférence fédérale-provinciale sur la fiscalité.
- Formation du Congrès du travail du Canada.
- Création du Conseil des Arts du Canada, destiné à promouvoir les arts, les humanités et les sciences sociales.

- Dans l'histoire parlementaire canadienne, une première femme propose l'adresse en réponse au discours du Trône, Ann Shipley.

1957
- Élections fédérales : Parti progressiste-conservateur, 112 ; Parti libéral, 105 ; Fédération du Commonwealth coopératif, 25 ; Crédit social, 19 ; indépendants, 2 ; libéral-indépendant, 1 ; libéral-travailleur, 1. Premier ministre : John Diefenbaker.
- Nomination d'une première femme ministre dans un cabinet fédéral, Ellen Louks Fairclough, qui assumera les fonctions de première ministre les 19 et 20 février 1958.
- Pour la première fois, le monarque régnant préside à l'ouverture officielle du Parlement canadien.
- Commission royale sur l'union de Terre-Neuve au Canada.
- Commission royale sur les ressources énergétiques du Canada.
- Commission royale sur les écarts de prix des produits agricoles et de la pêche.
- La Saskatchewan devient la première province à terminer son tronçon de la transcanadienne.
- Lester B. Pearson devient le premier Canadien à obtenir le prix Nobel de la paix.

1958
- Élections fédérales : Parti progressiste-conservateur, 208 ; Parti libéral, 48 ; Fédération du Commonwealth coopératif, 8 ; libéral-travailleur, 1. Premier ministre : John Diefenbaker.
- Élections provinciales (Manitoba) : victoire du Parti progressiste-conservateur. Premier ministre : Dufferin Roblin.
- Entrée en vigueur du régime d'hospitalisation fédéral-provincial en Colombie-Britannique, en Alberta, en Saskatchewan, au Manitoba et à Terre-Neuve.
- Nomination d'une première femme ambassadrice, Blanche Margaret Meagher, en Israël.
- Nomination d'un premier Amérindien au Sénat, James Gladstone.

1959
- Élections provinciales (Île-du-Prince-Édouard) : victoire du Parti conservateur. Premier ministre : Walter R. Shawl.
- Entrée en vigueur du régime d'hospitalisation fédéral-provincial en Ontario, en Nouvelle-Écosse, au Nouveau-Brunswick et à l'Île-du-Prince-Édouard.
- Inauguration de la Voie maritime du Saint-Laurent.
- Conférence fédérale-provinciale où la demande des provinces d'augmenter les paiements en vertu du partage fiscal est rejetée par le gouvernement fédéral.

1960
- Élections provinciales (Québec) : victoire du Parti libéral. Premier ministre : Jean Lesage. Début de la Révolution tranquille.
- Fondation, au Québec, du Rassemblement pour l'indépendance nationale.
- Élections provinciales (Nouveau-Brunswick) : victoire du Parti libéral. Premier ministre : Louis J. Robichaud.
- Adoption de la Déclaration canadienne des droits (en tant que loi ordinaire du Parlement).
- L'âge de la retraite des juges de la Cour suprême est fixé à 75 ans.
- Ouverture de la nouvelle Galerie nationale, à Ottawa.
- Élection, à Montréal, du Parti civique de Jean Drapeau. Il restera en poste jusqu'en 1986.
- Conférence fédérale-provinciale où sont jetées les bases d'autres entretiens au sujet de la modification de la Constitution et de questions fiscales.
- Commission royale sur l'administration fédérale.

1961
- Conférence constitutionnelle entre le fédéral et les provinces en vue de s'entendre sur une formule d'amendement de la Constitution.
- Élection d'un premier leader national au Nouveau Parti démocratique du Canada, Tommy Douglas.
- Entrée en vigueur du régime d'hospitalisation fédéral-provincial au Québec (1er janvier).
- Formation de l'Action socialiste pour l'indépendance du Québec.
- Commission royale d'enquête sur les finances.

1962
- Élections fédérales : Parti progressiste-conservateur, 116 ; Parti libéral, 99 ; Crédit social, 30 ; Nouveau Parti démocratique, 19 ; libéral-travailleur, 1. Premier ministre : John Diefenbaker.
- Élections provinciales (Québec) : victoire du Parti libéral. Premier ministre : Jean Lesage.
- Élections provinciales (Terre-Neuve) : victoire du Parti libéral. Premier ministre : Joseph Roberts Smallwood.

- Élections provinciales (Île-du-Prince-Édouard) : victoire du Parti progressiste-conservateur. Premier ministre : Walter R. Shawl.
- Élections provinciales (Manitoba) : victoire du Parti progressiste-conservateur. Premier ministre : Duff Roblin.
- Commission royale sur la fiscalité.
- Commission royale d'enquête chargée d'étudier la structure des taxes au Canada.
- Commission royale d'enquête chargée d'étudier le régime canadien de pilotage des navires.
- Entrée en vigueur du régime d'assurance médicale en Saskatchewan.
- Nomination d'une première femme ministre dans un cabinet provincial au Québec, Marie-Claire Kirkland-Casgrain.
- Début des travaux du métro de Montréal.
- Achèvement de la route transcanadienne.

1963
- Élections fédérales : Parti libéral, 128 ; Parti progressiste-conservateur, 95 ; Crédit social, 24 ; Nouveau Parti démocratique, 17 ; libéral-travailleur, 1. Premier ministre : Leaster B. Pearson.
- Élections provinciales (Nouveau-Brunswick) : victoire du Parti libéral. Premier ministre : Louis J. Robichaud.
- Élections provinciales (Alberta) : victoire du Parti créditiste. Premier ministre : Ernest C. Manning.
- Élections provinciales (Ontario) : victoire du Parti progressiste-conservateur. Premier ministre : John P. Robarts.
- Élections provinciales (Colombie-Britannique) : victoire du Parti créditiste. Premier ministre : W.A.C. Bennett.
- Élections provinciales (Nouvelle-Écosse) : victoire du Parti progressiste-conservateur. Premier ministre : Robert Lome Stanfield.
- Nationalisation du réseau hydroélectrique au Québec. Création d'Hydro-Québec.
- Commission royale sur le bilinguisme et le biculturalisme.
- Cérémonie de la première pelletée de terre pour l'édifice commémoratif de la Confédération à Charlottetown.
- Création du Conseil économique du Canada.
- Premières manifestations du Front de libération du Québec (FLQ).
- Dépôt du rapport de la Commission royale sur l'éducation (rapport Dorion) qui propose une restructuration en profondeur du système d'enseignement québécois.
- Entrée en vigueur du programme d'assurance-maladie facultative du gouvernement de l'Alberta.
- Conférence fédérale-provinciale où le gouvernement fédéral concède aux provinces le droit à certains de ses revenus.

1964
- Élections provinciales (Saskatchewan) : victoire du Parti libéral. Premier ministre : W. Ross Thatcher.
- Premières émissions des numéros d'assurance sociale.
- Abaissement de l'âge minimal pour voter au Québec, de 21 à 18 ans.
- Présentation aux Communes du projet de loi sur le régime de pensions du Canada.
- Conférence fédérale-provinciale où sont discutés le régime de pensions du Canada, la péréquation de l'impôt et les programmes de frais partagés.
- Québec annonce qu'il établira son propre régime de pensions.
- Adoption à Québec du projet de loi 60 sur l'éducation.
- Conférence constitutionnelle fédérale-provinciale où l'on arrive à une décision sur une formule de modification de la Constitution du Canada ainsi que sur la préparation d'une étude portant sur le financement des gouvernements fédéral, provinciaux et municipaux.
- Adoption par la Chambre d'une résolution donnant un nouveau drapeau au Canada. Il sera hissé pour la première fois l'année suivante.
- La Saskatchewan se choisit un drapeau.

1965
- Élections fédérales : Parti libéral, 131 ; Parti progressiste-conservateur, 97 ; Nouveau Parti démocratique, 21 ; Ralliement créditiste, 9 ; Crédit social, 5 ; indépendant, 1 ; progressiste-conservateur indépendant, 1. Premier ministre : Leaster B. Pearson.
- Proclamation d'une loi prévoyant l'établissement de commissions de délimitation des circonscriptions électorales.
- Proclamation du drapeau du Nouveau-Brunswick.
- Sanction de la *Loi sur le régime de pensions* du Canada.

- Proclamation du drapeau de l'Ontario.
- L'âge de la retraite au Sénat est fixé à 75 ans.
- Conférence fédérale-provinciale où sont représentés pour la première fois le Yukon et les Territoires du Nord-Ouest. On y parle de l'assurance santé nationale, d'économie et des droits miniers sous-marins.
- Approbation royale du drapeau du Manitoba.

1966
- Élections provinciales (Île-du-Prince-Édouard) : victoire du Parti libéral. Premier ministre : Alexander Bradshaw Campbell.
- Élections provinciales (Québec) : victoire de l'Union nationale. Premier ministre : Daniel Johnson.
- Élections provinciales (Manitoba) : victoire du Parti progressiste-conservateur. Premier ministre : Duff Roblin.
- Élections provinciales (Terre-Neuve) : victoire du Parti libéral. Premier ministre : Joseph Roberts Smallwood.
- Élections provinciales (Colombie-Britannique) : victoire du Crédit social. Premier ministre : W.A.C. Bennett.
- Conférence fédérale-provinciale sur la formation de la main-d'œuvre.
- Suspension de la formule d'amendement Fulton-Favreau en raison de l'opposition du Québec.
- Le Conseil des Territoires du Nord-Ouest appuie en principe le projet de la constitution des Territoires en une province.
- À la suite du désaccord des provinces, l'entrée en vigueur du régime fédéral d'assurance santé et de frais médicaux est remise au 1er juillet 1968.
- La taxe de vente de l'Ontario augmente à 5 %.
- Sanction royale du programme facultatif de soins médicaux de l'Ontario.
- Nomination d'un premier Amérindien à la magistrature, Edwin Godfrey Newman.
- Manifestations à Ottawa contre la guerre du Viêt-nam.
- Dans un vote libre, la Chambre des communes rejette l'abolition de la peine de mort dans le cas des personnes reconnues coupables de meurtre.
- Ouverture au public du métro de Montréal.
- Commission royale sur la sécurité d'État au Canada.

1967
- Élections provinciales (Alberta) : victoire du Parti créditiste. Premier ministre : Ernest C. Manning.
- Élections provinciales (Nouvelle-Écosse) : victoire du Parti progressiste-conservateur. Premier ministre : Robert Lome Stanfield.
- Élections provinciales (Saskatchewan) : victoire du Parti libéral. Premier ministre : W. Ross Thatcher.
- Élections provinciales (Ontario) : victoire du Parti progressiste-conservateur. Premier ministre : John P. -Robarts.
- Élections provinciales (Nouveau-Brunswick) : victoire du Parti libéral. Premier ministre : Louis J. Robichaud.
- Yellowknife devient la capitale des Territoires du Nord-Ouest.
- Fêtes du centenaire du Canada.
- Inauguration officielle d'Expo 67 à Montréal.
- Création de l'Ordre du Canada.
- Inauguration, à Ottawa, de l'édifice de la Bibliothèque et des Archives nationales du Canada.
- Québec démarre son programme d'allocations familiales.
- Nomination, en Alberta, d'un premier *ombudsman* au Canada, George Brinton McClellan.
- Conférence sur la Confédération de demain.
- Visite du général De Gaulle qui lance son « Vive le Québec libre ».
- La peine de mort est suspendue pour une période de 5 ans (sauf pour les meurtres de policiers et de gardiens de prison).
- Création de la Commission royale sur la situation de la femme au Canada (commission Bird).
- La taxe de vente du Québec augmente à 8 %.
- En vertu de la nouvelle *Loi sur les banques*, la Banque Toronto-Dominion procède à l'émission des premières obligations au Canada.
- Importante manifestation, à Ottawa, des producteurs de lait du Québec et de l'Ontario.

1968
- Élections fédérales : Parti libéral, 154 ; Parti progressiste-conservateur, 72 ; Nouveau Parti démocratique, 22 ; Ralliement créditiste, 14 ; libéral-travailliste, 1 ; indépendant, 1. Premier ministre : Pierre Elliott Trudeau.
- Premier débat télévisé des chefs politiques au fédéral.

- Conférence constitutionnelle fédérale-provinciale au cours de laquelle les droits de la langue française sont officiellement reconnus par les provinces.
- Annonce de la création de Radio-Québec.
- Modification au Code criminel pour permettre l'avortement thérapeutique sous certaines conditions.
- Le Mouvement souveraineté-association et le Ralliement national s'unissent pour donner naissance au Parti québécois, avec René Lévesque comme président.
- Le Conseil législatif est aboli au Québec. L'Assemblée législative devient l'«Assemblée nationale du Québec».
- Une Mohawk, Mary Two-Axe Early, entame une lutte contre la discrimination faite aux femmes en vertu de la *Loi sur les Indiens*. Lorsqu'une Indienne épousait un non-Indien, elle perdait son statut d'Indienne ainsi que les droits et privilèges s'y rattachant, l'inverse n'étant pas vrai pour les hommes qui, au demeurant, étendaient leur statut d'Indien à leur conjointe non autochtone. La lutte pour mettre fin à cette discrimination se poursuivra jusqu'en 1985, alors qu'un amendement à la Loi permettra à tous les Indiens (femmes et hommes) ayant perdu leur statut de le recouvrer.

1969
- Élections provinciales (Manitoba): victoire du Nouveau Parti démocratique. Premier ministre: Edward Richard Schreyer.
- Libéralisation des lois en matière d'avortement, d'homosexualité et de loterie.
- Adoption de la *Loi sur les langues officielles*, qui reconnaît le français et l'anglais comme langues officielles dans l'administration fédérale.
- Nomination au Québec d'une première femme à une cour supérieure, Réjane Laberge-Colas.
- Abaissement de l'âge minimal pour voter au Manitoba, de 21 à 18 ans.
- Le gouvernement du Canada propose l'élimination de la *Loi sur les Indiens*, la suppression du statut particulier et l'élimination des traités. Les agents du ministère des Affaires indiennes se retirent des réserves. De plus, les organisations autochtones ont maintenant droit au financement du gouvernement fédéral.

1970
- Élections provinciales (Québec): victoire du Parti libéral. Premier ministre: Robert Bourassa.
- Élections provinciales (Nouvelle-Écosse): victoire du Parti libéral. Premier ministre: Gerald A. Regan.
- Élections provinciales (Nouveau-Brunswick): victoire du Parti progressiste-conservateur. Premier ministre: Richard Bennett Hatfield.
- Affaire Cross-Laporte: le FLQ enlève un diplomate britannique et un ministre du gouvernement québécois.
- Application de la *Loi sur les mesures de guerre*.
- Abaissement du droit de vote de 21 à 18 ans aux élections fédérales.
- Politique anti-inflationniste du gouvernement Trudeau.
- Adoption au Québec de la *Loi sur l'assurance-maladie*.

1971
- Élections provinciales (Ontario): victoire du Parti progressiste-conservateur. Premier ministre: William E. Davis.
- Élections provinciales (Saskatchewan): victoire du Nouveau Parti démocratique. Premier ministre: Allan Emrys Blakeney.
- Élections provinciales (Alberta): victoire du Parti progressiste-conservateur. Premier ministre: Edgar Peter Lougheed.
- Élections provinciales (Terre-Neuve): victoire du Parti progressiste-conservateur. Premier ministre: Frank Duff Moores.
- Conférence de Victoria. Rejet de la Charte constitutionnelle de Victoria par le Québec.
- Annonce du projet hydroélectrique de la Baie-James.

1972
- Élections fédérales: Parti libéral, 109; Parti progressiste-conservateur, 107; Nouveau Parti démocratique, 31; Crédit social, 15; indépendants, 2. Premier ministre: Pierre Elliott Trudeau.
- Élections provinciales (Terre-Neuve): victoire du Parti progressiste-conservateur. Premier ministre: Frank Duff Moores.
- Élections provinciales (Colombie-Britannique): victoire du Nouveau Parti démocratique. Premier ministre: David Barrett.
- Le Canada devient un observateur permanent à l'Organisation des États américains.
- Une première femme devient présidente du Sénat, Muriel McQueen Fergusson.

	•	L'Alberta adopte sa propre Charte des droits.
1973	•	Élections provinciales (Québec) : victoire du Parti libéral. Premier ministre : Robert Bourassa.
	•	La Commission québécoise sur la langue française (rapport Gendron) recommande que le français soit la langue officielle au Québec et que le français et l'anglais soient les langues officielles au Canada.
	•	La Chambre des communes passe une résolution afin que la fonction publique fédérale devienne bilingue en 1978.
	•	La Chambre des communes maintient la suspension de la peine de mort pour un autre 5 ans.
	•	Acquittement du Dr Henry Morgentaler pour avoir pratiqué des avortements illégaux. Début d'une longue bataille judiciaire, qui atteindra son point culminant en 1988, alors qu'une décision de la Cour suprême aura pour effet de décriminaliser l'avortement.
	•	Dans le jugement Calder, six des sept juges de la Cour suprême reconnaissent l'existence, dans le droit canadien, du titre ancestral basé sur l'occupation des terres. Les juges reconnaissent que les droits territoriaux des autochtones existent non seulement en vertu de la Proclamation royale de 1763, mais en vertu également d'un titre indien issu de l'occupation ancestrale de ces terres.
1974	•	Élections fédérales : Parti libéral, 141 ; Parti progressiste-conservateur, 95 ; Nouveau Parti démocratique, 16 ; Crédit social, 11 ; indépendant, 1. Premier ministre : Pierre Elliott Trudeau.
	•	Nomination d'une première femme lieutenant-gouverneur (en Ontario), Pauline McGibbon.
	•	Nomination d'un premier Amérindien au poste de lieutenant-gouverneur (en Alberta), Ralph Steinhauer.
	•	Le Nouveau-Brunswick devient la première province à rédiger ses lois dans les deux langues officielles.
	•	Le français devient la langue officielle de la province de Québec.
	•	Les Cris, les Inuits et les gouvernements du Québec et du Canada signent ce qui est maintenant considéré comme un premier traité moderne, la Convention de la Baie-James et du Nord, qui permettra le développement hydroélectrique du Québec.
1975	•	Élections provinciales (Ontario) : victoire du Parti progressiste-conservateur. Premier ministre : William E. Davis.
	•	Élections provinciales (Colombie-Britannique) : victoire du Crédit social. Premier ministre : William Richards Bennett.
	•	Augmentation du nombre des sièges au Sénat à 104, les Territoires du Nord-Ouest et le Yukon accédant ainsi à une représentation à la Chambre haute.
	•	Le castor devient le symbole officiel du Canada.
	•	La *Loi sur l'administration du pétrole* est approuvée par les Communes. Elle donne au gouvernement fédéral le pouvoir de fixer le prix de l'huile et du gaz naturel, et ce, sans l'accord des provinces productrices de ces sources d'énergie.
	•	Annonce par le premier ministre Trudeau d'un programme de contrôle des prix et des salaires en vue de combattre l'inflation.
	•	Les caméras de télévision sont admises pour la première fois à la Chambre des communes.
1976	•	Élections provinciales (Québec) : victoire du Parti québécois. Premier ministre : René Lévesque.
	•	La peine de mort est abolie.
	•	Conférence fédérale-provinciale où les provinces obtiennent de nouveaux pouvoirs de taxation.
	•	Les Jeux olympiques se tiennent à Montréal.
1977	•	Présentation et adoption de la *Charte de la langue française* à l'Assemblée nationale du Québec.
	•	Augmentation du nombre des circonscriptions électorales fédérales, passant à 282.
	•	Annonce de la création de Via Rail Canada comme société d'État.
	•	Willy Adams devient le premier Inuit à siéger au Parlement comme sénateur pour les Territoires du Nord-Ouest.
1978	•	Élections provinciales (Nouvelle-Écosse) : victoire du Parti progressiste-conservateur. Premier ministre : John MacLellan Buchanan.
	•	Élections territoriales (Yukon) : victoire du Parti progressiste-conservateur. C'est la première élection territoriale incluant des partis politiques.
	•	Présentation aux Communes du document *A Time for Action*.

1979 •   Élections fédérales : Parti progressiste-conservateur, 136 ; Parti libéral, 114 ; Nouveau Parti démocratique, 26 ; Crédit social, 6. Premier ministre : Joe Clark.

•   Élections provinciales (Île-du-Prince-Édouard) : victoire du Parti progressiste-conservateur. Premier ministre : John Angus MacLean.

•   Le gouvernement minoritaire de Joe Clark est défait sur un vote portant sur le budget. Des élections sont annoncées pour le mois de février 1980.

1980 •   Élections fédérales : Parti libéral, 147 ; Parti progressiste-conservateur, 103 ; Nouveau Parti démocratique, 32. Premier ministre : Pierre Elliott Trudeau.

•   Référendum sur un projet de souveraineté politique et d'association économique du Québec avec le Canada. La question posée était : « Le gouvernement du Québec a fait connaître sa proposition d'en arriver, avec le reste du Canada, à une nouvelle entente fondée sur le principe de l'égalité des peuples. Cette entente permettrait au Québec d'acquérir le pouvoir exclusif de faire ses lois, de percevoir ses impôts et d'établir ses relations extérieures, ce qui est la souveraineté – et, en même temps, de maintenir avec le Canada une association économique comportant l'utilisation de la même monnaie. Aucun changement de statut politique résultant de ces négociations ne sera réalisé sans l'accord de la population lors d'un autre référendum. En conséquence, accordez-vous au gouvernement du Québec le mandat de négocier l'entente proposée entre le Québec et le Canada ? Oui/Non. »

•   Début des discussions constitutionnelles à Ottawa.

•   Trudeau annonce son intention de rapatrier la Constitution et de l'amender en y ajoutant une charte des droits. Début du débat en Chambre.

•   Est adopté le « Ô Canada » comme hymne national.

1981 •   Élections provinciales (Québec) : victoire du Parti québécois. Premier ministre : René Lévesque.

•   Élections provinciales (Manitoba) : victoire du Nouveau Parti démocratique. Premier ministre : Howard Russell Pawley.

•   La Cour suprême du Canada statue que le projet du gouvernement fédéral de rapatrier unilatéralement la Constitution canadienne est légal, mais contraire à la convention constitutionnelle.

•   Création de la Société canadienne des postes comme société d'État.

•   Pearl McGonigal devient la première femme lieutenant-gouverneure au Manitoba et la deuxième au Canada.

•   Conclusion d'une entente constitutionnelle en vue du rapatriement de la Constitution entre le gouvernement fédéral et les provinces, sauf le Québec.

•   Adoption par les Communes puis par le Sénat d'une résolution en vue du rapatriement de la Constitution.

1982 •   Élections provinciales (Terre-Neuve) : victoire du Parti progressiste-conservateur. Premier ministre : Brian Peckford.

•   Élections provinciales (Saskatchewan) : victoire du Parti progressiste-conservateur. Premier ministre : Grant Devine.

•   Élections provinciales (Île-du-Prince-Édouard) : victoire du Parti progressiste-conservateur. Premier ministre : James Lee.

•   Élections provinciales (Nouveau-Brunswick) : victoire du Parti progressiste-conservateur. Premier ministre : Richard Hatfield.

•   Élections provinciales (Alberta) : victoire du Parti progressiste-conservateur. Premier ministre : Peter Lougheed

•   Adoption de la *Loi constitutionnelle de 1982* et rapatriement unilatéral de la Constitution canadienne.

•   Elle comporte une Charte des droits et libertés.

•   Nomination d'une première femme juge à la Cour suprême du Canada, Bertha Wilson.

•   Commission royale sur l'union économique et les perspectives de développement du Canada.

•   La Cour suprême rejette les affirmations du Québec selon lesquelles cette province disposerait d'un droit de *veto* sur les amendements constitutionnels.

1983 •   Élections provinciales (Colombie-Britannique) : victoire du Crédit social. Premier ministre : William Bennett.

•   Nomination d'une première femme au poste de gouverneur général du Canada, Jeanne Sauvé.

1984 •   Élections fédérales : Parti progressiste-conservateur, 211 ; Parti libéral, 40 ; Nouveau Parti démocratique, 30 ; indépendant : 1. Premier ministre : Brian Mulroney.

- Élections provinciales (Nouvelle-Écosse) : victoire du Parti progressiste-conservateur. Premier ministre : John Buchanan.
- Un projet de loi est présenté pour créer l'Agence du service canadien du renseignement de sécurité.
- Premier débat télévisé des chefs politiques au fédéral à se tenir en français.
- Dans son discours du Trône, le gouvernement fédéral annonce son intention d'arriver à une entente constitutionnelle avec le Québec.

1985
- Élections provinciales (Québec) : victoire du Parti libéral. Premier ministre : Robert Bourassa.
- Élections provinciales (Terre-Neuve) : victoire du Parti progressiste-conservateur. Premier ministre : Brian Peckford.
- Élections provinciales (Ontario) : victoire du Parti libéral. Premier ministre : David Peterson.
- Élections territoriales (Yukon) : victoire du Nouveau Parti démocratique. Premier ministre : Tony Penikett.
- La Cour supérieure du Québec rejette une composante majeure de la loi 101, soit l'interdiction d'utiliser une langue autre que le français dans l'affichage commercial.
- L'interdiction de la discrimination sur la base du sexe, de l'âge, de la couleur, de la religion, de la race, de l'origine ethnique ou nationale et d'un handicap mental ou physique est inscrite dans la Charte.
- La Cour suprême du Canada déclare que les lois manitobaines unilingues anglophones sont et ont toujours été invalides.
- Le Parti québécois annonce que tous les membres en règle pourront participer au choix de leur chef.
- Lincoln Alexander devient le premier lieutenant-gouverneur (Ontario) de race noire au Canada.

1986
- Élections provinciales (Manitoba) : victoire du Nouveau Parti démocratique. Premier ministre : Howard Pawley.
- Élections provinciales (Île-du-Prince-Édouard) : victoire du Parti libéral. Premier ministre : Joe Ghiz.
- Élections provinciales (Alberta) : victoire du Parti progressiste-conservateur. Premier ministre : Don Getty.
- Élections provinciales (Saskatchewan) : victoire du Parti progressiste-conservateur. Premier ministre : Grant Devine.
- Élections provinciales (Colombie-Britannique) : victoire du Crédit social. Premier ministre : Bill Vander Zalm.
- Les Communes adoptent de nouvelles règles qui augmentent grandement les pouvoirs des comités.
- John Fraser devient le premier président de la Chambre des communes élu par vote secret.
- Jean Doré met fin à près de 26 ans de règne du maire Jean Drapeau à la tête de la ville de Montréal.

1987
- Élections provinciales (Ontario) : victoire du Parti libéral. Premier ministre : David Peterson.
- Élections provinciales (Nouveau-Brunswick) : victoire du Parti libéral. Premier ministre : Frank McKenna.
- Conférence constitutionnelle du lac Meech. L'entente reconnaît le principe de la « société distincte » pour le Québec. L'Accord du lac Meech ne sera pas ratifié par les législatures de Terre-Neuve et du Manitoba à l'intérieur de la période de ratification de trois ans, soit avant juin 1990.

1988
- Élections fédérales : Parti progressiste-conservateur, 169 ; Parti libéral, 83 ; Nouveau Parti démocratique, 43. Premier ministre : Brian Mulroney.
- Élections provinciales (Manitoba) : victoire du Parti progressiste-conservateur. Premier ministre : Gary Filmon.
- Élections provinciales (Nouvelle-Écosse) : victoire du Parti progressiste-conservateur. Premier ministre : John Buchanan.
- Signature du traité de libre-échange avec les États-Unis.
- Le jugement Morgentaler décriminalise l'avortement, sans pour autant reconnaître aux femmes le droit à l'avortement sur demande.
- L'Accord du lac Meech est adopté aux Communes. Le Sénat fera de même plus tard dans l'année.
- Le premier ministre du Manitoba, Gary Filmon, retire de son agenda législatif l'Accord du lac Meech, voulant avoir la certitude que les droits de la langue anglaise au Québec seront protégés.
- Le Québec recourt à la clause nonobstant afin que le français demeure la seule langue autorisée dans l'affichage commercial.

1989
- Élections territoriales (Yukon) : victoire du Nouveau Parti démocratique. Premier ministre : Tony Penikett.
- Élections provinciales (Alberta) : victoire du Parti progressiste-conservateur. Premier ministre : Don Ghetty.
- Élections provinciales (Terre-Neuve) : victoire du Parti libéral. Premier ministre : Clyde Wells.
- Élections provinciales (Île-du-Prince-Édouard) : victoire du Parti libéral. Premier ministre : Joe Ghiz.

- Élections provinciales (Québec): victoire du Parti libéral. Premier ministre: Robert Bourassa.
- Le gouvernement de l'Alberta dépose un projet de loi destiné à tenir une élection pour élire les membres du Sénat. Cela permettrait à la population albertaine de choisir leurs sénatrices et sénateurs. Cette première élection sénatoriale canadienne sera remportée par Stan Waters, que le premier ministre Mulroney acceptera de nommer au Sénat en 1990.
- Nomination de Ray Hnatyshyn pour succéder à Jeanne Sauvé au poste de gouverneur général.
- Clyde Wells confirme qu'il va présenter un projet de loi à la législature de Terre-Neuve en vue d'annuler l'appui de cette province à l'Accord du Lac Meech.
- Conférence des premiers ministres à Ottawa, alors que Clyde Wells (Terre-Neuve), Gary Filmon (Manitoba) et Frank McKenna (Nouveau-Brunswick) expriment leur opposition à l'Accord.
- Audrey McLaughlin devient la première femme chef d'un parti politique fédéral d'importance, le Nouveau Parti démocratique.

1990
- Élections provinciales (Ontario): victoire du Nouveau Parti démocratique. Premier ministre: Bob Rae.
- Élections provinciales (Manitoba): victoire du Parti progressiste-conservateur. Premier ministre: Gary Filmon.
- Le gouvernement fédéral présente un projet de loi destiné à imposer une taxe sur les produits et services. Ce projet sera adopté par les Communes plus tard dans l'année et suscitera beaucoup d'opposition au Sénat. Il entrera en vigueur le 1er janvier 1991.
- Un premier député néo-démocrate est élu au Québec, à une élection fédérale partielle dans Chambly, Philip Edmonston.
- Le premier ministre du Québec, Robert Bourassa, refuse de s'engager dans de nouvelles négociations constitutionnelles tant que ne sera pas ratifié l'Accord du lac Meech.
- La législature de Terre-Neuve annule l'appui de cette province à l'Accord du lac Meech.
- Le Nouveau-Brunswick donne son accord à l'entente du lac Meech.
- Formation d'un nouveau parti politique fédéral, le Bloc québécois.
- Crise amérindienne au Québec.
- S'appuyant sur une disposition de la Constitution encore jamais invoquée, le premier ministre Mulroney nomme huit nouveaux membres au Sénat en vue de faire adopter le projet de loi concernant la taxe sur les produits et services.
- Création de la Commission sur l'avenir politique et constitutionnel du Québec (commission Bélanger-Campeau). Au fédéral, création du Forum des citoyens sur l'avenir du Canada.
- Dans l'arrêt Sparrow, la Cour suprême du Canada conclut que les lois provinciales ne peuvent restreindre un droit ancestral indien, même en invoquant l'intérêt public. Les droits des autochtones de pêcher ont une priorité absolue sur les droits de pêcher des autres personnes.

1991
- Élections provinciales (Nouveau-Brunswick): victoire du Parti libéral. Premier ministre: Frank McKenna.
- Élections provinciales (Colombie-Britannique): victoire du Nouveau Parti démocratique. Premier ministre: Mike Harcourt.
- Élections provinciales (Saskatchewan): victoire du Nouveau Parti démocratique. Premier ministre: Roy Romanow.
- Rapport de la commission Bélanger-Campeau.
- Rapport final de la commission Spicer.
- Le Parti réformiste s'étend à l'est du Manitoba.
- Le gouvernement du Québec présente un projet de loi en vue de la tenue d'un référendum sur la souveraineté du Québec. Il sera adopté par l'Assemblée nationale plus tard dans l'année.
- Création de la Commission royale d'enquête sur les peuples autochtones.
- Rapport de la Commission royale sur la réforme électorale et le financement des partis politiques.

1992
- Dépôt aux Communes du rapport de la commission Beaudoin-Dobbie sur l'unité canadienne.
- Présentation aux Communes d'un projet de loi en vue d'un référendum sur la réforme constitutionnelle. Il sera accepté plus tard dans l'année.
- Référendum sur l'Accord de Charlottetown, qui sera défait dans la majorité des provinces.
- Signature par le Canada de l'entente de libre-échange nord-américaine.

1993   •   Élections fédérales: Parti libéral, 177; Parti progressiste-conservateur, 2; Nouveau Parti démocratique, 9; Bloc québécois, 54; Parti réformiste, 52; indépendant, 1. Premier ministre: Jean Chrétien.

   •   Élections provinciales (Île-du-Prince-Édouard): victoire du Parti libéral. Premier ministre: Catherine Callbeck.

   •   Élections provinciales (Terre-Neuve): victoire du Parti libéral. Premier ministre: Clyde Wells.

   •   Élections provinciales (Nouvelle-Écosse): victoire du Parti libéral. Premier ministre: John Savage.

   •   Élections provinciales (Alberta): victoire du Parti conservateur. Premier ministre: Ralph Klein.

   •   Amendement constitutionnel reconnaissant l'égalité des communautés francophones et anglophones au Nouveau-Brunswick.

   •   Présentation aux Communes d'un projet de loi sur le traité de libre-échange nord-américain. Il sera adopté par la Chambre plus tard dans l'année et entrera en vigueur le 1ᵉʳ janvier 1994.

   •   Présentation aux Communes d'un projet de loi visant la réforme électorale.

   •   Kim Campbell est la seconde femme à devenir première ministre du Canada, après Ellen Louks Fairclough en 1958.

   •   Rapport de la Commission royale concernant les nouvelles technologies de reproduction.

1994   •   Élections provinciales (Québec): victoire du Parti québécois. Premier ministre: Jacques Parizeau.

   •   Le gouvernement du Québec présente un projet de loi en vue de déclarer l'indépendance du Québec. Le premier ministre du Canada déclare illégale et inconstitutionnelle la séparation du Québec.

1995   •   Élections provinciales (Manitoba): victoire du Parti conservateur. Premier ministre: Gary Filmon.

   •   Élections provinciales (Ontario): victoire du Parti conservateur. Premier ministre: Mike Harris.

   •   Élections provinciales (Saskatchewan): victoire du Nouveau Parti démocratique. Premier ministre: Roy Romanow.

   •   Élections provinciales (Nouveau-Brunswick): victoire du Parti libéral. Premier ministre: Frank McKenna.

   •   Au Québec, début des travaux des commissions des consultations régionales sur l'avenir du Québec.

   •   Au Québec, signature d'une entente entre les leaders du Parti québécois, du Bloc québécois et de l'Action démocratique du Québec qui prévoit qu'après avoir obtenu l'accord de la population par référendum, l'Assemblée nationale aura la capacité de déclarer la souveraineté et le gouvernement du Québec sera tenu d'offrir au reste du Canada une proposition de traité sur un nouveau partenariat économique et politique. La proposition se lisait comme suit: « Acceptez-vous que le Québec devienne souverain, après avoir offert formellement au Canada un nouveau partenariat économique et politique, dans le cadre du projet de loi sur l'avenir du Québec et de l'entente signée le 12 juin 1995? » Le 30 octobre, une faible majorité de Québécoises et de Québécois (50,6%) rejette par référendum cette proposition visant à faire du Québec un pays indépendant.

   •   Le premier ministre du Québec, Jacques Parizeau, démissionne à la suite de l'échec du référendum québécois sur la souveraineté.

   •   Présentation à la Chambre des communes de la *Loi concernant les modifications constitutionnelles* (C-110) dont deux des objectifs sont: *primo*, de reconnaître au Québec, comme à l'Ontario, aux provinces de l'Atlantique et aux provinces de l'Ouest, un droit de *veto* en matière constitutionnelle; *secundo*, de reconnaître, par le moyen d'une résolution, que le Québec forme une société distincte au sein du Canada sur la base de sa culture unique, de sa tradition juridique de *common law* et de sa majorité d'expression française.

1996   •   Élections provinciales (Terre-Neuve): victoire du Parti libéral. Premier ministre: Brian Tobin.

   •   Élections provinciales (Colombie-Britannique): victoire du Nouveau Parti démocratique. Premier ministre: Glenn Clark.

   •   Élections territoriales (Yukon): victoire du Nouveau Parti démocratique. Premier ministre: Piers McDonald.

   •   Élections provinciales (Île-du-Prince-Édouard): victoire du Parti progressiste-conservateur. Premier ministre: Pat Binns.

   •   Guy Bertrand dépose une demande à la Cour supérieure du Québec pour obtenir une injonction permanente interdisant la tenue d'autres référendums sur l'indépendance du Québec.

   •   Le ministre fédéral des Pêches, Brian Tobin, quitte la politique fédérale pour devenir premier ministre de Terre-Neuve.

   •   Un jugement déclare inconstitutionnel, parce qu'allant à l'encontre de la *Charte canadienne des droits et libertés*, d'interdire le droit de vote aux personnes purgeant une peine de prison de deux années et plus.

- Lucien Bouchard quitte la direction du Bloc québécois pour remplacer Jacques Parizeau comme premier ministre du Québec.
- Le Sénat adopte la *Loi concernant les modifications constitutionnelles*.
- Signature d'un traité historique entre les Nishgas de la Colombie-Britannique et les gouvernements fédéral et de la province.
- Le gouvernement fédéral demande à la Cour suprême de clarifier les règles sous lesquelles le Québec peut se séparer du Canada si les souverainistes remportaient un référendum à cet effet. Le plus haut tribunal rendra sa décision à l'été 1998 dans le *Renvoi relatif à la sécession du Québec*.
- Le 26ᵉ lieutenant-gouverneur du Québec, Jean-Louis Roux, démissionne de son poste après avoir admis sa participation à des activités antisémites en 1942. Il est remplacé par Lise Thibault, première femme au Québec à occuper ce poste, qui entrera officiellement en fonction en janvier 1997.
- Dans les jugements Adams et Côté, la Cour suprême du Canada reconnaît que les autochtones peuvent se livrer à des activités traditionnelles de chasse et de pêche de subsistance sur les territoires ancestraux où se pratiquaient jadis ces activités, sans obtenir d'autorisation à cet effet et même s'ils ne sont pas propriétaires de ces terrains.

1997
- Élections fédérales : Parti libéral, 155 ; Parti progressiste-conservateur, 20 ; Nouveau Parti démocratique, 21 ; Bloc québécois, 44 ; Parti réformiste, 60 ; indépendant, 1. Premier ministre : Jean Chrétien.
- Élections provinciales (Alberta) : victoire du Parti conservateur. Premier ministre : Ralph Klein.
- Dans son plaidoyer devant la Cour suprême du Canada, le gouvernement fédéral argue que si le Québec devait se séparer du Canada, il devrait suivre une procédure conforme à la Constitution canadienne et non accéder à l'indépendance de façon unilatérale au lendemain d'un « Oui ».
- Ouverture du pont de la Confédération reliant l'île du Prince-Édouard au Nouveau Brunswick et au reste du Canada.
- André Joli-Cœur est nommé « Ami de la cour » par la Cour suprême dans la cause où le gouvernement fédéral sollicite l'avis du plus haut tribunal quant aux règles selon lesquelles le Québec peut se séparer du Canada.
- Dans ce qu'il est maintenant convenu d'appeler la « Déclaration de Calgary », les premiers ministres des provinces canadiennes-anglaises reconnaissent le caractère unique du Québec (soit sa langue, sa culture et son droit civil) au sein du Canada et le rôle du gouvernement du Québec et de l'Assemblée nationale du Québec de protéger et de développer cette spécificité. Les premiers ministres conviennent aussi de l'égalité de tous les Canadiens et de toutes les Canadiennes, de l'égalité des provinces, de l'impératif de protéger les autochtones et le multiculturalisme canadien. Ils déclarent enfin que toute modification constitutionnelle qui accorderait plus de pouvoirs à une province devrait aussi les accorder à toutes les autres provinces. La Déclaration de Calgary est reçue froidement par le Québec, qui y voit un recul par rapport aux accords de Meech et Charlottetown. Le premier ministre Bouchard déclare que Québec n'acceptera rien de moins que le Québec soit reconnu comme peuple ou comme nation capable de décider de son avenir. La Déclaration sera adoptée par toutes les législatures provinciales, sauf l'Assemblée nationale du Québec, au cours de l'année 1998.
- La Cour suprême du Canada juge inconstitutionnelles les dispositions de la loi référendaire québécoise visant à limiter les dépenses des tiers, et ce, parce qu'elles entravent la liberté d'expression.
- Le chef des Premières Nations, Phil Fontaine, déclare que les autochtones vont soutenir la Déclaration de Calgary, mais qu'ils réclament aussi une reconnaissance plutôt que d'être assimilés au multiculturalisme.
- La Chambre des communes amende l'article 93 de la Constitution afin de permettre que soient remplacées les commissions scolaires confessionnelles au Québec (à Montréal et à Québec) par des commissions scolaires linguistiques. Un amendement similaire sera adopté plus tard dans l'année pour Terre-Neuve.
- Entente sur l'union sociale entre le gouvernement fédéral et les neuf provinces anglophones. Le Québec y voit une invasion des champs de compétence des provinces par le fédéral ; il réclame un droit de retrait avec pleine compensation financière de tout nouveau programme fédéral en matière sociale.

1998
- Élections provinciales (Nouvelle-Écosse) : gouvernement libéral minoritaire (Parti libéral, 19 ; Nouveau Parti démocratique, 19 ; Parti conservateur, 14). Premier ministre : Russell MacLellan.
- Élections provinciales (Québec) : victoire du Parti québécois. Premier ministre : Lucien Bouchard.

- Une tempête de verglas s'abat sur le sud du Québec, sur l'est de l'Ontario et sur une partie des Maritimes.
- Enclenchement de manifestations souverainistes contre la procédure engagée par le gouvernement fédéral de solliciter l'avis de la Cour suprême quant aux règles suivant lesquelles le Québec peut se séparer du Canada. Selon le premier ministre Bouchard, seuls les Québécois et les Québécoises peuvent décider de leur avenir, non les tribunaux.
- Pour la première fois en 131 années d'existence, le Sénat suspend un de ses membres, sans solde, pour absentéisme chronique, le libéral Andrew Thompson qui démissionnera de son poste.
- En réponse à l'avocat fédéraliste Guy Bertrand qui questionnait le droit d'un Québec souverain de collecter des taxes, un tribunal supérieur du Québec dispose que la sécession du Québec étant une situation purement hypothétique, il s'agit d'une cause qu'elle n'a pas à entendre.
- Jean Charest, leader du Parti conservateur du Canada, quitte la politique fédérale pour prendre la direction du Parti libéral du Québec.
- Au contraire de Brian Mulroney qui avait nommé à la Chambre haute Stan Waters, le premier sénateur de l'histoire canadienne à se faire élire par la population albertaine, le premier ministre Chrétien fait fi du processus électoral enclenché par les autorités albertaines en vue de désigner deux sénateurs potentiels et il nomme Douglas Roche.
- La Cour suprême juge inconstitutionnelles, parce qu'allant à l'encontre de la liberté d'expression, les dispositions de la *Loi électorale du Canada* interdisant la publication de résultats de sondages 72 heures avant la tenue d'un scrutin fédéral.
- Le dollar canadien tombe à son niveau le plus bas de son histoire depuis qu'il a remplacé la livre sterling en 1858, passant à 68 cents face à la devise américaine.
- Le Tribunal des droits de la personne rend une décision favorable aux fonctionnaires fédéraux ayant subi une discrimination salariale parce que ces personnes occupent un emploi à prédominance féminine. Le président du Conseil du Trésor en appellera de cette décision, qui sera toutefois confirmée par la Cour fédérale du Canada en 1999. Le gouvernement Chrétien acceptera alors de dédommager ses employées et employés passés et présents ayant subi une telle discrimination.
- Dans la cause soumise par le gouvernement du Canada quant aux règles selon lesquelles le Québec peut se séparer du Canada, la Cour suprême conclut unanimement que le Québec ne peut se séparer légalement sans négocier avec le reste du Canada. Elle précise toutefois que si, à la suite d'une question claire, une majorité claire de Québécois et de Québécoises choisissait de quitter le Canada, alors le reste du pays serait dans l'obligation de négocier avec le Québec. La Cour laisse toutefois à la classe politique le soin de définir ce qu'est une majorité claire à une question claire.
- Joe Clark, ancien premier ministre conservateur en 1979-1980, devient de nouveau chef du Parti progressiste-conservateur du Canada.

1999
- Élections provinciales (Terre-Neuve): victoire du Parti libéral. Premier ministre: Brian Tobin.
- Élections provinciales (Nouveau-Brunswick): victoire du Parti conservateur. Premier ministre: Bernard Lord.
- Élections provinciales (Ontario): victoire du Parti conservateur. Premier ministre: Mike Harris.
- Élections provinciales (Saskatchewan): victoire du Nouveau Parti démocratique. Premier ministre: Row Romanow.
- Élections provinciales (Nouvelle-Écosse): victoire du Parti conservateur. Premier ministre: John F. Hamm. L'opposition officielle est constituée de deux partis, le Nouveau Parti démocratique et le Parti libéral, qui ont obtenu le même nombre de sièges.
- Un accord-cadre sur l'union sociale est conclu entre le gouvernement fédéral et les gouvernements provinciaux, à l'exclusion du Québec qui refuse de le signer.
- Le 1er avril, le Nunavut devient le troisième territoire canadien. La législature du nouveau territoire accueillera 19 députés.
- La Cour suprême rend une décision établissant qu'un traité datant de 1760 donnait aux autochtones des Maritimes le droit de pêcher à leur guise et sans permission.
- Adrienne Clarkson, d'origine chinoise, est assermentée comme 26e gouverneure générale du Canada, devenant ainsi la première personne issue des minorités culturelles à occuper ce poste.

- Un jugement rendu par la Cour du Québec invalide certaines dispositions de la *Charte de la langue française* portant sur l'affichage commercial.
- La juge Beverly McLachlin devient la première femme à accéder au poste de juge en chef de la Cour suprême.
- Pour donner suite à l'avis de la Cour suprême sur le *Renvoi relatif à la sécession du Québec*, le gouvernement fédéral dépose le projet de loi C-20, *Loi donnant effet à l'exigence de clarté formulée par la Cour suprême du Canada dans son avis sur le renvoi sur la sécession du Québec.* Le gouvernement du Québec réplique avec le projet de loi 99, *Loi sur l'exercice des droits fondamentaux et des prérogatives du peuple québécois et de l'État du Québec.*

2000
- Élections fédérales : Parti libéral, 172 ; Alliance canadienne, 66 ; Bloc québécois, 38 ; Nouveau Parti démocratique, 13 ; Parti progressiste-conservateur, 12. Premier ministre : Jean Chrétien.
- Élections territoriales (Territoires du Nord-Ouest) : Premier ministre : Stephen Kakfwi.
- Élections territoriales (Yukon) : victoire du Parti libéral. Premier ministre : Pat Duncan.
- Élections provinciales (Île-du-Prince-Édouard) : victoire du Parti conservateur. Premier ministre : Pat Binns.
- Le Reform Party se saborde pour être remplacé par l'Alliance (réformatrice conservatrice) canadienne, une union des forces de la droite sur la scène politique fédérale. En juillet, au terme d'une course au leadership où il a le dessus sur Preston Manning, Stockwell Day en devient le premier leader.
- Ujjal Dosanjh accède à la tête du Nouveau Parti démocratique de Colombie-Britannique. Par le fait même, il devient le 37e premier ministre de cette province.
- Le Parlement du Canada adopte le projet de loi C-9 qui reconnaît aux Nishgas, une nation autochtone de la Colombie-Britannique, un territoire situé dans le nord-ouest de la province ainsi qu'un gouvernement doté de certains pouvoirs en matière de santé, d'éducation, de justice et de culture.
- Adoption par la Chambre des communes et le Sénat du projet de loi C-20, *Loi donnant effet à l'exigence de clarté formulée par la Cour suprême du Canada dans son avis sur le Renvoi sur la sécession du Québec.* Le gouvernement de Lucien Bouchard réplique par le projet de loi 99, la Charte des droits politiques du peuple du Québec, une initiative qui ne reçoit pas l'appui du Parti libéral du Québec.
- Vingtième anniversaire du référendum de 1980 sur la souveraineté du Québec.
- Matthew Coon Come, ancien grand chef des Cris du Québec, est élu chef de l'Assemblée des Premières Nations.
- Helen MacDonald prend la tête du Nouveau Parti démocratique de la Nouvelle-Écosse.
- Entente fédérale-provinciale sur la santé en vertu de laquelle le gouvernement fédéral réinvestira 23,4 milliards dans la santé.
- Décès de l'ancien premier ministre du Canada, Pierre Elliott Trudeau.
- La Cour suprême renverse une décision sur les dépenses des tiers et donne temporairement raison au gouvernement fédéral qui veut limiter les dépenses électorales des groupes de pression et des tierces personnes.

2001
- Élections provinciales (Alberta) : victoire du Parti conservateur. Premier ministre : Ralph Klein.
- Élections provinciales (Colombie-Britannique) : victoire du Parti libéral. Premier ministre : Gordon Campbell.
- Entrée en vigueur de la controversée *Loi sur le contrôle des armes à feu.*
- Le premier ministre du Québec, Lucien Bouchard, annonce sa démission. Le conseil national du Parti québécois désigne Bernard Landry comme président du Parti québécois. Il devient, par le fait même, le 28e premier ministre du Québec.
- Lorne Calvert, ministre de la Santé et des Services sociaux, succède à Roy Romanow comme chef du Nouveau Parti démocratique de la Saskatchewan. Il devient le 13e premier ministre de la province.
- L'ex-ministre de la Santé de Terre-Neuve, Roger Grimes, est élu chef du Parti libéral terre-neuvien et devient premier ministre de la province. Il remplace Brian Tobin, redevenu ministre dans le Cabinet fédéral.
- Le premier ministre du Nouveau-Brunswick, Camille Thériault, annonce sa démission.
- Tenue du Sommet des Amériques à Québec.
- Naissance d'une nouvelle formation politique sur la scène provinciale, l'Union des forces progressistes (UFP), issue de la coalition de partis politiques et de syndicats.
- Afin de mettre un terme aux tiraillements qui secouent son parti, Stockwell Day remet son leadership en jeu en déclenchant une course à la direction de l'Alliance canadienne.

- Le gouvernement fédéral adresse une fin de non-recevoir aux demandes des provinces en matière de financement de la santé et de renforcement de la péréquation. Les premiers ministres provinciaux ont tenu leur réunion annuelle du 1ᵉʳ au 3 août, à Victoria.
- Les députés conservateurs de Joe Clark et les dissidents de l'Alliance canadienne, regroupés sous le nom de Caucus de la représentation démocratique, décident de former une coalition au Parlement. Les deux partis conservent toutefois leur propre identité et leurs caucus respectifs demeurent indépendants.
- Le premier ministre de l'Ontario, Mike Harris, annonce sa démission.
- Le leader du Parti libéral du Québec, Jean Charest, dévoile le rapport final du comité spécial de son parti présidé par le député Benoît Pelletier. Intitulé « Un projet pour le Québec – Affirmation, autonomie et leadership », le rapport met de côté l'exigence de la reconnaissance du caractère distinct du Québec et les conditions posées par le PLQ depuis Robert Bourassa pour l'adhésion du Québec à la Constitution. Il propose plutôt une série d'alliances avec les autres provinces, des mesures plus pragmatiques ne nécessitant pas, selon Charest, d'amendement constitutionnel et destinées à améliorer le fonctionnement de la fédération.
- Terre-Neuve-et-Labrador devient le nom officiel de la province canadienne de Terre-Neuve. Cette décision met un point final à une controverse avec la province de Québec, qui a longtemps refusé de reconnaître l'autorité de Terre-Neuve sur la partie orientale du Labrador.

2002
- Entrée en vigueur des fusions municipales affectant sept municipalités québécoises : Montréal, Québec, Longueuil, Lévis, Gatineau, Trois-Rivières et Sherbrooke.
- Jubilé de la reine Élisabeth II. Pour l'occasion, la souveraine effectue une visite au Canada.
- La Commission québécoise sur le déséquilibre fiscal, présidée par Yves Séguin, recommande d'abolir le programme de transfert canadien en matière de santé et de programmes sociaux (TCSPS), de verser la TPS aux provinces et de réformer les méthodes de calcul de la péréquation.
- Louise Harel devient la première femme élue à la présidence de l'Assemblée nationale du Québec.
- Stephen Harper, ancien député réformiste, est élu à la tête de l'Alliance canadienne, y délogeant Stockwell Day.
- Ernie Eves succède à Mike Harris à la tête du Parti conservateur de l'Ontario.
- Le premier ministre Jean Chrétien congédie son ministre des Finances, Paul Martin, et il le remplace par le vice-premier ministre John Manley.
- La leader du Nouveau Parti démocratique du Canada, Alexa McDonough, annonce sa démission. Elle sera remplacée par Jack Layton.
- Au mois de septembre, Jean Chrétien annonce qu'il quittera la vie politique en février 2004.
- Au Sommet mondial pour le développement durable, à Johannesburg, Jean Chrétien annonce que le Canada ratifiera le protocole de Kyoto avant la fin de 2002.
- Conférence fédérale-provinciale sur l'immigration, la première sur cette question depuis 107 ans.
- George Bowering, de la Colombie-Britannique, devient le premier poète officiel du Parlement canadien.
- La commission Romanow, portant sur l'avenir du système de santé du Canada, dépose son rapport. Elle invite à un investissement massif du fédéral en santé et fait 47 recommandations, dont la participation du fédéral au financement des services de santé à 25 %, le versement de 8,5 milliards de plus d'ici deux ans pour répondre aux besoins les plus urgents, un versement annuel garanti de 15,32 milliards aux provinces d'ici 2005-2006, la création du Conseil de la santé du Canada, chargé de veiller à l'imputabilité des provinces, le développement des soins à domicile et la disparition des cliniques privées de diagnostics.
- Dans *Sauvé c. Canada (Directeur général des élections)*, une majorité des juges de la Cour suprême dispose que l'alinéa 51e) de la *Loi électorale du Canada* qui interdit à toute personne détenue et purgeant une peine de deux ans ou plus de voter viole l'article 3 de la *Charte canadienne des droits et libertés*.

2003
- Élections provinciales (Québec) : victoire du Parti libéral. Premier ministre : Jean Charest.
- Élections provinciales (Nouveau-Brunswick) : victoire du Parti progressiste-conservateur. Premier ministre : Bernard Lord.
- Élections provinciales (Manitoba) : victoire du Nouveau Parti démocratique. Premier ministre : Gary Doer.
- Élections provinciales (Nouvelle-Écosse) : victoire du Parti conservateur. Premier ministre : John Hamm.
- Élections provinciales (Île-du-Prince-Édouard) : victoire du Parti conservateur. Premier ministre : Pat Binns.

- Élections provinciales (Ontario) : victoire du Parti libéral. Premier ministre : Dalton McGuinty.
- Élections provinciales (Terre-Neuve-et-Labrador) : victoire du Parti progressiste-conservateur. Premier ministre : Danny Williams.
- Élections provinciales (Saskatchewan) : victoire du Nouveau Parti démocratique. Premier ministre : Lorne Calvert.
- Jack Layton devient le leader du Nouveau Parti démocratique du Canada.
- Le gouvernement libéral présente à la Chambre des communes le projet de loi C-24, *Loi modifiant la Loi électorale du Canada et la Loi de l'impôt sur le revenu (financement politique)*. Il sera adopté quelques mois plus tard.
- Entente entre le gouvernement fédéral et les provinces sur de nouveaux transferts en santé.
- La course au leadership du Parti libéral du Canada est officiellement ouverte : seuls Paul Martin et Sheila Copps sont en lice. Martin obtiendra l'appui de quelque 90 % des délégués contre seulement 9,5 % des voix pour son adversaire.
- Manifestations d'importance dans plusieurs villes canadiennes contre une éventuelle guerre en Irak.
- Le gouvernement fédéral décide de ne pas porter en appel un jugement de la Cour d'appel de l'Ontario qui déclare inconstitutionnelle la loi sur le mariage. Il annonce qu'il demandera à la Cour suprême de se pencher sur un projet de loi qui légalisera le mariage civil entre conjoints de même sexe, définissant le mariage comme l'union de deux personnes.
- Peter MacKay est élu chef du Parti progressiste-conservateur du Canada.
- Dans son discours inaugural à l'Assemblée nationale, le premier ministre Jean Charest annonce une révision de l'État québécois et du modèle issu de la Révolution tranquille.
- Le ministre des Affaires municipales, Jean-Marc Fournier, dépose son projet de loi 9 permettant les « démembrements » municipaux.
- Dans *Figueroa c. Canada (Procureur général)*, les neuf juges de la Cour suprême déclarent inconstitutionnelle l'obligation faite aux partis politiques de présenter un minimum de 50 candidats pour être reconnus.
- Jean Charest participe à sa première conférence des premiers ministres provinciaux, où il fait adopter deux propositions : la création d'un conseil de la fédération et celle d'un secrétariat sur le déséquilibre fiscal. Plus tard dans l'année, les premiers ministres des provinces et des territoires annonceront, à Charlottetown, la création du Conseil de la fédération.
- Phil Fontaine est élu à la tête de l'Assemblée des Premières Nations.
- Le premier ministre Jean Chrétien et son homologue des Territoires du Nord-Ouest, Stephen Kakfwi, signent une entente qui accorde à la nation tlicho le contrôle sur un territoire de 39 000 kilomètres carrés.
- La Cour suprême confirme l'existence de droits ancestraux pour 292 000 Métis au Canada.
- Stephen Harper et Peter MacKay annoncent la conclusion d'une entente de principe en vue de la fusion de l'Alliance canadienne et du Parti progressiste-conservateur. Les membres des deux formations politiques entérineront l'entente à plus de 90 %.
- À la fermeture des marchés nord-américains, le dollar canadien vaut 77,04 ¢ US, un sommet jamais atteint depuis novembre 1993.
- Une proclamation royale reconnaissant les souffrances subies par les Acadiens lors de la déportation de 1755 est signée à Ottawa.
- Paul Martin remplace Jean Chrétien à la tête du Parti libéral du Canada, devenant ainsi le 21ᵉ premier ministre de l'histoire canadienne.

2004
- Élections fédérales : Parti libéral, 135 ; Parti conservateur, 99 ; Bloc québécois, 54 ; Nouveau Parti démocratique, 19 ; indépendant, 1. Premier ministre : Paul Martin. Il s'agit du premier gouvernement minoritaire depuis 1979.
- Élections provinciales (Alberta) : victoire du Parti conservateur. Premier ministre : Ralph Klein.
- Entente fédérale-provinciale sur de nouveaux transferts de 2 milliards en santé.
- Dans son premier discours du Trône, le premier ministre Martin annonce qu'il retournera aux municipalités (un champ de compétence provinciale) une partie de la taxe qu'elles paient sur les produits et services.
- Décès, à l'âge de 79 ans, de l'ancien directeur du *Devoir* et ancien chef du Parti libéral du Québec, Claude Ryan.

- La vérificatrice générale du Canada, Sheila Fraser, rend public son rapport final sur le programme de commandites du gouvernement fédéral. Elle y révèle que des firmes de publicité proches du Parti libéral du Canada auraient touché de généreuses commissions en vertu de ce programme. Le premier ministre Martin mettra sur pied la commission Gomery.
- Le Parti conservateur né de la fusion de l'Alliance canadienne et du Parti progressiste-conservateur se donne un chef, Stephen Harper.
- Dans *Harper* c. *Canada (Procureur général)*, une majorité de six juges de la Cour suprême confirme la constitutionalité des paragraphes 323 (1) et (3), les articles 350 à 360 et 362 de la *Loi électorale du Canada* relatifs aux dépenses de publicité électorale pouvant être engagées par des tiers dans une circonscription donnée ainsi qu'à l'échelle nationale.
- Par la voie de la présidente du Conseil du trésor, la ministre Monique Jérôme-Forget, le gouvernement Charest annonce son plan pour moderniser l'État québécois, lequel prévoit qu'en 2013, la fonction publique comptera 16 000 personnes de moins.
- Par voie référendaire, Montréal et Longueuil optent pour leur démembrement.
- Le fédéral et les provinces concluent une entente de 18 milliards sur la santé. Le Québec décroche une entente spécifique qui lui permettra de dépenser l'argent en santé sans conditions d'Ottawa. Un mois plus tard, une autre rencontre portant cette fois sur la péréquation sera moins heureuse pour les provinces.
- Fraîchement réélu, le président américain George W. Bush fait une visite au Canada.
- Dans un jugement unanime, la Cour suprême dispose, entre autres, que le mariage entre personnes de même sexe non seulement est conforme à la Charte, mais qu'il en découle. Le premier ministre Martin annonce que le gouvernement fédéral ira de l'avant en présentant un projet de loi sur le mariage civil entre personnes de même sexe.

2005
- Élections provinciales (Colombie-Britannique): victoire du Parti libéral. Premier ministre: Gordon Campbell.
- Témoignages de l'ancien premier ministre Jean Chrétien et du premier ministre en poste Paul Martin devant la Commission Gomery, qui a pour mandat d'enquêter sur le scandale des commandites.
- La Cour suprême du Canada rend sa décision dans l'affaire Chaoulli portant sur l'achat d'assurances privées destinées à couvrir des services déjà assurés par la Régie de l'assurance-maladie du Québec. Le jugement ouvre la porte à l'établissement d'un système privé de santé au Québec.
- Adoption par le Parlement canadien du projet de loi C-38 permettant le mariage (civil) entre personnes de même sexe.
- Annonce de la nomination de Michaëlle Jean au poste de gouverneure générale du Canada. La journaliste de Radio-Canada est la première personne de couleur à être nommée à ce poste.
- Publication du manifeste «Pour un Québec lucide». Le document est émis par un groupe de personnalités québécoises dont le porte-parole est l'ex-premier ministre du Québec, Lucien Bouchard.
- Entente intergouvernementale sur les garderies entre le gouvernement québécois et le gouvernement fédéral. Elle prévoit le versement de 1,12 milliard sur cinq ans.
- Dépôt du rapport Gomery.
- Élection d'André Boisclair comme sixième chef du Parti québécois.

2006
- Élections fédérales: Parti conservateur, 124; Parti libéral, 103; Bloc québécois, 51; Nouveau Parti démocratique, 29; indépendant, 1. Premier ministre: Stephen Harper. Ce gouvernement minoritaire conservateur fait suite au gouvernement minoritaire libéral de Paul Martin constitué après les élections de juin 2004.
- Élections provinciales (Nouvelle-Écosse): victoire du Parti conservateur. Premier ministre: Rodney MacDonald (gouvernement minoritaire).
- Élections provinciales (Nouveau-Brunswick): victoire du Parti libéral. Premier ministre: Shawn Graham.
- Élections territoriales (Yukon): victoire du Yukon Party. Premier ministre: Dennis Fentie.
- Entente entre le Canada et les États-Unis sur la question du bois d'œuvre. Elle met fin à une querelle de longue date entre les pays voisins.
- Adoption par la Chambre des communes d'une motion du gouvernement conservateur selon laquelle «les Québécoises et les Québécois forment une nation au sein d'un Canada uni».
- Élection de Stéphane Dion au poste de chef du Parti libéral du Canada. Il devance Michael Ignatieff au quatrième tour.

- Le commissaire en chef de la Gendarmerie royale du Canada (GRC) démissionne à la suite de ses témoignages contradictoires dans l'affaire Maher Arar, un citoyen canadien qui a été arrêté et déporté en Syrie, où il a été torturé. Le juge Dennis O'Connor, président de la commission d'enquête sur le rôle des autorités canadiennes dans l'arrestation et la déportation de Maher Arar, blâme la GRC.
- Ed Stelmach devient premier ministre de l'Alberta, succédant à Ralph Klein en poste depuis 1992.

2007
- Élections provinciales (Québec) : victoire du Parti libéral. Premier ministre : Jean Charest. Il s'agit d'un premier gouvernement minoritaire depuis 1878.
- Élections provinciales (Manitoba) : victoire du Nouveau Parti démocratique. Premier ministre : Gary Doer.
- Élections provinciales (Île-du-Prince-Édouard) : victoire du Parti libéral. Premier ministre : Robert Ghiz.
- Élections provinciales (Ontario) : victoire du Parti libéral. Premier ministre : Dalton McGuinty. Le scrutin se double d'une consultation quant à l'à-propos de remplacer le scrutin majoritaire par un scrutin proportionnel mixte, une idée qui ne reçoit l'appui que de 36,9 % de l'électorat.
- Élections provinciales (Terre-Neuve-et-Labrador) : victoire du Parti conservateur. Premier ministre : Danny Williams.
- Élections territoriales (Territoires du Nord-Ouest). Premier ministre : Floyd Roland.
- Élections provinciales (Saskatchewan) : victoire du Saskatchewan Party. Premier ministre : Brad Wall.
- Au Québec, création de la Commission de consultation sur les pratiques d'accommodement reliées aux différences culturelles. Elle est coprésidée par les professeurs Gérard Bouchard et Charles Taylor. Elle déposera son rapport en mai 2008.
- La Cour suprême du Canada juge inconstitutionnels les certificats de sécurité émis dans le cadre de la *Loi sur l'immigration*, et ce, parce que la procédure ne permet pas aux suspects d'avoir accès à la preuve constituée à leur encontre. Elle suspend d'une année l'application de sa décision.
- Adoption du projet de loi C-16, *Loi modifiant la Loi électorale du Canada*, établissant une date fixe (soit le troisième lundi du mois d'octobre de la quatrième année civile qui suit le jour du scrutin de la dernière élection générale) pour la tenue des élections fédérales.
- À la suite de la démission d'André Boisclair du poste de chef du Parti québécois et de celui de chef de l'opposition officielle à l'Assemblée nationale du Québec, c'est Pauline Marois qui lui succède en juin 2007. Elle devient ainsi la première femme à diriger une formation politique représentée à l'Assemblée nationale du Québec.
- Steven Point est nommé lieutenant-gouverneur de la Colombie-Britannique. Il devient le premier autochtone à occuper cette fonction.

2008
- Élections fédérales : Parti conservateur, 143 ; Parti libéral, 77 ; Bloc québécois, 49 ; Nouveau Parti démocratique, 37 ; autres/indépendants, 2. Premier ministre : Stephen Harper. Il s'agit d'un troisième gouvernement minoritaire en autant d'élections depuis 2004. Taux de participation : 59,1 %, le plus bas de l'histoire canadienne.
- Élections provinciales (Alberta) : victoire du Parti conservateur. Premier ministre : Ed Stelmach. Il s'agit du 11e gouvernement conservateur majoritaire consécutif.
- Élections territoriales (Nunavut). Premier ministre : Eva Aariak.
- Élections provinciales (Québec) : victoire du Parti libéral. Premier ministre : Jean Charest.
- Fondée en 1608 par Samuel de Champlain, la Ville de Québec fête ses 400 ans.
- Dépôt du rapport Manley sur le rôle du Canada en Afghanistan. Le rapport soutient que le Canada devrait se réorienter vers la diplomatie, la reconstruction et la gouvernance.
- Au Québec, dépôt du rapport Castonguay sur le financement du système de santé de la province.
- Démission dans la tourmente du ministre fédéral des affaires étrangères, Maxime Bernier.
- Le premier ministre Stephen Harper présente des excuses officielles aux Premières Nations. Est mise sur pied la Commission de vérité et réconciliation sur les pensionnats autochtones.
- Conclusion d'un accord de coalition entre le Parti libéral du Canada et le Nouveau Parti démocratique, appuyé par le Bloc québécois. À quelques jours d'un vote de confiance sur l'énoncé budgétaire du gouvernement Harper, les trois partis annoncent leur volonté de renverser le gouvernement conservateur minoritaire un

mois et demi seulement après les élections générales. Le Parti libéral mettra fin à cette « crise politique » en appuyant le budget proposé par les conservateurs.

- À la suite de la démission de Stéphane Dion, Michael Ignatieff devient chef (intérimaire) du Parti libéral du Canada. Un congrès tenu en mai 2009 confirmera son leadership.

2009
- Élections provinciales (Colombie-Britannique) : victoire du Parti libéral. Première ministre : Christy Clarke.
- Élections provinciales (Nouvelle-Écosse) : victoire du Nouveau Parti démocratique. Premier ministre : Darrel Dexter.
- En janvier, la Chambre des Communes approuve le budget présenté par le Parti conservateur minoritaire de Stephen Harper par 211 voix contre 91. Pour pallier les effets de la crise économique, le plan de relance économique représente des investissements de 40 milliards de dollars dans l'économie canadienne sur deux ans.
- Tensions dans les relations fédérales-provinciales autour de la question du projet d'agence pancanadienne de réglementation des valeurs mobilières. Plusieurs provinces (dont le Québec, l'Alberta et la Colombie-Britannique) s'y opposent, faisant valoir le partage des compétences établi par la Constitution canadienne à cet effet et que certaines provinces sont dotées de mécanismes semblables. Dans un Renvoi en 2011 relatif à la loi fédérale sur les valeurs mobilières, la Cour suprême conclut que ce sujet n'est pas de compétence fédérale.
- Le 19 février, c'est au Canada que le nouveau président américain, Barak Obama, fait sa première visite à l'étranger.
- En février, Mario Dumont quitte la direction de l'Action démocratique du Québec après que le parti n'ait obtenu que sept sièges à l'Assemblée nationale lors de l'élection de 2008.
- Au congrès de mai 2009, Michael Ignatieff est élu chef du Parti libéral du Canada. Il occupait la fonction de chef par intérim depuis le départ de Stéphane Dion, à la suite des résultats des élections de 2008.
- En décembre 2009, la gouverneure générale Michaëlle Jean autorise la prorogation de la session parlementaire. Outre que la reprise de la session est repoussée au 3 mars 2010 (au lieu du 25 janvier 2010), les comités spéciaux, dont celui sur la question de l'intervention canadienne en Afghanistan, sont suspendus.

2010
- Élections provinciales (Nouveau-Brunswick) : victoire du Parti Progressiste-conservateur. Premier ministre : David Alward.
- Tenue du sommet du G20 à Toronto en juin. D'importantes manifestations vont mener à l'arrestation de plus de 1000 personnes.
- Tenu du sommet du G8 en juin, à Huntsville (Ontario). Il s'agit de la cinquième rencontre du genre à se tenir au Canada depuis la création de celui-ci.
- David Johnston est nommé 28e gouverneur général du Canada en juillet. Il entrera officiellement en fonction le 1er octobre 2010, succédant à Michaëlle Jean.
- En juillet, démission du directeur de Statistique Canada, Munir Sheikh, à la suite de l'annonce du gouvernement Harper de substituer le formulaire obligatoire habituel de recensement par un questionnaire volontaire.
- L'Assemblée nationale du Québec adopte le projet de loi 115 en octobre. Cette loi interpelle directement la Charte québécoise de la langue française, notamment la question de la langue d'enseignement. Cette mesure législative soulève la controverse, car elle permet aux élèves francophones et allophones de fréquenter une école anglophone bénéficiant de subventions publiques après avoir passé au moins trois ans dans une école anglophone privée non subventionnée.
- En novembre, le premier ministre de la Colombie-Britannique, Gordon Cambell, démissionne de ses fonctions dans la controverse entourant l'adoption de la taxe de vente harmonisée.
- En novembre, le député Amir Khadir de Québec Solidaire dépose à l'Assemblée nationale une pétition signée par 247 379 citoyens et citoyennes demandant la démission de Jean Charest en tant que chef du gouvernement et premier ministre du Québec. Cette pétition découle du refus du premier ministre d'instituer une commission d'enquête sur les allégations de collusion et de corruption dans le milieu de la construction.
- Le premier ministre de Terre-Neuve-et-Labrador, Danny Williams, annonce qu'il quitte la politique provinciale. Kathy Dunderdale exercera la fonction de première ministre par intérim.

2011 • Élections fédérales : Parti conservateur, 166 ; Nouveau Parti démocratique, 103 ; Parti libéral, 34 ; Bloc Québécois, 4 ; Parti Vert, 1. Premier ministre : Stephen Harper, à la tête d'un gouvernement conservateur majoritaire. Pour la première fois de l'histoire canadienne, le NPD assume le rôle d'opposition officielle et le Parti Vert du Canada est représenté en Chambre.

• Élections provinciales (Île-du-Prince Édouard) : victoire du Parti libéral. Premier ministre : Robert Ghiz.

• Élections provinciales (Manitoba) : victoire du Nouveau Parti démocratique. Premier ministre : Greg Selinger.

• Élections provinciales (Ontario) : victoire du Parti libéral. Premier ministre : Dalton McGuinty.

• Élections provinciales (Saskatchewan) : victoire du Saskatchewan Party. Premier ministre : Brad Wall.

• Élections provinciales (Terre-Neuve-et-Labrador) : victoire du Parti progressiste-conservateur. Première ministre : Kathy Dunderdale, première femme élue première ministre de la province.

• Élections provinciales (Yukon) : victoire du Yukon Party. Premier ministre : Darrell Pasloski.

• Bob McLeod est nommé Premier ministre du Territoire du Nord-Ouest par les représentants du gouvernement consensuel des nations.

• Grève des employés de Poste Canada à travers l'ensemble du pays, en juin, à la suite de l'échec des négociations.

• En août, décès du chef du Nouveau Parti démocratique, Jack Layton, à l'âge de 61 ans. Nycole Turmel est nommée chef par intérim du NPD et donc de l'opposition officielle.

• En octobre, mise en place de la commission Charbonneau (Commission d'enquête sur l'octroi et la gestion des contrats publics dans l'industrie de la construction) chargée de faire enquête sur les allégations de collusion et de corruption dans le domaine de la construction au Québec.

• En décembre, Daniel Paillé devient chef du Bloc Québécois en remplacement de Gilles Duceppe.

• Bob Rae, ex-premier ministre de l'Ontario, devient chef par intérim du Parti libéral du Canada à la suite des faibles résultats du parti lors de l'élection fédérale de 2011.

2012 • Élections provinciales (Alberta) : victoire du Parti progressiste-conservateur. Première ministre : Alison Redford. Première femme première ministre de la province. Il s'agit du douzième gouvernement conservateur consécutif élu dans la province.

• Élections provinciales (Québec) : victoire du Parti québécois. Première ministre : Pauline Marois, qui est aussi la première femme première ministre de la province.

• Le scandale des *robotcalls* occupe les manchettes canadiennes au cours de l'année 2012. Le gouvernement conservateur est accusé d'avoir eu recours à des méthodes de diversion afin d'influencer le résultat des élections. La GRC et Élection Canada font enquête par suite de nombreuses plaintes.

• La délimitation des circonscriptions électorales est revue et leur nombre total passe à 338. Le Québec gagne trois circonscriptions, pour un nombre total de 78.

• En février, le Directeur général des élections confirme la fusion de l'Action démocratique du Québec et de la Coalition Avenir Québec.

• En mars 2012, Thomas Mulcair devient le nouveau chef du NPD et de l'opposition officielle en remplacement de Nycole Turmel, nommée chef par intérim après le décès de Jack Layton en 2011.

• Au printemps 2012, le Québec connaît d'importantes manifestations à la suite de l'annonce par le gouvernement libéral de Jean Charest d'une augmentation des frais de scolarité dans les universités. Ces manifestations, qui s'étendront sur plusieurs mois, seront qualifiées de « printemps érable ».

• En décembre, le gouvernement conservateur adopte le projet de loi omnibus C-45 qui, entre autres dispositions, modifie le statut des voies navigables et des terres protégées. Le projet de loi soulève certaines oppositions, notamment des populations autochtones, d'où émerge le mouvement *Idle No More*.

• Le gouvernement conservateur annonce dans son budget l'élimination de 19 200 postes dans la fonction publique fédérale au cours des trois prochaines années.

2013 • En février, Kathleen Wynne devient première ministre de l'Ontario à la suite de sa victoire lors de la course à la direction du Parti libéral. Non seulement est-elle la première femme première ministre de la province, mais elle est aussi la première personne ouvertement lesbienne ou gaie de l'histoire canadienne à occuper une telle fonction.

• Au mois de février, la Monnaie Royale canadienne cesse la distribution de nouvelles pièces d'un cent.

• Le 14 avril, Justin Trudeau devient chef du Parti libéral du Canada.

Sources: *Canada, Bureau fédéral de la statistique* (1951, 1954, 1955, 1956, 1957-1958, 1959, 1960), Myers (1991), *Canadian Facts and Dates* (1991 à 2000), *Canada, Statistique Canada* (1983).

www.radio-canada.ca/nouvelles/dossiers/revue2000/themes/politique.asp?Section=POLITIQUE; page consultée le 17 avril 2005.

www.radio-canada.ca/nouvelles/dossiers/revue2001/mois.asp?Cat=10&mois=2; page consultée le 17 avril 2005.

www.radio-canada.ca/nouvelles/dossiers/revue2002/mois.asp?Cat=10&mois=2; page consultée le 17 avril 2005.

www.radio-canada.ca/nouvelles/dossiers/revue2003/; page consultée le 17 avril 2005.

www.cbc.ca/news/background/yearinreview2004/; www.infinit.com/archives/infos/dossiers/infos_dossiers_archive.html; pages consultées le 19 avril 2005.

www.radio-canada.ca/nouvelles/dossiers/revue2005/mois.asp?Cat=10&mois=2; www.infinit.com/archives/infos/dossiers/infos_dossiers_archive.html; pages consultées le 19 avril 2005.

Canadian Encyclopedia Online, Timeline (2005-2008), www.thecanadianencyclopedia.com/index.cfm?PgNm=TCETimelineSearch&Params=A3; page consultée le 5 février 2009.

Université de Sherbrooke, *Bilan du siècle: Recherche par année précise (2005, 2006, 2007 et 2008)*: www.bilan.usherbrooke.ca/bilan/annee.jsp.

Venne, Michel et Antoine Robitaille (dir.) (2005), *L'Annuaire du Québec 2006*, Montréal, Fides.

Venne, Michel et Miriam Fahmy (dir.) (2007), *L'Annuaire du Québec 2008*, Montréal, Fides.

Et années suivantes de l'*Annuaire du Québec*.

Glossaire

Abstention : non-participation à un vote ou refus de se prononcer en faveur ou contre une motion. Les abstentions des députés ne sont pas consignées aux *Journaux*, mais celles des sénateurs le sont.

Accord (entente) de Charlottetown : accord conclu à Charlottetown, en août 1992, entre les premiers ministres fédéral et provinciaux et les représentants des autochtones et des territoires en vue de modifier profondément la Constitution canadienne. Soumis à un référendum à travers le pays en octobre 1992, cet accord a été refusé par la population. De ce fait, les gouvernements n'y ont pas donné suite.

Accord (entente) du lac Meech : accord conclu au lac Meech, en avril 1987, entre les premiers ministres fédéral et provinciaux en vue de satisfaire les cinq réclamations formulées par le Québec concernant des modifications à la Constitution canadienne. En vertu de la formule d'amendement, cet accord devait être entériné par les dix assemblées législatives provinciales et le Parlement canadien. Au terme du délai de ratification en juin 1990, deux provinces n'avaient pas donné leur accord, de telle sorte qu'on n'a pu modifier la Constitution comme le souhaitait le Québec.

Acte de l'Amérique du Nord britannique : loi du Parlement britannique adoptée en 1867 donnant naissance au Canada. Cette loi établit le partage des compétences entre le fédéral et les provinces et elle définit les pouvoirs législatifs, exécutifs et judiciaires du niveau fédéral et des quatre provinces initiales. Depuis le rapatriement de 1982, cette loi est connue sous le nom de *Loi constitutionnelle de 1867*.

Activisme judiciaire : attitude des tribunaux, dans l'exercice du contrôle de constitutionnalité (voir cette expression), consistant à exercer un contrôle rigoureux, voire intrusif, sur les décisions adoptées par les organes politiques et à substituer leurs propres choix de valeur à ceux des organes politiques ; le contraire de l'activisme judiciaire est la retenue (ou déférence) judiciaire, qui désigne l'attitude des tribunaux lorsqu'ils se contentent d'exercer un contrôle plus lointain et s'efforcent de respecter, autant que possible, les choix faits par les organes politiques.

Administrateur du gouvernement : le juge en chef du Canada, exerçant les pouvoirs du gouverneur général en cas d'absence ou d'incapacité de ce dernier.

Administration publique : ensemble des institutions, des personnes, des activités et des connaissances qui touchent à la préparation et à la mise en application des décisions des autorités politiques à tous les niveaux d'un État.

Adresse en réponse au discours du Trône : message du Sénat ou des Communes exprimant leurs remerciements au gouverneur général (ou à la reine) pour le discours du Trône.

Affaires courantes ordinaires : partie de la séance réservée quotidiennement à l'information des députés et comprenant le dépôt de documents, les déclarations de ministres, la présentation de rapports et de pétitions et le dépôt de projets de loi.

Affaires émanant des députés : motions et projets de loi parrainés par des députés de l'arrière-ban et auxquels on consacre quotidiennement une période d'une heure.

Affaires émanant du gouvernement : motions ou projets de loi présentés par un ministre ou un secrétaire parlementaire, au nom du gouvernement.

Agenda building : expression élaborée par Gladys Engel Lang et Kurt Lang en réaction au phénomène jugé trop simple de l'*agenda setting*. Phénomène selon lequel les questions d'ordre politique ne nécessiteraient pas toutes le même niveau d'attention de la part des médias pour devenir des priorités. Les questions dont les citoyens et les citoyennes ont une connaissance concrète nécessiteraient une faible couverture médiatique pour devenir des priorités alors que celles qui sont éloignées des préoccupations quotidiennes ne deviendraient des priorités qu'après une couverture intense.

Agenda setting : expression créée en 1972 par Maxwell McCombs et Donald Shaw signifiant la capacité des médias de dicter « l'ordre du jour politique », autrement dit les priorités, tant des personnages politiques que des médias ou de la population. Les médias ne dicteraient pas « quoi penser » comme tel, mais ils indiqueraient les thèmes sur lesquels il importe de se faire une opinion.

Le concept de mise sur agenda a pris une grande expansion pour signifier la capacité de n'importe quel acteur ou institution de dicter les priorités politiques – ou économiques – soit des médias, soit du gouvernement, soit de la population.

Ajournement de la Chambre : suspension des séances de la Chambre pour une période fixe ou indéterminée au cours d'une session. L'ajournement peut durer quelques minutes ou plusieurs mois.

Ajournement du débat : renvoi du débat à une séance ultérieure, souvent utilisé comme tactique dilatoire pour retarder la prise en considération d'une question.

Allocution du lieutenant-gouverneur : bref discours prononcé par le lieutenant-gouverneur à l'ouverture d'une session de l'Assemblée nationale du Québec.

Amendement : modification proposée à une motion, à un projet de loi ou à un rapport afin d'en améliorer le texte ou d'offrir une solution de rechange.

Amendement motivé : procédure visant à s'objecter à l'adoption de la motion de deuxième ou de troisième lecture d'un projet de loi et exposant les motifs du désaccord. Rédigé selon des critères rigoureux, son adoption équivaut au rejet du projet de loi.

Analyse culturaliste ou incubation culturelle : analyse visant à cerner les effets à long terme de la télévision grâce à un dispositif méthodologique comprenant des analyses de contenu des messages télévisuels, l'examen des différences entre ces messages et la réalité et l'usage des sondages.

Appareil idéologique d'État : expression élaborée par le philosophe Louis Althusser. Institutions (médias, écoles, syndicats, partis politiques, églises, etc.) servant à reproduire les conditions sociales et culturelles du système capitaliste, facilitant ainsi le maintien de son fonctionnement économique (infrastructure).

Assemblée générale des membres : appelée aussi congrès national, c'est la réunion, sur une base annuelle ou bisannuelle, des membres d'un parti politique, représentés par des délégués qu'ils ont choisis, en vue d'élire leurs dirigeants et dirigeantes et de discuter des orientations générales du parti.

Atteinte au privilège : acte ou omission qui entrave les travaux d'une Chambre du Parlement ou qui empêche les sénateurs ou les députés de s'acquitter de leurs fonctions.

Attribution de temps : désignation d'une période de temps déterminée, proposée par le gouvernement, pour les délibérations portant sur une ou plusieurs étapes d'un projet de loi d'intérêt public.

Avis consultatif (ou renvoi) : procédure permettant au gouvernement fédéral de poser à la Cour suprême du Canada des questions de nature constitutionnelle en dehors de tout litige actuel (la même procédure permet au gouvernement provincial de poser des questions constitutionnelles à la Cour d'appel ; une fois l'avis donné par la Cour d'appel, il peut être porté en appel devant la Cour suprême).

Avis de motion : notification, orale ou écrite, de l'intention de présenter une motion à une séance ultérieure.

Bicaméralisme : système parlementaire comprenant deux chambres législatives : par exemple, le Sénat et la Chambre des communes.

Bill of Rights : loi du Parlement britannique adoptée en 1688, dont l'article 9 confirmait le principe de la liberté d'expression au Parlement.

Bref d'élection : document officiel émis par le directeur général des élections afin de déclencher une élection dans une ou dans l'ensemble des circonscriptions électorales.

Budget : énoncé des politiques financières, économiques et sociales du gouvernement, présenté habituellement une fois l'an.

Budget principal des dépenses : ensemble de documents présentant une répartition des plans des dépenses prévues par le gouvernement pour l'exercice à venir.

Budget supplémentaire des dépenses : budget visant à obtenir des crédits supplémentaires pour faire face à des imprévus ou à une augmentation des dépenses gouvernementales. Le gouvernement peut présenter plusieurs budgets supplémentaires de dépenses au cours d'une année, si nécessaire.

Bulletin de vote : morceau de papier, répondant à des normes strictes, utilisé pour voter.

Bureau (de la Chambre) : table où siège le greffier de la Chambre et les autres greffiers, située devant le fauteuil du président. Des ouvrages sur la procédure parlementaire y sont disponibles pour consultation. C'est également sur le Bureau que le sergent d'armes dépose la masse lorsque la Chambre siège.

Bureau de régie interne : organisme chargé des questions financières et administratives intéressant la Chambre des communes. Il est composé de neuf députés provenant des deux côtés de la Chambre. Constitué par une loi, il est dirigé par le président de la Chambre.

Bureau du Conseil privé : organe administratif du Cabinet formé de fonctionnaires et dirigé par le greffier du Conseil privé. Il coordonne les activités du Cabinet, prépare les documents nécessaires à ses réunions et lui fournit des avis non partisans.

Bureau (ou Cabinet) du premier ministre : ensemble de conseillers politiques fournissant au premier ministre des avis et des conseils de nature partisane. Ils sont chargés d'écrire ses discours, de répondre à sa correspondance et d'organiser ses rendez-vous et ses déplacements.

Bureaucratie: expression se rapportant, dans le langage populaire, à une catégorie d'employés, ceux de l'État, ou, encore, à la domination des fonctionnaires sur le processus politique aux dépens des processus démocratiques ou, enfin, à des comportements par lesquels des employés privilégient leurs intérêts et leur confort aux dépens de ceux pour qui le service fut créé. Le terme fut rendu célèbre par le sociologue Max Weber qui le présenta comme le modèle rationnel-légal de domination sociale le plus légitime (acceptable) lorsqu'il respecte un certain nombre de conditions.

Cabinet: organe composé du premier ministre et des ministres, titulaire effectif du pouvoir exécutif.

Cabinet fantôme: groupe de députés de l'opposition désignés pour agir comme porte-parole de leur parti dans les secteurs administratifs correspondant à chaque portefeuille ministériel.

Cabinet ministériel: expression désignant les collaborateurs politiques directs d'un ministre.

Cabinet restreint (en anglais: *Inner Cabinet*): expression informellement utilisée pour désigner le comité des priorités et politiques du Cabinet. Ce comité réunit généralement les ministres les plus influents.

Cadrage: angle ou perspective sur un événement ou un phénomène. Selon Todd Gitlin, ce concept renvoie à des modèles persistants de cognition, d'interprétation, de présentation, de sélection, d'accentuation et d'exclusion grâce auxquels les acteurs sociaux qui manient des symboles peuvent construire des discours publics.

Calendrier parlementaire: tableau indiquant, selon le Règlement de la Chambre, les périodes de séances et d'ajournements prévues pour une année.

Campagne électorale: période précédant les élections générales ou complémentaires pendant laquelle les candidats et les partis politiques sont admis à faire valoir leurs arguments en vue de recueillir le suffrage des électeurs.

Caucus: réunion de tous les députés et sénateurs d'un même parti politique, tenue habituellement les mercredis matins, durant les périodes où la Chambre siège. Désigne aussi le groupe parlementaire, lui-même composé de tous les députés et sénateurs d'un même parti.

Chambre des communes: Chambre basse du Parlement du Canada, composée de 308 députés (en 2008) élus au suffrage universel.

Chambre des lords: Chambre haute du Parlement britannique, comprenant des lords temporels et des lords spirituels et dont certains titres sont héréditaires. Le nombre de membres n'est pas limité et leur mandat est à vie. La Chambre des lords constitue la Cour d'appel de dernière instance du Royaume-Uni et elle est présidée par le lord chancelier, qui est membre du Cabinet (ministre de la Justice).

Charte canadienne des droits et libertés: partie I de la *Loi constitutionnelle de 1982* qui enchâsse les droits et libertés des citoyens.

Chef de l'État: la reine, représentée au Canada par le gouverneur général et dans les provinces par un lieutenant-gouverneur.

Chef de l'opposition: chef du parti qui, après le parti ministériel, compte le plus grand nombre de membres à la Chambre des communes.

Chef de parti: personne choisie par les membres d'un parti politique pour le diriger sur la scène parlementaire et en périodes électorales.

Circonscription électorale: division territoriale représentée par un député élu à la Chambre des communes par la population locale.

Clause Canada: clause qui, en vertu de l'article 23 de la *Charte canadienne des droits et libertés*, reconnaît aux citoyens canadiens qui ont reçu leur instruction en anglais au niveau primaire au Canada le droit d'inscrire leurs enfants à l'école anglaise, et ce, aux niveaux primaire et secondaire lorsqu'ils viennent au Québec. Cette clause vaut également pour l'instruction en français dans les autres provinces.

Clause ou disposition de dérogation (clause nonobstant): clause inscrite dans la *Charte canadienne des droits et libertés* de 1982 (art. 33) permettant aux législateurs de déroger à certains droits protégés par la Charte, plus précisément aux libertés fondamentales, aux garanties juridiques et aux droits à l'égalité. Une telle dérogation n'est valide que pour cinq ans, mais elle peut être renouvelée.

Clause de primauté: disposition à l'intérieur d'un instrument de nature constitutionnelle ou quasi constitutionnelle qui affirme la primauté de cet instrument sur les règles de droit ordinaires (voir: primauté de la Constitution).

Clause Québec: clause qui, en vertu de la loi 101, reconnaît aux citoyens canadiens qui ont reçu leur instruction en anglais au niveau primaire au Québec le droit d'inscrire leurs enfants à l'école anglaise aux niveaux primaire et secondaire au Québec. Cette clause a été invalidée par la Cour suprême: c'est la clause Canada qui s'applique.

Clôture: procédure permettant de mettre fin à un débat en empêchant de l'ajourner de nouveau et en exigeant un vote à la fin de la séance en cours. On peut appliquer la clôture à toute question à l'étude et à n'importe quelle étape du processus d'adoption d'un projet de loi.

Comité (parlementaire) : organisme émanant d'une Chambre du Parlement et composé de députés ou de sénateurs (ou des deux) désignés pour étudier toute question déférée par la Chambre, y compris les projets de loi. Les types de comités sont : permanents, législatifs, spéciaux, mixtes et pléniers.

Comité du Cabinet : organe composé d'un nombre restreint de ministres et chargé d'examiner un dossier relevant de sa compétence, le Cabinet conservant toutefois le pouvoir de renverser la décision prise par un de ses comités.

Comité exécutif (d'un parti politique) : appelé aussi bureau de direction ; c'est un organisme restreint qui s'occupe des dossiers courants, de l'administration et des questions budgétaires d'un parti politique. Il fait rapport aux instances supérieures (conseil général et assemblée générale).

Comité judiciaire du Conseil privé : institution britannique constituée d'un groupe de conseillers du souverain et servant de tribunal d'appel de dernière instance pour les pays du Commonwealth. En 1933, le gouvernement canadien a supprimé les appels en matière criminelle provenant du Canada et, en 1949, il a aboli tous les appels.

Comité mixte : comité composé de sénateurs et de députés en proportion de leur nombre dans chaque Chambre. Un tel comité peut être permanent ou spécial.

Comités électoraux : expression utilisée par Maurice Duverger dans son ouvrage classique sur *Les partis politiques* pour décrire un groupe restreint de personnes chargées d'encadrer les électeurs, par suite de l'extension du suffrage populaire, en faisant connaître les candidats et en canalisant les suffrages dans leur direction.

Commissaire à la protection de la vie privée : nommé par le Parlement à titre inamovible pour 7 ans, il enquête, fait rapport et conseille en matière de protection des droits des citoyens conférés par la *Loi sur les renseignements personnels* et la *Loi sur l'accès à l'information* (assisté d'un commissaire adjoint nommé par le Conseil des ministres pour 5 ans).

Commissaire aux langues officielles : nommé à titre inamovible pour 7 ans par une motion à laquelle doivent concourir les deux Chambres, il surveille l'application de la *Loi sur les langues officielles*, mène des enquêtes et fait rapport annuellement au Parlement.

Commission de délimitation des circonscriptions électorales : commission formée de trois membres et créée par la loi, dans chaque province, afin d'établir les limites des circonscriptions électorales.

Commission de la fonction publique : organisme dirigé par un président et deux commissaires, nommés par le Conseil des ministres à titre inamovible pour 10 ans, qui voit à nommer ou à faire nommer les employés suivant la Loi, à constituer des programmes de perfectionnement et à conseiller le Conseil des ministres sur l'application de la Loi. Elle produit un rapport annuel au Parlement.

Commission ou comité (d'un parti politique) : groupe constitué d'un nombre restreint de membres d'un parti et chargé de s'occuper d'un sujet particulier (organisation, plate-forme électorale, constitution du parti, gestion financière, communication et publicité, jeunes, femmes, autochtones, etc.).

Common law : droit commun jurisprudentiel prévalant dans les pays anglo-saxons. Par extension, les systèmes juridiques de ces pays.

Commonwealth britannique : organisation internationale réunissant les anciennes colonies britanniques.

Comptes publics : rapport détaillé des transactions financières du gouvernement, préparé annuellement par le receveur général du Canada et faisant l'objet d'une vérification par le vérificateur général qui, lui, dépose son rapport à la Chambre pour étude par le Comité permanent des comptes publics, lequel est traditionnellement présidé par un député de l'opposition.

Concentration des pouvoirs : se rapporte à l'idée selon laquelle, dans un système parlementaire, les pouvoirs législatif et exécutif ne sont pas constitutionnellement séparés l'un de l'autre.

Conférence libre : réunion de représentants du Sénat et de la Chambre des communes visant à résoudre, par voie de négociation, un désaccord prolongé entre les deux Chambres, à la suite de l'adoption ou du rejet de certains amendements à un projet de loi.

Conférence des premiers ministres : rencontre formelle regroupant les premiers ministres du Canada et présidée par le premier ministre du Canada.

Congrès national : assemblée générale annuelle ou bisannuelle des membres d'un parti politique qui sont représentés par des délégués qu'ils ont choisis en vue d'élire leurs dirigeants et de discuter des orientations générales du parti.

Conseil de la fédération : découlant de la signature d'une entente entre les premiers ministres des provinces et des territoires du Canada en 2003, le Conseil de la fédération est une institution de coordination intergouvernementale visant à favoriser la coopération et le dialogue dans le but de renforcer le Canada ainsi qu'à assumer un rôle de leadership quant aux dossiers jugés prioritaires.

Regroupant les provinces et les territoires canadiens, il est doté d'un secrétariat permanent.

Conseil des ministres (en anglais: *Ministry*): ensemble composé des membres du Cabinet (le premier ministre et ses ministres) ainsi que des secrétaires d'État. L'expression plus ancienne de «ministère» a été utilisée par le passé pour désigner l'ensemble formé par le Cabinet et les ministres qui n'étaient pas membres du Cabinet, comme le solliciteur général ou le contrôleur du revenu intérieur.

Conseil du trésor: organisme du gouvernement créé par décret lors de la Confédération, confirmé par une loi en 1869, pour exercer une surveillance générale sur les prévisions budgétaires présentées au Parlement. Aujourd'hui, important comité du Conseil privé, il est composé de six de ses membres, dont un président, le ministre des Finances, et quatre autres ministres. Son mandat s'applique à la gestion financière, notamment aux prévisions budgétaires du gouvernement, à l'organisation de l'administration publique fédérale de même qu'à l'examen des plans et des programmes des dépenses des ministères.

Conseil général ou exécutif national: structure intermédiaire d'un parti politique composée d'un nombre assez élevé de membres (de 100 à 200) et chargée de diriger les activités du parti entre les congrès nationaux. L'appellation exécutif national peut porter à confusion avec l'appellation comité exécutif.

Conseil privé: organe dont les membres sont nommés à vie par la Couronne, réunissant les ministres actuels et anciens de même qu'un certain nombre de personnalités choisies.

Consentement royal: consentement accordé par le gouverneur général et présenté à la Chambre par un ministre, avant la deuxième lecture d'un projet de loi qui affecte les prérogatives, les revenus héréditaires, la propriété personnelle ou les intérêts de la reine. Il est essentiel à l'adoption dudit projet de loi.

Constitution: ensemble des règles écrites ou coutumières qui déterminent la structure de l'État, attribuent des pouvoirs aux différentes instances et en règlent l'exercice.

Contrôle de constitutionnalité (ou contrôle judiciaire de constitutionnalité ou justice constitutionnelle): contrôle exercé par les tribunaux pour vérifier la compatibilité des règles de droit ordinaires avec les dispositions de la Constitution; en cas de non-compatibilité avec la Constitution, une règle de droit ordinaire (une loi fédérale ou provinciale, par exemple) sera déclarée inopérante.

Convention (constitutionnelle): en droit public d'inspiration britannique, cette expression désigne une règle de droit non écrite fondée sur des précédents répétés et jouissant de l'acceptation universelle de la classe politique.

Convocation du Parlement: ouverture d'une nouvelle législature à la suite d'élections générales, en vertu d'une proclamation du gouverneur général sur la recommandation du premier ministre.

Courant conservateur: de nos jours, au Canada, ce courant s'est montré favorable au développement du secteur privé, au libre-échange sur le plan économique et, sur le plan politique, à une meilleure reconnaissance de la diversité du pays.

Courant libéral: de nos jours, au Canada, ce courant se caractérise par l'idée de l'intervention de l'État en matières socioéconomiques, celle d'une plus grande centralisation politique au niveau fédéral et celle du renforcement de l'unité nationale. Certaines de ces idées ont été remises en cause à la suite de la progression des idées néolibérales et de la crise budgétaire de l'État.

Courant socialiste: de nos jours, au Canada, ce courant est nettement de tendance sociale-démocrate en ce sens qu'il accepte le système capitaliste et l'idée de propriété privée, tout en recherchant une meilleure égalité économique entre les individus et une plus grande justice sociale (par le développement de programmes sociaux). Ces idées sont actuellement remises en question avec la montée du néolibéralisme économique et du conservatisme social.

Couronne: au sens large, l'État dans son ensemble. Au sens plus restreint, le souverain et ses représentants aux niveaux fédéral et provincial.

Crédit: poste inscrit au budget des dépenses correspondant à la somme requise par le gouvernement pour un programme ou un service donné et approuvé par le Parlement.

Crédits provisoires: crédits que le Parlement accorde chaque année au gouvernement pour couvrir ses dépenses pour la période du 1er avril au 23 juin, soit les trois mois précédant l'adoption du budget des dépenses.

Critère de l'atteinte minimale: un des critères de proportionnalité qu'appliquent les tribunaux lorsqu'ils vérifient si une restriction à un droit ou à une liberté garanti par la Charte canadienne ou par la Charte québécoise est raisonnable et justifiable. Il faut d'abord que la mesure attentatoire possède un objectif suffisamment important. Ensuite, les moyens utilisés pour l'atteindre doivent être proportionnés, c'est-à-dire qu'ils doivent être rationnels et ne pas porter atteinte au droit plus que nécessaire (ce dernier élément est le critère de l'atteinte minimale) ; enfin, les effets bénéfiques de la mesure contestée doivent l'emporter sur les effets négatifs.

Cultivation analysis : expression provenant des travaux de George Gerbner (en français, « analyse culturaliste » ou « incubation culturelle ») ; analyse qui vise à cerner les effets à long terme de la télévision grâce à un dispositif méthodologique comprenant des analyses de contenu des messages télévisuels, l'examen des différences entre ces messages et la réalité et l'usage des sondages.

Débat d'urgence : débat sur une motion d'ajournement consacré à la discussion d'une affaire déterminée et importante dont l'étude s'impose d'urgence. Le critère d'urgence s'applique à la tenue du débat et non à la question soulevée.

Débats de la Chambre (voir *Hansard*) : publication parlementaire donnant le compte rendu intégral des délibérations de la Chambre.

Décret : décision émise par le gouverneur en conseil en vertu de l'autorité que lui confèrent les lois et les prérogatives de la Couronne. Les décrets peuvent porter sur des questions administratives concernant le gouvernement, sur des nominations, etc.

Délibérations : travaux de l'une ou de l'autre Chambre ou de leurs comités, dont les décisions constituent la partie la plus importante des délibérations.

Démocratie : forme d'organisation politique dans laquelle la souveraineté appartient à l'ensemble des citoyens et citoyennes qui peuvent l'exercer directement, sans intermédiaires (démocratie directe), ou qui peuvent élire des représentants et représentantes chargés d'agir et de prendre des décisions en leur nom (démocratie représentative).

Démocratie parlementaire : système politique dans lequel l'exécutif obtient son pouvoir de gouverner du législatif ; le gouvernement doit avoir l'approbation du Parlement (c'est-à-dire d'une majorité à la Chambre des communes) pour légitimer ses politiques et ses activités, notamment ses dépenses des fonds publics.

Député : personne élue dans une circonscription électorale et dont l'un des rôles est de représenter la population de ladite circonscription à la Chambre des communes (ou à la législature provinciale, le cas échéant).

Député de l'arrière-ban : député qui n'est ni ministre ni secrétaire d'État. Cette désignation comprend parfois les secrétaires parlementaires et les porte-parole de l'opposition. On dit aussi simple député.

Désignation d'un député par son nom : procédure disciplinaire utilisée par le président pour maintenir l'ordre à la Chambre et entraînant l'exclusion du député de la Chambre pour le reste de la séance.

Deuxième lecture : étape du processus législatif comportant la discussion du principe ou de l'objet d'un projet de loi avant son adoption ou son rejet. La discussion détaillée des articles n'est pas admise à cette étape.

Dichotomie administrative / politique : idée issue des théories américaines d'administration publique selon laquelle il est possible de séparer rationnellement les actions administratives et politiques dans le processus d'élaboration des politiques publiques.

Directeur général des élections : haut fonctionnaire du Parlement, nommé par résolution de la Chambre des communes et responsable de l'administration des élections fédérales et de la vérification des dépenses électorales.

Discipline de parti : position commune imposée aux membres d'un parti relative aux politiques et à la façon de voter. Le contrôle de la discipline de parti est exercé par le *whip*.

Discours d'ouverture : discours prononcé par le premier ministre du Québec à l'ouverture d'une session de l'Assemblée nationale et exposant le programme législatif de son gouvernement.

Discours du Trône : discours prononcé au Sénat devant les membres des deux Chambres, par le gouverneur général, à l'ouverture d'une session du Parlement et donnant un aperçu du programme législatif du gouvernement pour la session.

Dissolution : acte consistant à mettre fin à une législature, à l'expiration du mandat maximal de cinq ans ou à la suite d'une proclamation du gouverneur général. La dissolution est suivie d'élections générales.

Droit de retrait (*opting-out*) : capacité pour une province canadienne de se soustraire à un amendement constitutionnel qui touche les compétences législatives, les droits de propriété ou les autres droits et privilèges d'une législature ou d'un gouvernement provincial. L'amendement est alors sans effet dans la province qui a exprimé son désaccord.

Droits barrières (ou droits résistances ou libertés négatives) : droits ou libertés dont la mise en œuvre exige le retrait, l'abstention ou la non-intervention de l'État (ex. : la liberté d'expression exige seulement que l'État s'abstienne d'interdire certaines formes d'expression, mais elle ne lui impose pas de fournir aux individus les moyens matériels de s'exprimer).

Droits créances (ou libertés positives) : droits ou libertés dont la mise en œuvre exige que l'État intervienne pour mettre à la disposition des individus certains services ou moyens destinés à leur permettre d'en bénéficier concrètement (ex. : le droit à l'instruction dans la langue de la minorité anglophone ou francophone, garanti dans l'article 23 de la Charte canadienne, exige que les autorités provinciales mettent à la disposition des membres de la minorité des classes, des établissements, des enseignants, des manuels scolaires, etc.).

Effet d'amorçage (*priming*) : phénomène par lequel un thème, jugé plus important que les autres, devient le critère de référence à l'aune duquel l'électorat se prononce sur le rendement d'un gouvernement ou de celui d'une personnalité publique.

Élections : procédure en vertu de laquelle les Canadiennes et Canadiens qui satisfont à certains critères établis votent aux bureaux de scrutin en vue d'élire un député ou une députée pour leur propre circonscription.

Encodage/décodage : théorie élaborée par Stuart Hall selon laquelle les gens réagissent différemment aux messages médiatiques, la structure de signification de l'encodage, c'est-à-dire de la production des messages, n'étant pas toujours la même que celle du décodage, c'est-à-dire de la réception des messages. Si plusieurs lectures des messages s'avèrent possibles, la lecture préférentielle correspond à la structure de légitimation du système en place et agit à l'intérieur du code culturel dominant.

Étape du rapport : prise en considération par la Chambre d'un projet de loi dont un comité lui a fait rapport ; tous les députés peuvent alors proposer des amendements aux articles du projet de loi.

État : organisation politique qui, disposant du monopole de la contrainte physique légitime, exerce un contrôle ou a une pleine juridiction sur la population d'un territoire donné.

État providence : expression utilisée au cours du XXᵉ siècle, plus particulièrement depuis la Seconde Guerre mondiale, pour désigner un État dispensateur de biens et de services par la mise sur pied d'un vaste programme d'assurances sociales.

Étranger : toute personne qui n'est ni un député ni un fonctionnaire de la Chambre des communes, y compris les sénateurs, les diplomates, les fonctionnaires des ministères, les journalistes et le public. Ils sont admis dans les tribunes, mais ils peuvent en être expulsés, en cas de désordre, par un ordre du président ou de la Chambre.

Étude article par article : étude détaillée d'un projet de loi par un comité, au cours de laquelle chaque article est pris en considération séparément et peut faire l'objet d'amendements.

Exécutif : l'un des trois pouvoirs de l'État, dont le rôle est d'exécuter les lois.

Exécutif élu : le Conseil des ministres.

Exécutif nommé : ensemble des fonctionnaires nommés à la fonction publique sur la base de leurs compétences techniques et de leur mérite et travaillant dans les ministères et les organismes du gouvernement.

Exposé budgétaire : discours prononcé à la Chambre par le ministère des Finances, comportant les dépenses, les revenus et les politiques financières, économiques et sociales du gouvernement pour le prochain exercice.

Fédéralisme asymétrique : dans une fédération, reconnaissance de certains pouvoirs à des provinces et non à d'autres, ce qui se traduit par un statut différent des provinces. Il peut être inscrit dans la Constitution ou résulter d'ententes administratives ou d'accords financiers particuliers avec le gouvernement central.

Fédéralisme centralisateur : forme de fédéralisme qui accorde des pouvoirs étendus au gouvernement central au détriment des entités fédérées (provinces, cantons, etc.), brisant ainsi l'équilibre qui devrait exister entre eux.

Fédéralisme dualiste : forme de fédéralisme qui reconnaît deux ordres de gouvernement (central et provincial), pleinement souverains dans leurs domaines de compétence et non subordonnés l'un à l'autre.

Fédéralisme exécutif : pratique ayant pour effet d'institutionnaliser les conférences fédérales-provinciales au cours desquelles les décisions d'importance sont prises par les ministres et les fonctionnaires, ne laissant aux parlementaires que le rôle de débattre, pour la forme, lesdites décisions.

Fédération (ou État fédéral) : État dont la souveraineté est partagée entre plusieurs centres politiques dont chacun possède une autorité constitutionnelle propre dans des sphères d'activités déterminées par la Constitution.

Feuilleton : ordre du jour officiel de chaque séance de la Chambre, comprenant les questions qui peuvent être abordées au cours de la journée. On y publie en annexe les avis des projets de loi et des motions que les ministres et les députés désirent soumettre à la Chambre.

Filibuster ou obstruction systématique : utilisation coordonnée de tactiques dilatoires visant à prolonger un débat afin de retarder ou d'empêcher la prise d'une décision par la Chambre.

Fonction publique : désigne l'ensemble des employés civils de l'État qui sont rémunérés à même les fonds votés par le Parlement.

Fonctionnaire : dans son sens générique, ce terme réfère à tous les employés gouvernementaux et paragouvernementaux qui n'appartiennent pas à la filière politique, tels les ministres et membres des cabinets ministériels. Juridiquement, ce terme a une portée beaucoup plus restreinte que certaines lois lui donnent en fonction de l'organisme où travaille le fonctionnaire et de son lien d'emploi. La Loi le définit comme étant une personne employée dans la fonction publique et dont la nomination relève exclusivement de la Commission. Plusieurs lois peuvent tracer des périmètres différents du concept de fonctionnaire, cela en fonction des objectifs particuliers poursuivis par le législateur à cette occasion. Voir Exécutif nommé et Fonction publique.

Formule d'amendement: formule qui établit les règles de modification (à la majorité ou à l'unanimité) de la Constitution d'un État. Ce n'est qu'en 1982 que le Canada s'est doté d'une formule d'amendement.

Forum des fédérations: organisme international à but non lucratif visant l'éducation, le réseautage et le partage des connaissances en matière de fédéralisme. Il est situé à Ottawa.

Gazette du Canada: publication officielle périodique du gouvernement comprenant les décrets, les proclamations, les règlements et les lois adoptées par le Parlement.

Gentilhomme huissier de la verge noire: haut fonctionnaire du Sénat responsable de la sécurité. Il informe les députés et députées de leur convocation au Sénat par le gouverneur général ou son représentant.

Gerrymander ou *gerrymandering*: remaniement arbitraire de la carte électorale en vue de procurer un avantage à des candidats ou à un parti.

Gouvernement: au sens général, l'État dans son ensemble. Dans un sens plus restreint mais non officiel, ce terme désigne le Cabinet.

Gouvernement des juges: expression utilisée au Canada, surtout depuis le rapatriement de 1982. Elle signifie que les tribunaux, en particulier la Cour suprême, déclarent certaines lois adoptées par les parlements fédéral et provinciaux non conformes à la Constitution, plus particulièrement à la Charte des droits, et établissent alors les nouveaux critères à respecter par les législateurs. Les juges se substituent ainsi aux gouvernements en place, de là l'expression gouvernement des juges.

Gouvernement majoritaire: gouvernement constitué par un parti politique détenant plus de la moitié des sièges à la Chambre des communes.

Gouvernement minoritaire: gouvernement constitué par un parti politique détenant moins de la moitié des sièges à la Chambre des communes, mais détenant un plus grand nombre de sièges que tout autre parti. Il doit avoir la confiance d'un tiers parti ou d'une pluralité de partis pour se maintenir au pouvoir.

Gouvernement parlementaire: gouvernement exerçant le pouvoir politique avec l'appui d'une majorité des membres de la Chambre élective du Parlement.

Gouvernement responsable: gouvernement dans lequel les ministres du Cabinet doivent jouir de la confiance de la Chambre des communes pour se maintenir au pouvoir. Si la Chambre lui retire cette confiance, il doit démissionner ou demander le déclenchement d'élections générales, conformément à la convention constitutionnelle.

Gouverneur en conseil: le gouverneur général, ou un lieutenant-gouverneur agissant sur la recommandation et suivant le consentement des membres du Conseil privé qui forment le Cabinet.

Gouverneur en conseil (nominations du…): le gouverneur général, qui exerce au Canada les pouvoirs de Sa Majesté, se fait conseiller par le Cabinet pour prendre la plupart des décisions importantes qu'on lui attribue; voilà pourquoi, en tout respect de la démocratie, il agit «en conseil». Les nominations de sous-ministres, délégués et associés, de présidents et de membres de conseils d'administration d'organismes publics, de certains ambassadeurs et de consuls font partie de ces décisions. Au sein du Cabinet du premier ministre, un conseiller aux nominations prépare les décisions; le premier ministre et le Cabinet reçoivent aussi à ce sujet l'avis primordial du secrétaire et greffier du Bureau du conseil privé, lequel compte sur un secrétariat du personnel supérieur pour gérer l'ensemble des dossiers de ces types de personnels. Les nominations sont faites par le Cabinet à l'initiative exclusive du premier ministre, sauf pour les membres d'organismes alors que c'est le ministre responsable qui présente les propositions.

Gouverneur général: officier désigné par la reine, sur la recommandation du premier ministre, pour exercer, au Canada, les pouvoirs dont la reine est investie à l'égard du Canada.

Greffier de la Chambre: conseiller principal du président et des députés en matière de procédure parlementaire et d'administration de la Chambre. Il est aussi secrétaire du Bureau de régie interne et responsable de la direction du personnel de la Chambre.

Greffier des Parlements: titre attribué au greffier du Sénat en sa qualité de dépositaire de l'original de toutes les lois adoptées par le Parlement.

Greffier du Sénat: conseiller principal du président du Sénat et des sénateurs en matière de procédure parlementaire et d'administration. Il est aussi responsable de la direction du personnel du Sénat.

Greffiers au Bureau: conseillers en procédure siégeant à la Chambre lors des séances. Ils sont chargés de compiler les votes et de dresser le procès-verbal.

Groupe d'intérêt (ou groupe de pression): groupe de personnes ou organisation dont l'objectif est d'exercer une influence sur les décisions gouvernementales afin de les rendre conformes aux préférences du groupe. Ces termes comprennent les décisions présumées être tant dans l'intérêt public (par exemple, le contrôle de la pollution) que dans celui du groupe (par exemple, la protection tarifaire).

Groupes parlementaires: expression utilisée par Maurice Duverger dans son ouvrage classique sur *Les partis politiques* pour décrire un groupe de députés réunis, dans une assemblée élue, sur la base soit d'un voisinage géographique, soit d'un intérêt commun, soit, le plus souvent, d'une communauté d'idées ou de doctrines politiques. De nos jours, un groupe parlementaire est constitué de l'ensemble des députés et députées d'un même parti politique.

Guillotine: expression familière désignant une disposition du Règlement qui oblige la Chambre à trancher une question à une date fixe ou à la fin d'une période déterminée.

Hansard: compte rendu intégral des délibérations de la Chambre, aussi appelé *Journal des débats*, publié après chaque jour de séance en français et en anglais. Il existe aussi une version audiovisuelle.

Haut fonctionnaire: employé de la fonction publique occupant un poste de commande et d'autorité situé aux échelons supérieurs de la hiérarchie administrative.

Hégémonie: terme élaboré par Antonio Gramsci. Processus par lequel un groupe social dominant économiquement transforme cette domination en leadership culturel, social et politique et en autorité politique dans la société civile et l'État. L'hégémonie ne constitue pas une domination statique, au contraire, elle est un état en perpétuelle mouvance.

Idéal type: concept désignant une construction théorique qui consiste à exagérer certains traits d'un phénomène afin d'en faciliter leur découverte empirique dans la réalité.

Immunité parlementaire: ensemble des droits, des privilèges et des pouvoirs détenus par la Chambre collectivement et par les parlementaires individuellement. Ils sont essentiels à l'accomplissement de leurs fonctions. On les appelle aussi «privilèges parlementaires».

Imputabilité: principe selon lequel le Parlement jouit d'un pouvoir de surveillance sur tout acte du gouvernement, de ses ministres et de ses organismes.

Imputabilité administrative directe: principe élaboré par la commission Lambert (1976) et le Bureau du vérificateur général visant à rendre les hauts fonctionnaires responsables de l'administration de leur ministère directement devant la Chambre des communes, séparément de la responsabilité politique des ministres.

Imputabilité financière: principe selon lequel toute somme d'argent mise à la disposition du gouvernement doit être approuvée par l'Assemblée élective. De même, par ce principe, tout engagement financier du gouvernement ne peut être pris et n'est valide que s'il existe, pour l'exécution de cet engagement, des crédits suffisants approuvés par le Parlement.

Indemnité de session: rémunération annuelle accordée aux parlementaires aux termes de la *Loi sur le Parlement du Canada*.

Instruments statutaires: voir Règlements.

Internet: réseau de réseaux interconnectés à l'échelle planétaire qui préfigure «l'autoroute de l'information», c'est-à-dire un système de transmission de l'information à haut débit permettant de nombreuses applications: la messagerie, les discussions en ligne, la transmission de données, le commerce et les transactions électroniques, le télétravail, l'éducation à distance, la télémédecine, les visioconférences, les jeux interactifs, etc.

Interpellation: procédure ayant cours à l'Assemblée nationale du Québec et permettant à un député de demander la convocation d'une commission parlementaire afin d'interroger un ministre sur une question de sa compétence. Il s'agit essentiellement d'une question avec débat.

Investiture: acte par lequel un parti politique désigne ses candidats pour une élection, généralement lors d'un congrès tenu à cet effet.

Journal des débats: voir *Hansard*.

Journaux: compte rendu officiel sommaire des décisions, votes et autres travaux de la Chambre publiés par cette dernière.

Jours désignés: 20 jours réservés à l'examen des subsides au cours de l'année et permettant aux partis de l'opposition de choisir les questions à débattre à la Chambre des communes. On dit aussi «jours des subsides» ou «journées de l'opposition».

Judiciarisation de la vie politique: transfert des débats politiques de l'arène politique vers l'arène judiciaire. Certaines des décisions politiques et sociales relevant traditionnellement des organes politiques (Parlement et gouvernement) relèvent désormais des organes judiciaires (tribunaux).

Jugement déclaratoire : procédure permettant à un justiciable de faire vérifier la constitutionnalité d'une loi en dehors de tout litige actuel, avant même qu'on ait cherché à la lui appliquer (de façon préventive plutôt que défensive).

Juridicisation de la vie politique : reformulation des questions et des débats politiques dans le langage du droit, particulièrement celui des droits de la personne (par exemple, plutôt que de présenter la question de la fermeture des magasins le dimanche comme un problème politique et social, on la reformule comme étant une question de liberté de religion).

Jurisconsulte : conseiller juridique spécialement nommé par l'Assemblée nationale du Québec pour donner des avis aux députés sur les conflits d'intérêts et les incompatibilités de fonctions. Il existe un poste semblable dans certaines autres Assemblées législatives.

Jurisprudence : l'ensemble des décisions des tribunaux ou un ensemble de décisions sur un sujet précis ou provenant d'une cour en particulier (la jurisprudence en droit du travail, la jurisprudence de la Cour suprême, etc.).

Leader parlementaire : député ou sénateur responsable de la gestion des affaires parlementaires de son parti à la Chambre. Le parti au pouvoir est habituellement représenté par un ministre (leader du gouvernement à la Chambre), qui négocie les ententes avec les leaders parlementaires des autres partis.

Lecture d'un projet de loi : étape de l'adoption d'un projet de loi. Tout projet de loi doit subir trois lectures dans chaque Chambre du Parlement.

Législation déléguée : il s'agit de règlements adoptés en général par un décret du Conseil des ministres, sinon par un arrêté du ministre ou par une décision du Conseil d'administration d'un organisme. Dans tous ces cas, la Loi a dû doter le décideur de pouvoirs spécifiques pour préciser la législation selon les besoins issus de l'évolution des conditions de son application (relatifs à la technologie, aux découvertes, aux normes, à l'évolution du milieu).

Législature : période de temps maximale de cinq ans, selon la Constitution, au cours de laquelle le Parlement et les Assemblées législatives provinciales peuvent exercer leurs pouvoirs.

Lieutenant-gouverneur : représentant de la Couronne dans une province, nommé par le gouverneur général en conseil.

Livre blanc : document que le gouvernement soumet au Parlement pour exposer les mesures administratives ou législatives qu'il entend prendre dans un domaine d'intérêt public.

Livre bleu : document exposant de façon détaillée les postes du budget des dépenses globales du gouvernement pour un exercice financier déterminé.

Lobby : groupe de pression ou organisation qui essaie d'influencer les opinions et les décisions des législateurs relativement à un sujet qui les préoccupe.

Lobbyiste : personne ou groupe qui représente les intérêts d'un lobby et qui vise à influencer les législateurs dans un domaine particulier. On dit aussi « démarcheur ».

Loi de crédits : loi octroyant au gouvernement les sommes requises pour les dépenses publiques au cours d'une année.

Management public : le management est une discipline originant de l'évolution des sciences administratives. Il valorise la considération de stratégies d'intervention en fonction d'une lecture d'environnement et de résultats à atteindre en vue d'une performance attendue. Il fait appel à diverses disciplines comme la sociologie, la recherche opérationnelle, la psychologie, la comptabilité, etc. Il veut appliquer cette approche à l'administration publique en l'adaptant en tenant compte des finalités d'intérêt public, du contexte politique, de l'environnement, des pressions publiques, des contraintes particulières et du cadre juridique spécifique au secteur public.

Masse : symbole de l'autorité de la Chambre, elle est placée sur le Bureau par le sergent d'armes (aux Communes) ou par le gentilhomme huissier (au Sénat) lorsque le président occupe le fauteuil.

Ministère : unité administrative créée par une loi ou par un décret qui est placée sous la direction et le contrôle d'un ministre.

Ministère de coordination (*staff* ou horizontal) : ministère qui planifie et coordonne les activités gouvernementales dans le but d'assurer la cohérence de l'action étatique. Ces services s'adressent surtout aux membres du Cabinet et aux fonctionnaires des ministères d'exécution.

Ministère d'exécution (*line* ou vertical) : ministère qui prépare et gère les programmes et les services publics touchant différents secteurs de la population en général.

Ministre : chef d'un département ministériel et membre du Cabinet.

Ministre d'État : membre du Cabinet chargé soit d'assister un autre ministre, soit de diriger un département d'État créé par décret ou, encore, un ministre sans portefeuille. Les ministres d'État siègent au Cabinet et touchent le même traitement qu'un ministre titulaire.

Mise aux voix : vote de la Chambre sur une motion dont elle est saisie. Cette procédure met fin au débat.

Modèle oligarchique : le modèle oligarchique, identifié à Robert Michels qui a étudié surtout le parti social-démocrate allemand du début du siècle, postule la concentration du pouvoir au sein d'un parti et la domination de ce parti par un groupe restreint de dirigeants, pratiquement inamovibles.

Modèle stratarchique: à l'opposé du précédent, ce modèle, élaboré pour décrire la situation des partis politiques américains, postule que le pouvoir n'y est pas concentré au sommet, mais plutôt partagé entre les divers groupes qui constituent le parti.

Monarchie: régime politique fondé sur la transmission du pouvoir par voie héréditaire.

Monarchie constitutionnelle: régime politique dont le chef de l'État est un monarque investi du pouvoir exécutif, conformément à des règles juridiques généralement stipulées dans la Constitution.

Motion: proposition émanant d'un ministre, d'un député ou d'un sénateur, dont la Chambre ou un comité sont saisis et sur laquelle ils peuvent être appelés à se prononcer au moyen d'un vote.

Motion de censure: motion soumise à la Chambre des communes qui vise à blâmer le gouvernement ou à lui retirer sa confiance. Son adoption entraîne la démission du gouvernement ou une demande de dissolution du Parlement au gouverneur général et l'émission de brefs d'élection.

Neutralité partisane: convention selon laquelle les fonctionnaires à l'emploi des ministères du gouvernement ne devraient pas s'adonner à des activités politiques susceptibles d'atténuer leur impartialité à l'égard des politiques du gouvernement.

Opinion publique: deux catégories de définitions existent. Le sens commun renvoie à ce qu'on croit que la population pense, c'est-à-dire l'agrégation des opinions individuelles. Mais les opinions étant de nature et d'intensité différentes – certaines s'appuyant sur le hasard ou sur le besoin de plaire à l'interviewer –, cette agrégation a une valeur fort aléatoire. L'opinion publique constitue plutôt une référence dont se servent les acteurs sociaux (personnages politiques, groupes sociaux, élite économique, intellectuels, etc.) qui cherchent à légitimer leurs projets; c'est le plus efficace des instruments de persuasion, car faire croire que la population appuie un projet est le plus sûr moyen d'acquérir des appuis supplémentaires.

Opposition officielle: parti s'opposant à l'équipe au pouvoir et détenant le deuxième rang pour ce qui est du nombre de sièges à la Chambre des communes. Avec les tiers partis, ils forment collectivement l'opposition.

Ordre du jour: ensemble des questions pouvant être prises en considération pendant une séance de la Chambre ou d'un comité.

Ordre émanant du gouvernement: mesure d'initiative gouvernementale inscrite au *feuilleton* de la Chambre.

Organisation de comté: elle réunit l'ensemble des membres officiels d'un parti politique dans un comté ou circonscription électorale.

Organisme de service spécial (OSS): entité administrative rattachée hiérarchiquement à un ministère à laquelle ont été consenties des souplesses de gestion en retour d'une productivité accrue.

Outrage au Parlement: tout acte ou toute omission allant à l'encontre de l'autorité ou de la dignité du Parlement, y compris la désobéissance à ses ordres ou la diffamation à son endroit ou à l'endroit des parlementaires.

Pair ou pairesse: membre de la Chambre des lords britannique.

Paire: deux députés qui s'opposent sur une question et qui ont convenu de s'abstenir de voter sur cette question. Leurs noms sont inscrits au registre des députés «pairés» tenu par le greffier.

Parachutage: lors d'une élection, mise en candidature d'une personne qui ne réside pas dans la circonscription où elle se présente.

Parlement: composante législative de l'État formée de la Couronne, de la Chambre des communes et du Sénat.

Parlementarisme: régime politique dans lequel le gouvernement ou l'exécutif est responsable devant le Parlement. En réalité, de nos jours, le législatif est étroitement subordonné à l'exécutif, le Parlement étant alors le lieu où l'on reconnaît la majorité qui appuie l'exécutif ou le gouvernement en place.

Partage des compétences: dans une fédération, le champ complet des activités gouvernementales doit être partagé, du moins en principe, entre les deux ordres de gouvernement.

Parti politique: organisation dont les membres souscrivent à certaines valeurs et politiques communes. Elle cherche à faire élire des candidats et candidates en vue de prendre le pouvoir et de mettre en œuvre ces politiques.

Péréquation: système de transfert de fonds inconditionnel permettant aux provinces moins riches de fournir des services comparables à ceux des provinces plus riches, sans accroître outre mesure le fardeau fiscal de leurs résidents.

Période de questions: période réservée quotidiennement afin que les députés puissent poser des questions aux membres du Cabinet. Une telle période existe aussi au Sénat.

Politique spectacle: confusion des genres entre la politique et les loisirs de toutes sortes, comme le sport, le théâtre et les jeux.

Pouvoir déclaratoire : pouvoir qu'a le Parlement canadien de déclarer unilatéralement que des travaux, bien que situés dans une province, sont à l'avantage de tout le Canada ou de deux ou plusieurs provinces et tombent ainsi sous la juridiction fédérale (par exemple, l'exploitation de l'uranium).

Pouvoir de dépenser : pouvoir qu'a le gouvernement canadien de faire des versements à des particuliers, à des groupes ou à des gouvernements dans des domaines pour lesquels il n'a pas nécessairement la compétence législative (par exemple, dans le secteur de la santé).

Pouvoir de désaveu : pouvoir qu'a le gouverneur en conseil à Ottawa (en réalité, le Cabinet fédéral) d'annuler ou de désavouer, dans un délai d'un an, une loi dûment adoptée par une législature provinciale et sanctionnée par le lieutenant-gouverneur de cette province.

Pouvoir de réserve : pouvoir qu'a le lieutenant-gouverneur d'une province de réserver la sanction d'un projet de loi dûment adopté par une législature provinciale au gouverneur général agissant selon l'avis reçu du Cabinet fédéral.

Pouvoirs concurrents : pouvoirs qui, selon la Constitution canadienne, relèvent des deux législateurs (fédéral et provincial), mais avec prépondérance soit de la législation fédérale, soit de la législation provinciale, selon le cas.

Pouvoirs résiduaires ou résiduels : l'ensemble des pouvoirs accordés au Parlement canadien qui ne peuvent être rangés dans une catégorie de sujets déjà énumérés, soit par oubli des constituants, soit parce qu'il s'agit de sujets nouveaux, ou qui, dans certains cas, découlent de pouvoirs déjà attribués à un ordre de gouvernement.

Premier ministre : chef du gouvernement. Nommé à son poste par le gouverneur général, le premier ministre choisit les membres du Cabinet, les secrétaires parlementaires, les sous-ministres et de nombreux autres membres de la haute fonction publique.

Première lecture : formalité constituant la première étape du processus législatif, après la présentation d'un projet de loi à la Chambre. La motion de première lecture comporte l'ordre d'impression du projet de loi et est adoptée sans débat ni amendement ni mise aux voix.

Prérogative royale : ensemble des droits, des privilèges et des pouvoirs discrétionnaires exercés par la Couronne dans une monarchie constitutionnelle.

Président : personne qui préside les sessions de la Chambre des communes et du Sénat et qui voit à ce que les députés se conforment aux règlements parlementaires.

Prévisions budgétaires : plans de dépenses des ministères comportant le budget des dépenses principal, déposé chaque année, et les budgets supplémentaires, déposés au besoin.

Primauté de la Constitution : caractéristique qui fait que la Constitution est la loi suprême et rend inopérantes (invalides, *ultra vires*, inconstitutionnelles) les règles de droit ordinaires incompatibles avec elle.

Primauté du droit : principe selon lequel personne ne peut se soustraire à la loi : nul n'est donc au-dessus de la loi, mais en retour, chacun est protégé par la loi.

Privilège parlementaire : voir Immunité parlementaire.

Procédure parlementaire : règles selon lesquelles les Chambres conduisent leurs travaux. Elles sont fondées sur les lois, sur le règlement de chaque Chambre, sur les ouvrages faisant autorité et sur la tradition.

Proclamation : avis ou ordre officiel émis par la Couronne.

Projet de loi d'initiative parlementaire : projet de loi parrainé par un député ou un sénateur qui n'est pas membre du Cabinet.

Projet de loi d'intérêt privé : projet de loi concernant des intérêts particuliers et visant généralement à soustraire une personne ou un groupe de personnes à l'application d'une loi.

Projet de loi d'intérêt public : projet de loi concernant l'ensemble de la population, parrainé par un ministre, un simple député ou un sénateur.

Projet de loi émanant du gouvernement : projet de loi déposé aux Communes ou au Sénat par un ministre et portant sur une question d'intérêt public.

Prorogation : acte par lequel la Couronne met fin à une session du Parlement, ce qui entraîne automatiquement l'abandon de tout projet de loi ou de motion alors à l'étude dans les deux Chambres du Parlement et met un terme à toutes leurs activités et à celles de leurs comités.

Quasi-fédéralisme : expression utilisée par le professeur britannique K.C. Wheare pour signifier que la Constitution canadienne ne respecte pas le principe fédéral d'indépendance ou de non-subordination des provinces à l'égard des autorités centrales.

Question préalable : motion susceptible de débat ayant pour effet de provoquer un vote sur la question alors à l'étude et empêchant la proposition d'amendements à ladite question. Si la question préalable est adoptée, la motion principale est immédiatement mise aux voix ; si elle est rejetée, la motion est remplacée.

Questions orales : activité quotidienne de la Chambre des communes au cours de laquelle les députés peuvent poser des questions orales aux ministres et aux présidents des comités. Une procédure semblable permet aux sénateurs de poser des questions orales au leader du gouvernement au Sénat ou au président d'un comité.

Quorum: nombre minimal de parlementaires, y compris le président, dont la présence est requise pour qu'une Chambre ou ses comités puissent exercer leurs pouvoirs.

Quotient électoral: nombre moyen d'électeurs par circonscription électorale dans une province ou un territoire qui est déterminé par le directeur général des élections.

Rapatrier: terme qui signifie transférer des autorités législatives britanniques aux autorités législatives canadiennes le pouvoir d'amender la Constitution du Canada.

Rapport ministériel sur le rendement: document périodique émis par les ministres à l'intention du Parlement, à l'automne, pour rendre compte de l'état d'avancement de la réalisation des programmes pour lesquels des crédits ont été votés.

Rapport sur les plans et les priorités: document périodique émis par les ministres à l'intention du Parlement, au printemps, pour accompagner la présentation de la demande des crédits qu'il doit justifier.

Recommandation royale: message du gouverneur général exigé pour tout crédit, toute résolution, toute adresse ou tout projet de loi comportant l'utilisation des fonds publics. La recommandation royale ne peut être obtenue que par le gouvernement.

Régime présidentiel: régime politique fondé sur une séparation nette entre les pouvoirs législatif, exécutif et judiciaire. Le président (chef de l'État) est élu au suffrage universel, il n'est pas responsable devant les Chambres législatives et il ne peut les dissoudre.

Règlement de la Chambre (ou du Sénat): code de procédure interne édictant les règles permanentes propres à chaque Chambre, règles qu'elles ont adoptées afin de régir leurs travaux.

Règlements: voir Législation déléguée.

Remaniement ministériel: opération par laquelle le premier ministre procède à des réaffectations au sein de son équipe ministérielle, fait entrer de nouveaux venus et, le cas échéant, prend acte du départ de certains collègues.

Renvoi: procédure par laquelle le gouvernement pose une question au tribunal de dernière instance.

Renvoi à six mois: amendement type exprimant une opposition globale à l'adoption d'une motion de deuxième ou de troisième lecture d'un projet de loi.

Renvoi de l'objet à un comité: amendement à la motion de deuxième lecture d'un projet de loi exprimant le refus de la Chambre d'adopter le principe d'un projet de loi, mais visant à charger un comité d'en étudier l'objet, c'est-à-dire la philosophie sous-jacente du projet de loi.

Résolution: motion adoptée par la Chambre déclarant ses opinions ou les buts qu'elle poursuit, mais n'entraînant pas nécessairement une intervention.

Responsabilité individuelle (des ministres): doctrine selon laquelle chaque ministre doit répondre devant la Chambre des communes de la gestion de son ministère et des organismes dont il a la supervision.

Responsabilité ministérielle: au sens individuel, doctrine selon laquelle un ministre doit répondre devant la Chambre de tout ce qui a trait au fonctionnement de son ministère. Au sens collectif, doctrine (dite aussi du « gouvernement responsable ») selon laquelle le Cabinet doit jouir de la confiance de la Chambre élue.

Sanction royale: cérémonie au cours de laquelle un représentant de la Couronne appose sa signature sur la copie officielle d'un projet de loi adopté par les deux Chambres du Parlement. À moins qu'une autre date n'y soit mentionnée, le projet devient alors une loi du Parlement.

Secrétaire d'État: membre du Conseil privé, mais non du Cabinet, chargé de certains programmes ou dossiers et aidant un autre ministre dans l'accomplissement de ses fonctions ministérielles.

Secrétaire parlementaire: député nommé par le premier ministre afin d'assister un ministre dans ses activités officielles, pour une période d'un an.

Sénat du Canada: Chambre haute du Parlement canadien normalement composée de 105 membres nommés par le gouverneur général sur la recommandation du premier ministre.

Séparation des pouvoirs: système politique selon lequel les fonctions des institutions publiques sont divisées entre le pouvoir législatif qui fait les lois, le pouvoir exécutif qui les fait appliquer et le pouvoir judiciaire qui les interprète et les fait respecter.

Sergent d'armes: haut fonctionnaire de la Chambre des communes chargé de la sécurité et de l'entretien des édifices parlementaires. À l'ouverture de la séance et lors des cérémonies officielles, il porte la masse et accompagne le président.

Serment d'allégeance: serment de fidélité envers la souveraine que doit prêter tout sénateur et tout député, fédéral ou provincial, avant de prendre son siège à la Chambre, conformément à la cinquième annexe de la *Loi constitutionnelle de 1867*.

Session: période qui divise une législature et qui comprend normalement plusieurs séances. Une session débute par un discours du Trône et se termine par une prorogation.

Solidarité ministérielle: principe en vertu duquel tous les ministres s'engagent à appuyer les décisions du Cabinet, faute de quoi ils doivent démissionner.

Sous-ministre: employé public nommé à titre amovible par le gouverneur en conseil, sur l'avis du premier ministre, comme administrateur général d'un ministère. Cette personne aide le «ministre à bien s'acquitter de ses fonctions de chef de ministère». Elle avise le ministre et le gouvernement. Elle a des pouvoirs établis par la loi, explicitement ou implicitement, de même que par la coutume et les conventions. Elle contribue à l'élaboration des politiques, voit à l'application de lois sectorielles et à la gestion du ministère et elle participe à la gestion corporative du gouvernement.

Sous-ministre adjoint: employé public nommé sous la surveillance de la Commission de la fonction publique pour diriger certaines fonctions ou certains secteurs du ministère sous la supervision d'un sous-ministre, délégué ou associé.

Sous-ministre associé: employé public nommé, tel un sous-ministre, qui exerce certaines de ses fonctions sous sa supervision. Cette fonction tend à disparaître au profit de celle de sous-ministre délégué.

Sous-ministre délégué: employé public nommé, tel un sous-ministre, qui jouit de ses pouvoirs, sous sa supervision, pour gérer une partie d'un vaste ministère.

Souveraineté du Parlement: principe associé avant tout au régime parlementaire britannique selon lequel il appartient au Parlement d'adopter les lois qui vont s'appliquer à la population d'un pays, et de les modifier au besoin, lois qui ne peuvent être soumises à un contrôle des tribunaux. Cependant, dans la plupart des pays, un tribunal ou un organe spécial est chargé de vérifier la constitutionnalité des lois, ce qui restreint la portée de la souveraineté du Parlement.

Spirale du silence: mouvement de discrétion qui s'installe dans un groupe de la société dont les idées semblent peu populaires, mais qui va croissant; croyant que leurs idées n'ont pas une adhésion majoritaire, les individus qui appartiennent à ce groupe restreignent de plus en plus leurs prises de position publiques et semblent plus minoritaires qu'ils ne le sont réellement.

Statut de Westminster: loi du Parlement britannique, adoptée en 1931, qui abolit la suprématie législative du Parlement britannique (à l'exception des Actes de l'Amérique du Nord britannique) et vient consacrer la souveraineté externe du Canada ou sa pleine compétence en matière de relations internationales. Cette loi s'applique également aux autres «dominions» de l'époque (par exemple, l'Australie).

Sub judice: convention selon laquelle les députés évitent de traiter de certains sujets en instance devant les tribunaux. Cette convention ne s'applique pas aux projets de loi.

Subpœna: ordonnance assignant un témoin à comparaître devant un comité parlementaire pour répondre à cer-taines questions ou pour produire des documents, sous peine de sanctions imposées par la Chambre.

Subsides: fonds attribués au gouvernement, à la suite d'un processus selon lequel le Parlement approuve les prévisions annuelles de dépenses soumises par le gouvernement. Les travaux des subsides comprennent l'examen des budgets principal et supplémentaire ainsi que des crédits provisoires et les motions d'opposition proposées lors des jours désignés.

Suffrage universel: droit de vote reconnu à tout citoyen, sous réserve de certaines conditions minimales tenant à la nationalité, à l'âge, etc.

Test de Jennings: test élaboré par le constitutionnaliste Ivor Jennings selon lequel une convention, pour être reconnue, doit respecter trois conditions: il faut un certain nombre de précédents, des acteurs politiques qui se considèrent liés par ces précédents et une raison d'être à cette règle de conduite ou convention.

Théorie de la dimension nationale: théorie élaborée par les tribunaux selon laquelle certains sujets, bien que de nature locale ou provinciale, peuvent prendre une telle ampleur et une telle portée (une dimension nationale) qu'ils requièrent alors une intervention du Parlement canadien.

Théorie de la prépondérance: théorie qui stipule qu'en l'absence d'une attribution expresse à l'un ou l'autre niveau de gouvernement (par exemple, en agriculture et en immigration, la prépondérance est accordée au niveau fédéral), la législation fédérale l'emporte sur la législation provinciale dans la mesure où les deux législations sont incompatibles.

Théorie de l'urgence nationale: développée par les tribunaux, elle postule que le Parlement canadien peut assumer en temps de crise ou dans des circonstances exceptionnelles (une urgence nationale) une compétence législative sur des activités ou sur des compétences normalement accordées aux législatures provinciales.

Tribunal administratif: organisme faisant partie de la branche exécutive (et non judiciaire) de l'État, ayant pour mandat principal de trancher les différends entre l'administration et les particuliers. Il est soumis au contrôle des cours de justice.

Tribune de la presse (ou des journalistes): groupe de journalistes et membres accrédités des médias habilités à suivre les travaux parlementaires; désigne aussi la salle des dépêches de l'édifice central du Parlement et la tribune de la Chambre réservée à ces journalistes.

Troisième lecture: dernière étape de la prise en considération d'un projet de loi par une Chambre, comportant son adoption ou son rejet global à la fin du processus.

Ultramontanisme : doctrine favorable au pouvoir absolu du pape et à la primauté de l'Église catholique romaine (par opposition à une certaine indépendance des Églises nationales à l'égard de la papauté) qui préconise, dans sa version la plus extrême, la soumission de l'État à l'Église catholique.

Unicaméral : désigne un système parlementaire dans lequel le pouvoir législatif est exercé par une seule Chambre.

Unité de commande : principe selon lequel toute la responsabilité du contrôle et de la direction des actes commis au nom d'une organisation réside entre les mains d'une seule personne se situant au sommet de la pyramide hiérarchique.

Unité de l'exécutif élu et nommé : convention selon laquelle les fonctionnaires à l'emploi des ministères n'ont pas de personnalité constitutionnelle autre que celle de leur ministre.

Vérificateur général : nommé par le Conseil des ministre à titre inamovible pour 10 ans, il dirige un bureau de vérification faisant rapport au Parlement quant au respect des décisions budgétaires, à la présentation des rapports financiers, à l'optimisation des dépenses et à l'inclusion de considérations de protection environnementale dans toutes les actions du gouvernement.

Voies et moyens : motion visant à annoncer l'imposition d'une nouvelle taxe, à maintenir une taxe qui arrive à expiration, à augmenter le taux ou à étendre l'incidence d'une taxe à certains contribuables non visés par une taxe existante. Après son adoption, la motion donne lieu à la présentation d'un projet de loi fondé sur ses dispositions.

Vote de blâme : pour conserver le pouvoir, le gouvernement doit avoir l'appui de la majorité des députés. S'il est défait sur une question importante, comme le budget, il doit démissionner, à la suite de ce qui s'appelle un « vote de blâme ».

Vote libre : vote qui n'est pas soumis à la discipline de parti et qui porte habituellement sur une question d'ordre moral.

Vote par appel nominal : mise aux voix dont les noms des députés ou des sénateurs ayant voté en faveur ou contre une motion sont inscrits au procès-verbal. Au Sénat, on inscrit également les noms des sénateurs qui se sont abstenus de voter, alors qu'à la Chambre des communes, on inscrit les noms des députés « pairés ».

Vote prépondérant : vote exprimé par le président de la Chambre des communes, uniquement lorsqu'il y a égalité des voix ; il ne vote pas en d'autres circonstances. Par contre, le président du Sénat peut voter sur toute motion dont le Sénat est saisi, mais il ne peut émettre un vote prépondérant. En cas d'égalité des voix, la question est considérée rejetée par le Sénat.

Whip : député chargé d'informer les membres de son parti sur les travaux de la Chambre et d'assurer la cohésion et l'assiduité au sein de son groupe parlementaire, particulièrement lorsqu'une mise aux voix est prévue, soit à la Chambre, soit en comité. Il remplit aussi diverses fonctions administratives. On en trouve également un dans chaque parti représenté au Sénat.

MARQUIS

Québec, Canada